KB100144

각인의 이론

현상학과 구조주의의 이후

지은이
휴 J. 실버만은 리하이대학교(학사, 1966) 및 동대학원(석사, 1967)을 졸업했으며, 프랑스 소르본대학교(1968년 여름)와 낭테르대학교(1971~1972)에서 수학한 후, 스탠퍼드대학교 대학원(박사, 1973)에서 현대철학을 전공했다. 대표저서로는『피아제, 철학과 인문학』(1980),『장-폴 사르트르 : 그의 철학에 대한 현대적 접근』(1980),『미국에서의 대륙비평』(1983),『묘사』(1985),『해석학과 해체주의』(1985),『비평적이고 변증법적인 현상학』(1987),『각인(刻印) : 현상학과 구조주의 사이』(1987),『대륙비평의 지평 : 후설, 하이데거 및 메를로퐁티론』(1988),『포스트모더니즘과 대륙철학』(1988),『텍스트적 장엄미 : 해체주의와 그것의 차이들』(1989),『차이의 정치학』(1991) 등을 저술하거나 편저했다. 아울러 '루틀리지출판사'의 '대륙철학' 시리즈의 책임편집자로서『메를로퐁티 이후의 철학과 비-철학』(1988),『데리다와 해체주의』(1989),『포스트모더니즘 : 철학과 예술』(1990),『가다머와 해석학』(1991),『근본에 대한 질문 : 진리 / 주관성 / 문화』(1993) 등을 편저했다. 뉴욕대학교, 뒤케스네대학교, 프랑스 니스대학교, 영국 위윅대학교와 리즈대학교, 이탈리아 토리노대학교, 오스트리아 빈대학교 등에서 방문교수와 초빙교수로서 강의를 했으며, '현상학과 실존주의 철학회'의 상임편집위원으로 활동했으며(1980~1986), '현상학과문학국제학회(IAPL)' 상임위원으로 활동하고 있다(1987~현재). 현재 뉴욕주립대학교(스토니브룩 캠퍼스)의 철학과와 비교문화학과 교수로 재직하고 있다(1974~현재).

옮긴이
윤호병은 육사(학사, 1973), 서울대(학사, 1977) 및 동대학원(석사, 1981)을 졸업했으며, 뉴욕주립대학교(스토니브룩 캠퍼스) 대학원(박사, 1986)에서 비교문학과 문학이론을 전공했다. 대표저서로는『비교문학』(1994),『문학이라는 파르마콘』(1998),『아이콘의 언어』(2001),『네오-헬리콘 시학』(2004),『현대시의 아가니페』(2005),『문학과 그림의 비교』(2007),『문학과 종교의 비교』(2007),『한국 현대시인의 시세계』(2007),『문학과 문학의 비교』(2008),『한국 현대시와 가톨릭시즘』(2008) 등이 있고, 대표역서로는『시적 영향의 불안』(1991),『포스트모더니즘』(1992),『반미학』(1993),『현대성의 경험』(1994),『초구조주의란 무엇인가』(1996),『현대성과 정체성』(1997),『데리다와 해체주의』(1998),『서정시의 이론과 비평』(2003),『비평의 이론』(2006),『텍스트성 · 철학 · 예술』(2009) 등이 있다. '시와시학상 평론상'(2000), '한국예술발전위원회 비평/저술상'(2003), '편운문학상' 평론부문 본상(2006) 등을 수상했으며, 계간 '시와시학' 신춘문예 시부문 신인상(2003)을 수상했다. 창작시집으로는『한갓 죽음에서 질긴 생명까지』(1995),『사랑하는 날까지』(1999),『브람스가 보내 온 비엔나 숲 속의 편지』(2007),『사도 바오로의 편지를 읽는 밤』(2009),『파스카 오래된 말씀의 집』(2010) 등이 있다. '국제비교문학회' '문학이론위원회' 상임위원을 역임했으며(1996~2000), '평화방송' 시청자자문위원으로 활동했다(2006~2011). 현재 추계예술대학교 교수로 재직하고 있다.

각인의 이론 —현상학과 구조주의의 이후

초판 인쇄 2011년 12월 10일 **초판 발행** 2011년 12월 20일
지은이 휴 J. 실버만 **옮긴이** 윤호병 **펴낸이** 박성모
펴낸곳 소명출판 **출판등록** 제13-522호 **주소** 서울시 서초구 서초동 1621-18 란빌딩 1층
전화 02-585-7840 **팩스** 02-585-7848 **전자우편** somyong@korea.com

값 33,000원

ISBN 978-89-5626-640-4 93100

본서의 번역은 2011학년도 추계예술대학교 특별연구비 지원에 의한 것입니다.

각인의 이론

현상학과 구조주의의 이후

휴 J. 실버만 지음 | 윤호병

소명출판

일러두기

- ○ 본 번역서에서 특수한 용어에 대한 저자의 설명은 ( )로 표기하고 역자의 설명은 [ ]로 표기했다.
- ○ 원어(原語)로는 동일한 용어에 해당하지만 문맥에 따라 원어로 표기하기도 하고 번역어로 표기하기도 했다. 'logos'의 경우를 예로 들면, '로고스(logos, 이성)', '이성(理性, logos)' 등으로 표기했다.
- ○ 원저(原著)에서 강조하고 있는 용어에 대해서는 고딕체로 진하게 표기했다. 'Text'의 경우를 예로 들면, '**텍스트**'와 같이 표기했다.

1997년판 저자서문

『각인(刻印)의 이론』[원제(原題)는 '각인(inscriptions)'이지만 역자는 그것을 '각인의 이론'으로 변경했으며, 이후로는 본문에서 '각인'으로 표기하고자 한다]은 이제 '현상학과 구조주의의 이후'라는 새로운 부제(副題)를 갖게 되었다. 1987년 출판된 초판의 부제는 '현상학과 구조주의의 사이'였다. 10년이 지난 지금 그 차이는 아마도 미묘한 차이에 해당할 것이다.

에드문트 후설의 현상학과 페르디낭 드 소쉬르의 구조주의는 모두 금세기의 시작과 함께 동시에 출현했다. 20세기 유럽적인 철학에서 현상학은 하이데거, 가다머 및 리쾨르의 해석학적 현상학에서부터 사르트르와 메를로퐁티의 실존적 현상학까지 서로 다른 수많은 형식을 취해왔다. 북미에서는 철학을 강의하는 몇몇 철학자들만이 1950년대가 되어서야 비로소 현상학을 실천하고 있는 것을 볼 수 있으며, 1960년대 초에 마침내 '현상학과실존주의철학회(SPEP)'가 창립되었다. 이 학회는 몇백 명 정도의 상대적으로 작은 단체로 출발했으며, 1980년에 들어서 이들의 주된 관심은 현상학의 전통을 유지하는 데 있는 것이 아니라 새로운 시대를 위해서 현상학을 재-활성화하는 데 있었다. 이처럼 복잡한 시기에, 북미에서 분명하게 철학을 실천하는 것을 설명할 수 있는 하나의 방법으로 현상학의 개념은 중요한 변화를 겪게 되었다. 1980년대 중반에 이르러 이 학회는 회원 수가 천여 명이 넘을 정도로 발전하게 되었으며, 현상학은 이제 넓은 의미에서 대륙철학으로 알려진 서로 다른 수많은 철학적 경향들 중에서 한 가지 경향으로 자리를 잡게 되었다.

『각인』의 초판이 출판되었던 1987년 현상학은 그것이 북미에서 실천되고 있는 것처럼 대륙철학에서는 더 이상 그렇게 지배적인 세력이 아니었다. 기껏해야 우리들은 1980년대 초에 이르러 '후기현상학(점점 더 증가하는 '후기구조주의'에 대한 관심에 부응하기 위해서)'이라는 용어를 창안했을 뿐이다. 현상학의 전통에서 비롯되기는 했지만, 더 이상 '현상학'이 아닌 철학연구—의도적인 행위를 대상으로 하는 의식에 의해서 분명하게 파악할 수 있는 경험을 설명하는 것에 더 이상 관심을 기울이지 않는—를 설명하기 위해서 우리들은 '후기현상학'이라는 용어를 창안했던 것이다. 현상학 운동의 중요한 인물들은 오늘날 대륙철학의 쓰기에 상당히 많이 반영되어 있는 이들에 대한 관심과 흥미에서 찾아볼 수 있다. 후설, 하이데거, 사르트르, 메를로퐁티, 가다머, 리쾨르, 뒤프렌, 레비나스 등의 쓰기에 익숙하지 않거나 심지어 이들의 쓰기를 철학적으로 사유하지 않고서 대륙 철학자가 된다는 것은 상상할 수조차 없게 되었다. 그러나 현상학의 전통에서 차지하고 있는 이와 같이 중요한 인물들은 참고-텍스트, 서류, 심지어 콘텍스트에 해당할 뿐이며, 바로 거기에서부터 대륙철학에 대한 현재의 연구가 비롯되었다고 볼 수 있다.

1930년대 프랑스에서 사르트르와 그 밖의 사람들이 레비나스의 『후설의 현상학에 반영된 직관의 이론』을 처음 읽게 되었을 때 그 흥분은 대단한 것이었지만, 하이데거의 『존재와 시간』(1926)을 읽고 나서 이들은 곧바로 후설의 선험적 현상학을 실존적 현상학으로 전환시킬 수 있게 되었다. 철학은 이제 선택, 결정, 의식, 상상력, 정서, 행동 등—실제로 대부분의 사람들이 철학의 실제 관심과 결합시키고는 하는 모든 아이디어—의 문제에 사로잡히게 되었다. 그러나 이러한 철학은 지극히 개인적이고 사적인 것으로 판명되었고 자의적인 취향과 결합하게 되어 있었다. 구체화된 경험에 대해서, 구체화된 의식에 대해서, 상호-주관적인 세계에 깊이 자리 잡고 있는 자유에 대해서 이야기하는 하나의 방법으로 메를로퐁티가 현상학을 재-활성화시켰을 때, 현상학과 실존주의의 관계는 확고하게 되었다. 메를로퐁티의 친구인 클로드 레비스트로스가 소쉬르의 기호학을 인류학에 적용했을 때 — 이와 동일한 시기(1940년대 후반)에 메를로퐁티는 소쉬르와 자신의 기호의 이론을 결합시켰다 — 현상학과 구조주의의 연계가 성립되었다.

후설의 현상학이 형성된 것과 거의 같은 시기에 형성된 구조주의의 전통은 20세기 초 십 몇 년 동안 발전하게 되었던 소쉬르의 기호학을 설명하는 것에서부터 비롯되었다. 현상학을 종종 낯선 운동으로 정의함으로써, 구조주의에서는 기호형성의 원칙과 기호사용의 실천을 소개하고는 했다. 기호로서의 기표/기의, 의미작용/가치, 통시적/공시적 등 핵심적인 개념들은 제2차 세계대전 이후 프랑스에서 특별한 세력을 형성했던 전체적인 기호학-구조주의의 전통에서 하나의 이정표가 되었다. 레비스트로스 이후 피아제, 라캉 및 바르트가 구조주의를 새로운 단계로 끌어올렸으며, 이들의 연구 활동들과 접근방법들은 모두 그 당시에 성행하고 있던 현상학에 반대되는 것이었다.

『각인』이 출판되기 이전의 현상학자들은 종종 구조주의가 자신들의 연구영역에서 낯선 영역이라고 주장하고는 했다. 이와 똑같이 구조주의자들도 현상학이 자신들의 연구영역에 기여했다는 점을 인정하지 않으려는 경향을 보였다. 『각인』에서는 이러한 대립을 분명하게 하고자 했으며, 특히 『지각의 현상학』(1945)의 출판에 뒤이어지는 15년 동안 메를로퐁티가 기여한 것과 관련지어 그러한 점을 분명하게 하고자 했다. 이처럼 결정적인 자신의 저서를 통해서 메를로퐁티는 구조가 경험에서 비롯되는 것으로 파악하여 경험을 바로 그 구조와 관련지어 고려할 수 있다는 점을 제시하는 동시에 구조가 구체화된 경험의 의식으로 구체화되는 것으로 파악하여 바로 그 구조를 고려할 수 있다는 점을 제시했다. 그러나 구조주의에 대한 반대, 특히 사르트르에게서 비롯된 반대는 종종 심각한 것이었다. '사이'의 차이, 즉 현상학과 구조주의의 '사이'의 위치가 풍부하면서도 그럴만한 상당한 가치가 있다는 점을 제시하기 위해서 『각인』에서는 이러한 반대가 무엇인지를 분명하게 하고자 했다. 이러한 점을 고려하면서, 필자는 '사이의 위치'를 위한 명칭으로 언어, 문화, 경험 및 가장 중요하게는 '자아' — 초(超)-에고로서가 아니라, 의식의 대상으로서가 아니라, 일련의 선택으로서가 아니라, 차별화되지 않은 대량의 존재로서가 아니라, 수없이 다르게 해석할 수 있는 구조와 정체성으로서의 자아 — 를 고려할 수 있는 철학적 공간을 설명하기 위해서 '해석학적 기호학'의 개념을 제안하고자 했다. 이와 같이 차별적인 정체성(나중에 데리다가 '미결정성'이라고 명명하고는 했던 것)은 주체나 대상으로 작용하는 것이 아니라 『각인』에서 반복되고는 하는 논지에 해당하는 인간적 경험의 '모호한 영역'으로 작용한다.

따라서 『각인』은 특별하게는 20세기 유럽적인 철학의 중심을 개방했고 마감했던 두 개의 상이한 전통들의 콘텍스트에서 파악한 자아의 이론, 언어의 이론, 해석의 이론에 해당한다. 그러나 『각인』에서는 또한 유럽적인 철학에 있어서의 이와 같은 다양성이 북미적인 콘텍스트 — 유럽적인 철학이 북미적인 철학에서 활성화되고 부활하게 되는 콘텍스트 — 로 전이되는 과정을 점검했다. 이러한 의미에서 『각인』은 현상학과 구조주의의 사이의 '차이'를 단순히 표시하는 것이 아니라 현상학과 구조주의의 '끝'을 표시하는 것이다. 이러한 점을 고려함으로써, 필자는 『각인』에서 '해석학적 기호학' — 푸코와 데리다 중에서 어느 누구도 이러한 용어를 수용하지는 않았지만 — 이 지배할 수 있는 대립의 마감과 공간의 개방으로서 1960년대 후반에 있어서의 푸코와 데리다의 쓰기로 전환하게 되었다. 그럼에도 이와 같은 차별적인 방법으로 푸코와 데리다를 읽어냄으로써, 『각인』은 미국에서의 대륙철학을 위해서 하나의 새로운 방향을 제공할 수 있게 되었다. 거의 20여 년 전 이미 유럽에서 제시되었던 공간을 1987년 출판된 이 책에서 또다시 발전시킬 필요가 있겠느냐고 의심할 수도 있다. 물론 『각인』의 일부분은 한 권의 책으로 출판되기 이전에 집필된 것이거나 논문으로까지 출판된 것이다. 그럼에도 북미에서의 이와 같은 차이의 공간과 대륙철학에서의 그러한 공간의 출현을 쓰고 재-조성하기 위해서는 정확하게 말해서 많은 시간을 필요로 한다. '미국기호학회(SSA)'가 독자적으로 학회를 개최하는 동안에 '현상학과실존주의철학회'도 그만큼 지속적으로 발전하게 되었다. 현상학과 구조주의의 사이의 연계는 1980년대가 되어서야 비로소 진지하게 고려되었을 뿐이다. 1976년이 되어서야 처음으로 연례학회를 개최하게 된 '철학과문학국제학회(IAPL)'가 현상학적이고 구조주의적인(또는 후기현상학적이고 후기구조주의인) 관심을 대표할 수 있고 분명하게 할 수 있고 논의할 수 있는 유일하게 그럴듯한 학회라는 점을 강조하는 것은 아마도 그렇게 무의미한 것이 아닐 것이다.

이제 『각인』의 부제는 '현상학과 구조주의의 이후'로 변경되었다. 이 책의 마지막 부분에서 '차이의 사이'는 또한 '차이의 능가'일 수도 있다는 점을 제안하고는 있지만, 이러한 제안에서는 헤겔이 강조하는 '지양(止揚)'의 암시까지도 피하고자 한다. '해석학적 기호학'이 현상학과 구조주의의 사이에서 작용한다면, 그것은 또한 현상학과 구조주의의 마감을 분명하게 할 수도 있을 것이다. 그러나 '능가'는 실제로 일종의 '이후', 즉 이 책의 새로운 부제에 해당하기도 한다. 오늘날 우리들이 철학적으로 사유하고 있는 바와 같이, 현상학과 구조주의의 '이후(after)'는 우리들이 여전히 어떤 의미에서 현상학과 구조주의의 '이후의 추적(chasing after)'에 처해 있다는 점을 의미하기도 한다. 텍스트성의 이론을 발전시키려고 노력할 때, 문화적이고 예술적이고 문학적이고 건축적이고 영화적이고 사회적이며 정치적인 세기말의 병치에 대해서 일종의 '포스트모던 텍스트성'을 부여하려고 시도할 때, 우리들은 현상학의 교훈(그리고 상처)

을 의식의 이론으로, 실존의 이론으로, 사회적 콘텍스트에 자리 잡게 되는 구체화의 이론으로, 지속적인 모색을 하게 된다. 우리들은 기호, 기호구조, 기표, 기의와 같은 요소들이 우리들의 지성적인 영역에 제공하는 사실 그대로 이러한 요소들에 대한 중요하면서도 결정적인 이해를 지속적으로 모색하게 된다. 구조주의의 '통찰력과 환상'에 접하지 않았더라면, 우리들은 영화, 사회, 또는 심리분석적인 보고서를 어떻게 읽어낼 것인지를 알지 못했을 수도 있다. 바로 그 구조의 개념과 바로 그 기호의 아이디어는 현상학적 의식의 경험적인 흐름에 대해서 어떤 특수성을 부여하게 되었다. 그리고 오늘날의 '텍스트성'의 개념에 밀접하게 관계되는 메를로퐁티의 '가시성'에 대한 아이디어는 현상학과 구조주의가 없었다면 가능하지 않았을 수도 있다.*

현상학과 구조주의(그리고 심지어 후기현상학과 후기구조주의까지도)가 우리들에게 제공했던 수단과 방법을 우리들의 가르치기에서, 우리들의 이해하기에서, 우리들의 쓰기에서 명확하게 하고 그러한 수단과 방법에 대한 탐구를 지속하면서도, 우리들은 오늘날 이와 같은 두 가지 운동들에 대응할 수 없게 되었다. 이 책에서 제공하는 '각인'은 현상학과 구조주의의 절정기 이후에 집필된 것이다. 푸코가 1966년 구조주의자이기를 거부했던 것과 똑같이, 그 다음해인 1967년 데리다가 후설, 하이데거 및 소쉬르에게 있어서의 '미결정성'의 위치를 분명하게 보여주었던 것과 똑같이, 1970년대와 1980년대는 새로운 니체의 시대, 포스트모던적인 하이데거의 사건, 현상학과 구조주의의 끝의 표시로서 해체주의의 시작 등으로 그 특징이 나타나게 되었다. 『각인』은 현상학과 구조주의가 끝나는 지점에서 집필되었으며 따라서 이 두 가지들의 사이의 차이를 쓸 수 있었다. 이와 같은 차이에서는 일종의 '후기현상학(가시성으로, 부분교차로, '안-사이'로 구체화된 의식의 이론에 대한 교훈을 명확하게 하는 주장)'과 일종의 '후기구조주의(의미작용은 기의에 관계되는 기표로부터 그저 단순하게 비롯되는 것이 아니라는 주장, 가치는 의미작용의 단순한 비교로부터 비롯되는 것이 아니라는 주장, 그리고 사회, 마음, 문학 등은 담론, 수행적인 요소 및 '그라마톨로지'[역자는 'grammatology'를 경우에 따라 '그라마톨로지' 또는 '기술학(記述學)'으로 병기하고자 한다]의 추적과 관련지어 이해할 수 있는 것이 아니라는 주장)'를 제안하게 되었다.

이와 같이 재-각인된 차이로부터 텍스트성의 이론이 출현하게 되었다. 자아는 이제 더 이상 중심으로, 활성화된 세력으로, 구체화된 의식으로, 기표의 망으로 해석되지 않는다. 문학은 이제 더 이상 작가의 자유와 헌신을 표현하는 것으로, 쓰기의 영도(零度)에서 작용하는 것으로, 또는 심지어 간접적인 이해의 언어를 제공하는 것으로 해석되지 않는다. 사회는 이제 더 이상 '실천적 타성태(惰性態)'[김용규의 『문학에서 문화로』(2004, p.93)를 참고하여 '실천적 타성태(practico-inert)'의 내용을 정리하면 다음과 같다. 사르트르는 개인들의 존재방식을 개인들의 결합 형태와 제도의 조직형태의 사이의 관련성에서 해명하고자 한다. 물적 형태가 개인의 자유를 굴절시키듯이 단편화되고 소외된 현대사회 속에서 인간들의 행위는 의도하지 않은 결과를 생산하게 되는데, 사르트르는 이를 실천적 '타성태'로, 그리고 이러한 '실천적 타성태'에 상응하는 조직형태를 '계열성(seriality)'이라고 명명했다. 버스를 기다리거나 신문을 읽는 사람들처럼 계열성은 타자에 대한 나의 기본관계를 고립으로 그리고 다른 사람들과의 깊은 획일성을 함축하는 통계적 익명성으로 표현한다. 마크 포스터(Mark Poster)가 지적한 바와 같이, 사르트르의 실천적 타상태의 개념은 레비스트로스를 비롯한 구조주의 사상가들의 구조 개념과 유사한 것이다]에 대한 현실적인 작용의 변증법으로, 역사의 모호성에 대한 고심으로, 친족의 구조로, 또는 역사의 공시적 단면으로 해석되지 않는다. 현상학과 구조주의의 이후에도, 심지어 후기현상학과 후기구조주의의 이후에도, '이후'의 문제는 여전히 지속될 것이다. 이후에는 무엇이 오는가? 주체 이후에는 무엇이 오는가? 문학과 예술의 이후에는 무엇이 오는가? 현대사회의 이후에는 무엇이 오는가? 『각인』에서 필자는 이와 같은 질문들을 제안했을 뿐이다.

『텍스트성 : 해석학과 해체주의의 사이』(1994)[휴 J. 실버만의 이 책을 역자는 『텍스트성 · 철학 · 예술』(2009)이라는 제목으로 번역하여 국내에 소개했다]에서,

필자는 현상학과 구조주의의 '이후'에 우리 시대의 텍스트를 읽어내는 또 다른 질서, 또 다른 일련의 차이, 또 다른 방법이 어떻게 가능할 수 있는지를 상당히 구체적으로 발전시키고자 노력했다. 하지만 『텍스트성』의 마지막 부분에서는 '끝', '이후', '후기' 등의 문제를 분명하게 하고자 했다. 포스트모던 텍스트성의 이러한 문제는 『텍스트성』 이후에 뒤이어질 새로운 연구의 관심사항으로 될 수 있을 것이다. 말하자면, '포스트모던'은 '모던'에 어떻게 각인되는가, 모더니즘에 대한 대안은 표상-불가능한 것을 어떻게 표시하는가, 미결정성은 당대 문화의 짜임을 통해서 어떻게 분배되는가, 그리고 차이의 병치는 세기말적인 생각하기, 쓰기, 영화화하기, 텍스트화하기 등의 짜임을 통해서 근본적으로 분산될 수밖에 없는 '이후', '사이', '끝'을 어떻게 질문하게 되는가에 관심을 기울이게 될 것이다. 현상학과 구조주의의 이후에, 해석학과 해체주의의 이후에, 포스트모던 텍스트성에서는 이와 같은 전통을 재-각인할 필요가 있겠지만, 또 다른 병치된 정체성으로, 20세기의 사상, 경험, 이해, 연계 및 텍스트화의 차이의 바탕으로 재-각인할 필요가 있을 것이다.

이와 같은 새로운 서문은 너스웨스턴대학교 출판부의 부장인 니콜라스 와이어-윌리엄스와 너스웨스턴대학교 출판부 '현상학과실존주의철학연구'의 새로운 편집자인 존 맥컴버와 데이비드 마이클 레빈에게 필자가 심심한 감사의 말씀을 드리기 전에는 완료될 수 없을 것이다. 이들의 관심에 힘입어 『각인』은 새로운 생명을 얻게 되었다. 니체의 회귀-아이디어에 그 어떤 아이러니도 없다면, 거의 25년 전에 필자의 첫 번째 책이 바로 너스웨스턴대학교 출판부에서 출판된 메를로퐁티의 『의식과 언어의 습득』을 번역한 것이었다는 점을 언급하는 것은 바람직하지 못한 것일 수도 있다. 이 번역본은 제임스 M. 이디가 편집한 이와 똑같은 시리즈의 한 권으로 출판되었으며, 그에게도 필자는 미국에서의 현상학이 발전할 수 있도록 독려하고 격려해 준 데 대해서 깊은 존경과 감사의 마음을 가지고 있으며, 그와 함께 필자는 그 당시에 현상학을 대체할 수 있는 구조주의의 중요성에 대해서 기꺼이 논의하고는 했었다. 또한 유럽과 그 반대의 대륙에서 이와 같은 '각인'의 여행을 필자와 함께 했던 수많은 친구들, 동료들 및 학생들에게 『각인』의 새로운 판본을 바치고 싶다. 무엇보다도 필자는 이 책을 필자의 아이들인 클레어와 크리스토퍼에게도 바치고 싶다. 지난 몇 십 년 동안 이들은 자신들의 위치에서 놀라울 정도의 성인으로 성장했다.

스토니브룩에서
1997년 3월

저자서문

사이의 위치 각인하기

현상학과 구조주의의 '사이의 위치'에는 그 어떤 공간도 없다. 그것은 방법론적으로는 평행하지만 역사적으로는 합쳐지는 두 가지 길의 사이의 위치를 표시할 뿐이다. 한 쪽의 한계에서 다른 한 쪽의 기호는 이미 모색되고 있다. 한 쪽의 경계에서 다른 한 쪽은 서로 협조하면서 전진하고 있다. 그렇지만 구조주의는 현상학이 끝나는 곳에서 시작하는 것이 아니다. 현상학 역시 구조주의가 실패하는 곳을 이어받는 것도 아니다. 종종 서로 반대되는 사상으로 나타나고는 하는 바와 같이, 현상학과 구조주의는 최근의 대륙사상에서 전혀 다른 두 개의 지향점을 제시하게 되었다. 종종 이와 같은 각각의 장점을 비교해보면, 이러한 이론들은 각각 인문과학, 사회・문화비평 및 문학연구에서 지배적인 방법론을 대표하고는 한다. 그것은 각각 분리된 이론을 바탕으로 하여 형성되었으며, 그러한 이론은 그 자체만의 권한에 의해서 철학적 실천 또는 실천들을 증진시키기까지 한다. 이러한 이론을 독자적으로 제창하는 사람들은 상당히 서로 다른 것이어서, 때로는 자신들의 사상 그 자체가 일반적 경향이나 유형과 서로 결합되는 것을 거부하기까지 한다. 후설과 사르트르, 하이데거와 메를로퐁티의 '간격'은 상당히 큰 것이지만, 폭넓게는 현상학이라는 명칭 하나로 수렴되기도 한다. 그러나 구조주의의 경우는 훨씬 더 급진적이다. 소쉬르, 레비스트로스, 라캉 및 바르트가 어느 정도 구조주의와 관계된다는 점을 그들 모두가 스스로 인정한다 하더라도, 푸코와 데리다의 입장은 좀 더 다양하다. 실제로 푸코는 '지식의 고고학'이라는 이름으로, 데리다는 '그라마톨로지'와 해체의 언어로 — 이들 모두가 각각 후기현상학과 후기구조주의로 설명될 수도 있는 것에 상당히 근접했다 하더라도 — 구조주의적이고 현상학적인 영역과 분명히 결별했다. 어떤 점에서 푸코와 데리다는 현상학과 구조주의가 어느 한 쪽으로 수렴될 수는 없지만 서로 교차함으로써 나타나게 되는 의미의 위치를 분명하게 표시했다고 볼 수도 있다.

장폴 사르트르와 롤랑 바르트가 1980년 봄 세상을 떠난 것은 한 시대가 끝났다는 점을 분명히 했다. 『구토』의 성공적인 출판이 있었던 1938년부터 그리고 1943년 잘 알려진 『존재와 무』의 출판과 함께 사르트르는 프랑스의 실존적 현상학에서 지배적인 인물로 최고의 위치에 있었다. 사르트르의 이러한 점은 마르틴 하이데거가 1927년 『존재와 시간』의 출판에서부터 1976년 세상을 떠날 때까지 그가 독일에서 유행했던 것과 똑같다고 볼 수 있다. 1961년 세상을 떠난 메를로퐁티(1908~1961)가 더 오래 살았다면, 그래서 사르트르(1905~1980)와 하이데거(1889~1976)처럼 장수했다면, 그 역시 후설의 그림자를 그 자체만의 한계를 뛰어넘어 확장시켰을 수도 있을 것이다. 뒤프렌, 리쾨르 및 가다머와 같이 몇몇 가능한 예외적인 경우를 제외한다면, 현상학에 대한 유럽의 위대한 전통은 그 자체만의 초월적이고 실존적인 다양한 측면들에서 이제 끝난 것처럼 보이기도 한다. 이렇게 말하는 것은 좀 더 젊은 현상학자들로 구성된 신세대가 현상학의 연구에 있어서 어떤 독창적인 길을 모색하지 않고 있다고 말하는 것이 아니다. 실제로 이들 젊은 세대들은 사회학, 심리학, 커뮤니케이션 이론 및 문학연구 등 철학 이외의 연구에서 특별하게 두각을 나타내고 있다. 그러나 철학에 있어서도 현상학의 직접적인 영향에서 발전된 해석학 역시 여전히 밝은 미래를 제시하고 있다.

그럼에도 바르트의 경우는 좀 다른 경우에 해당한다. 사르트르가 세상을 떠나기 12년 전쯤에 프랑스의 지성계에서 의미 있는 목소리를 상실했던 반면, 바르트는 기호학적이고—그는 '파리고등연구원'에서 개최했던 자신의 세미나에서 '기호학'이라는 용어를 선택한 사람은 다름 아닌 로만 야콥슨이라고 회상했다—구조주의적인 연구에서 여전히 새로운 방향을 모색하고는 했다. 바르트는 사르트르보다 열 살 아래였다. 1940년대 후반 인류학에서 구조주의를 연구할 수 있는 방향을 제시한 바 있는 레비스트로스를 제외한다면, 1950년대 초반 『쓰기의 영도(零度)』에서 비롯된 바르트의 에세이는 그 이후 30여 년 동안 문학과 문화비평에서 그 자체만의 어떤 암시를 구체적으로 제시하기 시작했다.

심리분석적인 연구가 어느 정도 알려지기 시작했던 라캉은 메를로퐁티를 포함하여 전후(戰後)의 초기에 '이성(logos)'에 관계되는 하이데거의 글을 번역했으며, 1950년대 중반부터 논쟁에 개입하기 시작했다. 구조주의의 발전을 위해서 가장 명확했던 시기는 1968년 5월에서 6월까지의 항쟁이 있기 바로 직전에 해당하는 1960년대 중반이었다. 따라서 바르트의 『기호학의 요소』(1964)와 『비평론』(1964)은 모두 다 1966년에 출판된 라캉의 『에크리튀르』, 푸코의 『사물의 질서』 및 벵베니스트의 『일반언어학의 문제점』을 위한 영역을 분명하게 했을 뿐만 아니라 모두 다 1967년에 출판된 데리다의 『화술과 현상』, 『그라마톨로지』 및 『기술과 차이』를 위한 영역까지도 분명하게 했다. 심지어 고다르의 『중국 여인』(1967)까지도 논의의 지표로 활용되고는 했다.

레비스트로스는 언어학과 인류학의 '사이', 구조주의와 인문과학의 '사이'를 연결시키는 이론과 논문으로 1950년대 후반과 1960년대 초반을 충만케 했다. 그의 『슬픈 열대』(1955), 『구조인류학 I』(1958), 『토테미즘』(1962), 『야만적 사고』(1962) 등이 없었다면, 구조주의는 제 목소리를 갖추지 못했을 것이다. 네 권으로 된 그의 『신화』(1964~1972)는, 특히 친족관계에 대한 그 자신의 연구와 관련지어 볼 때, 그 이전의 그의 이론적 전념에 대한 방대한 반증이자 조화로운 연구의 결과에 해당한다.

1970년대에 있어서 구조주의는 주로 1968년 5월 이전에 취했던 입장을 확장하고 개선하고자 했다. 발자크의 단편소설을 구체적으로 재-기술한 바르트의 『S/Z』(1970)에는 바르트 자신이 『텍스트의 즐거움』(1972), 『롤랑 바르트』(1975), 『연인의 담론』(1977), 『카메라 루시다』(1980) 등에서 제공했던 재-진술의 형식에 대한 패턴이 수립되어 있다. 레비스트로스가 1980년대까지 활동하기는 했지만, 이 시기에 지배적인 위치에 있던 인물로는 라캉(프로이트학파에 대한 그의 해체와 1983년 그의 죽음은 그에게서 비롯된 심리분석의 증폭을 파편화시켰다), 푸코(성적 특성과 고백의 역사에 대한 그의 관심은 진실을 말하고자 하는 의지를 고려할 수 있는 새로운 길을 열어 놓았다) 및 데리다 자신이었다. 들뢰즈, 리오타르, 크리스테바, 아마도 라쿠-라바르트, 낸시 및 데스콩브가 제창하는 현재의 위치 역시 차이의 '토포스(topos)'를 각인시키고 있다.

현상학과 구조주의의 발전과 확장은 서로 각각 전적으로 독자적인 것이 아니었다. 현상학의 편에서 보면, 의심의 여지없이 메를로퐁티가 가장 모험적이었다. 소쉬르에 대한 그의 초기의 읽기(1946~1948)는 연이어지는 언어에 대한 그의 '질문'의 패턴을 마련해 놓았다. 레비스트로스 및 라캉과의 우정으로 인해서 메를로퐁티는 구조주의에 대한 연구를 오히려 더욱 꼼꼼하게 할 수 있었다. 「헤겔 이후의 철학과 비-철학」에서 선언했던 입장을 그는 자신이 세상을 떠날 즈음에 명확하게 했으며, 그의 이러한 입장은 현상학과 구조주의의 '사이'에서의 작용-가능성을 분명하게 제시한 것이었다.

이와 똑같이, 데리다 — 그 자신의 『기하학의 기원론에 대한 서문』(1962)과 『화술과 현상』(1967)에서 파악할 수 있는 바와 같이, 그의 초기 활동은 주로 후설을 읽어내는 데 집중되었으며, 뒤이어지는 그의 쓰기는 헤겔, 니체 및 하이데거뿐만 아니라 소쉬르, 레비스트로스, 라캉 및 푸코까지도 취급했다—도 현상학과 구조주의의 사이에 있는 차이의 공간에 개입하게 되었고, 그것의 경계를 분명하게 했다. 메를로퐁티가 '사이의 위치'의 출발점에 서 있었다면, 데리다는 그러한 위치의 도착점을 형성했다.

이 책에 수록된 에세이에서 필자는 모두 메를로퐁티가 선언했고 데리다가 서명했던 참고사항의 틀에 대한 하나의 '파라미터(parameter)'를 마련해 놓았다. 이러한 파라미터를 통해서 필자는 후기의 후설에서부터 하이데거를 거쳐 메를로퐁티까지 이르는 현상학을 위한 패턴과 소쉬르에서부터 레비스트로스를 거쳐 라캉까지 이르는 구조주의를 위한 패턴을 추적할 수 있었다. 이러한 파라미터를 통해서 필자는 또 차이의 언어와 위치를 후기현상학과 후기구조주의로, 자아-언어-세계의 '복합체'에 대한 잠정적인 '해석학적 기호학'으로 재-각인할 수 있었다.

'이론의 문학'의 새로운 지평을 위하여

"보지 않고도 믿는 사람은 행복하다"
—「요한복음서」, 20장 29절

현상 『각인(刻印)의 이론』이라고 제목을 붙인 본 번역서의 원제(原題)는 『각인(刻印) : 현상학과 구조주의의 이후(*Inscriptions : After phenomenology and structuralism*)』로 되어 있으며, 그것은 이 책의 부제(副題)에서 파악할 수 있는 바와 같이, 각 시대를 대표하는 철학자들이 자신들의 이론의 핵심을 어떻게 발전시켰는지를 미국에서의 '대륙철학' 연구와 그 성과에 바탕을 두어 일목요연하게 살펴보는 것을 목적으로 한다. 이러한 철학자들에는 데카르트, 칸트, 헤겔, 마르크스, 니체, 후설, 하이데거, 사르트르, 메를로퐁티, 라캉, 레비스트로스, 푸코, 데리다, 바르트 등이 포함되지만, 그 정점에는 언제나 후설이 자리 잡고 있다.

휴 J. 실버만이 집필한 이 책은 필자의 번역으로 국내에 소개된 바 있는 『텍스트성 · 철학 · 예술』(2009) — 이 책의 원제(原題)는 『텍스트성 : 해석학과 해체주의 사이(*Textualities : Between Hermeneutics and Deconstruction*)』로 되어 있다 — 보다 10여 년이나 먼저 출판되었다. 따라서 『텍스트성 · 철학 · 예술』의 내용을 좀 더 명확하게 이해하기 위해서는 『각인의 이론』을 선독(先讀)해야만 한다. 실버만은 자신의 『각인의 이론』에서 우선적으로 언어철학의 전개 과정을 체계적으로 정리한 다음, 현존재와 '실존적 모호성', '차이의 정체성', '사유와 존재' 등의 문제를 그러한 문제가 제기되었던 전후관계에 비추어 비교하였다. 아울러 그는 상당히 많은 부분을 할애하여 메를로퐁티의 '인간적 모호성', '언어와 의사소통', '철학과 비-철학', '언어의 질문', '보이는 것과 보이지 않는 것' 등을 논의했을 뿐만 아니라 사르트르가 라캉, 레비스트로스, 피아제, 바르트, 푸코 등과 직간접적으로 전개했던 다양한 분야에 대한 논쟁을 그의 이론과 실제 문학작품의 내용을 중심으로 체계적으로 분석하였다. 마지막으로 실버만은 '차이'와 '사이'의 문제를 이성중심주의의 한계, 자아-탈중심하기, 고고학의 문제, 토폴로지로서의 이상향, 암흑향, 혼재향, 상사시향(上斜視鄕), 하사시향(下斜視鄕) 등의 문제를 제기하는 한편 다른 한편으로는 해석학적 기호학에 대한 논의의 여지를 제안함으로써 앞에서 언급했던 『텍스트성 · 철학 · 예술』의 내용을 암시하기도 하였다.

아울러 실버만이 『각인의 이론』에서 논의한 내용을 역자가 '이론의 문학'이라고 제안하고자 하는 까닭은 그의 논의가 이론 그 자체에 대한 논의로만 한정된 것이 아니라 문제가 되는 문학작품을 예로 들어 바로 그 이론 자체를 설명하고 해석하고 있기 때문이다. 그의 이러한 설명과 해석은 난삽하고 난해한 '대륙철학'의 의미를 좀 더 손쉽게 이해할 수 있도록 하는 길잡이가 되기도 하고 그것이 철학이론이든 문학이론이든 그러한 이론을 어떻게 문학작품의 설명과 해석에 적용할 수 있는지에 대한 하나의 방법을 제시하기도 한다. '이론의 문학'은 역자가 한국대표위원으로 활동한 바 있는(1994~2000) '국제비교문학회(ICLA)' 산하 '문학이론위원회'에서 제안하여 오랫동안 국제학계에서 많은 반응을 야기했던 분야로 문학을 위한 이론의 실천을 강조하기보다는 이론을 위한 문학의 실천을 강조한다.

언제나 그렇듯이 번역은 지난하고 힘든 일이다. 특히 실버만이 심도 있게 논의하고 있는 '대륙철학'의 사상과 그 내용의 전개과정을 정확하게 파악하여 번역한다는 것은 용이한 일이 아니다. 그럼에도 지난 1년 여 동안 이 책을 번역하면서 역자가 스스로 위안을 삼았던 구절은 "정성껏 번역하였지만 어떤 표현들은 제대로 옮길 수 없었다고 여겨지니 이를 양해해 주시기 바랍니다. 히브리말 표현들을 다른 말로는 똑같이 옮길 수 없습니다"라는 「집회서」의 '머리글'의 구절이다.

한 권의 책이 출판되기까지는 그것이 저서이든 번역서이든, 감사의 말을 전해야 할 분들이 언제나 많이 있게 마련이다. 우선은 역자로 하여금 하루하루의 일상을 건강하고 보람 있게 살아갈 수 있도록 지켜주고 계신 주님과 성모님께 감사의 기도를 드린다. 또한 본 번역서의 출판을 지원해준 추계예술대학교 측에도 감사의 말을 전한다. 인문학관계 출판의 어려움에도 불구하고 선뜻 이 책의 출판을 허락해 준 '소명출판'의 박성모 대표와 꼼꼼하고 치밀하게 교정을 해준 편집부 관계자들에게도 고마운 마음을 전하고 싶다. 늘 그렇듯이 할 줄 아는 것이라고는 아무것도 없이 그저 밤을 새워 읽고 쓸 줄밖에 모르는 역자를 그저 묵묵한 시선으로 평생을 뒷바라지 해 주고 있는 아내에게 '미안하다'는 말을 마음속으로 되뇌어본다. 어느덧 훌쩍 성장한 성인으로서 대학 졸업반이 되어 제 나름대로 설계하고 있는 인생의 목표를 하나하나 성취해 나가기 위해 1년 여 동안 독일 훔볼트대학교로 떠나 있을 준비를 스스로 하고 있는 외동딸—때로는 말벗이 되기도 하고 때로는 서로의 관심분야에 대해 진지하게 논의하고는 하던—에게 용기와 신념을 가지고 자신의 길을 성실하고 진지하게 이끌어갈 것을 당부하고자 한다.

2011년 11월 21일
한강이 내려다보이는 온지헌(溫知軒)에서
윤호병

미국에서의 대륙철학

I

대륙철학은 미국철학을 이끄는 데 있어서 주도적인 역할을 하는 얼굴에 해당한다.[1] 필자가 대륙철학이라고 명명하는 것은 그 자체의 영감, 접촉 및 형성의 스타일을 유럽에서 성행하고 있는 다양한 전통들에서 취하고자 하는 바로 그 경향에 해당한다. 논리적 실증주의의 후계자들, 일반적인 언어철학, 언어학적 분석 등을 종합함으로써, 분석철학은 우선 영국에서 시작되었고 18세기 경험주의에서 사실로 드러난 모델에 경도되었던 반면, 대륙철학은 데카르트와 이성주의자들 이후에 서유럽에서 전개되었던 명확성의 방법에 호소했다. 좀 더 보편적으로 말해서, 미국에서의 대륙철학은 20세기 초에 후설의 현상학이 출현하면서부터 대륙에서 지속적으로 전개되었던 사상의 유형들을 의미하는 것으로 이해될 수도 있다. 칸트, 헤겔, 마르크스 및 니체는 철학적 전통에 있어서 지배적인 인물들로 고려되기는 하지만, 대륙철학은 그것이 미국에서 실천되고 있는 바와 같이 그 자체의 적극적인 측면이 후설과 함께 시작된 것으로 해석하는 경향이 있다.

독일, 프랑스, 이탈리아, 네덜란드 또는 벨기에의 철학자들을 대륙 철학자들로 명명하는 것은 그 어떤 의미도 없을 것이다. 왜냐하면, 대륙철학은 우리들이 여기 미국에서 실천하고 있는 바로 그 자체를 상당히 구체적으로 정확하게 설명하는 것에 해당하기 때문이다. 유럽인들은 미국에서의 대륙철학이 자신들만의 콘텍스트에서 성행하는 것과는 전혀 다르게 상당히 의미 있게 변화된 방법으로 일정한 방향을 향해 지속적으로 연구되는 것을 발견하고는 종종 놀라고는 한다. 참고용어와 참고-텍스트로 겹쳐지는 이론적인 언어의 보편성은 '커뮤니케이션'[역자는 'communication'을 경우에 따라 '커뮤니케이션', '의사소통', '소통'이라고 번역했다]이 발생하는 것을 좀 더 용이하게 할 수도 있으며, 그러한 보편성은 때로는 선택적으로 적용되고는 하는 미국에서의 다른 철학자들과의 커뮤니케이션보다 훨씬 더 용이한 것일 수도 있다. 그럼에도, 미국적인 분석철학이 종종 영국의 분석철학과 동일하지 않은 것과 똑같이, 미국에서의 대륙철학도 그 자체에 대한 유럽 쪽의 제안자들과는 별도로 그 자체만의 입장을 유지하려는 경향이 있다.[2)]

미국에서의 대륙철학에는 수많은 측면이 있다. 최근까지만 해도 보편적으로 알려진 원천은 후설의 초월적 현상학이었다. '노에틱-노에마틱'['noetic'은 의식의 행위, 즉 믿고 의도하고 미워하고 사랑하는 행위에 관계되고, 'noematic'은 'noetic'의 행위에 있어서의 내용이나 목표에 관계된다]의 언어, 순수한 주관성 내에 부여된 그 자체의 객관적 의미-내용들을 지니고 있는 의식의 이론, 그리고 경험의 묘사에 대한 호소 등은 대륙철학적인 사유의 스타일로 진지한 연구를 하는 데 있어서 본질적인 것으로 고려될 수 있었다. 이와 같은 전제가 거의 반세기 동안 지배적이기는 했지만, 하이데거의 실존적 분석 역시 종종 그것에 상응하는 역할을 해왔다. 몇 가지 예를 든다면, 대륙 철학자들은 후설을 간과했으며 그들의 우선적인 영감을 하이데거로부터 받게 되었다. 후설의 언어가 러셀의 묘사이론만큼이나 낯선 것이라 하더라도 그렇다고 볼 수 있다. 후설계열의 학자들과는 다르게 하이데거계열의 학자들은 근본적인 존재론, 시간성 및 진정한 실존의 방식 등을 언급하는 경향이 있다. 미국의 현상학자들은 좀 더 후설적이거나 좀 더 하이데거적인 경향이 있다. 후설적인 기여이거나 하이데거적인 기여는 그것이 어느 것이든 금세기 대륙 철학자들의 사이에서 커뮤니케이션 담론을 위해서 '필수조건'으로 되는 경향이 있다.

키에르케고르의 실존주의의 영향(사르트르의 경우) 또는 베르그송의 생기론(生氣論)과 형태심리학의 영향(메를로퐁티의 경우)과 함께 헤겔적이고 마르크스적인 사상의 결합은 미국의 철학연구에서 참고할 수 있는 또 다른 지배적인 두 가지 위치를 제공해 주었다. 여전히 광범위하게는 현상학적으로 그러나 분명하게는 실존주의적으로 지향하고 있는 사르트르와 메를로퐁티(주로 유럽에서는 그렇게 선호하지 않게 된)의 쓰기는 미국에서의 독창적 연구를 상당한 영역으로까지 확장시켜 주었다. 사르트르나 메를로퐁티의 활동에 심취하게 된 사람들은 그것에 상응하는 후설과 하이데거의 텍스트도 알아야만 한다. 그러나 물론 언제나 그런 것만은 아니다. 그리고 더러는 사르트르와 메를로퐁티에게서 동시적으로 또는 이들 중에서 어느 한 쪽에서만 이들의 독일 쪽 전임자들보다도 훨씬 더 합당한 심리적이거나 사회적이거나 정치적인 경향들을 발견할 수도 있다.

그렇게 지배적인 것은 아니지만 그렇다고 해서 그렇게 사소한 것만도 아닌 철학자들, 미국에서의 광범위한 범주에 드는 철학자들로는 '실존적 해석'에 호소하는 철학자들이 있으며, 이들 대부분은 키에르케고르, 니체, 야스퍼스, 마르셀, 무니에, 부버 및 오르테가 이 가제트와 같은 다양한 사상가들이 제공했던 실존적 해석의 영향을 받았다. 이와 같은 실존주의의 계열은 심리학자, 사회학자, 정치이론가, 신학자 및 문학비평가로 하여금 철학을 진지하게 취급하도록 했다. 따라서 실존주의적인 접근이 자신들만의 사상에 전파되었다는 점을 발견한 많은 사람들은 자신들이 철학에서 배운 것들을 선별하여 그것들을 각자의 분야에서 발전시켰다. 이들 모두는 다 함께 지속적으로 자신들의 유럽적인 원천에 접근하고는 했고 좀 더 의미 있게는 자신들의 미국 쪽 철학교수들로부터 일종의 지침을 받고는 했다. 또한 동시에 실존주의적이고 현상학적인 그럴듯한 사유의 방법을 과거에 발견했거나 또는 현재 발견하고 있는 철학자들은 자신들의 연구를 이와 관련되는 학문분야로 확장시키고자 하는 경향이 있다. 종종 이와 같은 유형의 확장에서 비롯되는 효과는 폭넓은 사유세계로 나아가기도 한다. 그러나 바로 그 자체의 폭넓은 범위로 인해서 때로는 그렇게 정확하지 못한 경우도 있지만, 보편적으로는 인간의 경험과 상호-작용을 이해하기 위해서 철학을 추구하는 사람들에게 좀 더 많은 의미를 부여하기도 한다.

그 자체의 원천을 하이데거로부터 취하기는 했지만, 슐라이어마허와 딜타이로부터도 취했던 해석학은 대륙철학의 특수한 분야로 되었다. 이러한 해석학의 대변인에 해당하는 폴 리쾨르와 한스-게오르규 가다머는 최근 몇 년 동안 상당히 많은 기간을 주로 미국에서 가르치고 강의하면서 지냈다. 이들의 추종자들, 학생들 그리고 논평자들은 수없이 많다. 예술이나 과학의 해석을 제안하는 사람들은 수없이 많은 다른 분야들에도 퍼져 있지만, 철학자들은 그 자체의 근본적인 주장, 그 자체의 방법론적인 배려 및 그 자체의 암시—비유, 종교사상, 텍스트의 이론, 철학의 역사, 언어철학과 같은 특수한 문제들에 관련되는—를 지속적으로 연구하고 있다. 대륙철학에 있어서 해석학의 특징은 미국적인 사상에서 여전히 상당할 정도로 많이 활력적으로 훌륭하게 발전되고 있다는 점을 들 수 있다.[3)]

초월적이고 실존적이며 해석학적인 현상학이 지난 몇 십 년 동안 미국에서의 대륙철학을 가장 합당하게 특징지은 반면, 새로운 형식이 형성되어 다른 분야들과 함께 존재하기도 했다. 후설적이고 하이데거적이고 사르트르적이고 메를로퐁티적인 접근이 중요한 머릿돌로서의 역할을 하기는 했지만, 그 밖의 접근들이 이루어지기도 했다. 소쉬르의 기호학과 아도르노의 비평의 이론은 지난 15년 동안 또는 그 이상으로 폭넓은 연구의 스펙트럼으로 자리매김하게 되었다. 소쉬르의 기호학에서 비롯된 구조주의는 인류학에서의 레비스트로스, 심리분석에서의 라캉, 문학비평에서의 바르트 및 정치이론에서의 알튀세 등에게 영향을 끼쳤다. 그 자체의 철학이 다른 분야들로 흡수되었던 실존주의와는 다르게, 구조주의는 그것에 관련되는 유사한 학문연구로부터 철학적인 연구로 전환하게 되었다. 단지 몇 가지 예만을 든다면, 방법론의 문제, 주체나 자아의 위상, 역사의 공시적 개념의 암시는 대륙 철학자들에게 있어서 중요한 이슈로 되었다. 구조주의에 대한 이들의 관심은 이미 메를로퐁티에 의해서 제시된 바 있지만, 기호학적 스타일로 집필하는 미국학자들의 숫자는 그렇게 넓게 퍼져있지 않다.[4] 구조주의가 유럽에서는 이제 소멸하고 있지만, 그것에 대한 미국에서의 열광은 상승단계에 있다고 볼 수 있다.[5]

비평의 이론의 위상은 어느 정도 특수한 경우에 해당한다. 마르크스와 헤겔에 대한 관심이 지속되고 있으며 대륙철학에 대해서 진지하게 관여하는 사람이라면 이들을 무시할 수는 없지만, 아도르노, 호르크하이머, 벤야민, 마르쿠제 그리고 별도로 루카치와 골드만의 문화적이고 사회적이며 정치적인 이론은 1960년대 이래 미국에서 상당히 많은 추종자들을 배출했다. 최근에 이들의 활동이 정치적 행동주의에서는 줄어들었지만 특별히 이론적인 토픽에 역점을 두는 세부적인 비평연구에서는 더 많이 증가하게 되었다.[6] 하버마스의 명성은 미국에서 그것에 상응하는 연구를 하는 데 있어서 새로운 충동을 부여하기도 했다.[7] 몇몇 연구들이 사회학과, 정치학과, 문학과 및 예술학과 등에서 이루어지는 동안, 철학자들은 비평의 이론에서 이처럼 수많은 연구들을 적극적으로 설명하고는 한다.

필자가 당연히 고려하고 싶어 하는 대륙적인 얼굴의 마지막 국면은 후기구조주의이다. 아마도 그 어떤 다른 측면보다도 후기구조주의가 대륙사상의 선봉에서 그 자체를 수립하고 있기 때문이다. 후기구조주의는 또한 암시적으로 후기현상학에 해당하기도 한다. 후기구조주의의 중요한 지지자로는 자크 데리다, 미셸 푸코, 장-프랑수아 리오타르, 질레 들뢰즈 및 줄리아 크리스테바를 들 수 있다. 데리다와 푸코가 각각 그들 자신만의 해체주의와 지식의 고고학에 좀 더 공통적으로 호소하는 경향이 있기는 하지만, 이들의 사상 그 자체는 지난 몇 년 동안 철학연구의 폭넓은 다양성으로 나타나고는 했다.[8] 이들의 쓰기는 그것에 상응하는 방법과 스타일에 있어서 명확하게 될 수 있는 수많은 개인적인 연구를 위한 참고-텍스트로 작용하게 되었다. 이들의 쓰기에는 현상학과 구조주의에 대한 급진적 비판, 즉 상당히 다른 방법에 의한 비판이 포함되어 있기 때문에, 이들이 기여한 것이 무엇인지를 충분히 이해하기 위해서는 20세기 전체의 대륙적인 전통을 고려해야만 한다.

II

현상학, 실존주의 철학, 해석학, 구조주의, 비평의 이론 및 후기구조주의 등이 미국에서의 대륙철학의 얼굴의 측면에 포함된다면, 그러한 측면의 근본적인 특징은 무엇인가? 그러한 특징의 내용이 분석철학과 그 밖의 철학(유사한 토픽, 이슈 및 관심분야)의 내용을 공유하고 있다 하더라도, 바로 그 특징을 구별하는 것으로는 ① 철학화의 스타일, ② 참고-텍스트, ③ 공통의 언어, ④ 상응하는 전통, ⑤ 그 자체만의 연구 등을 들 수 있을 것이다. 몇 가지 공통적인 특징들이 있다 하더라도, 대륙철학은 하나의 스타일이 아니라 수많은 스타일에 해당한다. 대륙 철학자들은 어떤 공통점을 찾아볼 수 없는 다른 사람들의 다양한 관심들을 서로 관련지으려고 노력한다. 이들 철학자들은 이러한 사람들의 관심의 의미나 의미작용을 해석하거나 읽어내려고 노력한다. 이들은 암시적인 방법론들이나 이데올로기적인 바탕들을 의심하기도 한다. 자아, 질문자 또는 조사자의 위치 — 어떻게 소개되고 어디에 자리 잡고 있으며 어떤 태도에 의해서 서로 관계되는 각 분야의 요소들을 종합할 수 있는가에 해당하는 — 는 아주 중요하다. 이와 똑같이, 조사받고 있는 것의 본질은 주체로서, 구조로서 또는 이데올로기적인 구성으로서 조사자와 복잡하게 뒤얽혀 있는 것으로 간주되고는 한다. 실제로 전체 내에서의 각각의 요소들의 모든 경우, 관계 또는 체계는 놀라울 정도로 아무 효과도 없이 무시될 수 있거나 제쳐놓을 수 있는 것이 아니다. 종합하지 않는다면, 그렇다면 연구조사에서 특별한 분산이 나타나야만 하고 드러나야만 할 것이다. 대륙적인 스타일은 형식주의와 환원주의가 세계 내에 부여된 구조들, 세계의 경험 또는 인간의 생산품과 공산품—세계가 견디어 왔고 알려진 그대로 의미를 부여하는—을 제시할 수 없는 한, 그러한 형식주의와 환원주의를 피하는 경향이 있다.

대륙철학에서의 참고-텍스트는 상당히 결정적일 뿐만 아니라 분석철학의 텍스트와는 분명히 다른 경향이 있다. 분석 철학자들이 똑같은 참고-텍스트에 관심을 가지고 있고 더 나아가 그것을 참고하여 쓸 수 있다 하더라도, 그들의 접근 스타일과 태도는 손쉽게 구별될 수 있다. 좀 더 지배적인 몇 명의 인물들만을 인용한다면, 대륙철학에서의 참고-텍스트에는 후설, 하이데거, 사르트르, 메를로퐁티, 리쾨르, 가다머, 아도르노, 하버마스, 푸코, 데리다 등의 쓰기가 포함된다. 분석 철학자들과는 다르게, 대륙 철학자들은 이와 같은 참고-텍스트를 개별적으로 언급하기보다는 좀 더 보편적으로 다 함께 인용하는 경향이 있다. 대륙 철학자들이 이렇게 하는 것은 참고-텍스트가 중요하지 않기 때문이 아니라 그 스타일이 그렇게 논쟁적이지도 않고 문제적이지도 않기 때문이다. 대륙 철학자들은 그 자체의 참고-텍스트의 방법론이나 관심사항에서 비롯된 어떤 이슈에 대한 이해를 확장시키는 데 더 많은 관심을 기울이는 것 같다. 대륙 철학자들은 일반적으로 분석, 분류 및 논쟁을 요구하는 문제에 관심을 갖지 않는다. 이들의 관심은 서로 관련되는 영역들의 차이에 대한 설명, 노력 및 제시를 통해서 현상, 토픽, 구조 또는 문화생산을 설명하는 데 더 많은 관심을 기울이는 것 같다.

이와 같은 관심이 특수한 참고-텍스트와 관련지어 발생하게 되는 것은 공통된 언어나 일련의 공통된 언어들을 창조하는 경향에 관계된다. 특수한 참고-텍스트를 인용하지 않는 경우에는 일반적으로 사유의 유형, 전문용어 또는 접근방법에 호소하게 된다. 참고-텍스트는 종종 그저 다만 전제되거나 적용될 뿐이다. 각각의 연구가 그 자체의 스타일, 언어 및 접근방법을 옹호할 수밖에 없다면, 해당분야에서 더 발전할 수 있는 시간이나 장소 또한 있을 수 없게 될 것이다. 상징 그 자체를 옹호하지 않으면서 어떤 요점을 제시하거나 주장을 하기 위해 상징적인 논리를 활용하는 사람들과 똑같이, 대륙 철학자들도 손에 들고 있는 편리한 도구만을 가지고 나아가는 경향이 있다.

대륙철학의 전통은 종종 다른 철학자들—플라톤, 아리스토텔레스, 데카르트 및 칸트는 그 어떤 의미에서도 대륙 비평가들의 특징에 해당하지 않는다—의 전통과 상당히 많이 겹쳐지는 것으로 나타나기는 하지만, 거기에서 비롯되는 공통된 바탕은 대륙철학에 도움을 줄 수 있기보다는 오히려 더 혼란스러울 수도 있다. 철학의 역사에 대한 해석이 경우에 따라 수용되기도 하고 거부되기도 하는 까닭은 바로 그러한 설명이 서로 다른 철학적 사유의 근본적인 스타일에서 비롯되기 때문이다. 해석이나 읽기에서 계산하는 것, 문제가 되는 것, 의미 있는 것은 스타일에 따라 서로 다르게 나타나게 될 것이며 따라서 잠정적 가치의 평가는 사전(事前)의 선(先)-해석적인 수준에서 이루어지게 될 것이다. 서로 다른 참고-텍스트에 대한 연구에서도 이와 똑같다고 볼 수 있다. 하이데거의 분석적인 읽기, 비트겐슈타인의 해석적인 설명 및 오스틴의 해체적인 평가는 이와 같은 쓰기를 참고-텍스트로 활용하는 사람들에게 무관한 것일 수도 있다(또는 아마도 그럴 수도 있을 것이다). 그리고 분명히 철학적인 사유의 어떤 스타일에 있어서 새로운 연구, 새로운 해석, 새로운 발견은 이미 형성된 기존의 바탕에 의존하게 된다. 토머스 쿤이 '예외적 학문'(여기에서는 오히려 '예외적 철학')이라고 명명하는 것까지도 특별한 참고-텍스트, 공통의 언어 및 특별한 전통과 함께 결정적인 철학적 스타일에 의존하게 되고 그러한 스타일에 반응하게 되고 그러한 스타일에서부터 비롯되게 된다.

III

이 책의 임무는 대륙적인 전통을 지속적으로 읽어내는 데 있다. 이 책의 스타일은 현저하게 대륙적이다. 미국적인 토양에 뿌리를 내리고 발전해 왔지만, 유럽적인 텍스트의 전통에 기대고 있을 뿐만 아니라 거기에서부터 비롯된 '철학적 오리엔테이션'에 이 책이 의존하고 있다는 점은 가장 분명한 사실이다. 후설, 하이데거, 메를로퐁티, 사르트르, 피아제, 바르트, 푸코 및 데리다에 관계되는 참고-텍스트는 구체적인 읽기를 하기 위해 제공된 바로 그 텍스트에 해당한다. 이 책은 지극히 자-의식적으로 집필되었다. 이 책에서 필자는 참고사항 그 자체의 전통과 체계를 형성하고 있는 바로 그 텍스트에 대한 다시-읽기에 착수했다. 이 책의 임무는 또 그 자체만의 전통의 콘텍스트 내에 그 자체를 각인하는 것, 전통 그 자체를 재-각인하는 것에 있으며, 그렇게 함으로써 이 책의 임무는 그 자체만의 위치와 입장을 분명하게 할 수 있게 될 것이다. 이 책의 마지막 부분에서 언급된 입장은 '해석학적 기호학'의 명칭과 유사한 것이다. 이러한 명칭이 전망적이기는 하지만, 그것은 그럴듯하게 반대되면서도 양립-불가능한 철학적 전념에 대한 이중적인 반응을 나타내기도 한다. 현상학 — 후설, 하이데거, 사르트르 및 메를로퐁티에 의해서 상세하게 설명되었던 바와 같이 — 은 자아-세계의 관계를 이해하기 위해서 충분한 시도를 했다. 이와 같은 자아-세계의 관계 내에 언어가 개입되어 있다는 점에서, 현상학은 거의 보충과 같은 것이다. 어떻게 세계를 경험할 수 있고, 알 수 있고, 이해할 수 있는가와 같은 근본적인 관계는 인식론적인 관계이다. 의도성, 의식, 해석 및 인지는 자아-세계의 관계가 작용할 수 있는 주된 방법에 해당한다. 이와 같이 서로 다른 방법들의 활동 내에 언어가 개입하게 된다는 것은 의미 있으면서도 중요한 것이다. 소쉬르에 의해서 착수되었고 레비스트로스, 피아제, 라캉 및 바르트에 의해서 실천된 구조주의는 언어와 함께 출발했다. 자아나 세계라고 말해질 수 있는 것은 그것이 무엇이든 기호의 형성(기표-기의 관계)에 의존하고는 한다. 기표가 세계를 환기하는 한, 그것은 그 자체를 '말'에 부여한 개념을 통해서만 그렇게 할 수 있을 뿐이다. 이와 같이 분리된 두 가지 연구 영역들, 즉 현상학적이고 해석학적인 영역과 구조주의적이고 기호학적인 영역이 만나게 되는 바로 그 교차점에서는 '차이-사이'의 공간을 펼쳐 놓게 된다. 필자는 이러한 공간을 '해석학적 기호학'이라는 명명했다.

그러나 현재의 연구는 현상학과 구조주의의 사이의 위치에 각인되어 있다. 이와 같은 차이의 공간은 한편으로는 메를로퐁티와 故하이데거가, 다른 한편으로는 故바르트와 푸코가 그들 자신만의 철학적인 사유가 발생할 수 있는 장소라고 즐기고는 했던 바로 그 공간에 해당한다. 이와 같은 위치 — 그리고 위치의 언어는 중요하다 — 는 바로 해석학적 기호학이 텍스트 그 자체의 차별적이고 부수적이고 미결정적인 특징과 관련지어 텍스트를 읽어내는 해체주의 쪽으로 나아가게 되는 바로 그 '위치'이다. 자아-세계의 관계에서 기술(記述)되었지만 그 자체만의 기표의 실천과 관련지어 바로 그 관계를 다시 공식화하는 언어는 현상학과 구조주의의 사이의 위치를 형성하는 차이의 체계를 제공한다. 그러나 '사이의 위치'는 단순한 '위치'가 아니다. 그것을 '사선(斜線, /)의 이론'이라고 명명할 수도 있을 것이다. '사이의 위치'는 또한 현상학과 구조주의 모두를 초월한다. '사이의 위치'는 적어도 후기현상학과 후기구조주의에 해당해야만 한다. 그러나 여기서 말하는 '초월'은 헤겔적인 '지양'이 아니다. 초월은 전적으로 대륙전통의 틀과 일련의 참고-텍스트 내에서만 각인될 수 있으며, 그 자체만의 콘텍스트 내에서만 작용함으로써, 초월 그 자체는 이와 같은 참고-텍스트를 초월할 수 있게 된다. '사이의 위치'는 철학이 그 자체만의 전통의 주변에서 철학 그 자체의 위치를 발견할 수 있는 바로 그 위치이다.

『각인』은 철학논문이 아니다. 그렇지만, 이 책에서는 대륙철학의 현재의 위상을 일관적으로 철저하게 모색했으며, 대륙적인 전통 내에서 그 자체만의 입장이 무엇인지를 제공하고자 했다. 『각인』은 에세이 형식으로 집필되었다. 이 책은 현상학과 구조주의의 '사이의 차이'에 대한 일련의 연구조사로 이루어졌으며, 현상학과 구조주의를 때로는 독자적으로 취급하기도 했고 때로는 서로 관계되는 접점으로 취급하기도 했다. 우선적으로 현상학적인 전통에 바탕을 둠으로써, 자아-세계의 관계 역시 그와 같은 관계에서 언어의 위치에 대한 고려를 요구한다는 점을 분명하게 할 수 있었다. 현상학적인 전통에 있어서 다양한 흐름의 전형적인 예로 사르트르를 고려한다면, 그의 현상학에 대한 견해는 언어, 구조, 무의식, 심리적 발전, 문학 및 역사의 논지에 대해 서로 다른 구조주의적인 선택과 병치되어 있다는 점을 파악할 수 있다. 메를로퐁티는 구조주의의 특징이 자신의 현상학과 협조하도록 했기 때문에, 언어의 역할에 대한 그의 차이적인 입장은 사르트르와 구조주의자들을 병치시켜 연구하는 것으로 나아가게 된다. 이 책의 세 번째 부분에서는 후기현상학적이고 후기구조주의적인 콘텍스트에 있어서의 자아의 이론에 대한 암시(그리고 운명)를 연구했다. 하이데거, 리쾨르, 푸코 및 데리다가 제공했던 설명은 이 책을 집필하는 데 있어서 결정적인 역할을 했다. 따라서 실제로 이 책은 서로 협조적인 자기방어의 이론, 해석-가능한 '토폴로지'['topology'는 전통적으로는 위상(位相) 기하학, 지세학(地勢學), 풍토지(風土誌) 연구 및 위상(位相) 심리학을 의미하고 최근에는 특히 생명공학에서 장소와 공간의 배치에 관한 학문 또는 정보를 의미하며 일반적으로 '공간배치'라고 번역되기도 한다] 또는 해석학적 기호학을 위해서, 간단히 말해서 텍스트성의 이론을 위해서 차이의 공간을 열어 놓게 되는 에세이들, 즉 일련의 각인들로서, 현상학과 구조주의의 '사이의 위치'에 대한 '각인' 그 자체로 향하게 되었다.

제1부
현상학

제1장
후설의 '위기'에 있어서의 자아

어느 누구도 자신의 자기-인식에 있어서 그 자신의 진정하면서도 실제상의 자아, 에고-주체로서 그리고 그 자신의 모든 세계-인식과 세속적 성취의 주체로서, 그 자신만의 것에 해당하는 존재자에게 실제로 도달하는 것은 아니다. 이 모든 것은 환원에 의해서만 그 자체를 제시할 수 있을 뿐이며, 순수한 심리학은 순진하면서도 순수한 자기-인식의 끊임없는 고통에 지나지 않을 뿐이다. 그러나 또한 순수한 자기-인식에는 인간의 지식, 즉 에고들로서 또는 영혼들로서 인간의 진정한 존재자와 삶의 지식도 포함된다, 그런 다음 아무리 성공적이라 하더라도 원칙적으로 그 어떤 실증과학에서도 일찍이 성취할 수 없었던 진정한 세계의 존재자의 지식 역시 포함된다.

— E. Husserl, *Crisis*, p.261.

1. 데카르트의 실수

길버트 라일은 데카르트가 실수의 범주에 드는 일종의 '실수'를 했다고 제안함으로써 일약 유명해졌다. 라일의 요점은 데카르트가 에고를 어떤 유형의 물질로 간주했으며 그 결과 자동적으로 이와 같은 망령을 명명하고 의미를 부여하는 덫에 걸려들고 말았다는 데 있다. 데카르트에 대한 후설의 비판은 또 다른 유형에 해당한다. 후설은 데카르트가 에고의 개념을 '생각하는 실재(實在)'로 형성하는 데 있어서 잘못했다는 점을 제시하려고 노력하기보다는 데카르트가 이러한 문제를 충분하게 발전시키지 못했다고 생각했던 것 같다. 개인적인 접근에 의한 주장을 거부하는 대신에, 후설은 데카르트가 진정하면서도 실제 자아에게 접근할 수 있는 방법을 찾아낼 수 있는 '위대한 발견'의 순간에 직면해 있었다는 점을 주장하기도 했다.

후설에 따르면, 데카르트는 올바른 궤도에 자리 잡고 있었다. 데카르트가 회의적 태도를 취했다는 점에서 그의 방법론은 옳은 것이었다. 그는 모든 유형의 지식을 의심했으며 따라서 회의론의 시대를 열어 놓았다. 판단에 대한 이와 같은 보류로 인해서 데카르트는 '에고 코기토(ego cogito)'의 사상으로 돌아설 수 있게 되었으며, 그러한 사상으로부터 그는 자아와 세계의 지식을 재-형성할 수 있게 되었다. 그러나 데카르트의 실수는 그가 '에고 코기토'의 복잡한 특징을 심사숙고하지 않았다는 데 있다. 라틴어가 지성적인 언어이며 '코기토' 그 자체에는 이미 '나는 생각한다'의 의미가 포함되어 있기 때문에(따라서 '에고 코기토(ego cogito)'에서 '에고'는 필연적으로 단순히 강조하는 것일 뿐이다), 데카르트는 "나는 생각한다, 고로 존재한다(cogito ergo sum)"의 '코기토'에서 '에고'에 역점을 두는 것은 불필요하다는 점을 발견했을 수도 있다. 따라서 영혼의 열정에 대한 자신의 논의에서 데카르트는 에고의 개념에는 모든 점에서 전적으로 영혼과 대등하지 않을 수도 있는 어떤 구분이 있을 수 있다는 점을 파악하지 못했다. 데카르트는 ① 심리적 에고(das seelische Ich)—'die Seele'가 'l'âme'로 번역된다는 점과 그것을 우리들이 '영혼'이라고 부른다는 점에 주목할 것—와 ② 선험적 에고를 구별하지 않았다. 후설에게 있어서 이러한 구별은 자아를 충분하고 분명하게 이해하기 위해서 결정적이면서도 근본적인 것이다.

데카르트는 또한 후설이 결정적인 것이라고 파악했던 두 번째 구별, 즉 'ego qua cogito(나는 생각한다)'와 에고의 실제 인식이나 사상의 관계를 파악하지 못했다. 후설에 따르면, '코기토'에 대한 데카르트의 개념에는 '에고' 그 자체만이 포함되어 있는 것이 아니라 에고의 행위, 세계에 있는 대상(선험적 대상)에 대한 에고의 지향성까지도 포함되어 있다. 브렌타노에 따르면, 이와 같은 지향성은 의도성이라고 불리며, 그것은 무엇을 의식적으로 가지고 있는 것, 바로 그 '무엇'의 출현에 해당한다. 에고에 의미를 부여하는 것으로서의 '심사숙고(cogitatio)' 그 자체는 후설이 자신의 『관념론 I(*Ideem I*)』에서 '노에시스'['noesis'는 후설의 현상학에서 의식의 기능적이고 작용적인 측면을 의미하며, '노에시스적 계기'라고도 한다. 이러한 의미의 '노에시스'는 그리스어 누스(정신 · 이성) 및 그것과 같은 계열인 노에인(사유한다 · 지각한다 · 직관한다)으로부터 파생된 noēsis에서 비롯되었다. 노에시스는 의식을 구성하는 심적(心的)인 실재적 요소이며 그 구조에서 두 가지 요소로 구별된다. 첫째 요소는 일정한 정립(定立)의 성격을 가지고 대상을 지향하여 대상의 '노에마적 의미'에 대응하는 것이며, 그것은 또한 두 가지 방향으로 생각할 수도 있다. 한편으로는 표상 · 판단 · 감정 · 의욕과 같은 작용의 성격을 정립하는 것이고 다른 한편으로는 확신 · 의혹 · 물음 · 개연(蓋然) · 부정과 같은 신빙의 성격을 정립하는 것이다. 둘째 요소는 그러한 정립의 성격을 가진 노에시스적 요소가 단순한 지향의 작용으로서가 아닌 의미부여적인 작용을 할 때 당연히 그 기초로서 갖지 않으면 안 되는 어떤 질료적(質料的)인 것, 충실하게 노에시스적이거나 또는 실유적(實有的)인 기저(基底)라고 부를 수 있는 것이다. 노에마적 의미는 이러한 기저를 바탕으로 하여 각각의 성격화를 가지고 나타나게 된다.

노에시스에서의 이러한 두 요소를 하나로 통합하는 것은 실재적인 결합의 성격을 가지게 된다]로 파악했던 것에 해당한다. '사유행위'를 의미하는 '노에시스'는 코기토(cogito)에 대응되는 그리스어 '노에오(noéo)'에 관계된다.

세 번째 요소인 '코기타툼'['ego-cogito-cogitatum'. 그것은 '나는 존재하고, 나는 무엇인가를 의식하고 있으며, 그런 만큼 나에 의해 의식된 것'을 의미한다]은 데카르트에게 있어서 분명히 하나의 이슈에 해당한다(cf. Husserl, *Crisis*, sec. 50). '나에 의해 생각된 것'은 '나가 생각하고 있는 것', 즉 '마음'(*res cogitans*, i.e. ego와 *cogitationes*의 결합)—예를 들면, 'res extensa'가 '물질'을 의미한다면, 'res cognitans'는 '마음'을 의미한다—과 분리된다는 점을 인식하지 못한 채, 데카르트는 어떻게 세계에 대한 자신의 체계적인 의심을 제기할 수 있었는가. 데카르트의 편에서 보면, 멀리 보이는 탑, 자신의 앞에 있는 의자, 자신의 손, 자신의 전신(全身)을 의심하기 위해서 그는 '나에 의해 생각된 것(cogitatum)'의 개념을 형성할 수밖에 없었다. 이와 같이 '생각된 것들(cogitata)'은 후설에 의해서 '부여의 방법', '출현의 방법', '의미', '의도적 대상'에 관계되고, 후설에게 있어서 이러한 것들은 실제로 세계에 있는 대상은 아니지만(선험적 대상) '생각하는 에고'에게 있어서의 방법에 해당한다. 『관념론 I』을 집필했을 때, 후설은 이와 같은 '생각된 것들(cogitata)'을 '노에마타(noemata)', 즉 의도적 행위에 부여된 의미라고 파악했다.

따라서 데카르트의 실수는 '에고'와 '영혼'을 동일시했다는 점과 결과적으로 '생각 그 자체'를 '생각하고 있는 에고'에 포함시켰다는 점에 있다. 그러나 데카르트가 실수한 점을 단순하게 지적하는 것은 첫 단계에 불과할 뿐이다. 자아에 대한 후설의 견해를 이해하는 데 있어서 결정적인 것은 이와 같은 구별이 그의 현상학에 있어서 얼마나 중요한지를 파악하는 것, 즉 '에고-코기토-코기타툼'의 구조가 암시하는 것을 충분하게 파악하는 데 있다.

2. 방어와 정체성 : 영혼과 에고

'에고-코기토-코기타툼'의 구조는 이미 하나의 선험적 구조에 해당한다. 데카르트가 그 자신의 의심의 방법, 즉 그 자신의 '판단중지(epoché)'의 방법이 없었다면 '코기토'를 발견할 수 없었던 것과 똑같이, 현상학적 환원을 하지 않고서 이와 같은 삼중(三重)의 구별을 이해하는 것은 가능한 것이 아니다. 그러나 후설에게 있어서 의심하고 있는 '에고'는 다음과 같은 '에고', 즉 자연스럽고 천진난만한 태도에서 행동하고, 보고, 알고, 이해하는 바로 그 '에고'와 전적으로 똑같은 것이 아니다.

이와 같은 후자의 에고는 데카르트가 영혼이라고 불렀던 에고이다. 그것은 심리적 에고, 경험적 에고(후설이 자신의 『위기론』에서 피하고자 했던 표현), 심리적으로 내재(內在)하는 에고이다. 이러한 에고는 일상생활과 경험의 자아이다. 그것은 또 자신의 다양한 연구를 실천하는 자연과학자의 자아에 해당하기도 한다. 그것은 또 사랑하고 욕망하고 기대하는 자아, 분명하고 순수하며 선험적인 이해가 충분한 지식 그 자체를 위해 필요하다는 점을 결정하는 자아에도 해당한다.

이와 같은 자연적 자아가 일단 회의적이고 현상학적인 태도를 취하고 나면, 그것은 그 자체가 제공했던 개인적인 정당성을 불신하기 시작한다. 이러한 점에서 경험적 에고는 세계에 대해서 그리고 그 자체에 대해서 일종의 환원을 수행하게 된다. 현상학적 환원(선험적인 동시에 직관적인 환원)은 파괴행위가 아니다. 그것의 환원과정에서는 자연적인 태도에서 찾아볼 수 있는 것들을 제거하지 않는다. 오히려 그러한 과정에서는 나중에 좀 더 분명하게 자연의 세계를 연구하기 위해서 바로 그 자연의 세계를 시간적으로 보류하게 된다. 다른 한편으로 현상학적으로 환원할 수 있는 능력은 어느 한 사람만이 유일하게 가질 수 있는 능력은 아니지만, 그렇다고 해서 모든 다른 사람들이 가질 수 있는 능력도 아니다(예를 들면, 정신적 텔레파시를 들 수 있다). 고려하고 있는 것의 본질에 대한 조사를 알게 됨으로써(직관적 환원) 그리고 고려하고 있는 것의 전제와 가정(假定)의 실존을 본질적 의미와 혼동하지 않도록 하기 위해서 그것들을 전체적인 전망 속으로 끌어들임으로써('판단중지' 또는 선험적 환원), 우리들 모두는 현상학적 환원을 수행할 수 있게 된다. 『위기론』에서 후설은 현상학적 환원의 과정에 대해서 상대적으로 그렇게 많이 언급하지는 않았다. 그렇지만 우리들은 이와 같은 과정에 의해 자연적 자아가 선험적 자아로 변용되는 것을 파악해야만 한다. 심리적 에고는 절대적 에고로 변용되고 심리적 내재(內在)는 인식론적 내재로 되며, 심리적-지각, 내적-지각 또는 자기-지각은 인식론적 자기-지각의 형식을 취하게 된다.

자연적 자아에서 선험적 자아까지 이르는 이와 같은 변용의 본질은 무엇인가? 변용을 주장하는 것은 자아가 새로운 형식을 취하게 된다는 점을 제안하는 것이다. 이러한 의미에서 영혼은 순수한 에고와 다른 것이고, 자연적 자아는 선험적 자아와 다른 것이다. 그러나 형식의 변화는 모든 사람들이 갑자기 자신들의 가면을 벗어버린 '가면무도회'와 같은 것이다. 우리들은 모든 사람들을 그들 자신만의 진정한 모습과 '있는 그 자체'로 바라보게 된다. 실제로 가면을 쓰고 있든 안 쓰고 있든 각자는 동일한 사람에 해당한다. 그렇지만 가면을 쓰고 있으면 다른 사람들을 기만할 수 있다. 현상학의 임무는 기만을 최소화하는 것이고 사물을 실제로 있는 그대로 파악하는 것이다. 이러한 의미에서 경험적이면서도 자연적인 자아는 선험적 자아와 상당히 똑같은 자아에 해당하지만, 그러나 선험적 자아가 실제로 있는 그대로의 경험적 자아의 출현에 해당한다는 점을 제외할 경우에만 그렇다고 볼 수 있다.

자기 자신만의 선험적 자아를 드러내고자 할 때, 바로 그때에 비평적 어려움이 발생하게 된다. 자연적 태도에 있어서의 에고는 날마다의 지각, 날마다의 탐구에 있어서 하나의 출발점에 해당한다. 이와 똑같이, 선험적 영역에서 순수한 에고는 현상학적 연구의 출발점에 해당한다. 이와 같이 순수한 자아는 에고-축에 해당하며, 그것은 무엇인가로 향하게 된다. 후설은 종종 그러한 것을 에고-주체라고 명명하기도 했다. 에고-주체는 '에고-행동(cogitationes)'을 통해서 '객관적인 그 무엇(cogitatum)'으로 나아가게 된다. 이와 같은 세 가지 요소들, 즉 에고-주체, 에고-행동, 객관적인 그 무엇이 선험적 주관성의 구성요소를 형성한다. 나는 무엇인가의 의미를 의도한다. 예를 들면, 한 권의 책은 그것이 탁자에 놓여 있는 상태 그대로 주관성의 일부분, 즉 순수한 에고가 의도적으로 부여한 하나의 의미로서 주관성의 일부분으로 된다. 이와 같은 에고-축은 하나의 점과 같은 것이다. 두 개의 점들의 사이의 거리에는 하나의 선이 형성된다. 이러한 두 개의 점들 중에서 하나의 점은 그것이 끝-점이라는 의미에서만 선의 일부분으로 될 수 있다. 이와 똑같이 에고-축은 그것이 피-유도성의 원천으로 될 때에만 주관성의 일부분으로 된다. 선험적인 영역에서, 두 개의 점들 중에서 다른 점은 대상-축, 즉 '객관적인 그 무엇'으로 된다. 그러나 순수한 하나의 에고에는 수많은 '생각된 것들(cogitata)'이 있을 수 있다.[1] 순수한 에고는 그 자체의 정체성에 대해서 특별한 것이라면 무엇이든 그것과 함께 에고-축을 형성한다고 후설은 강조했다. 에고의 정체성은 선험적 에고가 서로 다른 '에고-행동(cogitationes 또는 noeses)'에게 부여하는 서로 다른 '생각된 것들(cogitata 또는 noemata)'에서 찾아볼 수 있는 것이 아니다. 자연적 에고는 현상학적으로 비-비판적이라는 점에서 영혼이나 또는 자연적 에고가 선험적 에고와 다르다는 점을 우리들이 인정해야만 한다 하더라도, 두 가지 에고들은 똑같은 것이고, 그것들의 영역뿐만 아니라 나아가는 방향까지도 일치하게 된다. 그러나 선험적 에고는 경험적 에고의 자격으로 자아를 충분하게 조사할 수 있을 정도로까지 현상학적으로 깨끗하게 정화시킨 바로 그 경험적 에고에 해당한다(본질적인 형식과 그 어떤 감추어진 조건이 없는).

우리들은 후설이 정신분열증적 자아(분리된 자아)의 이론을 제안하고 있다고 결론지어서는 안 된다. 오히려 선험적 에고는 심리학적으로 볼 때 경험적 에고와 일치한다. 심리학적(또는 심리적) 사실로서 에고를 고려하는 것은 경험적 에고에 대해서 언급하는 것이다. 현상학적 사실로서 에고를 언급하는 것은 선험적 에고를 말하는 것이다. 정신분열증의 문제는 필연적으로 심리적 에고를 취급할 수밖에 없다. 이제 경험적 에고의 심리적 측면을 현상학적으로 조사하는 것이 가능할 수 있지만, 이러한 점은 현상학적으로 반영된 특수한 논지로 경험적 에고를 고려하는 것일 수도 있다. 이와 같은 경우에서 선험적 에고는 모든 의도적 행위에서처럼 연구조사를 수행하게 된다. 선험적 에고는 자아가 타자가 아니라는 점, 즉 다른 사람의 자아가 아니라는 점에서 그 자체를 연구조사하게 된다(그 자체를 형성하게 된다). 이와 같은 경험적 에고(영혼)가 선험적 에고의 고유한 자아에 해당한다. 따라서 경험적 에고와 선험적 에고의 사이에는 그 어떤 심리적 거리가 있을 수 없다.

선험적 에고는 자아 그 자체의 연구를 수행하는 자아여야만 한다(noeses를 통해서). 이와 같은 연구조사가 발생할 때에만, 진정한 실제 자아가 분명해질 수 있다. 경험적 에고의 의식적인 삶은 선험적 에고가 참여하게 되는 바로 그 의식에서 필요한 조건으로 작용한다. 그러나 전적으로 서로 다른 의식은 세속적으로 경험적 에고의 의식적인 삶과 활동에서 비롯될 수 있는 것이 아니다. 현상학적 의식은 자연적 의식에서 발전해야만 하며, 자발적 발생이나 그와 유사한 것에서 비롯될 수 있는 것이 아니다. 자아의 중심은 그 자체의 의식에 있다. 따라서 현상학적 자아는 자연적 자아에 대한 그 자체의 의식을 통해서 서로 관련지을 수 있다.

심리주의와 내성주의(內省主義)를 논박하는 데 있어서, 후설은 "조사받고 있는 자아"와 똑같이 "질문하고 있는 자아"도 존재론적이고 인식론적인 입장을 지니고 있다는 견해를 피하고 싶어 했다. 그는 또한 현상학적 자아가 자연적 자아와 서로 관련될 수 있다는 점을 주장하고는 했다. 특별한 현상학적 태도 하에 '나(선험적 에고)'는 '나 자신(경험적 에고)'을 연구할 수 있다. 이와 같은 두 개의 자아들의 사이에는 하나의 관련성과 정체성이 있다는 사실은 하나의 연구가 자아-연구(즉, 자기-인식 그리고 다른 사람의 인식이 아닌)로 되는 데 있어서 결정적인 것이다. 이러한 점이 아니었다면, 후설은 순수한 관념론, 즉 두 개의 '자아들'의 사이에는 그 어떤 경험적 관계가 있을 수 없다는 관념론만을 주장했을 수도 있다.

현상학은 거기에 나타나는 것, 즉 사물 그 자체, 이 경우에는 자아 그 자체에 대한 연구여야만 한다. 환원은 경험적 에고를 하나의 현상으로 취급할 수 있도록 하지만, 나의 경험적 에고는 선험적 에고의 형식에 있어서 하나의 현상으로 나에게 선험적으로 나타나고는 한다. 따라서 선험적 에고는 ① 나가 경험적 에고를 고려할 때 발견하게 되는 것이자 ② 선험적 행동을 위한 조건으로 된다.

영혼과 선험적 에고가 동일한 자아라는 점에서 서로 일치하기는 하지만 그럼에도 이 두 가지 자아들은 서로 다른 것이다. 영혼이 "시간과 공간의 세계에서 보편적으로 만들어진" 심리적-인간적 에고에 해당한다면, 선험적 에고는 그 자체와 함께 "그 자체의 에고-삶, 그 자체의 성취"(Husserl, *Crisis*, sec. 58)를 수행하게 된다. 이와 같은 에고-삶과 그 자체의 성취에는 선험적인 다양한 측면들, 즉 지평/층위, 독단적 구성요소, 의미, 내적 시간의식 등이 포함된다. 자연적이고 일상적인 전망 하에 있는 이러한 측면들을 자아는 다만 인식하지 못하고 있을 뿐이다.

> 세계에서 살아가고 있는 자기 자신을 알고 있는 인간으로서 나의 천진무구한 자의식에서, 인간에게 있어서 세계는 실존할 만한 가치가 있는 전부이며, 나는 거대한 선험적 문제의 범위를 알지 못하고 있다. 그러한 범위는 익명의 영역에 숨겨져 있다. —*Crisis*, sec. 58

그러나 이와 같은 나가 선험적 전망에 의해서 그 자체를 조사하는 것이 가능하기 때문에, 그 자체의 자연적인 삶에 대한 새로운 견해가 가능해진다. 이와 같이 메를로퐁티가 강조했던 "나는 할 수 있다"는 명제[2])를 윌러드 반 오만 콰인과 같은 철학자들은 문제 삼았다. 필자가 현상학적 견해를 지지하는 데 있어서 그리고 필자 자신을 새로운 방향으로 전환시키는 데 있어서 선험적인 태도를 취하는 것은 어떤 의미에서 가능한가? 번역의 미결정성에 대한 콰인의 문제는(cf. *Word and Object*) 그가 바로 선험적 자아의 바로 그 실존을 질문하고 있다는 점에서 중요한 문제에 해당한다. 실제로 선험적 에고는 초월적이라고 주장함으로써, 즉 자아는 순수한 의식, 전적으로 자유로운 것이며 그 어떤 것도 아니라고 주장함으로써, 사르트르 역시 이와 같은 문제에 대응했다. 그렇지 않다면, 선험적 자아는 구체화된 그 무엇, 대상화된 것, 그 자체로 될 것이다.[3]) 오늘날의 '인식소(認識素)'에서 더 이상 그 어떤 위치를 차지하고 있지 않은 개념으로, 선험적 에고의 소멸과 부재 또는 주체의 소멸과 부재를 주장함으로써, 미셸 푸코 역시 이와 같은 논쟁에 개입하게 되었다.[4]) 여기에서 필자의 임무는 후설이 자아의 본질이라고 해석한 것, 필연적으로 선험적 에고에 대한 논쟁을 수반하게 되는 것—바로 그것을 명확하게 하는 데 있다.

3. 지속적인 자아

후설에 따르면, 자아의 특별한 특징은 그것이 지속적인 데 있다. 한 꾸러미의 인상들보다도 더 많은 인상들을 나 자신이 갖게 되는 다양한 인상들을 나는 어떻게 확신할 수 있는가? 바로 이와 같은 교차점에서 D. 흄의 의구심이 비롯되었다. 그에게는 자아의 그 어떤 통일된 견해도 가능하지 않은 것처럼 보였으며, 따라서 개인적 정체성에 대한 전체적인 문제들만이 가능한 것처럼 보였다(cf. *A Treatise of Human Nature*, Bk I, Part IV, vi).

그러나 후설은 에고의 행동과 그 자체의 내용에 자아를 배치하지는 않았다. 우리들이 파악했던 바와 같이, 후설은 에고에서 자아를 발견했으며 이 두 가지들, 즉 에고와 자아는 모두 경험적인 동시에 선험적인 것이다. 자아가 에고-주체라면, 그렇다면 다양한 인상들의 문제는 그렇게 중요한 것이 아니다. 후설에 따르면, 에고는 그 자체의 모든 행동들을 통해서 이루어지지만, 일찍이 그 자체의 행동의 내용(the noemata)으로 되는 경우는 없으며, 그것은 언제나 그 자체의 행동의 배후에 남아있게 된다. 그러나 우리들은 에고가 그 자체의 행동과는 무관하게 독자적으로 실존한다고 말할 수는 없다. 왜냐하면 그렇게 말하는 것은 『위기론』에서 되풀이 되고 있는 원칙, 즉 모든 의식은 '그 무엇'에 대한 의식이어야만 한다는 원칙을 부정하는 것이기 때문이다. D. 흄은 자기 자신이 강조하고 있는 서로 다른 인상들의 사이에 그 어떤 관계가 있다는 점을 확신할 수 없었다. 그러나 자아가 에고이고 그러한 에고가 지속적이라면, 그렇다면 자아도 지속적이어야만 한다. 자아가 지속된다면, 그렇다면 자아의 행동은 서로 관련되어야만 한다. 개인적 정체성은 자아의 행동들(또는 인상들)의 사이에 존재하는 이와 같은 관계에 의존한다.

후설은 에고가 지속된다는 점을 강조했다(특징에 있어서는 그 자신의 동료인 베르그송의 '지속'과 똑같지만 구조에 있어서는 그렇지 않은).

> 여기에서는 가장 중요한 것, 가장 보편적인 에고-형식의 측면, 즉 에고-형식이 그 자체의 시간-양상(樣相)으로 그 자체를 형성함으로써, 그것이 지속적인 에고로 될 수 있는 독특한 시간화하기만을 지적하도록 하자. 이와 똑같은 에고, 현재 실제로 나타나 있는 에고는 어떤 의미에서 거기에 속해 있는 모든 과거에도 있었던 또 다른 에고, 과거에는 있었지만 현재에는 없는 에고이지만, 그렇지만 그 자체의 시간의 연속성에 있어서 이러한 에고는 하나이자 똑같은 에고, 말하자면, 현재와 과거 그리고 그 앞에 미래를 가지고 있는 에고에 해당한다. 현재 나타나 있는 에고, 즉 시간적으로 제한된 에고는 그 자체의 과거의 에고와 접촉하게 된다.

> 정확하게 말해서 과거의 에고가 더 이상 존재하지 않는다 하더라도, 현재의 에고는 그것이 다른 에고들과 그렇게 할 수 있는 바와 같이 과거의 에고와 대화할 수 있고 과거의 에고를 비판할 수 있다. —*Crisis*, sec. 50

선험적 에고로서의 에고는 그것이 현재 나타나 있다는 점에서 지속되는 것이다. 그것의 지속성은 그것이 현재 남아 있다는 데 있다. 그것은 기다린다(cf. *Cartesian Meditations*, sec. 32). 이러한 점이 내적 시간의식의 지속성에 해당한다. 그러나 자아는 현재에도 관계되지만 과거에도 관계된다. 실제로 어떤 과거는 이와 같이 특별한 현재에 속하기도 한다. 후설은 조심스럽게 자신의 『내적 시간의식의 현상학』에서 이와 같은 과거의 본질을 명확하게 했다. 자신의 이 책에서 후설은 일차적 기억의 과거 또는 '보류'와 이차적 기억의 과거 또는 '기억'을 구별했다. 이와 같은 과거의 두 가지 형식들은 모두 특별하게 '지금'에 관계되고, 이때의 '지금'은 선험적 에고, 자아의 '지금'에 해당한다. 의도적 행위의 지평, 즉 '지금'에는 두 가지 '보류'가 포함되어 있으며, 하나는 현재의 경험의 즉각적 소멸이고 다른 하나는 그러한 것들을 현재로 되돌려 놓기 위해서 새로운 의도적 행동을 요구하는 기억, 회상이다(재-현전화하기). 또한 미래지향성, 즉 현상학적 연구에서 비롯되는 미래의 경험에 대한 기대도 있다.[5)]

특별하게는 이와 같이 특수한 에고에 속하는 과거와 미래의 지속성은 그 자체의 지속성을 특징짓기도 한다. 후설은 에고를 현존으로 분명하게 했다. 자아는 언제나 하나의 유형이나 또는 다른 유형으로 있어만 한다. 따라서 현상학적 직관을 통해서 부여된 자아는 필연적인 자아이다. 그러나 자아의 합당한 증거는 에고의 '살아있는 현재'만이 '엄격한 합당성'을 경험할 수 있다는 점에서만 가능한 것이다(cf. *Cartesian Meditations*, sec. 9). 이러한 점은 에고의 과거와 미래 — 가능성의 지평 내에 부여된 경우를 제외한다면 — 가 합당한 증거를 제공할 수 없다는 점을 언급하는 것이다.[6)]

현재에 있는 생생한 직관만이 분명하게 합당할 수 있다. 현재의 '나'와 과거의 '나'의 사이에 존재하는 상호-관계의 필연성은 자아의 지속성을 확인하는 것이다.

> 회상된 것에 대한, 지나가버린 것에 대한(지나가고 있는 현재에 대해서 존재적인 의미를 가지고 있는) 선험적 회상의 설명을 통해서 …… 과거의 나는 바로 그러한 현재에 속하게 되는 반면, 실제상의 최초의 나는 즉각적인 현존으로서의 나에 해당한다. 회상은 현재의 사실의 축으로 출현하는 것에 속하는 것 외에도 현재의 경험으로 이와 같은 현존에도 속하게 된다. 따라서 즉각적인 나는 하나의 성취를 수행하게 되며, 그러한 성취를 통해서 나는 그 자체의 다양한 양식을 실존하는 것으로(지나가버린 양식으로) 형성하게 된다. —*Crisis*, sec. 54b

나가 현재 회상하고 있는 하나의 '나'로서 나가 과거의 '나'를 경험한다는 사실에 의해서 과거의 '나'는 현재의 '나'에 관계된다. 뒤이어지는 현재의 '나'는 이미 과거의 '나'를 회상하고 있지만, 조금은 다른 형식에 의해서 지속적으로 에고의 삶을 통해 회상하게 된다. 이러한 지속성이 바로 지속적인 자아의 다양한 시간성에 해당한다.

4. 구체적인 몸과 살아있는 몸

자아는 선험적 에고가 그 자체만의 가장 순수한 형식일 때의 에고로 제한되기 때문에, 이와 같은 논의에서 몸의 상관성을 질문할 수도 있다. 실제로 후설 자신은 자신의 생애 마지막 몇 년까지만 해도 몸이 그렇게 핵심적인 중요성을 갖는 것이라고 생각하지 않았지만, 『위기론』(1934~

1937)에서 몸은 후설의 주의를 끌 정도로 가치 있는 문제로 되었다. 몸에 대한 그 자신의 논의로 잘 알려져 있는 바와 같이, 메를로퐁티가 루뱅에 있는 '후설문서보관소'에서 『위기론』을 연구했다는 점을 강조하는 것이 오히려 더 의미 있을 수도 있다. 그러나 메를로퐁티는 분명히 자신의 자아의 개념 내에 몸을 통합시켰을 수도 있다. 다른 한편으로 후설은 좀 더 엄격하게 데카르트의 전통을 따랐다. 우리들은 1929년 소르본대학교에서 있었던 후설의 일련의 강연이 1931년 프랑스어로 번역되어 『데카르트적 성찰』로 출판되었다는 점을 잊어서는 안 될 것이다. 그리고 데카르트는 몸의 확실성과 감각-경험을 언제나 불신했다.

후설에게 있어서 몸은 자아에 포함되어 있지 않지만, 자아는 몸과 관련지어 그 자체를 표현하게 된다. 그러나 이러한 점이 후설의 초기 활동에서 명확하게 나타나 있는 것은 아니다. 『위기론』에서 후설은 몸을 '구체적인 몸(Körper, physical body)'과 '살아있는 몸(Leib, living body)' 등 두 가지 방법들로 논의했다. 독일어 'Leib'와 'Körper'에 상응하는 영어 'living body'와 'physical body'는 데이비드 카가 후설의 『위기론』을 영어로 번역했을 때 제공했던 것이다. 더 나아가 카는 "Körper가 기하학적이거나 물리학적인 '몸'을 의미하고, Leib는 개인적이거나 동물적인 '몸'을 의미한다"(*Crisis*, p.50)고 강조했다. '구체적인 몸'과 '살아있는 몸'을 처음 소개했을 때, 후설은 갈릴레오—"유일한 현실세계를 수학적으로 구조화된 세계"(*Crisis*, sec. 9h)로 대체했기 때문에 희생된—에 대해서 언급했으며, 그런 다음 후설은 다음과 같이 강조했다.

> 과학적인 방법에 의해서 귀납법은 날마다 귀납법으로 발전하지만, 그러나 그러한 방법은 기존세계의 본질적인 의미를 모든 의미로 충만한 귀납법의 지평으로 조금도 변화시키지 못한다. 우리들이 모든 기존 현실이라고 발견하게 되는 것은 바로 이와 같은 세계이다. 이러한 세계에서 실제로 경험하게 되는 직관의 세계는 거기에 통합되는 몸의 형식과 함께 시간-공간의 형식을 취하게 된다.

> 바로 이와 같은 세계에서, 우리들의 몸과 일치하여 개인적으로 존재하는 방법에 의해서 우리들 자신은 살아가게 된다. 그러나 여기에서도 우리들은 그 모든 것의 형식과 함께 그 어떤 기하학적 관념성을 발견할 수도 없고 그 어떤 기하학적 공간이나 또는 수학적 시간을 발견할 수도 없다. —*Crisis*, sec. 9h

우리들은 그 안에 몸의 형식을 취하고 있는 세계 속에 살고 있다. 우리들은 "우리들의 몸과 일치하여 개인적으로 존재하는 방법에 의해" 바로 이 세계 속에 살고 있다. 이와 같은 '우리들' — 그것이 바로 자아이다. 몸의 형식에는 돌, 테이블 및 책뿐만 아니라 우리들의 구체적인 몸도 포함된다. 자아의 구체적인 몸은 자아가 그 자체의 개인적인 존재방법을 가지고 있는 것과 똑같은 '몸' 그 자체이다. 따라서 구체적인 몸과 살아있는 몸은 일치하게 된다. 그러나 자아는 서로 다른 관점들에 의해서 이 두 가지 몸을 경험하게 된다.

구체적인 몸은 심리적인 에고(영혼)로 자아와 교류한다. 이러한 점이 바로 구체적인 몸의 '행동'에 역점을 두는 행동주의자의 실험에서 전제하는 심리적-육체적 관계이다. 정신-신체적 관계는 영혼과 육체의 사이에서 발생하는 관계이다. 프로이트적인 심리분석에서는 이와 같은 두 번째 관계를 연구할 것을 제안하고는 한다. 이러한 관계에서는 몸을 주로 '살아있는 몸'으로 간주할 것을 제안한다. 그러나 '이드-에고-슈퍼에고'로 이루어지는 삼위일체는 그 자체를 일반적으로 에고로 표현하는 자아와 함께 후설에게 있어서 아마도 심리적인 에고로 남아있게 되었을 것이다. 따라서 정신-신체적 관계는 심리적이거나 또는 경험적인 에고와 살아있는 몸의 사이의 관계이다. 세 번째 관계이자 후설이 가장 충분한 연구를 할 만한 가치가 있는 것으로 파악하고는 했던 관계는 선험적 에고와 살아있는 몸의 사이에 있으며,[7] 이러한 관계를 우리들은 '현상학적-인간적 관계'라고 명명할 수도 있다.

이와 같은 세 가지 유형들의 관계는 후설이 자아와 몸이라고 명명하고는 했던 것이 동시적으로 발생하는 데 바탕을 두고 있다. 경험적 에고와 선험적 에고가 서로 일치하면서도 다른 것과 똑같이, 구체적인 몸과 살아있는 몸도 서로 일치하면서도 다른 것이다. '구체적인 몸'과 '살아있는 몸'은 그것들이 모두 위치, 장소, 공간 등 똑같은 자리를 차지하고 있다는 점에서 서로 대응된다. 살아있는 몸은 구체적인 몸이 자리 잡고 있는 곳을 제외한다면 그 어디에도 자리 잡을 수 없다. 예를 들면, 살아있는 몸이 하나의 돌에 대응할 수는 없지만, 살아있는 것이 발생하게 되는 구체적인 몸에는 대응할 수 있다. 그렇지만 어느 한 쪽을 다른 한 쪽으로 환원할 수 없다는 점을 강조하기 위해서 후설은 다음과 같이 언급했다. "순수하게 지각과 관련지어 볼 때, 구체적인 몸과 살아있는 몸은 본질적으로 다른 것이다. 즉, 살아있는 몸은 지각에 의해서 실제로 나에게 부여된 것으로, 나 자신만의 살아있는 몸으로 자아에게 부여된다."(*Crisis*, sec. 28) 현상학적-인간적 관계에서만 살아있는 몸은 선험적인 에고를 통해서 자아에게 부여될 뿐이다. 여기에서 살아있는 몸은 단순하게 의도적인 행위의 대상(즉, 선험적인 대상)도 아니고 의도적인 대상(cogitatum 또는 noema) 그 자체도 아니다. 물론 현상학자는 몸을 하나의 논지로 파악할 수도 있으며, 이 경우에 몸은 우선적으로 의도적인 행위의 대상이 될 수도 있고 그런 다음에는 '의도적인 대상(noema)' 그 자체가 될 수도 있다. 그러나 몸이 아닌 다른 것에 대해서 현상학적 연구를 수행하게 될 때, 자아가 살아가는 것처럼 몸도 지각에 있어서의 자아를 검토하게 된다. 이러한 점이 바로 "살아있는 몸을 통해서 에고로 될 수 있는" 입장이다. 자아는 감성, 감각 및 운동과 관련지어 몸을 표현한다. 보기, 듣기, 움직이기 및 행하기는 모두 살아있는 몸의 감각적 기능에 해당한다. 자아에게 있어서 대상의 출현은 모두 이와 같은 감각적인 기능과 일치하게 된다.

『관념론』에서 후설이 질료적인 자료로 강조한 것, 즉 현상학적으로 나타나는 대상의 물질적인 측면은 분명히 선험적 주관성에 있어서 살아 있는 몸의 역할을 표시하는 또 다른 방법에 해당한다. 더 나아가 질료적인 자료가 전적으로 선험적인 분야에 속하든가 또는 조사하고 있는 대상의 성질을 띠든가 하는 문제는 현상학적 경험에 있어서 살아있는 몸의 보급에서 비롯되는 문제이다. 살아있는 몸은 또한 즉각적으로 구체적인 몸에 연관되기 때문에—공간적으로 볼 때 이 두 가지 몸들이 동일할 정도로—질료적인 자료가 왜 초월적이고 선험적인지는 좀 더 명확해질 수도 있다. 질료적인 자료는 노에마, 노에시스 및 선험적 에고와 함께 선험적인 영역의 구성요소로 되는 반면, 살아있는 몸은 자아가 현상학적인 태도를 취하게 될 때에만 그러한 몸을 충분하게(명백하게) 경험할 수 있다 하더라도 특별하게 선험적인 구성요소로 되는 것은 아니다. 현상학적 직관은 심리분석적인 자아에게 가능한 것이 아니라는 점에서, 정신-신체적 관계는 충분한 것이 아니다. 정신-신체적 관계에서, 선험적인 자아나 또는 살아있는 몸 그 어느 것도 실제로 작용하는 것은 아니다. 하지만 현상학적-인간적 관계와 함께 서로 상응하는 정신-신체적 관계의 현존은 순수한 주관성의 영역과 의도적인 행위의 대상(선험적인 대상)을 관련짓는다. 순수한 주관성의 영역에서 정신-신체적 관계는 고려되지 않든가 또는 뒤로 미뤄질 뿐이지 그러한 관계가 세계로부터 완전히 제거되는 것은 아니다. 우리들은 정신-신체적 관계에 있는 '구체적인 몸'과 현상학적-인간적 관계에 있는 '살아있는 몸'의 사이의 '지속적인 관계'를 그 어떤 조건도 없이 질료적인 자료로 특징지으려고 할 수도 있다. 질료적인 자료(고려하고 있는 어떤 대상의 물질적인 측면)는 어떤 점에서 대상 그 자체로까지 확장된다. 그러나 그러한 연계는 살아있는 몸을 거쳐야만 하고 이와 똑같이 그것에 상응하는 구체적인 몸도 거쳐야만 한다.

구체적인 몸은 다른 몸들의 사이에 있는 하나의 몸이다. 그것은 특별한 자아의 몸이기는 하지만, 특별하게 '나의' 자아만의 몸은 아니다. 이제 '나의' 자아는 특별한 자아들 중의 하나에 해당할 수는 있지만, 그것이 살아있는 몸이라는 점에서만 '나의' 자아의 몸에 해당할 수 있을 뿐이다. 자아는 구체적인 몸으로 그 자체의 구체적인 몸을 통해서 살아가는 것이 아니다. 자아는 살아있는 몸으로 그 자체의 구체적인 몸을 통해서 살아가는 것이다. 구체적인 몸은 선험적 대상과 접촉할 수 있다. 구체적인 몸 P는 의자 C에 앉혀질 수 있으며, 이러한 점에서 P와 C는 서로 접촉하게 된다. 그러나 진정한 자아 S는 S가 살아있는 몸 L을 통해서 살아 있다는 점에서 C와 접촉하게 된다(P가 L과 반드시 똑같은 몸이라는 점에서만). 접촉은 S가 하는 것과 같다. 접촉은 P와 C가 관계되는 방법이다. 그러나 P는 C를 접촉할 수 없으며, S만이 L을 통해서 C와 접촉할 수 있을 뿐이다. 하지만 S가 C와 접촉하려면, P는 C와 접촉해야만 한다. P는 그것이 구체적인 실재라는 점에서 C와 같은 것이다. 그러나 L은 C와 어떤 공통적인 특징을 가지고 있지 않다. C는 세계 속에 존재하고, L은 삶-세계 속에 존재한다. S가 이와 같은 두 가지 유형들의 세계를 가지고 있다는 점을 고려하는 것, 그것이 바로 이 책에서 필자가 뒤이어 논의하고자 하는 논지에 해당한다.

5. 삶-세계와 자기-이해

선험적 에고로서의 자아는 살아있는 몸에 특별히 관계된다. 이와 같이 살아있는 몸은 삶-세계에서 발생한다. 경험적 에고로서의 자아는 구체적인 몸에 특별히 관계된다. 이와 같이 구체적인 몸은 객관적 과학의 세계에서 발생한다. 다시 한 번 삶-세계와 객관적 과학의 세계가 동일한 세계를 서로 다르게 이해하는 방법에 해당하는 까닭은 단 하나의 실제 세계만이 존재하기 때문이다.

하나의 구체적인 몸은 거리, 크기, 색깔, 형태 등에 관련지어 또 다른 몸에 비유될 수 있다. 하나의 구체적인 몸은 이와 똑같은 패션에 있어서 그리고 이와 똑같은 특성에 따라 객관적 과학의 세계 내에서 또 다른 실재에 비유될 수 있다. 살아있는 몸은 그 자체를 이와 똑같은 용어들에 있어서 구체적인 실재와 비교하지 않는다. 살아있는 몸은 그 어떤 크기, 색깔, 형태 및 거리 — 구체적인 몸과 실재들로부터의 거리 — 등을 가지고 있지 않지만, 그러나 살아있는 몸이 이와 같은 특징들을 가지고 있는 것처럼 경험될 수 있다. 자아가 그 자체의 살아있는 몸이 이와 같은 특징들을 가지고 있는 것으로 경험하게 되는 바로 그때에 자아는 살아있는 몸과 구체적인 몸의 사이의 즉각적 관계를 경험하게 된다. 자아는 살아있는 몸을 통해서 그리고 구체적인 몸(구체적인 몸의 다양한 특징들과 함께)과 관련지어 대상 및 다른 사람들과 함께 살아간다. 이와 같은 다양한 특징들은 비교될 수도 있고 측정될 수도 있다. 그러나 이러한 특징들이 수학적 관념성의 세계에서 형성될 때, 이와 같은 이론적인 행동의 자아는 순순하게 경험적인 용어와 관련지어 그 자체를 고려할 수 있다. 이와 같은 '관념성'과 후설이 '충만(die Füllen)'이라고 명명했던 것의 사이에는 하나의 거리가 형성된다. '충만'은 그 자체의 특별하게 감각적인 특성들과 함께 실제로 있는 세계 그 자체이다(cf. *Crisis*, sec. 9c). 이와 같은 거리의 수립은 객관적 과학자나 또는 자연 과학자가 하고 있는 것처럼 보일 수도 있다. 후설이 당면한 문제는 이와 같은 '충만'으로 돌아가는 것이며 그것의 가장 순수한 정화된 형식은 삶-세계 그 자체이다.

삶-세계는 진정한 자아(선험적 자아)가 경험하는 살아있는 몸을 위한 콘텍스트이다. 삶-세계는 충만의 세계에 대응한다. 구체적인 과학은 이와 같은 충만의 세계로부터 그 자체의 관념성의 세계를 창조한다. 현상학적 자아 역시 충만의 세계를 조사하기 시작하지만, 바로 그와 똑같은 충만의 세계 그 자체로 조사하기 시작한다. 그러나 이와 같은 조사는 충만의 세계 내에서 살아감으로써, 그리고 그 자체를 인간적이고 문화적인 삶을 위한 콘텍스트로 삶-세계를 바라봄으로써 발생한다.

삶-세계 내에 존재하는 그 자체의 몸을 통해서 살아가는 진정한 삶을 충분하게 조사하는 것은 현상학적 인문과학의 임무이다. 선험적 주관성의 영역에 있어서 삶-세계로부터 요소들의 출현과 함께 의도적으로 몸을 통해서 자아는 일찍이 그것이 살고 있는 콘텍스트와 그 자체의 살아가는 태도를 이해한다는 점에서, 이러한 임무는 또한 자기-이해의 방법으로 된다. 따라서 자아는 그 자체를 좀 더 분명하게 드러낼 수 있다. 자아를 위해 존재하는 것은 자아 내에 존재하는 것과 병치된다. 자아는 그 자체 내에 있는 것만을 연구할 수 없다. 자아는 그 자체를 위한 것도 연구해야만 한다. 오로지 이러한 방법만을 통해서 자아는 이 두 가지 —자아를 위해 존재하는 것과 자아 내에 존재하는 것 — 를 구별할 수 있고 그 자체의 정체성을 확인할 수 있다. 선험적 에고를 위한 모든 것은 다름 아닌 선험적 에고 그 자체일 뿐이다. 선험적 에고 안에 있는 모든 것은 진정한 자아의 정체성이자 그러한 자아가 그 자체를 인식할 수 있고 이해할 수 있고 알 수 있는 방법이다.

자아는 일반적으로 그 자체를 진정한 자아로 인식하지 못한다.

> 나는 선험적 에고이지만, 나는 그것을 의식하지 못한다. 특별한 태도, 자연적 태도에 속함으로써, 나는 대상-축에 완벽하게 부여되었고 전적으로 그러한 대상-축을 지향하는 관심과 임무에 의해 구속되었다. —*Crisis*, sec. 58

자아가 충만-세계의 일상적 요구와 관심을 파악하는 바와 같이, 그러한 요구와 관심은 그 자체의 선험적 삶 — 순수한 지식의 가치와 관심 — 으로부터 멀리 벗어나 있다. 그럼에도 철학자로서,

> 판단중지를 실천하고 있는 것은 바로 나다. 나가 그렇게도 충분하게 의식하고 있는 그 자체의 모든 인류와 함께 그 자체의 존재와 그와 같은 존재에 의해서 지금 나에게 유효한 세계를 하나의 현상으로 질문하고 있는 것은 바로 나다.

나에게 의미가 있는 자연적인 모든 실존 위에 서 있는 것, 이와 같은 선험적 삶의 에고-축인 것, 즉 그 속에서 우선적으로 세계는 나에게 세계 그 자체로 순수하게 의미가 있는 에고-축인 것, 그것이 바로 나다. 충분한 구체성에 의해서 이 모든 것들을 감싸 안고 있는 것도 바로 나다. —*Crisis*, sec. 54b

이 모든 것들—선험적 에고의 행동, 기능, 가능성, 입장—을 포용함으로써, 그 자체의 행동, 기능, 가능성, 입장을 인식함으로써, 자아는 자-의식적으로 된다. 이와 같은 지식이 '구체적인 몸'의 '살아있는 몸'을 통해서 '충만-세계'의 '삶-세계'로까지 언제나 나아가야만 한다는 것을 이해하는 것은 아마도 자아실현의 가장 순수한 형식에 해당할 것이다.

6. 상호-인간적 현재

자아에 대한 후설의 개념, 특히 『위기론』에 있어서의 개념에 대한 논의는 상호-인간적인 측면을 제외한다면 완벽하게 접근할 수조차 없을 것이다. 자신의 초기 활동에서 유아론(唯我論)에 대한 연구에 고심했던 후설은 자신의 『데카르트적 성찰』의 다섯 번째와 마지막 부분에서 선험적 에고의 상호-주관적인 측면을 설명하는 데 전념했다. 거기에서 그는 그 자체의 고유성의 축으로까지 환원시키는 어떤 특별한 과정에 의해서 자아는 선험적 에고에게 있어서 유일한 것을 발견할 수 있다는 점을 제안했다. 그러나 그런 다음에는 특별하게 나에게 속한 것만을 분리시킴으로써, 칸트의 선험적 통각(統覺)의 단위와 똑같은 영역, 즉 모든 개인의 개성에 공통적으로 나타나는 영역을 확보할 수 있을 것이다. 공감과 결합은 이러한 과정을 완성한다. 공감은 개인의 본성과 관심의 공통성을 인식하는 것이고, 결합은 상호-인간적인 자아를 형성하기 위해서 본성과 관심의 공통성을 통합시키는 것이다. 따라서 자아에 대해서 언급하는 것은 또한 다른 사람의 자아에 대해서 언급하는 것이다. 자아는 언제나 필요한 다른 사람의 현전에 적응해야만 하기 때문에, 현상학적 자아의 이론은 또한 사회적 이론에 해당하기도 한다.

『데카르트적 성찰』 이후 몇 년이 지나 후설이 『위기론』을 집필했을 때까지, 선험적 상호-주관성에 대한 그의 언급은 자아, 육신 및 세계에 대한 그 자신의 논의와 관련되어 있었다. 진정한 자아의 영역에서, 직관적이면서도 선험적인 환원에서 비롯되는 영역에서, 우리들은 "우리들-주관성"(*Crisis*, sec. 28), "에고-주체의 소유화"(*Crisis*, sec. 48), "경험의 공동주체"(*Crisis*, sec. 47), "다른-사람들의-사이에서의 나-인간"(*Crisis*, sec. 54b), 그리고 "세계를 형성하고 있는 선험적 주관성 내에 있는 공동주체로서의 다른 사람들의 선험적 지평"(*Crisis*, sec. 54b) 등을 발견할 수 있다.

자아의 현재는 충만-세계에 있어서의 구체적인 몸의 공동체를 통해 상호-인간적인 현재로 된다는 점을 우리들은 인식할 수 있을 뿐만 아니라 후설적인 현상학에 의해서 삶-세계도 상호-인간적인 세계로 된다는 점을 발견할 수 있다. 몸을 통해 살아가는 데 있어서 우리들은 다른 몸으로부터 분리된 것으로 어떤 특별한 존재를 부여받게 된다. 그러나 우리들은 삶-세계에서의 이와 같은 다른 몸은 우리들의 몸이 그런 것처럼 그렇게 그저 살아가고 있을 뿐이라는 점을 알고 있다. 왜냐하면, 선험적 수준에서 자아를 소유하는 것은 현상학적-인간적인 다른 관계를 우리 자신의 것과 한 짝을 이루어 결합된 것으로 이해하는 것이기 때문이다. 자아는 그 자체를 사회적인 것으로 파악한다.

구체적인 몸은 그것에 상응하는 살아있는 몸이 없어도 정신-신체적 관계에 의해서만 존재할 수 있을 뿐이다. 심리적 에고가 살아있는 몸을 경험하게 되는 정신-신체적 관계로서, 선험적 자아의 바로 그 '우리들-주관성'만이 결핍되어 있을 뿐이다. 그러나 현상학적-인간적인 관계는 정확하게 말해서 필연적으로 인간(우리들의 살아있는 몸을 통해서 삶-세계로 될 수 있는 것으로 우리들이 현상학적으로 알고 있는 실제 세계, 바로 그러한 세계에 살고 있는 다른 사람들)을 암시하고 포함하는 인간적인 현재에 해당한다. 우리들, 우리들 *자신*—그것이 바로 인간이다.

제2장

현존재와 실존적 모호성

인간적 경험에 관계되는 하이데거의 설명에서 '현존재-이해-시간성'이라는 세 가지 중요한 요소들의 구조는 하나의 명칭을 부여받을 수 있을 것이며, 필자는 그것을 '실존적 모호성'이라고 명명하고자 한다. 그 자체의 근거를 『존재와 시간』에 두고 있는 이러한 구조에서는 우리들이 인간으로서 세계 속에 어떻게 실존할 수 있는가의 문제를 근본적 존재론의 문제로 파악하고는 한다. '현존재(Dasein)', '이해 / 입장 바꾸기(Verstehen)' 및 '시간성(Zeitlichkeit)'에 의해 형성된 종합성은 묵시적으로 상호-의존하고 있는 세 가지 경험들의 축을 종합한다고 볼 수 있다. 이와 같은 종합성을 '실존적 모호성'이라고 명명하고자 하는 이유를 필자는 이 장(章)에서 주로 설명하게 될 것이다.

하이데거의 설명이 실존적 모호성의 표현에 해당하는 것으로 해석하는 데 있어서, 필자는 다음과 같은 여덟 가지 중요한 사항들을 제시하고자 한다.

(i) 현존재는 실존적 모호성의 존재론적 위상이다.

(ii) 실존적 모호성은 동일한 자아의 해석행위에 있어서 하나 이상의 의미가 발생하는 유일한 상황이다.

(iii) 하나의 행위에서 발생하는 의미들은 무한하게 많고, 미-확정적이고 유동적이다(즉, 결코 정적이거나 고정적이 아니다).

(iv) 이해는 실존적 모호성을 개시성[開示性, 'Erschlossenheit', 'disclosedness', 하이데거의 기초적 존재론에 나오는 용어로, 현존재(現存在 : 인간)에 고유한 근원적 진리성을 가리키는 말이다. 현존재는 그 존재에 있어서 언제나 'Da(현재)'의 현현(顯現) 속에 있으며 다른 존재자가 각기 특유한 양식으로 나타나고 발현(發現, entdecken)함으로써, 경험적 · 존재적 진리를 입증할 수 있다는 것. 그들의 지평(地平)으로서의 'Da'가 근원적으로 나타난다는 것에 기초하고 있다. 그러므로 개시성은 단순히 다른 존재자(현존재를 제외한 다른 모든 존재자를 하이데거는 Vorhandenes, Zuhandenes, Mitdaseiendes의 셋으로 나누었다) 일체를 노출시킬 뿐만 아니라 그것들의 근원이며 그것들이 자리하고 있는 세계를, 더 나아가 현-존재하도록 노출시키는 것이다. 개시성은 주제적 인식 같은 것이 아니며 기분적 상태, 존재-가능으로서의 이해, 그리고 언변(Rede)으로 구성된다. 이들 계기(원본적이거나 내지 비-원본적인)의 변태(變態)에 의해서 개시성은 퇴폐(頹廢) 또는 선구적 각오성(先驅的 覺悟性)으로 된다. 개시성은 하이데거의 『존재와 시간』에서 나타나는 사상적 견해였지만 그 후 그의 사상이 발전하게 됨에 따라 '실존개명(實存開明)'으로 파악되었다]으로 유도하게 된다.

(v) 해석은 실존적 모호성의 의미들을 명확하게 할 수 있다.

(vi) 현존재가 무의미한 것으로 오역될 때, 모호성보다는 오히려 반(反)-의미가 현존재를 기본적으로 규명하는 방법에 해당한다.

(vii) 시간성은 해석을 통해서 실존적 모호성에 있어서의 의미의 상관-구조(시간성)를 드러낼 수 있다.

(viii) 세계-시간(또는 시계에 있어서의 시간)의 측정은 실존적 모호성의 의미들을 설명할 수 없다. 즉, 인간적 시간성 내에서 끊임없이 그 특징을 부여받고 발생하는 수많은 의미들에 대한 합당한 묘사를 설명할 수 없다.

1. 실존적 모호성

실존적 모호성은 세 가지 분명한 전망들, 즉 존재론적 전망, 인식론적 전망 및 시간적 전망을 하나로 통합시킨다. 이러한 각각의 경우에서 '의미들'이 핵심적인 역할을 하는 까닭은 바로 그 의미들이 이와 같은 세 가지 전망들의 상호-관계의 핵심을 형성하고 있기 때문이다. 존재론적으로 볼 때, 이러한 의미들은 복합적이고 무한하다. 그 어떤 특별한 의미들의 조합도, 그것이 아무리 결정적이거나 또는 확정적이라 하더라도, 인간의 존재론적 현실을 모두 규명할 수는 없다. 인간은 그 자체를 구성하는 의미들의 총합보다 더 큰 통일된 전체에 해당한다. 인식론적으로 볼 때, 이와 같은 의미들의 총합은 경험에 비추어 미확정적인 것으로 해석될 수 있다. 그러나 어떤 특별한 의미나 또는 일련의 의미들은 결정과 상술(詳述)을 위해서 필요한 것이다. 상술되고 확정된 각각의 의미는 미확정적인 전체로부터 선별된 것이다. 이러한 의미를 전체적인 종합성으로부터 분리시키는 것은 종합성 그 자체를 부정하는 것이 아니다. 시간적으로 볼 때 의미들은 그것들이 경험적인 종합성과 함께 하는 한 어느 한 곳에 고정되어 있거나 정지되어 있는 것이 결코 아니다. 인간적인 삶과 행동의 콘텍스트 내에서 발전함으로써, 이러한 의미들은 언제나 변화하고 있다. 이러한 유동성은 그 자체가 시간적인 전망에 비추어 바로 그 의미들을 특징짓게 된다는 점에서 그러한 의미들의 무한성과도 다른 것이고 미확정성과도 다른 것이다.

하나의 의미를 결정하기 위해서는 바로 그 의미를 최초의 의미에 배치하든가 또는 그러한 최초의 의미와 구별해야만 한다. 실존적 모호성에 있어서의 의미의 무한성과 유동성으로 인해서 이와 같은 위치를 부여하는 것에는 하나의 선택이 포함된다. 나가 하나의 의미만을 결정하게 된다면, 그렇다면 이와 같은 모호성은 더 이상 문제되지 않을 것이다. 그러나 우리들의 임무는 개별적인 의미를 특수화시키거나 또는 분리시키기에 앞서서 실존적 모호성을 설명하는 데 있다. 따라서 우리들은 경험 속에 결합되어 있고 시간에 따라 변화하는 두 개의 의미들이나 또는 그 이상의 의미들을 발견해야만 한다(의미의 다양성). '인간적 실존'을 설명하기 위해서는 하나의 의미나 또는 그 이상의 의미들을 동시에 제시할 수 있어야만 한다.

필자가 제시했던 바와 같이 '실존적 모호성'은 하이데거가 '모호성(Zweideutigkeit)'이라고 명명했던 것과는 다른 것이다. 하이데거에게 있어서 '모호성'으로서의 모호성 그 자체는 호기심과 한담(閑談)의 범주와 함께 바로 '거기'에 있는 일상성의 조건에 해당한다.

> 우리들이 날마다 서로 함께 하는 존재에 있어서, 누구에게나 가능할 뿐만 아니라 누구나 무엇인가를 언급할 수 있는 어떤 유형의 사물과 마주치게 된다면, 순수한 이해로 규명될 수 있는 것과 그렇지 못한 것을 결정하는 것은 곧바로 불가능해진다.[1)]

이러한 조건을 '모호성'이라고 파악함으로써, 하이데거는 다양한 해석과 평가를 향해 개방되어 있는 것을 그 자체의 보편적이면서도 전시적(展示的)인 일상성이라고 취급했다. '순수한 이해'에 도달할 수 없는 무능력은 '개시성'을 방해한다(이러한 '개시성'을 하이데거는 진리의 현현에 결합시켰다). 이와 같은 개시성은 부적합하고 미완성된 것이다. 모호한 개시성으로부터 지식을 취하는 것은 혼란과 거짓 믿음만을 유도할 수 있을 뿐이다. 따라서 모호성은 확실하지 않은 것이다. 그것은 무엇인가에 대한 이해를 세계 속에 끌어들일 수 있도록 도움을 주지도 않고, 우리들이 날마다 서로 함께 하는 존재에 대해서도 또는 그 자체를 향한 현존재의 존재에 대해서도 그 어떤 도움을 주지 않는다. 하이데거에게 있어서의 '모호성'은 우리들이 하나의 의미를 다른 의미들과 구별할 수 있고 하나의 진리를 다른 진리들과 구별할 수 있는 능력을 가지고 있지 않다. 그러므로 앞으로 나아가는 데 있어서, 그 뒤에는 좀 더 확실한 실존방식, '걱정'과 같은 방식이 남아 있게 된다. 확실한 조건에서 우리들은 개시성을 하나의 진리로 이해할 수 있으며, 따라서 모호성의 기만은 우리들을 더 이상 방해할 수 없게 된다. 그러므로 모호성은 니체에게 있어서의 목자(牧者)의 윤리성과 같은 것이고 플라톤에게 있어서의 외부세계와 같은 것이다. 그러나 이러한 각각의 경우에서는 환상과 의견만이 가능할 뿐이다.

그러나 실존적 모호성으로 인해서 우리들은 존재의 충분한 개시성으로부터 멀리 떨어져 방황하지 않게 된다. 실존적 모호성은 우리들이 어떻게 진정한 방식으로 있게 되는지를 묘사할 수 있다. 하이데거가 우리들의 실패한 조건을 이끄는 것으로 파악하고 있는 것 그리고 인식론적 관점에서 우리들과 기만적으로 대면하고 있는 것으로 파악하고 있는 것—그러한 것들은 모두 수많은 의미의 유형들 중의 한 가지 유형에 불과할 뿐이다. 하이데거의 모호성은 우리들에게 있어서 고정적으로 또 확정적으로 그 자체의 불확실성에 의해 그저 '거기'에 있을 뿐이다. 이와 반대로 필자가 제안하고 있는 '실존적 모호성'은 규명되는 것이 무엇이든 그것을 이해할 수 있는 인간에 대한 묘사에 해당한다. 규명되는 것을 경험하는 것은 시간적인 흐름 속에서 발생하게 된다. 실존적 모호성은 존재 그 자체의 특별한 실재(實在)와 관련지어 바로 그 존재에 대한 근본적인 존재론적 묘사에 해당한다. 그것은 극복할 수 있는 어떤 부수적인 경험이 아니다.

이러한 절차에 의해서 필자가 '실존적 모호성'이라고 명명한 것을 하이데거의 형성논리로 설명하는 것이 이제 가능하게 된 셈이다. 그렇게 하기 위해서 우리들은 의미의 본질을 분류해야만 할 것이다. 방법론적으로 후설은 우리들이 우리들 자신의 목적을 주장할 수 있는 원칙을 제공했다.[2] '노에마타'[후설의 현상학에서 의식의 작용에 의해 생각된 객관적 대상면을 일컫는 noema의 복수형이 noemata이다. '노에마'는 '생각된 것'을 의미하고 '노에마타'는 그것의 복수형인 '생각된 것들'을 의미한다]를 연구함으로써, 현상학적 환원(선험적이면서도 직관적인 환원)이 이루어진 후에야 우리들 자신은 '의미'[Sinne, 객관적 의미를 뜻하며, 원문에서 'noematic Sinne'으로 표기된 것을 역자는 '노에마틱 의미'로 번역했다]에 관심을 기울일 수 있을 것이다. 후설에 따르면, 이와 같은 과정은 우리들로 하여금 대상의 실존에 관계되는 판단을 유보하는 것(선험적 환원이나 또는 판단중지)과 우연적 대상의 특징을 배제하는 것(직관적 환원)을 가능하게 한다. 더 나아가 이와 같은 과정은 또 우리들로 하여금 '노에마틱 의미(의식에 출현하는 의미 그 자체)'를 특별하면서도 현상학적으로 성찰하는 것을 가능하게 하기도 한다.

후설적인 현상학에서는 '노에틱 행위들(지성적인 행위들)'에 부여된 의미들로 '노에마타'를 개념적으로 사유하는 것에 집중하고자 한다.[3] '노에마타'를 조사해보면, 그것들이 층위에 접해 있다는 점을 알 수 있다. 내적 층위는 어떤 특별한 대상에 대한 나의 기대(예지)와 우선적인 기억(보류)[기억은 바로 몇 초 전의 과거로부터 현재까지를 범주에 넣는 Primary Memory와 바로 몇 초 전의 과거로부터 그 보다 더 오래된 과거를 포괄하는 Long-Term Memory(LTM)로 나눌 수 있다]을 특징짓는 반면, 외적 층위는 나의 의도적 의식을 위한 가능성으로 전체 세계를 묘사한다.[4] 더 나아가 '노에마'에는 존재의 배치를 포함하고 있는 독단적 구성요소들이 있다. 이와 같은 배치는 시간적인 것이며 그것은 믿음에도 암시되어 있고 다른 행위에도 암시되어 있다.

실존적 모호성을 이해하기 위해서 우리들은 현상학적 용어에 비추어 다양한 존재의 방법들에 있어서의 노에마의 내용이 무엇인지를 질문해야만 한다. 후설은 이와 같은 질문에 관련되는 우선적인 방법에 대해서는 별다른 관심이 없었다. 그러나 하이데거는 자신의 활동에서 이러한 점에 역점을 두었다. 그의 『존재와 시간』은 '존재(Sein)'의 '객관적 의미(Sinn)'에 대한 연구에 해당한다. 그리고 "존재의 의미에서, 현존재의 특징을 가지고 있는 이와 같은 실재(實在)들을 우선적으로 질문해야만 한다."(*SZ*, p.41; *BT*, p.65) 특별하게 존재의 현상학으로 나아가는 데 있어서, 하이데거는 실존적 모호성의 이론을 위한 바탕을 마련해 놓았다. '현존재-이해-시간성'이라는 세 가지 축들의 구조는 실존적 모호성의 세 가지 전망들을 가능하게 하면서도 또한 인간적인 존재의 의미에 대한 해석을 제공하기도 한다. 필자가 앞으로 논의하겠지만, 이러한 경우에서, '현존재'는 '이해'를 그 자체의 이해나 소여성(所與性)으로, '시간성'을 지속적이면서도 적극적이고 층위적인 특징으로 서사한다.

2. 현존재 : '거기-존재'의 의미(들)

현존재는 실재(實在)이다.[5]

무엇인가를 바라보는 것, 그것을 이해하고 상상하는 것, 그것에 접근하여 선택하는 것 — 이 모든 행위의 방법들은 우리들의 질문을 형성하고 있으며 따라서 그것들은 어떤 특별한 실재, 실재 그 자체의 존재의 방식들이다. 그리고 그러한 실재, 즉 그것의 탐구자들은 바로 우리들 자신이다. 따라서 존재의 문제를 합당하게 수행하기 위해서 우리들은 그 자신만의 존재에 있어서 명확한 실재, 즉 탐구자를 만들어야만 한다. 바로 이와 같은 문제에 대한 질문이 실재의 존재양식이며, 이와 같이 그것은 그 자체가 요구하는 것으로부터, 즉 존재 그 자체로부터 그 자체의 본질적인 특징을 획득하게 된다. 우리들 각자에게 해당하는 이와 같은 실재는 바로 그 자체이며 거기에는 추구하고 있는 바로 그 존재의 가능성까지도 포함된다. 그리고 우리들은 '현존재'에 의해서 그러한 실재를 드러낼 수 있게 된다. —*SZ*, p.7; *BT*, pp.26~27.

현존재는 '거기-존재'로 번역될 수 있다. 나는 거기에 있는 실재이다. 나는 질문을 하고 거기에 있는 나의 존재는 나로 하여금 질문하도록 한다. 실재(현존재)로서의 나는 나의 가능성이다. 후설적인 용어로 보면, 나의 여러 가지 가능성들 각각은 '노에마'의 층위를 형성하는 구성요소들이다. '노에마틱 의미(행동에 부여된 의미)'가 충족된다 하더라도, 이러한 비-독단적인 구성요소들은 그것들이 일단 형성되고 나면 하나의 행동에서 다른 행동까지 일관되게 고정되어 있는 것이 아니다(말하자면, 똑같은 형식과 위치를 유지하는 것이 아니다). 연속적인 의도적 행동들 각각은 서로 다른 가능성들을 종합하고 있는 하나의 의미를 드러내게 된다. 하나의 노에마를 충족시키는 것은 그러한 노에마를 연속적으로 폭발시키지 않으면서, 즉 '예지적(叡智的)'으로 이미 부여된 어떤 의미를 거부하지 않으면서, 나 자신이 어떤 대상을 형성하고 있다는 점을 암시할 수 있다. 노에마가 폭발되는 경우에는 누구나 변화의 가능성을 기대할 수 있다. 그러나 노에마가 충족되었을 때는 그러한 가능성 역시 변화하게 마련이다. 모든 노에마타가 충족되는 어떤 행동에 대해서 한 가지 이상의 '노에마틱 의미'가 있을 때, 모호성이 발생한다. 엄밀하게 따지면, 후설에게 있어서 이러한 상황은 발생하지 말아야만 한다. '의미-부여하기'로서의 '노에틱 행위(noetic act)'는 '부여된 의미'로서의 단 하나만의 '노에마틱 의미(noematic Sinn)'를 나타내야만 하지만, 그것에 상응하는 그 자체의 가능성과 함께 나타내야만 한다. 하이데거에게 있어서 인간에 대해 말할 때, 자아-성찰적인 '노에틱 행위'의 대상은 '현존재'이지만, 그러나 현존재 역시 주체, 즉 질문하고 있는 실재에 해당할 뿐이다. 따라서 현존재가 '주체'이자 '대상'으로 그 자체를 형성하게 된다면,[6] 그렇다면 이와 같은 의미들은 모두 단 하나의 행동에 부여될 수 있는 것이고 충족될 수 있는 것이다. '주체'의 가능성과 '대상'의 가능성 역시 똑같은 경험에 결합될 수 있다. 하나 이상의 '노에마틱 의미들'은 성찰적 행위에 뒤이어 나타나게 된다. 자체-형성은 의식적으로 그 자체에 대응할 필요가 없다. 인간적인 경험 그 자체는 주관성의 의미(의미들)와 객관성의 의미(의미들)를 동일한 경험적인 행동에 있어서 동시적으로 하나로 통합한다. 실제로 현존재의 경험은 유일한 경우일 수도 있으며, 이러한 경우에서 하나 이상의 더 많은 충족된 '노에마틱 의미들'은 특별한 의도적인 행위에서 가능할 수 있는 바로 그 의미들에 해당한다.

실존적 모호성은 수많은 의미들을 한꺼번에 경험할 수 있을 때 발생하게 되며, 거기에서 이러한 의미들에 의해 형성된 전체는 경험적으로 환원-불가능하고, 거기에서 콘텍스트는 어떤 의미 하나라도 그것이 우선적으로 결정될 수 있거나 또는 다른 의미들과 현실적으로 분리될 수 있는 것을 용납하지 않으며, 따라서 거기에서 의미들 그 자체는 결코 고정되어 있거나 확정되어 있는 것이 아니다. 몇 가지 행동들에서 하나 이상의 노에마들을 충족시킬 수 있다는 점을 고려한다면, 그러한 경우 각각의 행동은 단 하나만의 '노에마틱 의미'를 갖게 될 것이며, 따라서 우리들은 다름 아닌 규칙적인 시간적 지각(知覺)을 하게 되거나 또는 구체적 대상의 형성만을 갖게 될 것이다(예술의 대상에서 특별한 유형을 형성할 수 있는 가능성이 있다 하더라도).[7] 몇 가지 '노에마틱 의미들'에 관계되는 단 하나의 행위만이 있다면, 그렇다면 모호성은 나타날 수밖에 없다. 왜냐하면 수많은 의미들을 동시에 경험할 수는 있지만 그러나 그 어느 것도 확정적인 것은 아니기 때문이다. 하나의 '노에마틱 의미'가 확정적으로 되는 것은 모든 다른 '의미들'과 분명하게 구별되는 것이다. 인간적인 의미의 다양성은 동일한 행동에서 동일한 시간에 전체적으로 부여된다. 하나의 의미를 결정하는 것은 총체성을 분해하여 그것을 분리된 각각의 행동에 전파하는 것이다. 이제 우리들에게 남겨진 것은 하이데거가 주장하는 것, 즉 현존재는 그 자체를 어떤 부여된 행동에 있어서 '주체'이자 '대상'으로 형성한다는 주장 그 자체를 제시하는 데 있다. 왜냐하면 '노에마틱 의미들'의 다양성은 이런 식으로 동시에 부여되고는 하기 때문이다.

현존재는 실존한다.

> 현존재는 언제나 그 자체의 실존과 관련지어—그 자체의 가능성, 즉 그 자체이거나 또는 그 자체가 아닌 것의 가능성과 관련지어—그 자체를 이해한다. 현존재는 이와 같은 가능성을 스스로 선택했거나 또는 그 자체가 이러한 가능성으로 전환되었거나 또는 그러한 가능성 내에서 이미 발전했거나 하게 된다. 특별한 현존재만이 그 자체의 실존을 결정하지만, 그러한 실존을 확고부동하게 포착하거나 또는 소홀히 함으로써, 그 자체의 실존을 결정한다. 실존의 문제는 실존하고 있는 바로 그 자체를 취급하지 않는다면 결코 명확하게 할 수 있는 것이 아니다. —*SZ*, p.12; *BT*, p.33.

'거기-존재'는 존재가 지금 거기에 있을 수도 있고 앞으로도 있을 수 있다는 것과 같은 것이다. 현존재는 그 자체만의 실존에 대한 판단을 유보한다. 따라서 현존재는 그 자체의 실존을 그 자체만의 것으로 가지고 있을 뿐이다. 현존재는 비-권위성으로 추락할 수도 있고 또는 그 자체만의 권위적인 존재를 주장할 수도 있다. 또한 하이데거가 현존재를 특별한 것으로 강조했다는 점을 주목해야만 한다. 왜냐하면 현존재가 선택해야만 하는 것은 개인적인 선택이어야만 하기 때문이다. 여기에서 현존재가 주체인 동시에 대상이라는 점을 반드시 이해해야만 하는 까닭은 현존재가 그 자체의 다양한 행위들 중에서 바로 그 자체만을 선택하기 때문이다.

"현존재의 '본질'은 그 자체의 실존이다."(*SZ*, p.42; *BT*, p.67) 종종 인용되고는 하는 이러한 언급이 현상학적 용어에서 도움이 되는 까닭은 '실존'—후설적인 선험적 환원에 의해 우리들이 우리들의 판단을 유보하게 되는 것이 바로 그 실존이라 하더라도—이 직관적 환원 이후에 남게 되는 본질에 해당하기 때문이다. 그렇지만 현존재를 연구할 때, 실존은 정확하게 조사연구 이후에 비롯되는 '노에마틱 성찰'을 할 수 있다.

"'현존재'에는 각각의 경우마다 '각자성(各自性)'이 있다. 따라서 누구나 자신의 '현존재'를 언급할 때는 언제나 인칭대명사를 사용하게 된다. 예를 들면 '나이다', '당신/너이다'와 같이 사용하게 된다."(*SZ*, p.42; *BT*, p.68)[하이데거의 '현존재'는 '본질(essentia)'에 대한 실존(existentia)의 우위성과 '각자성(Jemeinigkeit)'을 특징으로 한다. 이러한 특징을 가지고 있는 '각자성'에 대해서 소광희는 자신의 『하이데거 존재와 시간강의』(2003), p.51에서 다름과 같이 설명했다. "'현존재의 존재는 그때마다 나의 존재이다.' 이것을 현존재의 각자성이라 한다. 현존재의 존재가 나의 존재인 만큼 그 존재에는 각자성이 속한다. 현존재 분석이라는 하이데거의 존재론은 따라서 자기 자신의 존재를 스스로 성찰하고 분석하는 존재론이다"] 현존재는 언급되었기 때문에 그것은 하나의 대상으로 된다. 현존재는 누구나 그것에 대해서 언급하는 대상이 되지만, 그러나 그것은 또 동시에 주체가 되기도 한다. "현존재는 …… 본질적으로 그 자체만의 가능성이다. 그것은 바로 그 자체의 존재에 있어서 '그 자체를 선택할 수도 있고' 그 자체를 극복할 수도 있다. 그것은 또한 그 자체를 상실할 수도 있고 그 자체를 결코 극복할 수도 없다. 또는 그렇게 하는 것처럼 '보일 수도' 있다."(*SZ*, p.42; *BT*, p.68) 현존재는 능동적이고 피동적이며, 형성적이고 피-형성적이다. 그러나 가장 중요한 점은 현존재가 이때는 이렇고 저때는 저런 것이 아니라 이 두 가지를 동시에 경험한다는 점이다.

"'존재-내(Being-in)'는 현존재의 존재를 공식적이면서도 실존적으로 표현한 것이다. 그것은 그 자체의 본질적인 상태로 '세계-내-존재'를 가지고 있다(*SZ*, p.54; *BT*, p.78). 비록 현존재가 실존하고 그것이 나의 것이라 하더라도, 그것이 주체이자 대상 그러니까 실존적으로 모호하다 하더라도, 그것은 '세계-내-존재'에 대한 근본적인 상태를 가지고 있는 것으로 묘사될 수 있어야만 한다. 현존재는 공간적인 것이 아니다. 공간성이 없이 현존재는 지성적인 창조로 형성될 수 있을 뿐이다. 실존적 공간성은 현존재의 '거기 있음', '세계-내'로서 그 자체의 '거기 있음', 즉 '세계-내-거기-존재'에 해당한다.

'세계-내-존재'는 유일한 현상이다.

> 복합적인 표현에 해당하는 '세계-내-존재'는 우리들이 신조어로 조합해낸 바로 그 방법에 의해서 그것이 유일한 현상을 대표한다는 점을 나타낸다. 이와 같은 우선적인 자료는 전체적으로 파악되어야만 한다. 그러나 '세계-내-존재'는 몇 개의 조각들로 나눌 수 있는 내용으로 분해될 수는 없지만, 그것은 또 그 자체의 구조 속에 몇 개의 구성적인 요소들을 가지게 되는 것을 방해하지도 않는다. —*SZ*, p.53; *BT*, p.78.

'구성적'이라는 말은 그것이 전체를 형성하고는 있지만 그러나 그 자체의 각 부분으로 환원될 수는 없는 바로 그 '구성 요소들'을 묘사한다.[8] 현존재가 현상학적으로 형성될 때, 실존으로서의 '세계-내-존재'는 '노에마틱-성찰'을 위해 그 자체를 나타내게 된다. '세계-내-존재'는 전체에 해당하지만, 그것은 또 그 자체의 구조 속에 구성적인 요소들도 가지고 있다. 구체적인 대상의 경우에서, 이와 같은 구성적인 요소들은 '노에마틱 의미들'에 해당할 수도 있지만, '세계-내-존재'의 경우에서 그러한 요소들 각각은 층위, 독단적 구성요소, 계열적 자료 등을 지니고 있는 '노에마틱 의미'일 수도 있다. 현존재는 '다(多)-노에마틱(multi-noematic)'이고 '세계-내-존재'도 '다-노에마틱'이다. 이처럼 특별한 '다-노에마틱' 특징이 없다면, 현존재의 가능성은 구체적인 대상의 가능성과 똑같은 것일 수도 있다. 더 나아가 '다-노에마틱' 특징은 특수한 의미와 충만한 의미를 '세계-내-존재'의 가능성에 부여한다.

3. 이해(Verstehen) : 해석과 이해

현존재는 그 자체만의 규명이다.

> 우리들이 우리들의 주제로 '존재-내'에 대해서 묻게 된다면, 우리들은 정말로 이와 같은 현상의 본래의 특징을 다른 특징들로부터 유도함으로써 — 말하자면, 용해나 분해의 의미에서 부적합한 분석에 의해서 — 바로 그 본래의 특징을 무효화하는 것에 만족할 수 없을 것이다. 그러나 무엇인가 본래의 것은 다른 어떤 것으로부터 유도될 수 있는 것이 아니라는 사실은 존재의 다양한 특징들이 바로 그 본래의 것을 형성할 수도 있다는 가능성을 지배하는 것이 아니다. —*SZ*, p.131; *BT*, p.170.

우리들은 현존재를 '세계-내-존재'로 접근하지만, 우리들은 그것을 그 자체의 구성-부분들로 분해함으로써, 따라서 각각의 행동에는 그 자체만의 한 가지, 단 한 가지 '노에마틱 의미'가 있는 것으로 간주함으로써, 현존재를 분석할 것을 제안하는 것이 아니다.9) 오히려 우리들은 현존재를 유일한 현상으로 간주한다. 하이데거의 진술에서 현존재는 특별한 방법으로 해석되어야만 하는 것이다. 만약 현존재가 부적합하게 해석된다면, 그것은 그 자체의 전체성 내에서 그 자체를 충분하게 드러내지 못하게 될 것이다. 따라서

> '세계-내-존재'가 선-현상학적 경험과 지식을 가지고 있는 그 무엇이라 하더라도, 그것을 존재론적으로 부적합한 방법에 의해 해석한다면 그것은 비-가시적인 것으로 된다. —*SZ*, p.597; *BT*, p.86.

따라서 해석은 현존재를 가시적으로, 규명으로 형성할 수 있게 될 것

이다. "'현존재는 그 자체의 규명이다'라는 실존적 명제는 동시적으로 바로 그 자체의 존재에 있어서 이와 같은 실재에 대해 문제시 되는 존재가 그 자체의 '거기'에 해당한다는 점을 의미한다."(*SZ*, p.133; *BT*, p.171) '거기 있음'은 가시적으로 되는 것의 가능성, 규명될 수 있는 가능성에 해당한다. 실제로 실재가 바로 '거기'에 있다 하더라도, 실재에는 그 자체의 숨겨진 조건으로부터 결별될 수 있는 가능성이 있다. 해석은 '거기 있음'을 효과적으로 묘사할 것을 요구한다. '세계-내-존재'에 대한 해석은 규명된 것으로서의 '존재-거기'를 충분하게 제시할 것을 요구한다.

현존재는 '마음-의-상태'이다. "실존적으로 볼 때 '마음-의-상태'는 분명하게 세계에 복종하는 것을 암시한다. 그렇게 함으로써, 우리들은 우리들에게 문제가 되는 바로 그 무엇인가를 만나게 된다."(*SZ*, pp.137~138; *BT*, p.177) 나의 기분이 좋을 때, 나의 현존재는 하나의 충분한 의미로 나에게 나타나게 되며, 그것이 바로 현존재의 권위 있는 조건에 해당한다. 실존적 모호성이 바로 그러한 순간에 그 자체의 가장 창조적인 수준에 이르게 되는 까닭은 바로 여기에 수많은 의미들, 즉 무한정하고 미확정적인 의미들이 그 자체의 가장 생산적이고 가장 분명하고 가장 완벽한 형식으로 나타나게 되기 때문이다. 이러한 순간에 현존재의 가능성은 그 자체가 충만해지는 것을 경험하게 된다. 왜냐하면 현존재를 규명하는 것은 해석을 효과적으로 유도하는 것이기 때문이다.

현존재는 이해에 관계되고 이해는 '존재를-위한-잠재성'을 지니고 있는 바로 그 존재 자체가 된다.

> '실존'으로서의 가능성은 '무관심의 자유'라는 의미에서 자유롭게 부유(浮遊)하는 '존재를-위한-잠재성'을 의미하는 것이 아니다. 모든 경우에서 본질적으로 '마음-의-상태'를 가지고 있는 현존재는 이미 그 자체가 유한한 가능성의 영역으로 진입하게 된 것이나 다름없다. 바로 그 자체에 해당하는 '존재를-위한-잠재성'으로서의 현존재는 그러한 가능성을 간과해버리고, 그 자체

> 의 존재의 가능성을 지속적으로 떨쳐 버리거나 또는 그러한 가능성을 포착하여 실수를 저지르기도 한다. 그러나 이러한 점은 현존재가 '존재-가능하다'는 점, 즉 그 자체에 대해서 이미 철저하게 전달되고 부여된 존재-가능성을 의미한다. 현존재는 오로지 그 자체만의 '존재-자유'의 가능성에 해당한다. 현존재 그 자체의 '존재-가능성'은 서로 다른 가능한 방법들과 수준에서 그 자체에게 가장 분명하게 나타나게 된다. —*SZ*, p.144; *BT*, p.183.

의미와 관련지어 보면, 이해는 존재의 규명(자체-투명성)에 해당한다. 의미의 규명에는 층위를 가시적으로 만드는 것이 포함되며, 그러한 층위에서 어떤 가능성을 발견할 수 있다. 이와 같은 가능성은 나가 나 스스로를 그와 같은 방법으로 선택한다면, 나가 그렇게 될 수도 있는 의미로 묘사될 수도 있다. 이해는 지금의 나와 앞으로의 나에 대한 나 자신의 인식이라고 볼 수 있다. 분명히, 나가 가능성을 드러내기 위해서 나타나는 것이 아닌 몇 가지 예들이 있을 수도 있다. 그러나 바로 그 나의 가능성으로 될 수 있는 '자유'는 나의 이해의 존재를 특징짓는다. 나의 가능성을 실천하는 것은 나의 '존재를-위한-잠재성'을 표현하는 것이다. 이해는 나의 가능성을 규명하는 것이다. 따라서 나의 이해는 나의 '존재를-위한-잠재성'의 존재에 해당한다.

해석은 이해의 발전이다.

> 이해로서의 현존재는 그 자체의 존재를 가능성에 투사시킨다. 이와 같은 '가능성을-향한-존재'가 이해하는 것은 그 자체가 '존재를-위한-잠재성'이라는 점이며, 그것이 그렇게 되는 까닭은 이와 같은 가능성이 규명된 그대로 그 자체의 반격을 현존재에게 가하게 되는 바로 그 방법 때문이다. 이해의 부여에는 그 자체만의 가능성, 즉 그 자체를 발전시키는 가능성이 있게 마련이다. 이와 같은 이해가 발전된 것을 우리들은 '해석'이라고 명명한다. 이러한 해석에서 이해는 그 자체가 이해한 것을 이해적으로 적합하게 만든다. 해석에 있

> 어서 이해는 무엇인가 다른 것으로 되지는 않는다. 이해는 이해 그 자체만으로 된다. 이와 같은 해석은 바로 이와 같은 이해를 바탕으로 한다. 다시 말하면, 이해는 해석으로부터 비롯되는 것이 아니다. —*SZ*, p.148; *BT*, p.188.

이해가 노에마타의 층위와 씨름하는 것과 똑같이, 이해 그 자체도 스스로 하나의 층위로 된다. 이해가 '존재를-위한-잠재성'의 존재인 것과 똑같이, 이해 그 자체도 또한 스스로 '존재를-위한-잠재성'으로 된다. 이와 같은 '존재를-위한-잠재성' 그 자체가 바로 해석이다. 해석은 실존적 모호성을 이해할 수 있는 방법이 발전된 것이다. 실존적 모호성은 의미와 관련지어 존재를 위한 가능성, 잠재성 및 활동성을 포함하게 된다. 이해 역시 의미를 이해할 수도 있다. 따라서 이해의 발전으로서의 해석은 실존적 모호성을 규명하는 것이다. 현존재는 규명이다. 이제 우리들은 하이데거적인 의미의 묘사를 탐구해야만 한다.

"의미는 무엇인가에 대한 인지력이 그 자체를 유지하는 것이다. 우리들이 이해할 수 있는 규명에서 명확하게 할 수 있는 것, 그것을 우리들은 '의미'라고 명명한다."(*SZ*, p.151; *BT*, p.193) 명확성은 해석의 방법이다(해석학).[10] 무엇인가가 나에게 규명되었을 때, 나의 이해는 그것을 포착할 수 있고 나는 그것을 명확하게 할 수 있으며, 따라서 그것은 하나의 의미가 된다. 일단 부여되기만 하면, 하나의 의미가 그 자체를 유지할 수 있는 까닭은 명확성이 유지되기 때문이다. 이처럼 유지된 의미는 그것이 경험되어 왔고 이해되어 온 바로 그대로 그 자체의 조건을 나타낸다.

의미는 규명의 형식적-실존적 '틀'이다.

> 이해와 해석이 바로 '거기'에 있는 존재의 실존적 상태를 형성하고 있는 한, '의미'는 이해에 속하는 규명의 형식적-실존적 '틀'이라고 생각해야만 한다. 의미는 현존재의 '실존'이지, 실재에 부착되어 있거나 그러한 실재의 배후에 놓여 있거나, 또는 '중간영역'으로 어딘가에 떠돌고 있는 특수한 '속성'이 아

> 니다. '세계-내-존재'의 규명이 바로 그 규명에서 발견할 수 있는 실재에 의해서 바로 그 규명을 '충족'시킬 수 있는 한, 현존재만이 의미를 가지고 있다. 따라서 현존재만이 의미로 충만 되거나 또는 아무런 의미도 없는 것으로 될 수 있다. —*SZ*, p.151; *BT*, p.193.

의미는 이해와 해석이 제공하는 형식이다. 후설적인 용어로 보면, 의미는 '노에마틱 의미(noematic Sinn)'일 수 있고, 규명은 이해에 의해 형성된 선험적 대상일 수 있다. 그러나 실존적 구조로서의 '의미'는 현존재만이 가지고 있는 그 무엇에 해당한다. 현존재에게 있어서 모든 것은 그것이 무엇이든 하나의 의미여야만 한다. 현존재는 그것이 주체이자 대상이기 때문에 의미(또는 의미들)를 가지고 있다. 실존적 모호성이 완벽하게 이해되었을 때, 바로 그때에 현존재는 충분한 의미를 가지게 된다. 현존재는 그것이 그 자체를 충분하게 규명하지 못하거나 또는 그 자체의 인지력이 그 자체를 유지하지 못할 때 무의미한 것으로 된다. 현존재는 그것이 의미가 없거나 또는 '반(反)-의미'[김재희가 번역한 자크 데리다의 『에코그라피』(2002, p.194)를 참고하여 '반-의미'의 의미를 정리하면 다음과 같다. 일반적으로 '반-의미'로 번역되고는 하는 후설의 용어 'widersinnig'는 '말했던 것(sinnlos)'에 대립되는 것으로, 불가능하거나 모순적이지만(예를 들면, 둥근 사각형처럼) 그 자체로 충분히 이해되거나 또는 엄밀히 말해 반-의미라고 거부되기 위해서는 여전히 그 자체의 반-의미 속에 충분한 의미를 가지고 있어야 한다]라면 해석될 수 없는 것이다. 현존재는 그것이 해석될 수 있을 때 실존적으로 모호하게 된다. 따라서 현존재는 그것이 의미가 없을 때에만 실존적으로 모호하지 않게 된다. "의미가 없는 것만이 반(反)-의미로 될 수 있다."(*SZ*, p.152; *BT*, p.193) 이와 같은 의미의 부재가 현존재의 진정한 가능성들의 부재로 되는 것은 아니다. 그러한 부재가 그와 같이 불확실한 상태로 될 수 있다 하더라도 그렇다고 볼 수 있다. 그렇다고 해서 현존재의 의미 있는 자기-이해가 부정될 수 있는 것은 아니다.

4. 시간성(Zeitlichkeit) : 시간성과 경험된 의미의 흐름

시간성은 현존재의 존재의 의미이다.

> 시간은 분명하게 규명되어야만 한다. 순수하게 생각한다면, 존재를 이해하기 위한 층위로 그리고 그것을 해석하는 모든 방법을 위한 층위로 규명되어야만 한다. 우리들로 하여금 이와 같은 점을 구별할 수 있도록 하기 위해서, 시간은 존재를 이해할 수 있는 층위로, 그리고 현존재의 존재로, 시간성과 관련지어 우선적으로 명확하게 규명될 필요가 있으며, 그것은 존재를 이해한다. —*SZ*, p.17; *BT*, p.39.

결코 확정적일 수 없는 수많은 의미들을 가지고 있다는 것은 무슨 뜻인가? 나가 현존재를 형성하고 있다면, 그러한 나는 수많은 의미들, 즉 결코 확정적일 수도 없고 미래의 어떤 순간에 변경할 수도 없는 바로 그 의미들을 형성할 수 있다. 나가 나 자신을 형성하거나 또는 다른 어떤 것을 형성할 때, 나는 하나의 행동을 수행하게 된다. 그와 같은 행동의 수행은 시간의 밖에서 이루어질 수 있는 것이 아니다. 실제로 나가 현존재나 또는 무엇인가를 의식할 때마다, 나는 '노에마'의 '지금' 국면을 의식하게 된다. 나가 이해를 통해서만 현존재를 의식할 수 있는 까닭은 이해가 '존재를-위한-잠재성'의 존재이기 때문이다. '존재를-위한-잠재성'은 나의 가능성의 윤곽이다. 나의 가능성의 윤곽의 존재—그것은 바로 나의 층위에 해당한다. 가능한 의미가 해석될 수 있도록 하기 위해서 이해는 바로 그 자체의 층위를 향해 그 자체를 언급하게 된다. 각각의 언급 그 자체는 시간에 대한 언급이다. 특히 인간의 시간은 현존재를 실존적으로 모호한 것으로 드러내게 된다.

현존재의 행동 모두는 그 자체의 존재와 관련지어, 즉 시간성과 관련지어 해석될 수 있다.

'그때'에 있어서, 관심은 그 자체를 기다림으로 표현한다. '그 이전의 경우'에 있어서, 관심은 그 자체를 지속적으로 유지하는 것으로 표현한다. '지금'에 있어서, 관심은 그 자체를 현재를 마련하는 것으로 표현한다. '그때'에는—그러나 대부분의 경우 표현되지 않는—'아직은-아닌-지금'이 자리 잡고 있다. 말하자면, 이러한 점은 기억을 기다리거나 망각을 기다리는 '현재-만들기'에서 언급된다. '그 이전의 경우'에는 '더 이상-지금이-아닌 것'이 숨겨져 있다. 이와 함께, '지속적인 유지'는 그 자체를 기다리고 있는 '현재-만들기'로 표현한다. '그때'와 '그 이전의 경우'는 '지금'에 관련지어 이해될 수 있다. 말하자면, '현재-만들기'에는 어떤 특별한 중요성이 있다. 물론 그것은, 기다리고 유지하는 통일성에 있어서, 그 자체를 언제나 시간적으로 제한시킨다. 즉, 이와 같은 것들이 제한된 망각의 형식, 즉 그 어떤 것도 기다리지 않는 망각의 형식을 취할 수 있다 하더라도, 시간적으로 제한된다고 볼 수 있다. 이와 같은 망각의 방법에 있어서, 시간성은 그 자체를 현재의 덫에 걸리게 한다. 다시 말하면, 현재-만들기에 있어서 상당할 정도로 '지금! 지금!'이라고 외치는 것과 같다. 그것이 가장 가까운 것처럼, 기다리는 것에 관계되는 것은 '함께-전진'으로 나타나게 되고, 대략적으로 가능하게 되었거나 상실되었던 것은 '바로-지금'으로 나타나게 된다. '바로 그 전의 경우'에서, 그 자체를 표현하고 보유하게 되는 층위는 '그 이전'의 층위이고, '그때'에 대한 층위는 '그 다음'의 층위이고('오게 되어 있는 것'), '지금'의 층위는 바로 '오늘'이다. —*SZ*, pp.406~407; *BT*, pp.458~459.

이상과 같이 긴 묘사에서는 하이데거가 현존재의 행위자로 된다는 점을 나타낸다. 그것은 또 현존재가 그 자체를 표현하는 방법에도 관계된다. 그리고 분명하게 그것은 시간성과 관련지어 그 자체를 나타내기도 한다. 각각의 순간은 상관적 구조로 묘사될 수 있으며, 그것을 하이데거는 '자료역량'이라고 명명했다. 자료역량은 층위의 특징화이다. 내가 현존재를 '지금'으로 인식한다면, 그러한 나는 동시에 그것을 전체적인 상관적 구조로 인식하게 된다. '지금 노에마'의 층위에서—'노에마틱 의미'가 현존재를 특징짓는다면—그 자체의 모든 시간적 가능성이 형성될 수 있다.

> 시간성은 바로 '거기'의 명증성을 위해서 열광적-층위로 형성되기 때문에, 시간성은 언제나 '거기'와 관련지어 우선적으로 해석될 수 있으며 따라서 우리들에게 익숙한 것으로 된다. —*SZ*, p.408; *BT*, p.460.

시간성은 실존적 모호성을 명확하게 하는 데 책임이 있다. '거기 있음'에 관계되는 수많은 의미들은 '존재-거기'로서의 현존재에 의해 해석될 수 있다. 이와 같은 '거기 있음'을 시간적으로 나타내는 것은 '존재를-위한-가능성'의 존재로 현존재의 가능성을 드러내는 것이다(그것이 바로 이해이다). 현존재의 층위는 시간적으로 드러나며 이러한 이유로 인해서 시간성은 우리들에게 익숙한 것으로 된다. 실제로 시간성이 없다면 현존재가 그 자체를 인식할 수 없는 까닭은 그 자체의 의미를 부여할 수 없기 때문이다. 후설이 『내적 시간의식의 현상학』에서 제시하고 있는 바와 같이, 의미들은 시간을 초월할 수도 있지만 그러나 그러한 의미들은 시간적으로 부여되어야만 하는 것이다. 실존적 모호성이 시간적이어야만 하는 까닭은 확정적인 것도 아니고 고정적인 것도 아닌 수많은 의미들이 하나의 시간적 행위로 부여된다는 사실에 있으며, 따라서 이와 같은 수많은 의미들은 또 다른 '노에마틱 의미'와 구별되기 때문이다. 시간성이 없다면, 수많은 의미들은 또 다른 모든 의미들과 핵심적으로 서로 뒤얽히게 될 수도 있다. 따라서 나는 나 자신과 의자를 구별할 수 없게 된다. 더 나아가 그와 같은 의미들을 해석하는 것은 불가능하게 될 수도 있다. 왜냐하면 명확성은 시간성에 의존하고 있기 때문이다.

현존재의 시간성은 '시간적인 것-그-안'에 있다.

> '세상'에 내던져지고 버려진 것으로 그리고 그 자체에 시간을 부여하는 현존

재의 시간성과 함께, 무엇인가 '시계'와 같은 것을 발견하게 되었다. 즉, 무엇인가 이미 손안에 있는 것, 그 자체의 규칙적인 회귀로 인해서 누군가로 하여금 현재 기다릴 수 있도록 만드는 것이 가능하게 되었다. —*SZ*, p.413; *BT*, p.466.

현존재의 시간성은 '세계-시간'과 관련지어 그 자체를 발견하게 된다. 세계-시간은 연대기적인 측정, 시계가 나타내는 시간에 의해서 그 특징을 부여받게 된다. 따라서 현존재가 수많은 의미들을 가진 것으로 그 자체를 형성하게 될 때, 그것은 또한 측정된 시간과 관련지어 그 자체를 형성하게 된다. 이런 식으로 현존재는 '세계-내'에 있는 것으로 그 자체를 경험한다. '세계-내'로 해석되는 존재로서 '시간성의 존재'는 실존적 모호성의 존재에 해당한다. 모호성은 세계-시간에 의해서 측정되는 것이기는 하지만 그것과는 분명하게 다른 것으로 그 자체를 이해한다. 따라서 모호성은 후설이 자연적이거나 천진한 태도라고 명명했던 것에서 비롯된 세계-시간으로 특징지을 수 있다. 실존적 모호성을 현상학적으로 묘사할 수 있는 것은 시간성이지 세계-시간이 아니다. 실존적 모호성의 시간성은 세계-시간과 '시간-안(세계-시간-안)' — 그러나 세계-시간으로 고갈되지 않은 채 — 과 관련지어 현존재를 보여주게 된다. 실존적 모호성의 시간성 그 자체의 의미는 시계를 위해서가 아니라 이해를 위해서 규명된다.

우리들의 다양한 고려사항들을 재-결합시키는 데 있어서, 우리들은 현존재-이해하기-시간성 등의 구조가 실존적 모호성의 근본적인 특징을 충족시킨다는 점을 파악하게 되었다. 현존재 그 자체는 의미의 다양성('노에마틱 의미'), 즉 '객관성-속의-주관성'과 '주관성-속의-객관성'의 상호-부여에서 비롯되는 의미의 다양성을 보여준다. 이와 같은 상호-부여에서는 형성적 복합성을 창조하게 되고, 그러한 복합성에는 현존재의 실재(實在)가 무엇이든 그러한 실재를 이해하고자 하는 해석활동이 포함된다. 그러나 현존재의 자체-이해의 경우에는 현존재가 그 자체를 형성하게 될 때, 바로 그 의미의 충만을 규명하게 된다. 그 자체를 형성하는 데 있어서, 이제 분명하게 된 의미, 그것은 '세계-내-존재'와 '시간-내-존재'의 층위적인 가능성과 관련지어 재-형성된다. 시간성은 의미의 경험에 대한 역동적 특징을 설명한다. 자체-이해의 방법에 있어서 의미의 총체성에 대한 이와 같은 동향과 재-형성을 지금까지 살펴 본 '실존적 모호성'이라고 명명할 수 있을 것이다.

제3장

차이의 정체성

마르틴 하이데거의 『존재와 시간』(1927)에서, 자아는 하이데거가 현존재라고 명명한 것이 차지하고 있는 위치에 자리 잡고 있다. 그러나 이러한 위치는 또한 전통적인 '인간'의 개념이 자리 잡을 수 있는 곳이기도 하다. 『존재와 시간』 이후의 하이데거의 입장에 대한 평가에서는 '자아'와 '인간'이라는 두 가지 개념들이 서구사상에서 어떻게 형성되어 왔는지를 분명하게 이해할 것을 요구했다. 이러한 점을 바탕으로 하여, 후기의 하이데거가 자신의 초기의 입장을 지속적으로 유지하고 있다는 점에 대해서는 일종의 존경심을 표시하는 것이 가능할 수도 있다.

1

인간의 본성의 문제를 취급하는 데 있어서 두 가지 근본적인 공식들이 발생하게 되며, 하나는 '인간'에 관련되고 다른 하나는 '자아'의 언어에 관련된다. '인간'과 관련하여, 필자는 '개인', '개인의 정체성', '개체', '육신과 영혼의 관계' 등의 문제를 고려하는 또 다른 묘사의 방법을 찾을 수 있다는 점을 제안하고자 한다. '자아'의 문제는 '에고', '마음', '의식'을 취급하는 논쟁에 관련될 수도 있다. 전자, 즉 '인간'은 일반적으로 영혼의 다양한 부분들과 그러한 부분들이 육신에 대해서 갖게 되는 관계가 무엇인지를 구분함으로써 제시될 수 있다(예를 들면, 플라톤은 이성적이고 정신적이며 욕구적인 것을 제시한 다음, 그와 같은 영혼이 어떻게 육신에 감금되는지를 제시했다). 아리스토텔레스와 성 토마스 아퀴나스는 '보기'와 보고 있는 '눈'에 비유하여 인간을 형식과 질료의 기능적인 관계로 파악했다. 루크레티우스와 J. O. 라메트리에 그리고 B. F. 스키너는 인간이 일련의 '감각'이나 '자극-반응 반작용'으로 환원될 수 있다는 바로 그 견해에 만족하는 것처럼 보인다. 개인의 정체성에 대한 D. 흄의 논의는 인상이 아이디어와 관계된다는 점에서만 이상과 같은 견해와 다르지만, 인간의 정체성에 관련되는 그의 결론은 기껏해야 통일성을 기대할 수 없는 한 뭉치의 인상들과 관련지어 묘사될 수 있을 뿐이다. 의식의 상태와 어떤 구체적인 특징이 부여된 것의 관계를 고려함으로써, P. F. 스트로슨은 이와 같은 문제를 재-언급했다. '우연적 관계'는 개인의 육신을 그 자신의 다양한 유형들의 '개념적 경험'에 관련짓게 된다는 것이 그가 내린 결론이다. 필자가 여기에서 고려하고자 하는 인간에 대한 논의의 마지막 유형은 사물의 본질적인 것에 있어서의 인간의 위치와 관련지어 인간을 제시하는 유형에 해당한다. 인간의 죄악에 대한 아우구스티누스의 개념은 필연적으로 아담의 추방 이전의 완벽한 상태와 절대 신에 대한 믿음의 필요성에 관계된다. 피코 델라 미란돌라는 이와 같은 초기의 플라톤주의를 수정하여 인간이 우주의 중심에 있다는 점을 강조했다(인간이 모든 사물의 척도에 해당한다는 프로타고라스의 아이디어는 르네상스에 비추어 볼 때 직접적으로 인간의 존엄성으로 나아가게 되었다). 피코가 수립한 바 있는 인간의 존엄성에서 인간은 자기 자신을 천사의 수준으로까지 고양시킬 수 있거나 또는 존재자의 낮은 수준으로까지 추락시킬 수 있다. 토머스 홉스는 인간의 삶이 고독하고 가난하고 비천하고 잔혹하며 짧다는 사실에 역점을 둔 반면, 루소는 사회의 밖에 그 기원을 두고 있는 '고결한 야만인'에서 완벽하고 선한 것을 모색했다. 그러나 인간의 위치를 자연에서 재-발견한 것은 찰스 다윈이었다. 인간이 유인원으로부터 진화했다는 다윈의 주장은 아우구스티누스와 루소의 모델에서처럼 시간적일 뿐만 아니라 프로타고라스와 피코의 모델에서처럼 분류적인 것이다. 아마도 맥스 셸러가 기여한 것은 생물학적 모델을 세계적 모델, 즉 인간이 세계에서 중요할 뿐만 아니라 중심이라는 모델로 돌려놓았다는 점일 것이다.

이제 인간의 본성에 관계되는 또 다른 유형의 관심은 '자아'에 관련되는 것이다. 헤라클레이토스가 "나는 나 자신을 찾아냈다"고 말했을 때, 소크라테스가 『변명』에서 자기 자신의 악마에게 호소했을 때나 또는 『파에도』에서 자기 자신(즉, 자신의 영혼)은 자신이 죽은 이후에는 더 이상 거기에 없을 것이라고 말했을 때, 에픽테토스가 우리들의 능력 안에 있는 것(특별하게는 견해, 목적, 욕망 및 혐오를 의미)에 호소했을 때, 보이티우스[Ancius Manlius Sererinus Boethius(480~524), 중세에 있어서 아우구스티누스 다음에 나오는 인물로 서기 5세기경 대로마제국의 정치가였으며 그리스와 로마 철학의 최후를 장식한 사상가였다. 중세철학에 미친 그의 영향력은 대단했으며, 그는 아리스토텔레스 다음 가는 권위뿐만 아니라 신플라톤주의의 마지막 대표자로 평가된다. 대표저서로 『철학의 위안』이 있다]가 '행운의 여신'과 '철학의 여신'에 있어서의 자신의 양면적인 개성의 투사로부터 어떤 위안을 모색했을 때, 몽테

뉴가 자기 자신을 그릴 것을 제안했고 파스칼이 "나가 그에게서 보는 것을 나가 발견하는 것은 몽테뉴에게 있는 것이 아니라 나 자신에게 있다"고 강조함으로써 몽테뉴의 주장을 거부했을 때, 자아를 추구하는 이와 같은 형성논리가 제안되었을 때, 우리들은 첫 번째 유형과는 또 다른 유형의 논쟁을 인식하게 된다. 첫 번째 유형에 해당하는 '인간'의 문제는 개인의 질서에 있어서 그 자신의 개인적인 모든 주장과 특징에 관계된다.[1] '너 / 당신', '그' 또는 '그녀' 등을 취급하는 제안이나 묘사가 무엇이든 '인간'은 그 모든 것들을 포함한다. 그러나 '자아'는 하나에만 집중한다. '자아'는 개인의 핵심에 집중하든가 또는 '인간'의 핵심에 집중한다. '자아'는 진정한 '나'라고 불릴 수 있는 것이지 또 다른 어느 누구도 아니고 그렇게 될 수 있는 것도 아니다. 이와 같은 차이는 자아가 '에고'나 '나'로 해석될 때 특히 분명해진다. 이와 같은 분야에 있어서의 핵심적인 이론으로는 데카르트적인 '코기토', 칸트적인 선험적 통각(統覺, apperception) — 일자(一者)인 동시에 다자(多者) — 의 통일성, 헤겔적인 의식, 프로이트적인 이드, 에고, 슈퍼-에고라는 세 가지 통일성, 후설적인 선험적 자아, 윌리엄 제임스적인 순수에고 및 사르트르적인 '대자(對自)' 등이 있다.

이와 같은 두 가지 유형들, 즉 ①'인간'과 ②'자아'에 대한 예를 더 많이 제공하기보다 필자는 이제 하이데거의 사상의 특별한 특징에 역점을 두고자 하며, 인간의 본성을 논의하는 이와 같은 두 가지 방법들을 그가 어떻게 결합시켜 이러한 두 가지 유형들을 단 하나의 묘사로 통일시킬 수 있는 하나의 가능성을 보여주는 바로 그 '구조'를 제시하게 되었는지를 논의하고자 한다. 달리 말하면, 하이데거는 인간과 자아가 구별된다는 점을 요구하지 않는 어떤 개념과 관련지어 이 두 가지를 언급할 수 있었다. 여기에서 필자의 논지는 하이데거의 관심, 즉 필자가 '차이의 정체성'이라고 명명하고자 하는 것에 대한 그 자신의 관심이 정확하게 이와 같은 두 가지 유형들에 대한 묘사의 핵심에 해당한다는 데 있다. 전통적으로 하나의 구별이 묘사의 본성에 의해서 필요하게 된 곳, 거기에서는 하이데거의 연구에 있어서의 차이의 정체성이 인간과 자아 모두에 해당한다.

2

영어에서 우리들은 '차이(Differenz)'와 '차이(Unterschied)'의 사이의 '차이(difference)'를 들을 수도 없고 쓸 수도 없다. '차이(Differenz)'는 특별한 것의 우연적인 특징이나 숫자에서는 나타나지만 그러나 실재의 유형에서는 나타나지 않는 바로 그 '차이'를 제안한다.

예를 들면, '차이(Differenz)'는 엘리베이터 안에 있는 네 명의 사람과 다섯 명의 사람의 차이에 해당한다. 그럼에도 이들 모두는 '인간'이라는 공통점을 가지고 있다. 반면에 '차이(Unterschied)'는 유형에 있어서의 철저한 분리, 종종 번역되고는 바와 같이 '구별'을 의미한다(이러한 점은 엘리베이터 안에 있는 두 명의 사람들과 두 마리의 사자들의 차이일 수도 있다). 이제부터 필자는 '차이(Differenz)'를 차이1로, '차이(Unterschied)'를 차이2로 나타내고자 한다. '차이1(Differenz)'과 '차이2(Unterschied)'의 사이의 '차이2(Unterschied)'를 영어에서는 찾아볼 수 없다. 우리들은 그러한 차이를 그저 '차이(difference)'로만 들을 수 있고 볼 수 있을 뿐이다. 즉, 우리들은 정체성으로서의 '차이'만을 듣고 보고 읽을 수 있을 뿐이다.

하이데거를 읽어내는 데 있어서 자리 잡고 있는 문제는 우리들이 인간의 본성을 재-평가하고자 시도하는 데 있어서 우리들 자신은 언제나 똑같은 문제, 즉 '인간 그 자체'로 되돌아오거나 또는 '개인'으로 되돌아오고는 한다는 점이다. 필자는 필자 자신의 논의를 '인간'에 집중하겠지만, '자아'를 위한 그 어떤 위치가 없다는 점은 곧바로 분명해질 것이다. 인간을 이해하기 위해서 우리들이 '차이1'의 '차이2'를 경험하지 못하는 까닭은 인간에 대한 이해가 하나의 정체성으로 나타나기 때문이다. 우리들은 차이를 경험하지는 못하지만 정체성만은 경험하게 되며, 인간을 충분하게 묘사하려고 추구하는 과정에서 우리들은 우리들 자신을 발견하게 된다. 실제로 어떤 차이가 나타나지 않을 때, 이와 같은 차이가 무엇인지를 심사숙고함으로써 우리들은 정체성을 이해할 수도 있다.

하이데거는 'Sein'과 'Seiende'에는 차이가 있다는 점을 주장했다. 'Sein'은 일반적으로 '존재(Being)'라고 번역된다. 'Seiende'에 상응하는 영어는 상당히 많이 있지만, 그것은 본질적으로 '있는 것(that which is)'을 의미한다. 『형이상학입문』을 번역했을 때, 랠프 만하임은 'Seiende'를 '본질적인 것(essent)'으로 파악했다. 만하임이 언급했던 바와 같이, 하나의 신조어인 '본질적인 것'은 "essens, essentis로 현재진행형의 '총합'에 해당하는 허구에 바탕을 두고 있다."[2] 독일어 'Seiende'를 번역하여 현재 사용하고 있는 프랑스어는 'étant'이다.[3] 따라서 '존재(Being)'와 '있는 것(that which is)'의 사이, '존재(Being)'와 '본질적인 것(essent)'의 사이에는 '차이1'이 있다. 이와 같은 차이는 하이데거가 '존재론적 차이1(die ontologische Differenz)'[4]라고 명명했던 것에 해당한다. 이와 같은 '존재론적 차이'는 존재와 본질적인 것의 사이의 '차이2(Unterschied)'와 구별되어야만 한다. 즉, '존재론적 차이1'는 '있는 것(that which is)'의 '존재(Being)'를 특징짓게 된다. 이와 같은 '존재론적 차이'는 베르그송 이후에 메를로퐁티가 '체험한 것(le vécu)'[5]이라고 명명했던 것과 유사한 것이다. 따라서 이와 같은 '존재론적 차이'를 분석적 차이와 구별되는 '체험한 것'의 차이로 파악하는 것이 좀 더 정확할 것이다. 따라서 '존재론적 차이'는 우리들이 하이데거를 읽을 때 표시하게 되는 '차이2'에 해당하는 것이 아니라(Diffenenz와 Unterschied의 '차이2') 그 자체를 인간의 삶에 부여하는 차이에 해당한다. '존재론적 차이'는 인간의 진정한 존재론적 위상이다. 존재와 본질적인 것의 사이의 '차이2'는 우리들이 명확하게 하고자 하는 목적에 해당하는 '차이'이다. 인간의 본성에 대해서 언급할 때 '존재'와 '있는 것(본질적인 것)'의 사이의 '차이2'는 '존재론적 차이'이다.

헤겔의 『차이저술(*Differenzschrift*)』에 관한 1968년의 세미나에서 하이데거는 '존재론적 차이'에 있어서의 위험성을 경고한 바 있다. 이 세미나에 대한 보고서는 프랑스의 저명한 하이데거 연구자들에 의해 한정판으로 프랑스에서 출판되었다. 1968년 9월 5일에 있었던 세미나의 내용을 미셸 포드고르니는 다음과 같이 요약했다. "형이상학의 층위에 있어서, '차이'는 우리들로 하여금 존재를 본질적인 것으로 나타내도록 하는 위험이 있다."6) 그가 여기에서 강조하고자 하는 것은 존재(Being)를 단순하게 '있는 것(that which is)'이나 또는 '본질적인 것(essent)'으로 생각해서는 안 된다는 점이다. 존재는 구체화될 수 없는 것이다. 이러한 점은 또한 부분적으로 존재론적 차이가 왜 전적으로 하나의 '사이'—존재와 본질적인 것의 사이—로 될 수 없는지에 대한 이유가 된다. 왜냐하면 존재론적 차이가 '사이'가 되려면, 존재는 어떤 특징을 부여받아 또 다른 본질적인 것으로 되어야만 하기 때문이다. 존재는 그 자체를 본질적인 것으로부터 계속해서 차이 나게 한다(차이2). 존재는 그것이 언제나 층위에 있기 때문에 어떤 특별한 위치를 가지고 있지 않다. 하이데거에게 있어서, 인간의 특수한 본성은 인간 자신이 언제나 층위에 존재를 가지고 있기 때문에, 그러한 본성 그 자체는 분명하게 구별되는 '본질적인 것 그 자체'라는 점에 있다. 이와 같은 구별이 필자가 '차이2'라고 명명한 것, 즉 인간은 다른 본질적인 것, 다른 실재와 구별된다는 점에 해당한다. 인간은 언제나 그 자신을 다른 본질적인 것과 차이 나게 한다. 또한 동시에 인간은 존재에 관련되는 본질적인 것에 해당한다는 점에서, 그리고 인간은 자기 자신에게 해당하는 본질적인 것 그 자체로부터 언제나 자기 자신을 차이 나게 하는 존재에 관련된다는 점에서, 그것은 또한 '차이1'에 해당한다.

1968년 세미나에서 하이데거는 '존재론적 차이'를 이해할 수 있는 두 가지 방법들을 제시했다.

> ① 표현 : '존재론적 차이'는 '나무는 초록색이다'라는 명제처럼 형성된다. 따라서 '존재론적'이라는 말은 본질적인 차이를 나타내는 형용사이다. 이와 같은 첫 번째 관점으로 보면, 나뭇잎을 초록색이라고 말할 수 있는 것처럼, '존재'와 '본질적인 것'의 사이의 차이 그 자체는 '존재론적'이다.
>
> ② 존재와 본질적인 것의 사이의 차이 그 자체는 형이상학의 근본적인 연구로 가능할 수도 있는 존재론을 수행하기도 하고 그것을 가능하게 하기도 한다.7)

따라서 존재론적 차이를 이해하기 위해서 두 가지 방법들을 비교함으로써, 하이데거는 차이가 본질적인 것일 수도 있다는 점에서 첫 번째 명제에서는 존재를 본질적인 것으로 간주한다는 점을 제안했다. 이러한 점은 존재를 비유적으로 일종의 '벽(존재)', 예를 들면, 하나의 사다리(존재론적 차이)가 그것의 아래쪽을 지면(본질적인 것)에 고정시킨 채 그것의 위쪽을 기대고 있는 일종의 '벽'이라고 특징지을 수 있다. 그것은 또 차이를 어떤 속성 — 존재론적 속성 — 을 가지고 있는 사물로 만들 수도 있다. 두 번째 해석에서는 존재와 본질적인 것의 사이에 그 어떤 차이가 없다면, 그 어떤 존재론도 있을 수 없고 그 어떤 인간도 있을 수 없다는 점을 제안하고 있다. 즉, 존재와 본질적인 것이 일치하지 않는다면, 존재론은 가능할 수 없다. 첫 번째 해석은 존재론적 차이를 '차이2(Unterschied)'로 묘사하는 반면, 두 번째 해석은 '차이1(Differenz)'을 확신한다. 이상과 같은 두 가지 해석은 모두 존재론적 차이의 해석에 해당한다. 두 가지 해석은 모두 인간에 대한 묘사를 가능하게 한다.

우리들은 이제 존재론적 차이에 대한 인간의 관계가 무엇인지를 정확하게 발견하기 위해서 노력해야만 하며, 그렇게 함으로써 우리들은 인간과 자아의 관계를 고려할 수 있다. 그렇게 하기 위해서 필자는 니체에 관한 하이데거의 책에서 다음과 같은 구문을 고려할 것을 제안한다.

> 존재론은 존재와 본질적인 것의 사이의 차이나기(Unterscheidung)에 바탕을 두고 있다. '차이나기'가 좀 더 합당하게 '차이1(Differenz)'의 이름으로 명명되기도 하는 까닭은 본질적인 것과 존재가 어떤 의미에서 서로 구별되는 것, 다시 말하면 분리되면서도 여전히 서로 관계되는 것으로 파악되고는 하기 때문이다. 이 모든 것은 그 자체에서 비롯되는 것이지 차이나기의 행위에서 비롯되는 것이 아니다. '차이1(Differenz)'로서의 '차이2(Unterschied)'는 존재와 본질적인 것의 사이에 실존하는 일종의 다양성(Austrag)을 의미한다.[8)]

우리들은 존재론적 차이를 분리나 차별, 즉 '차이2(Unterschied)'로 이해할 수 있게 되었다. 이제 우리들은 이와 같은 분리로서의 차이가 사실은 '적극적 차이나기'라는 점을 알게 되었다. 하지만 그것은 어떤 사람이나 또는 어떤 에고가 수행할 수 있는 어떤 행위에 의해 영향을 끼칠 수 있는 것이 아니다. 분리는 종합이 될 수 없다. 존재론적 차이는 그 자체를 본질적인 것의 층위에 부여한다는 점을 우리들은 기억할 필요가 있다. 이러한 점으로 인해서 우리들은 "본질적인 것과 존재가 여전히 서로 관계된다"는 점을 이해할 수 있다.

이제 우리들은 "존재에 대한 본질적인 것의 관계는 무엇인가?"를 질문해야만 하며 그것에 대한 대답은 '인간'이다. 분리하기나 차이나기의 행위와 관련지어 볼 때, 인간은 본질적인 것과 존재의 관계에 있다. 그것은 초점이나 핵심이나 중심에서 비롯되는 것이 아니다. 따라서 자아가 있다면, 그것은 적극적 분리하기에 긴밀하게 포함되는 것이지 적극적 분리하기를 가능하게 하는 것이 아니다.

하이데거는 니체에 대한 자신의 연구에서(1961) 다음과 같이 언급했다. "우리들은 본질적인 것과 존재의 사이의 차이나기에 우리 자신을 자리 잡게 한다. 이러한 차이는 존재에 대한 관계를 지지하고 그것은 또 본질적인 것에 대한 관계도 지지한다."(p.207) "인간은 이와 같이 자기 자신을 존재의 관계 속에 자리 잡게 한다."(p.206) 그리고 "'본질적인 것에 대한 인간의 관계'에 대해서 미확정적인 제목을 붙인 것은 그것의 본질적인 것에 있어서 존재에 대한 인간의 관계를 의미한다."(p.206) 따라서 우리들은 하이데거가 "누구나 한 쪽과 다른 쪽, 즉 본질적인 것의 관계와 존재의 관계를 모두 '똑같은 것'으로 취급한다"(p.205)고 강조하고 있음을 알 수 있다. 인간은 이와 같은 두 가지 관계에 있기 때문에, 어떤 의미에서 이와 같은 두 가지 관계는 똑같은 것이다. 우리들이 종종 영어로 언급하고는 하는 바와 같이, 그것은 똑같은 '차이'에 해당한다. 인간은 똑같은 차이, 즉 존재의 관계이자 본질적인 것의 관계에 있다.

니체에 대한 이와 똑같은 연구에서 하이데거는 이와 같은 관계를 비유적으로 '오솔길(Steg)'이라고 명명했다. "존재와 본질적인 것의 사이의 차이나기는 오솔길에 해당하며 그것은 모든 곳, 모든 행동의 형식에서, 모든 태도에서, 우리들을 본질적인 것으로부터 존재로 그리고 존재로부터 본질적인 것으로 이끌게 된다."(p.246) 또 다시 인간은 이와 같은 오솔길에 해당한다. 본질적인 것으로부터 존재로 이동하든 또는 존재로부터 본질적인 것으로 이동하든, 어느 길로 가든 관계없이, 오솔길은 언제나 똑같다고 볼 수 있다. 인간은 이와 같은 두 가지 방향으로 동시에 나아가게 된다. 이와 같이 두 가지 방향으로 동시에 나아가는 것을 모호성이라고 부를 수도 있지만, 그것은 인간의 존재를 형성하는 모호성이지 제거해야만 하는 모호성은 아니다. 그러나 우리들은 이와 같은 '오솔길'이 하나의 이미지일 뿐이라는 점, 그리고 실제로 그러한 관계는 두 개의 점들의 사이에 있는 것도 아니고, 출발과 도착의 사이에 있는 것도 아니고, 에고와 세계에서의 대상의 사이에 있는 것도 아니라, 존재론적 차이로 만들어진 것이라는 점을 이해하게 되었다. 존재를 향해 뛰쳐나갈 필요가 있기보다는 오히려 되돌아올 필요가 있다. 존재는 언제나 존재론적으로 본질적인 것과 차이나는 것이며, 그것은 언제나 그렇게 하기 위해서 본질적인 것에 의존하기 마련이다.

우리들이 파악했던 바와 같이, 차이나기는 적극적 차이나기에 해당한다. 적극적 차이나기는 존재론적 차이를 서사하고 존재론적 차이는 차이 — '차이2(Unterschied)' — 와 관련지어 묘사될 수 있다. 그러나 실제로 '차이1'과 '차이2'는 이 두 가지가 차이에 의해 하이데거가 '인간'이라고 명명했던 관계를 유지하고 있다는 점에서 서로 일치하게 된다. 물론 우리들은 이와 같은 관계, 이와 같은 차이의 정체성, 인간을 단순히 명명하는 것만으로 만족할 수는 없다. 우리들은 자아의 위치를 모색했으며 그것이 행위의 배후에 자리 잡을 수 없다는 점, 자아는 그것이 적극적 차이나기 그 자체의 출발점에 해당하는 것이지 적극적 차이나기의 중심이 될 수 없다는 점을 알게 되었다. 자아가 중심이 될 수 없고 적극적 차이나기의 핵심이 될 수 없다면, 자아는 개인적인 것의 어떤 측면을 묘사해야만 한다. 그리고 인간이 이와 같은 적극적 차이나기, 본질적인 것과 존재의 사이의 이와 같은 관계, 이와 같은 차이의 정체성에 해당한다면, 그러한 자아 역시 바로 이와 똑같은 관계를 유지해야만 한다. 따라서 이 장(章)의 시작부분에서 언급했던 인간의 본성에 대한 두 가지 유형들의 이분법은 하이데거의 언어와 똑같다는 점이 판명되었다.

이와 같은 견해가 암시하는 것은 데카르트가 수립했고 후설과 제임스가 진정한 자아로서의 에고에 역점을 두어 완벽하게 했던 인간과 자아의 사이의 '구별'을 하이데거가 거부했다는 점이다. 이들의 입장은 몸과 영혼, 개인적 정체성 및 우주에 있어서의 인간의 존엄성이 하나로 통합된 개인의 충만을 의심할 수 있는 여지를 남겨놓았다. 하이데거의 개념에서는 자아의 위치를 똑같은 장소, 똑같은 관계로 되돌아오게 하며 거기에서 하이데거는 인간을 발견했다. 인간과 자아가 다르다면, 그것은 차이의 정체성에 해당할 것이다.

제4장

사유와 존재 : 본질적 관계

존재하는 것과 생각하는 것은 분리된 경험의 영역, 하나는 존재론적이고 다른 하나는 인식론적인 영역으로 파악할 수도 있다. 그러나 하이데거에게 있어서 이 두 가지 영역은 서로 긴밀하게 관련되어 있다. 실제로 이와 같은 관계는 인간의 삶에 있어서 적극적인 것이자 본질적인 것이다. 필자가 여기에서 발전시키고자 하는 것은 정확하게 말해서 이 두 가지 영역이 서로 관련되는 바로 그 태도에 있다.

1. 다함께-소속되기로서의 사유와 존재

'치매(癡呆, Moria)'에 관한 자신의 강연에서 그리고 『정체성과 '차이1(Differenz)'』에서, 하이데거는 파르메니데스[Parmenides, B.C. 450년경에 활약한 이탈리아 태생의 그리스 철학자. 플라톤은 자신의 대화편에서 엘레아학파의 존재론과 변증법에 대한 비판을 통해 그의 초기 이데아론을 발전시켰다. 플라톤의 초기 이데아론을 통해 헤라클레이토스는 여럿의 개별자만 있고 '단칭 보편자(the singular universal)'는 없다고 주장한 반면, 파르메니데스는 '단칭 보편자'만 있고 여럿은 없다고 주장했다]로부터 "사유와 존재는 똑같은 것이다"[1]라는 구문을 인용했다. 『정체성과 '차이1'』에서 하이데거는 "사유와 존재는 서로 다른 것이지만 여기에서는 '똑같은 것'으로 이해될 수 있다"[2]고 언급했다. 더 나아가 "사유와 존재는 똑같은 곳에 자리 잡고 있으며, 이와 같이 똑같은 곳에서부터 서로가 서로를 붙잡고 있다"[3]고 강조했다. 그리고 마지막으로 다음과 같이 언급했다. "한 쪽과 다른 쪽 모두가 다함께-소속되기로서의 '간격'을 정의함으로써, 우리들은 사유와 존재의 정체성의 의미를 '간격' 내에 수립하게 되었다."[4] 따라서 사유와 존재는 똑같은 것이지만 상당히 특별한 의미에서만 그렇다고 볼 수 있다. 이때의 동일성은 순수하게 대등한 정체성에 해당하는 것이 아니다. 여기에서 존재와 사유의 다함께-소속되기에 의해 명명할 수 있는 것은 이 두 가지를 서로 교환-가능한 것으로 고려할 수 있는 것이 아니다. 이 두 가지는 모두 똑같은 것에서 비롯된다. 즉, 이 두 가지는 모두 '있는 것(본질적인 것)'에 자리 잡고 있다.[5] 그러나 이와 같은 점은 사유와 존재가 모두 '있는 것'으로부터의 차이나기에 있다는 사실에 근거하고 있다. 따라서 우리들은 "우리들 자신이 '다함께(Zusammen)'에서 비롯되는 '소속되기(gehören)'를 나타내는 대신에 '소속되기'에서 비롯되는 '다함께'를 파악할 수 있는 가능성"(*ID*, p.16)에 대해서 좀 더 세심한 주의를 기울여야만 할 것이다. 이러한 점은 존재와 사유가 원칙적으로 '다함께'에 해당한다면, 우리들은 그러한 관계를 구별할 수 없다는 점을 언급하는 것이나 다름없다. 그러나 존재와 사유가 원칙적으로 '소속되기'라는 점을 우리들이 알게 된다면, 그렇다면 우리들은 이 두 가지가 서로 '소속되는' 유형, 서로 다함께 소속되는 유형을 정확하게 조사할 수 있을 것이다. 존재와 사유는 서로 소속되는 것이다. 이 두 가지는 인간의 본질로 다함께 소속되는 것이다.

하이데거는 다음과 같이 주장했다. "사유는 이중성 때문에 있게 되며, 그것은 결코 말해진 적이 없다. 사유의 접근은 존재와 본질적인 것의 이중성으로 나아가는 데 있다"(*VA*, *III*, p.38). 이중성은 존재와 본질적인 것의 사이의 존재론적 '차이1(Differenz)'의 '위치'에 해당한다.[6] 그것은 또한 사유의 '핵심'에 해당한다. 사유와 존재의 동일성은 이와 같은 '차이1'에서 발생하게 된다. 존재가 존재론적으로 차이 나게 되는 반면, 사유는 인식론적으로 차이 나게 된다. 이러한 점에서 존재는 '존재자-이전'에 해당하지만, 사유는 '그-이전이 되도록 하는 것'에 해당한다.[7] 그러나 이 두 가지는 모두 존재와 본질적인 것의 이중성 내에서 발생하게 된다.

존재와 본질적인 것의 다함께-소속되기가 함께하는 것이면서도 또한 차이나는 것이라는 논지는 그렇게 쉽게 이해될 수 있는 것이 아니다. 소속됨으로써 이 두 가지는 함께 하기 때문에 동일한 것으로 된다. 그럼에도 서로 소속되는 콘텍스트로 볼 때 이 두 가지는 '차이1' 나게 된다. 따라서 우리들은 「사유란 무엇인가?」에서 다음과 같은 구문을 읽을 수 있다. "사유와 존재는 어떻게 일치할 수 있는가? 정확하게 말해서 이 두 가지는 차이나는 것이다. '있는 것'의 현존과 '마음에 떠오르는 것.'"[8] '있는 것'과 '마음에 떠오르는 것'은 동일한 것이 될 수 없다. 그러나 이 두 가지는 인식론적으로 지시되었고 존재론적으로 경험된 바와 같이, 동일한 '차이1'가 될 수 있다. 또한 존재와 '있는 것'의 사이의 존재론적 차이에서 이 두 가지는 다함께 소속된다. 이와 같은 차이에 있어서, 존재는 '있는 것'에 해당하고 사유는 '마음에 떠오르는 것'에 해당한다. 더 나아가 '있는 것'의 현존은 정확하게 말해서 사유되어야만 하는 것이다. '마음에 떠오르는 것'은 차이의 활성화에 관계된다. 이러한 점은 하이데거가 「사유란 무엇인가?」라는 자신의 강연에서 횔더린의 「소크라테스와 알키비아데스」를 왜 인용했는지에 해당한다. "가장 심오하게 사유하는 사람은 가장 생생한 것을 사랑한다."[9] 심오하게 사유하는 것은 '있는 것'을 충분하게 포착하는 것이다. 그리고 '있는 것'을 충분하게 포착하는 것은 '가장 생생한 것'을 충분하게 포착하는 것이다. 충분하게 포착하는 것은 그것이 마음에 떠오르는 것이다. 따라서 마음에 떠오르는 것은 가장 생생한 것을 포착하는 것, 즉 '있는 것'의 현존에 해당한다. 또는 달리 말하면, 사유는 가장 생생한 것으로서의 존재를 포착하는 것이다. 이러한 점은 존재와 사유가 다함께 소속되어 있는 차이가 바로 살아있는 차이라는 점을 모두 언급하는 것과 같다. 그것은 또한 '있는 것'의 현존으로 그리고 그러한 현존이 마음에 떠오르는 것으로 살아 있는 것이다.

> 우리들이 존재를 본질적인 것과 구별되는 '차이1'로 생각하는 경우와 우리들이 존재를 바로 그 존재와 구별되는 '차이1'로 생각하는 경우 등 이 두 가지 경우를 모두 제외한다면, 우리들은 존재를 있는 그대로 생각하지 않게 된다. 이런 식으로 '차이'는 우리들에게 합당하게 가시적인 것으로 된다. —*ID*, p.53.

여기에서 가시적으로 되는 것은 생생하게 되는 것, 심지어 생생한 것 그 자체로 되는 것을 의미한다(이러한 점은 메를로퐁티가 고려했던 가시성과 상당히 똑같은 의미를 지닌다).[10] 따라서 우리들은 차이에서의 존재를 생각할 수 있다. 차이에서의 존재를 고려함으로써, 우리들은 그것을 마음에 떠올리게 된다. 마음에 떠올리는 것은 차이에 있어서 생생한 것, 즉 '있는 것'의 현존, 있는 그대로의 존재를 충분하게 포착하는 것이다. 이러한 점이 바로 존재와 사유가 어떻게 다함께 소속되는지를 우리들이 이해할 때 파악할 수 있는 것이다.

'생생한 존재자'를 생각하는 것은 우리들의 임무이다. "모든 것 중에서 생생한 존재자는 아마도 우리들의 사유에서 가장 어려운 것일 수도 있다. 어떤 의미에서 그것이 우리들의 가장 가까운 부모에 해당한다면, 그것은 동시에 우리들의 역-존적(逆-存的, ek-sisting) 실존의 심연에 의해 분리된다."[11] '생생한 존재자'가 인간의 본성이라는 점을 우리들이 특성화시킨다면, 이러한 점은 우리들로 하여금 존재와 사유의 다함께-소속되기를 이해할 수 있도록 도와줄 수 있을 것이다. 사유에서 가장 어려운 것은 정확하게 말해서 인간의 본질이다. 인간은 우리들과 가까운 동시에 우리들의 '역-존적 실존'의 심연에 의해 분리되는 생생한 존재자이다. 인간은 또한 존재론적 차이에 의해 그렇게 표현된 존재-거기(현존재)에 해당한다. 인간은 거기에 있는 이와 같은 '역-존적 실존'이다. 이와 같은 실존을 생각하는 것, 그것을 마음에 새기는 것은 쉽지 않다. 그렇지만 이러한 점은 정확하게 말해서 인간이 그렇게 되도록 하기 위해 반드시 해야만 하는 것이다. 왜냐하면 존재와 사유는 다함께 소속되기 때문이다. 존재와 사유를 분리시키는 심연은 이 두 가지를 통합하는 '존재론적 차이'이다. 그것은 모호성을 통해서 전체를 부여하는 인간적인 의미의 다양성이라고 볼 수 있다. 왜냐하면 마음에 떠오르는 것은 전체적인 의미이지 각 개인의 의미, 존재와 '있는 것'의 사이의 각 개인의 차이점이 아니기 때문이다. 이러한 점으로 인해서 하이데거는 "'있는 것'이 없는 존재를 생각할 필요가 있다"[12]고 강조했다. 이러한 점을 성취하는 것은 인간의 본질을 충분하게 포착하는 것을 진정으로 성취할 수 있는 것일 수도 있다. '있는 것'이 없이 '있게 되는 것'을 생각하는 것은 '있게 되는 것'과 '있는 것'의 차이를 간과하는 것일 수도 있다. 왜냐하면 마음에 '있도록 하는 것'은 존재의 충만을 단 하나의 의미로 환원시키지 않으면서 바로 그 존재의 충만을 명확하게 하는 것이기 때문이다. 존재나 '있는 것'을 충분하게 생각하는 것은 인간의 모호성을 충분하게 사유하는 것, 즉 바로 그 자체의 전체성을 고려하여 충분하게 생각하는 것과 같다. 존재를 '있는 것'으로 생각하는 것은 그것을 단 하나의 의미로 환원시키는 것일 수도 있다. '있는 것'과 차이나는 그 자체의 존재에 있어서 바로 그 존재를 생각하는 것은 인간의 본질을 훼손하는 것이다.

그럼에도 '있는 것(본질)'과 차이나는 것으로 존재를 생각하는 것은 '있는 것'으로부터 벗어나는 존재를 생각하는 것이다. 정말로 생각되어야만 하는 것은 '차이' 그 자체이다. 왜냐하면 생각되어야만 하는 것이 차이가 아니라 사물이라면, 그렇다면 그것은 존재를 생각하는 것이 아니라 본질을 생각하는 것이기 때문이다. 따라서 "존재를 그 자체만으로 생각하는 것은 우리들로 하여금 존재로부터 멀어지도록 요구하는 것이나 다름없다. 왜냐하면 모든 형이상학에서처럼, 존재 그 자체도 그만큼 본질적인 것으로부터 벗어날 때에만 그리고 바로 그 본질적인 것을 위해서만 파악될 수 있고 전개될 수 있기 때문이다."(*ZS*, p.24) 본질적인 것으로부터 벗어나 생각하는 것은 존재를 바로 그 본질적인 것에 배치하는 것이다. 이러한 점은 존재를 '있는 것'으로 형성함으로써, 존재를 본질적인 것으로부터 차이나는 그 자체의 차이로 존재를 생각함으로써, '차이' 그 자체를 표현하는 것이다.

존재의 존재-거기에 대한 "존재가 주어져 있다"(Es gibt Sein)에서, 사유는 현존재를 부여하는 것이고 인간을 부여하는 것이다. "존재를 일종의 기부로 부여하는 운명을 생각할 수도 있다."(*ZS*, p.34) 존재를 일종의 기부로 부여할 때, 바로 그 때에 인간이 출현하게 된다. 부여하는 것(거저 주는 것, 베푸는 것)은 '있는 것'을 선물로 주는 것이다. 인간은 '있는 것'의 현존이기 때문에, 인간에게 나타나는 것은 사유에 의해 부여되는 것이다. 따라서 사유는 '있는 것'을 마음에 새기는 것일 뿐만 아니라 '있는 것'을 기부로 부여하는 것이다. 이와 같은 '형태'는 존재론적 차이를 통해서 다시 한 번 표현된다. 기부하는 데 있어서 우리들은 '우리들-앞에-놓여있는-것'은 물론 '마음에-새기는-것'까지도 발견하게 된다. 이와 같은 기부는 '있는 것'에 도달하는 것이자 바로 그 '있는 것'에서 비롯되는 존재에 호소하는 것이다. 사유는 이와 같이 '안-사이'를 가능하게 한다. 이제는 우리들이 모호성이라고 명명할 수도 있는 바로 이와 같은 이중성으로 인해서 "'있는 것'을 올바로 고려할 수 있을 때, 바로 그때에 그것은 사유를 수정하고자 한다."[13] 사유를 통해서 나타나는 것은 그 자체를 현재로 나타낸다. 사유는 '있는 것'에 존재를 부여하는 것이자 바로 그 '있는 것'을 마음에 새기는 것이다. 이와 같은 양면적인 행위는 양 방향을 동시에 오가게 된다. 그리고 그것이 인간에 대한 질문으로 될 때, 양 방향을 동시에 오가는 것은 전체적으로 존재를 활성화시키는 것이다.

양 방향을 동시에 오가는 것은 상호간의 소유격에 의해 명명될 수 있다. "이러한 소유격은 그와 같은 존재를 고려해야만 하는 것은 물론 그러한 존재에 대답해야한다고 생각하는 것을 동시에 보여주게 된다."[14] 그러나 여기에서의 소유격은 '존재의 사유'에 있어서의 소유격 '의(of)'에 해당한다. 그러나 존재가 고려될 때 "'있는 것'의 존재" 역시 고려될 수 있다. '존재의 사유'는 소속되기 — 존재와 사유가 함께하는 것 — 를 명명하는 일종의 소유격이다. 더 나아가 '존재의 사유'는 상호간의 소유격, 즉 존재론적 차이에서 발생한다.

『칸트와 형이상학의 문제』에서 하이데거는 사유를 "존재에 대한 선-개념적 이해"라고 파악했다. "그 자체의 모든 불변성, 충만 및 미-확정성 등 모든 것에 있어서 본질적인 것의 존재에 대한 선-개념적인 이해는 완벽하게 의심의 여지가 없는 그 무엇으로 부여되는 것이다."[15] 존재에 대한 이와 같은 선-개념적인 이해 그 자체는 존재론적 차이로 표현되기 때문에 의심의 여지가 없다. 존재의 이해는 '있는 것'을 충분하게 포착하여 마음에 새기는 것이다. 그것은 또한 충분한 존재의 기부이다. "존재의 이해를 바탕으로 하여 인간은 존재와 함께 출현하며, 이때의 존재는 계시적으로 본질적인 것을 침범하는 데서 발생한다."(*KPM*, p.207, Eng. tr., p.237) 존재의 이해를 통해서 인간은 현존하게 되고, 전체적으로 볼 때 존재는 '거기 있는 것(현존재)'으로 부여된다. '표현하는 것'은 존재론적 차이에서 차이나는 모든 의미를 충분하게 포착하는 것이다. 이해는 '있는 것'의 존재를 에워싸는 것이다. 사유는 존재론적 차이를 이해하는 것이다. 사유는 가능한 의미의 다양성을 모호성으로 이해하는 것이다. 진정한 사유는 인간을 이해하는 데 있다. 이러한 점은 경험으로서의 앎은 인간을 이해하는 것이라고 말하는 것이다.

"그 자체의 존재 내에서 '있는 것'을 모두 이해하기 위해서 존재 그 자체는 이미 그 자체의 진실 내에서 이미 명시되고 발생된다."(*UH*, p.54) 인간을 이해하기 위해서는 명시와 발생이 있어야만 한다. 명시된 것은 '있는 것'의 존재에 해당한다. 발생하는 것은 그 자체의 존재에 나타나 있는 본질에 해당한다. '나타나 있는 것'의 현존은 분명하게 제시되고, '있는 것'은 그 자체의 현존에서 분명하게 발생된다. 이러한 점이 존재의 이해, 존재와 사유의 사이의 관계, 즉 '다함께 소속되기'이다.

하이데거는 사유를 "존재의 집을 건설하는 활동"(*UH*, p.154)이라고 파악했다. 사유하는 것은 건설하는 것, 존재의 집 — '있는 것'이 분명하게 나타나게 되는 것 — 을 건설하는 것이다. 사유는 프로젝트를 수행하는 데 있어서 우선권을 갖게 되는 동시에 그것을 수행할 임무를 부여받게 된다. 사유는 그것이 하고 있는 대로 하게 되고 사유는 그것이 발생하는 대로 발생하게 된다. 『언어에의 길 위에서』에서 우리들은 언어가 '존재의 집'이라는 점을 반복해서 듣게 된다. 사유가 존재의 집을 건설하는 데 작용한다면, 그렇다면 건설에서 작용하는 것은 언어이다. 따라서 언어는 사유와 존재의 사이의 관계에서 형성되는 것이다. 그리고 언어는 관계를 명명한다. 따라서 우리들은 『사유의 경험으로부터』에서 다음과 같은 점을 발견하게 된다. "사유가 존재의 부름에 호응할 수 있는 용기를 가지고 있다면, 그렇다면 우리들에게 부여된 것은 그 자체의 언어를 발견할 수 있게 된다."[16] 사유와 존재의 사이의 관계로부터 언어가 출현한다. 사유가 존재의 집을 건설하는 것과 같이, 사유는 또 언어를 건설한다. 다시 또 횔더린의 시구를 참고하여, 하이데거는 다음과 같이 반복해서 언급했다. "우리들은 하나의 기호, 의미가 배제된 하나의 기호이다."[17] 인간은 하나의 기호이다. 그러나 인간이 의미가 배제된 하나의 기호일 뿐인 까닭은 인간의 의미-충만을 건축할 필요가 있기 때문이다. 이와 같은 건축물이 사유의 프로젝트이다. 사유는 존재의 집을 건설한다. 존재의 사유로부터 언어가 비롯된다. 사유에 의해 형성된 의미는 '있는 것'의 존재를 이해하는 데 있어서 생명을 부여받은 의미에 해당한다. 이러한 의미는 언어에 의해 명명되지만 그러나 그것은 인간적 모호성의 의미이기도 하다. 이러한 의미는 그것이 언어를 통해 표현되는 바와 같이 존재론적 차이의 충족에 해당한다. 존재가 없다면, 사유는 이해될 수도 없고 마음에 새겨지거나 기부될 수도 없다. 이러한 점이 사유와 존재가 왜 다함께 소속되는지에 대한 이유이다.

2. 핵심 : 사유의 문제

사유를 이해하기 위해서는 사유가 발생할 때 문제가 되는 것이 무엇인지를 알아야할 필요가 있다. 이와 같은 문제, 이와 같은 사유의 문제, 그것이 바로 질문의 핵심(die Sache)에 해당한다. 하이데거는 최근의 자신의 논문 선집의 제목을 『사유의 사태로』라고 정했다. 문제가 되는 이와 같은 사유의 문제는 무엇인가? 그것은 분명히 고려할만한 이점이 있다. 사유가 이해할 수 있는 모든 것은 고려할만한 이점이 있다. 그렇지 않다면 사유는 방황할 수도 있지만, 그러나 그것이 그렇게 할 수 없는 까닭은 사유는 언제나 존재와 더불어 다함께 소속되기 때문이다. 사유는 존재와 더불어 다함께 소속될 수밖에 없기 때문에 그리고 존재는 사유될 수 있는 이점이 있기 때문에, 사유는 방황할 수 없게 된다. 존재가 사유될 수 있는 이점이 있는 까닭은 그것이 '현재 있는 것'과 존재론적으로 차이나기 위해서는 바로 그 존재 자체가 현재 나타나 있어야만 하기 때문이다. 사유가 없다면, 우리들이 파악하는 바와 같이 존재는 그런 식으로 나타날 수 없을 것이다. 그리고 존재를 현재 나타나도록 하지 않는다면, 의미의 충만도 없을 것이고, 인간의 모호성도 없을 것이고, 결과적으로 인간 그 자체가 없을 것이다. 그러나 인간은 정확하게 말해서 그 자체만의 고려에서 출현하기 때문에 그러한 점은 불가능할 수도 있다.

> 우리들은 인간이 이성적 동물이라고 말해왔다. 그러나 이러한 정의가 인간의 본질을 숨김없이 드러내는 것인가? 존재에 대해 말할 수 있는 마지막 말, 즉 존재는 이성을 의미하는가? 또는 인간의 본질, 존재에 대한 인간의 소속되기, 존재의 본질 등 이 모든 것들은 여전히 지속될 수 있는 것이며 좀 더 당혹스러운 스타일로 말한다면 고려할만한 이점이 있는 것인가? 만일 그렇다면, 어떻게 계산할지를 유일하게 알고는 있지만 그 자체의 성공여부를 점치는 것은 과대망상적인 열광적 추구의 이점을 위해 우리들은 그러한 이점을 포기할만한 권한을 가지고 있는 것인가? 또는 계산하도록 제한되어 있는 사유에 의해 우리들이 그렇게 할 수밖에 없는 바와 같이, 우리들은 그러한 점을 고려하는 것이 무시하는 것보다 낫다고 사유가 대답할 수 있는 길을 발견할 수 있는 것인가?[18]

사유될 수 있는 이점을 가지고 있는 것, 즉 '있는 것'의 존재는 무시될 수 있는 것인가? 이에 대한 하이데거의 답변은 분명히 부정적이다. 사유될 수 있는 이점이 있는 것은 사유되어야만 한다. 그것을 무시하는 것은 실제로 무지나 망각의 방법으로 그것을 생각하는 것이나 다름없다. 존재를 망각하는 것은 그 자체의 충분한 의미에 있어서 사유의 또 다른 방법에 해당한다. 그러나 하이데거의 프로젝트는 존재를 망각해서는 안 된다는 점, 존재와 '있는 것(본질적인 것)'의 사이의 차이를 고려함으로써 존재는 망각되지 않을 것이라는 점을 제안하는 데 있다. 이러한 점은 정확하게 말해서 인간의 본질을 고려해야만 한다는 점, 존재와 본질적인 것의 사이의 존재론적 차이는 부여되는 것인 동시에 마음에 새기는 것이라는 점을 고려함으로써 가능한 것이다.

사유될 수 있는 이점을 가지고 있는 것—'있는 것'의 존재—은 '계산에 의해' 충분하게 고려될 수 있는 것이 아니다. 하이데거에게 있어서 사유는 경험적 앎에 해당하는 것이지 이것만을 안다거나 저것만을 아는 것으로 그 자체를 제한하는 것은 아니다. 따라서 하이데거는 논리의 활동과 '이성(로고스)'의 활동을 구별했다. "논리적인 것을 지속적으로 참고함으로써, 우리들은 사유의 길에 관여하고 있는 존재의 출현을 부여할 수 있지만, 실제로는 그것을 부정하는 것이다."(*UH*, p.126) 그러나 부정은 충분한 거절이 될 수 없다. 논리적인 것을 참고하는 것은 결코 사유가 될 수 없지만, 그러나 그것은 자신이 생각하고 있는 것을 망각하는 것이다. 왜냐하면 '계산하는 것'은 사유될 수 있는 이점을 가지고 있는 것으로 생각되기 때문이다. 이러한 점에서 오류에 빠질 수도 있다. 따라서 계산을 할 때조차도, 사유될 수 있는 이점이 있다는 점을 철저하게 심사숙고해야만 한다. "논리는 사유를 그 자체의 존재 내에 있는 것의 표상으로 이해한다. 왜냐하면 표상은 그 자체를 개념의 보편성으로 부여하기 때문이다. 그러나 존재의 진리를 생각하는 표상에 있어서 성찰(즉, 사유)은 무엇인가?"(*UH*, p.126) 존재의 진리를 생각하는 것은 그것이 사유로 될 수 있는 가장 중요한 이점에 해당한다. 그리고 존재의 진리는 존재의 규명에 해당한다. 존재는 지금 나타남으로써 드러날 수 있거나 규명될 수 있다. 사유는 '나타나 있는 것'이 나타나게 된 것이다. 그러나

> '논리'에 반대되는 사유는 비-논리적인 것을 선호하여 창(槍)을 부러뜨리는 것을 의미하는 것이 아니라 자신의 성찰에서 이성으로 되돌아오는 것, 사유의 첫 번째 시대에서 나타나게 되는 바와 같이 그 자체의 본질로 되돌아오는 것, 즉 궁극적으로 그와 같은 성찰을 스스로 준비하는 것을 의미한다. —*UH*, p.126.

하이데거에 의하면, 누구나 자신의 사유작용에 있어서 사유를 향해 나아갈 준비를 해야만 한다. 따라서 그리스인들이 '이성(로고스)'라고 명

명했던 것으로 되돌아가는 것은 사유가 발생하게 되는 방향에 해당한다. 「이성(로고스)」라고 제목을 붙인 1951년 하이데거의 강연을 참고하여 우리들은 하이데거가 헤라클레이토스에게 호소하는 것과 관련지어 "이성이 본질로서의 존재를 분명하게 하는 명칭이다"[19]는 점을 발견할 수 있다. 로고스는 지금 있는 것의 존재, 달리 말하면 존재론적 차이라고 알려진 것의 존재를 일컫는 명칭이다. 이성(로고스)을 고려함으로써, 우리들은 존재론적 차이를 고려할 수도 있고, 인간적인 의미를 모호한 것으로 파악하여 그러한 의미의 다양성을 고려할 수도 있다. 이성은 이러한 모호성을 일컫는 명칭이다. 이성에는 사유될 만한 이점이 있다. 『존재와 시간』에서 존재를 생각하는 것은 존재의 규명을 해석하는 것이다. 다시 한 번, 존재의 규명에는 인간의 본질을 통해서 사유될 만한 이점이 있다.

"사유에 관계되는 것, 질문이 결코 끝나지 않는 것, 질문 그 자체의 핵심이 되는 것을 결정하는 것 — 그것은 독일어로 'Sache', 즉 질문의 핵심에 해당한다."(*ZSD*, p.67) "정말로 고려되어야만 하는 것은 처음부터 그 자체를 인간으로부터 멀리 떨어져 있게 하는 것이다."(*WHD*, p.4; *trans*., p.7) 그럼에도 정확하게 말해서 사유될 만한 이점이 있는 것은 실제로 사유되어야만 하는 것이다. 사유될 만한 이점이 있는 것은 결코 질문을 멈춘 적이 없다. 존재론적 차이가 결코 질문을 멈출 수 없는 까닭은 그것이 결코 본질적인 것으로 된 적이 없기 때문이다. 인간적인 모호성은 결코 '있는 것' 그 자체로 될 수 없다. 그것은 언제나 '차이1(Differenz)', 존재와 '있는 것'의 사이의 차이로 있을 뿐이다. 우리들은 언제나 이와 같은 차이를 질문하고 있는 셈이다. 우리들은 언제나 그것을 새롭게 질문하고 있을 뿐이다. 이러한 점이 바로 반복, 그 자체를 결코 반복하지 않는 '반복'이라고 볼 수 있다. 그것은 언제나 차이일 뿐이다. "존재 — 질문(eine Sache), 그러나 '있는 것'이 아닌 것."(*ZS*, p.20) 존재는 언제나 그 자체의 차이를 통해서 도망치고 있다. 따라서 이러한 차이는 언제나 질문의 문제, 사유될 수 있는 이점이 있는 문제이다.

"한 발짝 뒤로 물러섬으로써, 우리들은 사유의 문제, 차이로서의 존재를 자유롭게 할 수 있으며, 우리들은 그러한 문제 스스로가 전적으로 대상의 공허한 상태로 남을 수 있는 조응에 의해서 우리들에게 나타나도록 할 수 있다."(*ID*, pp.55~56) 한 발짝 뒤로 물러서는 것은 성찰, 즉 한 발짝 앞으로 내딛는 것이다. 한 발짝 뒤로 물러섬으로써, 우리들은 차이로서의 존재로 향할 수도 있다고 생각하며, 우리들은 인간의 본질을 이해하는 데 좀 더 가까이 다가갈 수도 있다. 하이데거는 이와 같이 한 발짝 뒤로 물러서는 것을 그리스 사상으로 돌아가는 것이라고 이해했다. 그러나 그것은 또한 '있는 것'으로부터 존재로 돌아가는 것이다. 그것은 또한 사유에 의해 그 자체를 차이 나게 하는 '존재론적 차이'이다.

그러나 이와 같이 한 발짝 뒤로 물러서는 것에는 또 다른 중요한 요소가 있다. 그것은 사유될 수 있는 이점을 가지고 있는 것에 대한 접근을 성취하는 동시에 그것은 또한 사유되어 왔던 것을 다함께 수집하기도 한다. 인간의 본질에 있어서 사유에 핵심적인 것—그것은 기억 그 자체이다.

> 인간이 여전히 스스로 생각하는 존재라면, 인간의 본질적인 본성은 기억, 즉 사유를 종합하는 기억에 있기 때문에 사유가 인간에게 호소한다는 점에서 생각하는 존재에 해당한다면, 사유를 가장 많이 자극하는 것은 무엇인가 고귀하고 아마도 인간을 위해서 가장 높은 것일 수도 있다. —*WHD*, p.12; Eng. tr., p.31.

존재론적 차이는 그 자체를 지속적으로 표현하게 된다. 존재는 '있는 것'으로부터 지속적으로 차이 나게 된다. 의미들은 모호한 종합성으로 형성되고 이처럼 모호한 방법에 의해 의미들은 남겨지게 된다. 그러나 사유의 종합을 통해서, 기억을 통해서, 생각하기는 차이 그 자체를 원래 있던 그대로 수집하게 된다. 이런 식으로 생각하기는 우선적으로 지속성을 수립하게 되고 그 자체를 마음에 간직하게 된다. 이런 식으로 생각하기는 존재론적 차이를 형성하는 것은 물론 그러한 차이를 부여하기도 한다. 따라서 생각하기의 문제는 기억을 통해서는 물론 사유를 통해서도 있게 되는 바로 그 존재의 문제이다. 사유의 바탕이 되는 것은 사유의 종합을 통해서 우리들에게 부여되는 것이며, 그것이 바로 생각하기의 임무에 해당한다.

3. 인간의 본질적 본성

존재와 사유는 다함께 소속된다. 사유의 문제는 사유될 수 있는 이점이 있다. 사유될 수 있는 최상의 이점은 '있는 것'의 존재에 있다. 사유와 존재가 어떻게 인간의 본질적 본성에 관련될 수 있는 것인가?

하이데거는 『사유란 무엇인가?』에서 바로 이러한 문제를 언급했다.

> 그 어떤 사유의 방법도, 형이상학적인 사유의 방법까지도, 인간의 본질적 본성에서 시작하는 것은 없으며 거기에서부터 존재로 나아가지도 않고 그와 반대로 존재에서부터 비롯되거나 인간에게로 돌아가지도 않는다. 오히려 사유의 모든 방법들은 존재와 인간의 본성의 종합적 관계에서 이미 그 자체만의 방법을 취하고 있다. 그렇지 않다면 그것은 전혀 사유가 아닐 수도 있다. — *WHD*, p.74; Eng. tr., p.80.

사유는 한 지점에서 다른 지점까지, 존재에서 인간의 본질적 본성까지 또는 인간의 본질적 본성에서 존재까지 나아가는 출발점이 될 수 없다. 우선적으로 존재나 인간의 본질적 본성이 출발이나 도착이 될 수 있는 어떤 '지점'으로 될 수 없다는 점을 우리들은 이미 알고 있다. 존재가 언제나 '있는 것'과 차이 나게 된다는 점을 우리들은 알고 있다. 인간의 본질적 본성이 이와 같은 차이라는 점, 그러나 그렇게 생각되고는 하는 차이라는 점을 우리들은 알고 있다. 따라서 어떤 경우든 그것을 어떤 '지점'으로 언급하는 것은 불가능할 수도 있다. 여기에서 인간의 본질적 본성을 언급하는 데 있어서, 우리들은 '있는 그대로 사유되는' 존재론적 차이를 강조했을 뿐이며, 이것이 바로 사유의 문제이다. 존재는 '있는 것'으로부터 차이 나게 되기 때문에, 사유는 존재와 함께 소속되기 때문에, 그리고 사유를 설명하지 않고서는 인간의 본질적 본성 그 자체를 설명할 수 없기 때문에, 사유는 그 자체의 방법을 존재와 인간의 본질적 본성의 종합적 관계 내에서 취해야만 한다.

이와 같은 '존재-안'은 언어를 통해서 명명된 살아 있는 활력소 내에서 그 자체를 성취하게 되며 존재와 인간의 본질적 본성의 관계에서 벗어날 수 없게 된다.

> 사유는 인간의 본질적인 것에 대한 존재의 관계를 성취하게 된다. 그것은 이러한 관계를 스스로 지속하지도 못하고 만들어내지도 못한다. 사유는 존재에 의해 그 자체를 내보낼 수 있는 것처럼 그 자체를 존재에 제시할 수 있을 뿐이다. —*UH*, p.26.

따라서 사유는 존재와 인간의 본성의 사이에 존재하는 관계의 활력소이다. 그것은 인간적인 의미의 종합성을 전체적으로 부여하는 포괄적 활력소이다. 존재론적 차이에 의해서 표현된 이와 같은 의미가 모호한 까닭은 사유가 그 의미를 이해하고 있기 때문이다. "존재의 진실성과 인간의 본질적인 것의 관계는 일종의 이해라고 생각되었다. 그러나 여기에서 이와 같은 이해는 동시적으로 존재의 규명이라고 생각되었다."[20]

사유와 존재의 사이의 관계를 살펴보는 데 있어서 우리들이 발견했던 것을 종합하기 위해서 인간은 존재와 사유의 통합, 즉 하나로 '소속되기'에서 발생하는 일종의 '모호성'이라고 우리들은 결론지을 수도 있다. 존재와 '있는 것'이 차이 나게 되는 곳에서, 사유는 이와 같은 존재론적 차이를 이해하게 된다. 사유는 정확하게 말해서 존재론적 차이를 현재 당면하고 있는 문제로 취급한다. 그리고 이와 같은 차이 내에서, 사유는 인간의 현존을 위해서 필요한 존재를 규명하는 것은 물론 존재의 현존을 위해서 필요한 인간적 본질을 규명한다.

제5장

메를로퐁티의 인간적 모호성

모리스 메를로퐁티의 활동은 모호성의 철학이라고 일컬어져 왔다. 그러나 대부분의 경우 '모호성'이라는 말은 그의 철학적 쓰기를 특징짓는 꼬리표로 단순하게 작용했을 뿐이지 그 자체의 특징을 분명하게 하려는 신중한 시도는 거의 없었다고 볼 수 있다. 메를로퐁티의 철학에 있어서의 모호성에 대한 그동안의 논쟁들은 주로 인간에 대한 주체/대상의 견해를 통해서 차단되어버린 몸의 중요성에 대해, 지각의 탁월성에 대해, 시간성의 구심성에 대해 역점을 두어 왔지만, 이와 같이 평가하는 논쟁자들이 왜 이상과 같은 개념들과 메를로퐁티의 '모호성'을 관련지으려고 했는지에 대해서는 그동안 거의 아무런 지적도 없었던 것이 사실이다. 따라서 필자는 모호성을 메를로퐁티의 사상의 핵심적인 특징으로 취급하고 있는 몇 가지 사례들을 살펴보고자 한다. 그런 다음에 필자는 메를로퐁티 자신이 어떻게 '모호성'이라는 용어를 선택하게 되었는지를 고려하고자 한다. 마지막으로 필자는 그의 활동에서 비롯된 인간의 이론, 또는 실존적 이론이거나 모호성의 이론을 살펴보고자 한다.

1. 모호성의 철학

'모호성'이라는 용어에 처음으로 관심을 보인 사람은 페르디낭 알키에(1947)이며, 그는 메를로퐁티가 인간 개개인의 규범적인 개념을 모색했다는 점을 조심스럽게 지적했다.[1] 그는 메를로퐁티의 프로젝트가 자아의 이중적인 견해에 도전하는 것이자 그것을 극복하는 것이었다는 점을 올바로 파악했다. 알키에는 다음과 같이 강조했다. "메를로퐁티는 절대적 객관성과 절대적 주관성, '자체-내-세계'와 마음 등 두 가지 상관적인 아이디어들을 동시에 거부했다. 그는 이러한 아이디어들이 선택적으로 모두 진실이라는 점을 인정하기보다는 그러한 아이디어들이 모두 거짓이라고 파악했다."(Alquié, p.54) 객관성과 주관성 모두의 진실, '존재자-즉자(卽自)'와 '존재자-대자(對自)' 모두의 진실을 전제로 하는 것은 이원성을 주장하는 것이다. 이러한 것들에 있어서의 분리된 실존을 부정하는 것은 수정된 인간적 행위를 묘사하고자 하는 첫 번째 단계에 해당한다. 따라서 모호성은 이원성의 거부와 자아-개념의 재-형성, 즉 서로 뒤얽혀 있는 경험적 전체에 해당하는 '존재자-즉자-대자'에 바탕을 두고 있는 것일 수도 있다.

일원론을 전제하는 데 있어서, 알키에는 한편으로는 메를로퐁티에게 있어서 주체는 몸에 해당한다는 점을 주장했다. 그러나 몸은 또한 인간의 삶에 있어서 근본적인 대상이기도 하다. 인간적인 경험은 몸과 분리되어 고려될 수 없는 것이다. 몸은 존재자의 한 가지 형식으로 주체이자 대상에 해당한다. "몸의 모호한 실존은 실존 그 자체이다."(Alquié, p.55) 몸이 모호하다는 점을 주장하는 데 있어서, 몸이 인간적 실존의 유일한 현현이라는 점을 주장하는 데 있어서, 알키에는 모호성의 핵심을 마련해 놓았다고 볼 수 있다. 그러나 몸이 주체이자 대상이기 때문에 인간적 실존이 모호하다고 단순하게 언급하는 것만으로는 충분하지 않다.

이러한 점을 좀 더 명확하게 하기 위해서는 지각, 경험 및 시간성의 현현으로서의 몸의 존재론적 위상도 제시되어야만 한다. 간단히 말해서, 모호성은 인간적 실존의 현상으로 될 수 있다는 점을 보여주어야만 하는 것이지 단순하게 부여된 어떤 개념으로 될 수 있다는 점만을 보여주어서는 안 된다.

알키에는 자신이 메를로퐁티에 대해 언급하게 되었을 때, 이와 같은 몇 가지 특징들을 다음과 같이 강조했다.

> 계층과 국가는 '실존의 한 가지 방법'이다. 그리고 사회적인 세계에서처럼 자연적인 세계에서도 이상주의에 가장 가까운 개념인 의식의 '내재성'과 리얼리즘을 유지시키는 의식에 관련되는 '초월성'은 서로 일치하게 된다. 이와 같은 두 세계들은 '원칙적으로는 내재성을, 실제로는 초월성을' 가지고 있다. 실존 그 자체에서처럼 이 두 가지는 모호한 것이다. —Alquié, p.57.

'여기-안'과 '거기-밖'은 '하나'이지 둘이 아니다. 내재성과 초월성, 이상주의와 리얼리즘, 사유의 세계와 국제적 갈등의 세계는 하나의 전체를 형성하는 두 부분에 해당하는 것이 아니라 오히려 경험적 통일성에 해당한다. "나에게는 절대적 결정론이 절대로 없으며 나가 일찍이 순수한 의식인 적도 결코 없었다. 나는 실존이다. 나는 시간이다. 그것이 모호성이다."(Alquié, p.59) 알키에는 메를로퐁티의 활동을 데카르트의 세계와 관련지어 설명하고자 했다. 그렇게 하기 위해서 그는 인간적 실존이라는 단 하나의 세계만이 있다는 점을 보여주어야만 했으며, 두 개의 세계가 서로 갈등하고 있다는 배경에 대해서 반대해야만 했다. 그러나 메를로퐁티는 데카르트의 입장과는 무관하게 자아가 모호하다는 점을 강조했다. 그렇지만 알키에처럼 메를로퐁티도 자신의 철학적 전통에 응답해야만 한다는 점을 지속적으로 느끼고는 했다. 따라서 그가 이원론자들과 대화하는 것은 모호성의 중요성을 하나의 현상 그 자체로 약화시키는 경향을 보이게 된다.

알퐁스 데 발렌(1949)은 지각의 개념에 전념했다.[2] 알키에로부터 제목을 차용하여 그는 모호성의 이론을 확립하기 위해서 이원론의 부정을 똑같이 강조했다. 발렌에 따르면, 혐오의 대상은 사르트르였다. '존재자-즉자'와 '존재자-대자'에 대한 사르트르의 논의는 공격받아 마땅한 오늘날의 이원론을 형성해 놓았다.

> 데카르트와 스피노자가 그랬던 것처럼, 그것을 혼란스러운 아이디어라고 명명함으로써, 우리들은 어느 정도 어려움으로부터 벗어날 수 있는 권한을 상실하기까지 했다. 한때 '즉자'와 '대자'는 철저하게 분리된 적이 있었으며, 한때 의식은 그 자체만의 권한 내에서 어떤 지속성이 없는, 죽음이 제거된 방관자로 전락한 적이 있었다. 그와 같은 의식은 알게 되기도 할 것이고 알지 못하게 되기도 할 것이지만, 몇 가지 방법들로는 알 수 없게 되거나 또는 모호한 방법으로 '즉자'에게 관련될 수도 있다. —de Waelhens, *SC*, p.viii.

모호성은 '대자'과 '즉자'의 사이의 분리를 거부하는 데 자리 잡고 있다. 지각은 다양한 방법으로 '대자'를 '즉자'에 모호하게 관련지어야만 한다. 지각 그 자체가 모호해야만 하는 까닭은 인간 자신이 전부이기 때문이다. 지각하는 것은 몸으로부터 분리시키는 행위가 아니다. 우리들은 몸을 암시하지 않은 채 세계의 관람자가 될 수 없다.

따라서 발렌이 주장했던 바와 같이 모호성은 지각과 관련지어 나타나게 되지만, 그러나 여전히 거부되었던 이원론과 관련지어 나타나게 된다. 우리 모두는 우리들의 역사적 콘텍스트에 포함되어 있지만, 그러나 그러한 콘텍스트에 대한 우리들의 반응이 우리들의 입장을 언제나 완벽하게 조건 짓는 것은 아니다. 우리들은 우리들의 전통에 응답할 수 있지만, 그러나 철학은 단순하게 반응하는 것이 아니다. 철학은 어떤 현상들을 '있는 그대로' 묘사하는 것이다. 지각은 완벽한 이원론을 주장하는 '극단적 견해'가 없어도 모호한 것으로 나타날 수 있다. 언어의 경우에서처럼, "은유는 아름다운 작은 소녀이다"와 같은 비유는 전적으로 그리고 철저하게 비유의 콘텍스트에 반응하는 것도 아니고 '아름다운 작은 소녀'의 콘텍스트에 반응하는 것도 아니다. 이러한 비유는 그 자체만의 비유적 콘텍스트에 있어서 그 자체에 의한 하나의 현상으로 일종의 중요성을 가질 수는 있다. 사르트르가 '즉자'와 '대자'는 분리된다고 강조했든 그렇지 않다고 강조했든, 지각은 모호한 것으로 될 수 있다.

존 와일드(1963)는 논쟁과 전통이 없는 '모호성'의 지각적 특징이 무엇인지를 명확하게 했다. 영어로 번역된 『행동의 구조』의 '서문'에서 그는 다음과 같이 언급했다.

> 살아 있는 몸에 대한 메를로퐁티의 설명은 최고 수준의 지각력과 독창성에 의해서 그 특징을 부여받게 되었다. 나가 몸의 내부로부터 살아오고 있는 바와 같이, 이러한 몸은 관찰의 대상이 되는 객관적인 몸과는 상당히 다른 것이다. 비록 각각의 전망이 합법적이고 이 두 가지 유형의 몸이 어떤 활력적인 지점에서 겹쳐진다 하더라도 그렇다고 밖에 볼 수 없으며, 이러한 점은 본질적인 모호성을 인간의 전체적 상황으로 알려주기도 한다. 인간은 자신의 세계에서 다른 존재자들의 사이에 있는 하나의 존재자가 되는 동시에 자신이 실존하고 있는 전체적인 세계질서의 원천으로 된다.[3)]

여기에서 모호성은 그 자체만의 용어에 있어서 하나의 현상으로서 자아의 전체적 상황이 무엇인지를 설명해준다. 모호성은 생생한 몸에 대한 묘사에 해당한다. 두 가지 전망들은 활력적인 지점에서 겹쳐진다. 즉, 모호성이 발생하는 까닭은 우리들이 세계에 있기 때문만이 아니라 전체적 세계질서 — 우리들이 존재하고 있는 — 의 원천이기 때문에 발생한다.

그러나 아직도 불명확하게 남아 있는 것은 정확하게 말해서 겹쳐짐이 발생하게 되는 바로 그 방법이다. 우리들로 하여금 자아는 모호한 것이라고 말할 수 있도록 하는 이와 같은 활력적인 지점은 무엇인가? 몸이 '안으로부터 살아 있는 것'이자 '밖으로부터 관찰되는 것'이라면, 그렇다면 우리들은 어떻게 모호하게 될 수 있는가? 모호성이 현존할 수 있는 바로 그 조건을 끌어내기 위해서 와일드는 분명히 시도하고 있지만, 그러한 언어 역시 오도(誤導)될 수도 있다. 그의 해석은 우리들이 움직이는 상자와 같다는 점을 제안했다. 그러한 상자의 안을 들여다보면, 거기에는 작은 기계나 또는 '인간 안에 있는 작은 인간', 밖으로부터 들여다볼 수 있는 것을 가능하게 하는 '소형인간(homunculus)'이 있다. 『지각의 현상학』에 반영되어 있는 메를로퐁티의 입장에 대해서 어떤 의구심을 가지고 있다면, 『보이는 것과 보이지 않는 것』은 이러한 점을 분명하게 밝혀줄 것이다. 인간 자신을 묘사할 때, 메를로퐁티는 '안'과 '밖'과 같은 용어의 사용을 피했다. 우리들은 가시적이지만(보이기 때문에) 우리들은 또한 비가시적이다(우리들이 보기 때문에). 가시적인 것은 보이는 것이고 비가시적인 것은 보는 것이다. 그러나 보는 것(비가시적인 것)은 '안에서부터' 비롯되는 것이 아니다. 몸을 갖고 있는 것은 가시적으로 되는 것이자 보는 것이기도 하다. 보는 것은 그것이 몸의 가시성에 관계되는 것만큼 몸 그 자체의 종합적인 특징에도 관계된다. 예를 들면, 마크 리시르는 '폐허의 비유'[4]에 의해서 이와 같은 구별을 특징짓기도 했다. 폐허는 보이는 것이다. 그럼에도 우리들은 우리들 자신이 보지 못하는 것과는 커다란 차이가 있다는 점을 잘 알고 있다. 보이는 것과 보이지 않는 것이 있지만, 그러나 밖도 없고 안도 없다. 보이는 것과 보이지 않는 것은 둘 다 폐허 속에 나타나 있으며 그것들은 폐허로서의 폐허의 실존으로 종합된다. 폐허가 폐허로 되지 않을 때, 그러나 그러한 폐허가 거대한 중세의 성(城)이었을 때, 우리들이 거기에 있었다면, 보이지 않는 것은 아무것도 없을 것이다. 그러나 인간에게는 이와 같은 사후가정(事後假定)의 조건은 있을 수 없다. 그 어떤 상황에서도 우리들은 완전히 가시적으로 될 수가 없다. 경험주의자의 꿈은 그저 꿈으로만 될 수 있을 뿐이다. 우리들은 모호하게 되어야만 하고, 경험주의자는 보이지 않는 것을 보이는 것으로 환원시키든가 또는 비-실존으로 환원시키도록 언제나 압력을 받게 된다.

메를로퐁티의 모호성의 개념에 대한 이와 같은 다양한 해석들이 대체적으로 개관에 해당하기는 하지만, 그것은 또 바로 그 문제에 대해서 어떤 도움이 되는 측면에 집중하기도 한다. 그러나 앙리 르페브르는 「메를로퐁티와 모호성의 철학」(1957)에서, 상당히 다양하면서도 불명확한 콘텍스트들에 의거해서 모호성의 개념에 관계되는 수많은 참고자료들을 제공하기도 했다. 예를 들면, 그는 다음과 같이 언급했다.

> 역사적 전망으로 보면, 모호성의 철학은 절충주의라고 정의될 수도 있다. 더구나 모든 절충주의는 모호한 특징을 가지고 있다. 그리고 우리들은 빅토르 쿠쟁이 자신의 동료들에게 얼마나 심각한 존재로 출현했는지를 상상할 수도 있다. 왜냐하면 그는 절충적이고 이해-불가능하고 모호했기 때문이다. 그는 데카르트적인 '이성적' 심리학에서부터 플라톤적인 존재론으로, 헤겔주의에 감염된 철학사의 이론에서부터 일종의 세속화된 신학으로 전락할 수도 있었다.[5]

따라서 우리들이 생각하고 있는 모호성은 절충적이고 이해-불가능한 특징들, 철학적 활동을 심각하게 만드는 특징들과 결합되어 있다. 메를로퐁티가 자신의 연구를 하는 데 있어서 현상학, 게슈탈트이론, 유기체심리학(골드슈타인) 등에 의존하고 있기 때문에 그의 활동은 절충적이고 따라서 모호하다는 점을 르페브르는 강조하고 있는 것인가? 수많은 서로 다른 견해들로부터 이론과 경험을 단지 활용할 수 있기 때문에 '모호성'을 환기하는 것은 표면적인 설명에 해당할 수도 있다. 메를로퐁티의 모호성의 철학에서는 우리들이 절충적인 자아를 뛰어넘어야 한다는 점, 개인은 전체적인 것이며 부분이나 섹션으로 구분되지 않는다는 점, 이와 같은 전체성의 이해는 부분과 관련지어서가 아니라 바로 그 전체와 관련지어서 형성되어야만 한다는 점을 요구한다. 자아-형성의 전체성을 조사하는 데 있어서, 이론의 다양성은 그 자체의 모호성에 있어서 인간의 종합성에 관여할 수도 있다. 그러나 단지 몇 가지 이론들에 집착하는 것만으로는 충분하다고 볼 수 없다.

다른 사람들이 이미 논의했던 바와 같이, 르페브르는 '모호성' 그 자체의 의미에 좀 더 가깝게 접근했다. 그는 다음과 같이 강조했다.

> 핵심적 신경조직은 '유기체의 종합적 이미지'가 형성되는 곳이며, 이때의 이미지는 운동량의 유입을 분산시키는 전체로서의 이미지를 의미한다. 전체적 유기체가 포함될 때에만 하나의 '이미지(반은 육체적이고 반은 심리적인 모호한 실존의 양식)'는 종합적으로 될 수 있다. —Lefebvre, p.49.

하나의 이미지나 실존의 양식이 모호한 까닭은 그것이 정신적이면서도 육체적이고, 내적이면서도 외적이기 때문이기는 하지만(Lefebvre, p.47), 그렇다고 해서 이처럼 상반되는 요소들이 분리적인 것은 아니다. 다시 또 이러한 것은 이원론의 결단에 해당하기도 한다. 그러나 모호성을 주체와 대상의 사이의 매개체로 파악하는 르페브르의 설명에는 좀 놀라운 암시가 포함되어 있다. 왜냐하면 매개체는 그것이 아직도 실존한다고 생각하는 것, 즉 대상, 매개체 및 주체라는 삼총사가 실존한다고 생각하는 것을 강조하고 있기 때문이다. 메를로퐁티의 모호성에서, '매개체'가 모호성 그 자체인 까닭은 모호성이 바로 '거기 있는' 모든 것에 해당하기 때문이다. 유기체는 '사이'에 중재할 것이 아무것도 없는 '중재자'일 뿐이다.

대체적으로 부적합하거나 일반적으로 표면적인 논의가 있은 다음에, 마지막으로 자비에 티이에트는 자신의 『메를로퐁티 또는 인간의 척도』(1970)에서 메를로퐁티의 활동에 있어서의 모호성의 본성을 이해할 수 있는 간략하지만 독창적인 시도를 했다. 그는 메를로퐁티의 『지각의 현상학』에서 두 개의 구문을 인용했다.

'여기와 지금'에 있는 나의 현존과 '어디와 언제'에 있는 나의 현존, 이 두 가지 현존이 똑같다는 이유는 '여기와 지금'으로부터의 나의 부재와 모든 장소와 모든 시간으로부터의 나의 부재가 똑같다는 점을 설명한다. 이와 같은 모호성은 의식이나 또는 실존의 불완전성에 관계되는 것이 아니라 바로 그러한 의식이나 또는 실존의 정의에 관계되는 것이다.[6)]

그리고 더 나아가 그는 또 다음과 같이 언급했다.

나는 나가 시간에 그리고 세계에, 즉 모호성에 속해 있다는 점에서만 나 스스로를 알고 있다. —*PdP*, p.397; *PoP*, p.345.

이상과 같은 두 가지 구문이 핵심적인 구문이며 티이에트는 그러한 구문을 명확하게 하려고 노력했다.

모호성이나 얼버무림, 모든 수준에서 울려 퍼지는 것은 그것을 둘러싸고 있는 불명확성의 후광 때문에, 유동적인 실존의식의 특징 때문에, 그것을 형성하고 있는 '관계의 매듭', 즉 자아-육체-세계, 감각성-객관성, 의미-기의, 개념-반영 때문에, 다른 어떤 말보다도 더 좋은 번역에 해당한다(예를 들면, 이원성, 복제성, 양극성). 그것은 변증법적 혼란, 부정성에 대한 집착을 숨길 뿐만 아니라 그 자체의 비밀스러운 힘을 묘사적인 방법에 부여하기도 한다. 우리들이 동반하게 되는 해석자는 이와 같은 점을 주로 회전볼트로 취급하고는 한다.[7)]

티이에트는 다른 어휘보다도 모호성의 선택이 중요하다는 점을 강조했다. 모호성은 하나의 현상으로 완벽하게 분명한 것이다. 아마도 '불명확성'('불분명성'이라기보다는)은 티이에트가 강조하는 '불명확'이라는 용어를 좀 더 정확하게 번역한 것일 수도 있다. 예를 들면, 이원성이나 양극성은 두 가지 요소의 사이의 정확한 구분을 지시하게 된다. 모호성에는 그 어떤 구별이 있는 것이 아니라 어떤 특징이나 구조만이 있을 뿐이다.

실존에 있어서 이와 같은 특징이나 구조는 서로 구별-불가능하고 분리-불가능하고 환원-불가능한 것이다. 티이에트가 이와 같은 특징이나 구조의 '순간적 특징'을 파악했을 때, 그는 아마도 실존적 의식의 순간적 특징을 의미했을 수도 있다. 시간성이 없다면, 의식이 정적으로 될 수밖에 없는 까닭은 시간성은 인간 자체가 지속적으로 존재하는 데 있어서 필요한 조건에 해당하기 때문이다. 궁극적으로 모호성은 티이에트가 '관계의 매듭'이라고 명명했던 것에 해당한다. 이때의 매듭은 그 자체의 특성, 즉 관계를 포함하기는 하지만 그렇다고 해서 바로 그 관계나 또는 특성이 무엇인지를 분명하게 하지는 않는다. 모호성에 의해서 매듭은 관계의 본질에 해당할 뿐만 아니라 서로 관계되는 것 그 자체의 본질에도 해당한다. 그러나 티이에트가 언급했던 자아-육신-세계, 감각성-객관성, 의미-기의, 개념-반영의 문제를 메를로퐁티가 논의했었다는 점을 제외한다면, 문제가 되는 '매듭'을 형성하기 위해서 이상과 같은 특별한 관계들이 왜, 어느 쪽으로, 또는 어떻게 서로 관련되는지가 조금도 전혀 분명하게 나타나 있지 않다고 볼 수 있다.

티이에트는 명사로 사용되었던 '모호성'이 다음과 같은 프로젝트, 즉 메를로퐁티가 그 자신보다 앞서서 수립해 놓았던 바로 그 '프로젝트'를 아주 훌륭하게 확인하는 것은 아니라는 점을 우리들에게 지속적으로 강조하고는 했다. 명사상당어구에 해당하는 의도성과 함께 형용사로서의 '모호한'을 고려하는 편이 더 나을 수도 있을 것이다. 따라서 이상에서와 같이 모호성이라는 용어의 장점이 무엇인지를 살펴본 필자는 이제 모호성의 문제에서 벗어나 후설의 의도성의 개념이 무엇인지를 살펴보고자 한다. 여기서 중요한 점은 인간의 실존적 특징으로서의 모호한 의도성에 역점을 두는 데 있다. 의도성은 하나의 몸을 가지고 있지만 바로 그 몸 자체는 모호한 것이다. 몸으로서의 의도성은 모호한 의도성이기 때문에, 자아(나)와 세계의 사이에는 그 어떤 구별이 더 이상 존재하지 않는다. 모호한 의도성은 하나의 관계가 바로 그 자체의 실존에 의해서 서로 관련되는 두 가지 요소들을 한 곳에 용해시키는 것이다. 이러한 점에서 티이에트의 견해는 도움이 되지만, 바로 이와 같은 모호한 의도성의 본질에 대해서 더 많은 질문을 해야만 하는 까닭은 앞으로 필자가 논의하고자 하는 바와 같이 모호한 의도성은 모호성 그 자체에 해당하기 때문이다.

2. 메를로퐁티와 모호성

메를로퐁티 자신이 모호성이라는 용어를 사용하고는 하는 바로 그 방법에 의해서 이러한 문제를 이제 정확하게 살펴보고자 한다. 이러한 점은 인간적 모호성이나 또는 실존적 모호성을 충분히 명확하게 할 수 있는 바탕을 마련하게 될 것이다.

『행동의 구조』에서 메를로퐁티는 모호성에 대한 다양한 의미들을 활용했다. 언어적 모호성으로서 우리들은 실천적 측면이나 이론적 측면 모두에서 이 용어를 명확하게 사용하고 있는 점을 발견할 수 있다.

그 자체의 실천적 활용에 있어서, 즉 모호성이 단순하게 몇 가지 가능한 의미들이 동시적으로 발생할 수 있다는 점을 암시하는 용어로 나타나는 곳에서, 우리들은 메를로퐁티가 형식의 개념이 모호하다는 점을 주장하고 있는 것을 파악할 수 있다. 행동이 하나의 형식이라는 점을 지적함으로써, 그는 그러한 형식이 외적으로 결합된 어떤 용어들의 병치도 아니고 사유에 대해서 본질적인 관계도 아니라는 점을 지속적으로 강조하고는 했다. 형식이 모호한 까닭은 그것이 우리들에게 그 자체를 하나의 방향이나 또는 다른 방향으로 고려할 것을 요구하지 않기 때문이다. "이와 같은 개념은 그 자체로 이해되어야만 하며, 이와 함께 앞서 나아가는 철학적인 의미작용은 그것에 상응하는 것으로 남아 있어야 한다"(*SC*, p.138; *SB*, p.128)고 메를로퐁티가 강조한 바와 같이, 형식은 모든 방향들을 포함하고 있어야만 한다. 여기에서 메를로퐁티의 모호성의 적용이 그 자체의 언어적인 의미를 강조하고 있다 하더라도(즉, '형식'이라는 용어는 모호하다), 이와 같은 모호성의 적용-가능성에 대한 암시에는 어떤 심각한 의미가 포함되어 있을 수도 있다('형식'은 존재론적 영역을 취하는 것으로 해석될 수도 있다). 더 나아가 '모호성'과 '모호정도(模糊程度)'—두 가지 요소들이 실존의 위치를 여전히 독자적으로 유지하고 있는—를 구별하는 데 있어서 메를로퐁티는 상당히 신중한 태도를 보였다. 어떤 개념이나 대상에 대한 정확한 구별은 모호성에 의해서 어느 정도 해소될 수 있다. 좀 더 높은 단계의 행동의 유형에 있어서의 형식의 개념에 의해서 우리들은 긍정적인 이해를 성취할 수도 있다. 형식은 이해를 돕게 된다. 명확성을 위해서 제거되어야만 하는 언어적 모호성과는 다르게 형식에 있어서의 모호성은 바람직한 것이며 환원되어서는 안 되는 것이다. 우리들은 모호한 형식의 개념에 의해서 행동을 더 잘 이해할 수 있게 된다.

이론적인 측면에서 보면, 메를로퐁티는 여전히 언어적이기는 하지만 모호성의 본질을 분명하게 하는 하나의 예를 제공한 셈이다. 이러한 점은 그것이 더 이상 모호성의 활용에 해당하는 것이 아니라(따라서 실천적이 아니라) 오히려 의미의 모호성 그 자체에 해당한다고 볼 수 있다(따라서 이론적이다). 다음에 인용하는 예는 텍스트적 모호성을 제시하고 있으며, 이때의 텍스트는 음악 텍스트에 해당한다. 그러나 논의의 해당이 되는 모호성은 여전히 실존적 모호성에 해당하는 것이 아니다.

> 오로지 남아 있는 1페이지가 음악을 대표한다는 바로 그 사실조차도 모른 채 모든 음악 텍스트들을 분실했다면, 바로 그 남아 있는 페이지의 기호들은 스태프에 관계되는 입장에 의해, 이차적 기호들의 결합에 의해(흑백을 구별하

는 기호들) 그리고 어떤 분명한 공간적 단위 내에서의 다양한 그룹화에 의해, 서로 다르게 인식될 수도 있다. 텍스트에 대한 내적 분석은 외적 윤곽과 그 안에서 표현되는 세계의 핵심적인 범주를 결정할 수도 있다. 만약에 우연히 소리의 세계 이외의 또 다른 세계가 동일한 구조의 특징들을 갖게 된다면, 바로 그 텍스트는 모호한 채로 남아있게 된다. 그러나 이러한 모호성은 기의에 대한 기호들의 관계가 부수적이라는 점을 입증하지 못한다. 이와 반대로 이러한 점은 두 가지 가능한 의미작용이 공통적으로 동일한 구조적 특징을 가지고 있다는 사실에서 기인하게 된다. —*SC*, pp.132~133; *SB*, p.122.

두 가지 혹은 그 이상의 의미작용들이 동일한 구조적 특징을 가지고 있기 때문에, 즉 하나의 의미작용을 형성하는 구성요소가 다른 의미작용에도 똑같이 나타나기 때문에, 모호성이 발생하게 된다. 그리고 의미작용은 단순하게 기의와 기표의 사이의 관계가 아니라 그 자체 내에 유지하고 있는 그 자체만의 관계를 바탕으로 존재하는 것이다. 따라서 텍스트가 모호한 까닭은 동일한 텍스트의 다양하면서도 가능한 표현들의 사이는 물론 이와 같이 서로 다른 두 가지 텍스트들의 사이에도 동일한 구조적 특징들이 존재하기 때문이다. 이와 같은 구조적 특징들은 의미작용의 내에서 나타나는 것이지 기표나 기의의 내에서 나타나는 것이 아니다. 그렇지만 텍스트(그 자체의 내적이면서도 외적인 윤곽)—의미작용들이 아니라—그 자체는 모호한 것이다. 유추적으로 말한다면, 인간 자신(텍스트처럼)은 모호한 것이다. 동일한 구조적 특징들은 한 사람의 의미작용과 다른 사람의 의미작용(또는 의미 그 자체)의 사이에서 발생한다. 해석적이고 의미적인 콘텍스트가 서로 다르다 하더라도 두 개인은 동일한 경험의 형식을 가질 수 있다. 바로 이러한 이유로 인해서 우리들은 실존하는 개인은 모호하다고 주장할 수 있다. 나의 의미들의 구조적 특징들은 다른 사람들의 구조적 특징들과 공통적일 수도 있다. 이러한 점은 분명히 나가 행복한 사람이라면 어느 누군가도 나와 똑같이 행복한 사람이라는 점(나가 행복할 때 그는 슬플 수도 있다)을 말하는 것이 아니라, 구조적 특징들(따라서 각 개인은 행복할 수도 있고 슬플 수도 있거나 또는 동일한 상태에 있을 수도 있다)이 동일하다는 점을 말하는 것이다. 이러한 점에서 메를로퐁티가 명확하게 했던 바와 같이, 언어적 모호성과 실존적(즉, 인간적) 모호성의 사이의 유추는 놀라울 정도로 분명하다.

'인간적인 질서'를 논의할 때, 메를로퐁티는 상당히 많은 주의를 기울여 모호성의 역할을 명확하게 하려고 노력했지만, 그러나 이제 그것은 더 이상 언어적인 개념이 아니라 모호성 그 자체로 나타나게 되었다.

> 인간적인 활동의 의미는 현재의 환경을 뛰어넘어 각각의 나가 복합적인 특징들 속에서 무한한 시간과 공간을 차지하고 있는 사물의 세계를 인식하는데 있으며, 화술의 의미작용이나 자살의 의미작용 또는 혁명적 행위의 의미작용이 모두 동일하다는 점을 누구나 쉽게 제시할 수도 있다. 인간적인 변증법의 이와 같은 모든 행위는 동일한 본질을 드러낸다. 제한된 환경과의 관계에서가 아니라 가능한 것, 중재적인 것과의 관계에서 자신을 소개할 수 있는 능력 등 이 모든 것들은 우리들이 골드슈타인과 함께 앞에서 명명했던 것, 즉 범주적인 태도를 모두 드러내게 된다. 따라서 인간적인 변증법은 모호한 것이다. 그것은 우선적으로 사회적이거나 또는 문화적인 구조에 의해서, 즉 그 자체가 야기하게 되고 그 자체가 스스로를 감금시키게 되는 외적 요인에 의해서 명확하게 된다. 그러나 이와 같은 대상의 외적 요인을 야기하는 행동이 그 자체의 의미로 그러한 대상 자체를 거부하고 능가하지 못한다면, 그 자체의 사용-대상과 그 자체의 문화적인 대상은 그것이 원래 목적으로 하는 모습이 아닐 수도 있다. —*SC*, p.190; *SB*, pp.175~176.

이러한 점에서 인간적인 변증법은 모호한 것이다. 그러나 인간적인 변증법이란 무엇인가? 그것은 지속적인 경험에 있어서의 의미작용에 대한 행동화의 긴장이라고 볼 수 있다. 이와 같은 변증법은 사실성(제한된 환경)을 드러낼 뿐만 아니라 가능성으로까지 확장되어 나가게 된다. 개인들 — 인간적인 특징 — 과 투사적이거나 창조적인 그와 같은 모호성의 특징의 사이에는 구조의 유사성이 있게 마련이다. 개인을 모호한 것으로 드러내는 변증법은 정적 평면에서 뿐만 아니라, 어떤 특별한 행위가 발생하는 제한된 환경에 관련되어서 뿐만 아니라, 우리들을 제한시키는 사회-문화적인 구조를 능가할 수 있는 가능성과 능력에서도 모호한 것으로 드러난다. 이와 같은 의미의 창조는 구조 내에서 발생하고, 이때의 구조는 우리들이 어떤 특별한 사회-정치적이고 경제적인 환경에 처해 있다는 점을 제시할 수 있을 뿐만 아니라 주어진 각각의 의미와 함께 그리고 콘텍스트와 함께 그 자체를 능가하는 초월이 있고 투사가 있다는 점을 제시할 수 있다. 인간적인 변증법은 결코 단순히 현상만을 유지하는 것이 아니라 언제나 전진하고 투사하고 창조하며 변증법 그 자체를 능가하는 것이다. 이와 같이 시간적이고 심리적인 인간의 특징(인간적인 질서)은 실존적 모호성에 있어서 필요조건에 해당하는 것이지 충분조건에 해당하는 것은 아니다.

메를로퐁티의 견해에서 필요할 뿐만 아니라 아마도 충분한 것은 지각 그 자체일 것이다. 메를로퐁티에게 있어서 '지각'은 핵심적인 것이다.

> 우리들은 생생한 지각의 영역의 현존, 즉 숫자, 단위, 공간 및 우연성보다 앞서는 것이지만 그럼에도 대상의 세계와 대상의 공간에 대해서 단순히 전망적인 견해로 부여되는 바로 그 '지각의 영역의 현존' 속에 있는 우리들 자신을 발견하고는 한다. 지각의 문제는 상호-주관적인 세계 — 과학이 점차적으로 명확히 규명하게 되는 바로 그 결정 — 가 이와 같은 영역에서 어떻게 포착될 수 있는지를 발견하려고 노력하는 데 있다. 우리들이 앞에서 언급했던 것의 이율배반은 지각적인 경험에 대한 이와 같은 모호한 구조에 바탕을 두고 있다. 논지와 반논지는 이율배반의 두 가지 측면들을 모두 나타낸다. 나의 지각은 언제나 개인적인 사건의 흐름이라고 언급하는 것도 사실이고 생생한 지각의 원근법에서 철저하게 부수

적으로 나타나는 것은 실제상의 양상에 대한 설명이라고 언급하는 것도 사실이다. 그러나 또한 나의 지각은 사물 그 자체에 부응하게 된다고 언급하는 것도 사실인 까닭은 이와 같은 전망들이 상호-개인적인 의미작용을 가능하게 하도록 하는 방법에서 분명하게 되기 때문이다. 따라서 이러한 전망에서는 하나의 세계를 나타내게 된다. —*SC*, pp.235~236; *SB*, p.219.

특별하게는『지각의 현상학』에서 그리고 그 자체의 서문에 해당하는『행동의 구조』에서, 메를로퐁티는 자아를 바로 이와 같은 "지각적 경험의 모호한 구조"로 설명했다. 그에게 있어서 지각이 모호한 까닭은 그것이 "개인적 사건의 흐름", 즉 데카르트의 철학에서 '대상(res extense)'에 대응되는 생각의 '주체(res cogitans)'로 나타나는 '주관적으로' 유도된 행위를 특징짓는 것도 아니고 후설이 지속적으로 되돌아오고자 했던 사물 그 자체의 출현도 아니기 때문이다. 지각이 모호한 까닭은 그것이 의미작용을 가능하게 하기 때문이다. 의미작용은 개인적 사건의 흐름을 그 자체의 출현에 관련짓는 방법에 해당한다. 이와 같은 수많은 의미작용들이 동시적으로 발생하게 된다는 점에서 모호성은 모호성으로 이루어질 수밖에 없다. 의미작용은 상호-개인적인 세계(상호-주관적인 것도 아니고 상호-대상적인 것도 아닌 세계)에서만 발생할 수 있다. 개인적 사건이나 일련의 대상화 그 어느 것도 상호-개인적인 세계를 형성하는 것은 아니다. 전자는 에고의 세계일 수도 있고 후자는 사물의 세계일 수도 있다. 세계는 이와 같은 가정적(假定的)인 세계 그 어느 것도 아니다. 세계는 상호-세계, 상호-개인적인 세계, 의미작용에 의해 지속적으로 표시되는 그런 세계에 해당한다. 이와 같은 의미작용은 지각에 의해서, 즉 절대로 에고의 세계도 아니고 그렇다고 해서 사물의 세계도 아닌 바로 그 지각 자체에 의해서 개인적인 것을 형성하게 된다. 따라서 지각은 의미작용에 관련지어 나타나는 세계이다. 우리들은 바로 이와 같은 의미작용 그 자체에 해당한다.

우리들은 어떻게 의미작용에 접근할 수 있는가? 우리들이 현상으로서의 대상을 어떻게 포착하게 되는지를 고려해보자.

> 현상으로서의 대상은 늘 그렇듯이 평면에 펴져 있는 것이 아니다. 거기에는 두 가지 층위, 즉 전망적 측면으로서의 층위와 그러한 측면이 나타내는 사물의 층위가 포함되어 있다. 이와 같이 이상적인 참고사항, 이와 같이 조직화된 모호한 양식은 묘사되거나 이해될 수 있을 뿐이지 설명될 수 있는 것 — 예를 들면, 심리-신체적 법칙의 도움으로 — 이 아니다. 다시 말하면, 마치 '정신이미지'가 그 크기를 측정할 수도 있고 어떤 변수에 관계될 수도 있는 또 다른 '망막이미지'에 해당하기라도 하듯이, 설명할 수 있는 것이 아니다. —*SC*, p.210; *SB*, p.219.

이상과 같이 "조직화된 모호한 양식"은 위에서 언급한 바 있는 "지각적 경험의 모호한 구조"와 동일한 것이다. 우리들은 이제 그것이 "묘사되거나 이해될 수 있을 뿐이지 설명될 수 있는 것이 아니다"는 점을 알게 되었다. 방법론적으로 볼 때 이러한 점은 상당히 중요한 것이다. 왜 설명될 수 없는가? 묘사나 이해의 프로젝트에 상반되는 설명에는 무엇이 있는가? 그리고 왜 전자의 두 가지는 수용할 수 있지만 후자의 설명은 수용할 수 없는가? 영어에는 동사 '설명하다(explain)'와 '해명하게 하다(explicate)'가 있다. 영어에서의 이 두 가지 동사는 모두 프랑스어 '설명하다(expliquer)'에 대응된다. 따라서 프랑스어 'expliquer'는 영어에서의 두 가지 의미 모두를 포괄해야만 한다. 그것은 어떤 규칙 하에서 어떤 특별한 것을 포함해야만 하고(정신이미지와 망막이미지의 사이의 관계에서처럼) 그러한 것을 또한 분리시켜야만 한다('expliquer'의 어원학에서 방법론적으로 제안하고 있는 바와 같이). 첫 번째 경우에서는 규칙이나 일반적인 원칙을 선호함으로써 연구해야만 하는 것을 부수적인 것으로 제쳐두는 경향이 있다. 두 번째 경우에서, 지각의 현상은 그 자체의 '자연적 상태', 즉 그것이 존재하는 상태, 그것이 그 자체를 분명하게 하는 상태에 포함되어 있다. 따라서 지각의 현상을 설명하는 것은 바로 이와 같이 포함되어 있는 상태 전부를 이끌어내는 것, 펼쳐 보이는 것, 그것이 나타나지 않는 방법으로 드러내 보이는 것에 해당한다. 철학에서 결정적인 것 — 메를로퐁티가 『보이는 것과 보이지 않는 것』을 통해 되돌아오고는 했던 논지 — 은 그 자체를 경험으로 완벽하게 하는 데 있다.[8] 철학이 그 자체를 경험으로 완벽하게 하는 방법은 묘사하고 이해하는 데 있거나 또는 다 같이 소멸하는 데 있다. 후자 쪽, 즉 어느 누구도 소멸하려고 하지 않는다는 점을 전제로 할 때, 철학의 역할은 묘사하고 이해하는 데 있다.

이상과 같은 철학적 활동들(묘사와 이해)은 모두 현상에 대해서 역행적으로 영향을 끼치는 것은 아니다. 이해는 묘사의 당연한 결과일 수도 있다. 어떤 사람들은 이해를 위해서 설명의 필요성을 역설할 수도 있지만, 메를로퐁티는 이해가 결코 설명에서 비롯되는 것이 아니라는 점을 강조했다. 설명은 오해만을 유도하게 되거나 해석학적 용어로 보면 설명은 오석(誤釋), 즉 잘못된 해석만을 유도하게 된다. 묘사는 이해된 것 그 자체를 변화시키지 않은 채 바로 그 이해된 것에 접근할 수 있는 프로젝트에 해당한다. 묘사는 명확하게 하는 것, 밝게 비추는 것, 가시적으로 만드는 것이다. 이러한 점은 자신의 실험실의 쥐를 해부하여 바로 그 실험의 작업을 이해하고자 하는 생물학자가 명확하게 하는 것과는 다른 것이다. 해부는 쥐의 생명을 파괴시키는 것이다. 모호성의 편에서 보면, 해부되는 것은 또한 파괴되는 것이며, 메를로퐁티가 주장하고는 했던 바와 같이, 이러한 점은 또한 이원론자들이 수 세기동안 그렇게 해왔던 것에 해당한다. 이원론자들은 “그것이 어떻게 된 것인지를 말해 달라, 그러나 그것을 건드리지 말라”고 주장한다. 현상이 모호할 때 어려움이 가중되어 발생하게 되는 까닭은 사람에 따라서 어떤 대상을 정확하게 지시하면서도 모호성을 드러내고는 하기 때문이다. 이와 똑같은 경우는 설명이나 그 밖의 활동에 참여하는 사람들에게도 나타나고는 한다. 또한 모호성을 묘사하는 것은 그 자체를 명확하게 하는 것이기 때문에, 우리들은 방법론적으로 "그것을 건드리지 말라"고 말할 수는 없다. 실제로 우리들은 그것(어떤 대상)을 건드리는 것을 멈출 수는 없다. 묘사는 우리들이 건드리는 것을 인식하게 되는 시도에 해당한다. 설명은 우리들의 손을 절단하고자 하는 시도이며 그렇게 함으로써 우리들은 무엇을 건드리는 것으로부터 우리들 자신을 차단시킬 수 있다. 『지각의 현상학』의 '서문'을 통해서 우리들은 설명의 도구가 분석이라는 점을 알 수 있으며, 이때의 분석에서는 이해를 목적으로 파괴하거나 분해하는 데 있지만 그것은 다만 오해만을 야기할 뿐이다. 묘사는 철학자가 이해하기 위해서 배워야만 하는 방법이다.

> 따라서 의식의 핵심을 추구하는 것은 의식이라는 '낱말의 어의'을 발전시키는 데 있거나 또는 실존으로부터 벗어나 말해진 사물의 세계로 도피하는 데 있는 것이 아니다. 그러한 추구는 나 자신에 대한 나의 실제상의 현존, 의식이라는 말과 개념이 의미하는 것을 마지막으로 재-분류하는 나의 의식의 사실이 무엇인지를 재-발견하는 데 있다. —*PdP*, p.x; *PoP*, p.xv.

이와 같은 재-발견이 실존적 모호성을 명확하게 하는 것으로 나아가는 방법이다.

메를로퐁티에게 있어서, 누구나 자기 자신에 대한 자신의 실제상의 현존을 이와 같이 재-발견하는 것은 초월적인 주관성의 영역으로 후퇴하는 것이 아니다. 후설의 프로젝트에서와 같이 메를로퐁티도 경험 그 자체의 핵심에 자기 자신을 배치하고자 노력했다.

> 경험은 철학을 기대하고 철학은 단지 명확하게 된 경험일 뿐이다. 그러나 이제 현상적 분야가 충분할 정도로 순환되었으며, 이와 같이 모호한 영역으로 들어가 보도록 하자. —*PdP*, p.77; *PoP*, p.63.

위에 인용된 구문에 나타나 있을 뿐만 아니라 지각의 현상학에 대한 메를로퐁티의 소개를 가능하게 했던 현상적 분야에 대한 논의를 한 이후에 철학은 경험 그 자체만을 추종하게 되었으며 그것은 언제나 우선적인 것에 해당한다. 철학 혹은 현상학에서는 묘사를 통해서 '모호한 영역'에 해당하는 경험을 분명하게 하려고 노력한다. 메를로퐁티가 『지각의 현상학』에서 '모호한' 것이라고 묘사하고 있는 것은 다양한 것처럼 보인다. 그러나 『지각의 현상학』에서 ① 감각적 경험, ② 인간적 경험, ③ 지각, ④ 몸, ⑤ 시간성 등에 관련지어 모호성 그 자체를 명확하게 하고는 있지만, 거기에는 인간적 모호성 단 한 가지만이 있을 뿐이다. 모호성은 유일한 것이기 때문에, 이와 같은 인간적인 삶의 측면들 각각은 모호한 것이기 때문에, 메를로퐁티가 이해하기로는 모호성과 인간적인 삶은 유사한 것이다.

① 감각적 경험. 필자가 강조했던 바와 같이, '현상적 분야(phenomenal field)'는 경험의 분야, '모호한 영역'이다. 감각적 경험의 수준에서 보면, 이와 같은 모호성은 그 자체를 총미학적으로 명확하게 한다. 그것은 특히 환각제 메스칼린(mescaline)의 영향으로 더욱 강화되기도 한다(*PdP*, p.77; *PoP*, p.63). 메를로퐁티는 영상이미지나 그림이 다 함께 흘러가거나 혼합되는 것을 설명하는 청각 리듬의 예를 제공했다. 소리가 없다면 그림은 확실하게 분명한 이미지의 연속으로 나타나게 되겠지만, 청각과 시각이라는 두 가지 감각들에 의해서 경험은 그 자체를 모호한 것으로 드러내게 된다는 점을 메를로퐁티는 강조했다. 일상생활에서 우리들의 모든 감각들은 동시적으로 발생하게 되며 바로 이러한 이유로 인해서 우리들의 감각 경험은 모호할 수밖에 없다. 즉, 우리들의 경험은 독자적인 이미지, 소리, 감정, 냄새나 또는 맛 등이 연속적으로 발생하는 것에 해당하는 것이 아니다. 그것은 오히려 이 모든 것들이 동시적으로 발생하는 것에 해당한다. 따라서 모호성은 감각적 경험의 수준에서 그 자체를 분명하게 할 수 있다.

②인간적 경험. 모호성은 또한 인간적 경험의 특징이 되며, 그것이 특별한 의미로만 제한되는 것은 아니다. 예를 들면, 그것은 우리들의 '성적 특성(sexuality)'에서도 분명하게 나타나고는 한다.

> 그 어떤 의식의 의도적 행위의 대상이 되지 않으면서도 성적 특성은 나의 경험의 특수화된 형식을 강조할 수도 있고 이끌 수도 있다. 이와 같이 파악할 때, 모호한 분위기로서 성적 특성은 삶과 함께 공존할 수도 있다. 달리 말하면, 모호성은 인간적 경험의 본질에 해당하며 우리들이 살고 있거나 생각하고 있는 모든 것들에는 언제나 몇 가지 의미들이 있게 마련이다. —*PdP*, p.197; *PoP*, p.169.

성적 특성은 그것이 그 자체를 통해서 경험이 발생하게 되기 때문에 모호한 분위기를 제공한다. 인간적인 삶에서 지속적으로 나타나기는 하지만, 성적 특성은 좀처럼 명확하게 될 수 있는 것이 아니다. 성적 특성은 인간적인 삶과 공존하기 때문에, 성적 의미는 어떤 특별한 상황에서 야기되는 의미와 함께 발생하게 된다. 개인의 실존에 있어서, 그 상황이 어떠한 것이든 성적 의미는 피할 수 없는 것이다. 따라서 이와 같이 모호한 분위기는 인간적 실존에 있어서 본질적인 것이다. 메를로퐁티가 "모호성은 인간적 실존의 본질이다"라고 결론지었을 때, 그는 '모호한'이라는 말보다는 '대등한'이라는 말을 사용했다(그가 비록 '모호한 분위기'에 대해서 언급하기는 했지만). '대등한'과 '모호한'이라는 형용사는 정확하게 유사어가 될 수 있는 형용사가 아니다. 그러나 이와 같은 프랑스어에 대한 영어 번역자가 '모호한'이라는 말을 두 가지 경우 모두에서 사용하는 것으로 수용할 수 있는 까닭은 인간적 실존을 묘사할 때, 메를로퐁티가 "우리들이 살고 있거나 생각하고 있는 모든 것들에는 언제나 몇 가지 의미들이 있게 마련이다"라고 강조했기 때문이다. 이러한 복수-의미작용은 모호성을 이해하는 데 있어서 결정적인 것이다. 우리들이 살고 있거나 생각하고 있는 모든 것들에는 언제나 몇 가지 의미들이 있지만, 이러한 모든 것들을 전체적으로 다 함께 고려할 때는 정말로 모호하게 될 수밖에 없다. 성적 특성과 관련지어 보면, 이와 같은 의미는 상황에 따라 하나의 전체성을 형성하기도 한다. 그렇지 않다면, 이러한 의미는 단순히 대등한 것, 즉 우리들이 살고 있거나 생각하고 있는 것을 특징짓는 다양하게 분리된 의미에 해당할 뿐이다.

③지각. 언제나 종합이 있기 때문에 감각적 경험은 모호하게 되고, 하나의 전체 속에 수많은 의미들이 응집되어 있기 때문에 인간적 경험은 모호하게 되지만, 지각이 모호하게 되는 까닭은 지각하는 것과 지각된 사물의 사이에 그 어떤 생생한 구별이 없기 때문이다.

생각 속에 있는 어떤 인상 그 자체를 붙잡아 두기 위해서 보기나 듣기가 바로 그 인상으로부터 우리 자신을 구출하는 데 관여한다면, 즉 알기 위해서 멈추게 된다면, 그렇다면 '나는 나의 눈으로 보거나 나의 귀로 듣는다'고 말하는 것이 우스울 수도 있는 까닭은 나의 눈과 귀 그 자체는 세계에 존재하는 실체이기 때문이고, 보이거나 들리는 것이 비롯되는 주관성의 영역의 어느 한 쪽만을 이와 같이 주장하는 것도 상당히 불가능하기 때문이다. 눈과 귀를 나의 지각의 도구로 만들어 버린다 하더라도 나는 나의 눈과 나의 귀가 그 어떤 인식력을 유지하고 있다는 점을 확신할 수 없다. 이 두 가지 신체기관들은 육체적 자극의 도구일 뿐이지 지각 그 자체는 아니다. '그 자체에 있어서'와 '그 자체를 위해서'의 사이에는 이 두 구문을 연결지어주는 중간 용어가 없으며, 여러 가지에 해당하는 나의 감각은 나 자신이 아니기 때문에 나의 감각은 대상에 지나지 않을 뿐이다. 나는 나의 눈이 보고, 나의 손이 만지고, 나의 발이 아프다고 말하지만, 이와 같이 천진스런 표현이 나의 진정한 경험을 말로 전환시키는 것은 아니다. 이와 같은 말은 이미 원래의 주체로부터 분리된 경험에 대한 해석을 나에게 제공해 준다. 빛이 나의 눈을 강타하는 것, 살갗에 의해 접촉이 이루어지는 것, 나의 구두가 나의 발을 해치는 것을 나가 알고 있기 때문에, 나는 나의 몸의 지각, 즉 정말로 나의 영혼에 속하는 몸의 지각을 통해 분배하게 되고 지각을 지각된 사물에게 부여하게 된다. —*PdP*, p.246; *PoP*, pp.212~213.

알기 위해서 '있는 것' 그 자체를 멈추는 것은 경험적으로 볼 때 물론 불가능한 것이다. 그러나 우리들은 실천에 의해 어떤 특별한 유형의 성찰행위가 될 수 있도록 하기 위해서 아는 것을 결정할 수는 있다. 이와 같은 유형의 분리화가 실제로 우리들 자신을 생생한 지각으로부터 분리시키지는 못하며 그것은 다만 우리들이 그렇게 했다는 점만을 생각할 수 있도록 할 뿐이다. 이해가 우리들이 추구하는 것이라면 우리들이 말하는 것은 종종 잘못일 수도 있다. 나에게 있어서 나의 눈이 보고, 나의 손이 만지고, 나의 발이 아프다고 말하는 것은 모두 비유적 표현에 해당한다. 우리들은 그렇게 말할 수는 있지만 우리들이 바로 그 자체가 될 수는 없다. 말하자면 메를로퐁티가 제안하는 바와 같이, 빛이 나의 눈을 강타하는 것, 살갗에 의해 접촉이 이루어지는 것, 나의 구두가 나의 발을 해치는 것이라고 또 다른 비유적 관점을 취하는 것도 똑같이 가능할 수 있다. 메를로퐁티의 현상학에서는 우리들의 비유가 지적하는 바로 그 영역 내에 묘사를 배치해야만 한다는 점을 제안하고 있다. 그의 현상학에서는 우리들이 말하는 것만을 고려함으로써, 경험, 인간적 경험 또는 지각을 필연적으로 터득할 필요가 없다는 점을 제안하고 있다. 그의 현상학에서는 또한 지각이 분리될 수 있는 것이 아니라 어떤 특별한 인식행위에 의해서 우리들이 그것을 분리할 수 있다는 점을 제안하고 있다. 묘사에서 우리들은 우리들이 지각을 있는 사실 그대로 경험하고 있는 바와 같이 지각 그 자체를 관찰하고 관찰한 내용을 목록으로 만들어야만 한다. 무엇보다도 현상학자는 자신의 묘사와 함께 자기 자신 역시 지각하고 있다는 점을 인식해야만 하고, 자신이 묘사하고 있는 것과 자신이 묘사하고 있는 지각을 거의 분리시킬 수 없다는 점을 인식해야만 한다. 따라서 메를로퐁티는 지각이 모호하다는 점을 알게 되었다. 지각은 그것이 인식하는 사물의 내부에서 비롯되는 의미처럼 그 자체를 명확하게 하는 것도 아니고 그것이 사물의 외부에서 비롯되는 것도 아닌 까닭은 '지각된 것'과 '지각하고 있는 것'은 모두 똑같은 행위에 참여하고 있으며 지각 그 자체만으로는 구분할 수 없기 때문이다. 사르트르적인 '즉자(in-itself)'와 '대자(for-itself)'의 사이에 그 어떤 중간항이 있을 수 없는 까닭은 이 두 가지를 구분 짓는 그 어떤 축이 없기 때문이다.[9] 실존하는 모든 것들은 모호한 것이며 그것은 결과적으로 지각에 해당한다.

자신의 '미-출판 텍스트'에서 메를로퐁티는 두 가지 유형들의 모호성을 구별함으로써 자신의 전체 프로젝트를 다음과 같이 요약했다.

> 지각에 대한 연구는 우리들에게 '나쁜 모호성', 즉 유한성과 보편성의 혼합, 내면성과 외면성의 혼합을 가르쳐줄 뿐이다. 그러나 표현의 현상에는 '좋은 모호성'도 있다. 우리들이 분리된 요소만을 관찰했을 때 불가능한 것처럼 보이는 것을 성취하게 되는 자발성, 단자(單子)의 다양성, 과거와 현재, 자연과 문화를 하나의 세계로 통합시키는 자발성도 있다.[10]

『지각의 현상학』에서 메를로퐁티는 이와 같은 '나쁜 모호성'을 하나의 모호성으로 간주하지는 않았다. 그는 다만 그 이전의 철학 사상에 있어서 그 자체의 발생만을 논의했을 뿐이다. '좋은 모호성'만이 그가 언제나 '모호성'이라고 부르는 모호성에 해당한다. 이러한 모호성, 즉 '좋은 모호성'은 전체적인 것에 협조하게 되고 전체적인 것 그 자체를 그 자체로 묘사하게 된다. 특히 지각은 이와 같은 특징을 가지고 있다. 지각에 대한 연구는 하나의 '나쁜 모호성'을 야기할 수도 있지만, 이러한 점은 단지 필자가 '이원론(二元論)'이라고 명명했던 것, 특히 주체와 대상을 분리된 실재(實在)로 취급했던 것에 해당한다. 의미의 다양성을 '종합하고' 그것을 하나라고 생각하는 '좋은 모호성'은 메를로퐁티가 명확하게 하고 옹호하려고 노력했던 모호성에 해당한다. 실존적 모호성은 '좋은 모호성'이다.

④ 몸. 지각의 위치, 인간의 존재 및 경험에 대해서 질문하게 된다면, 메를로퐁티의 대답은 아마도 '몸'이 될 것이다.

> 우리들의 존재를 중심에 자리 잡을 수 있도록 해주는 것은 또한 우리들의 존재를 완벽하게 중심에 자리 잡지 못하도록 방해하는 것이기도 하며, 우리들의 몸의 익명성은 자유와 봉사로부터 분리될 수 있는 것이 아니다. 따라서 요약한다면, 세계 내에 있는 모호성은 몸의 모호성에 의해 번역될 수 있으며, 이러한 점은 시간의 모호성을 통해서 이해될 수 있다. —*PdP*, p.101; *PoP*, p.85.

모호성에 대한 우리들의 가장 구체적인 표명은 우리들의 몸을 통해서 이루어진다. 동시에 우리들의 몸이 우리들을 세계에 연결시키는 까닭은 우리들의 몸이 세계로부터 도망칠 수 없기 때문이기는 하지만 우리들은 또한 몸과 관련지어 우리들이 어디로 갈 것인지를 선택할 수 있기 때문이기도 하다. "나는 자유로운 사람이다"라는 것은 나의 몸과 관련지어 표현되지만, 또한 나의 몸과 관련지어 나가 나 자신을 발견하는 어떤 상황에 의해서 "나는 종속된 사람이다"에 해당하기도 한다. 나의 몸은 나의 '세계-내-있기'에 해당한다. 나의 몸은 나의 모호성이다.

메를로퐁티는 그가 이와 같은 '모호성'의 측면을 제시하고 있다는 점에서 유용한 경우를 제공해 주었다.

> 나가 나의 두 손바닥들을 맞부딪쳤을 때, 그것은 나란히 놓여있는 두 대상을 감지하는 것에서 느껴지는 것과 같은 두 가지 감각들의 문제가 아니라, 두 개의 손바닥들이 '부딪치는 역할'과 '부딪쳐지는 역할'을 번갈아 할 수 있는 모호한 장치의 문제이다. —*PdP*, p.109; *PoP*, p.93.

메를로퐁티가 보기에는 두 개의 분리된 외형, 즉 '부딪치는 것'과 '부딪쳐지는 것'이 있는 것도 아니고 두 개의 분리된 현상, 즉 '보이는 것'과 '보이지 않는 것'이 있는 것도 아니다. '부딪쳐지는 것'은 언제나 '부딪치는 것'이고 '부딪치는 것'은 언제나 '부딪쳐지는 것'이다. 이러한 점은 모두 하나의 현상, 즉 인간의 모호성에 해당한다. 몸은 '실존의 순환'이며 따라서 우리들은 모호할 수밖에 없다. 나의 오른손이 나의 왼손을 건드리지 않는 이상 나의 왼손도 나의 오른손을 더 이상 건드리지 않는다. 나는 실존의 순환이며 그것은 나의 손에서 마주치게 된다. 나는 오른손이 왼손에 부딪치는 사람인 동시에 나는 또한 왼손이 오른손에 부딪치는 사람이다. 나는 이와 같은 두 가지 유형의 사람이면서도 나가 어느 한 쪽이나 다른 쪽이 아닌 까닭은 이 두 가지 유형의 사람이 서로 다른 사람이 아니고 바로 나 자신이기 때문이다. 나는 모호하게도 한 사람에 해당하며, 바로 그 사람은 나가 보여질 수 있고 만져질 수 있다는 점에서 가시적이며 나가 볼 수 있고 만질 수 있다는 점에서 비가시적이다. 『보이는 것과 보이지 않는 것』에서 메를로퐁티는 이와 같은 모호성을 '살(la chair)'로 묘사하거나 또는 종종 가시성으로 묘사하고는 했다. 이와 같은 용어는 보이는 것과 보이지 않는 것의 종합적인 혼합을 암시한다. 『지각의 현상학』에서 이와 같은 각각의 요소들의 혼합과 전멸은 몸으로 묘사되었다. 신체성과 가시성으로서의 몸은 모호성의 표명에 해당한다.

⑤ 시간성. 메를로퐁티는 다음과 같이 강조했다. "세계에 있어서의 존재의 모호성은 몸의 모호성에 의해서 번역되며 이러한 점은 시간의 모호성을 통해 이해된다." 따라서 우리들은 또한 모호성을 시간의 존재를 통해서 이해할 수 있다. 이러한 점에 대해서 메를로퐁티는 다음과 같이 덧붙였다.

> 이해할 필요가 있는 것은 이와 똑같은 이유로 인해서 나가 지금 여기에 있고, 언제나 어딘가에 있으며 또한 지금 여기에도 있지 않고 모든 시간과 모든

장소에도 있지 않다는 점이다. 이와 같은 모호성은 의식이나 실존의 결합이 아니라 그러한 결합을 정의하는 것이다. —*PdP*, p.383; *PoP*, p.332.

이제 우리들은 모호성을 이해할 수 있게 되었으며, 그것을 우리들은 그 자체의 또 다른 측면, 즉 시간과 관련지어 고려했다. 시간과 관련지어 우리들 자신을 이해하고자 할 때, 우리들은 시간이 있다는 점과 우리들이 시간적이라는 점을 발견하게 된다. 시간은 우리들이 그것을 조사할 때 '여기와 지금'에도 부재하고 모든 장소와 모든 순간에도 부재한다. 시간을 조사함으로써, 우리들은 우리들의 초월적 망원경으로 관찰하게 되며 그 결과 시간은 '거기'에 있는 것이지 '여기와 지금'에 있는 것이 아니라는 점을 알게 된다. 그러나 우리들이 시간을 피할 수 없다는 점을 알게 될 때, 시간은 언제나 우리들과 함께 있다는 점을 알게 될 때, 우리들은 시간이 언제나 우리들이 가고자 하는 모든 곳에 있을 뿐만 아니라 우리들이 그것을 고려하는 모든 순간에도 있다는 점을 알게 된다. 우리들이 인간의 실존을 객관화시킬 수 있다고 생각할 때만 시간은 모든 장소와 모든 시간으로부터 '있지 않을 수' 있을 뿐이다. 메를로퐁티의 도움으로 우리들은 우리들이 이와 같은 모호성에 해당한다는 점을 인식할 수 있게 되었다. 나는 나 자신이 시간으로부터 분리되었다고 생각하고자 하는 사람이며 나는 결코 시간의 밖에 있을 수 없는 사람이다. 베르그송이 제안했던 바와 같이, 두 개의 시간이 있는 것이 아니라 하나의 시간만이 있다. 이와 같은 시간이 모호한 까닭은 나의 의미의 모호성이 결코 그러한 의미의 시간성을 피할 수 없기 때문이다. 나는 바로 이와 같은 모호성에 해당한다.

바로 이러한 지점은 우리들로 하여금 수세기 전에 고대 그리스에서 있었던 '아폴로 신전의 신탁'에서 제기되었던 자기 인식의 문제, 즉 나가 모호하다면 나가 어떻게 나 자신을 알 수 있을 것인가의 문제로 되돌아오게 한다. 이러한 점에서 순환은 그 자체를 완성하게 된다. "나는 나가 시간과 세계에 내재해 있을 때만 나 자신을 알 수 있다. 즉, 나 자신의 모호성에서만 나 자신을 알 수 있을 뿐이다."(*PdP*, p.397; *PoP*, p.345) 모든 자기-인식은 필연적으로 나가 나 자신에 해당하는 바로 그 모호성과 관련지어 나타나게 되어 있다. 감각-경험, 인간-실존, 지각, 몸 및 시간성은 모두 모호하기 때문에, 이 모든 것들은 모호성의 표명이기 때문에, 이와 같은 모호성에 대한 이해는 우리들로 하여금 우리들 자신을 이해할 수 있도록 해 준다. 그러나 또 다시 이러한 이해나 자기-인식은 그 자체가 모호하게 되는 경험으로부터 분리될 수 있는 것이 아니다. 나는 경험을 통해서 자신이 모호하다는 것을 알고 있는 사람이자 자신에게 모호하게 나타나는 사람이다. 우리들은 언제나 이와 같은 상황에 처해 있는 셈이다. 따라서 우리들 자신에 대한 우리들의 접촉은 언제나 모호성의 축 내에서 이루어지게 마련이다. 모호성에 대한 우리들의 지식은 우리들의 모호성과 관련되게 되어 있다. 실제로 모호성에 대한 우리들의 지식은 우리들의 모호성으로 될 것이다.

3. 메를로퐁티와 실존적 모호성

우리들은 다른 사람들이 이해하고 있는 그대로 메를로퐁티의 활동을 살펴보았을 뿐만 아니라 그가 모호성에 대해서 언급한 그대로 살펴보았을 뿐이다. 이제부터는 실존적 모호성을 이해하기 위해서 그의 활동에 암시되어 있는 것들을 살펴보고자 한다.

① 존재론. 후설의 프로젝트에 대한 자신의 이해를 정리한 『지각의 현상학』에 대한 '서문'에서 메를로퐁티는 다음과 같이 언급했다. "우리들은 세계 내에 있기 때문에, 우리들은 의미를 가질 수밖에 없게 되었

고 역사 내에서 의미 그 자체의 명칭을 확인하지 않고서는 그 어떤 것도 행하거나 말할 수 없게 되었다."(*PdP*, pp.xiv-xv; *PoP*, p.xix) 사르트르가 우리들은 자유로울 수밖에 없다고 주장했던 것과 똑같이 메를로퐁티도 우리들은 의미를 가질 수밖에 없다는 점을 제안했다. 우리들은 어떤 부수적인 방법에 의해서 결정되기 때문에 의미를 갖지 않아도 되는 것이 아니라 오히려 인간 자신을 고려하기 때문에 의미가 발생하게 된다. 즉, 우리들은 어떤 방법으로든 묘사될 수 있으며 역사가들에게 있어서의 잠정적인 주제로도 묘사될 수 있다. 그렇지만 우리들은 의미를 기록하는 역사가들이 없다 하더라도 의미를 가질 수밖에 없다. 우리들은 모두 샤를 드골이 될 수는 없다[샤를 드골이 프랑스 대통령으로 재직하던 냉전의 시대에 미국과 소련의 패권 사이에 처해 있던 곤란한 상황을 의미한다]. 우리들의 의미는 우리들의 삶의 다양한 순간들과 관련지어 누군가에 의해 모두 요약될 수 있고 조사될 수 있는 것이 아니다. 그럼에도 다른 의미로 볼 때, 우리들은 모두 연대기적으로 기록되어 있다. 우리들은 세계에 존재하고, 우리들은 다른 사람들과 함께 세계에 존재하고, 이들 다른 사람들은 우리들의 의미를 설명하는 데 도움이 된다. 이들 다른 사람들이 우리들의 의미를 기록하든 안하든, 그것은 우리들의 의미의 실존과 번영에 대해서 비-물질적인 것에 해당한다. 다른 사람들이 우리들의 의미를 확인하는 까닭은 우리들의 의미가 다른 사람들과의 세계에서 활성화된다는 점에서 상호-개인적이기 때문이다. 따라서 우리들의 의미는 다른 사람들의 현존에 의해서 그 자체의 실존의 지지를 받게 된다.

한 사람의 의미는 다른 사람들에 의해서 확인될 뿐만 아니라 그 사람 자신에 의해서도 확인된다. 우리들은 우리들의 존재자를 형성하는 의미를 경험할 수 있다. 존재론적 평면 위에 남아 있음으로써, 우리들은 메를로퐁티가 이와 같은 의미의 본질이라고 여겼던 것을 이해할 수 있도록 노력해야만 한다. 소쉬르의 용어로 보면, 우리들은 이와 같은 의미(의미작용)를 공시적으로 이해해야만 한다고 말할 수도 있다. 따라서 우리들은 이와 같은 의미들을 경험할 수 있는 체계와 통합구조를 조사할 수 있고 궁극적으로는 이와 같은 의미들을 활성화하는 통시적 행동도 조사할 수 있다.[11]

이와 같은 공시적 측면은 어떤 주어진 시간에 의미를 이해해야 한다는 점을 암시한다. 실제로 이러한 점은 우리들로 하여금 한 개인이 누구인지에 대한 의미를 분명하게 할 수 있는 유일한 의미에 해당한다. 한 개인의 의미의 목록을 만드는 것은 결정, 환원, 하나의 의미나 일련의 의미들을 다른 의미나 다른 일련의 의미들과 구별하는 것이다. 유일한 일련의 의미나 전체를 형성하는 의미의 구조는 동일한 시간에 부여된 의미이자 묘사적인 용어, 즉 자아나 인간의 본성이나 또는 '개인'이나 '개인적인'과 같은 용어에 의해서 그 특징을 부여받은 의미이다. 개인으로 되는 것은 의미 있는 것이자 의미로 충만해지는 것이다. 메를로퐁티는 수많은 의미들의 사이에 그 어떤 존재론적 구분이 없이 모두 하나로 응집되어 있는 그러한 의미들을 경험한 총합으로서의 인간에 대해서 언급하려고 하지는 않았지만, 그에게 있어서 현상학이 의미의 철학이라는 점은 분명했던 것 같다. "하나의 개인은 이미 부여된 하나의 지각이다"라는 의미는 역사가가 그렇게 기록한 것에 지나지 않을 뿐이다. 이러한 의미는 개인의 의미작용에 해당한다. 의미작용이 묘사적 현상이라면, 의미는 존재론적 현상이다. 인간의 본성에 대한 현상학에서 '의미작용'과 '의미'는 필연적으로 동시에 발생한다. 즉, 이 두 가지는 동일한 것이어야만 한다. 어느 개인의 의미작용은 그의 의미에 해당하고 그의 의미는 그의 의미작용에 해당한다. 현상학자는 개인이 존재하거나 실존하고 있는 방법을 묘사하려고 추구하며, 그가 묘사하는 것은 정확하게 개인의 존재자에 해당한다. 동시에 어느 개인이 의미작용을 가지고 있다는 것은 그가 의미로 충만 되어 있다는 점, 즉 의미작용을 하고 있다는 점을 뜻한다. 그럼에도 메를로퐁티는 어느 개인이 '의미작용'으로 충만 되어 있다고 파악하기보다는 '의미'로 충만 되어 있다고 파악하기를 선호했던 것 같다. 자아가 의미로 충만 되어 있다고 언급하는 것을 프랑스어로 옮기면 'plein de sens'에 해당하며, 그것은 의미의 모호성을 특징짓는 것도 아니고 영어에서의 'meaningful'을 반영하는 것도 아니다. 영어에서의 'meaningful'은 실제로 존재론적으로 파악한 실존적 모호성을 형성하기 위해서 의미의 다양성을 종합적으로 경험한 동시성을 상당히 정확하게 특징짓는다. 메를로퐁티에게 있어서 개인의 의미작용은 의미로 충만 될 수 있는 전제조건이 된다. 서로 다른 수준에서 수많은 의미작용들에 의해서 묘사될 수 있는 것은 동시적으로 자아의 변함없는 상태, 즉 의미작용이자 의미에 해당한다.

메를로퐁티에게 있어서 자아를 의미의 충만(또는 의미작용)으로 언급하는 것은 무엇을 뜻하는가? 우선적으로 그 자신의 '미완의 심포니'와 관련지어 이러한 개념을 살펴보도록 하자. 이러한 점에 대해서 그는 '보이는 것(가시적인 것)'과 '보이지 않는 것(비가시적인 것)'을 구분했다. 그러나 '보이는 것'과 '보이지 않는 것' 그리고 '지각하는 것'과 '지각되는 것'—『지각의 현상학』의 언어로 되돌아간다면—의 분산은 소쉬르가 제안했던 바와 같이 하나의 '심연'이 될 수 없다. 인간의 삶에서 이처럼 현실적이고 생생한 측면이 바로 가시성에 해당한다. '가시성'은 '보이는 것'과 '보는 것'의 '부분교차'에 해당한다. 그것은 바로 '모호성' 그 자체라고 볼 수 있다.

> 우리들이 바로 조금 전에 그렇게 했던 것처럼, 몸은 두 개의 이파리로 형성되어 있다고 말해서는 안 될 것이고 그 중의 하나는 '감각적인 것'이며 그것이 나머지 세계와 밀접하게 관계된다고까지 말해서도 안 될 것이다. 몸에는 두 개의 이파리나 또는 두 개의 계층이 있는 것이 아니다. 근본적으로 몸은 보이는 것만 있는 것도 아니고 보는 것만 있는 것도 아니다. 그것은 때로는 방황하는 가시성이자 때로는 다시 짜 맞춘 가시성에 해당한다. 그리고 바로 이와 같이 몸은 그것이 세계 속에 있는 것이 아니며, 그 자체의 세계관을 그

> 것이 개인의 정원에 있는 것처럼 유지하지도 않는다. 몸은 세계 그 자체, 즉 누구나의 세계를 바라보게 된다. 몸이 '그 자체'를 떠나지 않는 까닭은 비전과 접촉, 그 자체의 '마술'에 의해서 몸 그 자체가 전체적으로—그 자체의 손, 그 자체의 눈이 다름 아닌 바로 그 손, 그 눈이기 때문에—이와 같은 가시적인 것의 참고대상, 그것이 지니고 있는 모든 닮은 것들의 실제 기준이자 그것이 종합하고 있는 모든 것들의 증거이기 때문이다.12)

가시성은 보는 것과 보이는 것, 보는 사람과 보이는 사물을 형성하는 실재(實在)이다. 가시성이 모호한 까닭은 그것이 보는 것과 보이는 것, 보는 사람과 보이는 것을 구별하지 않기 때문이며, 이러한 분리를 전체적으로 종합하는 것은 개인 자신이기 때문이다. 실존하는 인간으로서 개인은 모호한 존재에 해당하거나 또는 이 경우에는 메를로퐁티가 가시성이라고 명명한 것에 해당한다. 그러나 가시성은 또한 의미성에 해당하기도 한다. 개인의 의미성은 보는 사람과 보이는 것, 보는 것과 보이는 것, 접촉하는 것과 접촉되는 것 등에 대한 개인 자신의 긴밀성에 관계된다. 의미성은 그것의 구성요소들을 구별하지 않는다. 그것은 그 자체를 다만 의미로 드러낼 뿐이다.

『지각의 현상학』에서 메를로퐁티는 이와 같은 가시성을 개인의 '실존의 순환'이라고 명명했다. '실존의 순환'은 가시성이 그렇게 하는 바와 같이 몸을 통해 지나가게 된다. 그것은 보는 것과 보이는 것을 이해한다. 몸은 자기 자신에 의해서 보이게 되는 바와 같이 다른 사람에 의해서도 보이게 되지만, 그것은 또한 보는 것이나 보는 사람에 의해서 채워지기도 한다. 보는 사람이 보이는 것으로부터 벗어날 수 있는 방법은 없다. 그리고 보이는 사람에게는 또한 그 자신이 보고 있다는 사실도 포함된다. 개인에게 있어서 이러한 점은 '실존의 순환'에 해당하며, 그것은 언제나 그렇게 경험되어 왔을 뿐만 아니라 그 자신의 존재자를 형성하게 된다. 개인은 전적으로 의미로 충만 되어 있기 때문에 전체적인 '실존의 순환'은 의미 있는 것이다. 이러한 점은 개인의 '실존의 순환'은 의미작용과 관련지어 묘사될 수 있고 의미 있는 것으로 경험될 수 있으며 따라서 의미 있는 것이라는 점을 강조하는 것이다. 개인의 의미작용(보는 것에 관계되고 보이는 것으로 분명하게 되는)을 묘사함으로써, 우리들은 개인의 '실존의 순환'을 의미 있는 가시성을 통해 묘사할 수 있게 된다.

모호성의 철학에 대한 우리들의 논의에서 우리들은 메를로퐁티가 이원론적 배경에 반대하여 이상과 같은 현상을 해석해왔다는 점을 강조했다. 이와 같은 관점에서 그는 이원론에 대응했으며 그의 입장은 인간의 현상을 모두 다 되돌리고자 하는 시도에 해당한다. 따라서 가시성, 실존의 순환, 의미작용 및 모호성은 마음과 몸, 영혼과 몸, '즉자'와 '대자'를 강조하는 이원론자에 대한 묘사적 반응에 해당한다. 그러므로 메를로퐁티의 모호성은 지속적으로 이원론의 흔적을 추적하는 것에 해당한다고 볼 수 있다. 그의 모호성은 마음과 몸, 영혼과 몸, '즉자'와 '대자', 초월적인 것과 경험적인 것을 해결하는 데 있다. 이러한 해결은 보는 사람과 보이는 것, 접촉하는 것과 접촉되는 것, 작업 자체와 작업에 대한 의식 등에 관련지어 나타나게 된다. 그러나 실존적 모호성은 의미가 충만한 어떤 상황, 즉 바로 그 의미가 다만 양면적일 뿐인 '상황'에 처해질 필요는 없다. 어떤 의미는 구조를 형성할 수도 있으며, 이러한 점은 그러한 의미가 역할, 정서, 상호-주관성, 의사소통-가능성, 사회성 등으로 형성되는 경우와 같다. '어떤 사람이 누구인지'를 형성하는 모든 의미들은 하나의 의미작용으로 실존적 모호성에 참여하게 될 것이다. 그러한 의미는 전통적인 철학적 딜레마에 그 자체를 제한시킬 필요도 없고 그렇게 해서도 안 될 것이다.

② 인식론. 수평적(존재론적) 현상으로 되는 것, 즉 존재자의 본질적 특징으로 되는 것이 의미심장하다고 생각한다면, 그렇다면 우리들은 '지향의 호(弧, intentional arc)' — 행동과 지각의 반복 사이클로 그것이 의미작

용을 활성화시키고 현존을 부여한다는 점에서 — 가 수직적(인식론적) 현상이라고 생각할 수도 있다. 메를로퐁티에게 있어서 '지향의 호'는 자아를 의미의 충만으로 형성하는 것이다. '지향의 호'는 그것이 의미의 중요성의 생생한 측면에 대해 본질적이라는 점에서 의미의 중요성에 생명을 부여하게 된다. '지향의 호'는 개인적인 것. 즉 그 자신만의 '지향의 호', 그 자신만의 경험의 의미에 대한 경험이다. '지향의 호'는 그것이 의미작용을 의미 있게 하고 중요하게 활성화시킨다는 점에서 개인적인 것이다.

'지향의 호'는 의미의 중요성을 인식론적으로 전환시킨다. 의미의 중요성은 '나 자신'만의 의미의 중요성, '나 자신'만의 경험적 의미의 중요성에 해당할 뿐만 아니라 '나가 알고 있는' 의미의 중요성에도 해당한다. 메를로퐁티가 성찰에 대한 자신의 비판, 예를 들면 데카르트에 대한 비판에서 상당히 분명하게 했던 바와 같이, 이러한 점은 성찰적 지식과는 구별되는 특별하면서도 일반적인 유형의 앎에 해당한다. 성찰적 지식에서는 세계의 현상을 '사유-대상'으로 전환시킨다. 그것은 '세계'를 '사유된 존재'로 대체한다. 성찰적 사유에서는 세계와 인간의 삶을 접근-가능한 것으로 전환시키는 대신, 세계와 인간의 삶을 사유될 수 있는 것으로 확신할 수 있도록 만들고자 노력한다. 따라서 하나의 현상은 하나의 사유의 대상이 되는 것이지 인간이 되는 것도 아니고 자아가 되는 것도 아니다(그것은 성찰적 사유가 그렇게 논의하고자 제안하는 것을 전제로 한다). '지향의 호'는 몸을 통해 지나간다. 그러므로 그것에는 모든 의미의 경험이 포함된다. 그것은 인간적인 경험을 특징짓게 되고 남녀의 세계에서 그 자체의 표현을 하게 된다. 그것은 경험의 순환에 의해서 제한받게 되고 따라서 개인이 느낀 것이나 경험한 것의 밖으로 나가지 못하게 된다. 종종 논의되고는 하는 '환각지'[幻覺肢, phantom limb, 사지(四肢)가 절단된 후에도 마치 그것이 존재하고 있는 것처럼 감각되는 현상]에서, 팔 절단 수술을 받은 사람은 자신의 팔이 부재한다 하더라도 그 팔이 여전히 현존하는 것처럼 느끼고는 한다. 몸에 관련되는 용어로 보면, 그의 경험의 순환은 자신의 몸이 살아 있는 경계선까지만 갈 수 있을 뿐이다. 그러나 부재하는 팔의 현존은 또한 이와 같은 경험의 순환의 일부분일 뿐이다. 분명히 그것은 몸의 현존이 아니다. 그러나 그것은 인식적 현존에 해당한다. 부재된 팔은 언제나 거기에 있는 것처럼 경험된다. 물론 팔 절단수술을 받은 사람이 부재된 팔로 무엇인가를 잡으려고 할 때, 바로 그 팔이 부재 한다는 점은 분명해진다. 그리고 그것은 인식론적으로 분명해진다. '지향의 호'에서는 이러한 점을 부재로 파악한다.

외부세계에 대한 우리들의 지식이라고 불리고는 하는 것에서 우리들은 이와 똑같은 상황을 발견하기도 한다. 재떨이는 그것이 언제나 '거기'에 있는 것으로 경험될 때, 경험의 순환의 일부분이 된다. 그것은 또한 '거기에 없는 것'으로 경험될 때, 즉 그 자체의 부재의 현존을 솔직하게 인정할 때, 하나의 대상이나 또는 하나의 공간이 그 자체를 기대된 것으로 분명하게 하지 않을 때, 바로 그때도 이와 같은 경험의 순환에 참여할 수 있다. 예를 들면, 어느 누군가가 어두운 복도를 걸어간다면, '거기에 아무도 없을 것'이라는 기대된 현존이 있을 수도 있고 이러한 부재에 대한 기대는 지속적으로 나타나게 될 수도 있다. 그러므로 실존의 순환은 현존하는 것만을 포함하고 에워싸게 된다. 의심 그 자체가 현존하지 않거나 확실성에 대한 부재 그 자체가 내재적이지 않는 한, 의구심에 대한 문제나 그와 같은 대상에 대한 확신은 있을 수 없다. 경험의 세계는 '지향의 호'에 의해서 활성화 된다.

'지향의 호'는 투사적(透射的)일 수밖에 없다.

> 의식의 삶—인식적인 삶, 욕망의 삶이거나 또는 지각적인 삶—은 '지향의 호'에 의해서 그 범위가 결정된다. 이때의 '지향의 호'는 우리들의 과거, 우리들의 미래, 우리들의 인간적인 배경, 우리들의 육체적이고 이데올로기적이고 윤리적인 상황을 우리들의 주변에 투사시키거나 또는 오히려 결과적으로 우

리들이 이와 같은 모든 측면들에 처해지도록 만든다. 감각, 지성, 감성 및 운동성의 통일성을 야기하는 것은 바로 이와 같은 '지향의 호'이다. —*PdP*, p.158; *PoP*, p.136.

'지향의 호'는 우리들의 경험의 미래로 전개될 뿐만 아니라 우리들의 경험의 과거로 되돌아가기도 한다. 그것은 특별한 관점에서 그 자체를 분명하게 한다. 그것은 '여기와 지금'에 투사되기도 하고 '여기와 지금'의 의식의 삶에 해당하기도 한다. 인식적인 삶으로서 그것은 인식론적이기도 하다. 그것은 모든 감각과 모든 지성의 통일성을 설명하기도 한다. 바로 이러한 상황에 의해서 사르트르가 우리들의 콘텍스트를 묘사했던 바와 같이, 이러한 상황에서는 시간적이고 육체적이고 이데올로기적이고 윤리적이며 정치적인 것을 동시적으로 경험하게 된다. 이와 같은 의식의 삶에는 모든 형태와 유형의 앎이 포함된다.

어둠 속에서 걷고 있는 어떤 사람의 예는 더 나아가 '지향의 호'를 특징짓기도 한다. 필자가 강조했던 바와 같이, '지향의 호'는 투사적이다. 그것은 과거와 미래에 도달하기도 하고, 그것은 그것이 피할 수 없는 상호-개인적인 세계로 확장되기도 한다. 어둠에는 여전히 어둠 속에서 걷고 있는 과거의 경험이 반영되어 있기도 하고 어둠 속을 걷고 있는 바로 그 사람이 더듬고 있는 이와 같은 기대가 반영되어 있기도 하다. 그러나 대낮에 걷고 있는 것과는 다르게, 어둠 속을 걷고 있는 바로 그 사람은 자신의 주변에 있는 것을 볼 수 없다. 어둠 속에서 그가 만지는 것은 즉각적으로 만지게 되는 것의 형태일 뿐이고, 그가 냄새를 맡게 되는 것은 아마도 일상적인 것보다 좀 더 예민할 수는 있지만, 그렇지만 그러한 점은 좀 더 신비롭고 특정화 되지 않은 것일 수도 있다. 그는 자신의 몸의 한계를 포함하고 있는 '지향의 호'의 측면과 세계를 투사하거나 스며들게 하는 바로 그 '지향의 호'의 측면의 사이에서 그렇게 많이 '작용'하지는 않게 된다. 어둠 속에서 이러한 '작용'은 상당히 미미한 것에 지나지 않는다. 보는 사람과 보이는 것의 사이의 '생생한 거리'는 최소화 된다. 그러므로 인식론적으로 볼 때, 개인은 자기 자신을 고립되고 혼자인 존재로 경험하게 된다. '생생한 거리'나 '작용'이 그로 하여금 대낮에는 손쉬우면서도 융통성 있고 자유롭게 느낄 수 있도록 해주는 까닭은 그가 좀 더 쉽게 작용할 수 있는 좀 더 많은 '여유'를 가지고 있기 때문이다. 그는 자기 자신과 거리를 둘 수 있다. 어둠 속에서는 그러한 거리가 좀 더 어렵게 된다.

이와 똑같이 꿈속에서는 자기 자신과의 개인의 거리는 실제로 제거되게 마련이다. 그는 뱀이 자신의 발을 물은 것이 실제로는 그렇지 않다는 점을 스스로 재-확인하기 위해서 잠에서 깨어나야만 한다. 꿈 그 자체에는 '여유'도 없고 생생한 자유도 없고 작용도 없다. '지향의 호'는 환원되어 버린다. 그것은 날마다의 상호-개인적인 세계를 투사시키지 못한다. 그것은 꿈의 세계만을 활성화시킬 뿐이다. 우리들은 꿈을 꾼 사람의 실존의 순환이 단축되어 버렸다고까지 말할 수도 있다. 그것은 즉각적인 몸과 전체적인 현상적 분야의 사이에 생생한 거리를 가지고 있다는 그 자체의 특징을 분명하게 하지 않는다. 여기에서 몸과 그 자체의 꿈의 세계는 현상적 분야에 해당한다. 가능성의 미래에 있어서 모든 기대는 꿈에 관련된다. 과거는 꿈의 과거에 해당한다. 잠에서 깨어나는 가능성만이 생생한 꿈과 현상적 분야를 차별화시킬 수 있을 뿐이다. 이와 같은 가능성이 활성화되었을 때, 그것은 개인의 생생한 거리의 재-활성화, 그가 자신의 '지향의 호'를 확장시킬 수 있는 그 자신의 능력의 재-활성화로 된다.

날마다의 경험에서 '지향의 호'를 확장시키는 동작은 수직성에 대한 비유로 되돌아가는 것이다. 필자가 지적했던 바와 같이, '지향의 호'는 생생한 측면을 활성화시키고 그것에 의미의 중요성을 부여하게 된다. 이와 같은 의도성의 유형은 브렌타노와 후설에게서 그 전통을 찾아볼 수 있지만, 헤겔의 변증법에서도 그 유사성을 찾아볼 수 있다. 그것은 주관성과 객관성을 뛰어넘어 '지향의 호' 그 자체를 모색하게 된다. '지향의 호'에서는 보이는 것과 보이지 않는 것, 에고와 대상, 마음/몸과 세계의 사이를 구별하지 않는다. 주어-술어 문장 구조는 그것이 수행적(遂行的)이라는 점을 확신시켜줄 수도 있다. 그렇지만 거기에는 그 어떤 대행체도 없고 그렇게 행동하게 되어 있는 그 어떤 환자도 없다. 메를로퐁티에게 있어서 거기에 존재하는 모든 것은 '지향의 호'가 발생하는 것과 똑같이 발생하게 되는 의미의 중요성만이 있을 뿐이다. 이러한 '호(弧)'는 앞으로 나아가지도 않고 뒤로 물러서지도 않으며 그저 다만 확장될 뿐이다. 그러나 그 자체의 인식적인 확장은 그 자체의 묘사-가능한 의미작용, 그 자체의 경험된 의미 및 그 자체의 존재론적 의미의 중요성을 드러내게 된다.

③ 심리학. 여기에서의 심리학은 특별한 의미를 지니며 그것은 인간의 모호성에 대한 시간적 범주를 강조한다고 볼 수 있다. 그것의 관심은 자아가 능동적으로 행동하거나 피동적으로 행동하게 될 때 시간을 통해서 나타나게 되는 바로 그 자아의 변화-가능성에 관계된다. 이와 같은 행위에는 의미를 창조하는 것, 자신이 그렇게 될 수 있는 의미의 중요성을 창조하는 것이 포함된다. 그러나 이러한 창조의 부분은 주체-우선적인 것도 아니고 대상-충동적인 것도 아니다. 그것은 '지향의 호'의 투사적인 행위 내에서 발생하게 된다. 이러한 의미에서의 행동은 무엇인가를 실천하고 있는 나가 아니다. 그것은 오히려 그것이 의미의 실재나 종합을 발생하게 되고 형성하게 되는 것과 같이 일종의 '실천하기' 그 자체에 있다. 의미의 종합성에 대한 이와 같은 형성의 논리는 개인이 지속적으로 살아온 것에 해당한다. 모호성은 그것이 인간적 경험의 흐름을 분명하게 하는 것으로 해석되지 않는 한, 충분하게 실존적 모호성이라고 볼 수 없다(그저 단순히 직감하게 된 본질에 반대되는 바와 같이). 인식론적으로 이해할 때, 인간적 경험은 변화의 측면과 새로운 의미의 창조에 대한 관심이 없이는 파악될 수 없으며, 그것은 개인의 지속적인

생명력과 실존하기에 해당한다. 그러므로 인간 자신의 전체적인 현상에 대한 명확한 설명을 제공하기 위해서 누구나 이와 같은 인간의 심리적 측면을 묘사해야만 한다.

메를로퐁티는 다음과 같이 지적한 바 있다. "구체적 존재로 간주되는 인간은 유기체에 결합된 프시케(영혼)가 아니라, 한 번은 그 자체로 하여금 육체적 형태를 취하도록 허락하게 되고 다른 한 번은 개인적 행위를 향해 움직이게 되는 실존의 왕복운동이다."(*PdP*, p.104; *PoP*, p.88) 우리들은 의미가 활성화되는 인식론적인 긴장상태에 있을 뿐만 아니라 몸이 개인적인 행위를 통해서 그 자체를 표현하는 바와 같이 '실존의 왕복' 그 자체를 분명하게 하기도 한다. 이와 같은 개인적인 행위는 의미의 창조, 새로운 의미의 지속적인 활성화에 해당한다. 몸은 개인적 사건의 표현이자 그러한 사건에 참여하는 것이다. 표현을 통해서 그리고 참여를 통해서 몸은 의미의 중요성의 현상적 분야로 된다. 이러한 분야는 정적인 것이 아니다, 그것은 새로운 의미와 관련지어 그 자체를 언제나 새로운 방법으로 분명하게 나타내게 된다. 그것의 종합성은 결코 동일한 것이 아니다. 전통적인 데카르트의 이원론에 반응하여 메를로퐁티는 다음과 같이 논의했다.

> 영혼과 몸의 결합은 주체와 대상처럼 상호-배타적인 두 용어들의 사이에서 자의적으로 야기되는 합병이나 융합이 아니다. 그것은 실존의 동향에 있어서 모든 순간에 활성화되는 것이다. —*PdP*, p.105; *PoP*, p.89.

이와 같은 정의가 바로 의미의 창조, 즉 논지에 따라 시간적으로 부여되는 인간의 행위에 해당한다.

시간성은 인간적 실존의 동향이다. 메를로퐁티에게 있어서 인간의 조건에 대한 이러한 묘사는 어느 개인이든 시간적일 수밖에 없다는 '내적 필연성'을 특징짓는다. 시간성은 강박충동에 해당하는 것도 아니고 욕망에 해당하는 것도 아니라 인간의 근본적인 구조에 해당하는 것이다. 메를로퐁티는 자아가 시간적으로 되는 것은 "인간적으로 치장한 것의 몇 가지 예측불허의 변화들 때문이 아니다"라고 언급했다. 개인은 자기 자신의 바로 그 활동성과 창조성에 의해서 지속적으로 살아가게 된다. 우리들이 새로운 의미를 창조할 수 없다면, 우리들은 더 이상 인간으로 존재할 수 없다. 실존으로 존재하는 것은 시간적인 것이다. 따라서 시간성은 쇼펜하우어의 '삶에의 의지', 다윈의 '적자생존' 및 플라톤의 '에로스'로 되는 것이다. 그것은 삶을 정의하고, 그것은 삶을 지속하고, 그것은 삶을 조건 짓고, 그것은 삶을 설명한다. 시간성은 인식론의 투사적 측면을 활성화시킨다. 불가능한 사후가정(事後假定)에 해당하는 시간성이 없다면, 개인은 실존할 수도 없고 살아갈 수도 없다. 시간성은 실존적 모호성의 산소에 해당한다.

개인적 행동은 시간적으로 표현된다. 시간은 "사물에 대한 '나의' 관계에서 발생한다."(*PdP*, p.471; *PoP*, p.412) 탁자 위에 있는 두 대상들의 사이의 관계를 지각하는 것과 똑같이 시간은 나가 하나의 관계로 지각할 수 있는 것이 아니다. 나는 결코 시간으로부터 도망칠 수 없다. 그것이 언제나 나와 함께 있는 까닭은 나가 인간으로 되는 데 있어서 시간이 본질적이기 때문이다. 나가 나의 의미의 중요성을 인식론적으로 포함하는 것과 같이, 시간성은 나와 사물의 조응을 지속적으로 드러내게 된다. 나가 탁자 위에 있는 사과를 보고 있는 사람이라는 점에서 나는 탁자 위에 있는 사과에 관계된다. 그러나 이러한 의미는 필자가 여기에서 표현하는 바와 같이 결코 고립되어서는 발생할 수 없는 것이다. 그것은 하나의 관계로 발생하지만 그러한 관계는 언제나 변화하기 마련이다. 식탁 위에 있는 사과를 먹는 사람이 바로 나일 때, 이러한 점 역시 하나의 관계를 형성한다. 그러나 이러한 관계는 다른 의미들과의 관계에서 그 자체를 지속적으로 표현하게 된다.

인간의 시간적 동향, 즉 움직임은 영화에서의 연속적인 장면처럼 개인적 의미들의 연속에 해당하는 것이 아니다. 그것은 앞으로 발생하거나 발생할 수도 있는 것에 대한 일종의 투사이다. 그것은 가능성의 명시에 대한 기대이다. 메를로퐁티는 그것을 '전망(展望)'이라고 명명했다. 그러나 전망은 후설의 '예지(豫持)', 즉 나가 식탁 위에 있는 바로 그 사과를 즐기게 될 사람이 될 것이라는 가능성을 예상하는 것과 똑같은 것이 아니다. 메를로퐁티는 '전망'을 '예상-가능한 회상'이라고 정의했다. 다시 말하면, 새로운 의미의 창조는 예상되고 기대되지만 그러나 그것은 간단히 말해서 과거의 경험과 관련지어 예상되고 기대되고 창조되는 것이다. 그리고 '회상'은 '전도된 전망'에 해당한다. 회상은 탁자 위에 있는 사과를 보았고 그런 다음 그 사과를 먹기 시작하는 사람으로 될 수 있는 하나의 가능성, 기억된 가능성에 해당한다. 따라서 시간은 '연속체'지만, 그것은 결코 정지할 수도 없고 결코 앞을 내다보거나(예지) 뒤를 돌아볼 수도 없는(보류와 기억) 연속체이다. 그것은 단순히 지속적으로 지나칠 뿐이고 하나뿐인 의미의 중요성과 관련지어 새로운 의미를 지속적으로 창조할 뿐이다.

"나는 나 자신이 시간이다. 바로 그 시간은 '기다리고 있을 뿐'이며 '흐르거나' '변화하지' 않는다."(*PdP*, pp.481~482; *PoP*, p.421) 자아가 시간인 까닭은 시간이 언제나 현존하기 때문이다. 시간은 언제나 우리들의 '지향의 호'에 현존하고 있기 때문에 그것은 우리들과 함께 지속적으로 살아가게 된다. 의미의 중요성이나 의미 그 자체의 현존은 시간의 현존이다. 우리들의 경험과 관련지어 볼 때, 시간은 언제나 '거기'에 존재하고 있다. 그렇지만, 시간은 또한 새로운 의미가 창조되는 바로 그 측면에 해당할 뿐만 아니라 우리들이 '있는' 바로 그 의미에 첨가되기도 한다. 시간은 우리들의 의미의 종합성을 활성화시킨다. 시간은 언제나 활동적이면서도 그것은 또한 투사적이다. 시간은 지속적으로 앞과 뒤로 밀고 나가지만 그러나 결코 우리들 자신을 뛰어넘어 나아가지는 못한다. 시간은 우리들의 행동 바로 그 자체이다.

인간의 본성의 창조적인 측면을 심리학적으로 분명하게 하는 관점으로 시간성을 정의함으로써, 메를로퐁티는 실제상의 의미의 창조와 그러한 의미가 창조되는 방법을 그렇게 중요하게 생각하지 않았다. 그렇지만 이러한 관점은 또한 우리들로 하여금 지속적으로 역동적이기는 하지만 언제나 현존하는 존재자의 확정, 즉 인간의 모호성에 대한 심리적인 명시를 언제나 파악할 수 있도록 해주기도 한다. 그것은 또한 존재론적 현존의 환원-불가능성으로 인해서 우리들로 하여금 실존하고 있는 '인간의 전체성'과 그러한 전체성의 '분리-불가능성'을 재-발견할 수 있도록 하기도 한다. 행동은 투사적이지만 그러나 현존하기도 한다. 행동—그리고 모든 행동은 시간적이다—은 인간 자신을 인식론적으로 의미 있게 만들기도 하고 불가피하게 모호하게 만들기도 한다.

제2부
그리고 구조주의

제6장

언어와 의사소통에 관한 메를로퐁티

1947년에서 1948년까지 모리스 메를로퐁티는 리옹대학교에서 '언어와 의사소통'이라는 강좌를 개설하여 강의했다. 이 강좌는 다음과 같은 세 가지 기본적인 문제에 관계되었다. (a) 과학주의에 대한 비판, 특히 심리학, 언어학, 사회학 및 역사에 대한 비판, (b) 언어와 사유의 사이의 관계, (c) 의사소통에 있어서의 말하는 주체의 역할. 이 강좌의 내용은 출판되지 않았지만, 학생들이 수강한 노트는 이용가능하다.[1] 이 글에서 필자는 '언어와 의사소통'이라는 강좌를 총망라하는 강의내용을 종합적으로 살펴본 다음, 그것을 『의식과 언어의 습득』(1949년부터 1950년까지 콜레주드프랑스 강좌에서 강의한 내용을 출판한 것)과 비교하고자 한다. 메를로퐁티가 언어에 대한 자신의 '질문'을 발전시키고 확장시켰던 그의 이 두 강좌들을 병치시키는 것은 현상학적이고 구조주의적인 언어의 이론에 뒤이어지는 형성논리의 관계를 위해서 하나의 '틀'을 마련하는데 도움이 될 것이다.

(a) 과학주의에 대한 메를로퐁티의 비판에서, 그는 철학과 심리학 및

과학의 사이의 차이를 분명하게 하려고 노력했다. 그러나 그는 이러한 분야를 각각 독립된 세 가지 영역들로 연구하지는 않았다. 그의 목적은 철학과 과학적 심리학의 사이의 간격을 넓히는데 있는 것이 아니라 이 두 영역들이 어떻게 화해할 수 있는지를 제시하는 데 있었다.

생리심리학(특히 G. 페히너[2]의 경우)에서는 '자극-반응'의 관계를 연구한다. 이러한 심리학에서는 심리학이 반드시 관심을 기울여야만 하는 바로 그 문제, 즉 자극과 반응의 사이에 그 자체를 개입시키게 되는 특별한 법칙을 묘사하는 것과 같은 문제를 교묘하게 피하고는 한다. 감성과 흥분을 상당할 정도로 중요하게 평가했던 페히너는 우리들의 유기체의 균형을 전복시킬 것을 제안했다. 그러나 메를로퐁티가 『행동의 구조』에서 지적했던 바와 같이, 이와 같은 과정은 균형의 상실로 이해되었던 것이 아니라 그 자체의 인식으로 더 많이 합당하게 이해되었던 같다.

심리학에 대한 페히너의 개념을 대체할 수 있는 것은 유인원(類人猿)의 세계의 구조를 연구하고자 했던 쾰러의 시도일 것이다.[3] 메를로퐁티는 쾰러의 심리학적 방법을 '현상학적'이라고 분명하게 명명한 바 있다. 말하자면, 모는 인류학적 용어에 관계되는 거짓 대상을 제거함으로써, 바로 그 거짓 대상을 연구하지 않게 되는 방법이라는 점을 강조했다. 모든 해석에서는 불가피하게 인간적인 측면을 포함하게 된다. 따라서 유인원의 행동을 '발명', '행운' 등과 관련지어 해석하는 것은 부적합한 것이 아니다. 자신의 『의식과 언어의 습득』에서 성찰적이고 귀납적인 방법보다는 현상학적 방법의 장점을 제시했을 때, 메를로퐁티도 이와 똑같은 관점을 분명히 했다.[4] 더 나아가 그는 또한 『행동의 구조』에서 인간적이고 활력적인 질서와 육체적인 질서의 사이의 구분을 지적했던 것과 똑같이, '언어와 의사소통'에서도 유기체 그 자체의 내적 법칙을 성취하고자 하는 접근방법을 강조했다. 이와 같은 과정이 언어를 연구하는 우리들과 필연적으로 대응하게 되는 까닭은 언어가 인간적인 유기체에 있어서 가장 본질적인 구조에 해당하기 때문이다.

또한 언어학의 몇몇 분야에서는 과학주의가 분명하게 나타나기도 했다. 실험음성학은 음성기관에서 화술의 원인을 찾아내고자 한다. 언어는 하나의 사물로 전환되었다. 그러나 생리심리학이 쾰러의 이론에 당면했던 것과 똑같이, 과학언어학은 페르디낭 드 소쉬르와 조응하게 되었다. 과학언어를 대체할 방법이 있다는 소쉬르의 논지를 지지하면서 메를로퐁티는 폰 바르트버그의 『언어학의 문제와 방법』[5]을 인용했다. 프랑스어의 발전과 구조에 대한 폰 바르트버그의 출판물은 방대한 것이었으며[6] 그의 이러한 발간물에서는 금세기 초에 소쉬르가 제공했던 몇 가지 구별들에 의해서 하나의 언어를 어떻게 연구할 수 있는지를 예시했다.[7] 1947년에서 1948년까지 리옹대학교 강좌에서 언급했던 한 가지 구별은 통시적인 것과 공시적인 것의 대립이었다. 언어학의 통시적 측면은 언어의 역사적 발전에 해당한다(예를 들면, 라틴어에서 고대 프랑스어로 다시 근대 프랑스어로의 발전을 들 수 있다). 공시적 측면에서는 시간적 구조, 때로는 시간-단면(time slice)을 들 수 있으며, 여기에서 각각의 특별한 사실은 개인적 언어(말하자면, 오늘의 프랑스어를 들 수 있다)와 관련지어 파악되어야만 한다는 점이다. 그러나 로만 야콥슨이 1972년 콜레주드프랑스 강의에서 지적했던 바와 같이, 소쉬르는 이와 같은 두 개의 개념들이 화해-불가능한 대립의 의미로 구별되는 것을 의도하지는 않았다. 그 자신의 특별한 방식으로 메를로퐁티는 이와 같은 두 개의 개념들의 사이의 긴장이나 변증법을 화해시키는 방법 — 이 경우에는 '생생한 언어' — 을 모색했다. 통시성은 언어에서의 통일된 요소나 요소들을 시간을 통해서 추적하는 방법인 반면, 공시성은 분산되고 다양화된 현재의 다양한 요소들을 서로 연관시키는 방법이다. 메를로퐁티에 따르면, 우리들은 말하는 주체에게 있어서 '언어는 무엇인가'를 고려해야만 한다. 프랑스어처럼 '생생한 언어'는 라틴어에 그것의 역사적 기원을 두고 있는 언어이자 현재의 각 개인이 말하고 있는 언어이다. 소쉬르는 개인이 말하는 언어를 '파롤'로 특징지었으며 '랑그'는 과거로부터 비롯되었을 뿐만 아니라 미래를 향해 나아가는 경향이 있다고 생각했다. 언어를 알기 위해서는 바로 그 언어의 과거와 그것이 현재 지향하고 있는 것을 알아야만 한다고 메를로퐁티는 강조했다. 이런 식으로 우리들은 배타적 실증주의의 선결조건을 극복할 수 있다.

이러한 콘텍스트에서 메를로퐁티는 자신의 『의식과 언어의 습득』에서 언급하지 않았던 또 다른 언어학자에게 호소했다. A. 메이예[8]는 언어를 병치의 탁자로 간주하기보다는 병치의 총체성으로 간주함으로써 실증적 이상을 지양하고자 했다. 예를 들면, 라틴어에서 대명사는 그 자체의 의미를 블록으로, 하나의 시스템으로 변화시키지 잇따라 변화시키지는 않는다. 이와 똑같이 『의식과 언어의 습득』을 읽게 되는 독자가 알 수 있는 바와 같이, 구스타프 기욤은 예를 들면 그리스어의 변화를 '시간의 건축'이라고 생각했다. 언어-하부적인 구도는 주어진 언어의 저변을 확장시키며 바로 그 언어의 '시간적 건축'에 대한 정보를 제공한다. 리옹대학교의 강좌에서 메를로퐁티는 언어학적 구도를 언급하기 위해서는 누구나 언어의 '심오한 사실'에 도달해야만 하고 실증주의를 포기해야만 한다는 점을 주장했다. 사유에 대한 사실의 관계에 대해서 그 어떤 형성논리도 없이 그저 단순하게 사실만을 첨가하는 것만으로는 충분하지 않다. 언어학의 목표는 하나 또는 그 이상의 언어-하부적인 구도를 재-발견하는 것이라는 점을 메를로퐁티는 강조했다. 더 나아가 노암 촘스키의 구조언어학에 비유될 때, 언어-하부적인 구도를 형성하고 있는 기욤의 언어의 '심오한 사실'은 구문론의 연구에서 표면구조에 반대되는 심층구조와 똑같은 입장을 취하고 있다.[9]

메를로퐁티의 임무는 행동주의, 실증주의 및 경험주의가 부적합하다는 점을 제시하는 데 있었다. 그러나 그는 이러한 세 가지에서 발견하게 된 모든 것을 거부하고자 하지는 않았다. 그는 다만 그러한 것들이 전체적으로 생생한 경험 내에서 통합적이라는 점을 이해하고자 했을 뿐이다. 그는 심리학에서 누구나 사실 앞에서는 유순해질 수 없다는 점,

그러한 사실을 해석해야만 한다는 점(일종의 행위로 해석이 드러낼 수 있는 모든 충분성과 함께), 그리고 사실을 이해하기 위해서는 그러한 사실을 서로 관련지으려고 노력해야 한다는 점을 주장했다. 언어학에서 누구나 언어로 하여금 하나의 순수한 대상으로 되게 할 수 없는 까닭은 언어가 동시적으로 어떤 구도나 구조를 가지고 있기 때문이며, 그것은 또한 시간적인 발전의 과정에 있기 때문이다. 언어의 이와 같은 두 가지 측면들은 말하는 주체에 의해 활성화된다.

1949년과 1950년에 있었던 콜레주드프랑스 강좌에서 메를로퐁티는 자신의 연구의 마지막 몇 페이지에서 일반적인 사회적 본질에 대한 자신의 입장(언어의 문제에 대한 철학적 암시로서)을 유지한 반면, 1947년에서 1948년까지 있었던 리옹대학교 강좌에서는 사회학과 역사에서 차용한 예시들을 오히려 서문부분에서 언급했다. 그에게는 그럴만한 이유가 있었다. 앞의 강좌에서 그는 과학주의가 인간적인 활동의 어느 분야를 어떻게 폭넓게 퍼지게 하는지를 제시하려고 노력했으며, 뒤의 강좌에서 그는 인간이 자신들의 언어를 만들어내는 것과 똑같이 그들이 자신들의 역사를 어떻게 만들어내는지를 제시하고자 했다. 『의식과 언어의 습득』에서 그는 과학주의가 성행했었다는 점을 전제했다. 이보다 앞선 2년 전에도 그는 이러한 점을 지적할 필요가 있었다.

과학주의가 심리학(존재론을 위해 필요하면서도 충분한 것으로 심리학적 자료를 활용함으로써)과 언어학(언어를 순수한 대상으로 취급함으로써)에 침범한 것과 똑같이, 사회학자들도 사회적 사실이 사물로 해석될 수 있는 자연과학을 창조하려고 시도했다. 문제가 되는 사회학자들은 의미와 사상 모두를 무시했다. 예를 들면 뒤르켐[10]은 '종교적인 것'과 '신성한 것'의 개념을 발전시켰다. 그는 이러한 개념이 사회적인 것과 서로 관련되는 것으로 이해했지만 사회적인 것 그 자체를 조사하지는 않았다. 그는 다만 신성한 것과 사회적인 것이 동시에 발생한다는 점만을 강조했을 뿐이다. 다른 한편으로 마르셀 모스[11]는 신성한 것을 사회적인 것으로 환원시키려고 하지 않았다. 메를로퐁티에 따르면, 모스는 이 두 가지 영역들을 하나의 총체성으로 다시 완전하게 하려고 했던 것이다. 단 하나의 '사회적 세력'만이 있는 것이 아니라 의미작용의 전체적인 체계, 즉 개인과 개인의 사이의 관계, 원시인과 시민의 사이의 관계, 노예와 자유인의 사이의 관계를 허용하는 체계만이 있을 뿐이다.

역사에 대해서도 이와 똑같은 유형의 평가를 내릴 수 있다. 17세기에 알자스 보쉬[12]는 자신이 절대적 관찰자라고 생각했다(프랑스의 왕이 절대 통치자였던 것과 똑같이). 그는 역사가 자신 앞에 그 자체를 전개하는 것으로 인식했다. 그러나 역사가들은 자신들이 바로 역사적이라고 생각했다. 이러한 점은 이들이 객관적인 것과 주관적인 것의 사이에 하나의 변증법을 허용해야만 했다는 점을 의미한다. 이와 같은 변증법의 암시를 제시하기 위해서 메를로퐁티는 "라블레가 절대 신을 믿었는가?"라는 질문을 하게 되었다. 믿음과 불신의 문제는 18세기 후기의 문제였다. 라블레를 이해하기 위해서 메를로퐁티는 누구나 자신의 시대의 '정신적 도구'를 재-건설해야만 한다는 점을 제안했다. 자신의 시대의 허상과 태도를 발견함으로써, 우리들은 주관적이고 객관적인 과거와의 대화로 진입할 수 있게 된다. 사실 우리들은 이와 같은 변증법적 관계가 '해결-불가능하다'는 점, 우리들은 이전의 시대에 연결될 수밖에 없다는 점을 인정해야만 한다. 따라서 메를로퐁티는 '코기토'가 개인적인 것과 보편적인 것의 종합이라는 점—신체적 수준에서는 존재하지 않았던 일종의 패러독스—을 강조했다. 따라서 절대 신에 대한 존경심을 가지고 있던 라블레의 입장은 개인적인 태도에 해당하지만, 보편적인 배경 내에 자리 잡고 있는 태도에도 해당한다. 그러한 관계를 설명하기 위해서 우리들은 질문 그 자체가 의미로 충만한 이와 똑같은 변증법적 관계로 진입해야만 한다. 그러나 그 의미는 라블레의 세계에 대한 우리들의 경험 내에 자리 잡고 있다. 생리심리학, 언어학, 사회학 및 역사에서의 과학주의를 능가함으로써, 우리들은 이러한 학문과 우리들의 관계를 이해할 수 있게 된다. 심리학자는 자신의 유기체로부터 자기 자신을 분리시킬 수 없다. 심리학자는 결정적으로 행동에 관련된다. 사회학자는 사회에 흡수된다. 역사가는 역사만을 이해한다. 언어학자는 언어를 말한다. 변증법적 관계에 있어서 이들이 모두 변증법적인 까닭은 이들 모두가 인간적 콘텍스트를 형성하고 있기 때문이며, 메를로퐁티(어디에선가)는 그것을 '현상적 분야'[13)]라고 명명한 바 있다. 우리들은 무엇인가를 알고 있는 주체를 그가 알려고 노력하는 바로 그 대상에 개입시킬 수 없다. 언어학자는 자신이 연구하는 언어와 상호-호혜적인 관계에 있다. 이런 식으로 메를로퐁티는 우리들이 객관성으로부터 벗어나게 되는 일종의 형이상학을 선언했다. 그것은 우리들에게 인간의 주관성은 환원될 수 없다는 점을 보여준다. 우리들이 우리들의 사회에 의해 형성된다면, 동시에 우리들은 우리들의 사회를 형성하기도 한다. 메를로퐁티는 과학의 세계가 '판판하다'면, 모든 요소들은 바로 그 자체의 병치에 의해서 대등하게 된다는 점을 강조했다. 과학자들은 객관성에 호소하는 이와 똑같은 연구들이 주관성을 분명하게 한다는 점을 종종 인식하지 못하는 것 같다. 메를로퐁티가 그것을 묘사하고 있는 바와 같이, 나 역시 다른 사람들의 의도를 재-발견해야만 한다. 따라서 예를 들면, 사회학에서 되찾아야할 의도는 다른 사람의 의도이며 그는 자신의 사회를 통해 살고 있을 뿐만 아니라 그러한 사회의 요소에 기여하기도 한다. 나는 지속적으로 다른 사람들과의 의사소통의 문제—이론적인 입장으로서가 아니라 나가 피할 수 없는 현실로서의 문제—에 직면하게 된다. 우리들의 세계에서 우리들은 다른 주체들과 직접적으로 대면하게 되지만, 그렇지만 그들 모두를 주체로 파악하는 것은 쉽지 않다. 메를로퐁티가 지적했던 바와 같이, 바로 이러한 점이 패러독스이다. 다시 말하면, 대상은 우리들의 주관성으로부터 그 자체를 명시함으로써 발견될 수 있을 뿐이다. 이와 똑같은 주관성은 우리들로 하여금 인간적인 구조에 진입할 수 있도록 한다. 그것은 우리들로 하여금 우리들 자신의 특수성을 인식하도록 강요하기도 한다. 반대로 경험의 구조로서의 우리들의 특수성은 우리들이 다른 시대와 다른 정신성과 의사소통하는 하는 것을 가능하게 한다. 더 나아가 메를로퐁티는 이와 같은 패러독스가 결정적이라는 점과 관련지어 그것이 '형이상학적 의식'이라고 주장했다. 메를로퐁티는 구조를 생산하는 이와 같은 주관성의 조건이 허상이 아니라는 점과 인간은 언제나 그것을 알고 있다는 점을 제시했다. 그러나 '저속한 리얼리즘'은 그로 하여금 주관성을 이해할 수 있는 가능성을 무시하도록 했다.[14)]

(b) 1947년과 1948년의 사이의 이러한 강좌에서 두 번째 핵심적인 관심은 언어와 사유의 사이의 관계에 대한 것이었다. 메를로퐁티는 언어학자처럼 심리학자도 하나의 말하는 주체라는 점을 주장했다. 자기장(磁氣場)에 놓여 있는 돌처럼 우리들이 언어의 제약을 받는 것이 아닌 까닭은 나가 언어를 성찰할 때조차도 나로 하여금 나의 사유를 분명하게 할 수 있도록 허락해 주는 것은 여전히 언어 그 자체이기 때문이다. 사실 두 개의 서로 다른 실체들로서 주체와 언어의 사이에 어떤 관련성이 있다는 점은 불가능한 것일 수도 있다. 그렇지만 이러한 점은 언어에 대한 객관적인 연구가 정확하게 제안하는 것에 해당한다. 언어에 대한 객관적인 연구에서는 말하는 주체의 언어를 취급하려고 하지 않는다. 그것은 '내재성(內在性)'을 포기한다. 다른 사람에 대한 동정의 개념은 사라져 버린다. 기호와 의미작용이 고정되는 까닭은 이 두 요소들이 탐구의 대상으로 되기 때문이다.

행동주의에서처럼 언어에 대한 객관적인 연구도 언어를 구어적 반응과 조건화된 반사로 정의한다. 이러한 견해에 따르면, '선천적 반사'와 '조건화된 반사' 등 두 가지 유형의 반사가 있다. '선천적 반사'는 발음기관의 분석이 태어날 때부터 결정하는 행동의 사전윤곽(事前輪郭)에 해당한다. '조건화된 반사'는 '선천적 반사'에 대조됨으로써 어느 정도의 유연성을 가지고 있다. 예를 들면, 파블로프[15)]는 언어를 단순한 반응의 종합이라고 정의한 바 있다. 이러한 반응은 그것에 상응하는 어떤 반응을 유발하는 '로컬화(localization)'와 관련지어 나타나게 된다. 의식의 문제는 발생하지 않는다. 의미작용은 말과 그러한 말에 대해 두뇌에서 추적하는 몇 가지 이미지들에 의해 확정된다. 말의 행동은 일대일의 관계, 즉 두뇌에서 '로컬화'되는 말로 정의된다.

실어증(주체가 자신의 아이디어를 표현할 수 있는 적당한 말을 찾아내지 못하는 무능력의 경우에서)의 문제에서 객관적 접근의 몇 가지 어려움이 발생하게 된다. 다른 상황에서는 똑같은 말을 찾아낼 수 없으면서도 '실어증'은 어떻게 어떤 실제상의 상황에서 합당한 말을 찾아낼 수 있는가? 두뇌와의 연결을 고려할 때, '로컬화'의 개념은 타파되고 만다. 언어적인 사실과 두뇌적인 사실은 절대적인 조응관계를 유지하지 못한다. 누구나 두뇌에서의 로컬화의 사실을 제시할 수는 있지만, 두뇌는 언어에 접근할 수 있는 수단일 뿐이다. 메를로퐁티의 전망으로 보면, 로컬화의 연구에 의해서 생생한 언어를 대체하고자 하는 모든 시도는 과학이 될 수 없다. 그러한 시도는 하나의 전제조건일 뿐이다. 우리들은 마음의 요구와 메커니즘의 전제조건을 혼동해서는 안 될 것이다. 따라서 A. 젤브와 K. 골드슈타인[16]은 색깔을 더 이상 인식할 수 없는 주체에게는 의미작용의 상실도 있을 수 없다는 점을 강조했다. 이러한 주체는 의미작용을 그룹별로 나타낼 수 없다. 그는 범주적인 판단의 가능성을 상실하게 된다. 『의식과 언어의 습득』[17]에서 메를로퐁티는 이와 같은 범주적인 기능을 더 많이 언급했다. 그러나 여기에서 그는 다음과 같은 말하기의 두 가지 태도들을 구별했다. ① 하나는 파블로프가 인용한 바 있는 말하기의 자율적인 태도이며, 이러한 태도로 인해서 인간은 그 어떤 취약점에도 불구하고 살아남을 수 있게 된다. ② 다른 하나는 말하기의 진정한 태도로, 이러한 태도에서는 자아와 사물의 사이에 그리고 자아와 타자의 사이에 독창적인 관계를 형성하게 된다.

메를로퐁티는 커트 레빈[18]이 하나의 말과 그것이 마음에 형성하는 이미지의 사이의 관계를 연구한 것을 인용한 바 있다. 레빈의 이론에 따르면, 똑같은 문법적 범주를 말에서 발견할 수 있는 바와 같이 그러한 범주를 마음에서도 발견할 수 있다. 이미지는 의식의 행위에서 비롯된다. 그러나 알랭[19]이 이러한 견해를 비판했던 까닭은 누구나 이미지를 들여다 볼 수는 있지만 실제로는 그 어떤 것도 볼 수 없기 때문이다. 우리들의 믿음에 구체적인 몸을 부여하기 위해서 우리들은 실체로부터 차용하게 된다. 즉, "이처럼 그늘진 숲의 윤곽은 어둠 속에 숨어 있는 산적이 된다."[이러한 비유에 대한 실버만의 설명에 의하면, 저녁의 어스름 그늘 속에서 있는 한 그루 작은 나무의 형상을 바라볼 때에 우리들은 바로 그 나무가 '두려운 사람'—도둑질을 하거나 훔치는 산적—일 수도 있다고 상상할 수 있는 이미지를 지칭한다] 우리들은 우리 자신의 확신을 구체화시키기 위해서 감각을 활용하고는 한다. 이러한 점은 사르트르가 『상상력의 심리학』[20]에서 발전시킨 것에서 비롯되었다. 하나의 이미지를 실제로 관찰할 수는 없지만, 그렇게 하기 위해서 바로 그 이미지는 몸에 어떤 위치를 차지하고 있어야만 한다. 우리들은 부재되어 있는 피터라는 사람의 이미지가 그의 사진과 똑같지 않다는 점을 발견하게 된다. 그것은 나와 그의 사이에 있는 매개체와 같은 것이다. 사르트르에게 있어서 이미지의 결합이 존재할 수 없는 까닭은 실제로 단 하나만의 의식만이 있을 뿐이기 때문이다. 메를로퐁티는 이미지가 총체적인 삶의 퇴적작용, 즉 바로 그 삶에 대해서 그 자체의 의미를 부여하는 '퇴적작용'이라는 점을 강조했다. 이러한 점은 또한 언어에 있어서의 사유의 위치에 대해서도 중요한 것이다. 언어는 낭랑하게 울려 퍼지는 현상이 아니다. 그것은 순수하게 심리적인 것이 아니다. 거기에는 다만 언어의 의도성만이 있을 뿐이다. 말에 대한 의미의 집착은 나가 말하고 있는 나 자신에게 재-합류하는 것을 보여준다. 언어는 말하기의 태도에 해당한다. 이러한 태도에는 말의 순수한 개념과는 구별되어야만 하는 말의 의미작용이 있다. 의미작용의 주제어 사전의 밖에서 말은 의미의 후광으로 둘러싸여 있다.[21] 이와 같은 의미의 후광의 현존은 언어와 사유의 사이의 새로운 관계를 나타낸다.

언어는 사유의 현현이라는 점을 메를로퐁티는 강조했다. 언어는 두 가지 방법으로 연구될 수 있다. ① 그것은 현상들의 사이의 관계에 의해서 연구될 수 있다(그것은 심리학의 임무이다). ② 그것은 이와 같은 현상들을 가능하게 하는 근본적인 바탕에 의해서 연구될 수 있다(그것은 철학의 임무이다). 심리학적 전망으로 보면, 언어의 의도는 그 자체의 각각의 표현의 경우에서 파악되어야만 한다. 그러나 심리학자는 바로 그 전제에서 출발하게 되며 그것을 비판하는 것은 철학자의 임무이다. 언어철학은 언어의 순수한 현상을 뛰어넘어야만 한다.

그러나 심리학자는 또한 언어에 대한 상식적인 견해의 현실, 즉 언어를 기호와 이미지의 종합으로 이해하는 현실을 뛰어넘어야만 한다. 메를로퐁티는 자신의 연구에서 심리학이 존재의 어떤 부분에 관심을 기울이는 반면, 철학은 일반적으로 존재 그 자체에 관심을 기울인다는 점을 강조했다. 그럼에도 어떤 양심적인 심리학에서는 철학적인 사고로 나아가기 위해서 상당히 재빠르게 그 자체를 뛰어넘게 될 것이다. 의식적인 주체를 소개하는 순간 바로 그 의식적인 주체가 그 자체만의 실존과 공존하게 된다는 점은 분명해진다. 의식적인 주체가 자연과 공존한다는 점을 우리들이 파악하게 되자마자 심리학과 철학은 더 이상 구분될 수 없게 된다. 물론 심리학자는 이러한 점을 수용하지 않으려고 할 것이다. 그는 자신의 최초의 존재론을 유지하고자 할 것이다. 심리학만이 그러한 현상들을 극복하기를 피할 뿐이다. 그러나 후설이 '노에마틱 성찰'의 실존을 강조했던 것처럼. 메를로퐁티도 심리학 역시 성찰적일 수 있다는 점을 강조했다. 누구든지 객관적 지식의 발전을 따르게 된다면, 현상에는 하나의 '내적 본질'이 있다는 점을 알 수 있을 것이다. 그리고 바로 이와 같은 길은 우리들이 철학에 도달하게 되는 바로 그 길에 해당한다. 필자는 메를로퐁티가 심리학의 안과 밖에서 엮어 짜놓은 그 자신만의 연구이력에 있어서 그가 나중에 철학과 비-철학의 사이의 변증법

에 관련지어 반복하고는 했던 하나의 진자(振子)를 첨가할 수도 있다.[22)]

언어학자들 역시 철학에 접근할 수 있는 하나의 방법을 메를로퐁티에게 제공했다. 자신의 리옹대학교 강좌에서 메를로퐁티는 언어와 사유의 사이의 근본적인 관계에 대해서 분명히 관심을 기울였다. 『의식과 언어의 습득』에서 그는 이와 같은 관계에 있어서 실제의 '발생학적 측면'(피아제가 그렇게 명명했던 바와 같이)에 좀 더 많은 흥미를 가지고 있었다. 그렇지만 촘스키와 그의 제자들이 잘 알고 있는 바와 같이, 언어-사유의 관계 역시 언어습득에 있어서 근본적인 관계이다.

언어학의 문제는 역사의 문제와 대등한 것이다. 19세기 이래 우리들은 인간성을 의식에 대한 단순한 병치로 고려할 수 없다는 점을 이미 인식하고 있었다. 의식의 공동생활은 개인적인 의식의 외부에 위치하고 있는 인간적인 환경을 형성한다. 역사적인 대상과 함께 구체적인 존재(예를 들면, 하나의 돌)와 개인적인 의식의 존재의 사이에는 일종의 존재의 수준이 나타나게 된다. 역사적인 환경은 인간에게 의존하면서도 또 동시에 그것은 구체적인 요인의 제약을 받기도 한다. 역사는 문화적인 대상에 부여된 정신이다. 그것은 '코기토'의 정신이 아니다. 메를로퐁티에게 있어서 이러한 점은 정신이 자의식의 밖에 있다는 점을 나타낸다. 그 자체에 있어서 구체적 요인들을 인식하는 역사가 "역사는 바로 그 자체에 기여하는 구체적 요인들이다"라고 주장하고 싶어 하는 것과 똑같이, 언어에서 일종의 논리를 인식하는 언어학도 "언어는 논리다"라고 말하고 싶은 유혹을 받을 수도 있다. 이러한 점은 발레리가 레오나르도 다빈치에 관한 자신의 글에서 그렇게 언급했던 바와 같이,[23)] 우리들은 언어를 순수하게 역사적 현상으로 간주해서는 안 된다는 점을 의미한다. 『지각의 현상학』의 마지막 부분에서 메를로퐁티에게 관련되는 묵시적 '코기토'로 되돌아간다면, 우리들은 나의 의식에 존재를 부여하는 '코기토'를 발견할 수 있을 것이고, 우리들은 역사적이면서도 언어학적인 두께를 지니고 있는 분리-불가능한 사유를 재-발견할 수 있을 것이다. 필자가 지금 언급하고 있는 모든 것들은 필자 자신의 언어학적 지식으로 한정되어 있다. 필자의 사유의 현존은 이미 성취되었고 이미 보았던 하나의 현존에 해당할 뿐이다.

(c) 이러한 점으로 인해서 우리들은 소쉬르에게로 되돌아가게 된다. 언어는 말하는 주체에게만 존재할 뿐이다. 그것은 어떤 한 순간에 나타나지만 그것은 동화의 과정에 있을 뿐이다. 언어는 변화하기 마련이다. 그것은 교향곡과 같은 것이다. 거기에는 언어(랑그)와 화술(파롤)이 있다. 거기에는 음악적 악보가 있고 교향곡을 연주하고 있는 특별한 오케스트라가 있다. 언어는 영원한 원칙들의 총합이다. 화술은 사람들이 말하는 것의 총합, 즉 문제가 되는 바로 그 언어를 말하는 모든 사람들의 주도권이다. 언어와 화술의 사이에는 일종의 상호-의존성이 있으며, 그것을 우리들은 어떤 특별한 시간이나 시대에 따라서 공시적으로 연구할 수도 있다. 그러나 다시 또 언어를 실체-그-자체로 연구해야 한다는 점에도 주의를 기울여만 한다. 말하는 주체의 다양성으로 인해서 언어는 그러한 다양성 각각을 포함시켜야만 한다. 언어는 각각의 주체에게 제공되는 하나의 방법이다. 따라서 언어와 화술 모두는 이러한 점을 이해하게 된다.

콜레주드프랑스의 강좌에서 메를로퐁티는 이와 같은 의사소통의 문제를 특별히 아동과 관련지어 고려했다. 리옹대학교의 강좌에 그는 언어를 일반적인 용어로만 논의했을 뿐이다. 언어는 상호-주관성에 의해서 이루어진다. 말한다는 것은 분명한 말을 종합적으로 사용하는 것을 의미하기보다는 분리-불가능한 기호의 체계를 가지고 있는 것을 의미한다. 말한다는 것은 기호의 총합, 다른 사람들에 대한 우리들의 관계에서 비롯되는 현재의 상황이다. 그 어떤 분명한 개인성도 없는 하나의 기호의 체계가 그 어떤 분명한 개인성도 없는 하나의 의미작용의 체계에 어떻게 왜 관련되는지를 아는 것이 문제이다. 이와 같은 두 개의 체계들, 즉 기호의 체계와 의미작용의 체계의 사이에서 그러한 관계는 공통적인 구조와 함께 본질적인 것일 수도 있다. 그러나 개념과 말의 사이의 관계는 자의적인 것이다. 소쉬르는 말의 의미작용과 그것의 언어학적 가치를 구별했다. 언어는 단순한 명칭이 아니다. 언어는 언어학적 가치의 창조이다. 우리들은 우리들 자신의 언어를 통해서 우리들의 사유를 터득하게 된다. 누군가를 이해하는 것은 개념을 말의 배후에 배치하는 것이 아니기 때문에, 우리들에게는 개념의 그룹화가 존재하게 된다. 우리들은 전적으로 기호에 전념해야만 한다. 우리들은 무엇인가를 말하는 사람의 의도를 파악해야 하고 조용하게 그것을 재-성취해야만 한다.

이상에서 언급한 내용은 후설의 다섯 번째 데카르트적 명상에 관련되며, 거기에서 후설은 상호-주관성의 문제를 연구했고 메를로퐁티는 그러한 연구를 다른 사람들과의 의사소통의 문제라고 해석했다. 메를로퐁티가 강조했던 바와 같이, 나가 나 자신에 대해서 가지고 있는 확신은 나가 생각하는 것에서 비롯된다. 나 자신만의 결과를 생각할 수 있고 그것을 소멸시킬 수 있는 또 다른 의식이 있다는 점을 나 자신에게 나타내는 것은 나가 인식하고자 하는 것과는 다른 그 무엇이 존재하고 있다는 점을 확신하는 것이다. 이와 똑같이, 다른 사람들도 나를 전멸시킬 수 있다. 나는 다른 사람들에게 하나의 현상에 지나지 않을 뿐이다. 사유의 평면에서 보면, 해결책이 있을 수 없는 까닭은 다른 사람들의 사유가 나 자신만의 사유를 제거하기 때문이다. 다른 사람들의 행동은 한 짝을 이루는 것을 가능하게 한다. 성적 본능은 주체가 자신의 내적 지식에 따라 재-종합해야만 하는 행동의 능력이다. 이와 똑같이 나의 화술은 그 자체가 다른 사람들의 언어와 한 짝을 이룬다. 나는 하나의 행동을 이해-가능한 것으로 파악한다. 나가 다른 사람들과 의사소통할 수 있다고 믿는 순간, 즉 나는 유일한 표현의 방법일 뿐인 '하나의 언어'에 의해서 그렇게 한다고 믿는 순간, 바로 그 순간에 패러독스가 발생하는 까닭은 하나의 언어가 아닌 수많은 언어들이 있기 때문이며, 심지어 나가 하나의 외국어를 말할 때조차도 나는 나의 모국어를 유지하기 때문이다. 우리들은 그 어떤 언어의 구속을 받는 것이 아니다. 이 모든 경우에서 우리들의 보편성은 그것이 어떤 특수성 속에서 실현되지 않는 한 아무런 의미도 갖지 못한다. 보편성은 우리들에게 부여된 것이 아니다. 이러한 점은 메를로퐁티가 리옹대학교 강좌에서 고려하기 시작했던 문제, 즉 언어와 의사소통에 있어서 바로 그 언어 자체의 역할의 문제를 비로소 파악하게 되는 방법이다.24)

뒤이어 출판된 언어에 대한 메를로퐁티의 쓰기는 다음과 같다. 『지각의 우선권』에 수록된 「현상학과 인간의 과학」(1591)에서의 '언어학'에 관한 부분, 『기호들』에 재-수록된 「언어의 현상학론」(1952)과 「간접적인 언어와 침묵의 소리들」(1952), 『강좌에서의 논지들』에 요약적으로 수록된 「감각적인 세계와 표현의 세계」(1953), 「언어의 문학적 활동에 관한 연구」(1953) 및 「화술의 문제」(1954) 그리고 그의 사후에 출판된 『세계의 산문』 등이 있으며, 이 책은 아마도 1950년과 1952년에 집필된 것으로 보인다. 이처럼 많은 텍스트들 중에서도 특히 『세계의 산문』에서 우리들은 메를로퐁티가 자신의 「언어와 의사소통」에서 비판했던 과학주의에 대한 하나의 유추를 발견할 수 있다. 이러한 유사점은 '알고리즘(algorithm)'의 아이디어, 보편적이거나 순수한 언어의 아이디어이며, 메를로퐁티는 그것을 이치에 맞지 않는 것이라고 거부했다. 이와 같은 알고리즘의 문제는 심각한 문제이며, 무엇보다도 그 결과는 다음과 같다.

> 말에는 그 자체만의 덕목이 없다. 거기에 숨겨진 그 어떤 세력도 없다. 말은 순수한 의미작용을 대표하는 순수한 기호일 뿐이다. 말하는 사람은 자신의 생각을 코드화한다. 그는 자신의 생각을 가시적이거나 청각적 패턴, 즉 허공에 울려 퍼지거나 또는 종이 위의 잉크자국에 지나지 않는 패턴으로 대체한다. 생각은 그 자체를 이해할 수 있으며 따라서 자급자족적이다. 생각이 어떤 메시지를 통해 그 자체의 밖에서 의미를 나타내는 까닭은 습관에 의해, 인간의 협약에 의해, 또는 신성한 제도에 의해, 똑같은 의미작용을 똑같은 기호에 부

여하기 때문이다. 어떤 경우든 우리들은 다른 사람들의 말의 사이에서 우리들이 거기에 우리들 자신을 부여하지 않은 그 어떤 것도 결코 발견할 수 없다. 의사소통은 하나의 외적 출현이다. 그것은 진정으로 새로운 그 어떤 것도 우리들에게 결코 부여하지 않는다. 우리들이 의미작용을 이미 파악하지 못했다면, 의사소통이 적용하는 기호들이 그 어떤 것도 결코 우리들에게 말할 수 없는 이상, 의사소통은 어떻게 우리들로 하여금 우리들 자신만의 성찰의 세력을 뛰어넘을 수 있도록 할 수 있는가?[25)]

리옹대학교 강좌 이후의 3,4년 동안에 집필된 것으로 보이는 이상과 같은 언급에서, 메를로퐁티가 언어와 사유를 분리시키고자 하는 자신의 연구계획에 대한 관심을 유지하고 있었다는 점이 분명해 진다. 최종적인 결과는 사유와 언어, 주관성과 객관성, 자아와 기호들이 서로 분리되어 있다는 또 다른 이원론의 생산에 있다. 이러한 이원론이 불가능한 조건이라는 점을 제시하기 위해서 메를로퐁티는 다양한 의미작용의 보편성, 즉 순수한 기호가 순수한 의미작용과 제한된 의사소통의 세력을 나타낼 때, 바로 그 때에 순수한 기호는 어떤 가능한 새로운 의미도 없이 바로 그 자체로 되돌아갈 수밖에 없다는 '보편성'을 묘사한 바 있다.

메를로퐁티에게 있어서 언어는 사유로 물들어 있고 사유는 이미 하나의 언어로 된다. 말하는 주체는 의사소통의 상황에서 적극적이면서도 변증법적으로 사유와 언어를 결합시킨다. 구체적인 것, 즉 말하는 주체가 다른 사람들과 말하고 있다는 점이 분명한 어떤 조건에서 의사소통은 발생하게 된다. 말하는 주체는 이미 의사소통이 가능한 '공존재(共存在, Mitsein)'에 해당한다. 사유, 소설적인 생각, 지각되지 않은 전망은 그것에 대한 말하기에서의 언어를 야기한다. 이와 같은 유형의 의사소통의 실천을 소쉬르는 '랑그'를 활성화시키는 '파롤'과 관련지어 언급한 바 있다.[26)] 롤랑 바르트가 자신의 초기연구에서 '랑가주(langage)' 또는 담론과 관련지어 활성화된 '랑그'의 텍스트성을 강조한 반면, 그의 좀 더 최근의 쓰기에서는 텍스트를 통해서 '욕망'을 말함으로써 성취될 수 있을 뿐인 '즐거움의 개념'을 소개했다.[27] 바르트에 따르면, 이와 같은 '즐거움'이 '주이상스(jouissance)'를 성취하게 되는 점은 여러 가지 중에서도 경험적 지식의 생산으로 회귀하는 것이며, 그것을 메를로퐁티는 의사소통에 대한 자신의 설명에서 주체의 화술에 있어서의 사유의 출현이라고 지속적으로 강조한 바 있다. 『지각의 현상학』(1945)에서 제스처 및 몸의 명확한 표현과 관련지어 메를로퐁티는 화술과 표현을 설명한 바 있지만, 소쉬르적인 기호학이 메를로퐁티의 사유세계에 영향을 끼치기 시작했던 기호는 '언어와 의사소통'에 관한 1947년과 1948년의 강좌에서 이미 분명하게 나타나 있다. 더 나아가 이러한 점은 현상학과 구조주의의 사이의 발전적인 교차점 — 더 많은 연구를 위해서 여전히 개방되어 있는 연결점 — 에 대한 가장 분명한 형식논리 중의 하나에 해당한다.[28]

제7장

메를로퐁티와 하이데거

헤겔 해석하기

자신의 생애의 마지막 해에 메를로퐁티는 콜레주드프랑스에서 '헤겔 이후의 철학과 비-철학'에 대한 강의를 했다. 그의 이러한 성찰은 헤겔과 마르크스에 대한 해석을 가능하게 했다.[1] 이 강의의 첫 번째 부분은 헤겔의 『정신현상학』에 대한 '서론', 너무나 잘 알려진 바로 그 '서론'에 초점을 맞추고 있다. 그러나 흥미롭게도 메를로퐁티는 헤겔의 『정신현상학』 그 자체를 직접적으로 연구한 것이 아니라 「경험에 대한 헤겔의 개념」이라는 하이데거의 에세이를 간접적으로 연구한 것이다. 하이데거의 이 에세이는 한 권으로 된 『숲길』에 수록되어 있지만, 영어권 독자들을 위해서 두 권으로 나뉘어 번역・출판된 바 있다.[2] 하이데거는 헤겔의 '서론'을 열여섯 개의 단락들로 나누어 일련번호를 붙여 구분한 다음, 각각의 단락을 차례로 언급했다.[3] 하이데거에 따르면, 『정신현상학』의 1807년판 제목에 해당하는 "의식에 대한 '경험'의 과학"은 '경험'—현상학적 연구의 기본적인 관심으로서—이 가장 대표적이라는 점을 강조하고 있다. 실제로 헤겔의 '서론'에 대한 하이데거의 논의는 바

로 그 '경험'에 대한 그 자신의 이해를 발전시킨 것이다. 메를로퐁티가 하이데거의 텍스트를 통해서 헤겔을 언급하고 있기 때문에, 헤겔에 대한 메를로퐁티의 해석도 경험의 개념이 핵심을 이루고는 있다는 점은 그렇게 놀라운 일이 아니다. 하이데거와 메를로퐁티가 각각 헤겔과 대응한 것은 또한 이들 두 철학자들이 서로가 서로에 대해서 대응한 것에도 관계되며 이들의 대응 그 자체가 바로 이 글의 주제에 해당한다.

서론

메를로퐁티는 헤겔에 대한 하이데거의 해석을 아주 조금만 직접 언급을 했을 뿐이다. 대화의 상당 부분은 헤겔적인 입장에 대한 메를로퐁티 자신만의 설명이 핵심을 이루고 있다. 메를로퐁티가 하이데거를 직접적으로 참고하지 않은 것은 그렇게 예외적인 것이 아니다. 실제로 메를로퐁티는 자신의 후기-헤겔적인 독일 쪽 상대자의 활동, 즉 하이데거의 활동을 거의 논의하지 않았다. 메를로퐁티가 하이데거를 논의하지 않은 이러한 침묵에 대한 몇 가지 예외적인 경우들로는 1959년에 있었던 메를로퐁티의 강좌, 즉 '질문으로서의 철학'에 대한 강좌의 개요에서 찾아볼 수 있다. 그는 존재에 대한 '질문'을 통해서 하이데거가 다음과 같이 모색했다는 점을 강조했다.

> 실수할 수도 있는 우리들의 능력으로 진리를 질문하는 것, 경쟁-불가능한 세계의 현존을 그 자체만의 소멸- 불가능한 풍부함과 뒤이어지는 부재, 즉 현존이 다시 회복될 수 있는 바로 그 부재에 관련짓는 것, '질문'—이와 같은 영원한 회피를 표현할 수 있는 유일한 방법—에 비추어 존재의 증거를 고려

하는 것 등을 하이데거는 모색했다.[4)]

위의 구문은 그것이 헤겔에 대한 두 가지 반응을 통해 나타나게 되는 상호-교환과 변증법적 구조를 정확하게 구체화시키고 있다는 점에서 중요하다고 볼 수 있다. 하이데거가 헤겔에 대해서 유지하고 있던 특별한 이해가 무엇이었는지를 파악함으로써, 그리고 헤겔에 대한 하이데거의 반응을 자기 자신의 입장에 대조시킴으로써, 메를로퐁티가 하이데거와 관련지어 선언했던 바로 그 '질문'은 헤겔에게 되돌려질 수도 있고 오늘날의 사상으로 향할 수도 있는 질문에 해당한다. 따라서 메를로퐁티가 하이데거에 대해서 언급했던 특별한 진술이 무엇인지를 조사하지 않거나 또는 하이데거가 메를로퐁티의 구체적인 철학과 가시성에 대한 심취에 대해 어떻게 반응할 수 있는지를 요약하지 않는다면, 우리들의 관심은 직접적인 대응으로부터 멀어질 수밖에 없을 것이다. 따라서 헤겔의 문제점을 직접적으로 살펴보는 것은 이들 세 철학자들 상호간의 삼각관계를 소개하는 데 필요한 도구로, 근대적인 철학에 대한 두 가지 해석들—헤겔에 대한 하이데거의 해석과 메를로퐁티의 해석—이 그 자체의 차이점을 제시할 수 있는 것에 반대되는 하나의 모델로, 그리고 19세기부터 20세기까지의 전환점으로 작용할 수 있을 것이다.

우리들의 질문에 하나의 형태를 부여하기 위해서는 세 개가 한 짝으로 이루어진 삼각관계를 형성할 필요가 있다. 여기에서의 아홉 가지 용어들은 하이데거가 헤겔의 텍스트를 읽게 되었을 때 소개했던 그 자신의 '관심사항'에서 비롯된 것들이다. 그렇지만 그것들은 또한 정확하게 메를로퐁티가 철학에서 비-철학으로 이동할 때, 또는 1959년 강좌에서 그 자신이 언급했던 "엄격한 과학으로서의 철학"에서 "순수한 질문으로서의 철학"으로 이동할 때, 읽게 되었던 바로 그 텍스트에서도 비롯된 것들이다.

실제로 메를로퐁티는 이러한 이동과정이 "하이데거를 부정주의와 인류학적 논지들—연구자들이 그의 초기 활동을 환원시켜 놓았던 논지들—에서부터 그 자신이 더 이상 철학이라고 명명하지는 않았지만 그러나 J. 보프레트가 아주 탁월하게 강조했던 바와 같이 분명히 보조-철학은 아닌 바로 그 '존재(Being)'의 개념까지 이끌었던"(*TL*, p.105) 것과 똑같은 이동과정이라는 점을 강조했다. 철학에서 존재로 나아갔던 하이데거의 여정과 똑같은 방법으로 메를로퐁티도 철학에서 가시성으로, 철학에서 경험으로, 그리고 철학에서 비-철학으로 자신의 여정을 형성하게 되었다.[5] 그 결과는 메를로퐁티가 하이데거에 대해서 언급했던 것과 똑같이 "분명히 철학의 밖에 있는 것은 아니다"에 해당하는 것이며, 그것은 그들보다 앞서서 '철학의 끝'을 선언했던 헤겔에게도 똑같이 해당하는 것이다.[6]

이처럼 단계별로 재-추적하는 것은 우선적으로 ① 현존, ② 출현, ③ 제시 등 세 개의 짝이고, 두 번째 경우는 ④ 대표성, ⑤ 자연적 의식, ⑥ 실제 의식 등이며, 마지막 경우는 ⑦ 진리, ⑧ 경험, ⑨ 현상학 등이다. 현존에서 현상학으로의 이동은 경험으로 되는 철학의 형식을 취하게 되며(메를로퐁티) 그 자체가 존재와 존재자들의 사이의 존재론적 차이를 형성하게 된다(하이데거). 우선은 하이데거의 전망에서 그런 다음에는 메를로퐁티의 관점에서 이와 같은 세 개의 짝들을 각각 취급함으로써, 이러한 짝들의 차이점의 정체성이 무엇인지를 분명하게 드러낼 수 있을 것이다. 「헤겔의 경험의 개념」에 대한 자신의 에세이에서 하이데거는 삼중구조에 있어서의 각각의 요소를 주제로 취급했으며, 메를로퐁티는 자신만의 용어와 헤겔에 대한 자신만의 반응에서 그러한 요소 각각을 재-형성했다.

1. 첫 번째 세 개의 짝

① 현존. 하이데거에게 있어서 '나타나 있는 것'[휴 J. 실버만은 자신의 이 책 제2장의 주5에서 이러한 점을 다음과 같이 분명히 했다. "'Seiende'의 객관적 특징을 강조하기 위해서 필자는 '존재자(being)', '본질(eccent)' 및 '있는 것(that which is)'을 병행하여 사용하고자 한다. 그러나 이 장(章)에서 필자는 매쿠아리에와 로빈슨이 선호하는 '실재(entity)'를 따르고자 한다." 실버만의 이러한 견해를 참고하여 역자는 'that which is present'를 'that which is(있는 것)'와 구별하여 '나타나 있는 것'으로 번역했다]의 현존은 하나의 차이점을 수립하게 된다.7) 위에서 이미 언급했던 바와 같이, 이와 같은 존재론적 차이는 존재와 존재자들의 사이의 차이에 해당할 뿐만 아니라 '나타나 있는 것'의 현존에도 해당한다. 그러한 차이는 표시될 수 없는 것이며 그것은 다만 그것이 '나타나 있는 것'이라는 점에서만 재-표시될 수 있을 뿐이다. '나타나 있는 것'의 현존은 존재를 '거기'에 있는 것과 일치시킨다. '거기'는 그것이 가지고 있는 형태들, 모양들 및 크기들을 단지 취하고 있을 뿐이다. '거기'에 있는 것의 층위에 수립되어 있는 하나의 차이, 바로 이러한 차이('나타나 있는 것'의 현존)는 알려질 필요가 있는 것을 명확하게 함으로써, '나타나 있는 것'을 철학적으로 이해할 수 있도록 설명한다. 지식의 대상으로서, '나타나 있는 것'은 정밀한 조사를 가능하게 한다. 그러나 정밀한 조사를 위한 그 자체의 가능성은 그 자체의 현존에 의해서만 확인될 수 있을 뿐이다. 철학적 해석학은 실존을 실존 그 자체의 자현(自現)에 있어서의 현존으로 파악하고자 한다. 그러나 이러한 연구에서는 '나타나 있는 것'만을 파악할 수 있을 뿐이지 그 자체의 현존을 필연적으로 파악할 수 있는 것은 아니다. 하이데거에게 있어서 철학은 '존재적인 것(the ontic)', 즉 '나타나 있는 것'을 조사하는 것이다. 그렇지만 철학은 '거기에 있는 것'의 존재론적 특징으로서 그 자체의 현존을 확인할 수 있기보다는 그 자체가 지

속적으로 '존재적인 것'으로 추락하는 것만을 발견할 수 있을 뿐이다.

메를로퐁티에게 있어서, 철학은 실존의 '짜임'으로 이루어져야만 한다. 『형이상학입문』에서 하이데거가 오역된 그리스어 'φύσις'[흔히 '자연'이라고 옮기기는 하지만 원래는 '본래부터 그렇게 생성된 것' 또는 본성 그 자체를 의미하는 'physis'로 역자는 그것을 '자연의 성장원리'라고 옮기고자 한다]을 라틴어 'natura(자연)'에 결합시켰던 것과 똑같이, 메를로퐁티도 『행동의 구조』에서 '신체적 질서'를 인간적 실존의 세 가지 서로 다른 수준들(활력적이고 인간적인 질서들과 함께, 각각 차례로 자연의 조건들을 충족시키는) 중에서 첫 번째 수준으로 파악했다. 『지각의 현상학』에서 'natura naturans'[절대 신으로서의 능산적 자연(能産的 自然, natura naturans)'은 피조물로서의 '소산적 자연(所産的 自然, natura naturata)'과 구별된다]를 통해서 그리고 1957년과 1958년에 있었던 콜레주드프랑스 강좌에서의 '자연의 개념'을 통해서 바로 이와 같은 자연의 개념을 되풀이함으로써, 메를로퐁티는 '난폭한 존재자'—베르그송이 "원시적으로 상실된 분리-불가능성"이라고 파악했고 후설이 "'순수한 사물들'의 축"(*TL*, pp.78~79)이라고 파악했던—의 '선-의미작용'의 특징이 무엇인지를 제시하고자 했다. 이와 같은 각각의 경우들에서 자연은 나타나 있지만 인간의 이해정도에 따라서 그것이 차이 나는 것은 아니다. 자연은 철학적 사유가 언제나 돌아가야만 하는 것이자 바로 그 사유가 그렇게 되어야만 하는 것이다.

② 출현. 하이데거는 지식의 출현을 요구했으며, 그렇게 함으로써 '나타나 있는 것'의 현존을 실현하고자 했다. '나타나 있는 것'이 출현하기 위해서는 어떤 장소가 있어야만 한다. 이러한 장소가 바로 존재를 존재자들로부터 차이 나게 할 뿐만 아니라 현존을 '나타나 있는 것'으로부터 차이 나게 하는 '존재론적 공간'이다. 달리 말하면, 절대 지식의 탐구조사에서는 측정의 기준을 요구하게 되며 출현은 바로 그러한 기준에 해당한다. '나타나 있는 것'의 지식은 '나타나 있는 것'의 출현을 통해서 수립될 수 있을 뿐이다. 따라서 지식의 출현은 그 자체의 존재를 선

언할 수 있는 하나의 표식에 해당한다. 지식은 무엇인가의 출현에 의해서 확인될 수 있는 것이다. 그러한 출현이 정적이고 고정적인 것으로 간주될 수 없다 하더라도, 출현은 어떤 발산지점을 요구하게 된다. 발생(출현하기)하게 됨으로써 출현은 지식을 실현할 수 있게 된다. 실제로 출현은 지식이 실현될 수 있도록 하기 위해서 퍼포먼스에 의존하게 된다.

메를로퐁티에 따르면, 지식의 출현은 또한 탐구조사에 의존하기도 한다. 그러나 철학적 요구 그 자체는 지식으로 하여금 스스로 출현하도록 요구하기도 한다. 지식이 분명하게 됨에 따라 철학은 출현의 정도에 의해 동원되고는 한다. 메를로퐁티가 「헤겔 이후의 철학과 비-철학」으로 동시에 발전시켰던 『보이는 것과 보이지 않는 것』과 관련지어, 출현은 보이는 것과 보이지 않는 것을 순수한 가시성으로 엮어 짜는 것에 의존하게 된다. '측정의 기준'은 선-대상적인 존재자 그 자체이다. 메를로퐁티에게 있어서, 출현은 철학적 사유에 해당하는 것이지 측정의 기준에 해당하는 것은 아니다. 철학적 사유는 선-대상적인('난폭한') 존재자로 돌아가야만 하는 것이다. 마침내 철학은 비-철학, 즉 '실천의 충족' 및 절대적인 것으로 되며, 바로 그때에 지식의 출현은 절대적인 것과 현존을 일치시킬 수 있게 된다.

③ 제시. 하이데거의 해석에 따르면, 제시는 지식의 출현을 목적으로 한다. '나타나 있는 것'의 현존을 성취하기 위해서 지식은 나타나야만 한다. 제시는 지식이 나타나게 되는 하나의 퍼포먼스이다. 제시는 그 자체의 현존과 관련지어 '나타나 있는 것'의 출현을 야기하는 능동적 기능이다. 제시에 의해 나타나게 되는 지식은 현상적 지식에 해당한다. 그러한 지식은 측정의 기준으로 택하게 되는 출현에 전적으로 의존할 수 밖에 없다. 출현에 반대되는 현상적 지식을 점검함으로써, '나타나 있는 것'은 그것이 하나의 출현으로 나타나게 될 때에만 하나의 증거가 될 수 있다. 현상적 지식은 그 자체의 어원이 암시하는 바와 같이, 특별한 콘텍스트 내에서 존재자들이 맨 앞에 배치됨으로써 나타내게 되는 바

로 그 존재자들의 현현에 해당한다.

메를로퐁티는 지식이 출현하는 방법에 해당하는 제시 그 자체는 그것이 외적 세력이나 조건이라도 되는 것처럼 출현을 야기할 수는 없다고 강조했다. 그는 하이데거의 다음과 같은 입장을 확인하고는 했다. "현상적 지식을 그 자체의 출현으로 나타내는 과학의 특징화에 의해서 우리들은 우리들 자신을 갑자기 제시에 포함시킬 수 있게 된다."(*HCE*, p.92) 그러나 우리들을 포함시키는 것은 우리들이 결정할 수 있거나 결정할 수 없는 의도적인 선택이 아니다. 오히려 제시에 있어서의 지식의 바로 그 출현은 우리들 자신이 '나타나 있는 것'과 맺게 되는 구체적이면서도 표현적인 일종의 협약에 해당한다.

메를로퐁티는 "우리들이 이미 포함되어 있는 까닭은 제시가 제시하는 것은 '우리들을 위한' 것이기 때문이다"(*HCE*, p.92)라고 언급한 하이데거에게 동의하고는 했다. 그렇지만 바로 이러한 '우리들을 위한'을 피동적으로 포함되는 것으로 간주해서는 안 될 것이다. 제시에 있어서의 우리들의 역할이 무엇인지에 대한 메를로퐁티의 근본적인 개념은 지식의 출현에 있어서의 우리들의 긍정적인 협약이 무엇인지를 미리 설명하는데 있다. 제시는 우리들에게 해당하는 것이 아니다. 절대적인 것의 출현을 제시함으로써, 출현하게 되는 지식에 대한 현상적 분야를 통해서 우리들은 우리들의 의도적인 투사를 바탕으로 하여 '제시' 그 자체에 영향을 끼칠 수는 있다. 그러나 이러한 지식의 제시는 우리들이 바로 그러한 지식을 살게 될 때에만 발생하게 될 뿐이다.[8]

이상과 같은 첫 번째 세 개의 짝에서 이동의 결과는 현상적 지식에 있다. 하이데거에게 있어서 현상적 지식은 출현 그 자체의 현존을 선언하는 하나의 출현에 해당하며 그것은 '나타나 있는 것'을 제시할 수 있게 된다. 출현에서는 그 자체를 '나타나 있는 것'과 차이 나게 하는 반면, 제시에서는 그 자체의 정체성을 '나타나 있는 것'의 현존으로 확인하게 된다. 메를로퐁티에게 있어서 그 결과는 표현과 가시성의 현상적 분야에 해당하지만, 그러나 그 끝은 시작과 똑같은 것에 해당한다. 다시 말하면, 출현하는 것은 이미 제시되어 왔을 뿐이며, 제시되어 왔던 것은 '나타나 있는 것'의 지식에 해당할 뿐이다. 바로 이러한 점에서 우리들은 이제 "우리들에게 나타나는 것"(하이데거)과 "우리들을 통해서 나타나는 것"(메를로퐁티)의 차이를 분명하게 파악해야만 한다.

2. 두 번째 세 개의 짝

④ 대표성. 하이데거에게 있어서 정신적 대표성은 자기-확신의 바탕이 된다. 대상은 그 자체에 대한 그 자체의 대표성으로 주체에게 나타나게 된다. 여기에서 '대표한다'는 말은 하나의 현존으로서 그 자체에 대해서 절대적으로 가능한 것을 형성하게 되는 것을 의미한다. 이처럼 '나타나 있는 것'은 일종의 자체-제시에 해당한다. 첫 번째 세 개의 짝에서 제시는 그 자체의 출현에 따라 '나타나 있는 것'을 제시하는 것에 해당한다. 그러나 하이데거는 제시가 어떻게 발생할 수 있는지에 대해서는 그 어떤 조건도 부여하지 않았다. '대표성('다시 부여하는 것', '정면에 배치하는 것')'에 의해서 우리들은 이제 현존으로 이끄는 것이 자체-제시와 관련지어 비롯된다는 점을 알 수 있게 되었다. 대상(나타나 있는 것)은 대상 그 자체에 의해서 출현으로 나타나게 된다. 대상은 그 자체를 위해서 그리고 주체를 위해서 그 자체를 나타내게 된다. 하나의 재-제시로서 대상의 현존은 그 자체에 대한 자체-확신에 해당한다. 이러한 대상에서는 그 자체의 출현과 무관한 그 어떤 외적인 측정 기준을 필요로 하지 않으며, 이러한 과정을 통해서 대상은 그 자체에게 다시 부여될 수밖에 없다.

'나타나 있는 것'의 자체-제시로서, 대표성은 자연적 대표성에 해당한다. 그 자체를 그 자체에게 다시 나타내는 데 있어서 퍼포먼스는 자체-동기화로 된다. 현상적 지식 — 대표성이 하나의 유형에 해당하는 — 은 그 자체를 진정한 지식으로 나타낸다. 정신적 대상의 출현에 있어서 그 결과에 해당하는 지식이 진리인 까닭은 바로 그 진리(*a-letheia*, 비-은폐)가 ① 대표된 것, ② 대표하는 것, ③ 대표하는 행위 등을 '다 함께 소속하기'로 끌어들이기 때문이다. 진리에 대한 충분한 이해와 관련하여 우리들은 세 번째 세 개의 짝을 기다려야만 하지만, 대표성에 대한 세 가지 통일성과 관련하여 출현이 은닉에서 표출로, '나타나 있는 것'에서 현존으로 드러나게 될 때, 바로 그때에 현존에 뒤이어지는 퍼포먼스에 의해서 그러한 세 개의 짝들은 발생하게 된다.

자연적 지식, 즉 날마다 깨닫게 되는 바로 그 지식에서 무엇인가를 대표하는 것은 그 자체만의 정체성을 '나 자신만의 것'으로 유지할 수 있게 된다. 대표성을 통해서 의견은 누군가에게 소속됨으로써 발생하게 된다. 이와 같은 의견은 ① 매개체 없이 직접적으로 무엇인가에 집중하는 것, ② 부여된 것의 수용을 신뢰하는 것, ③ 우리 자신의 것으로 수용되었고 지지되었고 받아들인 것 등 세 가지 형식을 취하게 된다. 이와 같은 각각의 경우에서, '나 자신의 것'은 더 이상 논의할 여지가 없이 확실하게 '나타나 있는 것' 그대로를 대표한다. 현상적 지식을 하나의 의견으로 제시하는 것은 '나타나 있는 것'의 현존으로 수용된다(주체에 의해서).

대표성의 두 가지 형식들, 즉 ① 자아나 주체에 대한 정신적 출현으로서의 자체-대표성과 ② 이미 소유된 것으로서의 자연적 대표성 등은 모두 무엇인가를 인식적으로 나타내는 방법에 해당한다. 메를로퐁티의 접근에서는 자체-대표성이 자체-성찰의 형식이라고 회피하고는 했다. 철학적 지식은 정신적이거나 또는 자연적 대표성, 즉 자기 자신에 대한 출현의 대표성에서 비롯되는 것이 아니다. 오히려 철학적 지식은 그 자체의 현상적 특징을 드러낼 수 있는 절대적인 것에 참여하고자 하는 움직임에 바탕을 두고 있다. 이와 같은 움직임은 보나벤투라의 경우처럼 신비주의의 비전도 아니고, 워즈워스의 경우처럼 범신론의 비전도 아니다. 오히려 절대적인 것에 참여하고자 하는 움직임은 주체와 대상, 미래와 과거의 '지향의 호(弧)'에 해당한다. '지향의 호'는 생생한 행위로서 그것은 대상이 그 자체에 의해서 그 자체에게 그 자체를 대표하는 것을 허락하지도 않고 주체가 그 자체에 협조하여 주체 그 자체만의 축으로 대상을 전환시킴으로써 바로 그 대상으로 하여금 주체에게 그 자체를 대표하도록 만드는 것도 아니다. 메를로퐁티에게 있어서 협조는 대표성 그 자체로 되어야만 한다. 철학적 지식은 ① 대상과 주체의 혼합 및 ② 주체와 대상의 혼합으로 주체에게 '나타나 있는 것'을 대표하는 것이어야만 한다. 철학적 사유는 현상적 지식의 자체-제시로 나아가야만 하며, 이러한 점은 반복되는 세계의 현존이 그 자체의 다양한 현현에서 철학적 대표성의 위치를 차지하게 되는 것과 같다고 볼 수 있다. 따라서 철학은 그것이 세계의 출현, 문제점 및 제안된 해결책 등의 엮어 짜임으로 나아가게 됨에 따라서 그 자체의 대표성의 특징을 취하게 된다.

⑤ 자연적 의식. 하이데거가 의식을 고려하는 두 가지 방법들 중에서, 첫 번째 방법에서는 자연적 태도에 대한 후설적인 개념을 활용함으로써, 후설적인 감각-확실성이 존재자들의 존재, 즉 '나타나 있는 것'의 현존을 간과하고 있다는 점을 제시했다. 이와 같은 첫 번째 예에서, 표상의 유형으로서의 자연적 의식은 존재자들, 즉 '나타나 있는 것'만을 발견하게 된다. 모든 제시는 단지 '나타나 있는 것'에 관계될 뿐이다. 제시에 있어서 측정의 기준이 되는 출현은 존재론적 차이(존재와 존재자들의 사이)의 콘텍스트에서 그 어떤 위치도 차지할 수 없다. 자연적 의식은 존재자들, 실체들, 본질들만을 발견할 수 있을 뿐이다. 존재들은 날마다 있는 이와 같은 것들—존재자들, 실체들, 본질들—의 실존형식으로 나타나게 된다. 그 자체의 '존재론적 특징'으로 알려지기보다는 '존재적 특징'으로 더 잘 알려진 존재자들은 이와 같은 주관적인 경험에 참여하

지 않는다. 존재자들은 객관적 타당성, 알려져야만 하지만 충분하게 해석될 수는 없는 '실재들'로 그것들을 취급하는 의식에 나타나게 된다. 후설에게 있어서의 자연적 태도는 하이데거에게 있어서의 존재자들의 존재를 분명하게 할 수 없는 일종의 의식, 즉 현존이 출현할 수 있는 '생생한 존재론적 차이'로 재-언급된다.

메를로퐁티는 자연적 의식과 현상학적 의식의 사이의 차이, 즉 자연적 의식에 대한 이와 같은 첫 번째 예시에서 하이데거가 고려하고자 했던 바로 그 차이를 수용하지 않았다. 초기의 『행동의 구조』에서부터 메를로퐁티는 몸의 질서는 활력적이고 인간적인 질서에 의해 종합된다는 점을 제시했으며(우리들이 '현존'이라는 말에서 강조했던 바와 같이), 이와 같이 자연은 이미 자연의 의식이고 삶은 이미 삶의 의식이며 노동은 이미 노동의 의식이라는 점을 강조했다. 메를로퐁티는 자연의 의식(또는 자연적 의식)이 그 자체만으로는 부적합하다는 하이데거에게 동의하기는 했지만, 그는 또한 자연의 의식이 우선적으로 그 자체만으로는 실존할 수 없다는 점을 지적하기도 했다. 각각의 의식의 수준의 출현은 또한 그 자체의 자체-이해에 해당하기도 한다. 메를로퐁티는 '거리두기 과정'의 필요성, 말하자면 존재와 존재자들의 분리, '나타나 있는 것'과 현존의 분리 등의 필요성을 부정하고는 했다. 하이데거에게 있어서 출현하는 것을 이해하는 것은 '존재자들의 존재'처럼 소유격의 형식에 부여된 하나의 거리를 수립할 때에만 가능한 것이다. 메를로퐁티에게 있어서 자연은 살아가야만 하는 과정이며, 그 과정이 바로 '종합의 과정'에 해당한다. 그의 후기철학에서 자연은 '살(flesh)'에 결합된다. 따라서 철학은 그 자체와 생생한 경험을 분리시켜서는 안 된다. 그 대신에 철학은 비-철학을 통해서 날마다의 경험에도 참여해야만 한다. 이러한 점에서 자연적 의식이 존재자들, 실재들, 본질들 등에만 관계된다 하더라도, 그럼에도 그것은 하나의 의식이며 그것이 바로 자연적 의식의 소명에 해당한다.

하이데거의 자연적 의식의 두 번째 예시는 그 자체만의 영역을 전용하는 것으로 나아가게 된다. 전용이나 출현으로서의 존재자를 의미하는 '발현'과 함께 의식은 그 자체만의 층위를 충족시키고자 한다. 그 자체만의 영역을 전용하고자 하는 자연적 의식에서, 의식은 충분하게 그 자체에게 나타나야만 한다. 이와 같은 자체-대표성은 실제로 자연적 의식을 뛰어넘어 절대적인 것을 실현하는 쪽으로 나아가게 된다. 절대적인 것은 자연적 의식이 그 자체를 능가하게 될 때에만 성취될 수 있는 것이다.

여기에서 다시 또 자연적 의식은 전적으로 그 자체를 폐쇄시키는 것이 아니라는 점을 하이데거가 지적하기는 했지만, 그럼에도 자연적 의식은 존재론적 차이에서 그 자체의 위치를 수립하기 위해서, 존재의 현존을 선언하기 위해서 자체-극복의 행위를 요구하게 된다. 그러나 메를로퐁티에게 있어서 철학적으로 사유하는 것은 실천적인 삶의 구체적 경기장으로 이동하는 것과 같은 것이다. 절대적인 것은 자연을 넘어 있는 것이 아니다. 절대적인 것 — 그것은 각 개인의 의도적 경험을 통해서 생생한 현존으로 나타나게 되는 자연 그 자체에 해당한다. 자연으로의 회귀를 제안하는 데 있어서, 메를로퐁티는 지양을 제안하고는 했던 헤겔에게 가깝다기보다는 니체에게 더 가깝다고 볼 수 있다. 니체적인 회귀는 '있었던 것'이 '있게 될 것'이라는 확신에 해당한다. '자연적 의식'으로서의 구체적인 '자연의 의식' — 현상적 지식에 있어서 절대적인 것을 제시하는 것으로서의 의식 — 의 현존이 서로 엮여 짜이게 되는 흐름 안에서의 회귀, 바로 그 회귀를 메를로퐁티는 발견하게 되었다.

⑥ 진정한 의식. 헤겔에 대한 하이데거의 평가에서 진정한 의식은 자연적 의식과는 다른 것이다. 자연적인 것은 실제적인 것으로 될 수 없으며 더구나 자연적 의식은 진정한 의식으로 될 수 없다. 자연적인 것은 자연에서 비롯된 반면, 실제적인 것은 실제로 '있는 것' 그 자체에 해당한다. 자연은 실제적인 것을 이해할 수 있는 바탕에 해당한다. 진정한 의식은 실제로 '있는 것', 즉 하나의 현상으로서의 자연 그 자체를 드러낼 수 있다. 자연의 대표성은 진정한 의식에 의해 재-해석될 수 있

다. 자연적 의식의 대표성은 단지 자연을 자연에게로, 존재자들을 존재자들에게로, 존재적인 것을 존재적인 것에게로 되돌려 줄 수 있을 뿐이다. 그러나 진정한 의식은 실제의 조건, 존재의 조건 및 일반적으로 존재론적 조건의 가능성을 열어 놓을 수 있다. 하지만 진정한 의식은 자연적 지식, 자연의 실제 현상에 해당한다. 후설의 현상학적 태도처럼, 진정한 의식은 자연적 태도의 영역과는 다른 영역에 그 자체를 배치할 수 없다.[9] 오히려 그것은 새로운 방법으로서의 바라보기, 실제로 있는 것을 좀 더 확실하게 자리 잡을 수 있게 되는 방법으로서의 해석하기 등에 해당한다. 하이데거에게 있어서 자연적 의식이 '아직은 진리'가 될 수 없는 까닭은 그 자체의 진리가 바로 진정한 의식 그 자체에 해당하기 때문이다. 따라서 진정한 의식은 자연적 의식, 그 자체의 진리로 전환되는 자연적 의식에 해당한다. 달리 말하면, 진정한 의식에는 '진리의 측정(실제의 것)'과 '측정되는 것(자연)' 모두가 포함된다. 우리들이 이미 파악했던 바와 같이, 측정의 기준은 출현 그 자체에 있다. 측정으로서의 실제적인 것은 측정된 것으로서의 자연에 반대되는 것이다. 하나에서 다른 것으로의 이동은 현재 자연에 '나타나 있는 것'에 따라 진행된다. 그 자체를 조사함으로써(측정을 통해), 의식은 그 자체를 자연적 대표성에 제시하게 된다(측정된 것을 통해). 의식의 실제 지식은 자연과의 관계, 즉 존재론적 차이가 실현되는 관계에 의해서 형성되는 것이다.

여기에서 중요한 점은 하이데거가 실제 콘텍스트에서 발전시키기 위해서 철학을 위한 조건—언제나 자연적 관점에서 정의하고는 있지만—을 지적했다는 점이다. 그러나 메를로퐁티는 자연적인 것에 있어서의 실제적인 것의 현존을 주장하기도 했다. 실제로 '나타나 있는 것', 바로 그 자체의 실현은 몸, 화술 및 정치적 행위를 통해서 절대적인 것의 현존으로 나타나는 자연에 해당한다는 점에서, 자연은 실제로 현재 '있는 것' 바로 그것에 의해 알려지게 된다. '질문'은 새로운 앎의 방법, 즉 그 자체가 자연과 절대적인 것으로부터 분리되는 방법이 아니다. 질문은 이미 거기에 있는 가시성을 끌어내기 위해서 직접적으로 자연과 절대적인 것을 향해 나아가게 된다. 따라서 질문은 그 자체를 분리된 철학으로서, '있는 것'과 '나타나 있는 것'으로부터 그 자체를 구별하는 이론적인 모델로서 질문 그 자체를 부정해야만 한다. 이와 같은 질문의 차이는 '있는 것'과 '나타나 있는 것'을 결합시킴으로써 발생하게 된다. 질문의 부정은 질문의 긍정이 된다. 질문에서의 자연은 세계의 많은 사물들 중의 하나에 해당하는 질문 그 자체의 실체에 해당한다.

이상과 같은 두 번째 세 개의 짝에서, 우리들은 첫 번째 세 개의 짝(현존, 출현 및 제시)에 있어서의 자체-대표적인 특징을 강조한 바 있다. 대표성에 의해서 현시(現示)는 자연적 의식을 위해 가능한 것으로 될 수 있지만, 자연적 의식은 '나타나 있는 것'만을 취급할 수 있을 뿐이지 존재론적 차이의 현존을 설명할 수 있는 것이 아니다. 하이데거에게 있어서 진정한 의식에 대한 소개는 자연적 의식이 실패하는 곳에서 비롯될 수 있다. 그러나 메를로퐁티에게 있어서 이와 같은 구별은 인위적이면서도 잘못된 것이다. 지향성은 자연을 향한 진정한 의식으로 되돌아가야만 하는 것이지 그것으로부터 멀어지는 것이 아니기 때문이다.

3. 세 번째 세 개의 짝

⑦진리. 자연의 의식을 진정한 의식으로 나타내기 위해서 하이데거는 진리가 출현해야만 한다는 점을 주장했다. 진리의 출현의 필요성에 대해서는 이미 언급한 바 있지만, 그 자체의 실현-가능성에 대해서는 언급한 적이 없다. 여기에서는 다만 세 번째 세 개의 짝들에 관계되는 대표적인 제시의 형식에 대한 이해만을 언급하고자 한다. 현재 존재하

는 것(자연)을 이해하기 위해서는 진리가 출현해야만 한다. 그러나 진리는 실제 의식을 위해서만 그 자체를 드러낼 수 있을 뿐이다. 진리는 자연(측정된 것)의 측정(실제)에서부터 발생하게 된다. 실제로 측정의 기준은 진정한 의식이 이해하는 바로 그대로의 출현에 해당한다는 점에서 진리는 측정의 조건을 충족시킬 수 있다. 진리는 자연에 숨겨진 것을 은폐로부터 드러내는 것이다. '비-은폐'로서의 진리(출현을 뒤덮고 있는 베일로서의 망각의 강 레테, 즉 망각으로부터 멀어지는 것)는 망각을 극복하는 것을 의미한다. 존재자들의 존재, '나타나 있는 것'의 현존은 대표성의 행위에 있어서 전면에 배치된다. 자연적 의식은 진정한 의식으로 나타나게 된다. '나타나 있는 것'은 그 자체의 현존이 그 자체의 진리로 알려져 있다는 점에서 그것은 분명히 존재와는 차이나는 것이다. 진리가 존재자들의 존재에 나타나게 되는 까닭은 바로 그 진리가 존재론적 차이의 자체-구현에 해당하기 때문이다.

메를로퐁티는 생생한 현상을 위해서 진리의 현존을 유지시켰을 수도 있다. 출현은 또한 알기에 해당하기도 한다. '나타나 있는 것'의 현존을 이해하기 위해서 진리는 진정한 의식을 더 이상 기다릴 수 없을 수도 있다. 메를로퐁티에게 있어서 진리는 그 자체의 기원을 가시성에 두고 있다. 1959년 이전에 이루어진 연구노트에 따르면, 『보이는 것과 보이지 않는 것』은 「진리의 기원」이나 「진리의 계보학」 정도의 제목을 붙인 것이 좀 더 합당했을 수도 있다. 실제로 1950년대 초부터 메를로퐁티는 진리의 이론이나 적어도 그 자체의 기원과 발전에 대한 연구를 해왔다. 진리는 선(先)-대상적인 존재에 바탕을 두고 있다. 진리의 출현은 가시성 그 자체에 있다. 그러나 이러한 의미에서의 진리는 자연의 충족과 실현에도 해당한다. 자신의 초기의 견해에서 메를로퐁티는 자연의 가시성을 '체현(體現)'이라고 파악했고 후기의 입장에서는 그것을 '상호-세계적인 것'이라고 파악했다. 자연적인 상호-세계로서의 이와 같은 가시성을 야기하기 위해서 진리가 진정한 의식에 나타날 필요는 없다. 진리의 원천과 현현은 '보이는 것'과 '보이지 않는 것'의 부분교차에 있으며, 이러한 부분교차는 하이데거의 존재론적 차이에 상응하는 것이자 가시성이라는 명칭을 가능하게 하는 것이지만, 그러나 그것은 이미 존재자들에도 나타나 있고 '나타나 있는 것'에도 나타나 있다.

메를로퐁티에게 있어서 진리를 아는 것은 공식화되어 있지 않다. 니콜라이 이바노비치 부하린—자신의 선택이 당(黨)을 위한 것이자 사실에 의거한 자신만의 객관적인 조건에 반대되도록 노력했던—과 함께 메를로퐁티가 보여주었던 바와 같이, 의식은 행위에 의해 성취될 수 있는 것이다. 여기에서 철학적 지식은 그 자체만의 자체-부정에 의해 진리로 될 수 있다. 자율성을 스스로 거부함으로써, 철학은 세계의 진리를 선언할 수 있게 된다. 비-철학이 됨으로써, 철학적 지식은 그 자체만의 스타일과 세계의 산문을 취할 수 있게 된다.

⑧ 경험. 하이데거가 헤겔을 이해하는 데 있어서, 진리의 출현은 경험 그 자체에 해당하는 것이자 경험된 것에 해당하는 것이다. 경험은 미래도 아니고 과거도 아닌 즉각적 현재에 관여함으로써 그 자체를 종합할 수 있게 된다. 자연적 의식에 의해서 진정한 의식을 표상할 수 있을 때, 바로 그때에 현재의 현존은 시간적인 현재의 영역 내에서 경험될 수 있는 것이다. 달리 말하면, '나타나 있는 것'의 현존을 끌어들임으로써, 경험은 절대적인 것의 절대성으로 될 수 있다. 이와 같은 '발현'—'나타나 있는 것'을 현존에 제시하거나 또는 절대적인 것을 적용함으로써—에서 경험은 진리에 빛을 부여할 수 있다.

하이데거에게 있어서 경험은 자연적 의식에 접근하기 어려운 것으로 되어 있다. 경험은 진정한 의식의 실제 행위이자 주된 행위이다. 그것은 하나의 대상이나 또는 하나의 자연의 요소로 알려질 수도 없고 순수한 아이디어로 알려질 수도 없다. 경험은 존재자들의 존재에서 발생하는 '존재하기' 그 자체에 해당한다. 따라서 경험은 존재론적 차이의 진리 그 자체이다.

헤겔의 『정신현상학』의 '서론'에 대한 하이데거의 이해에 관련하여, 메를로퐁티는 경험의 중요성을 '실천'이라고 강조했다. 메를로퐁티에게 있어서 '실천'은 절대적인 것이며, 절대적인 것은 자연, 가시성, 현상의 영역에 해당한다. 따라서 제시, 대표성 및 의식의 경우에서처럼, 경험도 '나타나 있는 것'으로부터 그 자체를 분리시킬 수 없다. 경험은 존재와 존재자들의 '사이-내'에 있게 되는 것이 아니라 그러한 것을 '관통'해서 있게 된다. 세계를 질문하고자 하는 철학자의 임무는 절대적인 것에 참여하기 위해 출현하는 것을 경험하는 데 있다. 메를로퐁티가 세계를 질문하고자 했던 반면, 하이데거는 존재를 질문하고자 했다. '존재물음(Seinsfrage)'이 ~~존재(Being)~~라는 각인을 교차선으로 제거하지만 교차선 그 자체를 그대로 놔두는 것과 똑같이,[10] 철학은 그 자체를 세계와는 무관한 경험이라고 부정하게 된다. 여기에서의 차이점은 메를로퐁티에게 있어서 철학은 세계의 경험으로 향하게 되고 그러한 경험 그 자체로 될 수 있지만, 하이데거에게 있어서 철학은 존재자들의 존재의 문제로 남아 있게 된다는 점이다. 달리 말하면, 메를로퐁티는 존재를 질문하는 대신에 세계를 질문했다. 메를로퐁티의 견해에서 경험은 삶 그 자체의 모호한 진리를 설계하는 것에 해당한다.

⑨ 현상학. 현상학이 어떤 '출현'을 연구하는 것인 이상, 우리들은 첫 번째 세 개의 짝, 즉 측정의 기준으로 간주되고는 하는 바로 그 '출현의 문제'로 되돌아가게 된다. 사실 우리들은 오로지 경험만이 기준이기 때문에 필요한 조사를 수행할 수 있을 뿐이다. 우리들이 앞에서 파악했던 바와 같이, 경험은 실제 자연적 의식에 의해 야기되는 진리에 해당한다. 그러나 경험은 또한 '나타나 있는 것'의 출현에 대한 제시에도 의존한다. 이와 같은 세 번째 전망으로 보면, 제시가 현상학적이기는 하지만 그러나 그것의 실천은 단순히 '나타나 있는 것'만을 보여주는 것이 아니다. 그것은 '나타나 있는 것'의 진리를 그 자체만의 존재론적 위상으로 드러내게 된다. 실제로 현상학은 경험의 진리에 해당한다.

하이데거의 이해에서 현상학은 절대적인 것을 절대적인 것으로 알고자 하는 프로젝트이다. 절대적인 것이 일반적으로 자연적 의식에서 가능한 것을 제시하는 데 있어서 그 자체를 표상하는 바와 같이, 절대적인 것 그 자체는 진정한 의식을 통해서 알려지게 된다. 절대적인 것에 대한 진정한 의식에서는 출현하는 것의 진리를 형성하게 된다. 현상학에서는 출현하는 것을 이해하기 위해서 바로 그 출현하는 것의 진리를 종합하게 된다. 따라서 하이데거가 '철학의 끝'(헤겔과 니체에 대한 그 자신의 해석에서)이라고 언급하고는 있지만, 그는 자기 자신을 철학적으로 설명하는 것을 거부하지는 않았다. 철학을 통한 현상학은 세계의 지식을 끌어들이는 것이자 지식의 세계를 탐구하는 것이다. 현상학에서는 경험이 진정한 현존의 경험이라는 점을 확신할 수 있다.

『보이는 것과 보이지 않는 것』에서처럼 「헤겔 이후의 철학과 비-철학」에서도 메를로퐁티는 특별하게 그 자신의 현상학적 경험의 특징을 다시 소개했다. 우리들은 절대적인 것과 가시성의 출현에 대한 주장을 발견할 수도 있지만, 절대적인 것 역시 하나의 현상이라는 점도 파악할 수 있다. 『지각의 현상학』에서 절대적인 것은 그 자체의 실존의 순환, 그 자체의 '지향의 호' 및 그 자체의 구체적 표현성에 의해서 '현상의 분야(또는 현상적 분야)'로 된다. 메를로퐁티 자신의 마지막 쓰기에 있어서, 절대적인 것은 지각적 신념을 실현하는 것이며, 여기서 말하는 지각적 신념은 선(先)-대상적인 존재라는 명칭으로 나아가게 되고, 우리들은 그러한 존재를 통해 살아감으로써, 그러한 신념이 무엇인지를 알게 될 뿐이다. 출현하는 것에 대한 지식은 출현하는 것에 대한 경험이다. 의식이 그 자체의 진리를 해명하는 것처럼, 그것은 경험의 수준에서도 똑같이 그렇게 하게 된다. 메를로퐁티에게 있어서 경험은 실천으로 변화된 현상학 그 자체에 해당한다. 살아가기, 표현하기 및 행동하기 등은 작용 중인 철학, 그 자체를 분리된 철학이라고 부정하는 철학 그 자체이다.

이러한 철학은 그 자체의 전통에 있어서 그 어떤 유사한 철학이 있을 수 없다. 우리들은 플라톤의 이데아, 아리스토텔레스의 관찰, 데카르트의 회의적 이성, 칸트의 비판 등… 그 어떤 것도 발견할 수 없다. 그 결과 다음과 같은 철학, 즉 그 자체만의 가장 위대한 성취를 위해서 그 자체의 이론적인 입장을 부정하는 철학만이 출현하게 된다. 이와 같은 변증법적 현상학이 바로 비-철학—사유는 상호-인간적인 경험세계의 짜임으로 된다—단테, 셰익스피어 및 베토벤의 세계이자 '일상인'의 세계이다.

이와 같은 세 번째 세 가지 짝에서, 진리는 하이데거에게 있어서 존재와의 관계에서 제시되는 존재자들의 충분한 출현에 해당한다. 진리를 경험하는 것은 이해하기, 즉 현상학이 '나타나 있는 것'의 현존에 대한 연구를 야기할 수 있는 바로 그와 같은 '이해하기' 그 자체에 해당한다. 그러나 메를로퐁티의 입장은 사물 그 자체를 회복하기 위해서 아직은 다가설 필요가 없는 그런 입장에 있다. 현상학은 지각적 신념, 즉 존재에 대한 망각을 허용할 수 없는 그러한 신념에 의해서 선-대상적인 존재로 되돌아가는 것이다. 이와 반대로 현상학은 그것이 그 자체를 부정하고 세계의 경험이 될 때에만 권위적으로 될 수 있다. 현상학의 진리는 그것이 그 자체를 가시적으로 만들고 우리들이 그 자체의 가시성으로 진입함에 따라서 세계의 스타일로 나타나게 된다. 이와 같은 이원론적인 명확성은 바로 '보이는 것'과 '보이지 않는 것', '존재'와 '비-존재자', '철학'과 '비-철학'을 서로 엮어 짜는 것에 해당한다.

결론

이상에서 파악한 바와 같이, 세 개가 한 짝을 이루는 세 가지 구조에서 철학(질문하기)은 헤겔의 해석에 대한 하이데거의 길을 따르고 있다. 바로 그 길을 따라서 우리들은 (a) 측정된 것, 즉 존재적 영역과 관련지어 하나의 측정기준으로서의 출현의 부적합성, (b) 자연적 의식이 진정한 의식을 위해서 가능한 것으로 만들게 되는 대표성으로서의 제시에 대한 재-소개, (c) 존재론적 차이 내에서 대표적으로 자리 잡고 있을 뿐만 아니라 바로 그 차이의 영역에서 실현될 수 있는 '나타나 있는 것', 바로 그 자체에 대한 충분한 이해 등을 파악할 수 있었다. 이와 같은 마지막에서의 이해에 해당하는 명칭이 바로 현상학이다. 이와는 대조적으로, 헤겔의 변증법에 대한 메를로퐁티의 질문에서는 (a) 절대적인 것의 출현은 그 자체만의 측정의 기준으로 된다는 점, (b) 진정한 의식의 대표성은 자연 내에서의 가시성이자 진정한 의식으로부터 구별된다는 점, (c) 철학적 자체-부정은 세계의 짜임으로서의 경험으로 된다는 점 등을 강조하고 있다. 이와 같은 마지막에서의 자체-부정이 바로 비-철학이다.

우리들의 연구의 목적은 헤겔에 대한 두 가지 읽기를 병치시키는 것이었으며, 그렇게 함으로써 우리들은 헤겔에 대한 하이데거의 읽기와 메를로퐁티의 읽기를 읽어낼 수 있을 것이고, 그렇게 함으로써 이들의 독자적인 임무는 이들 자신의 서로 다른 차이의 위치를 형성할 수 있을 것이다. 자연과 현실, 객관성과 주관성, 출현과 진리의 사이의 분리를 허락하는 하나의 전통에 대한 메를로퐁티의 지속적인 투쟁은 하이데거에 대한 그 자신의 반응에서 분명하게 나타나 있다. 심지어 메를로퐁티는 자신의 후기의 쓰기에서까지 하이데거 역시 존재적인 것, 비-권위적인 것, 존재자들의 영역으로 추락하는 것은 우리들로 하여금 '존재론적 차이', 즉 우리들의 경험에 대한 진리를 야기하고 현상학의 소명을 분명하게 하는 바로 그 차이를 망각하도록 한다는 점을 제시하려고 노력했다. 그러나 하이데거적인 추락은 동시에 다시 또 출발점에 있는 것, 자연적 의식이 이해하지 못하는 것을 경험하는 것을 요구하게 된다. 메를로퐁티적인 세계의 짜임으로의 도약, 다시 말하면 그 자체의 구체성 및 그 자체의 가시성에 의한 도약은 추락이라고 볼 수 없다. 그것은 하나의 성취, 즉 살아가기 위해서, 이해하기 위해서, 그리고 행동하기 위해서 그 자체를 부정하는 서구철학의 성취에 해당한다. 존재론적 차이의 진리는 바로 그 가시성의 경험에 있다.

제8장

메를로퐁티 다시 읽기

『헤겔 이후의 철학과 비-철학』(1960~1961)[1]에서, 메를로퐁티는 헤겔, 마르크스, 니체, 키에르케고르, 후설, 하이데거 및 사르트르 등의 이름을 빛나게 하는 유럽에서의 철학적 전통을 재-평가했다. 그가 제기했던 문제점은 그 자체의 비-철학적 원천과 목표의 관계에 있어서 철학의 위상이 무엇인지에 대한 것이었다. 필자는 메를로퐁티가 자신의 생애 마지막 과정에 해당하는 『헤겔 이후의 철학과 비-철학』에서 하나의 주제에 집중했다는 점을 제안하고자 하며, 그가 집중했던 이러한 주제는 그 자신의 초기의 철학적 활동에 대해서 비판적이었을 뿐만 아니라 점점 더 의미 있게 증가하고 있는 '구조주의'의 전망에 대해서, 특히 오늘날의 '후기구조주의'의 측면에 대해서 전환적인 하나의 경향을 보여주는 것이었다. 메를로퐁티가 자신의 입장을 이해시키기 위해서 특수화된 형식논리들을 요구하는 것과 똑같이, 그의 사상이 작용하고 있는 핵심적인 역할도 그 자체의 실제상의 표현으로 탈-중심되고는 한다. 따라서 메를로퐁티의 영향은 그 자신의 이름과 쓰기에 대한 자명한 증거자료들을 통해서만 드러날 수 있는 것이 아니다. 오히려 우리들이 관심을 가지고 있는 것은 그와 사르트르 사이의 협조와 '논쟁', 그리고 행동주의, 프로이트주의 및 '게슈탈트심리학'에 대한 그 자신의 특징화, 1937년 스탈린의 숙청공판에 대한 그 자신의 반응, 후설의 현상학에 대한 그 자신의 실존주의적으로 사유된 개념 및 그 자체의 역사에 있어서의 철학에 대한 재-고려에 관계되는 개념적인 확산작용 등에 있다. 발전하고 있는 중에 있는—그가 베르그송에 대해서 말했던 것처럼 '이루어지고 있는 중에 있는(se faisant)'—한 명의 철학자, 즉 메를로퐁티의 이상과 같은 요소들은 소쉬르의 언어학(1948년과 1949년에 메를로퐁티가 파리고등사범학교에서 강의했던), 레비스트로스의 구조인류학(1959년에 초판 된 「마르셀 모스에서 클로드 레비스트로스까지」라는 논문의 주제), 라캉의 신-프로이트주의(1949년과 1950년의 『의식과 언어의 습득』을 참고), 알튀세와 젊은 마르크스의 결별(1955년의 『변증법의 모험』에 암시되었고, 특히 『헤겔 이후의 철학과 비-철학』에서도 암시되었던) 및 푸코가 제공한 형식에 있어서의 고고학적 헤겔에게로 생생하게 되돌아가는 것(장 이폴리트의 논평과 에세이에서 발전된)에 비추어 재-형성되었다. 후기-메를로퐁티적인 철학자들(데리다, 리오타르 및 들뢰즈)을 위해서 우리들의 삶에 그 자체를 각인시킴으로써, 철학이 비-철학으로 변화되는 것을 환기하는 것은 '쓰기의 흔적', '리비도적인 경제' 및 '근경(根莖)의 분산(rhyzomal dispersion)'을 통해 반향 된다. 이상과 같은 메를로퐁티적인 콘텍스트는 그것이 텍스트의 다양성으로 변용된 바와 같이, 언어, 인류학, 심리분석, 정치이론 및 역사를 고려하는 데 있어서 모호한 급진주의(그리고 급진적 모호성)로서 그 자체의 현존을 지속적으로 선언하게 된다. 이와 같은 다양한 연구 분야로 진입함으로써, 그 자체의 전문적인 영역을 통과함으로써, 그 자체의 내용을 고려함으로써, 그리고 그러한 분야에 대한 이해를 도출함으로써, 철학은 비-철학으로서 그 자체의 가장 충분한 성취를 이룩할 수 있게 된다. 비-철학은 경험에 부여된 철학이다. 여기에서 분명히 해야만 하는 점은 철학이 개념화에 의해서 어떻게 우리들의 실제 삶의 다양한 영역에서 절대적인 것으로 될 수 있느냐는 점이다.

1. 경험으로 되는 철학

1961년 메를로퐁티가 갑자기 세상을 떠났을 때, 그의 죽음은 어떤 경우에서든 생성행위에 있어서 하나의 사상의 종결로 묘사되어 왔다. 이러한 핵심을 구체적으로 증명하기 위해서 우리들은 우선적으로 『보이는 것과 보이지 않는 것』(1964)과 마주해야만 하며, 모든 영역이 문서보관소 어딘가에 보관될 정도로 격하되기 시작한 시대에, 그의 사후에 출판된 이 책은 존재론의 소생을 위한 기념비적인 불후의 명저로 자리 잡게 되었다. 그런 다음에, 콜레주드프랑스에서 그의 강의를 듣지 못했던 사람들을 위해서 『강의 요지』(1968)가 출판되었으며, 이 책은 1952년부터 1960년까지 있었던 메를로퐁티의 강좌의 내용을 요약한 것이다. 마지막으로 1969년에 일종의 언어철학으로 『세계의 산문』이 출판되었으며, 이 책의 내용은 1950년대 초기에 발전된 것이지만, 지금은 『기호들』(1960)에서 찾아볼 수 있을 뿐만 아니라 『의식과 언어의 습득』(1949~1950)처럼 초기의 몇몇 강좌들에서도 찾아볼 수 있는 바와 같이 그 이전에 언급된 것들이다.[2)]

더 많은 것들이 비롯될 수 있다고 기대할 수 있는가? 이에 대한 대답은 메를로퐁티가 1961년 말에 콜레주드프랑스의 안내책자에 소개되었는지를 의심할 수도 있는 사람들에 대한 반응형태에서 찾아볼 수 있다. 왜냐하면 1968년에 출판된 『강의 요지』는 1960년으로 끝나고 있기 때문이다. 따라서 대답의 내용은 이제 클로드 리포르가 출판한 『헤겔 이후의 철학과 비-철학』[3])이라고 제목을 붙인 메를로퐁티의 강의노트와 관련지어 찾아볼 수 있다. 메를로퐁티가 세상을 떠나던 해에 전개된 그의 활동에서는 그 이전부터 수 년 동안 그를 사로잡고 있던 주제와 관심뿐만 아니라 새로운 사상의 방향까지도 수립해놓았다. 그러나 이 두 가지 경우에서 철학을 위한 지배적인 관심은 그가 그 자체의 궁극적인 임무라고 파악했던 것, 즉 '경험으로 되기'를 성취하는 데 있었다.

메를로퐁티의 사후에 출판된 그의 저서 『보이는 것과 보이지 않는 것』 및 『세계의 산문』 중에서, 후자가 먼저 집필되었으며, 특별하게는 1953년 1월에 있었던 그의 콜레주드프랑스 취임강연에 해당하는 『철학의 찬양』[4])보다 몇 년 정도 앞서 집필되었다. 따라서 어떤 의미에서 『세계의 산문』이 메를로퐁티의 마지막 철학적 입장을 연대순으로 대표하는 것이라고 간주할 수는 없을 것이다. 또 다른 의미로 보면, 1950년대 초기에 형성된 그의 논지 역시 10년 정도 뒤늦게 취했던 입장에 대한 표현일 수도 있다. 『철학의 찬양』의 문제—그 자체를 철학의 모호성과 절대적 존재자의 모호성으로 변화시킴으로써—는 역사와 철학의 변증법(헤겔과 마르크스 또는 마르크스와 헤겔)에 관계된다. "철학을 역사적 경험의 이해로 전환시키고 역사를 철학의 동화로 전환시킴으로써"(*Praise*, p.48), 철학과 역사를 동일시하고자 했던 헤겔에서부터 "분리된 앎의 방식으로서 철학을 '파괴'하는 사람은 실제 역사에서 철학을 '깨닫게 될' 뿐이다"(*Praise*, p.51)라고 언급했던 젊은 마르크스까지, 우리들은 의미의 회복을 위한 바탕, 즉 경험의 '풍성한 순간'에 철학을 통해서 그 자체를 우리들 자신만의 것으로 만들 수 있는 하나의 '바탕'을 발견할 수 있다(*Praise*, p.58). 하나의 의미를 파악하기 위해서 철학자는 거리를 유지한다고 말들 하지만(하이데거가 후설의 '판단중지'를 '뒤로 물러서기'라고 해석한 것처럼), 의미는 "표현된 것과 동시적으로 발생하기를 거부할 때에만 그 자체의 것으로 될 수 있을 뿐이다."(*Praise*, p.58) 그러나 철학이 어떤 거리를 유지한다면, 이상과 같은 '사물들의 조감도(pensée de survol)'는 철학자의 소명을 충족시킬 수 없게 될 것이다. 역사와 일반적 경험을 벗어나게 되면, 철학은 그 자체를 유지할 수 없게 된다. 따라서 "자기 자신을 세계와 역사에 연결시키는 진리의 매듭을 좀 더 충분하게 경험하기 위해서, 철학자는 자기 자신의 깊이나 절대지식을 발견하는 것이 아니라 다른 사람들의 사이에 놓여 있는 자기 자신의 새로운 이미지를 발견해야만 한다."(*Praise*, p.63) 비-철학으로 되는 철학의 이와 같은 초기의 형성논리는 그 자체가 바로 그 구조에 있어서 『지각의 현상학』(1945)에서 구체화시킨 현상학과 대등한 것이다. 공간성, 기동성 및 심지어 자유에 대한 비-철학적 경험은 생생하면서도 선-대상적인 철학의 끊임없는 노력에서 비롯되는 것이다.

『세계의 산문』에서 메를로퐁티는 로마제국은 세계의 산문이었다는 헤겔의 주장을 "산문의 범주는 산문 그 자체에 사회학적 의미를 부여하기 위해서 문학의 제약을 뛰어 넘는다"[5]는 견해에 관련짓고자 했다. 여기에서 철학에서 비-철학으로 전환되는 논지는 '알고리즘(algorithm)'처럼 가장 형식적인 것에서부터 그림과 제스처처럼 가장 간접적인 것까지 다양한 유형의 언어를 통해서 부여된 표현에 해당한다. 이러한 논지는 언어와 다양한 형식의 산문을 통해서 의미세계의 현존으로 진입하게 된다. 메를로퐁티가 『지각의 현상학』의 '서문'에서 제시했던 바와 같이, "우리들은 의미의 저주를 받게 된다."[6] 『세계의 산문』에서, 의미는 산문을 통해서 표현될 뿐만 아니라 산문 역시 상호-세계를 통해서 확장된다. 따라서 철학적 의미는 생생한 표현의 세계, 즉 실존은 표류되어야 한다는 점을 요구하는 후설의 '선험적 환원'의 조건을 충족시키지 못하는 세계로 전환된다. 이러한 의미에서 철학은 메를로퐁티가 1961년 비-철학으로 특징지었던 것으로 될 수 있을 것이다.

이와 같은 비-철학의 씨앗은 이미 『세계의 산문』에서 싹트고 있었다. 그 자신이 종종 '나쁜 모호성'을 '좋은 모호성'에 대립시키고는 했던 바와 같이,[7] 메를로퐁티는 철학의 완벽한 전멸이자 부정으로 될 수 있는 비-철학의 가능성을 고려하고 있었다(그리고 거부하고 있었다). 그는 다음과 같이 강조했다. "그 어떤 역사의 철학도 현재의 현실 모두를 미래로 이행시킨 적도 없고 또는 미래를 위한 여지를 마련하기 위해서 바로 그 자아를 파괴시킨 적도 없다. 미래에 대한 이와 같은 신경증적인 접근은 실제로 비-철학, 즉 누구나 믿고 있는 것을 알려고 하기를 신중하게 거부하는 것으로 될 수도 있다."[8] 헤겔은 분명히 역사를 '난폭한 필요성' —판단을 망각하고 자아를 억압하는 필요성—으로 소개하지는 않았다. 이와는 반대로 역사는 이러한 것들의 진정한 충족에 해당한다. 하이데거처럼 메를로퐁티도 현존의 철학을 지지했다. 하이데거의 '현존'이 그 자체의 존재적 상관성으로서 '현존의 현재'를 가지고 있는 것과 똑같이, 메를로퐁티도 철학이 그 자체만의 유일한 미래의 안식처를 발견할 수 있는 것으로 파악할 수는 없었다. 이와 같은 유토피아적인 전망은 철학 그 자체만의 생생한 측면을 거부하는 것일 수도 있다. 왜냐하면 철학이 비-철학으로 되려면, 비-철학은 현재 지속되는 경험으로 되어야만 하지만 그러한 경험은 현재가 아닌 미래에는 있을 수 없기 때문이다.[9] 의도와 표현의 이동은 이제 철학적 연구계획, 즉 현상학적 연구계획을 충족시키기 위해서 출현해야만 한다. 철학자들은 '중재적 초월'을 취급하든가 또는 "자아가 어떻게 그 자체를 세계나 문화—그것은 반대로 자아에 의해서 활성화되어야만 한다—로 전환하는지"(*PW*, p.84)를 취급하기 때문에, 진정한 역사는 현재 속에 살아 있어야만 하고 표현되어야만 한다. 따라서 두 가지 유형의 비-철학 중에서, 한 가지 유형은 자아가 파괴되는 미래로 번역될 수 있는 것이지만 그러나 그것은 수용-불가능한 것이다. 1961년에 설명한 다른 한 가지 유형은 의미 있는 지각의 영역 내에서 연구될 수 있는 것일 뿐만 아니라 의미하기는 하지만 제안하지는 않는 경험의 언어 내에서도 연구될 수 있는 것이다.

『세계의 산문』과는 다르게 메를로퐁티는 『보이는 것과 보이지 않는 것』을 제켜 두지는 않았다(또는 포기하지는 않았다).[10] 분명히 그것이 그의 생애의 마지막 해까지도 그의 관심을 끌고 있었던 까닭은 '집필노트'의 마지막 기록이 1961년 3월(그가 세상을 떠나기 전 두 달이 채 못 되는)로 되어 있기 때문이다.[11] 이 책은 원래 『진리의 기원』이라는 제목을 붙일 계획이었다. 왜냐하면 '기원(지식의 근원과 발생)'으로의 회귀는 진리의 원천을 규명할 수 있기 때문이었다. 그의 집필노트는 존재자의 진리와 진리의 존재자로부터 시작하고 있으며, 그것은 "우리들의 비-철학의 상태"(*VI*, p.165)에 대해서 하나의 존재론적 조건에 해당한다. 그러나 실제로 비-철학은 무엇일 수 있는가? 메를로퐁티는 두 가지 선택적인 해결들(변증법들)의 사이의 일종의 변증법을 다음과 같이 제안했다. "대립을 확인하는 '나쁜 변증법'—그것이 비-철학이다—이거나 또는 '방부 처리된 변증법'—그것은 더 이상 변증법이 아니다. 철학의 끝 또는 재-탄생?"(*VI*, p.165) 변증법은 분리된 '실재(實在)', 즉 사실들(facts)을 선택하고 따라서 공통점이 전혀 없는 다양성을 피할 수 없게 되거나 또는 확고부동하게 되어 이동을 피할 수 있게 된다. 두 가지 선택의 사이의 바로 그 변증법, 즉 철학의 끝(하이데거가 제안했던)[12]과 철학의 르네상스(그렇게 되기를 철학자들은 원하는 경향이 있다)는 문제 그 자체에 있어서 본질적인 것에 해당한다. 따라서 비-철학은 철학의 종결이자 결론이거나 또는 하나의 재생을 위한 바탕으로 될 수 있는 것인가? 『세계의 산문』에서는 전자만을 제안했을 뿐이다. 1959년 노트에는 비-철학이 완벽한 긍정을 성취할 수 있거나 또는 완벽한 부정을 성취할 수 있는 이원론이 제시되어 있다. 그리고 철학 그 자체는 이와 같은 두 가지 유형들, 즉 '완벽한 긍정'과 '완벽한 부정'이라는 비-철학의 사이의 교량으로 작용할 수 있을 것이다.

'집필노트'에서 비-철학에 대한 또 다른 유일하게 분명한 참고사항은 그 자체의 이원론을 다음과 같이 반복하는 데 있다. "철학이 즉각적으로 비-철학으로 되는 것은 아니다. 그것은 비-철학에 있어서의 긍정주의를 거부한다. 투쟁적인 비-철학은 역사를 가시적인 것으로 환원시킬 수도 있으며, 역사 그 자체에 더 잘 붙어있을 수도 있는 선(先)-텍스트의 영향을 받고 있는 깊이 있는 역사를 정확하게 빼앗을 수도 있다. 비합리주의, '생철학(Lebensphilosophie)', 파시즘 및 공산주의는 실제로 철학적인 의미를 가질 수도 있지만 그러나 그 자체로부터 숨겨져 있을 뿐이다."(*VI*, p.266) 그 자체를 충족시키기 위해서, 생생한 경험으로 되기 위해서, 철학은 그 자체 내로부터 바라보게 된다. 철학이 비-철학으로 전환됨에 따라서 철학의 자체 부여는 조화로운 기능의 형식으로 나타날 수도 있으며, 거기에서 '살아 있는' 비-철학은 정확하게 철학에서 모색했던 것에 해당한다. 그러나 이러한 위험성은 비-철학이 철학의 파괴(재생의 가능성이 전혀 없는)일 수도 있다는 점이다. 역사가 가시적인 것으로 환원되거나 또는 생산된 것으로 환원된다면, 보이는 것과 보이지 않는 것의 활기찬 변증법은 실현될 수 없을 것이다. 역사는 생산의 과정(만들어내는 과정)에 있기 때문에, 그것의 비가시성은 특별하게 보이는 것만큼만 나타나게 되어 있다. 철학의 핵심은 취(取)하기와 취해지기, 보기와 보이기, 만지기와 만져지기, 지각(知覺)하기와 지각되기, 감싸기와 감싸지기에 대한 그 자체만의 '부분교차(또는 엮어 짜기)'에 있다. 이와 같은 상호간의 동시발생(*VI*, p.268), 이와 같은 "차이에 대한 차이의 정체성"(*VI*, p.264), 이와 같은 "질문의 조화"(*VI*, p.187), "자연인으로 되기"(*VI*, p.185) 등의 범위 내에는 '사이' 그 자체에서 발생하는 비유를 위한 그 어떤 공간도 남겨놓지 않게 된다.(*VI*, p.221)[13)]

어떤 사람들은 메를로퐁티의 사상에서 바로 이러한 입장이 새로운 방향에 해당한다—그리고 1940년대 초기의 형성논리에서부터 언어가 변화되었다는 점은 사실이다—고 논의하고 싶을 수도 있겠지만, 그러한 입장의 기본구조는 똑같은 것이다. 철학의 충족으로서 지금은 비-철학에 해당하는 것이 당시에는 '지향의 호'에 해당하는 것이었을 뿐만 아니라 이미 '거기'에 있는 것으로 경험된 현상의 영역을 개관하는 '실존의 순환'에도 해당하는 것이었다. 또는 심지어 좀 더 일찍이 『행동의 구조』(1942)에서, 메를로퐁티는 '지각된 상황-집필'이라는 변증법적 짝의 독창성을 인식할 필요성을 제시한 것은 물론 '자극-반영'의 짝에 대한 '활기찬 상황-본능 반응'의 환원불가능성까지도 인식할 필요성을 제시했다.[14] 이러한 점에 수반되는 변증법의 각각의 짝은 그것이 또 다른 짝을 능가함으로써 충족될 수 있는 것이다. 자연, 삶, 마음 등은 가시적-비가시적인 일련의 관계에 있어서 연속적인 순간에 해당한다. 그것은 또한 의미 있는 유형으로 철학이 비-철학으로 될 수 있는 표현에 해당하기도 한다.

철학과 비-철학의 변증법은 모호한 삶의 또 다른 형식에 해당하며 그것은 메를로퐁티의 다양한 전망들을 가능하게 한다. 각각의 경우에서 이와 같은 모호한 영역들을 재-고려하는 것은 그의 변증법의 형성논리에 있어서 핵심적인 것으로 되었다. 이러한 점은 특히 『휴머니즘과 테러』에 잘 반영되어 있다. "주관적인 것과 객관적인 것의 변증법은 이 두 요소들로 하여금 변별적으로 작용하도록 내버려두는 단순한 대립이 아니다. 그것은 오히려 우리들이 진리에 뿌리내리고 있다는 점을 시험하는 것이다."[15] 『보이는 것과 보이지 않는 것』에서 메를로퐁티가 발전시키고자 했던 바와 같이, 주관적-객관적 변증법은 의미, 가시성, 모호성, 진리 등의 핵심에 해당한다. 진리의 규명(하이데거의 '비-은폐성'에서처럼)은 개인적인 지식에서 벗어나 공통의 영역으로 진입하는 철학의 양방향성에 관계된다. 역사의 모호성과 니콜라이 이바노비치 부하린을 연결 짓는 데 있어서, 양방향성은 인민위원과 명상가의 사이의 대립으로 표현될 수 있다. "비극의 진정한 본성은 '동일한 인물'이 ① 자신은 자신의 행동의 객관적 패턴을 부정할 수 없다는 점, 즉 역사와의 콘텍스트에서 자신은 다른 사람들을 위해서 있다는 점과 ② 그렇지만 자신의 행동의 동기는 자신이 그것을 경험하는 것처럼 어떤 사람의 가치도 형성하게 된다는 점 등 이 두 가지를 모두 이해할 수 있을 때 나타나게 된다. 이러한 경우 우리들은 내적인 것과 외적인 것, 주관성과 객관성, 또는 판단과 그것의 의미의 사이에서 더 이상 일련의 선택을 할 수는 없지만, 변증법적 관계, 말하자면, 진리에 바탕을 두고 있는 대립에서 바로 그 '동일한 인물'은 두 가지 수준에서 자기 자신을 구현하려고 노력하게 된다."(*HT*, pp.62~63) '동일한 인물'에게 있어서 철학과 비-철학을 표현하는 것은 단순한 임무에 지나지 않는 것이 아니다. 그럼에도 그것은 메를로퐁티가 1947년과 1961년에 이 두 가지를 전개시켰던 주의표명에도 해당한다.

다른 분야에서도 이와 똑같은 반복을 제시하기 위해서 우리들은 「트로츠키의 합리주의」에 관한 에세이의 결론 부분, 스킬라와 카리브디스[이탈리아와 시칠리아 사이의 해협 또는 헤라클레스기둥(Pillars of Hercules)에 있는 전설적인 소용돌이를 의미하는 카리브디스(Charybdis)는 항상 스킬라(Scylla)와 같이 언급된다. 스킬라는 사나운 개들을 데리고 있는 괴물인데, 카리브디스와 너무 가까운 곳에 살기 때문에 둘 사이를 무사히 항해할 수는 없다. 우리가 '진퇴양란'이라고 할 때에 고대 그리스에서는 '스킬라와 카리브디스 사이에 갇히다'라는 표현을 사용했다]의 관계를 개관함으로써, 철학이 비-철학으로 이동하는 것을 언급한 부분을 찾아볼 수 있다. 우리들은 한편으로는 유토피아주의를 발견하게 되고 다른 한편으로는 독단적인 역사의 철학을 발견하게 된다. "마르크스주의는 우리들에게 유토피아, 시간보다 앞서는 것으로 알려진 미래 또는 그 어떤 역사의 철학을 제공하지 않는다. 그러나 그것은 사건을 해결하고 그러한 사건에서 어떤 공통적인 의미를 발견하고 그렇게 함으로써 선도적인 어떤 끈을 파악하게 되며, 그러한 끈은 모든 단계에서 신선한 분석을 우리들에게 제공하게 되는 것이 아니라 우리들 스스로가 그러한 사건으로 나아갈 수 있도록 유도하게 된다."(*HT*, p.98) 이와 같이 최종적으로 어떤 사건으로 향하는 자체-지향—메를로퐁티가 아동의 모방행위를 특징지었던 "표현으로 향하는 것"과 똑같은—그것이 바로 궁극적으로 철학을 실현하는 것이다. 철학은 분석만으로는 또는 심지어 묘사만으로는 그 자체를 만족시킬 수가 없다. 메를로퐁티에게 있어서 철학은 실세상의 생생한 경험의 방향에 있어서 하나의 움직임을 선도해야만 한다. 사회적인 현상을 조심스럽게 해석하기만 한다면, 이러한 점은 마르크스적인 '실천'을 통해서 성취될 수 있는 것이다. 인생을 흐르는 물에 비유하는 헤라클레이토스의 전통적인 비유는 여기에서 하나의 '이력서' — 삶의 전 과정 — 으로 전환되며, 그러한 이력서가 세계의 짜임으로 진입하는 것이라고 생각하는 철학자는 그것을 작성하게 된다. 그러나 메를로퐁티가 『휴머니즘과 테러』에서부터 『세계의 산문』을 거쳐 『보이는 것과 보이지 않는 것』까지 그렇게 했던 것처럼, 각자는 자기 자신만의 이해의 과정을 거쳐야만 한다.

나중에 『헤겔 이후의 철학과 비-철학』에서 발전시켰던 기본적인 논지의 최초의 국면은 『변증법의 모험』(1955)[16]에서 시작되었거나 또는 좀 더 정확하게 말한다면 메를로퐁티가 1956년 '변증법 철학'에 관한 자신의 목요강좌를 제공했던 시기에 시작되었다.[17] 최근에 그의 저서가 지속적으로 출판되고는 있지만, 그의 강좌 역시 새로운 분야에 관한 연구에 해당한다. 헤겔에게 있어서의 '모순의 생산'과 '부정의 노동'에서 키에르케고르와 하이데거의 '주관적 성찰'로 이동한 후에, 그런 다음에 메를로퐁티는 '순환적 변증법'으로 전환했다. '순환적 변증법'에서는 '사상의 경험'이 "성찰 이전에 이미 거기에, '그 자체'에 있었던 것"을 알고자 하는 여행을 하게 된다. 헤겔, 포이어바흐, 마르크스, 키에르케고르, 하이데거 및 사르트르를 통해서 메를로퐁티에게 부여된 이와 같은 여정(旅程)은 부정적인 것과 긍정적인 것, 하나와 다수, 주관적인 것과 대상적인 것, 제로(zero)와 총합의 사이에 불편한 균형 상태를 유지하고 있다. 이와 같이 차이 나는 변증법은 '영원히' — 니체가 일반적으로 삶에 대해 언급하고는 했던 바와 같이 — 똑같은 것, 즉 철학과 비-철학으로 되돌아가는 것이라고 말할 수 있다.

각각의 균형 상태에서는 철학과 관련지어 비-철학의 위상에 대한 문제를 재-소개하게 된다. 이러한 문제를 분명하게 하기 위해서 메를로퐁티는 자연의 역할을 제시했다. 자연에 관한 그의 연구는 물리주의로 되돌아가는 것이 아니다. 또한 이러한 자연이 정확하게 고대의 '자연의 성장원리(Physis, φύσις)'—그러한 원리가 그것을 알고자 하는 로고스를 수반하기는 하지만—에 해당하는 것도 아니다. '자연의 성장원리'에 대한 아리스토텔레스의 로고스에서, 자연적인 세계의 구조는 우리들 자신이 그 속에서 살고 있고 또 우리들 자신의 주변을 관찰함으로써 알려질 수 있게 된다. 그러나 메를로퐁티에게 있어서 중요한 점은 로고스와 '자연의 성장원리'의 사이의 거리에 있는 것이 아니라 후자 속에 있는 전자의 즉시성에 있다.

자연을 질문하는 것은 자연으로 향하는 철학으로 이동하는 것이다. 철학과 자연의 사이에 일정한 거리를 형성하고 있는 고전적인 형이상학과는 대조적으로 메를로퐁티의 형이상학은 자연에 '대한' 하나의 존재론, 즉 자연적 존재론에 해당한다. 「철학의 가능성」(1959)에서 철학은 그 자체의 근본적인 바탕이 무엇인지를 질문하고 있다. 자연이 근본적인 바탕이라는 점이 분명하게 되었을 때, 철학은 자연과 분리된 어떤 위치를 차지할 수 있는가에 대한 질문이 발생할 수 있는 것인가? 헤겔과 함께 이에 대한 대답은 부정적이며—"끝나게 되어 있는 그 무엇"(*TL*, p.100)—철학은 그 어떤 특별한 위상을 거부하게 된다. 이러한 과정을 통해서 철학적 공간은 부정적인 것에 의해 창조된다. 마르크스, 키에르케고르 및 니체가 제공하는 것을 충족시키는 것은 그 자체가 철학을 파괴하는 것이나 다름없다. 철학의 끝은 철학이 자연으로 되는 곳에서 비롯된다.

철학의 자연화와 함께, "우리들은 비-철학의 시대로 접어들게 되었다. 그러나 아마도 이와 같은 철학의 파괴는 바로 그 자체만의 실현을 형성하는 것일 수도 있다. 아마도 그것은 철학의 본질만을 보전할 수도 있을 것이며 후설이 그렇게 언급했던 바와 같이 철학은 그 자체의 잿더미에서 다시 태어날 수도 있을 것이다."(*TL*, p.100) 여기에서 문제가 되는 것은 철학이 이처럼 불사조인가에 있는 것이 아니라 오히려 철학이 그 자체의 잿더미에서 어떻게 다시 태어날 수 있는가에 있다. 이와 같은 후기-헤겔적인 사상가들의 선점(先占), 불분명, 모호성, 해석 등은 문제를 해결하는 것이 아니라 그들 자신의 쓰기에 대한 수많은 논평을 야기할 뿐이다. 비-철학에 있어서의 철학적인 것은 우리 자신의 시대에 대한 일련의 권고사항이 아니다. 이제 사상은 더 이상 현재와 미래의 행동에 대한 지침이나 평가를 제공할 수 없게 되었다. 마르크스, 키에르케고르 및 니체에게서 우리들이 발견하는 것이 무엇이든, 그것은 이들이 자신들의 시대를 어떻게 이해했는지에 대한 그림이 될 수 없다. 오히려 그 반대로, 우리들은 이들에게서 우리 자신의 시대의 바로 그 조건을 발견할 수 있을 것이다. "우리들의 삶이 그들에게서 어떤 분명한 전망을 갖게 되기보다는 그들이 우리들 속에서 살아가게 되며, 우리들은 그들의 문제를 우리들의 문제로 해결하기보다는 그들의 문제를 우리 자신의 문제로 포함시키게 된다."(*TL*, p.101)

비-철학에 대한 이들의 철학은 우리들의 '비-철학적 철학'으로 전환된다. 비-철학의 역사는 부정되었던 형이상학을 지속적으로 재-진술하는 것이다. 새롭게 된 삶을 이해하기 위해서 철학자가 기준이 되는 형이상학의 주장을 받아들이기를 거부하는 매 순간마다, 바로 그 순간에 비-철학은 작용하게 된다. 비-철학이 반-철학이 아닌 까닭은 전자가 '착수하게 되어 있는 철학'인 반면, 후자는 이해 그 자체의 연구계획을 지속적으로 반대하고 있기 때문이다. 비-철학의 의미와 가능성을 질문함으로써, 철학은 자연에서 그리고 경험에서 다시 태어날 수 있게 된다. 질문이 우리들 자신의 활동의 구현에 해당하는 것처럼, 철학도 그 자체를 우리들의 일상생활에 개입시키게 된다. 그 자체의 역사의 길을 따라서 하이데거는 후설을 추종하여 '질문'으로, 즉 그와 같은 생활세계에 대한 질문이 아니라 오히려 실존의 존재론적 조건에 대한 질문으로 이동하게 되었다. 비-철학의 길에 합류함으로써, 메를로퐁티가 하이데거와 일치하게 된 것은 철학의 향방에 있어서 어떤 변화를 알리는 계기가 되었다. 메를로퐁티의 활동을 통해서 우리들은 그가 분명하게 후설을 참고하고 있다는 사실을 알 수 있으며, 『헤겔 이후의 철학과 비-철학』보다 1년 정도 앞서서 자신의 자료에 하이데거를 삽입시키고 있는 것은 그가 『보이는 것과 보이지 않는 것』의 방향을 결정하게 되는 바로 그 존재론적 전환을 감행했다는 사실을 암시하는 것이다.

하이데거의 뒤를 이어 사르트르와 같은 몇몇 철학자들도 인간을 '부정된 존재자'이자 '부정하는 존재자'라고 언급했다. 메를로퐁티는 '현존재(Dasein)'를 '인간적 현실(la realité humaine)'로 옮긴 초기의 번역이 직접적으로 형이상학을 야기하기보다는 휴머니즘을 야기했다는 점을 잘 알고 있었다. 철학의 끝은 형이상학의 끝으로 이해되었다. 그러나 인간에 대한 철학의 의미로 볼 때, '휴머니즘'은 성공적인 것일 수도 있지만, 메를로퐁티에게 있어서 그것은 오역에 해당하는 것이었다. 인간은 분명히 세계의 경험에 암시되어 있기는 하지만 그렇다고 해서 인간을 찬양할 필요는 없을 것이다. 하이데거가 "'현존재'를 통해서 존재를 지지하고자 했고 인간의 어떤 태도를 분석하고자 했던 까닭은 인간이 다만 존재의 질문에 해당하기 때문이었다."(*TL*, pp.109~110) 인간은 질문에 개입하게 되고 존재와 함께 질문을 받게 된다. 그러나 그것은 고립된 실재(實在)로 나타나는 것이 아니다. 인간은 그 어떤 다른 본질이나 존재에게 참여하는 것만큼이나 '선-대상적 존재'에도 참여한다. 철학이 이해하기를 통해서 그와 같은 참여에 개입하게 되는 것은 철학이 비-철학으로 되는 것이다. 선-대상적인 존재, 즉 자연을 통해서 우리들의 삶을 표현하고 묘사함으로써, 철학은 근본적인 것으로, 따라서 철학적이지 않은 것으로 되돌아갈 수 있게 된다.

근본적인 것이 철학적이지 않다면—메를로퐁티가 1959년에 있었던 그 자신의 강좌에서 취했던 입장에 해당하는—근본적인 것에 대한 분명한 설명은 그 다음 해인 1950년에나 가능하게 되었다. 메를로퐁티는 자신의 마지막 저서 『눈과 마음』에서 비전을 연구했다. 우리들이 그의 집필원고에서 '가시성'과 관련된 부분을 이해한다면, 비전은 현재 작용하고 있는 자연에 해당할 수 있을 것이다. 우리들을 볼 수 있게 함으로써, 우리들이 어떻게 볼 것인지를 해석했던 세잔과 같은 화가의 활동에서 그러한 예를 찾아볼 수 있는 바와 같이, 철학은 비전에 굴복하게 된다. 형성과 변용을 통해서 데카르트의 지지를 받고 있는 사상과는 다르게, 비전은 세계의 사물 그 자체의 의미를 드러내기 위해서 사물 그 자체로 향하게 된다. 이와 같이 구체적인 비전은 메를로퐁티의 후기-헤겔적인 철학의 영역을 필연적으로 표시하게 된다.[18]

> 공간은 공간성의 영점(零點)이나 영도(零度)로서 나로부터 출발하는 것으로 생각되었다. 나는 공간이 외적으로 포함하고 있는 것에 의해서 공간을 바라보지는 않는다. 나는 내부로부터 바로 그 공간 속에 살고 있다. 나는 공간에 몰두해 있다. 결국 세계는 나를 둘러싸고 있는 것이지 나의 앞에 있는 것이 아니다. 조금 떨어져서 보면, 빛을 하나의 행동으로 한 번 더 파악할 수 있을 것이다. 빛은 더 이상 접촉-가능한 행동으로 환원될 수도 없는 것이며, 달리 말하면 빛을 바라보지 못하는 사람들이 생각할 수도 있는 것처럼 그렇게 고려될 수도 없는 것이다. 비전은 그 자체보다 더 많은 것들을 제시할 수 있는 그 자체만의 근본적인 힘을 재-확인할 수 있게 된다.[19]

비전은 공간성에 개입하게 되고 그 자체가 규명할 수 있는 것보다 더 많은 것들에 참여하게 된다. 철학의 임무는 사상을 비전의 공간성으로 이끄는 데 있다. 바로 이러한 점에서 한 번 더 철학은 그 자체의 요구를 지양해야만 한다. 그림에 대한 연구가 세계를 비-철학으로 어떻게 이해할 것인지를 우리들에게 가르칠 수 있다는 점을 철학은 배우게 된다. "화가의 비전은 '외부의 것'에 의존하는 시선, 즉 단순하게 '육체적-시각적' 세계와의 관계가 아니다. 세계는 대표성을 통해서 더 이상 화가 앞에 서 있는 것이 아니다. 오히려 그것은 화가 자신이며, 그에게 있어서 세계의 사물들은 보이는 것에 대한 일종의 집중으로서 또는 바로 그 자체가 됨으로써 존재하게 된다."(*EM*, p.181) 화가는 보이는 것의 즉각적인 의미로 자연을 드러내게 된다. 존재가 발생하게 됨에 따라 화가는 그림의 세계에 진입하게 된다. 이와 같은 점을 바탕으로 하여 화가는 자신의 비전, 자신의 이해를 완성하기 위해서 자기 자신에게로 되돌아올 수 있다. "오로지 비전만이 우리들로 하여금 존재자들이 서로가 서로에 대해서 차이나고 '외적'이고 '낯설기'는 하지만 그럼에도 그것들은 절대적으로 '결합적'이면서도 '동시적'으로 발생한다는 점을 깨닫게 한다."(*EM*, p.187) 존재자들의 통일성은 철학이 알려고 노력하는 바로 그 통일성에 해당하지만, 철학은 그러한 존재자들의 공간성과 가시성에 의해서 바로 그 존재자들을 경험함으로써 '통일성' 그 자체를 알 수 있을 뿐이다.

메를로퐁티는 문학에서 그 어떤 중재도 없는 존재의 표현을 발견했으며, 그것이 그림에서의 '보이는 것의 의미'와 똑같은 까닭은 문학에서의 표현과 그림에서의 의미가 모두 하나의 '지향의 호'를 활성화시키고 있기 때문이다. 1961년에 집필된 그의 쓰기 중에서 메를로퐁티는 소설가 클로드 시몽에 관한 다섯 개의 주석을 남겨놓았다.20) 이러한 주석들의 핵심적인 세 가지 논지, 즉 ①비전, ②'예견', ③느낀 것 등은 똑같은 경험을 재-형성해 놓은 것에 해당한다. 따라서 다음과 같이 주장할 수도 있을 것이다. "보는 것은 어떤 사물을 생각하지 말 것을 우리들에게 허락하는 것이나 다름없다. 왜냐하면 우리들 자신이 그것을 보고 있기 때문이다."(*Entre Fiens*, p.42) 데카르트주의에서는 무엇이든 생각된 것은 코기토에 포함시킬 것을 요구한다. 코기토는 우리들이 사물 그 자체를 보기 위해서 바로 그 사물의 세계에 진입하는 것을 허락하지 않는다. 실제로 우리들은 '거기에 있는 것'을 지각하기 위해서 우리들 자신의 주의 깊은 판단을 유보해야만 한다. 비전 그 자체는 이미 '거기에 있는 것'을 포착하는 것이다. '예견'을 선-대상적 경험으로 언급하는 것은 상상적이면서도 개념적인 것을 포함하는 것이다. 이 두 가지 경우에서 소설가의 임무는 자신이 느낀 것을 묘사하는 데 있다. 소설가의 이와 같은 활동이 없다면, "감정, 살기 및 감각적인 경험 등에는 그 어떤 가치도 있을 수 없다. 작품은 '생생한 것'을 말로 단순하게 전환시키는 것을 포함하기보다는 오히려 '느낀 것을 말하도록' 만드는 것을 포함한다."(*Entre Fiens*, p.45) 철학자 역시 느낀 것을 말하도록 하는 데 관여하지만 그러나 감각적인 언어로 말하도록 하는 것은 아니다. 철학자는 경험의 언어를 발전시키기 위해서 경험 그 자체로 되돌아와야만 한다. 그러나 그러한 언어는 우리들의 일상생활에서 의미를 성취하는 것이 무엇이든 바로 그러한 의미를 성취하고자 하는 노력에 관계된다.

2. 철학과 비-철학

메를로퐁티는 1960년에서 1961년까지 진행된 자신의 강좌에서 철학과 비-철학의 사이의 관계를 분명한 두 부분으로 나누어 논의했다. 첫 번째 부분에서 그는 절대적인 것의 출현과 관련지어 몇 가지 서론적인 언급을 한 후에 절대적인 것과 현상을 동일시했고, 지식과 경험의 사이의 관계를 수립했고, 현상학적 변증법을 제안했고, 자의식의 위치를 발전시켰으며, 철학과 비-철학을 관련짓지 못한 헤겔의 실패를 지적했다. 두 번째 부분에서 그는 마르크스에게 있어서의 각각의 단계, 즉각적 철학, 헤겔에 대한 마르크스의 비판, '실천'의 가능성, 철학자로서의 마르크스, 그리고 '사상과 인간' 및 '자연'의 사이의 관계에 치중했다. 메를로퐁티가 통일된 논지로 향하고는 있지만, 그의 활동의 비밀스런 형식은 이러한 논지를 기꺼이 수용하는 것을 어렵게 만들기도 했다. 그가 1961년 이전에 발전시킨 방향은 모두 철학이 비-철학으로 될 수 있는 가능성으로 향하고 있다. 처음에는 헤겔이 그 다음에는 마르크스가 이와 같은 경향을 분명하게 하는 수단으로 작용했다.

『정신현상학』에 대한 헤겔의 '서론'을 연구하는 데 있어서, 현상이 전체적 진리에 해당한다는 식으로 절대적인 것은 나타나게 된다. 현상은 나타나야만 하기 때문에, 그것이 나타나는 방법에는 절대적인 것 모두가 포함된다. 이러한 점은, 철학은 다름 아닌 비-철학으로만 그 자체를 나타낼 수밖에 없다는 점을 의미한다. 철학은 질문에 관여해야만 한다. 존재의 문제에 대한 하이데거의 이해와 질문의 태도에 있어서의 부정의 기원에 대한 사르트르의 발견은 모두 특징 있는 철학적 질문의 방법을 형성해 놓았다. 그리스인들은 자신들이 어떻게 살아가야 하는지를 알고 있었다는 니체의 주장에 있어서, 삶이 그 자체를 구현하는 것으로 출현 그 자체를 강조한 것은 그리스인들을 현상의 수준에, 비-철학의 수준에 배치 한 것과 같은 것이다. 그 자체의 질문을 통해서 철학은 해석하게 되고 그렇게 함으로써 '살아온 것'을 변화시키게 된다.

경험을 해석하기 위해서 철학 그 자체는 경험으로부터 일정한 거리를 유지하게 된다. 니체가 출현의 절대성을 제안했을 때, 하이데거에게는 절대적인 것이 '하나의 철학'이라고 주장할 수 있는 단계를 제공했고, 『변증법적 이성비판』을 집필했던 사르트르에게는 마르크스적인 '실천'이 그 어떤 것과도 비교할 수 없는 가장 훌륭한 철학의 예를 제공하는 것으로 주장할 수 있는 단서를 제공했다. 따라서 하이데거와 사르트르에게 있어서 철학은 비-철학, 경험, 삶 바로 그 자체에 해당한다.

철학은 이해를 통해서 절대적인 것에 접근할 수는 없다. 절대적인 것을 알고자 하는 이해는 몇몇 도구나 매개체를 필요로 하며, 그러한 것에 의해서 이해는 출현으로서의 절대적인 것에 접근할 수 있다. 철학자와 절대적인 것의 사이를 중재하는 데 있어서 이해는 출현의 지표로 작용한다. 그러나 그것은 공허한 공간이나 순수한 방향성만을 드러낼 수 있을 뿐이다. 이와 같은 중재적인 기능으로 인해서 이해는 그 자체의 절대적 형식에 있어서 일종의 출현을 드러내는데 성공할 수가 없다. 중재적 기능으로서의 이해를 보충하기 위해서 우리들은 이해 그 자체가 되어야만 한다. 삶이 그 자체를 일종의 지식의 유형으로 만들게 되고 지식이 그 자체를 삶으로 만들게 된다면, 그렇다면 우리들이 이해 그 자체로 되는 것은 역사에서 이루어질 수도 있을 것이다. 이런 식으로 절대적인 것 및 그것과 함께 하는 우리들의 이해의 사이의 관계는 우리들 자신만의 경험에서 실현될 수도 있을 것이다.

이러한 임무를 성취하기 위해서는 현상과 절대적인 것의 정체성에 대한 인식을 요구하게 된다. 철학에서는 이해가 중재적인 기능을 수행할 것을 요구하기 때문에 철학은 이해로 될 수가 없다. 이해가 중재적인 역할을 한다면, 그렇다면 절대적인 것에 대한 '알기-지식' — '앎(Erkennen)'에 대한 버트란트 러셀의 공식 — 은 절대적인 것의 출현과는 다른 것으로 될 것이다. 절대적인 것이 진리가 되기 위해서, 그것은 그 자체만의 진리로 알려져야만 하고, 그것은 그 자체만의 진리로 나타나야만 할 것이다. 더 나아가 이해는 절대적인 것의 진리를 드러내는 방법이어야만 한다. 따라서 하나의 현상을 드러내는 것은 절대적인 것의 현존 그 자체에 해당한다.

절대적인 것의 출현에서 '자연적 의식'에서는 진정한 지식을 성취하고자 한다. 그러나 메를로퐁티가 마르크스에게 전가시켰을 뿐만 아니라 프로이트에게도 전가시켰던 '자연적 무의식'도 있기 때문에, 지식은 현상의 총합을 파악할 수 없다. 의식의 구조는 이와 같기 때문에 현상은 충분하게 규명될 수 없는 것이다. 현상은 그 자체에도 관련되고 외부세계에도 관련되기 때문에 '부분교차'가 형성된다. 이와 같은 부분교차에 의해서 의식은 그 자체의 자연적 콘텍스트 내에 하나의 현상을 엮어 짜게 된다. 1957년과 1959년의 사이에 있었던 메를로퐁티의 강좌의 주제였던 '자연'은 하나의 환경을 제공하게 되고 그것에 의해서 의식은 그 자체만의 개념으로 될 수 있지만 그러나 그것이 그 자체만의 자아-실현으로 될 수 있는 것은 아니다. 의식은 또한 그 자체만의 정체성을 구현하는 것 외에도 그 자체를 실현하기 위해서 자연 그 자체로 되어야만 한다.

이와 같은 의식은 부정에 관계된다. 부정된 것은 사르트르에게서처럼 '대자(for-itself)'가 아니다. 사르트르에 의하면 '대자'는 그 자체에게 하나의 존재자(대자가 아닌 것)를 부여하기 위해서 그리고 그러한 존재자를 뛰어넘어 투사하기 위해서 그 자체를 부정하게 된다. 그러나 이러한 '대자'의 프로젝트는 또 다른 '즉자(in-self)'로서 그 자체를 정의하게 된다. 의식의 작용은 '즉자'를 초월적 대상화가 되도록 요구한다. 메를로퐁티에게 있어서 의식은 존재자와 표현의 새로운 형식에 대한 그 자체만의 이동을 확인하기 위해서 부정될 수밖에 없다. 이런 식으로 자아에 대한 관계와 외부세계에 대한 관계를 하나로 엮어 짜는 것은 충족될 수 없는 자아-실현을 위해서 역동적으로 지향하는 것에 해당하는 것이지 사르트르에게서처럼 진정한 정체성의 부정에 해당하는 것이 아니다. 이와 같이 '엮어 짜는 것' — 바로 그 자체의 '목적인(目的因)'은 그 자체와 통합될 뿐만 아니라 자연과도 통합된다. 그러나 이러한 통합은 가능하지 않기 때문에 의식은 불행할 수밖에 없다. 의식이 불행한 상태로 남아 있는 한, 그 자체 내에서 분열되고 낯설게 되는 한, 의식은 그것이 추구하는 절대적 통합으로 될 수 없다.

의식이 통합을 이루고자 하지만 그렇게 하지 못하는 이러한 불가능성으로부터 출현하는 것이 바로 '의식의 의도성'이다. 의도성 그 자체는 경험에 해당하지만 그러나 그것은 부단한 경험에 해당한다. 이러한 경험은 그것이 '부분교차(또는 엮어 짜기)'를 지속적으로 모색한다는 점에서 결코 만족할 수가 없다. 그러한 부분교차가 존재하는 한, 자연적 의식 내에서 일종의 양극성을 발견할 수 있다. 따라서 경험의 척도는 '측정된 것'과 그것에 의해 '측정하는 것'의 정체성으로 될 수 있을 것이다. '측정하는 것'과 '측정된 것'의 사이에 존재하는 이와 같은 양면대립은 기호학의 형성논리에 있어서의 '기표'와 '기의'의 사이에 존재하는 양면

대립과 같은 것이다. '측정된 것'은 측정의 기준이 될 수 없기 때문에, 경험이나 지식으로서의 측정은 절대적인 것의 출현으로 될 수 없다. 절대적인 것은 성취되지 못한 채 남아 있을 수밖에 없다.

의식을 측정하는 것은 의식 그 자체를 중재된 직관으로 만드는 것이다. 그러나 그것이 중재된 직관이라면 의식은 무엇인가를 어떻게 배울 수 있는가? 한편으로 의식은 측정의 기준이 되고 외부세계는 바로 그 의식이 알고 있는 것을 수립하기 위해서 측정될 수밖에 없다. 첫 번째 경우에서의 의식은 철학적이고, 두 번째 경우에서의 의식은 자연적이다. 그러나 이와 같은 두 가지 유형들의 '의식' 그 자체는 서로의 역할을 교환할 수 있기 때문에, 그러한 의식은 서로 다른 것을 위해서 각각 주체로 될 수 있거나 또는 대상으로 될 수 있다. 이러한 의식은 서로에 대해서 똑같은 것에 해당하지만, 함께한다 하더라도 그것이 절대적인 것으로 될 수 없는 까닭은 측정은 절대적인 것에 대한 부정에 해당하기 때문이다.

절대적인 것을 성취하기 위해서 지식은 경험으로 되어야만 한다. 그러나 이러한 점이 진실로 되기 위해서는 지식은 변화를 거쳐야만 한다. 지식, 즉 대상에 대한 지식은 충분한 것이 아니다. 주체와 대상의 사이의 이원론 이후에, 그리고 측정의 기준과 측정된 것의 사이의 이원론 이후에, 남게 되는 것은 '순수한 비전의 행동' 뿐이다. 메를로퐁티가 이러한 형성논리를 헤겔에게서 발견하기는 했지만, 그것은 그 자신만의 활동에서 반복되고는 했다. 이와 같은 이원론을 지양하는 것은 가시성 그 자체, 또는 그것을 달리 말하면, 모호성 그 자체이다. 가시성과 모호성은 모두 '의도성', 즉 그 자체 내에 대립을 통합시키는 이중과정을 재-진술하는 것이다. '측정된 것'에 대한 '측정의 기준'과 그 반대의 경우의 양방향성은 그 어떤 중재가 없는 순수한 경험으로 하나의 관계를 형성하게 된다.

측정의 기준과 측정된 것의 사이의 교환은 변증법적이다. 변증법은 자아에 대한 관계와 초월적 대상에 대한 관계의 사이의 긴장에서 비롯된다. 이와 같은 이중적인 관계는 의식의 기능을 특징지으며, 그것은 경험을 통해서 그 자체의 임무를 성취하게 된다. 이와 같은 경험이 모호한 까닭은 그 자체의 수많은 의미들이 공시적인 행위로 통합되기 때문이다.

이와 같은 관계에서 모호성의 역할을 연구한다면, 우리들은 그것이 현상학적인 동시에 변증법적이라는 점을 발견할 수 있다. 그것이 현상학적인 까닭은 의식이 어느 한 순간에 그 자체를 이해하기 때문이다. 바로 이러한 순간이 대상이나 주체로서가 아니라 '이 두 가지를 동시에 함께-부여'함으로써 현상을 충분하게 드러내는 순간에 해당한다. 의식은 의미로, 출현의 출현하기처럼 관계의 의미작용으로 드러나게 된다. 그 어떤 것도 외부로부터 현상학에 개입할 수 없기 때문에 현상학 그 자체에는 중재자가 없다. 현상학은 경험의 묘사로서 그러한 경험이 발생하게 되는 다양한 범주와 측면을 드러낼 수 있다.

모호성 역시 변증법적인 까닭은 그것이 두 가지 방향으로, 즉 그 자체의 길에 개입하는 것은 무엇이든 종합하는 '방향성'과 그 자체만의 '완결성'을 유지함으로써, 그 자체를 뛰어넘는 쪽으로 나아가기 때문이다. 변증법처럼 모호성도 대상에 대한 지식의 작용에 해당하며 대상은 지식의 범위를 결정하게 된다. 따라서 변증법적 관계는 경험 그 자체로부터 벗어날 수 있게 된다. 그 결과 더 이상 차별화되지 않는 모호한 종합만이 남게 된다. 그 자체만의 종합에서 변증법은 절대적인 것을 형성할 수 있다. 자신의 『휴머니즘과 테러』에서 상당히 길게 논의했던 1937의 숙청재판을 강조하는 하나의 '역사적 상황'을 언급함으로써, 메를로퐁티는 이와 같은 절대적인 것의 개념을 구체적으로 예시했다. 여기에서 경험은 모호한 선택을 야기하게 되었으며 그러한 선택을 명명백백한 사건, 즉 절대적 출현이라고 결론지었다.[21]

진정으로 자의식에 해당하는 의식은 공허한 것이라고 메를로퐁티는 강조하고는 했다. 이 경우에서의 핵심은 헤겔이 자신의 자의식(부르주아 국가와 유사할 수도 있는)은 보편적 의식(부르주아 국가와 똑같을 수도 있는)과 일치한다고 전제하는 데 있다. 그러나 부르주아 국가는 그것이 국가라는 점을 전제한다면 그 자체를 충족시킬 수 없다(그 자체를 충분하게 인식할 수 없게 된다). 국가는 의식적이어야만 한다(즉, 의식으로 나타나야만 한다). 의식은 경험을 통해서 나타나는 것을 허용하기 때문에, 그것은 국가를 허용하게 된다. 부르주아 국가가 그렇게 하듯이, 국가는 그 자체만의 결정으로만 한정지울 수 없다. 따라서 부르주아 국가는 충분하게 자-의식적으로 될 수 없다.

경험은 종합적인 상황에서 작용하기 때문에, '실천'은 절대적인 것이어야만 한다(자의식에 있어서의 충분한 의식). 의식은 의식 그 자체로 되기 위해서 그 자체로부터 그 자체를 분리시켜야만 하며, 그렇게 함으로써 의식은 절대적인 것에 참여할 수 있게 된다. 의식이 절대적 지식을 '분명하게' 하기는 하지만, 경험적으로 절대적 지식에 개입함으로써, 그것을 행동으로 실천함으로써, 의식은 절대적인 것으로 될 수 있을 뿐이다.

헤겔이 의식을 통해서 절대적인 것으로 나아가는 경향을 수립하기는 했지만, 그는 철학과 비-철학을 관련짓지는 않았다. 헤겔에게 있어서 자아에 대한 관계와 외부세계에 대한 관계는 둘 다 유지되었다. 필요한 경험적 통합이 없이 경험은 모호한 채로 남아 있게 된다. 여기에서 절대적인 것은 절대적 부정에 해당하거나 또는 절대적 긍정에 해당한다. 그것은 동시적으로 이 두 가지가 될 수 없다. 그렇지만 철학이 비-철학으로 되기 위해서, 출현으로서의 세계의 경험으로 되기 위해서, 철학 그 자체는 긍정과 부정의 사이의 단절을 유지할 수 없게 된다. 이러한 단절은 철학의 지속과 비-철학의 거부를 나타낸다. 비-철학의 가능성을 위해서 순수한 '실천'이 발생해야만 한다. 여기에서 긍정적인 판단이나 또는 부정적인 판단 그 어느 것도 어느 한 부분으로 작용할 수 없으며, 그 자체만의 충분한 경험만이 필요할 뿐이다. 헤겔은 여전히 부정에 관여하고 있을 뿐만 아니라 긍정적인 지양에도 관여하고 있기 때문에, 절대적인 것에 요구되는 필요한 이동을 하기 위해서 우리들은 헤겔을 뛰어넘어야만 한다.

자기 자신을 포이어바흐로부터 분리시켜 철학을 개혁하고자 함으로써, 초기의 마르크스의 경향은 헤겔적이었다. 메를로퐁티는 마르크스의 발전에 있어서의 이러한 점을 '철학적'이거나 또는 '선-마르크스적'인 시대로 선호했으며, 그것은 소외의 형식으로 철학과의 단절에 뒤이어지는 것이라는 점을 강조하고는 했다.22) 이러한 변화에서는 두 가지 문제를 특징지었다. 초기에 있어서의 첫 번째 견해는 포이어바흐의 잔재에 해당하며, 그것은 비-포이어바흐적인 것과 혼합되었다. 예를 들면, 철학을 파괴하는 것은 그 자체의 실현이어야만 한다는 주장과 그것을 실현하는 것은 철학을 파괴해야만 한다는 주장을 발견할 수 있다. 그 다음의 형성논리는 단순하게 '사변철학(思辨哲學)'으로 되돌아가는 것으로 될 수 없다. 그것은 철학이 그 자체를 변화시켜야만 한다는 점, 즉 포이어바흐가 지지하지 않았던 입장을 의미해야만 한다. 따라서 초기의 마르크스에게 있어서 본질적인 것은 비-철학으로 이동하는 어떤 표시에 해당하는 것이라고 볼 수 있다.

두 번째 문제는 하이데거의 변증법의 역할, 즉 사회주의가 과학적이어야 한다는 경우에 관계된다. 철학이 그 자체의 엄격하면서도 비-유토피아적인 형식에 있어서 사회주의로 된다면, 헤겔의 방법 역시 배제될 수밖에 없는 것인가? 그렇다면, 비-철학으로 이동하는 것은 그 자체의 의미작용과 중요성을 유지할 수 있는 것인가? 또는 철학은 또 다른 형식으로 재-통합되기보다는 하나의 실증주의로 구체화되고 배제되는 것인가? 메를로퐁티는 변증법적 재-통합을 지지하고자 원했을 수도 있다. 따라서 마르크스가 『논리학』을 집필하지 않았다는 점을 강조하는 사람들에게 『자본론』이 그것의 보충에 해당한다고 대답하는 것은 실제로 마르크스의 후기의 프로젝트를 이해할 수 있는 바탕을 제공할 수도 있을 것이다. 본질의 방법에 의해 출현으로 향하는 데 있어서 우리들은 경험의 재-형성을 발견하게 된다. 이와 같은 동향의 구조는 전적으로 헤겔적이다. 따라서 마르크스가 자신의 『자본론』에서 제안한 과학적 사회주의는 실제로 경험의 동향에 뒤이어지는 철학에 해당하는 것이다. 그러므로 후기의 마르크스는 자신의 초기의 철학을 거부하는 동시에 그것을 재-통합하자 했다.

메를로퐁티는 이러한 재-통합이 논리의 문제에 해당하는 것인지 아니면 문제가 되는 사물의 논리에 해당하는 것인지를 질문함으로써 바로 그 재-통합을 이해하려고 노력했다. 그것이 논리의 문제라면, 그렇다면 그것은 사회에서 작용하고 있는 물질의 조건에서 그렇게 중요한 것이 아닐 수도 있다. 그러나 그것이 문제가 되는 사물의 논리라면, 바로 거기에서 문제가 되는 것은 역사유물론이며 따라서 철학에서의 프로젝트는 문제가 되는 바로 그 사물을 야기하는 논리로 되어야만 한다. 생생한 모호성을 재-형성하는 데 있어서. 바로 여기에서 배제된 것은 아이디어와 사물의 사이의 구별이다. 역사에 있어서 이러한 차이는 문제가 되는 사물과 그 자체의 본질적 논리의 정체성으로 된다.

문제가 되는 사물과 그 자체의 논리의 이와 같은 정체성은 '당연한 철학'의 이름으로 진행된다. 여기에서의 철학은 중재를 위해 불가피한 것이다. 헤겔이 경험을 이해하고 그것을 개념화했을 때, 절대적인 것은 자체-현시적(自體顯示的)이고 자체-폐쇄적이며 자체-정의적인 것으로 된다. 그것은 그 자체를 절대적으로 확신할 때에만 중재역할을 할 수 있을 뿐이다. 이와 같은 확신에 의해서 절대적인 것은 그 자체를 하나의 진실로 부여하게 된다. 진리의 동향은 의식을 야기하고, 의식은 그 자체가 분명한 절대적인 것의 진리를 가능하게 한다. 그러나 이러한 동향은 헤겔에게 있어서 순수한 개념화이기 때문에, 마르크스의 임무는 '당연한 철학'으로 되돌아가는 데 있다. 마르크스와 함께 경험은 더 이상 철학, 개념화 및 자체-현시로 될 수 없게 되었다. 이제 철학은 경험, 순수한 동향 및 당연한 철학으로 되었다.

마르크스가 『자본론』에서 인간-상호간의 경제적 관계를 언급함으로써, 자신은 철학을 저버렸다고 믿었던 것과 동시에 실제로 그는 그 자체의 경험적 형식에서 철학을 재-발견하게 되었다. 철학의 부정은 비-철학으로서의 철학을 재생시키는 것이다. 비-철학을 깨닫는 것은 철학이 세계로 되는 것을 충족시키는 것이자 더 이상 세계가 철학으로 될 필요가 없다는 점을 인식하는 것이다. 자의식이었던 것이 이제 '실천'으로 된 까닭은 실천이 그 자체의 즉시성에 있어서 하나의 철학에 해당하기 때문이다. 나르키소스가 자기 자신을 보기 위해 강을 필요로 했던 곳에서 자의식은 그 자체의 개념화에 의해 중재될 수 있게 되었다. 실천에 있어서 나르키소스는 자기 자신을 알기 위해 더 이상 자기 자신을 바라보지 않게 되었다. 이제 그는 수영할 수도 있을 것이다. 개념은 구체적 조건 내에서 하나의 행동으로 전환될 수 있게 되었다.

이상과 같은 반전에는 헤겔에 대한 암시적인 비판이 포함되어 있다. 그러나 마르크스 역시 분명한 비판에 참여했다. 1983년과 1844년에 완성된 그의 쓰기는 구체화된 인간과 비-철학을 선호한 나머지 헤겔을 소생시켰다. 구체적 현실에 대한 인식으로 나아가는 동향과 철학에서 비-철학으로 나아가는 동향은 서로 일치하는 방향성을 나타낸다. 헤겔의 철학이 개념과 사상의 철학이었던 반면, 마르크스의 형성논리는 철학 그 자체에 대한 잠정적인 부정이자 절대지식의 상속자로서의 '실천'을 소개하는 것이었다. 따라서 절대적인 것은 몸으로 직접 경험하는 것, 즉 물질적인 요구에 개방하는 것, 교환하는 것 및 낯설게 하는 것에 해당한다. '실천'은 "혁명의 머리와 가슴"에 해당하기 때문에, 마르크스는 철학이 혁명을 실현하는 데 방해가 되는 것으로 파악했다. 그러나 철학이 비-철학으로 된다면, 그렇다면 '실천'은 그 자체의 기초가 되는 역사적 현실 내에서 자유롭게 작용할 수 있게 될 것이다.

철학에서 비-철학으로 이동하는 것은 이와 같이 철학을 순수하게 부정하는 것이 아니다. 오히려 그것은 철학과 비-철학을 재-통합하는 것이며, 거기에서 개념의 철학은 경험의 철학을 더 이상 지배하지 않게 된다. 따라서 철학은 전멸되지 않게 된다. 이와는 반대로 철학은 부정에 의해서 새로운 생명을 얻을 있게 된다. 비-철학에 의해서 철학이 부정되는 것은 철학의 실패이자 실현에 해당한다. 철학과 세계의 사이의 특별한 관계가 전복되었을 때, 바로 그 때에 세계와 세계 그 자체의 문제는 성행할 수 있게 된다.

헤겔에 대한 마르크스의 비판은 헤겔의 국가에서 하나의 특징에 해당하는 비-협약을 거부하는 데 있다. 최고의 원칙들을 따라서 발전하게 되는 행동은 일종의 지성의 '실천'에 해당한다. 그러한 실천은 반-철학적(비-철학적이 아니라)이며 따라서 그것은 또 다른 형식의 철학에 해당한다. 그것이 무엇보다도 먼저 요구하는 것은 그 자체의 가능성을 개념적인 영역에서 실현하는 데 있는 것이 아니라 프롤레타리아트에게서 실현하는 데 있다. 메를로퐁티는 이와 같은 실현을 독일 프롤레타리아트가 확산될 수 있는 긍정적 가능성에 해당하는 것이라고 파악했다. 메를로퐁티가 의미하는 것은 독일에서의 프롤레타리아트의 충분한 자유는 '철학' — 의미 있는 연구과제 — 을 충족시키는 데 있으며, 이러한 점은 마르크스가 이미 예견했던 바와 같다. '보편적 정신'으로서의 프롤레타리아트와 함께 '부정의 정신(부르주아에 반대하는 반응)'이 비롯되었으며, 아울러 철학과 프롤레타리아트의 변증법적 결합이 비롯되었다. 프롤레타리아트는 그 자체의 억압자를 부정하고 철학은 그 자체의 개념적 지향을 부정한다.

부정성의 이동을 수행하는 데 필요한 '초-구조(superstructure)'는 의식의 철학에 해당하는 것이 아니라 구체화된 인간의 철학에 해당한다. 따라서 우리들은 헤겔에 대한 마르크스의 비판에 반영된 것과 후설에 대한 메를로퐁티의 반응에 반영된 것을 발견할 수 있다.[23] 헤겔이 자기 자신은 그러한 지식의 일부분이라고 파악하자마자 현상학을 지식에 통합시켰던 것과 똑같이(출현하는 것은 자아를 위해 알려지게 되어 있다), 마르크스도 자신의 초기의 에세이가 『자본론』에서 진실로 될 수 있도록 하기 위해서 그리고 그 자체의 자체-지양, 즉 자본주의 생산에서도 진실로 될 수 있도록 하기 위해서 바로 그 초기의 에세이로 되돌아오게 되었다.

『자본론』에서 마르크스는 '현실(실제상의 자본주의의 생산조건)'로부터 '출현(억압된 계급으로 파악하게 되는 프롤레타리아트)'으로 이동하게 되었다. 『자본론』에서의 임무는 프롤레타리아트 철학의 바탕을 사물들의 동향으로 부여하는 데 있었다. 그것은 또한 '실제상'의 프롤레타리아트와 그것의 조건이 되는 철학적-역사적 기능의 사이의 분리의식을 야기하기도 했다.

철학자로서의 마르크스에게 있어서 그의 임무는 비판을 제공하는 것이었으며, 그것을 메를로퐁티는 다음과 같은 네 가지 형식들로 파악했다. ① 철저한 철학적 규명에 대한 비판, 즉 철학은 그 자체의 전체성에 있어서 실존을 모두 포괄할 수 없다, ② 자의식의 겉치레에 대한 비판, 즉 어느 누군가를 아는 것은 바로 그 사람의 역사적이고 물질적인 조건 모두를 아는 것이 아니다, ③ 부정의 부정에 대한 비판, 즉 프롤레타리아트의 성공은 하나의 확언에 해당하는 것이지 또 다른 부정에 해당하는 것이 아니다, ④ 객관성에 대한 비판, 즉 객관성은 대상에 있어서의 주관성의 소외에 해당한다.

마르크스주의 철학자는 자신의 진정한 '현존재'가 자연에 있다는 점을 인식하고는 한다. 자연은 인간의 실존이 모호하게 실현되는 '장소(locus)'이다. 이러한 모호성은 모순의 '나쁜' 모호성 및 주관성과 객관성의 이원성에 해당하는 것이 아니다. 이러한 모호성은 구체적인 상황에서 경험에 의해 통합된 의미의 다양성을 나타낸다. '대상-존재자'가 소외될 때, 의식은 행동할 수 있는 바탕을 마련하게 된다. 그러나 의식이 순수한 대상-존재자로 경험될 때, 그것은 그 자체의 가능성의 범위를 상실하게 된다. 자기암시는 자기 자신이 소외된 상태를 인식하는 것에 의존한다. 소외는 자아가 다른 사람의 의지에 반응할 때에 발생하게 되며, 그것은 자아의 자기-실현을 거부하게 된다. 이와 같은 유형의 부정성을 헤겔은 그것이 주인-노예의 관계에서 발생하는 것처럼 '타자의 욕망'에 해당한다고 명명했다. 그럼에도 그것은 구체적인 사회-역사적 콘텍스트에서 자기-암시의 가능성을 위한 바탕이 된다.

헤겔에게 있어서 자연과 인간은 사유로부터 배제되었다. 따라서 사유와 순수한 지식은 우선적인 것에 해당한다. 그러나 그 반대라면, 자연이나 인간이 의식에 의존한다 하더라도, 문제는 여전히 조정될 수 있는 것이 아니다. 필요한 것은 부정성이 작용할 수 있는 '단칭 보편자(singular universal)'이다. 사르트르의 '단칭 보편자'[24]에서 반복되는 이러한 단칭성에는 이원성과 다양성이라는 반목적인 측면이 나타나 있는 것이 아니라 모호성의 특징이 나타나 있다. 마르크스는 이와 같은 존재자를 구체적인 현실, 즉 의미작용에 의해서 역사가 전해주는 현실이라고 이해했을 수도 있다.

자연은 '감각적-실천적 인간'에 의해서, 즉 의미로 충만한 인간적 '실천'—구체적이고 '물질적'인 형태를 취하는—에 의해서 역사의 동향으로 전환된다. 역사가 인간에 의해 생산된 반면, 역사는 또한 인간을 생산했다. 메를로퐁티는 "인간의 본성은 역사적인 혼란을 결정한 후에 그 자체를 결정하게 된다"고 주장하는 장 이폴리트를 인용했다. 한 번 더 우리들은 인간의 자기-소외와 자기-암시가 정신을 위해서 유지되는 것이 아니라는 점을 알게 되었고, 우리들은 또한 그것이 역사의 지양에 의해서만 실현된다는 점을 파악하게 되었다. 인간의 진정한 존재자는 자연의 동향 내에서 자기-지양과 자기-보전의 과정으로 드러나게 된다. 철학이 세계 내에서 반짝이며 살아남기 위해서 그 자체의 자율성을 포기하는 방법으로, 비-철학의 전진과 후퇴는 역사와 자연의 내부에서 발생하게 된다.

헤겔에게 있어서의 철학이 경험에 있어서의 절대적 출현에 해당했던 곳에서 그러한 경험은 사상에 있어서의 하나의 현상으로 남아 있게 되었다. 현재 작용하고 있는 철학의 현존은 헤겔적인 사유를 위해서 하나의 장소를 제공해 주기도 한다. 헤겔에게 있어서 비-철학은 기껏해야 사상 내에서의 또 다른 유형의 부정일 수도 있다. 그러나 마르크스와 함께 철학의 재-활성화를 가능하게 하는 '반전'이 비롯되었으며, 바로 그 반전에 의해서 철학은 역사적 경험, 실천 및 구체적인 것으로 되었다. 이러한 재-활성화는 철학으로 발생하는 것이 아니라 비-철학으로, 즉 변화와 소외의 현실에 직면해 있는 구체화된 인간의 역사적 조건으로 발생하는 것이다. 그러나 이러한 조건들을 분명하게 함으로써, 철학은 비-철학을 통해서 그리고 바로 그 비-철학을 벗어나 하나의 불사조처럼 소생할 수 있게 된다.

3. 중심성의 분산

메를로퐁티의 활동을 이끄는 현상학을 재-구성하는 것은 후설, 하이데거 및 사르트르를 이해하는 것에 바탕을 두고 있다. 우리들은 여기에서 이러한 재-구성에 대한 윤곽을 스케치할 수는 있지만 그것을 충분하게 발전시킬 수는 없다. 후설에게 있어서 모든 의도적인 행동의 조건에 해당하는 것이자 원천에 해당하는 선험적 에고의 현존은 잘 정의된 확산의 중심점을 자아에게도 제공해 주고 모든 철학적 성찰에게도 제공해 준다.[25] 이처럼 선험적 에고에 중점을 두는 것을 하이데거는 존재와 존재자의 사이의 동향을 강조하는 것으로 대체했다. 해석과 존재론적 차이는 출발점에서부터 '사이-내'의 의도적인 관계까지 관심의 핵심을 변화시켜 놓았으며, '사이-내'에서는 주관성이나 객관성 중에서 그 어느 것도 우세할 수 없게 된다.[26] 사르트르가 에고의 초월[27]에 호소하는 것은 순수한 주관성의 주장과 중재자의 요구 모두에 대해서 반응하는 것에 해당한다. 사르트르에게 있어서 전통적으로 '중심'이라고 명명될 수 있었던 것은 이제 현상학적으로 '무(無)'로 간주될 수 있게 되었다.[28] 자아가 그렇게 일치될 수 있는 것이라면, 우리들은 하나의 성찰적인 행위의 대상으로 취급되는 각각의 선험적 에고를 찾아나서야만 할 것이다. 그러나 그러한 자아는 의식의 밖에 있으며 따라서 자아에 대한 거짓 해석에 해당할 뿐이다. 이러한 점을 부정하는 것은 나쁜 신념일 수도 있다. 성찰되지 않았거나 선-성찰적인 '코기토'만이 자아의 진리를 위한 위치로 작용할 수 있다. 그렇지만 비-장소, 비-실재를 하나의 중심으로 간주할 수는 없을 것이다. 자아를 철학적으로 사유하는 것은 바로 그 자아의 정체성을 그 자체의 프로젝트와 가능성에서 발견하는 것이자 그 자체의 자기-표현의 초월적 형식에서 발견하는 것이다. 자기-표현의 초월적 형식은 실제로 자아에 대한 후설의 개념과 하이데거의 개념에서 세 번째 선택에 해당한다.

메를로퐁티는 세 가지 선택 모두를 결합시키는 쪽으로 나아갔다. 그가 즉각적인 전통—『헤겔 이후의 철학과 비-철학』에서 그가 분명하게 논의했던 니체, 마르크스 및 헤겔의 전통—을 재-구성했던 것은 모호한 자아를 명확하게 하고자 하는 그 자신만의 바탕으로 작용하게 되었다.[29] 여기에서 자아는 통합의 원천으로, 의도적인 행위로, 그리고 개인의 보편적인 초월적 형식으로 간주되었다. 철학이 경험으로 되고 따라서 비-철학의 형식으로 되는 까닭은, 바로 그 철학이 이와 같은 경험의 세계와 비-철학의 세계의 콘텍스트에서 구체적인 개인의 중요성을 서술하고 전개하는데 있어서 의미작용을 규정하고 있기 때문이다. 의미작용은 자아와 다른 사람들과의 관계에서 의식의 표현에 대한 '현시'에 의해 하나로 통합될 수 있다.

이와 같은 재-형성은 '실천'과 행동을 위한 바탕으로 된다. 철학적으로 사유된 자아는 고립될 수도 없고 단순히 해석-가능한 이해로 될 수도 없고 단순하게 반영된 일련의 존재자들-그-자체로 될 수도 없다. 철학적으로 사유된 자아는 그 자체만의 행위의 의식을 행위 그 자체로 만들어야만 하고 그러한 행위는 비-철학의 스타일과 형식에 있어서 철학으로 되어야만 한다.

경험으로 되는 철학에 대한 메를로퐁티의 노력을 그가 자신의 즉각적 전통에 나타나 있는 것을 유용하게 통합시킨 것이라고 간주한다 하더라도, 다른 한편으로 그의 사후(死後)에 뒤이어지는 사상의 표현에서 그의 쓰기가 차지하고 있는 위치는 무엇을 의미하는 것인가? 우리들은 '비-철학'으로 나아가는 이와 같은 동향에 대한 후기-메를로퐁티적인 형성논리를 '철학의 탈-중심하기'로 간주할 수도 있을 것이다.

메를로퐁티가 우리들의 인간적인 경험을 서사하는 의미작용의 다양성을 논의했던 반면, 구조주의자들은 기호와 구조를 주장했다. 이와 똑같은 개념을 제안했던 메를로퐁티의 두 권의 저서는 서로 무관한 것이 아니다. 그의 첫 번째 저서 『행동의 구조』(1948)는 인간적인 행위의 체계에 대한 바탕으로 구조에 의존하고 있다. 다른 한편으로 『기호들』(1960)은 언어학, 사회학, 문학 및 정치학의 수준에서 현대생활에 있어서의 기호들을 제시하고 있다.

후기-메를로퐁티적인 전망에서 가장 근본적인 두 명의 사상가들, 즉 페르디낭 드 소쉬르와 클로드 레비스트로스는 구조와 기호를 논의하는데 있어서 독특하면서도 중요한 점을 전개했다. 소쉬르는 금세기 초반에 자신의 핵심적인 기여(『일반 언어학 강의』[30])를 했고 레비스트로스는 1947년에 자신의 핵심적인 연구(『친족의 기본구조』[31])를 출판했지만, 이들의 명성은 주로 1960년대에 나타나기 시작했다.

소쉬르에게 있어서 하나의 기호는 기표(말)와 기의(개념)의 결합에 있다. 의미작용은 다른 기호의 가치체계와 관련지어 기표를 기의에 연결짓는 행동이거나 과정이다. 이와 같은 기호체계가 '랑그'에 해당한다. '파롤'이 특별한 어느 순간에 말해졌거나 활성화되었을 때, 그러한 '파롤'은 부여된 표현에 해당한다. 그 결합에 있어서 특별한 언어(랑그)의 말하기(파롤)는 '사용-기호'의 체계, 즉 언어를 가능하게 한다. 언어는 의미 있는 기호들이 하나의 체계 내에서 현현되는 것이다. 그러나 이와 같은 다양성의 통합은 중심을 형성하지 못한다. 모든 철학적 형성논리, 즉 기호학적 형성논리는 이런 식으로 하나의 체계를 통해서 그 자체를 증식시키게 된다.

이와 똑같이 구조인류학에서도 구조는 서로 다른 시간 '과/또는' 장소에서 반복-가능한 요소들의 결합에 의해 형성된다. 신화, 친족 또는 의식에서 구조의 생산을 가능하게 하는 것은 고정적이고 확정된 주관성이 아닐 것이다. 오히려 레비스트로스가 나중에 그렇게 명명했던 바와 같이, '야생의 사고'가 문화적 생산을 통해 구조를 생산할 수 있게 될 것이다.

인문과학 내에서는 이와 같은 두 가지 접근들을 철학적 표현으로 간주할 수 없을 것이다. 실제로 몇몇 사람들은 구조주의가 방법론이지 철학은 아니라는 점을 강조하기도 한다. 그것이 철학이라면, 그것은 '이데올로기'나 이론이라고 말할 수도 있다. 구조주의가 기호학적이고 구조적 작용에 대한 하나의 '실천'으로 남아 있는 한, 그것의 위상은 탈-중심 철학(메를로퐁티가 '비-철학'이라고 명명한 것)으로 유지될 수 있을 것이다.

소쉬르, 레비스트로스 및 그들의 추종자들의 활동에서, 우리들은 메를로퐁티의 '질문'과 공통되는 질문의 영역을 발견할 수 있다. 『레탕모데른(*Les Temps Modernes*)』[1945년 10월 1일에 창간된 '현대'를 뜻하는 잡지로서 실존주의와 마르크스주의적 입장에서 편집된다. 사르트르를 중심으로 보부아르, 레리스, L. 아롱, J. 폴랑, 퐁티 등을 편집위원으로 출발한 이 잡지는 사르트르의 "작가는 그의 시대라는 상황 속에 살고 있다"라는 창간사의 정신을 따라 사회에 어떤 변혁을 일으킬 것을 목적으로 하였다. 따라서 헝가리 · 알제리 · 스탈린주의 등에 민감한 반응을 보였고, 그 밖에 르포르타주 · 영화평 · 극평 · 서평 · 정치논문 등을 싣고 있다]의 특집호에 수록된 메를로퐁티에 관한 자신의 에세이에서 사르트르는 이와 같은 탈-중심 공간을 다음과 같이 지적했다. "그는 자신이 그 당시에

'근본적인 것'이라고 명명했던 것을 찾아 자기 자신을 비-지식의 밤에 묻어버렸다."[32] 사르트르는 자신의 요점을 분명하게 하기 위해서 메를로퐁티의 『기호들』에 수록된 「마르셀 모스에서 레비스트로스까지」의 구문을 선정해서 다음과 같이 언급했다. "철학자에게(인류학에서) 흥미로운 점은 정확하게 사람을 '있는 그대로'의 사람 — 그 자신의 삶과 지식에 있어서 가장 효과적인 상황에서 — 으로 만든다는 점이다. 인류학에 관심이 있는 철학자는 세계를 설명하거나 건설하고자 하는 사람이 아니라 우리들을 존재자 속으로 좀 더 깊게 개입시키는 것을 목적으로 하는 사람이다."(*S:M-P*, p.211) 메를로퐁티가 비-철학으로 이동하는 데 있어서 그는 철학, 즉 구조인류학이 삶의 다양한 형식에서 조사했던 것과 같은 철학을 발견하게 되었다.

존재자 속으로 깊게 개입하고자 하는 관심은 언어학과 인류학만으로 한정되는 것이 아니다. 그것은 또한 문학비평(바르트), 심리분석(라캉), 정치이론(알튀세) 및 아이디어의 역사(푸코)에서 눈에 띄게 발생하게 되었다.

롤랑 바르트는 문학적 표현의 겉모습을 통해 철학적 주관성을 논의했다. 알랭 로브그리예와 그 밖의 '새로운 소설가들(nouveau romanciers)'에 대한 그의 옹호는 그가 인간적인 행동의 생산을 제한하는 기하학적 관계와 로컬화 된 인간적 주관성을 명확하게 하지 않는 관계에 심취했던 그 자신의 경향을 나타낸다. 『성도착증자(性倒錯症者)』에서는 하나의 살인을 암시하고 있다.[33] 우리들은 일련의 관계를 설명하는 요소들, 즉 섬, 담배꽁초, 여인의 뒷목덜미 등을 따라가게 된다. 그러나 그 어디에서도 우리들은 주관적 전망에 대한 그 어떤 형성을 발견할 수 없게 된다. 지식은 물질적이고 기하학적이고 지역적이며 상호-인간적인 관계의 요소들을 통해 분산된다, 사건은 대자연을 통해 분배된 실제상의 의식의 목록에 의해 재-계산된다.

바르트 자신의 비평은 또한 해석적 방법으로부터도 멀리 떨어져 있다. 텍스트적 읽기는 주제와 이미지에 대한 개인의 사적 진술이 아니다. 하나의 텍스트를 읽는 것에는 그 자체의 기호학적 구성요소, 즉 양면대립, 신화 및 구조에 대한 분석 등이 포함되어야 한다. 쓰기는 '영도(零度)'[34]에서 시작하고 발생한다. 저자의 방법은 부재된 채로 남게 된다. 의미작용은 소설, 희곡, 패션, 여성의 전기 및 사진의 '랑가주(langage)'에 있어서의 기호체계를 통해 분산된다.[35] 따라서 비평은 비-철학의 수준에서 분명하게 될 수 있다.

메를로퐁티에 대한 자신의 에세이에서 사르트르는 다음과 같이 언급했다.

> 야생과 어둠, 그것은 존재자를 그 자체의 휴식시간 내에 붙들어두는 작업에 해당한다. 이러한 비-이성은 공동체에서 그 자체의 미래의 '존재이유'로 존속될 수 있는 하나의 약속에 해당한다. 그리고 무엇보다도 '근본적인 것'은 언어이다. 왜냐하면 '말(the Word)'은 그 자체를 '의미(meaning)' 내에서 소진시키도록 내던져진 인간의 가슴에서 하나의 '존재(Being)'에 해당할 뿐이기 때문이다. 간단히 말해서, 단 한 번의 분출에 의해 정면으로 뛰쳐나오는 것, 존재자에게 있어서 자신의 현존을 초월하는 것, 다른 사람에게 있어서 자신의 현존에 도달하는 것, 미래에 도달하기 위해 과거를 초월하는 것, 기호에 도달하기 위해 각각의 사물과 자신의 '자기-실현'을 초월하는 것 — 이 모든 것들을 실천하는 것은 바로 사람 자신이다. 이러한 이유로 인해서 메를로퐁티는 자신의 생애 마지막 무렵에 훨씬 더 중요한 위치를 무의식에 부여하고자 했다. 그는 분명히 라캉의 공식에 동의했음에 틀림없다. "무의식은 언어처럼 구조화되어 있다." —*S:M-P*, p.211.

메를로퐁티의 '침묵의 언어'는 무의식의 형식일 수도 있다. 그러나 라캉에게 있어서 프로이트의 무의식은 전적으로 침묵하는 것이 아니다. 그것은 일련의 기표로 드러나게 된다. 프로이트의 '압축'과 '대체'는 은유와 환유의 형식에 해당한다. 자아의 언어는 다시 한 번 더 생산된 형식을 통해 분산된다.

심리분석가는 환자가 말하는 것에 의해 제한받고 있기 때문에, 그러한 분석가는 글자와 화술에서의 말에 주의를 기울여야만 한다. 무의식은 수많은 방법으로 그 자체를 표현할 수 있다. 기표의 망(網)에서 의미는 '주장하지만(insist)' 그러나 그 자체의 요소들 그 어느 것도 어떤 특별한 순간에 그것이 가능할 수 있는 바로 그 의미에 '있지 않다(not consist)'는 식으로 지칭망(指稱網)은 분산될 수밖에 없다.[36] 자아는 의식적이든 무의식적이든 의미를 제공하지 않는다. 오히려 자아는 '선(先)-중심성' —중심이 있는 것이 아니라 다만 자기-표현의 다른 영역들을 나타내는—을 유지하고 있을 뿐이다.

이와 똑같이 정치이론에서도 철학은 인간적인 개인의 삶 그 자체를 구체적으로 제시하는 상황에서 바로 그 개인의 삶에 개입하게 되었다. 이론은 실천과 동떨어져 있는 것이 아니다. 알튀세의 용어인 '이론적 실천'은 철학이 '높은 고도'의 사유로 살아갈 수 있는 것이지 그것과 분리될 수 없다는 점을 분명하게 제시하고 있다. 이론의 실천은 그 자체가 비-철학, 즉 경험과 행동으로 이루어진 철학으로 될 때에만 가능한 것이다.

> 이론적 실천은 실천을 일반적으로 정의할 수 있을 때에만 가능한 것이다. 그것은 원자재(대표성, 개념, 사실)를 위해서 작용하게 되며, 이러한 원자재는 그것이 '경험적'이든 '기술적'이든 '이데올로기적'이든 다른 실천에 의해서 부여된 것이다. 그 자체의 가장 보편적 형식에서 이론적인 실천은 '과학적' 이론의 실천만을 포함하는 것이 아니라 '선-과학적' 이론의 실천, 즉 '이데올로기적' 이론의 실천까지도 포함한다.[37]

비-철학은 지식의 사회적 요소들의 바탕을 생각하고 쓰고 규명하는 것을 거부하는 것이 아니다. 하지만 그것은 또한 동시에 '경험적'이고 '기술적(技術的)'이며 '이데올로기적'인 형식에 대한 구체적이면서도 인간적인 관심을 무시할 수가 없다. 이론적인 실천은 '이론의 실천'이자 '실천의 이론'에 해당한다. 이러한 입장은 실제로 사르트르가 『레탕모데른』의 동료 편집자들에게 부여했던 것이 아닌가?

"정치에 대한 메를로퐁티의 논평은, 그 자체만으로 그리고 바로 그 말의 모든 의미에서, 중재의 주체로 동화되는 과정에 있어서 정치적인 경험에 해당할 뿐이다. 쓰기가 행동이라면, 우리들은 그가 자신의 행동을 합당하게 하기 위해서 그리고 자기 자신을 깊이 있게 발견하기 위해서 행동했다고 말할 수도 있을 것이다."(*S:M-P*, p.209) 메를로퐁티가 추구했던 자아는 초월적 자아도 아니고 바로 그러한 이유로 인해서 초월적 에고도 아니다. 그의 쓰기는 자기-표현을 창조하는 이론적 실천에 해당하는 것이었다.

메를로퐁티의 유산이 어떤 관련성을 성취하는 네 번째 분야는 아이디어의 역사, 또는 푸코가 사상의 체계의 역사라고 명명했던 것에 해당한다.[38] 어떤 특별한 일련의 구조의 '인식소(認識素)'를 규명하는 것, 공시적 평면 위에 하나의 체계를 형성하는 것은 다시 한 번 아이디어의 체계의 축성(築成)이 아니다. 그것은 오히려 인간적 경험 내에서 절대적인 것의 현존을 드러내는 것이다. 르네상스 시대의 인식소로서의 '유사성', 고전주의 시대의 인식소로서의 '대표성' 및 현대의 인식소로서의 '인간'은 지식의 분산의 형식에 해당한다. 하지만 이러한 것들 역시 구조로서 경험될 수 있는 지식의 바탕으로 되는 통일성의 증거에 해당한다.

우리들은 어떤 특별한 아이디어, 개념 또는 계획의 분명한 발전과 관련지어 어떤 특별한 시간에 살고 있는 것이 아니다. 우리들은 상호-콘텍스트화 된 일련의 지식생산이라는 당대의 영역 내에 살고 있을 뿐이다. 생물학, 언어학 및 경제학은 각각 분리된 연구 분야이기는 하지만 모두 동시적으로 그 자체의 활동을 수행하고 있다. 이러한 분야는 또한 상호-관련된 조건으로 인해서 생산된 지식의 유형 때문에 서로 영향을 끼치게 된다. 철학의 임무는 '있는 것' 그 자체를 단순히 설명하는 데 있는 것이 아니라, 삶, 언어 및 노동의 지식에 직접 개입해야만 하는 데 있다. 철학의 임무가 냉담한 채로 남아 있다면, 그것은 실패하게 될 것이다. 그것이 세계의 경험에 참여한다면, 그것은 그 자체를 부정하게 될 것이다. 그러나 이와 같은 후자의 길은, 그것이 둘 중에서 가장 어려운 것이겠지만, 그럼에도 철학의 소명에 해당한다. 이러한 점에서 철학은 고고학으로 될 수 있다. 다시 말하면, 기호학이나 해석학으로 될 수 있는 것이 아니라 오히려 그러한 것들이 하나의 콘텍스트에서 형성하게 되는 기호체계의 명확한 제시와 지식체계의 해석으로 될 수 있다.

메를로퐁티의 말없는 '현존' 역시 후기구조주의의 활동에 스며들어 있다. 특히 프랑스에서 지배적인 방향은 메를로퐁티의 인기를 따라 지속되고 있다. 우리들은 이제 비-철학자를 망각해왔다고 주장할 수조차 없게 되었다. 부정신학처럼 비-철학자의 현존은 어디에나 나타나 있지만 그러나 그 어디에도 일치하지 않게 되었다.

1967년 자크 데리다의 출현에서는 '그라마톨로지(grammatologie)'를 '쓰기(écriture)의 학문(science of writing)'이라고 선언했다.[39] 쓰기는 화술의 구체화(외면화)에 자리 잡고 있다. 의미와 의미작용은 하나의 행동에서 발생하지는 않지만 그러나 오히려 쓰기의 출현을 통해서 발생한다. 쓰기는 메를로퐁티가 그림에서, 사건에서, 또는 사상의 표현에 있어서 '말해진 것을 말하기'와 '말해진 화술'에서 주장했던 가시성에 대응된다. 형이상학이 성행하는 한 시대의 마감은 구어(口語) 내에서 화술과 목소리가 개입되는 것에 해당한다. '문자'[grammé, 데리다는 이 용어를 바탕으로 하여 사이버공간을 가능하게 하는 '프로그람(pro-gramme)의 영역'도 문자의 영역에 해당한다면서 다음과 같이 강조했다. "모든 것은 이와 같이 여러 가지 활동에 이차적으로 결합된 표기법의 체계에 있을 뿐만 아니라 이러한 활동 그 자체의 본질과 내용을 쓰기 위해서도 있게 된다. 바로 이러한 의미에서 오늘날 생물학자는 유기체 세포 속에서 정보의 가장 기본적인 과정에 대해서 에크리튀르와 '프로-그람'을 언급하기도 한다. 끝으로 인공지능 프로그램이 포괄하고 있는 모든 영역은 그것이 본질적인 한계점을 가지고 있든 없든, 에크리튀르의 영역으로 될 것이다. 인공지능이론이 과거에 기계와 인간을 대립시키는 데 사용한 일체의 형이상학적 개념들, 말하자면 영혼, 생명, 가치, 선택, 기억 등의 개념을 포함할 수 있다면, 그것은 그것이 역사적 형이상학에 소속되는 것이라고 고발당할 때까지 에크리튀르, 흔적, 문자(grammeé) 또는 문자소(graphème)의 개념을 간직하고 있어야만 할 것이다"]는 후기 하이데거의 현존, 즉 '나타나 있는 것(가시적인 것의 가시성)'의 현존을 반복한다. '차이(différence)'와 '차연(différ*a*nce)' — 구어에서 '*a*'는 들리지 않게 되어 있다 — 의 사이의 구별은 쓰기에서만 가능하다고 주장함으로써,[40] 데리다는 언어학적 경험의 '흔적'이나 '표식'을 강조했다.

이와 같은 흔적은 탈-중심된 주체성의 지표로 된다. 자아는 '어법의 로고스' 내에서만 존재할 뿐이다. 이러한 점은 메를로퐁티에게 있어서 말하는 주체가 경험 내에서만, 즉 현상의 현존과 함께 동시적으로 발생하는 경험 내에서만 출현하는 것과 같다. 우리들이 파악했던 바와 같이, 철학이 이와 같은 경험으로 됨에 따라 철학의 형식은 비-철학의 형식으로 된다. 데리다에게 있어서 주체에 대한 참고사항의 부재와 함께 의미작용은 기표와 기의의 사이의 차별화에 대한 자유로운 작용 내에서 전개된다.[41] 의미는 쓰기 — 특히 쓰기의 현존 — 침묵의 목소리와 목소리의 침묵을 통해서 확산된다.[42]

현상학에 관한 특집으로 간행된 『나는 무엇을 아는가?(*Que Sais-je?*)』의 저자 리오타르에게 있어서,[43] 의도성을 리비도적인 욕망으로 번역하는 것은 메를로퐁티를 반복하는 것처럼 보일 수도 있다. 리오타르와 함께 비유적 표현은 담론의 수준에서 다양한 방향으로 퍼져나가게 되었다. 욕망은 그 자체만의 형식화에 심취하는 순간, 바로 그 순간에 그림이나 텍스트를 만나게 되었다.[44] 담론에 있어서의 분야는 인간적 욕망의 장소, 리비도적인 것이 작용하는 위치를 표시한다. 프로이트의 단일성과 마르크스의 집단성을 예술에서의 교차점에서 이와 같이 통합시키는 것은 '텍스트로-된-철학' 그 자체에 해당한다.[45] 그러나 무의식이 텍스트적으로 현존하는 것은 또한 그 자체를 예술작품으로 선언하는 이론적 활동에도 해당한다.

이와 똑같이 주인으로서의 모든 담론에는 그 자체의 목표로 청중에 대한 주인으로서의 주장이 있게 마련이다.[46] 자신의 학생들의 신임을 얻고자 추구하는 데 있어서 궤변가는 설득의 기술을 적용했다. 설득은 학생의 언어에 대한 선생의 욕망의 표현으로 되었다. 스스로 말하는 학생은 실제로 다른 사람의 욕망을 제공할 수도 있을 것이다. 학생의 언어는 자신의 선생에게 속하는 담론의 반복, 확장 및 증식일 뿐일 수도 있으며, 따라서 그 자신만의 담론이 될 수는 없을 것이다. 메를로퐁티는 비-철학에 의해서 자율적인 주체는 말하지 않는다는 점을 이미 강조한 바 있다. 그가 헤겔과 마르크스에게서 발견한 것은 더 이상 그 자체를 이와 같이 일치시키지 않는 철학의 구체적 표현에 해당하는 것이었다. 주인으로서의 담론에 대한 연구는 상당히 똑같은 언어의 현존을 연구하는 것이다. 선생의 담론을 부정하고자 하는 담론은 프로이트의 욕망에서처럼 선생의 위치를 아버지의 위치로 대체하게 된다. 비-철학은 어린이와 부모의 철학으로 된다.

차이, 반복, 확산 — 이러한 것들은 메를로퐁티의 유산의 지표에 해당한다. 메를로퐁티가 언급했던 '말하지 않은' 현존은 이와 같은 오늘날의 사상의 형성논리를 가능하게 했다. 들뢰즈의 쓰기에 있어서 이러한 현존은 다시 한 번 기호의 제국이 오늘날의 '인식소'를 설명하는 데 작용하고 있다는 점을 나타낸다. 마르셀 프루스트가 거미집의 복잡한 형성에 휘말렸다는 점을 들뢰즈가 파악했던 것과 똑같이, 프랑스 사상의 핵심에서 각 개인의 주관성의 위치를 발견하는 것은 상당히 어려운 문제일 수도 있다. 거미는 계속해서 거미집을 지을 것이고, 주인공 마르셀은 결국 잃어버린 시간을 회복할 수 있는 지점에서 그 자체의 시간적 목적론을 충족시키고자 하는 서사의 저자로 전환될 수 있을 것이다. 양끝이 마주하게 될 때, 어떤 지점이 형성되었다고 말할 수는 없다. 오히려 근경(根莖)처럼 성장은 어떤 네트워크를 형성하기 위해서 외부로 확장될 수도 있을 것이다. 귀착점은 출발점처럼 발견-불가능한 것이다. 하지만 거미집, 네트워크, 텍스트는 비-철학을 철학적으로 사유하는 것이다.

스피노자, 칸트, 니체 및 베르그송에 대한 들뢰즈의 저서들은 '철학을-통해-지나가기'의 증거가 된다.[47] 자허마조흐[Leopold Ritter von Sacher-Masoch, 1836~1895. 오스트리아의 소설가로 국제 평론지 『첨단을 가다』와 『신바덴주 신문』의 편집장을 지냈다. 『카로메어의 돈 주안』, 『가짜 모피(毛皮)』 등 많은 소설을 발표하였고 후기 작품 속에서 두드러지는 육감적인 묘사 때문에 그의 이름에서 마조히즘이라는 말이 유래되었다], 프루스트, 루이 캐럴, 프로이트-마르크스 및 카프카[48]에 대한 질문으로 되돌아온 것은 철학을 계층적이고 계통적이며 일직선상의 유형으로 나타내는 것을 거부하는 것이다. 들뢰즈에게 있어서 메를로퐁티적인 세계의 '살(flesh)' 그 자체는 텍스트적 경험의 수준에서 절대적인 것을 전달하는 것이다.

인간적인 행동의 질문으로 되는 세계의 짜임, 구체적인 현존으로 되는 의식의 짜임에서는 메를로퐁티와 함께 발전했던 사람들의 쓰기에서 논지의 명확성을 분명하게 파악할 수 있을 것이다. 우리들은 다만 폴 리쾨르의 해석학, 미켈 뒤프렌의 미학, 에마뉴엘 레비나스의 형이상학, 그리고 물론 사르트르의 변증법을 언급할 수 있을 뿐이다. 이러한 분야는 지속적으로 말해야만 하는 전통을 확장시키게 될 것이다.

메를로퐁티의 철학은 잃어버린 철학이라는 의미에서 비-철학이 아니다. 그것의 현존은 그 자신의 부재에도 불구하고 연장될 수밖에 없다. 살아 있는 주관성의 부재는 생생한 철학적 모험의 부재에 해당하는 것이 아니다.

제9장

메를로퐁티와 언어의 질문

언어를 질문하는 것은 인간적인 경험의 틀 내에서 언어 그 자체의 장소와 의미의 문제를 제기하는 것이다. 메를로퐁티는 언어를 질문하는 것을 결코 멈춘 적이 없다. 그러나 언어에 대해 질문함으로써, 그는 그것의 특징들을 일반적으로 네 개의 공시적인 지식의 틀로 재-형성할 수 있었다. 그 자신이 '최고의 지각'이라고 명명했던 것에서 그는 자연, 사물, 몸, 세계, 시간, 자유, 변증법, 예술, 역사 및 비전을 포함하는 복잡한 여러 가지 문제들의 '짜임'을 하나로 엮어낼 수 있었다. 각각의 문제들은 다른 문제들을 암시하기도 하고 또 종합하기도 한다. 언어는 문제점들의 '짜임' 내에서 그러한 문제점들의 관계에 대한 규명으로 각인될 수 있을 뿐만 아니라 그것들이 작용하는 지식의 틀에 따라서도 각인될 수 있다.

『지각의 현상학』(1945)에서의 언어에 대한 최초의 형성논리에서부터 미완성인 채 그의 사후(死後)에 출판된 『보이는 것과 보이지 않는 것』(1964)까지, 메를로퐁티는 반복해서 언어의 문제로 되돌아오고는 했다. 각각의 틀 내에서 그는 자신이 이미 횡단했던 분야를 어느 정도 되짚었을 수도 있으며, 매 시간마다 그는 언어에 대한 자신의 이해를 재-형성했을 수도 있다. 하지만 그의 일정표에는 인식론적으로 급작스러운 결별이 나타나 있는 것도 아니고 사유의 지속성이 나타나 있는 것도 아니다. 메를로퐁티가 언어에 대한 자신의 이해를 분명하게 함에 따라서, 그에게 있어서 언어는 거의 20여 년간 의미 있는 변화를 겪게 되었으며 그러는 동안에 그것은 그의 사유와 쓰기에서 핵심적인 역할을 하게 되었다.

네 가지 형성논리의 틀에는 ① 몸의 언어(1945), ② 의사소통의 철학과 심리학(1946~1952), ③ 간접적인 언어(1952~1957), ④ 가시성의 언어(1958~1961) 등이 포함된다. 이러한 틀은 텍스트들, 즉 공식적인 강의와 미완성된 원고들은 물론 사려 깊은 출판물에서 비롯된 바로 그 텍스트들을 종합하기 때문에 이러한 텍스트들의 발표날짜는 바로 그 텍스트들이 구성된 차례를 표시하기도 한다.[1]

필자는 이러한 네 가지 형성논리에 대한 삼중(三重) 읽기를 제공하고자 한다. 첫 번째이자 가장 포괄적인 읽기에서는 네 가지 서로 다른 틀이나 형성논리에 의해서 메를로퐁티가 언어를 어떻게 적용하게 되었는지를 수립하게 될 것이다. 두 번째 읽기에서는 메를로퐁티 그 자신만의 연구계획 내에서 언어의 적용에 바탕을 둔 언어 그 자체에 대한 질문을 제공하게 될 것이다. 세 번째 읽기에서는 적용-가능하면서도 이미 적용된 언어에 대한 질문을 끝까지, 즉 언어가 의미작용의 생생한 언어로 더 이상 작용하지 않는 곳까지 추구하게 될 것이다. 이와 같은 마지막 읽기는 그 자체만의 표현의 패러독스가 하나의 스타일을 발견하는 곳으로 이동하게 되며, 여기서 말하는 '스타일'은 어떤 특별한 장소에 있는 것이 아니라 '특별한 언어'—문학의 언어, 몸의 언어, 역사의 언어, 사회성의 언어 등—에 대한 각인과 해석을 이어주기도 하고 모퉁이가 되기도 하고 서명(署名)하기도 하는 데 있다.

네 가지 형성논리의 각각에 대해서 분명하고, 변증법적이고, 대립적인 관계는 언어의 적용을 특징짓게 된다. 대립적인 구조를 상세하게 설명하는 것은 이미 언어에 대해서 질문하는 것이나 다름없다. 이러한 노력이 언어의 적용을 단지 선언하는 것이 아닌 까닭은 그것이 그 자체를 '사이'에, 언어를 질문하는 현장에, 언어가 철학적인 구성도 아니고 실질적인 도구도 아닌 곳, 언어가 그 자체만의 스타일에 의해서 의미작용의 체계로 되는 곳, 바로 그러한 곳에 언어를 배치하기 때문이다. 언어의 편에서 보면, 그 자체만의 하나의 스타일을 갖는 것은 언어 그 자체를 너무 멀리까지 가져가고 그것을 지나치게 취급하는 것이다. 또한 언어의 편에서 보면, 의미작용의 네트워크[2]에 전적으로 의존하도록 하는 것은 언어 그 자체를 과소평가하는 것이다. 언어의 한계는 의미작용의 모호성이 어떤 스타일의 표현과 마주치는 특별한 단계에서, 교차점에서, 모퉁이에서 발생하게 된다. 이와 같이 한쪽에는 의미작용의 한계에 언어를 배치하고 다른 한쪽에는 스타일의 성취에 언어를 배치하는 것은 메를로퐁티가 선언하기는 했지만 충족시키지는 못했던 일종의 '파라미터(paramete)'를 형성할 수도 있다.[3]

1. 몸의 언어

『행동의 구조』(1942)에서 메를로퐁티는 언어를 위한 여지를 거의 남겨놓지 않았다. 초기의 행동주의에 대한 비판, 활력적이고 육체적인 질서로 나타나는 인간적인 질서의 형성 및 심지어 몸과 영혼의 사이의 관계에서 조차도 언어의 문제를 회피하고는 했다. 행동의 구조가 언어에 관계되는 한, 그것은 부적합한 것처럼 보이기도 한다. 구조의 개념이 형식과 '게슈탈트'[Gestalt, 홀로는 잘 쓰이지 않고, 게슈탈트심리학(Gestalt psychology),

형태주의적 접근(Gestalt approach)처럼 다른 말 앞에 붙어 쓰인다. 이때 '형태주의'라고 번역해서 사용하거나 그냥 게슈탈트라고 사용한다. 형태주의는 부분 혹은 요소의 의미가 고정되어 있다고 보지 않고 부분들이 모여 이룬 전체에 따라 달라진다고 본다. 전체는 또한 부분에 의해 달라짐으로, 형태주의는 전체와 부분의 전체성 혹은 통합성을 강조한다]의 개념과 일치하기 때문에, 소쉬르의 구조언어학의 의미에서 구조는 『지각의 현상학』(1945)이 출간되기 바로 직후까지 메를로퐁티가 고려하는 대상으로 될 수 없었다. 실제로 파리고등사범학교에서 있었던 메를로퐁티의 1946년 강좌는 소쉬르에게 집중되었다. 그 다음 해인 1947년 그는 「인간에게 있어서 형이상학적인 것」이라는 에세이를 출판했으며, 거기에서 그는 소쉬르를 언급했을 뿐만 아니라 말하는 주체는 그 자신의 언어 속에 살고 있다는 견해를 소쉬르에게 전가시키기도 했다.

『행동의 구조』(1942)와 「인간에게 있어서 형이상학적인 것」의 사이에, 언어를 적용하는 것은 몸에 대한 메를로퐁티의 설명, 특별하게는 표현과 화술의 영역으로서의 몸에 대한 설명과 긴밀하게 관계된다. 몸은 표현과 화술에 의해 전환된다. 주체와 대상의 이분법이 더 이상 문제되지 않는 까닭은 몸은 화술행위에 있어서 스스로 의미를 전용할 수 있기 때문이다. 말하는 주체는 그 자체의 신체적 제스처, 즉 구체화되지 않은 의식을 금지시키는 제스처를 통해서 화술을 유도하게 된다. 의식은 이미 구체적이며 화술도 이미 의미로 충만해진 사유를 종합하게 된다. 말하는 데 있어서, 몸짓으로 나타내는 데 있어서, 명확하게 하는 데 있어서, 신호를 보내는 데 있어서, 몸은 의미생산의 '장소'가 된다. 따라서 화술로 전환되는 '말의 몸'은 구어로 표현하는 데 있어서 구체적인 도구에 해당한다.

『지각의 현상학』에서 암시했던 이와 같은 첫 번째 형성논리에서 메를로퐁티는 두 가지 유형의 화술, 즉 '말하는 파롤(parole parlante)'과 '말해진 파롤(parole parlée)'을 구별했다.[4] 이러한 두 가지 대립이 결정적인 까닭은

'말하는 화술'과 '말해진 화술'의 사이에서 화술은 그 자체의 의미를 적용하게 되기 때문이다. 모든 생각은 어떤 의미에서 화술에 해당한다. 생각은 몸을 얻게 되고, 그것이 말하는 주체에 의해서 화술을 통해 말해질 수 있을 때 그것은 언어로 된다. 달리 말하면, 말하는 것과 말해진 것의 사이에 언어가 있게 된다. 여기에서 문제가 되는 언어는 이미 몸, 즉 발성 기관의 경험적인 사용, 노래하는 음악, 말의 암송, 아이디어의 표현, 대상의 명확한 표현 등에 관계된다. 화술은 그 자체를 행동에 있어서의 몸으로 나타내고 — 그것이 생산하는 것은 '말해진 화술(parole parlée)'이다 — 그 자체가 생산하는 것은 '말하는 화술(parole parlante)'에 해당한다. 말하는 화술에 의해서 말해진 화술이 생산하는 것은 언어의 형성, 의미작용을 창조하기 위해서 의미를 종합하는 것, 필연적으로 이미 구체적으로 된 의미작용의 의도 등이다.

여기에서 필자가 고려해 왔던 유형의 화술은 구어적인 언어의 영역 내에 자리 잡고 있다. 이와 같은 화술은 말, 소리 및 발화를 생산하게 된다. 그러나 이러한 '현상적 분야'의 또 다른 영역, 즉 언어가 몸에 적합하게 되고, 몸이 언어에 적합하게 되는 영역 — 그것이 바로 '제스처'이다. 제스처는 몸의 표현에 있어서 전형적인 경우에 해당한다. 하지만 메를로퐁티는 제스처와 함께 시작하지도 않았고, 제스처적인 것에서 파생된 다른 언어의 형식을 만들지도 않았다. 화술과 제스처 모두에서 몸은 생각으로 되고, 몸은 그것이 말하는 경험의 '짜임' 내에서 — 말에서가 아니라 움직임에서 그리고 표현으로 향하는 경향에서 — 의미를 각인할 수 있게 된다. 친구에게 '여기로 오라'고 이탈리아어에서 손짓으로 하는 것, 프랑스어에서 어깨를 으쓱해 보이는 것, 영국의 영어에서 표정을 조금 찡그리는 것, 미국의 영어에서 양손가락으로 인용부호를 표시하는 것 등은 모두 제스처의 형식에 해당한다. 이러한 것들은 모두 표현으로 향하는 경향이 있다. 이러한 것들은 모두 살아 있는 몸을 통해서 생각의 움직임을 제시할 수 있다. 이러한 제스처는 모두 특별한 문화적 콘텍스트에 연결되어 있으며 따라서 구어적인 언어에서처럼 자의적이고 관례적인 것으로 보이는 것에 관여하게 된다. 제스처나 정서적 모방이 자연적인 기호에 해당한다고 주장할 수도 있지만(메를로퐁티가 제안하는 바와 같이) 그럼에도 그것들은 자연적인 기호가 관례적으로 되고 관례적인 기호가 자연적으로 되는 자연 / 문화 내에서 작용한다. 여기에서 분명하게 중요한 점은 맥주 값을 물어보거나 또는 손, 손가락, 어깨 및 머리 등을 사용해서 '아니오'라고 말하거나 또는 기뻐서 웃거나 하는 것처럼, 진지하게 고려한 철학적 담론을 제공하든 안하든, 바로 그 몸이 표현의 매개체로 된다는 점이다. 모든 표현은 신체적이고 의미생산의 '토포스(topos)'에 해당한다. 이러한 점은 메를로퐁티가 다음과 같이 파악한 바와 같다. "인간의 몸은 무한한 일련의 불연속적인 행위에 적응할 수 있는 그 자체의 능력, 즉 그 자체의 자연적인 힘을 고양시키고 변화시키는 중요한 핵심과 관련지어 정의될 수 있다."[5] 그 자체만의 자연적인 한계를 뛰어넘는 데 있어서, 몸은 문화적 표현으로, '언어'—하나의 랑그(langue)로 되는 또 하나의 랑가주(langage)—로 향하는 경향을 취하게 된다. 고유한 몸, 즉 자기 자신만의 몸의 이러한 움직임은 말하기 위해서 그리고 자신을 표현하기 위해서 언어를 자신만의 것으로 만듦으로써, 몸 그 자체는 이미 언어의 전용으로 전환될 수 있다.

그러나 다른 사람들이 없다면, 자신을 표현할 필요도 없다. 언어의 전용은 이미 상호간의 호혜의 움직임, 즉 의사소통으로 향하는 경향에 해당한다. 말하기가 이미 '말하기-그-자체'와 함께 하나의 의미를 수행하는 하나의 제스처인 것과 똑같이 제스처도 '제스처-그-자체'만의 의미를 수행하게 된다.[6] 의사소통으로 향하는 이러한 경향은 의미를 파악하여 전달하려는 시도, 나 자신의 제스처와 다른 사람들의 제스처의 사이의 상호간의 호혜를 충족시키려는 시도에서 발생한다. 이러한 점은 "다른 사람의 의도가 나 자신의 몸에 자리 잡게 되고 나 자신의 의도가 다른 사람들의 의도에 자리 잡게 되는 것"[7]과 같다. 제스처 및 이미 제스처로 된 화술의 이와 같은 '전후관계화'는 언어의 전용을 위해서 하나의 '짜임'을 암시할 수 있고 상세하게 설명할 수 있고 각인할 수 있게 된다.

2. 의사소통의 철학과 심리학

메를로퐁티가 『지각의 현상학』에서 의사소통의 문제를 소개하기는 했지만, 제2차 세계대전에 뒤이어지는 시기에, 『레탕모데른』이 창간되었던 시기에, 그가 처음에는 리옹대학교에서 그리고 파리고등사범학교에서 그런 다음에는 소르본대학교에서 심리학 교수로 가르쳤던 시기에, 그는 의사소통의 문제를 집중적으로 취급했다. 대략 5년에 걸친 기간에 (1945~1950) 메를로퐁티는 구조언어학을 발견했고 그것을 자신의 현상학적 전망과 결합시켰으며 훨씬 더 집중적으로 언어의 문제에 전념했고 특별하게는 의사소통의 문제에 전념했다. 자신의 중요한 박사학위논문인 『지각의 현상학』에서 이미 제시했던 바와 같이, 언어의 전용은 의사소통에 통합되었다. 후설과 소쉬르의 영향에 힘입어 '게슈탈트심리학', 행동주의 및 심리분석에 대한 자신의 비판을 확장시킴으로써, 메를로퐁티는 철학적이면서도 심리학적인 의사소통의 측면을 고려할 수 있게 되었다.

1945년에서 1946년까지 리옹대학교에서 있었던 자신의 강좌에서 메를로퐁티는 헤라클레이토스, 소크라테스 및 플라톤에서부터 데카르트, 버클리 및 로크를 거쳐 훔볼트와 카시러까지 이르는 서구철학에서의 언어의 이론을 체계적으로 연구하기 시작했다.[8)]

1947년과 1948년에 있었던 언어와 의사소통에 대한 강좌에서,[9)] 그는 언어와 사유의 사이의 관계를 수립하기 위해서 그리고 의사소통에 있어서 말하는 주체의 역할을 분명하게 하기 위해서 심리학, 사회학, 역사 및 언어학에 있어서의 과학주의에 대한 자신의 비판을 발전시켰다. 계획이나 구조는 물론 시간적인 언어의 진화에 대한 증거까지도 메를로퐁티가 구조언어학의 공시적이고 통시적인 요소들을 적용했다는 점을 잘 보여준다. 이러한 측면들은 모두 말하는 주체에게서 실현될 수 있는 것들이다. 말하는 주체에 의한 언어의 이와 같은 적용은 곧바로 언어 그 자체가 하나의 대상으로 될 수 있도록 하며, 이러한 점은 자신의 연구계획을 수행하기 위해서 말해야만 하는 언어학자에게도 마찬가지로 적용될 수 있다. 메를로퐁티에게 있어서 언어의 의도성은 "나는 말하는 데 있어서 나 자신에게 합류한다"[10]는 식으로 사유를 언어에 배치하는 데 있다. 나가 말하는 말은 "의미의 후광으로 둘러싸여 있다." 언어의 철학은 그 자체를 전용하기 위해서 그리고 그 자체의 전용성이 발생하도록 하기 위해서 언어의 순수한 현상을 뛰어넘어야만 한다.

언어에 관계되는 그 자신의 첫 번째 형성논리를 보면, 메를로퐁티가 언어의 조화로운 특징을 완벽하게 인식했다고는 볼 수 없다. 언어는 구체적이기는 하지만 그러나 또한 시간적으로 변화하는 구조도 가지고 있다. 언어의 이와 같은 공시성과 통시성은 말하는 주체의 경험에 대해서 하나의 틀을 제공해주기도 한다. 말하는 주체의 경험을 의사소통의 경험으로 옮겨놓기 위해서 메를로퐁티는 후설의 다섯 번째 데카르트적 명상에 의존하고는 했다. 불행하게도 이러한 점으로 인해서 그는 다른 사람들의 주관성이 나에게는 하나의 객관성으로 된다는 점에서 그리고 그 반대로도 된다는 점에서 그들이 나를 허무하게 만들듯이 다른 사람들에 대한 나 자신의 허무화의 문제로 다시 되돌아가게 되었다. 초기의 사르트르에게 있어서의 바로 이와 같은 상호-객관화의 이론을 뛰어넘기 위해서 메를로퐁티는 '나의 화술'과 '다른 사람의 화술'이 한 짝을 이루는 것으로, 따라서 의사소통을 가능하게 하는 것으로 상호-주관성의 개념에 호소하고는 했다. 메를로퐁티가 당면했던 어려움은 의사소통이 가능한 상호-주관적인 언어의 전용을 성취하기 위해서 그가 후설이 제공했던 선험적인 모델로만 남아 있을 수 없게 되었다는 점이었다. 소쉬르가 구조적으로 고려했던 점은 메를로퐁티가 시간성과 의사소통의 가능성 모두에 대한 조건을 설정하는 데 있어서 도움이 되었지만, 그것들이 모두 다 후설의 전망과 충분한 조화를 이루는 것은 아니었다. 메를로퐁티는 이미 「인간에게 있어서 형이상학적인 것」의 한 두 페이지에 이르는 그 자신의 짤막한 논의에서, 게슈탈트심리학은 "주관적인 것과 객관적인 것의 사이의 의사소통을 수립했으며 이러한 두 가지의 혼합도 수립했다"[11]는 점을 제시한 바 있다. 그러나 이러한 점으로 인해서 게슈탈트심리학은 적합한 것이라고 볼 수 없다. 그것은 후설의 현상학과 소쉬르의 구조주의의 연결-가능성만을 제시했을 뿐이다. 이와 같은 두 가지 경향들을 관련지음으로써, 게슈탈트심리학은 의도와 구조 모두에 대해서 자연스럽게 발전하는 것처럼 보일 수도 있다. 그러나 메를로퐁티가 점차적으로 발견하게 되었던 바와 같이, 그는 다만 그러한 방법을 실존적이면서도 발전적인 콘텍스트로 전용함으로써 바로 그 방법을 통합시킬 수 있었을 뿐이다. 의도성은 더 이상 선험적인 상태로 남아 있을 수 없게 되었고, 구조는 더 이상 '형식', '전체', '원관념에 반대되는 비유' 등을 암시할 수 없게 되었다. 메를로퐁티가 자기 자신을 '상호-주관성'과 '전체론'의 문제점들로부터 충분히 자유롭게 하는 동시에 공식적인 구조주의의 모델로도 전락하지 않도록 할 수 있을 때까지, 의사소통을 전용하는 것은 하나의 '욕망'으로 남아 있어야만 했을 것이다. 따라서 그는 1947년 다음과 같이 강조했다.

> 우리들의 삶을 보편적으로 살게 됨으로써 우리들 모두가 형성하게 되는 일반적인 정신, 기존의 언어체계에 이미 부과된 의도, 말하는 주체가 선-의식을 알게 되기 이전에 바로 그 선-의식과 짝을 이루어 그것을 지식의 수준으로까지 끌어올리게 되지만, 그렇지만 선-의식은 다만 말하는 주체에 의해서 선택되거나 추정되어 그 자체만의 '의사소통에 대한 욕망' 속에 살게 되는 것—

> 바로 이러한 점은 이와 같은 언어학의 분야에서 심리학자의 형식, 즉 아이디어의 정신적 실존에 대해서 낯선 것과 똑같이 자연적인 과정의 개관적 실존에 대해도 대등하게 낯선 형식에 해당한다.[12)]

'욕망'으로서의 의사소통의 형성논리는 메를로퐁티의 초기 활동을 알려주기도 하고 괴롭히기도 하는 다양한 관심사항들에 기여할 수도 있을 것이다. 후설의 선험적 주관성 이론의 '아포리아' 때문에, 쾰러, 코프카, 겔브 및 골드슈타인 등이 제안했던 형식을 이해하고자 추구하기 때문에, 일찍이 프로이트의 심리분석에 나타났던 실현-불가능한 리비도 때문에, 그리고 메를로퐁티가 결코 극복할 수 없었던 사르트르의 상호간의 객관화 때문에, '의사소통에 대한 욕망'은 실현될 수 없었다.

그렇지만 1949년부터 1952년까지 소르본대학교의 '심리학연구소'에서 있었던 자신의 강좌에서 메를로퐁티는 의사소통이론이 언어의 경험으로 전용될 수 있는 길을 모색하기도 했다. 『의식과 언어의 습득』에서 그는 아동이 말하고 의사소통하는 방법을 배우게 되는 바로 그 방법을 규명하기 위해서 언어의 발달단계를 강조했다. 인식론적인 심리학자들이 추종하기는 했지만 현상학자들은 대부분 취급하지 않았던 이와 같이 중요한 접근방법은 언어학적인 공시성을 강조하기는 하지만 언어의 역사에 비추어 강조한 것이 아니라 개인의 사적인 언어습득 및 다른 사람들과의 의사소통과 관련지어 강조한 것이다. 메를로퐁티는 단순한 옹알이에서부터 음소(音素)의 습득과 다른 사람들에 대한 모방을 포함하는 언어구조의 전용까지, 아동이 언어를 습득해가는 과정을 추적했다. 그는 일곱 살이 좀 더 된 아동들이 다른 사람들과 어떻게 의사소통하는지에 특히 관심을 가졌으며, "아동들의 사이에는 진정한 의사소통이 없다"[13)]는 피아제의 결론에 대해 놀라움을 금치 못하기도 했다. '이해'에 대한 자신의 제한된 개념으로 인해서 피아제는 아동들의 사이에서의 의사소통 관계를 충분하게 묘사하지 못했던 것이다. 언어의 병리학을 조사함으로써, 그는 구어(口語)에서의 허상의 경우와 실어증의 경우에는 실제로 아동의 언어전용과 의사소통의 가능성에 대한 일종의 위축이 존재하게 된다는 점을 제시할 수 있었다.

이와 같은 두 번째 형성논리에서 메를로퐁티가 연구하는 언어가 좀 더 특별하게는 구어로만 제한되어 있다 하더라도, 아주 어린 아동의 언어는 말하는 주체의 제스처가 아닌 그 자신만의 제스처를 분명히 포함하게 된다. 아동이 언어를 전용하는 것, 즉 언어를 그 자신만의 것으로 만드는 것이 가능하다 하더라도, 그러한 아동이 또는 심지어 어른까지도 의사소통을 전용하는 것은 좀 더 어려운 문제일 수도 있다. 따라서 메를로퐁티는 심리학적이고 병리학적인 이론에서 언어학이론의 철학적 암시로 전환하게 되었다. 소쉬르의 견해는 메를로퐁티의 초기의 쓰기에서보다 그 자신의 『의식과 언어의 습득』에서 훨씬 더 많은 부분을 차지하고 있다. 언어의 변증법적 특징은 다음과 같은 차이, 즉 기의의 측면에 관계되는 개념적 차이와 기표의 측면에 관계되는 음성적 차이를 나타낸다. 그리고 기표/기의의 대립으로 구성된 '기호' 그 자체는 자의적인 관계, 즉 그 자체가 관례적인 관계에 해당한다. 기호의 자의적인 본질은 결과적으로 차별적인 언어체계로 나타나기 때문에, "언어현상은 의사소통의 동향의 차별화에 해당한다."[14] '가치'는 무한히 많은 대상들을 위해 교환될 수 있는 반면, '의미작용'은 어떤 특수한 의사소통-경험의 본질적인 부분으로 남아 있게 된다. 의미작용을 바탕으로 하여, 의사소통-경험은 관례적인 차이의 체계를 확장시키고 서로 엮어 짜고 전용하게 된다. 이러한 점에 대해서 메를로퐁티는 다음과 같이 강조했다. "기호의 분절에서 말하는 주체 각자는 자신이 말하는 주체들의 집단성에 재-통합된다는 점을 발견할 수 있게 된다. '또 다른 에고(alter ego)'와 의사소통하고자 하는 '글로벌 의지(global will)'에서는 언어현상의 긍정적인 측면을 발견하게 된다. 그러나 매순간을 고려할 때 이러한 언어현상은 부정적이고 변증법적인 것에 지나지 않을 뿐이다. 의사소통의 글로

벌 가능성을 수용하는 것은 말하는 주체의 바로 그 본질을 보충하는 것에 해당한다."[15] 의사소통은 가능성으로서의 의지, 말하는 주체가 말하는 주체들의 집단성으로 자신을 재-통합시키는 의지, 즉 말하는 주체가 언어를 형성하는 차이의 체계 속에 자신을 각인시키는 의지—바로 그러한 '의지'에 의해서만 전용될 수 있다.

『의식과 언어의 습득』에 관한 자신의 강좌에 뒤이어지는 시기에, 메를로퐁티는 「현상학과 인간의 과학」에 관계되는 2년 동안의 강좌를 시작했다. 이 텍스트는 부분적으로 영역(英譯)되었지만 거기에는 메를로퐁티가 후설의 철학으로부터 언어학의 역할을 이어받은 부분도 포함되어 있다. 후설에게로 되돌아가는 데 있어서 메를로퐁티는 다시 또 다음과 같은 문제, 즉 언어의 경험을 구원하는 문제, 말하는 주체를 해방시키는 문제, 언어에 대한 객관적 연구의 함정을 피함으로써 말하는 주체들의 사이에서 의사소통을 성취하는 문제 등에 당면하게 되었다. '말하는 주체'는 실제로 무엇인가에 대해서, 언어가 말해지는 그대로 언어 그 자체를 연구하고 적용할 수 있는가에 대해서 현상학자는 관심을 갖게 되었다. "말하는 주체는 미래를 향하게 된다. 그에게 있어서 언어는 무엇보다도 표현의 수단이자 자신의 의도를 다른 사람들에게 전달하는 수단이며, 그것은 또한 미래로 향하게 된다."[16] 후기의 후설에게 있어서 이와 같이 말하는 주체에게 접근하는 것은 더 이상 '선험적 주체'에게 관계되는 것이 아니라 언어적으로 제한된 상황에 처해 있는 '말하는 주체'에게 관계되는 것이다. 이러한 점은 메를로퐁티가 다음과 같이 언급한 점과 같다. "언어가 무엇인지를 알기 위해서는 무엇보다도 말을 할 필요가 있다. 그것은 더 이상 과거의 역사적 자료에서 우리들 앞에 놓여 있는 언어를 성찰하는 것만으로는 충분한 것이 아니다. 언어를 인계받고, 언어와 함께 살고, 언어를 말하는 것—바로 그것이 필요할 뿐이다. 나가 '다른 언어들은 무엇인지'에 대한 의미를 찾을 수 있고 그러한 언어들의 주변으로 이동할 수 있는 것은 이와 같이 말하는 주체와 접촉할 수 있을 때에만 가능한 것이다."[17] 이러한 점에서 메를로퐁티는 소쉬르가 후설보다 앞서서 수립해 놓았던 바로 그 임무 자체에 후설 자신이 접근하는 것이라고 파악했다. 그 자체만의 언어적 콘텍스트에서 말하는 주체에게로 되돌아가는 것 — 그것이 후설에게는 일종의 충족에 해당하고 소쉬르에게는 차이의 체계에 해당한다. 그것이 후설에게서처럼 정체성의 전용을 설명하든 또는 소쉬르에게서처럼 차이의 전용을 설명하든, 전용 그 자체, 즉 언어가 그 자체만의 것으로 살아가는 의사소통의 상황을 만드는 것은 이와 같은 두 번째 해석에 있어서 메를로퐁티의 연구계획의 형성논리에 해당한다.

메를로퐁티는 자신이 1952년 콜레주드프랑스로 자리를 옮겨가기 전 그 자신의 마지막 강좌에서 이러한 해석에 대해서 최종적으로 분명하게 설명했다. 『타인의 경험』(1951~1952)에서 그는 '랑그(une langue)'로서의 언어와 '랑가주(le langage)'로서의 언어의 사이를 분명하게 구별했다. 그가 관심을 가지고 있던 언어는 프랑스어, 독일어 또는 영어와 같은 '랑그'로서의 언어에 해당하는 것이 아니라 "의사소통의 현상으로서의 '언어', 즉 '랑가주'로서의 언어에 해당한다."[18] 해석자는 사유의 움직임을 전달하기 위해서 '랑가주'로서의 언어를 적용하게 된다. 그러나 실제로 이와 같이 전달되는 언어는 이미 의미작용의 체계를 각인하는 것, 즉 언어에서 '의미된 것'으로 이동하게 되는 차이의 체계를 각인하는 것에 해당한다. 기호는 이미 구조화되고 구조화는 이미 의미작용의 체계, 즉 의사소통의 상황을 형성하는 체계로 된다.

3. 간접적 언어

후설과 소쉬르의 사이를 관련지음으로써, 메를로퐁티는 의사소통에 대한 욕망과 가능성의 분야를 열어놓았을 뿐만 아니라 직접적이지도 않고 충분하게 분명한 것도 아니지만 그러나 말을 하고 있으며 그 자체가 의사소통에 해당하는 언어의 전용에 대한 분야까지도 열어놓았다. 이러한 점이 바로 간접적 언어이고, 메를로퐁티는 그것을 자신의 「간접적 언어와 침묵의 목소리」에서 연구했으며, 그의 이 논문은 『레탕모데른』(June and July 1952)에 수록되었다.

자신의 강의노트 형식으로 남겨놓은 단계를 재-추적함으로써, 메를로퐁티는 아동이 옹알이의 수준에서까지도 의사소통하려고 노력한다는 점을 반복해서 강조하고는 했다. 그는 소쉬르의 기호의 이론의 중요성을 재차 강조했으며 그는 또한 기호의 끝에서, 언어적 차이의 체계의 한계에서 발생하는 의미 그 자체로 나아가게 되었다. 필리포 브루넬레스키[Filippo Brunelleschi, 1377～1446), 이탈리아의 건축가로 르네상스 건축양식의 창시자 중 한 사람이다. 피렌체의 산타마리아 델 피오레대성당의 커다란 돔 건축으로 유명하다. 또한 공간의 깊이를 표현하는 미술 원근법을 발견한 것으로 알려져 있다]는 부지(敷地)의 모양새를 고려하여 플로렌스대성당에 둥근 돔으로 된 천장을 건축했다. 그는 분명히 건축학적 기호들을 참고하여 자신의 임무를 수행한 것이 아니다. 오히려 그는 하나의 합당한 행위로서, 건축가로서의 브루넬레스키가 "콘텍스트의 충분한 의미"라고 선언했던 일종의 화술로서 그러한 기호들을 포함시켰던 것이다. 이러한 점은 그가 부지 그 자체의 의미를 충족시키기 위해서 바로 그 부지와 의사소통할 수 있었던 것처럼 보이기도 한다.

언어는 종종 태어나게 되어 있는 변용을 오랫동안 임신한 채로 남아 있기도 한다. 그리고 언어에서 의미의 목록이 그 어떤 의미도 가지고 있지 않은 까닭은 오용되는 의미들이 언어에서 소멸하는 삶을 이끌고 있기 때문이고 의미를 대체하게 되는 바로 그 의미의 '장소'—격차, 필요 또는 경향의 형식으로 나타날 뿐이라 하더라도—가 이미 분명하게 표시되어 있기 때문이다.[19]

메를로퐁티는 더 나아가 계속해서 "의미는 교차점에서, 말들 사이의 간격에서 발생한다"고 덧붙였다. 따라서 의미가 발생하게 될 때, 그것은 이미 표시될 뿐만 아니라 표현을 위해 준비된 간격 그 자체를 채우기도 한다. 달리 말하면, 언어 그 자체는 간접적이고 암시적인 것이다, 다시 말하면, 언어는 '침묵' 그 자체에 해당한다. 간접적 언어는 말하고 쓰고 그리는 것을 위한 길을 마련한다. 언어의 전용에 대한 이와 같은 세 번째 형성논리에서, 언어는 순수한 의미의 현존을 거부하게 되며 더 나아가 언어는 차이의 영역, 즉 안내표지로 나타나는 의미작용이 꼴을 갖추기 시작하는 영역을 열어놓게 된다. 간접적 언어를 전용하는 것은 표현에서 출현하기 시작하는 의미작용들의 사이의 간격에서 의미를 야기하는 것과 같다. 메를로퐁티에게 있어서 언어는 의사소통으로 향하는 움직임에 해당할 뿐만 아니라 차이의 전용을 통해서 그리고 의미작용의 정체성—표현으로 향하는 광범위한 움직임에 관련지어 우리들이 포착하게 되는—을 통해서 의미를 충족시키는 것에도 해당한다. 이와 같은 세 번째 형성논리에서, 메를로퐁티는 의사소통하고자 하는 신체적 제스처와 욕망, 간접적 언어를 통해서 표현으로 나아가는 경향을 자신의 논지의 바탕으로 삼았다. 간접적 언어에 대한 작가의 전용이나 또는 화가의 전용은 아동들이 화술에 심취하게 되는 경향, 즉 '대화(그리고 이제부터는 상호-주관적인 언어)'의 습득에 심취하게 되는 경향과 같은 것이다. 그렇지만 이러한 전용은 또한 전용 그 자체와 함께 독창적인 의도, 침묵에서 비롯되는 언어의 기원, 말해지기 전의 화술의 영역에 해당하는 '무언의 언어' 등을 가능하게 하기도 한다.

그림에서의 전망의 발전에 대한 앙드레 말로의 관심은 그것이 메를로퐁티가 후설, 소쉬르 및 게슈탈트주의자들로부터 종합했던 강좌와 결합되었을 때, 몸의 표현이 예술을 통해서 의사소통으로 될 수 있는 하나의 영역을 가능하게 하는 것이었다. 침묵의 목소리가 말할 때, 그러한 목소리는 세잔, 클레 및 반 고흐의 그림을 통해서, 스탕달, 발레리 및 프루스트의 쓰기를 통해서 말하게 된다. 자발적이고 잠정적인 의미는 예술가가 취급할 수 있는 것으로 된다. 예술가들에 의해서 다시 한 번 전용된 그러한 의미는 또 다른 의미들을 생산하기 시작하게 되며 거기에서부터 다른 사람들도 그 자체의 의미작용을 전용할 수 있게 된다.

1951년에서 1954년까지 이상과 같은 세 번째 형성논리에서 메를로퐁티는 세잔의 경험에 대한 자신의 초기연구에 집중했으며, '의미' 및 이제부터는 '의미작용'이 발생할 수 있는 간접적 언어로서의 콘텍스트를 자신의 연구에 부여하게 되었다. 이러한 점에 대해서 그는 다음과 같이 언급했다. "우리들이 사건의 질서로부터 표현의 질서로 나아갈 때, 우리들은 세계를 변화시키는 것이 아니다. 그 이전에 이미 부여되었던 똑같은 상황이 이제는 의미작용의 체계로 전환된 것일 뿐이다."[20] "인간이 몸을 사용하는 것은 이미 원시적인 표현에 해당한다."[21] 이러한 점은 르느아르가 자신의 그림 〈목욕하는 사람들〉을 그렸을 때, 몸에 대한 그의 이해가 그 자신의 그림에서 표현된 것이라는 점을 의미한다. 그것은 몸의 표상일 뿐만 아니라 '의미하는 체계'—예술사가가 분명하게 할 수는 있지만 그러나 관람자는 자신만의 경험으로 전용하게 되는 의미작용의 틀—로 그림을 통해 말하기 시작하는 몸의 표현의 의미에 해당하기도 한다. 이런 식으로 문화는 인간적인 의미의 협력을 통해서 의미작용을 취하게 된다. 작가가 보편적인 언어를 구현함으로써 바로 그 보편적인 언어의 제약을 타파하는 것과 똑같이 예술가도 보편적인 비전을 구현함으로써 바로 그 보편적인 비전을 타파할 수 있게 된다.[22] 달리 말하면, "언어는 말을 하고 그림의 목소리는 침묵의 목소리이다."[23]

언어의 전용은 "눈먼 사람들의 눈에 비친 하나의 풍경이 그들의 것이 아니듯이, 이와 같이 아름다운 사물들은 나 자신의 것이 아니었다"고 워즈워스가 그렇게 했듯이, 또는 자신의 그림 〈목욕하는 사람들〉에서 르느아르가 그렇게 했듯이, 가시적인 것을 구체적으로 전용하는 것 — 그러한 것들이 후설이 '상호-주관성'이라고 명명했던 것의 표현적인 짜임으로 진입함으로써 — 은 '언어의 말하기'와 '침묵의 목소리'로 전환될 수 있다. 워즈워스와 르느아르는 모두 관례를 따랐고 문화적으로 영향을 끼쳤으며 간접적 언어를 의사소통의 구체적인 언어로 전환시켰다.

그의 사후에 출판된 『세계의 산문』(주로 1950년과 1952년 사이에 집필된)에서, 메를로퐁티는 이와 같은 경험의 표현을 훨씬 더 많이 발전시켰다. 의사소통하고자 하는 의도(메를로퐁티의 두 번째 형성논리의 문제점)는 이제 의미의 변용을 표현의 체계로 전환시키는 데 있다. 예를 들면, 화가는 자신이 추적하는 선(線), 화폭의 빈 공간 및 붓질에 의해 그만큼 더 많이 그리게 되지만, 그는 자신이 그리게 되는 특수한 형상을 그만큼 더 많이 만들어내지는 못한다. 이와 같이 간접적인 시각적 표현은 진정으로 표현적인 시인의 화술과 산문작가의 화술에서 그 유사성을 찾아볼 수 있다. 롤랑 바르트가 자신의 『쓰기의 영도』(1952)에서 그렇게 했듯이, 메를로퐁티도 자신의 『세계의 산문』에 승선해서 사르트르의 『문학이란 무엇인가?』(1947)에 대한 반응에서부터 시작했다. 메를로퐁티는 문학적 경험을 설명할 수 있기를 기대했으며, 그러한 경험에서는 의사소통이 핵심적인 특징에 해당하기는 하지만, 그러나 그러한 경험이 산문작가들에 의한 자유의 의사소통에 있어서 단순한 바탕에 해당하는 것은 아니다. 메를로퐁티가 「간접적 언어」에 관계되는 장(章)에서 상세하게 설명했던 바와 같이, 작가의 임무는 다음과 같은 것이다.

> 작가의 임무는 모든 순간에 작가 자신에게 자리 잡고 있는 똑같은 삶의 정감을 이와 같은 도구들이 유발하는 것과 같은 방식으로 바로 그 도구들을 선

택하고 종합하고 휘두르고 괴롭히는 데 있다. 따라서 그의 임무는 그러한 도구들을 상상의 세계에도 배치하고 투명한 언어의 몸에도 배치하는 데 있다.[24)]

메를로퐁티는 시에 대한 산문의 우선권과 특정한 작가들의 독자들에게 관심을 가지고 있었다기보다는 "작가에게 자리 잡고 있는 삶의 정감"에 훨씬 더 많은 관심을 가지고 있었다. 실제로 그는 자신의 쓰기에 있어서 점점 더 의미 있게 되는 하이데거의 문제에 좀 더 가까워질 수 있게 되었다. 하이데거가 작가의 언어를 그 자체가 존재론적 차이에 자리 잡고 있는 '언어의 말하기'의 시작이라고 생각하고자 했던 것과 똑같이, 메를로퐁티도 작가가 자신의 화술을 통해서 세계와 접촉하게 되는 것을 횡적으로 차단시키는 의미심장한 '차이의 짜임'에 자리 잡고 있다는 점을 강조했다. 메를로퐁티가 작가의 경험과 화가의 경험을 결합시킨 것은 사르트르가 틴토레토처럼 노란 하늘을 그리는 '시인'과 이와는 반대로 유한한 상황에 관여했을 뿐만 아니라 그의 목표가 모든 인류의 자유에 있었던 앙드레 말로와 같은 '산문작가'의 사이에 수립해 놓았던 이분법을 필연적으로 차단시키는 것이었다. 여기에서 다시 또 메를로퐁티는 반 고흐의 농부구두의 경험을 그리스 사원과 횔덜린의 시에 결합시킨 하이데거의 성찰에 좀 더 가깝게 접근하고 있다. 따라서 메를로퐁티가 "고전주의 그림은 모두 사물의 증거를 통해서 화가와 그의 대중의 사이의 의사소통의 아이디어에 의존하고 있다"[25)]고 언급했을 때, 그는 '언어'—간접적 언어—를 선언하고 전용한 것이며 그러한 언어는 세계에 있어서 구체적인 사물의 경험을 통해서 화가와 대중의 사이의 의사소통을 가능하게 하는 것이다.

반복해서 이와 같은 세 번째 형성논리에서 메를로퐁티는 순수한 언어의 '알고리즘'과 문학적인 다른 유형의 간접적 언어를 구별하고자 했다. 그는 경험으로부터 분리될 수 있는 '성공적'인 언어의 이상까지도 거부하고자 했다. 보편적인 언어의 성취로 나아가는 경향조차도 지속적으로 경험적인 표현에 자리 잡고 있다. 메를로퐁티에게 있어서 알고리즘은 "그 자체의 실존적인 상태에 있는 언어에 반역하는 것이자 일상적인 언어의 혼동에 의존하는 것을 거부한 것이다."[26] 순수한 의미작용을 추구하는 것은 격차, 간격 및 차이를 극복하고자 하는 시도에 해당한다. 알고리즘에서 의사소통은 하나의 출현에 해당할 뿐이지 결코 실제로 새로운 그 어떤 것을 끌어들일 수 있는 것이 아니다. 언어의 간접성으로부터 멀어지고자 하는 그 자체의 프로젝트와 충분하게 포괄적이면서도 완벽하게 불명확한 지식의 체계에도 불구하고, 의사소통은 실제로 아주 작고 제한적이면서도 직접적인 언어의 측면만을 전용하게 된다. 알고리즘의 표현은 단지 이차적인 것으로 남아 있게 될 뿐이다. 그 자체의 임무로서 그 앞에 부여되는 것만을 정확하게 성취할 수 있기 때문에, 그것은 정확한 것일 수도 있다. 그것이 전용을 요구하지 않는 까닭은 그것이 이미 그 자체에 그리고 오로지 그 자체에게만 합당한 것으로 되기 때문이다.

문학적 언어에 그 자체를 제공하는 데 있어서, 알고리즘은 감각적 세계에서부터 표현의 세계까지 통과하는 데 있어서 본질적인 문제를 피할 수 있게 된다. 왜냐하면 알고리즘은 순수하고 제한적이며 직접적인 표현이기 때문이다. 그것은 그 자체를 감각적인 것으로 그려낼 필요가 없다. 메를로퐁티에게 있어서 감각적인 것은 보편적인 언어에 대한 창조자의 연구계획에 이미 포함되어 있다. 이와 반대로 문학은 언어의 철학보다 앞서 나간다. 문학은 이미 소리와 의미, 기표와 기의의 신비스러운 결합의 기적을 가능하게 하고 돋보이게 하기 때문이다. 1953년 「언어의 문학적 활용」에 대한 콜레주드프랑스의 강좌에서 메를로퐁티는 『세계의 산문』에서 그 자신이 '언어의 신비'라고 설명했던 것을 구체화시켰다. 언어의 신비—'간접적 언어'는 소쉬르가 기표와 기의의 자의적 관계라고 특징지었던 것을 좀 더 용이하게 적용한 형성논리에 해당한다—는 표현을 통해 분배되고 특히 문학에서 돋보이는 차이나 간격(혹은 격차)을 나타내게 된다. '화술의 과도한 결정'—라캉은 그것을 '비유'로 파악했다—에 대한 프로이트의 개념은 의미가 차이를 충족시킬 수 있게 되고 의미작용의 체계를 수립할 수 있게 되는 표현적인 언어의 또 다른 전용의 형식에 해당한다. 문학적 화술이 세계를 표현하는 것처럼, 과도하게 결정된 환자의 언어는 일종의 꿈을 언급한다. "학식이 있는 사람들은 물론 아마도 모든 사람들은 언어를 통해서 세계와 다른 사람들에게 자기 자신을 드러낼 수 있을 뿐이다. 그리고 아마도 모든 언어에는 기본적인 기능, 즉 삶과 그 자체의 활동을 형성할 수 있고 심지어 우리들 자신의 경험의 문제까지도 삶의 동기로 전환시킬 수 있는 바로 그 '기능'이 있게 마련이다."[27]

4. 가시성의 언어

메를로퐁티가 언어를 고려하는 데 있어서, 네 번째 형성논리는 그가 실제로 『보이는 것과 보이지 않는 것』을 집필하기 시작했던 시기에 해당하는 그의 생애의 마지막 2년 동안(1959~1960)에 나타나게 되었다. 그의 이와 같은 고려에는 또한 그가 마지막으로 출간했던 『눈과 마음』 및 그의 마지막 과정에 해당하는 『헤겔 이후의 철학과 비-철학』에서 강조했던 몇 가지 간략한 언급들도 포함된다.

이와 같은 텍스트, 특히 『보이는 것과 보이지 않는 것』의 몇 가지 연구에 그 자체를 개입시킨 문제는 '차이의 존재론'을 가능하게 했지만 그러나 그 자체는 소설의 표현으로 나아가는 경향이 있는 '연구계획'을 설명하는 데 있었다. 간단히 말해서, 가시성의 언어는 그 자체를 어떻게 그 자체만의 연구계획에 적용시킬 수 있는지를 설명하는 데 있었다. 의심의 여지없이, 메를로퐁티는 그 자신이 이전에 구상했던 전용의 문제를 계속해서 추구하고자 했다. 제스처와 신체적 화술에서는 의사소통에 대한 소개 및 간접적 언어의 완성을 실현하고자 한다. 그러나 그의 마지막 해에 새로운 문제가 발생하게 되었다. 데카르트의 성찰. 헤겔과 사르트르의 변증법, 후설과 베르그송의 직관은 어떻게 '부분교차', 즉 보이는 것과 보이지 않는 것, 보인 것과 보는 사람, 만져진 것과 만지는 것의 차이와 정체성을 전부 엮어 짜는 것을 가능하게 할 수 있는가?

'부분교차'는 종적이고 존재론적 관계이다. 그 자신의 집필노트에서 메를로퐁티는 그것을 '존재론적 차이',[28] 즉 상당히 보편적으로 하이데거와 결합시켰던 바로 그 차이에 결합시켰다. 보이는 것과 보이지 않는 것의 부분교차, 보는 것과 보인 것의 엮어 짜기, 만져진 것과 만지는 것의 존재론적 차이는 지각의 신념에 의해서만 채워질 수 있고, 가시성의 언어의 전용에 의해서만 의미를 성취할 수 있는 비-가시성을 수립한다. 그러나 이러한 유형의 가시성은 언어의 위치를 강조하지 않을 때에만 명확하게 될 수 있는 것처럼 보이기도 한다. 보이는 것과 보이지 않는 것의 상호-작용은 필연적으로 언어를 전용하지 않을 수도 있는 것처럼 보이기도 한다. 엮어 짜는 데 있어서, 활성화된 차이는 화술로 될 필요가 없는 것처럼 보이기도 한다. 그러나 몸을 채울 뿐만 아니라 그것을 둘러싸고 있는 '살(la chaire / flesh)'이 가시성을 형성하게 되는 지점을 기억할 수 있을 때, 다시 한 번 언어는 존재론적 차이에서, '부분교차'에서, 보이는 것과 보이지 않는 것의 사이의 채워지지 않은 간격에서 말하게 된다는 점이 분명하게 된다. '격차(écart)'는 문학, 음악, 및 심지어 열정이 그것에 부여하는 의미에 따라서 언어로 나타나기도 하고 언어로 전용되기도 한다. 보이는 것과 보이지 않는 것의 반전성은 또한 화술과 그것이 의미하는 것의 비-가시성에 해당하기도 한다.[29] 화술과 그것의 기의의 사이에 있어서 이와 같은 종적 관계에서 발생하게 되는 의미작용은 '차이의 체계'—메를로퐁티가 소쉬르의 구조언어학을 전용했을 때 발견했던 바로 그 차이의 체계 — 를 가로질러 횡적으로 작용하게 된다. 새로운 지평을 지속적으로 가능하게 하는 이와 같은 횡적 이동은 종적 '격차'를 가로질러 차단시키고, 그 자체를 하나의 언어로 수립하게 되며, 상호-세계의 상호-구체성 내에서 의사소통의 지속적인 움직임으로 나아가게 된다. 따라서 의미는 종적 차이에서 비롯되고, 의미작용의 체계는 횡적 차이에서 비롯되며 언어는 종적 차이와 횡적 차이의 교차점에서 가능하게 된다.

이와 같은 횡적 차이는 위로부터의 성찰의 대상도 아니고(pensée de survol, 사물들의 조감도) 서로가 서로를 구별하는 일련의 사물들의 결과도 아니다. 횡적 차이는 '보이는 것'과 '보이지 않는 것'을 경계 짓는 얇은 막(膜), 경첩, 교차점, '교류'에서 확산되며, 그것들은 또 전체적으로 이동하는 차이의 영역을 가로지르는 화술의 확산에 해당하기도 한다. '언어와 격차'로 끝맺는 메를로퐁티의 집필노트는 그가 이와 같은 차이의 교차를 언어의 전용이 제시하는 근본적인 경향으로 파악하여 그것에 전념했다는 점을 보여준다. 언어의 전용은 '살(flesh)'의 전용에 해당한다.

따라서 세계를 '살'로 이해하는 화가는 자신이 보는 대상을 그림에서 보이는 것으로 만들 수 있다. 『눈과 마음』에서 메를로퐁티는 발레리가 "화가는 자신의 몸에 매료된다"고 말한 것을 인용했으며, 그는 "한 덩어리의 공간이나 한 꾸러미의 기능으로서의 몸이 아니라 서로 얽혀져 있는 비전과 이동으로서의 몸"[30)]을 강조했다. 그림은 "본질과 실존, 상상과 현실, 보이는 것과 보이지 않는 것을 하나로 엮어 짜는 침묵의 전용이며, 한 폭의 그림에서는 그 자체의 독특한 구체적인 본질의 세계, 효과적인 유사성의 세계, 말없는 의미의 세계를 열거하는 데 있어서 우리들의 모든 범주를 혼합하게 된다."[31)] 이러한 점에서 세잔의 〈생 빅투와르 산(Mont St Victoire)〉은 실제로 침묵의 화술과 그 자체의 말없는 의미를 보여주고 있으며, 그러한 점을 메를로퐁티는 앙드레 말로의 작품을 통해 자신의 세 번째 형성논리에서 묘사한 바 있다. 이와 같은 세 번째 형성논리와 그의 네 번째 형성논리에서 차이 나는 것은 그림이 가시성의 제시이자 언어의 전용에 해당한다는 점, 즉 다양한 범주를 지니고 있는 여러 가지 유형들의 존재의 구조에 접근할 수 있는 바로 그 '언어의 전용'에 해당한다는 점이다. 여기에서 언어는 보이는 것에 대한 그 자체의 고유한 본질, 보이지 않는 것에 대한 그 자체의 배가(倍加)와 함께 그림에 바탕을 두게 된다. 메를로퐁티는 다음과 같이 언급했다. "그림에서 말하는 이와 같은 말없는 존재는 문학과 철학의 비유 — 말하기의 유일한 특권 — 에서 그 자체의 유사성을 가질 수 있으며, 사유는 그 자체가 취급할 수 있는 그 자체만의 지지에 의존할 수 있다."[32] 그렇게 함으로써 그는 화술이 똑같은 입장에 의해 '존재'에 작용하게 된다는 점을 제안했으며, 여기서 말하는 '존재'는 말하기의 '격차'에 있어서 '말해진 것'과 '말해지지 않은 것'의 사이의 '살로서의 차이(fleshly difference)'에 그 자체를 배치하는 것과 똑같은 존재론에 해당한다. 이와 똑같은 유형에서 철학의 언어를 전용하는 것이 가능하다는 점은 메를로퐁티의 마지막 과정인 『헤겔 이후의 철학과 비-철학』(1961)의 주제에 해당한다.[33] 철학과 비-철학의 사이의 차이를 분명하게 함으로써, 철학의 합당한 영역은 그 자체의 모든 모호성에 있어서 경험의 영역으로 전환된다.

5. 언어를 질문하기

이 부분의 제목을 '언어를 질문하기'이라고 붙인 까닭은 지금까지의 추구가 언어의 전용으로 한정되었기 때문이다. 언어에 합당한 것이 무엇인지를 모색하지 않고서는 효과적으로 언어를 질문할 수 없을 것이다. 언어의 지시가 없다면 — 몸의 제스처와 화술로서, 의사소통으로서,

문학, 그림 및 음악의 간접적 표현으로서(알고리즘과는 대조적으로), 그리고 마지막으로 가시성의 존재론과 차이의 간격으로서 — 기존의 형성논리에 대한 또 다른 형성논리가 없다면, 언어의 충분한 질문을 제안할 수 없을 것이다. 이러한 점은 언어에 합당한 것(말하기, 쓰기, 그리기 등을 포함하여), 언어에 속하는 것 및 언어가 그 자체만의 것이라고 명명하는 것 — 일찍이 주의 깊게 모색했던 — 은 그것을 질문하고 싶은 분위기와 함께 각각의 형성논리로 전환된다는 점을 의미한다.

'질문'은 메를로퐁티의 네 번째 형성논리에서 지배적인 주제에 해당한다. 그는 1959년에 바로 이와 같은 주제에 대한 강좌를 제공한 바 있다. 이러한 강좌에서 그는 자신이 1959년 철학의 가능성에 대해서 관심을 가지고 있었다는 점을 강조했다. 질문은 '사이'에서, '교차점'에서, '경첩'에서 질문하는 것에 관계된다. 질문은 언어에서 철학적인 것(또는 무엇이든 질문된 것)을 나타내고 그러한 것을 스스로 말하게 한다. 철학 그 자체를 질문할 때, 메를로퐁티는 현시대에 있어서 철학이 어떻게 비-철학으로 될 수 있는지를 모색하고자 했다.[34] 이러한 점에서 철학은 그 자체만의 의미와 가능성을 질문하게 된다. 즉, 그것은 철학과 비-철학의 사이의 차이에, 의미작용이 표시하는 차이의 체계에 그 자체를 배치하게 된다. 철학은 '존재자'와의 차이에 있어서의 '존재'의 '상호-내재성'을 질문하게 된다.

언어를 질문하기는 언어의 전용에 대한 직접적인 반복으로 그 자체를 배치하는 것에 해당한다. 언어를 질문하기는 그 자체의 의미, 그 자체의 의미작용 및 궁극적으로는 그 자체의 한계를 조사하기 위해 전용된 것에 대해서 이미 말해진 것을 질문하는 것이다. 언어를 질문하기는 그 자체의 의미와 가능성에 대해서 언어를 묻게 되는 것에 관계된다. 언어에 대한 이러한 연구계획을 충족시키기 위해서는 네 가지 형성논리를 한 가지씩 차례로 살펴보아야만 할 것이다. 각각의 형성논리에 대해서는 유일한 인식론적인 틀로, 그 자체가 언어의 존재론, 즉 그 자체만의 한계를 설정하는 존재론을 만들어내기 위해서 그 자체가 하나의 층위(層位)로 될 수 있고 층상(層狀)으로 될 수 있는 바로 그 틀이 무엇인지를 질문해야만 한다.

메를로퐁티에게 있어서 언어를 질문하는 단계는 ① 모호성, ② 생생한 언어, ③ 표현으로 향하는 지향, ④ 표현의 패러독스 등 네 가지 분명한 논지들로 구분된다. 이와 같은 각각의 논지는 하나의 대립, 하나의 차이에 바탕을 두고 있으며, 이러한 대립이나 또는 차이는 질문의 명확성과 그 자체의 배치에 대한 의미를 가능하게 한다.

모호성에 의해 그 특징을 부여받게 되는 첫 번째 형성논리에서는 화술과 표현의 대립이 우세하다(즉, 의미의 다양성은 현상으로서의 몸의 영역 내에서 긴장을 유지한다). 화술은 제스처의 한 가지 형식이며, 이때의 제스처는 그 자체가 표현과 교차함으로써 의미를 형성하게 된다. 화술과 표현의 사이에 모호성이 개입하는 것은 다음과 같은 영역, 즉 구어적인 의미가 이미 경험적으로 되고 제스처로서의 의미도 이미 표현적으로 되는 바로 그 영역을 열어 놓게 된다는 점을 의미한다. 모호성은 구체적인 다양성을 생산하는 것이며, 이러한 다양성을 질문하는 것은 지각 그 자체의 가장 일반적인 특징에 있어서 바로 그 지각의 의미작용을 선언하는 것에 해당한다.

두 번째 형성논리의 질문은 그 자체를 언어학과 말하는 주체의 사이의 대립에 배치한다. 언어를 전용하는 것은 바로 이와 같은 두 번째 형성논리에 해당하며 거기에는 언어학의 기여, 특히 소쉬르의 언어학의 기여가 포함될 뿐만 아니라 로만 야콥슨, 골드슈타인, 벤드레이, 기욤 및 다른 사람들의 기여도 포함된다. 구조언어학은 언어가 의미작용을 가능하게 하는 차별적인 관계의 체계에 자리 잡고 있다는 점을 나타낸다. 이와 같은 체계를 바탕으로 하여, 아동은 언어를 습득하게 되고 의사소통으로 나아가게 되며 그것은 또한 어른들이 지향하는 것에 해당하기도 한다. 언어의 습득, 언어구조의 표현 및 언어 그 자체와 관련지어 상호-주관성을 수립하는 것 등은 말하는 주체의 활동을 통해 이미 성취할 수 있게 된다. 말하는 주체는 언어과학에 의미(의미들)를 부여하며 이와 같이 질문에서(차이에서) 비롯되는 것은 '생생한 언어' 그 자체이다. 생생한 언어는 첫 번째 형성논리에 있어서 모호성의 논지를 대신할 뿐만 아니라 그러한 논지와 논쟁하기까지 한다.

세 번째 형성논리에서 알고리즘(또는 순수한 언어)과 간접적 언어의 사이의 차이는 표현으로 향하는 이동을 가능하게 한다(질문을 통해서). 표현은 주어진 것이 아니다. 그것은 그림, 시, 산문, 음악을 통해 말하기에 부여된 침묵의 영역에서만 비롯될 수 있는 것이다. 이러한 간접적 언어는 그 자체가 보편적이면서도 순수한 언어, 즉 객관적이면서도 정확한 언어의 과학에 의해 — 차이를 긍정적인 것으로 수렴하는 과학에 의해 — 침묵의 목소리를 무시하고자 하는 연구계획에 의해 추구되는 바로 그 '순수한 언어'에 반대한다. 그럼에도 대립으로부터 표현은 가능할 수 있게 된다.

이와 같은 가능성을 여전히 그룹화 하지만 그러나 좀 더 충분하게 명확한 형식은 네 번째 형성논리에서 발생하게 되며, 거기에서 표현으로 향하는 경향은 표현의 패러독스에 의해 대체되어 버린다. 표현에는 그 자체만의 다양한 방향들이 있을 뿐만 아니라, 보이는 것과 보이지 않는 것, 만지는 것과 만져지는 것의 사이의 차이에, '부분교차'의 '살(몸)'에 그 자체만의 엮어 짜기와 교차점도 있다. 감각적인 세계의 '로고스(이성)'에는 이미 '상호-구체성'으로 된 의미로도 충만하고 존재론적으로도 충만한 '구체성'의 표현적 범주이자 이미 표현이 발생하는 '상호-세계'로 된 '상호-구체성'의 범주가 남겨지게 된다. 이러한 점에서 경험의 모호성은 생생한 언어에 해당하며, 그것은 표현의 패러독스를 성취하는 쪽으로 나아가게 된다.

의미 있게도 그리고 여기에서 필자는 네 가지 형성논리 각각에서 스타일의 위치는 언제나 경계에 따라, 전용의 여백에 따라 질문하는 것에 있다고 적어도 시간적으로 결론짓고자 한다. 스타일은 몸의 화술에서 그리고 표현의 모호한 영역에서 정확한 자리를 차지할 수 없다. 그럼에도 메를로퐁티는 스타일의 출현을 "스피노자적이고, 비평적이고, 현상학적"[35]이라고 주장하기도 했다. 스타일은 자연적인 세계와 연결되는 한 가지 방법, 즉 세계를 말하거나 또는 심지어 세계를 노래하는 태도에 해당한다. 따라서 각각의 제스처적인 의미작용은 하나의 스타일을 그 자체만의 것으로 전용하게 된다. 그러나 그러한 스타일의 출현은 표현적인 상황의 보편성과 특이성을 되돌려놓지는 않는다(또는 해체한다).

의사소통으로 향하는 데 있어서 스타일은 차이 나는 의미작용의 구조로부터 출현한다. "스타일은 말에 의해 제한받는 것도 아니고 아이디어에 의해 제한받는 것도 아니다." 그것은 직접적인 의미작용을 가지고 있기보다는 간접적인 의미작용을 가지고 있다.[36] 그것은 '새로운 것'의 도착을 선언한다. 따라서 아동은 말하는 주체의 스타일을 모방하는 것이지 말 그 자체를 모방하는 것이 아니다. 스타일은 우리 자신의 '태도'이다.[37] 스타일은 모호한 경험의 자질이며, 이러한 점은 스타일이 그 자체를 의미 있는 언어의 차이에 각인시키는 것과 같은 것이다. 하나의 텍스트로서 체계적이거나 횡적인 차이는 의미작용으로 나아가는 경향이 있다. 스타일은 생생한 언어에서 의미작용으로 나아가는 경향에 해당한다.

간접적인 언어의 표현으로 향하는 데 있어서, 스타일은 그 자체를 언어의 한계와 일치시킨다. 아동은 말하기 위해서 '표현의 스타일'을 적용하게 된다. 이와 똑같이 스타일은 "예술가의 경험의 표면으로부터 발생한다."[38] 거기에서 예술가의 등가성의 체계는 그 자체만의 특별한 특징을 취하기 시작한다. 스타일은 단지 침묵의 목소리들의 화술에 해당할 뿐이다.

그러나 마지막으로 네 번째 형성논리의 암시적이고 생략적인 스타일은 모방-불가능하고 낯설지 않은 것으로 남게 될 뿐만 아니라 '가시성'

—그 자체의 다양하면서도 패러독스적인 모든 측면을 표현하고자 하는—의 안과 밖의 층위의 사이에 남게 된다. 메를로퐁티가 자신의 『보이는 것과 보이지 않는 것』에서 언급했던 바와 같이, '살(flesh)'의 경험의 변방은 화술의 변화에 해당할 뿐이다. 그 자체의 '스타일'을 언급하는 것은 비유를 창조하는 것이다.[39] 스타일은 이미 비유적인 화술에 해당한다. 스타일은 그 자체의 한계를 지니고 있는 표현의 패러독스이다. 스타일은 보이는 것과 보이지 않는 것을 엮어 짜는 데 있어서 '존재론적 차이'와 '차이적인 의미작용의 체계' 모두에서 비롯되는 교차하기에 해당한다. 스타일은 정체성이나 차이가 없는 가시성이다.

제10장
자아에 대한 사르트르의 '말'

사르트르가 자아를 묘사하는 데 있어서, 언어의 기능은 자아에 대한 사르트르 자신의 개념이 어떻게 변화하느냐에 따라 변화하게 된다. 자아와 구어적인 표현의 사이의 관계에서 이러한 변화는 사르트르의 방법을 따라 세 가지 순간들을 인용함으로써 동시적으로 재-언급될 수 있는 발생학적 관심에 해당한다. 그러한 방법의 각 단계는 이와 같은 관계에 대한 서로 다른 형성논리를 나타낸다. 필자는 개인의 활동 내에서 서로 다른 순간에 하나의 '인식소(認識素)'에 대해서 언급할 수 있다는 점을 제안하고자 하는 것이지 푸코가 제안했던 바와 같이[1] 그러한 고려를 역사적 콘텍스트로 제한시킬 수 있다는 점을 제안하고자 하는 것이 아니다. 따라서 선험적 에고를 취급했을 뿐만 아니라 그것에 대한 본질적 에고가 없이 존재론적으로 의식을 재-구성했던 사르트르의 초기의 쓰기(1936~1944)에서는 특별한 자아에 대한 언어적 결정이 그 어떤 비평의 유형에서도 진정한 자아에게 영향을 끼칠 수 없다는 점을 예견하고는 했다. 하지만 『성 주네』(1952)에서 두 번째 '인식소'를 대표하는

'말'—현기증이 나도록 반복되고는 하는 바로 그 말—'도둑'은 장 주네로 하여금 자신에 대한 전체적인 경험과 자신이 누구인지에 대한 경험을 변화시킬 수 있도록 하기도 한다. 이러한 콘텍스트에서 자아는 말에 대한 반응에서 형성될 수 있는 것이다. 『말』(1964)이 발표될 때까지, 언어에 대한 작가의 경험과 언어적인 유추는 자기-표현에 있어서 핵심적인 것이었다. 필자는 세 가지 자아/언어의 양면구조를 차례로 살펴보고자 한다.

1

첫 번째 인식소, 즉 말이 없는 자아의 인식소는 『에고의 초월』(1936)과 『존재와 무』(1942)에서 가장 분명하게 형성되었지만, 그러한 핵심은 또한 『구토』(1938) 및 『파리들』(1943)과 같은 몇몇 희곡에서도 언급된 바 있다. '말이 없는 것'으로 되는 것은 말하거나 명명되는 자아가 없이 자아에 대해서 말하게 되는 하나의 가능성을 확인하는 것과 같은 것이다. 후설의 선험적 에고에 대한 이와 같은 비판에서,[2] 사르트르는 에고의 입장에서 일종의 '정정'을 제안하기도 했다. 이러한 정정은 자연에 대한 의식의 견해의 차이에서 비롯된 것이다. 후설의 현상학에서는 '의미부여 행위(the noetic)와 '부여된 의미(the noematic)'의 의식의 요소와 함께 모든 의식행위의 배후에 있을 뿐만 아니라 의도성의 원천으로 작용하는 '선험적 에고'가 있다는 점을 강조했다. 이러한 선험적인 관점은 의식의 직접성에 대해서 '주체-축'으로 작용하게 된다. 후설이 선험적 에고와 심리-생리적이거나 또는 경험적 에고의 사이를 구별한 까닭은 현상학적인 모색을 용이하게 하는 데 있어서 후자가 선험적 에고를 의식의 내부에 남겨둠으로써 방법론적으로 더 세련된 방법이기 때문이었다.[3] 현상학의 분야 내에서는[4] 의식적인 삶만이 남게 된다. 후설이 '주관성'과 관련지어 전체적으로 의식을 언급하고는 있지만, '에고-축'은 가장 합당하게 자아라고 명명될 수 있거나 또는 심지어 진정한 자아라고까지 명명될 수 있다. 심리-생리적인 에고는 현상학적인 환원에 부응하기에 앞서 자아에게 부응하게 된다.

후설이 순수한 자아를 설정한 것은 언어에 대한 개인의 인식에 의존해서 설정했거나 또는 경험에 의존해서 설정한 것이 아니었다. 물론 그 방법에 대한 진술은 언어적이지만 그러나 의식의 입장은 그렇지 않다. 이와 똑같이, 선험적 자아에 대한 사르트르의 비판도 언어적인 조건에 그 근거를 두고 있는 것이 아니다. 사르트르는 에고가 선험적인 영역 내에 자리 잡을 수 없다는 점을 강조했다. 그것은 의식의 밖에 있어야만 한다. 즉, 시간적으로 '나'가 다만 성찰했던 것, 바로 그것이 '에고'여야만 한다. 사르트르에 의하면, 그러한 에고가 하나의 성찰의 대상으로 간주될 때마다, 그것은 의식의 내에서 작용하는 에고가 될 수 없다. 에고는 그 자체를 성찰하는 행위에 있어서 '현행범'으로 체포될 수 있는 것이 아니다.[5] 그것은 언제나 행동이 완료되었으며 더 이상 의식 내에 존재하지 않는 자아로서, 또는 아직은 존재하지 않지만 그러나 그렇게 되리라고 예견되는 자아로서 인식론적으로 경험될 수 있을 뿐이다.

자아가 성찰하는 것은 무엇이든 의도적인 행위의 대상으로 되어야만 한다. 모든 의도적인 행위에는 대상이 있게 마련이다(모든 의식은 무엇인가에 대한 의식이다). 자아가 성찰될 때, 그것이 의식의 밖에 나타나는 까닭은 그것이 의식의 대상이기 때문이다. 따라서 의식은 성찰되어서는 안 되는 것이다. 의미는 의식이 성찰될 때에만 발생할 수 있다. 의식 그 자체가 성찰되지 않는다면, 그렇다면 그것이 성찰될 때까지 그것은 분명히 의미를 가질 수 없다. 의식이 성찰될 때, 의미는 '과거의 자아', 즉 '의식의 자아'가 아닌 자아의 의미에 해당한다. 의식은 그것이 성찰되지 않을 때, 그 어떤 의미도 가질 수 없기 때문에, 그것은 또한 그 어떤 내용도 가질 수 없다. 비-본질로서의 데카르트의 '코기토'에 대한 이러한 부정은 "의식은 비어 있다"는 사르트르의 결론의 바탕이 된다.

그러나 우리들은 이와 같이 공허한 의식이 진정한 자아라고 주장할 수 있는가? 분명히 예견되었던 자아이거나 또는 과거(성찰된)의 자아는 진정한 자아가 아니다. 사르트르의 형성논리에서 그것이 선험적 에고와 일치한다 하더라도 그렇다고 볼 수 있다. 진정한 자아가 에고이고 우리들이 그렇게 해야만 하는 그 어떤 이유가 없다면(데카르트의 관례를 제외한다면), 그렇다면 성찰되지 않은 의식은 가장 합당한 후보로 될 수 있을 것이다. 데카르트-후설의 견해를 대체할 수 있는 '전례(前例)'는 '비-유일한 에고(non-unitary ego)'의 개념으로 존재한다. 우리들은 '이드-에고-슈퍼에고'라는 세 개의 짝으로서의 프로이트의 자아, 분산된 인상의 덩어리로서의 D. 흄의 자아 및 육신과 영혼의 기능적 통일체로서의 아리스토텔레스의 자아를 사멸시켜버릴 수도 있는 까닭은 이들이 강조하는 각각의 자아는 '유일한 에고(unitary ego)'와 결합되어 있지 않기 때문이다. 이와는 대조적으로 사르트르의 해석이 어느 정도 흥미로운 까닭은 그가 자아는 비-자아지만 활동적이고 개인적인 비-자아라는 점 — 플라톤의 '세계-영혼' 또는 중국의 노자가 말하는 '도(道)'와는 다른 — 을 제안했기 때문이다. 이러한 자아는 에고가 아니며 내용도 없고 그것을 정의할 수 있는 의미도 없기 때문에 특별한 자아를 특징지을 수 있는 그 어떤 의미도 분명히 없고 바로 그 '자아'가 누구인지를 지시할 수 있는 서사적인 명사나 형용사로 작용할 수 있는 그 어떤 '말'도 없다. 따라서 사르트르는 자아를 위한 어떤 말들을 소개한 것이 아니다. 자아는 경험적 의미를 가질 수 없으며 이와 똑같이 언어적 의미도 가질 수 없다. 첫 번째 '인식소'의 진정한 자아(즉, 성찰되지 않은 의식)는 공허한 것이고 그 어떤 말도 가질 수 없다. '자아의 실체(하이데거에 대한 코빈의 번역은 'la realite humaine'으로 되어 있으며, 사르트르는 그것을 종종 인용하고는 했다)'는 그것을 설명하는 데 필요한 말에 의해서 분명해질 수 있다. 자아는 그 자체의 경험을 그것에 적용되는 명칭에 결합시킬 수 없다.

비-독단적인(또는 비-입장적인) 의식은 인식론적 구조에 해당한다. 참여자로서 뿐만 아니라 심지어 의식의 중심으로까지 자아 그 자체만의 존재론적 위상을 부여하고자 하는 바로 그 '자아'의 시도는 실패하게 되어 있다. 자아가 누구인지를 알려고 모색하는 데 있어서 자아는 그 자체만의 무능력을 보여줄 수 있을 뿐이다. 그것은 그 자체를 그 자체만의 논지로 취할 수 없으며 여전히 경험의 자아가 될 수 있기만을 기대할 수 있을 뿐이다. 자기를 인식하는 행위는 자기를 부정하는 행위이다. 나가 누구인지를 알려고 나가 노력할 때, 나는 나가 알려고 제안하는 그러한 나가 아니라는 점만을 나는 발견하게 될 뿐이다. 독단적(noetic) 행위[6]는 그 자체의 대상의 의미로서 그 자체의 주체인 자아를 부여해야만 한다. 그러나 이러한 점에서는 파탄되어 버린 전통적인 주체-대상의 특징에 역점을 두게 된다. 그 자체만의 주관성을 알려고 노력하고 또 바로 그 주관성을 객관성으로 취급해야만 하는 인식적인 행위는 주관성을 순수한 상태로 복원하는 데 성공하지 못할 수도 있다. 자아로서의 주관성이 언제나 다른 것으로 남아 있어야만 하는 까닭은 그것이 그 자체를 '다른 것'으로(즉, 주관성 그 자체가 아닌 것으로) 취급하기 때문이다. 그 자체이기보다는 다른 것으로 취급되는 데 있어서, 자아는 그 자체만의 의식적인 행위의 명제가 될 수 없다. 왜냐하면, 자아는 바로 그 다른 것으로 될 수 없기 때문이다. 자아는 그것이 더 이상 그 자체가 아닐 때에만 다른 것으로 될 수 있다. 자아는 그것이 그 자체만의 자의식적인 행위에서 그 자체를 포착할 수 없을 때에만 그 자체의 정체성을 상실하게 되고 '타성(他性)'으로 된다. 자아 그 자체에 대한 자아의 인식이 그 자체를 그 자체와는 다른 것으로 만드는 것을 부정하다는 점에서, '자의식' — 자아의 의식 — 은 '비-명제적-자의식'으로 된다. 자아가 '다른 것', 즉 의식의 밖에 있는 '어떤 자아'로 되는 것을 거부할 때, 그것은 비-명제적으로 된다.

자의식은 '비-자아-거부적'인 것이다. 언어가 소개된다 하더라도—적어도 참고적인 것으로서의 언어의 개념(프레게가 언급했던 의미)에서—자아는 특징화될 수 없다. 이러한 의미에서 언어적인 '의미(Sinn)'는 몇 가지 '지시체(Bedeutung)'에 의존하기 때문에, 자아의 경우에서의 어려움은 '의미'는 있지만 문제가 되는 바로 그 '의미'에 상응하는 '지시체'가 없다는 점에 있다. 그러나 자아는 '페가수스'[Pegasus, 시신(詩神) 뮤즈가 타는 날개가 달린 천마(天馬)]도 아니고 '일각수(一角獸)'[unicorn, 이마에 뿔이 하나, 영양(羚羊)의 머리, 사자의 꼬리를 가진 말과 유사하게 생긴 전설상의 동물]도 아니다. 자아는 그저 존재할 뿐이다. 페가수스와 일각수는 존재하지 않지만, 알렉시우스 마이농[Alexius Meinong(1853~1920), 오스트리아의 심리학자 겸 철학자] 및 러셀과 같은 몇몇 철학자들은 그것들이 살아있다고 주장하기도 했다. 사르트르에게 있어서 자아는 그저 '있는 것'이지만 인식적이거나 또는 언어적인 행위의 지시체로 '있는 것'이 아니다. 자아가 존재한다는 점은 『구토』에서 상당한 증거를 확보하게 된다. 이 소설의 주인공 로캉탱은 사물의 겉모습의 배후에 놓여 있는 것, 즉 사물 자체의 본질의 바탕에 있는 것을 경험하게 된다. 그러나 그는 자신이 스스로 선택할 수도 있는 어떤 가치나 결정의 바탕이 되는 실존을 훨씬 더 강력하게 경험하게 된다. 마르키스 드 로벨본(Marquis de Robellbon)의 역사를 집필하는 것은 이러한 자아가 역사가라는 점, 이러한 자아가 역사가에게 관련된다는 점을 제안하는 방법일 수도 있다. 로캉탱은 직함, 본질, 이름을 가지고 있다. 이러한 본질의 의미는 로캉탱 자신만의 '자아', 즉 그가 그 자신만의 것을 명명할 수 있는 '라벨(label)'로 작용하게 된다. 이와 같은 유명론(唯名論)의 입증은 그에게서 재-확인되고는 한다. 직함은 그를 편하게 할 수 있을 것이다. 그렇지만 '역사가'에게는 '사실적-우연성(facticity)'[프랑스어 'facticité', 독일어 'faktizität'에 상응하는 영어 'facticity'는 '사실성(factuality)'과 '우연성(contingency)'을 합성한 것으로 피히테가 처음 사용했다. 하이데거는 그것을 개인적 실존의 피투성(彼投性,

Geworfenheit)으로 파악했고, 사르트르는 그것을 인간의 자유가 실존하고 제약받는 어떤 배경에 반대되는 모든 구체적 세부사항을 지칭하는 것으로 파악했다]에 해당하는 바로 그 '호칭'이 자기 자신만의 것으로 될 수 있는지를 고려할 때 로캉탱은 구토를 경험하게 된다. 그는 자신의 자아가 지시체로서의 '역사가'와 일치하지 않을 것이라는 점을 깨닫게 된다. 따라서 구토는 자아가 실존하고 있다는 점 그러나 그것은 어떤 특별한 본질이 아니라는 점을 경험적으로 인식하게 되는 것이다. 다름 아닌 본질로 될 수 있는, 다름 아닌 '라벨'로 될 수 있는 경험된 인식으로 인해서 로캉탱은 놀라게 된다. 그는 자신만의 실존, 자신만의 자아의 실존, 의미는 있지만 지시체는 없는 바로 그 '자아'와 대면하게 된다. '라벨'이 '역사가'와 같은 지시체에 관계될 때마다, 그러한 라벨은 하나의 의미(자아의 의미)로서의 자아와는 다른 것으로 될 수 있을 것이다. 이와 같은 예외적인 상황에 당면했을 때, 구토를 경험하게 된다. 니체의 『차라투스트라는 이렇게 말했다』에서처럼, 구토를 경험하는 것은 자신의 자아를 극복하기 위해서 지하로 내려가는 것이다. 도스토예프스키의 지하생활의 작가에게 있어서 지하로 내려가서 앙심을 품게 되는 것은 구토를 경험하는 것과 유사한 것이다. 사르트르의 용어에서 구토하게 되는 것은 언어적인 지시체가 없어도 자기 자신의 자아와 그 자체의 실존을 의식하게 되는 것이다.

명제적으로 알려질 수도 없고 또는 언어적으로 지시체도 없는 이러한 자아는 무엇에 해당하는 것인가? 그러한 자아가 실존하는 이상, 그것의 존재론적 방식은 그저 이해-가능한 그 자체만의 태도이어야만 할 것이다. 이와 똑같은 '인식소'에서 발생하는 『존재와 무』의 부제(副題)는 '현상학적 존재론의 에세이'로 되어 있다. 여기에서의 한 가지 임무는 자아의 존재자를 하나의 현상으로 고려하기 위해서 바로 그 존재자를 끌어내야만 한다는 점이다. 그렇다면, 자아의 출현에서 비롯되는 의미는 무엇인가? 성찰된 대상이거나 또는 지시된 명칭에 해당하는 어떤 자아가 있을 수 없다 하더라도, '자기-실현'은 있어야만 하는 것이다. 사르트르는 이러한 '자아의 특성'을 비-실체적이라고 제안한 바 있다. 그것은 하나의 대상도 아니고 그 자체에 있어서 하나의 사물도 아니다. 그러나 비-구체화된 의미는 예외적인 것이 아니다. 모든 '현상학적 의미(eidoi, noemata)'는 이처럼 대상이나 또는 사물에 해당하는 것이 아니다. 이처럼 수많은 의미들은 사물의 의미들에 해당하지만 그러나 이렇게 언급하는 것이 그러한 의미들 모두가 사물에 해당한다는 점을 제안하는 것은 아니다. 시, 이미지, 꿈, 소리에도 의미가 있다. 이와 같은 각각의 경우에서 의식이 있다는 것은 다름 아닌 의식 그 자체에 해당한다. 자아가 다름 아닌 의식 그 자체일 때마다, 그러한 자아는 연구의 대상이었던 자아와 동일한 자아가 아니라는 점을 우리들은 이미 파악한 바 있다. 그러나 자아가 의식적인 자아와 동일한 자아라면, 그것은 오히려 예외적인 입장을 가져야만 할 것이다. 그렇다면 자아가 의식 그 자체일 때, 자아의 의미, 의식의 '내용', 즉 '자기-실현'은 무엇인가?

사르트르가 이와 같은 진정한 자아가 전적으로 '대자(對自)'라고 주장했을 때, 그는 그것이 그 자체를 위한 대상으로 될 수 없으며 여전히 그 자체일 뿐이라는 점을 의미했다. 그래서 그는 진정한 자아를 이와 같이 대자로 되는 것, 즉 '무(無)'라고 명명했다. 하나의 '무'로서 자아는 지시체가 없는 의미, 본질이 없는 실존, 다른 것에 해당하는 대상이 없는 의식으로 된다.

이와 같이 비-성찰된 순수한 주관성은 적극적일 뿐만 아니라 언제나 '생성적(生成的)'이기도 하다(키에르케고르가 부여한 용어). 자아의 변화는 그 자체의 시간성에 의존한다. 미래의 자아(나가 누구로 되는 것)과 과거의 자아(나가 누구였던 것)는 의식의 밖에 있다. 이와 같은 자아는 '현재의 나'에 해당하는 자아와 일치할 수 없다. 각각의 자아는 필연적으로 나의 진정한 자아의 앞이나 뒤에 '즉자(卽自)', 즉 성찰적 의식의 대상이어야만 한다. 로캉탱이 애니와 함께 자신의 미래를 방문하는 것을 생각할 때나 또는 그녀와 함께 했던 과거의 순간을 기억할 때, 그는 현재의 자아와 다른 자아(미래의 자아와 과거의 자아)를 구별하게 된다. 그가 누구인지에 대한 자아는 시간적으로 볼 때 현재로 설명될 수 있을 것이다. 따라서 '나타나 있는 것'은 진정한 자아, 비-성찰된 의식, '대자(對自)' 및 실존에 해당한다. 현재이기는 하지만 그 자체의 본성을 규명하고자 하는 성찰적 행위는 '방금-있었던-일', 즉 더 이상 현재의 자아가 아닌 '자아'만을 드러낼 수 있을 뿐이다. 이와 똑같이 미래의 특별한 자아가 투사될 때, 앞으로 있게 될 이러한 자아 역시 그 자체와 현재를 구별할 수 있게 된다. 이와 같은 현재가 상당히 특별한 현재에 해당하는 것은 아니지만, 그러나 그것은 그 자체와 다른 순간을 분명하게 구별할 수 있다. 현재가 진정한 자아의 순간에 해당한다는 점에서 그것은 특별한 명성을 얻게 된다. 자아가 현재라면, 그렇다면 부재는 바로 그 현재의 특징을 명확하게 할 수 있을 것이다. 현존은 그 자체와 '현존이 아닌 것'을 구별한다. 다시 말하면, 그것이 자아의 현존이든 또는 밤나무의 뿌리, 카페에 앉아있는 피터나 오레스테스[Orestes, 그리스신화에 나오는 신으로 아가멤논과 클리템네스트라의 아들이며 아버지를 죽인 자신이 어머니와 그 정부를 살해한 죄로 복수의 신에게 쫓겨 미쳤으나 다시 회복하여 부왕의 뒤를 이은 것으로 전해진다]나 또는 엘렉트라[미케네의 왕 아가멤논의 딸이며, 같은 이름의 여신이 셋이 나온다. 그녀에 관한 이야기는 신화나 전설에는 나오지 않고, 호메로스(B.C. 800년경)의 작품에서도 그녀의 동생 오레스테스에 관해서만 언급되어 있을 뿐, 그녀의 이름은 나오지 않는다. 그리스의 3대 비극시인(B.C. 5세기)에 의해 처음으로, 아트레우스가(家)의 피비린 내나는 이야기에서 중요한 역할로 나온다. 트로이원정의 총지휘관이며 그녀의 아버지인 아가멤논은 10년의 출타 끝에 고향으로 개선하였으나, 그날 왕비 클리타임네스트라와 간부(姦夫) 아이기스토스의 손에 살해된다. 아버지의 살해자들로부터 모진 학대를 받던 엘렉트라와, 조국을 떠나 망명 중에 있던 동생 오레스테스가 힘을 합쳐 복수를 한다]이든, 현존은 그 자체와 '현존이 아닌 것'을 구별하게 된다. 다른 것(사물이든 사람이든)이 부재될 때, 바로 그때에 비평적 질문에서는 그러한 부재가 현존인지 아니면 그것이 단순한 부재인지를 묻게 된다. 『파리들』에서 엘렉트라가 오레스테스의 부재를 한탄할 때, 그의 부재는 그녀로 하여금 자신의 어머니, 클리타임네스트라 및 자신의 애인 아이기스토스에게 복수하거나 보복하지 못하도록 한다. 따라서 오레스테스의 부재는 엘렉트라에게 있어서 상당히 중요하게 존재하는 것이나 다름없다. 그녀는 자신의 남동생의 비-현존을 경험하기도 한다. 다시 또 이러한 경험은 말과 관련지어 그렇게 형성되는 것이 아니다. 오레스테스가 나타났을 때 엘렉트라는 그녀가 아르고스에게 정의를 되돌려줄 수 있도록 도와주게 될 남동생이 바로 그 자신이라는 사실을 그녀 자신이 확신할 때까지 그를 오레스테스라고 부르기를 거절한다. 오레스테스가 엘렉트라에게 자신의 이름을 말했을 때조차도 그녀는 그 이름과 실체가 일치하는 것으로 생각하지 않는다. 오레스테스의 실체 그 자체가 그녀에게는 가장 중요한 것이며, 그의 이름 그 자체는 부수적이고 부차적인 것일 뿐이다. 따라서 그녀는 자기 자신이 그의 현존의 실체를 확신할 때에만 그에게 이름을 부여하게 된다. 자아의 형성논리에 있어서 언어의 역할에 대한 이와 같은 탈-강조는 메를로퐁티의 다음과 같은 언급, 즉 『파르마의 수도원』에서 두 명의 연인들은 연인의 이름을 부르기 전에 이미 바로 그 연인의 현존을 알고 있다는 언급에서 반향된 것이다.[7] 이름은 아는 것을 단순히 확인할 수 있을 뿐이며 그것을 초월적으로 만들기도 한다. 『파리들』에서 오레스테스의 현존의 부재는 그 자신이 현재의 현존으로 되기 위해서 스스로 자신의 이름을 부르는 것에 의존하지 않는다. 직접적인 경험은 '직접'하는 것이다. 엘렉트라는 그를 오레스테스로 경험해야만 한다. 따라서 말 그 자체는 충분한 것이 아니다.

사르트르는 자신이 일개인의 자아의 경험을 부재로 묘사할 때 이와 똑같은 경향을 개관했다. 그러나 여기에서 부재로 나타나는 것은 다른 사람에 해당하는 것이 아니라 오히려 일개인의 바로 그 자아에 해당할 뿐이다. 자아는 '부재-현존'으로 출현하게 된다.

> 자기-실현은 그 자체에 대한 선-성찰적인 코기토의 순수한 현존보다 더 멀

리 나아갈 수 있는 허무의 정도를 나타낸다. 이러한 의미에서 '나는 나다'라고 말할 수 있는 가능성은 성찰하기에 대한 성찰로서의 대자(對自)에 대해서 순수한 현존으로 될 수는 없지만 그러나 그것은 '부재-현존'으로 될 수는 있다.[8)]

부재-현존으로서의 자기-실현은 의식 내에서 의미가 충분하게 나타나는 것에 해당하지만, 이때의 의미는 지시체가 없는 의미에 해당하며, 따라서 의식의 내용은 부재된 것의 현존에 해당한다. 의식은 자기-실현의 노력에 대해서 순수한 현존을 제공할 수가 없다. 어떤 특별한 정의를 하는 것이 용이하지는 않지만, 자아의 가능성은 분명하다는 점에서 부재-현존으로서의 자아는 의식의 비어있음을 제시할 수 있다. 일단 다양한 가능성들이 자아의 어떤 특별한 형성논리로서 결정되고 나면, 자아는 순수한 현존으로 될 수 있을 것이다. 따라서 자기-실현의 근본적인 특징은 그 자체의 가능성에 해당한다. 사르트르의 희곡 『출구 없음』이 자기-실현의 부재-현존을 상당히 생생하게 제시하고 있는 까닭은 여기에 등장하는 세 명의 주인공들이 여전히 자신들에게 제시되고는 하는 후세(後世)를 차지하고 있기 때문이다. 이들은 다른 사람들이 자신들에 대해 말하는 것에 대해서 여전히 개방적인 태도를 취하고 있다. 언어는 그들과 일치하기는 하지만 그러나 화자는 그들이 말하는 것(즉, 지시체)을 논의의 대상이 되고 있는 사람들(죽은 사람들)이 인식하고 있는지를 깨닫지 못한다. 이러한 인식은 그것이 사후(死後)에 자리 잡고 있다는 점에서, 따라서 지상의 화자들에게는 가능하지 않다는 점에서 과장된 것이라고 볼 수 있다. 그럼에도 부재-현존은 그들에 대한 진술과 그들의 명확성을 지각하는 의식의 사이의 논쟁에서 강조된다. 예를 들면, 지금 이와 같은 지옥에 있는 가르생은 자신의 가능성이 얼마나 제한받고 있는지를 이해하고 있다. 그는 살아 있는 자아에게 있을 수도 있는 충분한 가능성의 자유를 더 이상 가지고 있지 않다. 당연히 이 희곡에서 자아는 말할 수밖에 없다. 그러나 사르트르는 그것이 말하는 자아라는 점을 지적하지 않았다. 오히려 우리들 자신이 이러한 자아의 가능성은 세 명의 주인공들이 자신들을 발견하는 상황에 따라 제한받게 된다는 점을 깨달을 뿐이다. 살아 있는 우리들이 그렇게 할 수 있는 것처럼 그들은 미래에 대한 개방성을 분명하게 할 수 없기 때문에, 그들은 그들만의 부재-현존 속에서 영원히 지속해야만 상황에 처해 있다. 완전히 살아 있는 인간이 문제가 될 때, '자기-실현의 순환'을 통해 자아가 존재할 수 있는 가능성들의 총합은 "'대자(對自)'가 대자 그 자체로 되기 위해서 결핍하고 있는 것에 해당한다."(*BN*, p.102; *Fr.*, p.147) 부재된 것, 결핍된 것을 통과함으로써, 존재자가 특별하게 결핍하고 있는 것은 분명하게 될 수 있다. 자기-실현의 순환에서는 의식 내에 어떤 내용이나 '즉자(卽自)' 등 무엇인가가 있다는 점을 요구하지 않고서도 자아의 구조를 서사할 수 있다. 자기-실현의 순환은 순수한 현상학적 의미를 서사하는 것에 해당한다.

2

1947년과 1948년에 사르트는 새로운 확실성의 입구에 자리 잡고 있었다. 말하자면 하나의 새로운 개념을 수립할 수 있는 계획이 떠오르기 시작했던 것이다. 사르트르는 『문학이란 무엇인가?』(1947)를 집필했고 그런 다음에는 『더러운 손』(1948)을 출판했다. 사르트르가 인식적 경험에 대한 언어학적 존재론과 인식론적으로 결별한 것은 자아에 대한 새로운 견해를 지향할 수 있게 되었다는 점을 암시한다. 사르트르는 자신의 『문학이란 무엇인가?』에서 다른 사람들의 자유에 마땅히 전념해야만 하는 산문작가의 개념은 언어를 통해 그 자체를 표현하는 자아-패러다임으로 되어야만 한다는 '바탕'을 마련해 놓았다. 『존재와 무』에서 충분하게 발전시킨 개념에 해당하는 바로 그 '자유'는 『문학이란 무엇인가?』에서 자아가 언어와 접촉하는 핵심적인 특징으로 작용하게 되었다. 초기의 견해에서 사르트르는 '자유'를 그 자체의 가능성의 영역에서 의식의 특별한 특징에 해당하는 것으로 묘사하고는 했다. '자아로서의 의식'을 무력화시키는 바로 그 특징은 그 자체의 자유에 해당한다. '즉자'의 대상-비슷한 위상을 부정함으로써, '대자'로서의 의식은 그 자체의 프로젝트를 가능성의 상황에 처해 있는 자유로운 행위로 전환시킬 수 있게 된다. 자연적인 기능과 문학의 목적에 관계되는 이러한 연구에서, 사르트르는 자유가 작가와 독자와의 관계에서 바로 그 작가의 활동에 긴밀하게 관계된다는 점을 제안했다.

> 작가는 독자들의 자유를 자신에게 말하기 위해서 쓰며, 자신의 작품이 존재하도록 하기 위해서 그러한 자유를 요구하게 된다. 그러나 그는 거기에서 멈추는 것이 아니다. 그는 또한 자신이 독자들에게 부여했던 이러한 신뢰를 그들 자신이 되돌려줄 수 있기를, 자신의 창조적인 자유를 독자들이 인식할 수 있기를, 결국에는 자신의 이러한 자유를 독자들이 대칭적이고 반전적인 호소에 의해서 확고하게 할 수 있기를 요구하기도 한다. 바로 이러한 점에서 또 다른 읽기의 변증법적 패러독스가 나타나게 된다. 즉, 우리들이 우리들 자신의 자유를 경험하면 할수록, 그만큼 더 우리들은 다른 사람들의 자유를 인식할 수 있게 된다. 다른 사람들이 우리들의 자유를 요구하면 할수록, 그만큼 더 우리들은 그들의 자유를 요구하게 된다.9)

이로써 그 자체의 자유에 바탕을 두고 있는 자아의 개념은 언어적인 콘텍스트에 자리 잡게 되었다. 작가는 작가가 되기 위해서 반드시 써야만 하고 독자는 독자가 되기 위해서 반드시 읽어야만 한다. 이 두 가지 경우에서, 쓰기와 말은 자유를 표현하기 위한 매개체로 작용한다. 독자와 작가의 사이의 변증법은 말과의 직접적인 관계에 있어서 이와 같은 특별한 유형의 자아에게 자리 잡게 된다. 자유로운 자아는 쓰기를 통해 진술할 수 있든가 또는 진술될 수 있다. 따라서 쓰기는 하나의 자아가 또 다른 자아와 의사소통하는 방법으로 작용한다. 그러나 이러한 점에서 발생하지 않는 것은 자아와 쓰기의 언어가 일치하지 않는다는 점이다. 오히려 우리들은 하이데거가 "언어는 존재의 집이다"라고 주장했듯이 언어 안에 살고 있을 뿐이다.

> 언어는 우리들의 '껍데기'이자 우리들의 '더듬이'이다. 언어는 다른 사람들로부터 우리들을 보호하고 그들에 대해서 우리들에게 알려준다. 언어는 감각의 연장이자 우리들의 이웃의 심장을 들여다보고자 하는 제3의 눈에 해당한다. 우리들 자신이 우리들의 몸 안에 있는 것처럼, 우리들은 언어 안에 있다. 우리들이 우리들의 손과 발을 느끼는 것처럼, 우리들은 다른 끝을 향해서 언어를 능가하고자 하는 동안에 자발적으로 언어를 느끼게 된다. 우리들이 다른 사람들의 팔다리를 감지하는 것처럼, 언어를 사용하는 사람이 우리들 자신이 아니고 다른 사람일 때, 바로 그때에 우리들은 언어 그 자체를 감지할 수 있게 된다. 살아 있는 말이 있고 마주치게 되는 말이 있다. 그러나 이러한 두 가지 경우에서, 다른 사람들에게 행동하는 나이든 또는 나에게 행동하는 다른 사람들이든, 그것은 접촉의 과정에 있을 뿐이다. 말은 어떤 특별한 행동의 순간에 해당하며 그러한 순간을 벗어나게 되면, 말 그 자체에는 그 어떤 의미도 있을 수 없다. —*WL*, pp.14~15; *Fr.*, p.71.

말이 행동과 일치하게 되고 의식적인 존재자를 통해서 자아가 그 자체의 행동 안에 있을 뿐이라는 점은 자아의 존재론에서 말의 핵심적인 기능을 나타내는 것이다. 사르트르는 '참여 작가'에게 있어서 "말은 행동이다"(*WL*, pp.14~15; *Fr.*, p.71)라고까지 제안한 바 있다. 자아가 그 자체의 행동을 통해서 있게 되고 말이 행동 그 자체에 해당한다면, 그렇다면 산문작가의 경우에서 자아는 말을 통해서 그 자체의 존재자를 드러낼 수 있을 뿐이다. 그러나 모든 사람들이 행동의 방법으로 말을 적용하게 되는 것은 아니다. 전업 작가와 그의 독자들이 유일한 가능성에 해당하는 것은 아니다. 게르니카에서의 파괴에 대한 피카소의 그림, 제스처에 대한 메를로퐁티의 개념 및 카뮈의 반항은 모두 비-언어적인 행동의 형식을 취하고 있다. 이러한 점에서 사르트르는 여전이 말에 대한 행동의 우선권에서 어떤 유용성을 찾으려고 노력했다. 그는 「요한복음서」에 대한 괴테의 재-해석, 즉 "한 처음에 '행동'이 있었다"('말씀'이 있었다기보다는)라는 재-해석에 동의하고는 했다. 모든 개인들이 말과 관련지어 자신들을 정의하는 것은 아니다.

두 번째 '인식소'는 자아와 말의 사이의 생생한 관계에 개입하게 되지만, 오로지 선별된 자아를 위해서, 오로지 순수한 연구계획에 포함되는 자아들을 위해서 개입하게 된다. 잠정적으로 우리들 모두는 우리들 자신이 "우리들의 몸 안에 있는 것처럼 언어 안에" 있을 수밖에 없다. 그러나 행동만이 그러한 언어의 말을 의미 있게 할 수 있을 뿐이다. 『더러운 손』에서 위고는 자신이 지나치게 말을 많이 한다는 점을 잘 알고 있다. 그는 '수다쟁이'라고까지 불리고는 한다. 올가는 위고에게 그가 너무 많은 말을 한다는 점, 자신이 살아 있다는 점을 확인하기 위해서 말을 한다는 점을 알려주게 된다. 위고가 말하는 말은 그 자신의 삶을 확인하기 위한 것이다. 말은 심지어 그의 삶을 정의하는 것처럼 보이기도 한다. 그는 자신의 행동을 이끄는 하나에서 여섯까지의 사건들을 행동으로 재-점검하고 있다. 그러나 그러한 행동은 위고가 그것을 재-점검함에 따라서 의미를 성취할 수 있게 될 뿐이다. 괴테가 언급했던 바와 같이 "Im Anfang war die Tat"[괴테의 『파우스트』(1808)에 나오는 구절로, "태초에 행위가 있었다"를 의미한다. 이 구절은 '행위'가 결코 발명된 것이 아니라 행해진 것이며 '생각한다' 또는 '사유한다'는 행위는 비교적 그 이후의 사람들이 발견한 행위의 양식이라는 점도 강조한다]이기는 하지만, 여기에서의 행동은 그 자체의 의미를 평가받기 위해서 더 많이 논의되어야만 할 것이다. "그것을 말하는 것, 그것은 어렵지 않다. 나는 그것을 암기해서 잘 알고 있다. 나는 감옥에서 날마다 그것을 나 자신에게 암송했다. 그러나 그것이 의미하는 것, 그것은 다시 또 그 무엇에 해당한다."[10] 행동은 그것이 말에 부여될 때만 의미를 갖게 된다. 언어(여기에서는 화술)는 행동이 현상학적 의미를 성취하게 되는 방법이다.

위고가 에드레르를 죽였을 때, 그것은 암살이었는가? 또는 욕망의 범죄였는가? 위고는 구원받을 수 있는가? 또는 구원받을 수 없는가? 후자의 질문에 대한 해결은 또한 부하린의 경우에서처럼 역사에 의존할 수도 있다.[11] 그의 행동이 욕망의 범죄였다면, 그의 동기가 정치적인 것이 아니었다면, 그는 구원받을 수 있을 것이다. 에드레르는 정치적으로 복귀되었고 그의 활동은 지속되어야만 하기 때문에, 위고의 암살은 구원받을 수 없는 것이다(소생될 수 있거나, 쓰레기더미에서 구출될 수 있는 것이 아니다). 그러나 범죄가 질투에서 자행된 것이라면, 그렇다면 위고는 정치적인 이유로 인해서 에드레르를 살해한 것이 아니다. 이러한 경우 올가에게 재-계산되는 행동의 의미는 다른 것이다. 범죄를 저지르기 전에 위고가 택했던 이름인 도스토예프스키의 살인자 라스콜리니코프처럼 위고 자신도 구원받을 수 있을 것이다. 올가는 그에게 있어서 소냐에 해당한다. 감옥 이후의 삶은 그 자신의 부활에 해당한다. 그러나 여기에서의 차이는 그의 행동이 그 자신이 올가에게 말하는 것에 달려 있다는 점이다. 행동의 위미는 그 자신의 말에 달려 있다.

위고는 자신의 행동이 자신의 정체성을 확립할 수 있고 자신의 현실을 충족시킬 수 있다고 생각하지만, 그러나 그의 정체성과 현실은 말을 통해서만 의미를 갖게 될 뿐이다. 그는 자신의 행동을 통해서 자신을 정의해야만 한다. 그는 그를 매도하는 사람들에 의해서 반역자라고 불리기도 하고, 에드레르와 제시카(그의 아내)에 의해서는 암살자라고 불리기도 한다. 그러나 그는 또한 반역자이자 암살자로 위장하고 있다고 비난받기도 한다. 위고는 누구인가? 그가 에드레르를 죽였을 때, 바로 그 행동의 의미는 무엇인가? 그는 실제로 암살자이거나 반역자인가? 그는 행동하기는 했지만, 자기 자신이 선택한 것은 아니다. 2년이 지나서 그의 말만이 그의 행동을 정의하게 될 것이고 따라서 그의 존재자를 정의하게 될 것이다. 그의 말은 그가 선택한 것으로 될 수 있을 것이다. 그가 최종적으로 선택하게 되는 말, 즉 "구원받을 수 없는"이라는 말은 자멸에 집중하게 되는 것을 나타낸다. 에드레르처럼 그 자신도 살해될 수 있을 것이고, 그렇게 기록된 것처럼 역사는 그의 삶의 의미를 결정할 수 있게 될 것이다. "구원받을 수 없는"이라는 그 자신의 말, 이 희곡의 마지막 말은 궁극적으로 그 자신의 현실과 일치할 수 있게 될 것이다. 위고는 위장의 책임을 지지 않게 될 것이다.

이상과 같은 두 번째 '인식소'에서, 언어적인 표현과 실존하는 자아의 사이에 잠정적인 정정행위가 나타나게 된다. 위고의 경우가 그렇다고 볼 수 있다. 그는 자기 자신을 반역자로 정의하려고 노력했으며 그런 다음에 그는 암살분위기를 실험하기도 했다. 그는 대등한 동기에서 행동했으며 그의 희생자와 사회에 의해서 질투심 많은 남편으로 평가되었다. 그가 자기 자신을 "구원받을 수 없는"이라고 명명했을 때에만 그는 자기 자신의 이름을 얻을 수 있게 되었다. 그럼에도 언어와 현실의 사이의 분명한 이분법은 유지되고 있을 뿐이다.

『성 주네』에서 사르트르의 견해는 『더러운 손』에서 표현되었던 말과 현실의 사이의 이분법적 관계 대신에 바로 그 말이 현실과 일치하고 위장된 행동과 과장된 행동이 출현과 결합하는 데 있다. 『더러운 손』에 있어서의 이와 같은 상황의 반전은 주네의 특이한 환경에서 비롯된 것이다. 그러나 그 차이는 똑같은 입장을 표현하고 있을 뿐이다(부정에 의해서). 위고가 자신의 자아를 이름과 일치시키는 것 — 그 자신의 저주 — 으로 끝맺고 있는 것과 똑같이, 주네도 이와 똑같은 정체성으로 자신의 삶을 시작하게 된다. 두 가지 경우에서 자아와 말의 사이에는 하나의 변증법이 작용하게 된다.

주네는 고아가 된다. 그는 자신의 어머니나 아버지에 대해서 아무것도 모른다. 일곱 살에 그는 모르방의 농부의 가정으로 보내지며 이들 농부들은 그가 가지고 있는 모든 것들을 그에게 준다. 주네에게 있어서 그 자신의 것은 아무것도 없다. 왜냐하면 모든 것은 선물로 받은 것이기 때문이다. 따라서 그가 가구서랍에서 가위를 꺼내다가 붙잡혔을 때, 그것은 도둑으로 간주되는 행위에 해당한다. 그러나 우리들은 훔치는 것은 비-도덕적인 것이기 때문에 주네가 도둑을 경멸한다는 점을 잘 알고 있다. 그렇긴 하지만, 주네가 그것이 훔치는 것이라는 점을 알지 못한 채 훔치게 되는 까닭은 그가 자신이 사용해도 좋은 것으로 되어 있는 것을 개인적으로 취하는 것과 공유하는 것의 사이를 구별하지 못하고 있기 때문이다. 그가 훔치는 것을 말로 경멸하는 것과 그가 실제 행동으로 훔치는 것은 주네 자신으로 하여금 "행동에서 붙잡힐 때까지" 분리된 채로 남아 있도록 한다.

그의 손이 가구서랍에 닿게 되고 다른 사람(그의 양부모)의 시선은 "너는 도둑이야"라는 말로 전환된다. 그러한 말과 자기 자신을 구별하는 대신에 주네는 그러한 말을 자신이 누구인지에 대한 특성화로 받아들이게 된다. 그는 자신이 도둑이라고 불렸기 때문에 자신은 도둑이 되어야만 한다고 전제한다. 여기에서 정신적인 죽음이 발생하게 된다. 그의 다면화된 실존은 이제 바로 그 '도둑'이라는 통일된 의미를 부여하게 된다. 그는 자신의 양부모에 의해서 객관화되고 다른 사람으로 된다. 그의 임무는 자신이 새로 발견한 정체성(그가 부여받은 자아)을 가지고 무엇을 할 것인지를 결정하는 데 있다.

주네는 범죄가 자신을 만든 것처럼 그렇게 되고자 결심하게 된다. 그는 바로 그 라벨, 즉 도둑이라는 라벨을 택하게 되고 자신에게 부여된 바로 그 '악의 의지'를 활성화시키기 시작한다. 주네는 악마가 된다. 왜냐하면 그의 양부모들처럼 기품 있는 사람들은 선량하기 때문이다. 선량한 사람들은 훔치지 않을 것이고 따라서 주네가 악마가 되는 까닭은 그가 도둑이기 때문이다. 주네가 악마라면, '즉자'라면, 그렇다면 그의 '대자'는 의지를 통해서, 주네의 경우에서는 악마의 의지를 통해서 그 자체를 표현해야만 할 것이다. 그는 사회에 의해 '왕따'라고 명명된다. 이제 그는 철저하게 다른 사람으로, 사회에서 모든 사람들에게 그렇게 하는 바와 같이 자아의 공동체에 대해서도 똑같이 수용-불가능한 사람으로 행동해야만 한다.

장 주네가 1949년 집필했던 『도둑잡지』를 소개할 때, 사르트르는 주네를 나르키소스라고 언급했다. "그렇게 되는 모든 사람들이 나르키소스가 되는 것은 아니다. 자신을 물에 비춰보고 있는 많은 사람들은 인간의 희미한 형상만을 볼 수 있을 뿐이다. 주네는 어디에서나 자기 자신을 볼 수 있다."[12] 주네는 언제나 자신을 위한 자신이 아닌 바로 그 '다른 사람'에 해당한다. 일단 그가 자기 자신을 말과 일치시키고 나면, 그는 자기 자신과 말을 구별할 수 없게 된다. 그의 '타성(他性)'은 말의 자아-정의에 의해서 비롯되는 것이다. 그때부터 그의 자아는 언제나 '타성'으로 될 수 있을 것이다. 따라서 주네가 신화적인 나르키소스처럼 물을 들여다볼 때, 거기에 나타나는 것은 그의 정체성의 이미지가 아니라 오히려 그의 정체성 그 자체일 것이다. 주네는 도둑, 거지, 동성애자, 시인, 성자(聖者), 이중인격자 등에 해당한다. 자아가 그 자체를 알려고 할 때마다, 말이 출현하게 되고 자아는 바로 그러한 말과 일치하게 된다. 성찰적 의식은 즉각적 의식으로 되돌아가야만 하고 거기에서 소멸되어야만 할 것이다. 왜냐하면 성찰적 의식은 즉각적 의식에 있는 '다른 것'을 발견할 목적으로 바로 그 즉각적 의식을 조사하게 되는 손전등의 역할과 같은 것이기 때문이다. 그러나 그것은 그 자체의 임무에 실패하게 되어 있으며 '하찮은 에고'[13]만을 생산할 수 있을 뿐이다. 『에고의 초월』에서 성찰하지 못한 것을 규명하려는 성찰적 의식의 시도처럼, 여기에서도 성찰적 의식은 그 자체의 임무를 성취할 수 없는 손전

등의 역할에 해당한다. 그 어떤 불빛도 즉각적 의식으로서의 자아에게 비춰지지 않을 것이다. 출현하게 되는 것은 거기에 부합되는 '하찮은 에고'일 뿐이며, 그 명칭은 바로 '도둑' 그 자체이다. 그는 다른 사람을 발견하게 되며 그것이 바로 그 자신에 해당한다.

랭보는 "나는 또 다른 나다"라고 썼다. 주네에 대해 언급하는 데 있어서 랭보는 이렇게 덧붙였을 수도 있으며, 다른 것은 바로 말 그 자체일 뿐이다. 그러나 사르트르가 말하고자 하는 것, 그것은 "나는 또 다른 사람이며 다른 사람은 바로 절대 신이다"에 해당한다. 그러나 여기에서 절대 신으로 되는 것은 무엇을 의미하는가? 주네는 자신에게 부여된 정체성으로서 자신이 무엇이 될 수 있는지를 선택할 수 있다. 그 자신은 다른 사람에 해당하기 때문에 그는 자신으로부터 소외될 수밖에 없다. 포이어바흐가 인간은 '자기-소외'에 있어서 절대 신을 창조했다고 주장한 것(이러한 점은 헤겔이 절대 신은 그 자신의 자기-소외에 있어서 인간을 창조했다고 주장한 데 대한 포이어바흐의 반응에서 비롯되었다)과 똑같이, 사르트르도 주네가 그 자신의 '자기-소외'에 있어서 다른 사람, 즉 절대 신에 해당한다는 점을 확인하고는 했다. 그 자신이 다른 사람이기 때문에 주네는 자신이 원하는 어떤 방식으로든 자신의 의지를 실천하는 데 있어서 자유롭다. 그가 자기 자신으로부터 소외된 이상 그는 절대 신이 될 수도 있다. 그러나 그가 자기 자신으로부터 소외된 이상 그는 절대 신이 될 수도 없다. 왜냐하면 절대 신이 주네 안에서 소외시킬 수 있는 것은 아무것도 없기 때문이다. '타성(他性)'이 일단 절대 신에게 개입하고 나면, 그것은 악마적으로 된다(사르트르에 따르면). 주네 안에서의 타성은 그를 악마로 만들어버린다. 그가 악마로 남게 되는 까닭은 그가 악마라고 불리었기 때문이며 그가 자기 자신만의 현실과 말을 지속적으로 결합시키고 있기 때문이다.

일반적으로 언어는 궁극적으로 의사소통을 위한 기구, 도구 및 방법에 해당한다. 종종 말은 좀 더 독자적인 위상을 취하기도 한다. 말은 자아에 대한 언어의 능력을 제시함으로써 초-자연적으로 되기도 한다. 사르트르는 언어가 주네의 "가장 내면화된 현실이자 그 자신의 추방에 대한 가장 강력한 표현"(SG, p.276; Fr., p.259)이라는 점을 강조했다. 주네의 현실은 언어에 의해서 제한받게 된다. 또한 언어는 품위 있는 사람들로부터 주네가 소외되는 것을 야기하는 수단에 해당할 뿐만 아니라 주네가 자신의 추방을 지속하게 되는 수단에도 해당한다. 사회는 '사물'을 보호해왔다. 주네는 말을 가지고 자신이 원하는 것을 할 수 있다. 하이데거의 용어로 말한다면, 주네는 "감옥으로 향하는 존재자"이며 그가 무엇을 하든 상관없이 사회는 그를 고립시키게 된다. 감옥에 있을 때, 주네가 그것을 감옥이라고 부르든 궁궐이라고 부르든 아무 상관이 없다. 사회가 관계되는 한 그는 보호받게 되어 있다. "문제가 되는 것은 말의 물질적 현존이며 그것은 주네에게 있어서 기의로 사유된 사물의 존재자 그 이상이 아닌 바로 그 의미의 내용을 상징화한다."(SG, p.280; Fr., p.261) 주네는 기의로 사유된 사물과 상징으로 사유된 말의 의미를 결합시킨다. 그러나 이러한 결합은 상관적인 것이 아니다. 말은 사물의 존재론적 특징을 취하고 있을 뿐이다.

주네가 특이한 서류가방을 들고 서점에 들어섰을 때 그는 서점 주인에게 희귀본을 묻게 된다. 서점 주인은 자신에게 요구된 책과 "나는 그 책을 보고 싶다"라는 말의 사이에 정상적인 관계를 형성한다. 그러나 주네는 기의로 사유된 사물로 그 자신만의 말을 제안한다. 그가 의미하는 것은 "나는 당신이 나가 서 있는 서가(書架)가 아닌 다른 서가로 가서 그 책을 찾아달라는 것이다"에 해당하며 그의 이러한 말은 서점 주인이 자신의 앞에서 부재하게 되는 것을 뜻하고, 그것은 일반적으로 "장미는 가시덤불 위의 빨간 꽃이다"라고 언급하는 것과 같다. 서점 주인이 자신의 곁을 떠나자 주네는 자신이 정말로 관심을 가지고 있었던 바로 그 책을 자신의 특이한 가방에 넣는다. 그렇게 함으로써 "나는 그 책을 보고 싶다"라는 말의 또 다른 의미가 실현된 것이다[이 구문에 대한 실버만의 설명에 의하면, 서점 주인은 주네가 원하는 바로 그 희귀본이 다른 서가에 꽂혀 있는 줄로 알고 그 책을 찾기 위해서 주네의 곁을 떠나게 되자 주네는 자신의 앞에 있는 바로 그 희귀본을 자신의 서류가방에 넣게 된다. 따라서 우리들이 "장미는 가시덤불 위의 빨간 꽃이다"라고 말할 때에, 우리들은 '장미' 그 자체를 의미할 수도 있고 또는 우리들이 실제로 원하는 다른 그 '무엇'을 의미할 수도 있다].

이와 똑같이, 경찰이 그를 정지시키고(책을 훔친 뒤에) 그의 가방 안에 무엇이 있는지를 물었을 때, 주네는 "아무것도 없다"고 대답한다. 주네에게 있어서 현실은 "아무것도 없다"는 말 그 자체일 뿐이지 그러한 현실이 가방 안에 무엇이 있는지에 관계되는 것은 아니다. 주네가 그러한 상황을 해석하고 있는 바와 같이 그의 대답은 경찰의 질문이 지칭하고 있는 사물 그 자체에 해당하지만, 그에게 있어서 바로 그 사물에 해당하는 '책'이라는 말 그 자체는 '아무것도 아닌 것'에 해당한다. 여기에서 언어는 그것이 그것의 질문자와 조사의 대상을 분리시키는 하나의 도구로 작용하게 된다. 주네에게 있어서 자신의 가방 안에 실제로 있는 것은 하나의 겉모습/외형인 반면, 경찰에게 있어서 그러한 겉모습(속일 수 있는)은 주네의 말 그 자체이다. 주네의 부정을 믿지 못한다면, 그렇다면 주네의 말은 더 이상 작동하지 않는 잔디 깎기처럼 소멸될 것이다. 사물(말)은 작용하지 않게 될 것이다.

말과 사물의 이러한 동일시는 말과 자신의 주관성에 대한 주네의 동일시를 확장시키는 것과 같다. 주네의 제스처는 사물을 탈-현실화시키고자 하는 데 있다. "화술은 제스처이며 말은 사물이다."(SG, p.365; Fr., p.364) 말을 함으로써 주네는 말로 된 자아에게 생명을 부여할 수 있다. 말은 사물이기 때문에 주네의 자아는 그에게 있어서 사물에 해당한다. 그렇지만 그가 말을 할 때, 그는 자신에게 부여된 언어와 말을 통해서 자신의 자기-구체화를 능가할 수 있게 된다. 말과 화술의 사이의 관계는 시와 산문의 사이의 관계와 대등한 것이다. 『문학이란 무엇인가?』에서 처음으로 자세하게 설명한 바 있는 이러한 구별은 주네의 경우에서 반복되었고 다시 또 플로베르에게서 반복되었다.

주네는 처음에 '감동받기 위해서' 시를 썼다. 단테와 페트리아크가 베아트리체나 로라에 대해서 썼던 까닭은 그들이 '하느님을 뵙는 것(visio Dei)'이나 여성에 대한 사랑에 감동을 받았기 때문이겠지만, 주네는 자신만의 정서를 자극하게 되는 말을 창조하게 된다. 시적인 말은 자아를 활성화시키기 위해서 사용된다. "나는 스무 살 이었지. 내가 사랑했던 어린 소녀는 십년 전에 죽었지. 그리고 그 소녀가 죽은 날이 되었지. 감동받기 위해서 나는 시를 썼지."(SG, p.426; Fr., p.396) 이것이 주네의 첫 번째 시이다. 이 시를 작성함으로써 그는 다른 사람으로서의 자기 자신에게 귀를 기울일 수 있게 된다. 그는 자신만의 말을 읽게 된다. 그러한 말은 바로 그 자신에 해당하지만 그러나 '타성'으로서의 그 자신에 해당할 뿐이다. 그는 자기 자신에 대해서 다른 사람에 해당하기 때문에, 그는 자신만의 말에 의해서 정서적으로 감동을 받을 수 있으며 그러한 말을 작성함으로써 상실의 의미는 현실로 된다.

시적 행위는 하나의 제스처이다. 따라서 그것은 화술의 형식을 취한다. 자아는 말을 창조함으로써 말하게 된다. 말이 창조됨에 따라서 자아는 정의될 수 있고 말해질 수 있지만 고립된 형식에서만 그렇게 할 수 있을 뿐이다. 시는 '그 자체에서의 끝'에 해당하는 것이 아니라 순교에 대한 일종의 수단에 해당하는 것이다. 주네는 시를 다른 것으로 만듦으로써 그 자신이 순교할 수 있게 된다. 그러나 그가 쓰기 시작했을 때 그는 이미 다른 사람에 해당하기 때문에, 그는 자신이 순교하기 위해서, 즉 다른 사람들에 의해서 자신이 잘못될 수밖에 없었던 바로 그 위치에 자기 자신을 배치하기 위해서 이중부정을 실천해야만 한다. 그가 「저주받은 인간」을 썼을 때 그는 바로 그 목적을 달성할 수 있게 된다. 그는 아무것도 가지고 있지 않았기 때문에 다른 사람들에 의해서 도둑이라고 불렸다. 이제 그는 다른 시인들, 즉 콕토, 발레리, 말라르메, 위고, 보들레르 등 모든 시인들로부터 자신의 시의 말, 바로 그 말을 수집할 수 있게 된다. 그의 시는 다른 시인들이 이미 사용했던 구절들을 '패치워크(patchwork)'한 것이다. 그가 훔쳐야만 하는 상황에 처하기를 원했던 사람은 아무도 없을 것이다. 따라서 그는 동정을 받을 수도 있을 것이다. 그는 잘못 박해받아 왔으며 그는 이러한 점을 사회에 되돌려주고자 한다. 선량한 사람들 앞에서 주네 자신은 기꺼이 순교하고자 한다. 주네의 시는 우리들이 볼 수 있도록 작성된 것이 아니다. 왜냐하면 그의 시는 도둑질한 것이기 때문이다(표절된 것). 그의 시는 그 자신을 관찰하기 위해서 그 자신만의 경험을 표현한 것이다. 「목맨 사람의 발라드」에서 자신만의 운명을 성찰하는 비용처럼 주네 자신은 저주받은 사람으로 된다. 『문학이란 무엇인가?』에서 사르트르가 지적했던 바와 같이, 시는 사물의 편에 있는 것이지 기호의 편에 있는 것이 아니다. 시는 외부세계의 구조에 해당한다. 주네가 자신을 저주받은 사람으로 파악할 때, 바로 그 때에 시는 그 자신만을 위한 거울로 작용하게 된다. 거울이 물질적이고 시각적인 자아의 이미지를 반영하는 방법과 똑같은 방법으로 주네의 시도 그 자신의 삶을 그 자신의 앞에 배치하는 수단에 해당한다. 사르트르는 이러한 점을 '시-숙명론'이라고 명명했으며 그것에는 어떤 끝이 있게 마련이다. 그것은 자아가 스스로 그 자체를 분명하게 성찰하는 데 있어서 결정되는 것이고 불가피한 것이다.

'시-숙명론'과는 대조적으로 사르트르는 '의도된 시'를 제안하기도 했다. 의도된 시는 말, 청중, 스타일 등의 선택에 바탕을 두고 있다. 의도된 시는 목적을 가지고 쓰인 시를 의미한다. 따라서 주네는 "숙명론을 자신의 시에 배치했고 자신의 의도된 예술을 산문에 배치했다."(SG, p.44; Fr., p.412) 산문에서 의도된 것이 주네의 작품에서는 선택과 자유의 현존으로 나타나게 된다. 주네가 시를 쓸 때 자신에게 그렇게 했던 것처럼, 산문에서도 그는 자신의 충분한 순교를 성취할 수 있게 된다. 그는 자신의 시에서 그랬던 것처럼, 자신에게 무엇인가 낯선 존재로 되었을 뿐만 아니라 자신의 산문을 읽는 다른 사람들에게도 낯선 존재로 된다. 말을 통해서 그는 자신의 개인적인 경험을 뛰어넘어 다른 사람들의 경험에 도달하게 된다.

산문을 작성하는 것은 시의 수동성으로부터 출발하는 것에 해당한다. 주네는 창조자로서 산문을 썼다. 산문은 사실적이며 '사실의 세계'에 참여하는 것이다. 그러나 그것은 또한 '과다결정'되기도 한다. 의미의 다양성은 산문의 순간을 채우게 된다. 비유적 언어는 다른 사람들에게 호소하게 되며 그 자체의 다방향성(多方向性)에 의해서 다른 사람들에게 말하게 된다. 여기에서 예술가의 의식은 단순하게 제멋대로 방종하게 된 것이 아니라 목적, 방향, 청중 등을 질서정연하게 가지고 있다. '과다결정'된 산문은 주네의 충분한 자기표현의 매개체로 작용하게 된다.

주네가 쓰지 않았다면, 그는 다만 한 명 이상의 도둑, 한 명 이상의 동성애자, 그 자신만의 폐쇄된 세계에 살고 있는 한 명 이상의 사람으로 되었을 수도 있을 것이다. 그렇지만 그는 쓰기를 실천했다. 바로 그 자신이 그 자신의 시 속에 있기 때문에 그의 시는 악마에 해당한다. 그러나 그가 산문을 쓸 때, 시는 산문에 간섭하게 되었으며 — 그 길을 방해했으며 — 악마는 선량한 산문을 오염시키게 되었다. 주네의 시는 거짓된 가식(假飾)을 그의 산문에 부여하게 되었다. 산문은 시의 활동의 희생물에 해당한다. 일반적으로 선량한 것(산문)은 악마의 기반(시)을 바탕으로 한다.

악마로서의 시의 영향을 통해서 주네는 자신의 산문에서 사회의 선량한 사람의 집으로 들어가게 된다. 예술의 작품은 범죄의 보충으로 된다. 예술의 작품은 아폴로적인 꿈, 즉 사람들이 잠을 자는 동안에 그들의 집에서 발생하는 범죄의 꿈에 반대되는 것으로 사람들이 깨어 있는 동안에 경험하는 바로 그러한 '꿈'의 유형으로 된다.

쓰기를 함으로써, 주네는 전체적으로 자신을 사회로부터 고립시키는 벽을 뛰어넘을 수 있게 된다. 경찰, 치안판사, 감옥의 간수 등은 모두 품위 있는 사람들로부터 그를 격리시킨다. 사회는 이와 같은 개인들로 하여금 주네의 자아와 같은 자아들을 일상적인 사회활동으로부터 멀리하도록 위임한다. 주네가 쓰기를 할 때, 말의 사회적인 특징은 바로 그 말로 하여금 그 자체의 의미작용을 보편화시킬 수 있도록 하기도 한다. 말은 감옥의 벽과 사회적 계층을 관통한다. 발화되었을 때 하나의 말은 말하는 주체에 해당하지만, 그러나 듣게 되었을 때 그것은 하나의 대상의 형식을 취하게 된다. 주네가 쓸 때 그는 자신의 시에서 자기 자신을 위한 하나의 대상으로 되며, 그것이 산문을 통해서 전달될 때 그는 다른 사람들을 위해서 스스로 순교하게 된다. 그는 그들에게 자신을 하나의 희생물로 제공한다. 그러나 그의 희생은 또한 그의 배신에 해당하기도 한다. 그가 다른 사람들을 놀라게 했을 때, 바로 그때에 그는 자신이 추구해 오던 바로 그 영광을 성취할 수 있게 된다. 그의 승리는 그가 자신의 독자들에게 부정성을 축적시켰다는 점에서 언어적이다. 그들은 그에게 반대로 반응하게 되며 따라서 그를 화형에 처하게 된다. 그러나 바로 이러한 점이 바로 그가 그렇게도 원하던 것이다.

우리들이 우리들의 꿈에서 우리들 자신에게 그렇게 하듯이, 주네도 자신의 자전적 소설의 언어에서 자신을 객관화시킬 수 있게 된다. 그는 자기 자신을 수없이 서로 다른 인물들, 예를 들면, '달링(연인)'과 함께 살고 있는 '디바인(신성)'으로 만들었다. 그가 달링의 실제 실존을 믿게 되는 유일한 방법은 자신을 디바인(여왕)으로 객관화시키는 데 있다. 이런 식으로 주네는 달링과 함께 할 수 있고 그를 믿을 수 있게 할 수 있다. 주네는 달링의 실존을 창조하기 위해서 그 자신이 여성의 역할을 하고 있다는 점을 파악해야만 한다. 주네는 '디바인'이며, 바로 그 '디바인'을 주네는 말로 창조했던 것이다. 주네의 객관화로서 '디바인' 역시 품위 있는 사람들에게 하나의 대상으로 된다.

에고, 자아가 부여되었을 때, 주네는 그것을 품위 있는 사람들에게 되돌려주고자 했으며 그들의 일상적인 경험 안에 그것을 배치하고자 했다. 그는 그것을 그들의 무릎 아래로 내던져버리고자 했다. 따라서 허구적인 작품에서 그는 '나'를 사용하게 된다. 독자는 소설에서의 '나'와 마주치게 되고 그러한 '나'를 주네 자신만의 '나'와 혼동하게 된다. 주관성과 관련지을 때 이러한 '나'는 자기 자신만을 지칭한다. 그러나 그러한 '나'는 물론 도둑이자 동성애자인 '나'에게도 해당한다. 자기 자신의 '자아'와 소설에서의 '자아'를 일치시키는 데 있어서 독자는 불편해지게 마련이다. 그러한 독자는 "그러면 나는 무엇을 했는가?"(SG, p.499; Fr., p.461)라고 묻고 싶을 수도 있을 것이다. "주네는 우리들을 향해 거울을 들고 있으며, 우리들은 그 거울을 들여다보아야만 하지만 우리들 자신만을 볼 수 있게 될 뿐이다."(SG, p.599; Fr., p.550) 그의 자아는 자전적이고 허구적인 산문의 언어를 통해서 우리들 자신의 자아를 관통할 수 있게 된다. 우리들은 불편한 정체성으로 인해서 반응할 수밖에 없다. 주네는 우리들에게 하나의 희생물이 되며 우리들은 그에게 우리들에 대한 그의 승리에 해당하는 성자의 칭호를 부여할 수 있다. 말을 통해서 주네는 자신의 자아를 그를 읽게 되는 사람들 앞에 제공하게 된다. 그는 그 자신이 창조하는 말 그 자체에 해당하기 때문에 이와 같이 특별한 자아는 다른 사람들의 재치 없는 참여를 유도하기 위해서 그들 자신에게 제공된다. 따라서 자아의 보편화는 자아가 의사소통하기 위해서 창조하는 말을 통해서 발생하게 된다.

3

세 번째 패러다임은 사르트르의 철학의 발전에 있어서 다시 한 번 새로운 사상의 단계에 해당한다. 자아는 더 이상 단순하게 특히 산문의 쓰기에서 말과 일치하는 것이 아니다. 그러나 이제 자아는 언어적인 용어에서 직접적으로 분명하게 될 수 있다. 주네에게서 일탈적인 행동이었던 것은 1960년대의 사르트르적인 인간에게 있어서 '삶의 방식'으로 되었다. 『변증법적 이성비판』(1960)과 『말』(1963)의 서문으로서 『방법의 탐구』(1957)가 출판되었을 때, 사르트르는 이와 같은 새로운 입장을 상당히 분명하게 제시했다. 여기에서 사르트르는 자아와 언어의 사이의 관계에 대해서 재-형성논리를 충분하게 성취할 수 있게 되었다.

『성 주네』에서 제안되었을 뿐이지만, 언어가 사회적인 현상이라는 입장, 즉 말이 보편화된다는 입장은 『방법의 탐구』에서도 분명하게 되었다. 사회구조의 역할을 강조하는 데 있어서, 사르트르는 우리들이 '인식아(認識我)'에 해당한다는 점을 지적했을 뿐만 아니라 알려진 대로 나타나게 된다는 점도 지적했다.[14] 잘 알려진 바와 같이, 우리들은 집단-프로젝트에 참여하는 계급적인 관심을 나타내게 된다.

> 계급의식은 고려의 대상이 되는 계급을 객관적으로 특징짓는 단순하게 생생한 모순에 해당하는 것이 아니다. 모순은 이미 '실천'에 의해 지양되었고, 그렇게 함으로써 동시적으로 유지되었고 부정되었다. 그러나 실존주의가 '대상의 의식'이자 '비-독단적 자의식'이라고 명명하는 것을 동시적으로 형성하는 것 — 그것은 정확하게 말해서 이와 같이 폭로하는 부정성, 즉각적인 근접성 내에서의 이와 같은 거리두기에 있다. —SM, p.33n; Fr., p.31n.

기존계급의 생생한 모순을 능가하는 것은 이와 같은 계급의식의 본질에 해당한다. '실천'은 하나의 계급이 합당한 변화를 가능하도록 하기 위해서 그 자체의 모순을 지양하게 되는 수단이다. 따라서 실천은 첫 번째 '인식소'의 특징이었던 비-독단적 자의식과 유사한 것이다. 그러나 실천은 우리들이 실제로 행하고 있는 사회적 현상에 해당한다. 나의 실천은 상호-호혜작용을 통해서 다른 사람들의 실천과 짝을 이루게 된다. 우리들은 우리들의 공통된 실천의 표현을 통해서 알려질 수 있게 되며, 언어는 이와 같은 사회적인 자아가 드러내게 되는 가장 핵심적인 형식에 해당한다.

사르트르는 특히 『방법의 탐구』에 대한 주석(註釋)에서 기호학적인 형성논리에 비추어 자신의 입장을 설명하기도 했다. 소쉬르는 언어학이 일반적인 기호학의 일부분에 지나지 않을 뿐이라고 생각했지만, 롤랑 바르트는 오히려 기호학이 언어학의 일부분이라는 점을 제안했다.[15] 바르트에 의하면, 기호학적인 용어로 자아에 대해서 말하는 것은 그것을 언어학적으로 고려하는 것에 해당한다. 사르트르는 헤겔과 키에르케고르의 어깨에 기대어 자신의 입장을 피력했다고 볼 수 있다.

> 헤겔에게 있어서 기표(역사의 어떤 순간에)는 마음의 움직임에 해당한다(그것은 '기표-기의'와 '기의-기표', 즉 '절대적-주체'로서 형성될 수 있을 것이다). '기의'는 살아 있는 인간이자 그 자신의 객관화에 해당한다. 키에르케고르에게 있어서 인간은 기표에 해당한다. 바로 그 자신이 의미작용을 만들어내게 되며 그 어떤 의미작용도 외부로부터 그 자신을 지칭하지 못하게 된다(아브라함은 그 자신이 아브라함인지 아닌지를 알지 못한다). 인간은 결코 기의가 될 수 없다(심지어 절대 신에 의해서도 그렇게 될 수는 없다). —SM, pp.9~10n; Fr., p.18n)

영어로 'signifying(지칭하는)'으로도 번역될 수 있고 'signifier(기표)'로도 번역될 수 있는 프랑스어 'signifiant(시니피앙)'은 사르트르의 이상과 같은 주장을 가능하게 한다. 헤겔에게 있어서, '영혼(Geist)'은 그 자체의 움직임에 있어서 기표, 즉 지칭하는 활동을 통해서 의미작용을 동기화 하는 기표에 해당한다. 영혼이 그 자체의 충족을 성취할 수 있을 때, 그것은 '기표-기의' 및 '기의-기표'에 해당한다. 사르트르는 이와 같은 성취를 절대적 주체로 파악했으며 그것은 그 자신만의 '존재자-즉자-대자'와 유사한 것일 수도 있다.

번역에서의 차이는 또한 키에르케고르와 관련지어 고려하는 것도 가치 있을 것이다. 이 경우에 인간은 기표에 해당한다. 한 개인으로서 인간은 의미를 나타낼 수 있고 의미작용을 가능하게 할 수 있다. 인간이 결코 기표가 아닌 까닭은 그가 결코 그 자신에게나 또는 그 누구에게도 '대상'으로 될 수 없기 때문이다. 그러나 사르트르는 '대상'을 언급하지는 않았다. 그는 인간이 결코 언어적으로 특수화될 수 없다는 점을 제안함으로써(장 주네의 경우는 예외적일 수도 있다) '기의'를 언급했을 뿐이다. 인간은 언제나 언어적으로 특수화될 수 있다. 인간은 '있는 것'에 대해서 그 자체의 이름과 라벨을 부여함으로써 그것을 특징화하게 된다. 사르트르가 기표나 또는 지칭하는 것으로서 개인의 본성을 특징화했다 하더라도, 키에르케고르에게 있어서 개인은 결코 자기 자신을 특징화할 수 없다.

헤겔적이면서도 키에르케고르적인 견해에 관련되는 이와 같은 자아의 언어적인 형성논리는 사르트르의 입장에서 지양되어 버리고 만다. 사르트르는 인간이 기의도 아니고 기표도 아니라는 점에서 헤겔-키에르케고르의 갈등이 결정될 수 있다는 점을 제안했다. 인간은 '기의-기표'이자 '기표-기의'에 해당한다. 사르트르는 이러한 점이 헤겔의 절대적 주체와 같은 것이지만 그러나 다른 의미에서 그렇다는 점을 언급했다(SM, p.165; Fr., p.103n). 키에르케고르에 대한 자신의 유네스코 강연에서,[16] 사르트르는 인간에 대한 이와 똑같은 개념을 '단칭 보편자'로 특징지었을 뿐만 아니라 '주체-대상의 패러독스'로도 특징지었다. 그러나 『방법의 탐구』에서, 기호학적인 용어는 사르트르로 하여금 인간이 처한 언어적인 상황을 분명하게 할 수 있도록 도움을 주었다. 여기에서 사르트르의 이동은 인간의 입장을 '기의-기표'로 그리고 '기표-기의'로 자아에게 부여하는 데 있다.[17] 자아는 언어 내에 그리고 문화 내에 정확하게 자리 잡고 있다.

자아가 언어 내에 있을 때, 자아 그 자체는 "특별한 도구의 영역" 내에 있게 된다. 언어는 "계급의 객관화, 잠재적이거나 분명하게 선언된 갈등의 반영 및 소외의 특별한 현현"(SM, p.113; Fr., p.75) 등에 해당한다.

언어 내에 있는 것은 '사회적인 구조' ― 자신의 계급을 특징짓고 결핍의 영역에서 수요의 현존을 불러일으키는 갈등을 대표하는 ― 의 일부분으로 되는 것이다. 따라서 '실천적 타성태'로서의 요소들의 정면에서 실천의 활성화에 의해 비롯된 계급의식의 조건은 언어 내에서 충분하게 고려될 수 있다.

바로 이와 같은 이유로 인해서 사르트르는 이상과 같은 세 번째 '인식소'나 또는 패러다임에서 언어와 관련지어 자아를 논의할 수 있었을 것이고 또 그렇게 해야만 했을 것이다. 첫 번째 단계에서 자아는 언어를 참고하지 않고서도 논의될 수 있고, 두 번째 단계에서 언어는 순수작가나 또는 자아와 말을 일치시킨 주네와 같은 작가에게서만 중요하게 되며, 세 번째 '인식소'에서 자아는 우리들이 사용하는 바로 그 말 내에서 나타나야만 한다. 마르크스적인 형성논리에서는 인간만이 있고 인간들의 사이의 진정한 관계만이 있기 때문에, 이러한 관계는 또한 우리들의 특별한 언어적 구조를 포함시킬 수 있게 된다. 사르트르는 인간이 자신의 프로젝트에 의해서 자신을 정의한다는 점을 주장하기도 했다. 그러나 『방법의 탐구』에서는 그러한 프로젝트가 『존재와 무』에서의 개인적이면서도 근본적인 프로젝트에 해당한다기보다는 집단-프로젝트에 해당한다. 자아가 그 자체의 물질적인 조건을 지양하게 됨에 따라서 바록 그 자아는 그 자체의 사회적 콘텍스트 내에서 의미작용을 형성할 수 있게 된다.

> 의미작용은 인간에게서 그리고 그 자신의 프로젝트에서 비롯되는 것이지만 그러나 그것은 사물에서 그리고 사물의 질서에서 모든 곳에 각인될 수 있는 것이다. 각각의 순간에서 모든 것은 언제나 의미할 수 있고 의미작용은 우리들에게 인간을 드러낼 수 있게 될 뿐만 아니라 우리들의 사회의 구조를 가로질러 인간들의 사이의 관계까지도 드러낼 수 있게 된다. 그러나 이러한 의미작용은 우리들이 우리들 자신을 의미할 수 있게 되는 경우에서만 우리들에게 나타날 수 있게 된다. ―SM, p.156; Fr., p.98.

의미작용을 통해서 우리들은 우리들이 처한 상황의 집단적인 활동에 참여할 수 있다. 자아는 그 자체의 의미작용을 통해서, 그 자체의 언어를 통해서 의미하게 되며 그것으로부터 자아는 그 자체를 제외시킬 수 없게 된다. 기껏해야 자아는 의미하는 것을 지속할 수 있게 될 뿐이다.

사르트르가 『변증법적 이성비판』에서 지적했듯이 자아는 '변증법적 순환성'을 통해서 종합될 수 있다. 이러한 변증법적 순환성은 사회적이고 언어적인 콘텍스트에 자리 잡고 있는 첫 번째 '자아실현의 순환'의 패러다임에 해당한다. '수요'의 수단에 의해서, 자아는 공통적인 실천을 통해서 그 자체와 다른 자아들을 종합할 수 있다. 인간은 사물이 자신을 중재하는 범위 내에서만 사물을 중재할 수 있다. '실천'은 '실천적 타성태'—사회생활의 물질적인 요소들—가 그 자체를 사람들에게 제시하는 것만큼만 바로 그 '실천적 타성태'와 대응하게 될 수 있다. 자아는 변증법에 말려들게 되고 연속적이거나 그룹으로 그리고 그 자체의 의미행위에 의해 의미작용을 창조함으로써 그 자체를 종합할 수 있게 된다.

자아는 의미작용을 의미 있게 함으로써 기의를 기표로 나타내게 된다. 행동은 의미를 나타낼 수 있지만 말도 또한 그렇게 할 수 있다. 『알토나의 유폐자들』(1959)은 제2차 세계대건 이후 13년 동안 자신의 방에 숨어 있던 프란츠가 독일이 폐허 속에 있는 것으로 아직도 믿고 있다는 점에서 이러한 점을 제시했다. 프란츠는 자신이 다음과 같이 말하고 있을 정도로 이러한 점이 사실이기를 원한다. "나는 발전하고 있다. 어느 날 말은 그것 스스로 나타나게 될 것이며 나는 나 자신이 원하는 것을 말할 수 있게 될 것이다."[18] 프란츠가 성공적으로 된다면, 그의 말은 자아로 하여금 말 그 자체를 의미 있게 하도록 요구하지 않게 될 것이다. 말은 그 자체에 의해서 의미를 취하게 될 것이다. 이러한 의미에서 역사는 마르크스주의자들이 주장하는 바와 같이 역사 그 자체의 불가피한 발전의 길을 따르게 될 것이고 의미작용은 자립할 수 있게 될 것이다. 자아는 기표가 될 수 있지만 그러한 기표를 활기차게 하는 기의가 있을 때에만 그렇게 될 수 있을 뿐이다.

그러나 전진적-역행적 방법은 또한 어떤 의미작용을 불가피하게 만드는 가족과 계급의 조건으로 되돌아가는 것을 설명하기도 한다. 프란츠가 레니와 근친상간적인 관계를 유지하는 것은 프란츠 자신을 사건들로부터 폐쇄시켜 버리게 된다. 그는 다른 사람들과 함께 하는 자신의 평범한 실천을 표현할 수 없다. 따라서 그는 그 자체로 의미하게 되는 자신의 말의 가능성을 지각할 수 있다. 이러한 점은 그의 '처제'가 "말은 거기에서 똑같은 의미를 가질 수 없다"(CA, p.102; Fr., p.220)라고 말하는 것과 같다. 퇴행적 고려는 이러한 점이 가능하지 않다는 점을 보여줄 수 있게 될 것이다. 말은 그 자체만으로 의미할 수가 없다. 프란츠는 자신의 방을 떠나야만 하며 방을 떠나는 순간 곧바로 '실천적 타성태'나 죽음에 직면하게 될 것이다. 그는 후자를 선택한다. 테이프 녹음기에서 흘러나오는 그의 목소리와 그의 말은 그가 그렇게 해왔다는 점, 사람들의 사이에서 발생하는 것에 대해서 책임을 져야만 하고 대답을 해야만 한다는 점을 알려 줄 수 있을 뿐이다. 사르트르의 첫 번째 '인식소'의 견해처럼 — 예를 들면, 『실존주의는 휴머니즘이다』(1946)에서처럼 — 선택하는 데 있어서 우리들은 모든 인류를 위해서 선택하게 되지만 그러나 여기에서 선택과 책임은 공통된 '실천적 타성태'의 상황에 관련되는 공통된 실천에서 비롯되는 것이다. 이러한 세 번째 패러다임에서 선택은 의미해야만 하지만 — 아마도 선택은 의미작용 그 자체에 해당할 것이다 — 그러나 어떤 경우든 의미하는 것은 필연적으로 '생생한 자아(기표)'를 암시하게 된다.

프란츠는 자신의 가족을 취급하지 않을 수도 있고 자신에게 의미작용을 부여하는 진정한 책임을 취급하지 않을 수도 있다. 사르트르는 이러한 점을 명심했으며 자아-성찰적인 전진적-퇴행적 연구에 대한 시도로 자신의 자서전을 집필하게 되었다. 그는 그것을 『말』이라고 명명했다.

그의 프로젝트는 자신을 구원하는 것, 즉 "모든 사람들로 구성된 전체적 인간, 그들 모두만큼 선량하지만 그러나 그 어떤 사람보다 더 선량하지는 않은 인간"[19]에 있다. 『말』은 말과 관련지어 자아를 표현해야만 한다는 점을 제시하고자 하는 사르트르의 시도에 해당한다. 자아는 특별하게 그것을 각인할 수 있는 언어를 통해서 의미를 나타내게 된다.

사르트르는 쓴다. 그가 쓰는 것은 그의 말처럼 그의 프로젝트의 핵심에 해당한다. 자신의 저서를 통해서 사르트르는 자신을 문화에 투사시킨다. 그는 쓰기가 인간적인 활동, 인간적인 실천의 산물이라는 점에서 자기 자신을 자신이 쓰는 것에서 인식하고는 한다. 그는 자신이 그렇게도 분노했던 자신의 외할아버지가 자신에게 훌륭한 선생이 될 것이라고 하는 말을 들었기 때문에, 블랑쉬 피카르가 자신에게 제공했던 "이 어린이는 작가가 될 것이다"라는 바로 그 말을 선택하기로 결심한다. 사르트르는 그녀의 이 말에 대해서 "자신의 이마 위의 표식"이라고 말하고는 했다. 바로 이러한 표식을 통해서 그는 의미작용을 성취할 수 있게 된다. 전진적 전망은 그의 존재자를 드러내게 된다. 그의 조부모의 입장, 그의 아버지의 요절, 그의 어머니가 그녀의 친정부모와 맺었던 계약, 그가 자신의 아버지의 구두를 뒤따르고자 하는 요구의 부재 — 이 모든 것들은 사르트르를 이해하는 데 기여하게 되는 퇴행적 요소들을 형성한다. 사르트르에게 있어서 자아는 그 자체의 말, 즉 처음에는 말과 함께 하는 역할놀이이고 다음에는 말을 그 자신의 직업으로 전환시키는 말 그 자체에 해당한다.

> 나는 세계를 위해서 언어를 선택했다. 실존하는 것은 무한한 **'말의 탁자들'** 위 어딘가에 공식적인 호칭을 갖는다는 것이었다. 쓴다는 것은 바로 그 무한한 **'말의 탁자들'** 위에 새로운 존재자들을 각인하는 것이었거나 또는 그리고 이러한 점은 나의 가장 지속적인 환상, 즉 살아 있는 생생한 사물들을 구절의 함정 속에서 포착하는 것이었다. 나가 말을 교묘하게 결합시킨다면, 대상은 기호 속에 뒤엉

키게 될 것이고 나는 그것을 유지할 수 있게 될 것이다. —W, p.114; Fr., p.151.

말을 글자로 씀으로써, 사르트르는 주네처럼 될 수 있기를, 즉 말과 사물을 일치시킬 수 있기를 시도했다. 그러나 사르트르는 말이 사물을 지칭하게 될 것이라는 점과 자아가 말을 활성화시킬 때에는 말도 자아를 지칭하게 될 것이라는 점을 잘 알고 있었다. 사르트르에게 있어서의 이러한 점은 로캉탱이 역사적인 쓰기와 결별한 다음에 한 편의 소설을 창작할 것을 심사숙고했을 때 그가 생각했던 것과 같은 것이다. 로캉탱에게 가능성이었던 것이 사르트르에게는 그 자신의 세 번째 '인식소'에 있어서의 필연성에 해당한다. 그것은 『말』에서 사르트르가 "나는 로캉탱이었다"라고 언급한 것과 같다. 이제 그는 자신의 사회적인 콘텍스트의 의미작용으로부터 벗어나 글자로 써야만 하고 창조해야만 하게 되었다.

사르트르가 자신의 후기의 삶에서 눈이 멀었던 것은 그가 이러한 세 번째 패러다임을 충족시킬 수 없는 것으로 부정하는 것이 아니다. 그는 자신이 더 이상 쓸 수 없을 때까지 썼지만, 그러나 쓰기의 끝이 자아의 끝에 해당하는 것은 아니다. 거기에는 여전히 말하는 주체라는 바로 그 말이 존재한다. 테이프 녹음기는 자신의 펜 아래에 있는 말의 스타일의 형성논리를 보충하기에 부적합한 것이라고 사르트르 자신이 언급하기는 했지만, 대담, 영화, 텔레비전 방송 등을 통해서 사르트르로 하여금 의미를 지칭하는 행위를 지속할 수 있도록 하는 사람들도 있었다(시몬드 보부아르, 피에르 빅토르, 필립 가비, 미셸 콘태트 및 그 밖의 사람들).[20]

자아는 말과는 무관하게 실존할 수 있다는 확신에서 출발한 견해 및 정체성과 언어의 상호-관련적인 개념으로의 전환—이 두 가지는 모두 자아의 형성논리에 있어서 필요한 의미작용의 역할을 결론지울 수 있게 되었다. 실천에 있어서의 자아의 사회적 본질에 대한 인식과 함께 사르트르는 자기-표현의 서사에서 언어의 기능을 인식하게 되었다. 사르트르의 '자아에 관한 말'은 '자아의 말'로 전환되었다.

제3부
구조주의와의 비교

제11장

사르트르와 구조주의자들

사르트르의 사상이 프랑스에서 그리고 좀 더 일반적으로는 세계문화에서 각인되었던 거의 40여 년의 기간 동안 구조주의 역시 그 자체만의 기반을 수립할 수 있게 되었다. 실존주의처럼 구조주의도 그것이 개인적인 지지자들과 일치할 수 있을 때에만 명확하게 될 수 있었다. 실제로 사르트르, 마르셀 모스, 하이데거, 야스퍼스 등이 어떤 시기에는 모두 다 실존주의자라고 명명되었지만, 그들이 정확하게 동일한 주장을 유지하고 있었다고 파악할 수는 없다. 따라서 필자는 소쉬르, 라캉, 레비스트로스를 대표적인 구조주의자들로 파악하고자 하지만, '구조적' 특징에 대한 이들의 개인적인 관심과 해석은 상당할 정도로 서로 다른 것이다.

이와 같은 세 명의 구조주의자들을 선별하여 살펴보는 데 있어서, 필자는 대표적이면서도 다양한 유형의 구조주의의 형성논리를 모두 다 설명할 수 있기를 기대한다. 20세기 초 언어학에서의 소쉬르의 활동, 지난 30여 년 동안 라캉의 신-프로이트적인 심리분석의 활용 및 그와 동년배인 레비스트로의 신화, 친족 및 '금기(禁忌)'[통가어로는 tabu, 마오리어로는 tapu 또는 tabu라고도 쓴다. 어떤 행위나 대상을 신성하다거나 위험하다는 의례적인 구분에 따라 그 행위나 대상의 사용을 금하는 것을 의미한다. 금기(禁忌)라고 흔히 번역된다. '터부'라는 용어는 원래 폴리네시아어이며 1771년 통가 섬을 방문한 제임스 쿡 선장이 영어권에 소개하여 널리 쓰이게 되었다. 터부는 남태평양의 폴리네시아 사회에서 가장 두드러지지만 실제로는 모든 문화권에 존재한다. 터부에는 특정 계절에 고기잡이나 과일 따기를 금하는 것이 있다. 음식물에 대한 터부에는 임신 중인 여자가 먹는 음식물에 대한 것도 포함된다. 족장 또는 다른 높은 신분의 사람들과 말하거나 접촉하는 것에 관한 터부도 있다. 숲 같은 특정지역을 거닐거나 여행하는 것에 관련된 터부도 있다. 이밖에 출생, 결혼, 죽음 등의 중요한 개인사에 대한 많은 터부가 있다. 같은 신체적 접촉이라고 하더라도 성스러움이나 거룩함이라는 관념이 뚜렷이 나타나는 터부들(예를 들면, 폴리네시아에서 족장은 성스러운 존재이기 때문에 그의 머리를 건드려서는 안 된다)과 불결함이라는 관념이 원인이 된 터부들(예를 들면, 월경중인 여자와의 신체적 접촉은 금기시되는데, 이는 그것이 불결한 행위라고 생각하기 때문이며, 죽은 자와 신체적 접촉을 가졌던 사람은 손으로 음식을 만질 수 없다)의 사이에는 뚜렷한 모순점이 있다. 대개 터부 고유의 금지조항에 따라 터부를 위반하거나 무시한 사람은 스스로 사냥과 고기잡이의 실패, 질병, 친척의 죽음 등 여러 가지 고난을 당할 것이라고 생각하고 있다. 이러한 불행은 보통 우연한 사고나 불운으로 간주하지만 터부를 믿는 사람들은 터부를 위반한 대가로 여긴다. 사고를 당하거나 늘 일을 그르치는 사람은 그 자신이나 남들도 그가 어떤 식으로든 터부를 위반한 행동을 했기 때문이라고 생각한다. 여러 문화권에서 터부가 나타남으로써, 이를 비교, 분석, 설명하고자 하는 학문적 연구가 널리 진행되었다. 이러한 주제와 관련된 탁월한 연구자로는 윌리엄 로버트슨 스미스, 『황금 가지』(1907~1915)를 쓴 제임스 G. 프레이저 경, 빌헬름 분트, 『토템과 터부』(1913)를 쓴 프로이트 등이 있다. 프로이트는 터부가 이중적인 사회적 태도에서 기인하는 것이며, 실제로는 사회적으로 금지된 행동을 무의식적으로 끝없이 갈망하는 경향을 보여주는 것이라고 주장하여, 외견상 불합리하게 보이는 터부의 속성을 가장 독창적으로 설명했다. 프로이트는 이러한 관점을 가장 보편적인 터부라고 할 수 있는 근친상간의 터부에 직접 적용했다. 터부에 관해 일반적으로 받아들여진 설명은 없지만 모든 사회의 터부는 사회질서에 있어서 중요하고 사회통제의 일반체계에 속하는 대상 및 행위에 관계되어 있다는 점에서 대체적으로 일치한다]에 대한 인류학적 추구는 구조주의적인 사유의 근간을 형성하게 되었다. 이들의 근본적인 입장에 반응하면서 사르트르는 그 자신만의 견해를 재-확인할 수 있게 되었고 구조주의의 관점에 있어서의 중요한 측면을 규명할 수 있게 되었다.

이와 같은 상호-교환을 지속함으로써, 필자는 논쟁의 근거로 작용하는 세 가지 특수한 이슈, 즉 소쉬르에게서의 기표-기의의 관계, 라캉에게서의 무의식 그리고 레비스트로스에게서의 통시적 방법과 공시적 방법의 개념에 역점을 두어 살펴보고자 한다. 이러한 세 가지가 서로 관련되는 까닭은 기표-기의의 결합에 대한 사르트르의 이해가 인간적인 경험을 특징짓는 근거를 형성하고 있기 때문이다. 사르트르는 평생 동안 프로이트의 심리분석을 논의함으로써, 인간적인 경험에 숨겨진 몇 가지 영역들을 거부하기도 했다. 그리고 변증법적 이성을 확신했던 그는 역사를 뛰어넘고자 했던 사람들 — 다양하지 못한 경험의 구조를 선호함으로써 — 에게도 반대했다. 따라서 사르트르와 구조주의자들의 사이의 논쟁은 인간적인 경험과 그것의 다양한 표현형식을 합당하게 설명할 수 있는 것에 관계되는 상호-교환에 자리 잡고 있다.

1965년 『미학평론』의 대담에서 피에르 베르스트레텡이 사르트르에게 '의미작용(또는 '의미')'과 '의미된 것(또는 단순하게 '기의')'의 사이를 구분하는지를 물었을 때, 사르트르는 다음과 같이 대답했다.

> 하지만 나에게 있어서 기표는 대상입니다. 나는 나의 언어를 정의할 수 있으며, 그것은 필연적으로 언어학자의 언어가 될 수 없습니다. 그러므로 이 '의자'는 하나의 대상에 해당하며 그것은 기의에도 해당합니다. 따라서 의미작용이 있게 되고 그것은 말, 의미 또는 문장의 의미작용에 의해서 지속될 수 있

는 논리적 종합성에 해당합니다. 나가 "이 탁자는 창문 앞에 있다"고 말한다면, 구성된 문장의 종합성을 형성하는 의미에 의해서 나는 '의미된 것(기의)', 즉 탁자를 지칭하며 나는 나 자신이 기표로 된다고 생각합니다. 의미는 노에마, 즉 발화된 목소리적인 요소들의 상관성에 해당합니다.[1)]

여기에서 사르트르는 기표와 기의의 사이에 대한 소쉬르의 구분을 현상학적 콘텍스트로 전환시킴으로써, 바로 그러한 구별을 활용하고는 했다. 소쉬르에게 있어서 기표는 그것이 말이나 기표에 의해서 '의자'를 지칭하는 것처럼, 기표 그 자체는 바로 그 의자의 개념이나 또는 '의미'로 될 수 있는 것이다. 그러나 프랑스어 'signifiant'을 영어로 'signifier(기표)'로 번역하는 것은 프랑스어에 실존하는 모호성을 고려하지 않는 것이다. 프랑스어 'signifiant'은 명사이거나 또는 명사상당어일 수도 있고 현재진행형이거나 또는 하나의 과정일 수도 있다. 따라서 'signifiant'은 의미하는 것, 기표, 의미하는 과정(특히 화술행위에서) 등에 해당한다. 사르트르는 이러한 'signifiant'을 의미하는 것 그러나 좀 더 정확하게는 의미하는 과정 그 자체로 전환시킴으로써, 소쉬르의 견해를 반전시켜 놓았다. 기표는 실제상의 대상, 세계에 있어서의 의미된 것으로 된다. 소쉬르의 의미작용처럼 사르트르의 의미작용도 통합행위에 해당하지만 그러나 기의는 그 어떤 관계를 가능하게 할 수 있다. 사르트르에게 있어서 의미작용은 기의의 기표에 부여된 의미에 해당한다.[2)] 사르트르가 소쉬르의 용어로부터 전환한 것은 그가 구조언어학의 관계에서 그 자신의 개념을 분명하게 할 수 있는 그 자신만의 방법에 해당한다.

앞으로 필자가 논의하고자 하는 바와 같이, 인간(즉, 개인)은 사르트르의 의미로 볼 때 의미작용의 종합성에 해당한다고 볼 수 있다. 존재는 의미작용(또는 의미)과 관련지어 나타날 수 있으며 그것을 사르트르는 문장에 있어서 말에 의해 형성된 '논리적 종합성'이라고 명명했다. 의미는 '형성된 존재자' — 논리적 종합성 — 이며 말은 그것을 활성화시키게 된다. 더 많은 것을 구체적으로 고려한다면, 의미는 언어학자의 관점에서 비롯된 것처럼 말과 그것의 개념의 사이의 관계에 해당하는 것이 아니라 존재론적 현상의 관계에 해당한다. 사르트르에게 있어서 기의는 의미로 나타내진 특별한 대상이다. 수많은 기의의 종합성은 대상의 세계를 형성한다. 대상의 세계나 또는 특별한 대상을 지칭하는 것은 말 그 자체(소쉬르가 그렇게 파악하고는 했던 것처럼)가 아니라 오히려 그러한 대상을 지칭하고 있는(즉, 지칭하는 과정이나 또는 기표) 특별한 자아이다.

일반적으로 사르트르의 철학활동과 관련지어 고려할 때, 하나의 개념체계에서부터 또 다른 체계까지를 살펴보는 것은 가장 많은 정보를 제공해 줄 수도 있을 것이다. 사르트르는 이미 『에고의 초월』[3]에서 에고는 후설이 제안했던 방식으로 선험적인 구성체가 아니라는 점을 상당히 분명하게 언급한 바 있다. 에고는 의도적인 행위의 원천도 아니고 의심을 하게 되는 데카르트의 '에고 코기토'도 아니다. 기껏해야 에고는 선험적인 대상, 즉 성찰적으로 다만 하나의 대상으로 고려될 수 있는 '방금-있었던-것'에 해당할 뿐이다. 따라서 이러한 관점으로 볼 때에 성찰을 위해서 존재하는 모든 것은 그 자체를 나타내는 일련의 대상에 해당하거나 또는 대상의 종합성에 해당한다. 에고는 의자와 똑같이 성찰의 대상으로 될 수는 있지만 그러나 그것은 그것이 성찰하고 있는 것처럼 결코 그 자체의 대상으로 될 수는 없다. 의자가 '즉자'인 것과 똑같은 의미에서 에고도 언제나 '존재자-즉자'로 형성될 수 있을 뿐이다. 달리 말하면, 기의의 자격으로서의 '의자'는 경험이나 말과 관련지어 그것을 형성하는 개인에 의해서 의미작용을 부여하게 된다. 따라서 개인은 무엇을 지칭하는 활동에 해당한다. 나는 나 자신을 지칭하는 동시에 의자를 형성할 수도 있다. 그러나 기표의 자격으로서의 나는 선험적인 원천에 해당하는 것이 아니다. 나는 다만 지칭하는 과정에 참여하고 있는 존재자 그 자체에 해당할 뿐이다.

형성된 것, 활성화된 것은 나가 쓰거나 말하게 되는 '말' 그 자체에 의해서 지시될 수 있는(그러나 필연적인 것은 아닌) 의미나 의미작용이다. 이러한 유형의 의미는 경험의 형성에서 부여되는 인간적인 의미이다. 언어의 의미는 말 그 자체에서 또는 입 밖으로 발화된 말의 요소에서 비롯될 수 있을 뿐이다. 언어의 의미를 발견하기 위해서 우리들은 말 그 자체는 물론 문장에 있어서의 그러한 말의 상관성까지도 연구하는 것에서부터 시작해야만 할 것이다. 인간적인 의미는 발견되는 것이 아니라 창조되는 것이다. 인간적인 의미는 '기표-기의'의 관계에서 형성되는 것이며, 여기에서 기표는 에고가 아니라 말, 문장, 담론, 제스처 등과 관련지어 대상을 지칭하는 개인적인 과정에 해당한다. 인간적인 의미는 경험에서의 지칭하기와 기의를 통합하는 것이다.

인간적인 경험에 대한 이와 같은 양면적인 특징은 사르트르의 1943년 대표작 『존재와 무』[4]에서 가장 탁월하게 나타나 있다. '기의'는 '존재자-즉자'이다. 의자도 '존재자-즉자'이고, 그의 소설 『구토』에서 밤나무도 '존재자-즉자'이며, 에고 역시 '존재자-즉자'이다. 이러한 형식 모두는 지칭하는 행위, 즉 '존재자-대자'에 의해서 지칭될 수 있다. 그러나 이러한 '존재자-대자'는 초월적인 대상과 혼동될 수 있는 것이 아니기 때문에, 그것은 초월적인 대상이 아니기 때문에, 사르트르는 그 자체의 본질을 형성하려고 노력하고는 했다. 이러한 '존재자-즉자'에게는 그것이 어느 것으로든 그렇게 될 수 있는 가능성이 없다. 왜냐하면 그것은 그 자체를 '존재자-즉자'로, 의자처럼 초월적으로 만들기 때문이다. 오히려 '존재자-대자'는 아무것도 아닌 무(無)로 되어야만 한다.[5] 의식의 위상에 해당하는 '존재자-대자'는 어떤 유형의 사물에 해당하는 것이 아니라 여전히 존재자의 형식에 해당한다. 그 자체의 존재자는 활동적이고 자유로운 것이며, 사르트르에게 있어서 이러한 점은 '존재자-대자'가 그 자체를 결코 하나의 대상으로 형성하는 것이 아니라고 말하는 것이나 다름없다.

형성된 것은 '나는 있다', '나는 실존한다'처럼 어떤 행위의 실존으로 되는 것, 즉 자아의 실체화가 없는 데카르트의 '코기토'로 되는 것에 해당한다. 이와 같은 존재자는 그것이 비록 그 어떤 것도 아니라 하더라도 완벽하게 특징이 없는 것은 아니다. 그 자체의 가장 근본적인 특징은 부정적이라는 점, 즉 그것이 결코 순수한 의식이 아니라는 점이다. 긍정적인 것을 주장하는 것은 관념론으로 나아갈 수도 있으며, 후설이 그랬던 것처럼 사르트르도 순수한 관념론을 받아들일 수는 없었다. 무엇인가를 의식하는 것은 아무것도 아닌 것[무(無)를 의미하는 영어의 'nothing'을 휴 J. 실버만은 'no*thing*'으로 강조함으로써, '사물(thing)'이 '없는 것(no)'이라고 파악했다], 즉 '무(無)'로 되는 것이다. 하지만 무엇인가를 부여한다는 사실은 '존재자-즉자'를 '존재자-대자'에 결합시키거나 또는 붙들어 매는 것이다. 사르트르는 이러한 '붙들어 매기'를 '사실적-우연성(facticity)'[프랑스어 'facticité', 독일어 'faktizität'에 상응하는 영어 'facticity'는 '사실성(factuality)'과 '우연성(contingency)'을 합성한 것으로 피히테가 처음 사용했다. 하이데거는 그것을 개인적 실존의 피투성(彼投性, Geworfenheit)으로 파악했고, 사르트르는 그것을 인간의 자유가 실존하고 제약받는 어떤 배경에 반대되는 모든 구체적 세부사항을 지칭하는 것으로 파악했다]이라고 명명했다. '사실적-우연성'은 어떤 특별한 상황에 처해 있는 존재자의 조건에 해당한다. 어떤 상황에 처해지는 것은 사르트르의 현상학에서 리얼리즘으로 된다. 이와 같이 어떤 상황에 처해지는 것은 의식이 발생하게 되는 특별한 콘텍스트와 관련지어 무엇인가를 의식하게 되는 위상에 해당한다. 이러한 점은『구토』에서 로캉탱이 다음과 같이 언급했을 때 역동적으로 된다.

얼마나 오랫동안 이러한 현혹은 지속될 수 있을 것인가? 나는 밤나무의 뿌리였다. 또는 오히려 나는 그 자체의 실존을 전적으로 의식하고 있었다. 아직도 그것으로부터 분리되어 있으며, 그것에서 잃는 것이 있다 하더라도 그것 외에는 아무것도 없다. 의식은 불편했지만 그러나 이처럼 무력한 나무 조각 위에 그 자체의 모든 무게를 유지하도록 했고 그것을 거짓의 상태로까지 몰고 갔다.[6]

이러한 의식에는 그 어떤 실체도 없지만 그러나 그것은 언제나 복잡하게 실체에 관계된다. 그것은 1965년에 있었던 사르트르의 진술로 되돌아가는 것을 지칭하며 그것이 지칭하는 것은 실체 그 자체에 해당한다. 의미를 형성함으로써, 그것은 말과 관련지어 특징지을 수 있는 몇 가지를 지칭할 수 있게 된다. 우리들은 로캉탱의 의미—그의 존재자의 측면—가 그 자신의 잡지에 수록된 말과 관련지어 이루어졌거나 형성되었다고 말할 수도 있을 것이다.

우리들이 파악했던 바와 같이, 존재에는 예외적인 자격이 있거나 또는 아마도 상당히 보편적인 자격, 즉 모든 사람들을 빠짐없이 특징짓는 자격이 있다고 우리들은 말할 수 있어야만 할 것이다. 개인에게 있어서 존재자는 '즉자'와 '대자' 모두에 해당한다. 따라서 존재는 그것이 형성된 바와 같이 모호할 수밖에 없는 것이다. 인간은 무엇인 동시에 아무것도 아니고, 기의에 해당하는 동시에 기표에도 해당한다. 존재론적 관점에서 보면, 이러한 자격이 모호하게 나타나는 까닭은 존재가 일차원적으로 부여된 것이 아니기 때문이다. 존재론적으로 나는 있고, 나는 실존하지만, 그러나 이와 같은 존재자의 본성이 복잡하지 않은 통일성으로 될 수 있는 것은 아니라고 우리들은 말할 수도 있을 것이다. 존재자의 모든 현현들은 그것들이 '즉자'에 관계되는 것처럼 '존재자들-대자들'에도 관계된다. 즉, 모든 '존재자-즉자'는 빠짐없이 '대자'와의 관계를 유지하고 있다. 이러한 점이 바로 특별한 '존재자들-즉자들'을 인간의 자격으로 그것들의 통일된 현현을 가능하게 하는 긴장에 해당한다. '특수한 대자'에 해당하는 수많은 '존재자들-즉자들'이 있게 마련이다. 존재론적으로, 존재자 그 자체는 '대자'에 해당하는 '존재자들-즉자들'의 모호성에 해당한다. 존재론적으로, 모호성은 하나의 긴장('존재자-즉자'에 의해 결합되는 '존재자들-즉자들의 긴장)에 있어서 '존재자들-즉자들-대자'의 종합성으로 부여되는 것이다.

사르트르의 1965년의 입장과 관련지어 이러한 점을 재-진술하기 위해서 우리들은 각각의 대상 하나하나(의자, 밤나무의 뿌리 또는 개인의 에고)가 기의라는 점을 파악해야만 할 것이다. 이러한 기의의 집합은 그 자체에 의해서 저절로 D. 흄의 '인상의 꾸러미'와 똑같이 하나의 다양성으로 될 수도 있다. 그러나 그 어떤 기의도 일찍이 저절로 그 자체가 된 적은 없다. 그것은 언제나 기표에 의해서 또는 좀 더 정확하게는 지칭하는 행위에 의해서 기의로 될 수 있다. 다양성이 긴장에서처럼 부여될 수 있는 까닭은 각각의 기의는 기표에 대응하게 되어 있기 때문이며 의식은 언제나 무엇인가에 대한 의식에 해당하기 때문에 각각의 기표는 또 수많은 기의에 대응하게 되어 있기 때문이다. 기표가 지칭할 수 있는 수많은 대상들이 언제나 있게 마련이다(언어적인 의미작용이 아니라 인간적인 의미작용이라는 의미에서). 기표(지칭하는 의식)는 의자, 밤나무의 뿌리, 로캉탱의 에고 등을 지칭할 수도 있다. 기의는 수많은 기표들에 의해서 지칭될 수 있지만 그러나 그런 다음에 우리들은 개인의 존재론이 아니라 대상의 존재론을 논의할 수 있을 것이다. 지칭된 대상의 다양성과 지칭하는 의식의 관계에 대한 본질을 언급함으로써, 우리들은 소쉬르가 키에르케고르에 관한 자신의 논문에서 '단칭 보편자'라고 파악했던 것을 논의하고 있는 셈이다.[7] 지칭된 수많은 대상들을 하나의 기표에 관련짓는 인간의 경험은 모든 사람들이 이와 같이 모호한 위상을 분명하게 한다는 점에서 보편화될 수 있다. 그리고 각각의 개인은 이와 같이 보편적인 조건을 활성화시킴으로써 단순화될 수 있다. 이러한 관계에서는 기의의 다양성이 지칭하는 의식으로부터 분리될 수 없다는 점에서 하나의 긴장을 형성하게 된다. 언제나 '관계의 존재자'에서 비롯되는 의미가 있게 마련이다. 따라서 일개인은 언제나 의미 있는 것이며 의미로 충만한 것이다. 언제나 모호성이 있는 까닭은 존재론적으로 볼 때 이와 같은 의미의 다양성(말에 의해서 활성화되고 설명할 수 있는)에서는 '기표-기의'의 관계의 환원-불가능성으로 인해서 언제나 일종의 긴장상태를 유지하고 있기 때문이다.

이러한 모호성은 정확하게 사르트르가 다음과 같은 구문에서 묘사하고 있는 것에 해당한다.

> 인간은 자신의 존재자를 의미로 변용시키는 존재자에 해당하며, 인간을 통해서 의미는 세계에 출현할 수 있게 된다. 유일한 보편성은 이와 같은 의미에 있다. 자신의 '자아'를 통해서 — 실제상의 상승과 '현 상태'로서의 존재자들의 지양 — 인간이 봉합된 통일성을 보편적인 것으로 환원시킬 수 있는 것은 바로 그 자아를 유한한 결정으로 각인시킴으로써 그리고 자신을 에워싸고 있는 존재자에게 있어서의 미래의 역사에 관한 저당으로 각인시킴으로써 그렇게 할 수 있을 뿐이다.[8)]

'인간(man)'은 경험과 활동에 의해서 의미로 변용된 '인간(human being)' — 또는 '인간적인 존재자' — 에 해당한다. '인간적인 존재자(human being)' — 또는 '인간' — 는 의미가 세계로 진입하게 되는 수단이다. 왜냐하면 '즉자'이자 '대자'로서의 존재자에 의해서 인간은 존재자 그 자체를 활성화시킬 수 있기 때문이다. 우리들은 존재자가 기의-기표의 관계에 대한 정확한 위상에 해당한다는 점을 이미 제시한 바 있다. 이러한 관계의 위상은 인간적인 의미, 즉 경험적으로는 '의미'로, 언어학적으로는 '의미작용'으로 일반적으로 묘사할 수 있는 바로 그러한 의미에 있다. 이러한 존재자가 모호한 까닭은 기표의 다양성이 하나의 기표에 관련될 수 있고 지칭하는 과정에 의해서 종합성으로 통합될 수 있기 때문이다. 기표가 이와 같은 특징을 갖게 되는 까닭은 그것이 그 자체와는 별도로 수많은 대상들을 지칭할 수 있기 때문이다. 의미를 창조하기 위해서 적어도 하나의 기의가 없다면 그 어떤 지칭도 있을 수 없을 것이다.[9)] 그러나 지칭하는 기표가 의미를 형성하기 위해서 기의를 가지게 되는 순간, 그것은 또한 적어도 또 하나의 다른 의미를 드러냄으로써 그 자체를 지칭하는 과정을 형성할 수 있게 된다. 이러한 의미의 첨가는 성찰적인 행위에서 비롯되는 것이 아니라 바로 그 지칭하는 행위 그 자체에서 비롯되는 것이다. 그 자체를 지칭하는 데 있어서 바로 그 지칭의 과정에서는 하나의 기의로 그 모든 불변적이면서도 특수한 위상을 모두 비워버리게 된다. '존재론적 전망(그것은 종합성으로서의 긴장에 있어서 의미의 다양성을 명확하게 할 수 있을 뿐이다)'에서 비롯되는 이러한 모호성은 사르트르가 키에르케고르 강의에서 "주체-대상 패러독스"(*US*, p.23)라고 명명했던 것에 해당한다.

긴장에 있어서의 의미의 다양성은 그것이 최소한이라 하더라도 두 가지 의미만으로 축소시킬 수 있는 것이 아니다. '존재자-즉자'와 '존재자-대자'의 존재자, 즉 지칭하는 의식에 의해서 지칭된 것의 의미를 각각 고려하는 것은 하나의 대상과 그 자체를 드러낼 수 있을 뿐만 아니라 다른 사람들까지도 드러낼 수 있다. 나가 다른 사람들의 의미의 종합성에 참여하는 것처럼 그들도 나의 의미의 종합성에 참여한다. 사르트르가 『존재와 무』에서 강조했던 바와 같이, 다음과 같이 언급하는 것만으로는 충분하지 않을 수도 있다. "존재자는 그 자체이다. …… 그것은 피동성도 아니고 적극성도 아니다. 그것은 그 자체를 실현할 수 없는 하나의 내재성(內在性), 행동할 수 없는 확실성에 해당한다. 왜냐하면 그것은 그 자체만을 고집하고 있기 때문이다."(*EN*, p.32; *BN*, p.27) 이러한 점은 '존재의 통일성' — 우리들의 경험을 종합성으로 만드는 것이지 단순하게 의미의 다양성으로 만드는 것은 아닌 — 이나 또는 이러한 점에서 의미의 단순한 이중성을 특징짓기보다는 모호성을 특징짓는다. 그러나 우리들은 또한 다른 사람들도 필연적으로 그러한 모호성에 똑같이 암시되어 있다는 점을 고려해야만 할 것이다. 다른 사람들의 이러한 현존의 일부분은 몸과 관련지어 고려될 수도 있다. 몸은 '세계의 중심에 있는 존재자'인 감각적 참고물의 중심에 해당한다. "나가 다른 사람들을 위한 것인 한, 다른 사람들도 주체로서, 즉 나가 바로 그 주체에 대해서 하나의 대상으로 될 수 있는 바로 그러한 주체로서 나에게 드러나게 된다."(*EN*, p.918; *BN*, p.460) 다른 사람의 모습은 이러한 상황을 구체적으로 보여주기도 한다. 나는 다른 사람의 모습의 대상으로 될 수도 있다. 몸은 '생생한 경험'으로, 나 자신만의 의미의 참고대상의 중심으로 부여될 수 있을 뿐만 아니라 다른 사람들을 암시하는 이와 같은 의미의 장소로도 부여될 수 있다. 나의 몸은 어떤 상황에 처해 있게 마련이며 다른 사람의 몸과 관련지어 나의 존재자를 제한시킬 수 있게 된다. 나의 몸과 관련하여 나는 다른 사람들을 위한 하나의 대상에 해당한다. 나의 존재자는 또한 '기표-기의'의 자격으로 나의 존재자에 해당하기 때문에, 다른 사람도 '존재자-즉자'—나에게는 '존재자-대자'에 해당하는—로 나를 위해 존재할 뿐만 아니라 나에 의해 지칭된 의미로도 존재한다.

이제 우리들은 적어도 다음과 같은 세 가지 의미를 갖게 되었다(패러다임의 경우로서 첫 번째로 작용하는). ① 주체-기표 / 대상-기의(또는 지칭하는 의식과 의자와 같은 대상의 사이의 관계), ② 주체-기표 / 주체-기의(또는 지칭하는 의식과 초월적 에고의 사이의 관계), ③ 주체-기표 / 대상-기표-기의(지칭하는 의식과 또 다른 사람—그의 경험 그 자체가 기표-기의의 관계에 있는—의 사이의 관계). 이러한 경우에서, 다른 사람은 단지 하나의 기의로 되는 것이 아니다. 나가 그를 하나의 기의로 고려할 수 있다 하더라도 그렇게 될 수 있는 것은 아니다. 따라서 나는 그를 모호하지 않은 것으로, 비-인간으로, 순수한 대상으로, 하나의 사물로 취급할 수 있어야만 할 것이다. 이와 같은 환원에는 특수하면서도 윤리적인 암시가 배어 있으며 그것을 우리들은 여기에서 충분하게 규명할 수는 없고 다만 모호한 것으로 경험될 때 모호하지 않은 것으로 다른 사람을 취급하는 것은 바람직하지 않다는 점만을 제시할 수 있을 뿐이다. 물론 이러한 점은 잘못으로 인해서 발생할 수도 있는 것이다. 말하자면, 동상(銅像)으로 가득 차 있는 방을 우리들이 걷게 될 때 우리들은 그 중의 하나와 부딪치게 될 수도 있지만 사실은 그것이 실제 사람이었다는 점을 발견하게 되는 것과 같은 것이다.

한 사람의 모호성은 긴장상태에 있는 그 자신의 의미의 다양성에 해당하며 이러한 점에는 다른 사람의 실존도 포함된다. 그것은 사르트르가 자신의 키에르케고르 강의에서 다음과 같이 지적한 바와 같다.

> '다른 사람'으로 남아 있는 키에르케고르의 태도, 나에게 있어서, 나의 것이 되기를 멈추지 않는, 그의 심오함, 그것은 바로 오늘의 '타자(他者)', 오늘의 바탕이 되는 나의 진정한 동료에 해당한다. 반대로 우리들 각자에게 있어서, 그는 그 자신에게 그리고 다른 사람들에게 있어서의 모호성에 대한 맹렬한 비난에 해당한다. 각각의 모호성의 이름으로 이해할 수 있는 것, 그는 우리들의 연결, 우리들의 실존적 관계, 지금 있는 그대로, 즉 생생한 모순 그대로 지금 실존하고 있는 모든 것들의 사이의 다양하면서도 모호한 관계에 해당한다.
> — *US*, pp.61~62.

사르트르에게 있어서 이상과 같은 의미에는 '존재자-즉자(기의)', '존재자-대자(기표)' 및 다른 것(기표-기의의 관계에 대한 종합화)이 포함될 뿐만 아니라 변증법적인 '역사적 존재자', 즉 각 개인의 '있는 그대로'의 존재자에 대해서 똑같이 근본적인 존재자도 포함된다(우리들은 레비스트로스의 비판과 관련지어 이와 같은 역사적 역할로 되돌아갈 수 있게 될 것이다). 단 특별한 각 개인은 바로 그 자신의 인간적인 경험의 현현에 의해서 보편적으로 될 수 있을 뿐만 아니라 '보편적인 것'—역사, 오늘 및 모든 시대의 사회적 관계—도 각 개인이 모호하게 살아가고 있는 특수한 의미를 통해서 특별한 것으로 될 수 있다.

1. 사르트르와 라캉

사르트르와 라캉의 논쟁은 또한 일반적으로 심리분석에 대한 논쟁에 해당한다. 사르트르에게 있어서의 문제는 구체화된 에고-중심에 호소하지 않으면서 또는 개인적인 검토에서는 가능할 수 없는 숨겨진 경험의 영역에 호소하지 않으면서 인간의 주체성을 언제나 설명하는 것으로 되어 있다. 우리들이 소쉬르와 기호학의 전통에서 파악했던 바와 같이, 주관성은 경험된 의미로 충만한 종합성을 가능하게 하는 지칭하는 의식 그 자체에 의해서 수립될 수 있는 것이다.

무의식의 아이디어는 인간의 경험을 단순히 묘사하는 것에 해당하는 것이 아니다. 자신의 일흔 번째 생일을 기념하기 위해 마련된 미셸 콘태트와의 대담에서 사르트르는 자기 자신을 심리분석하고 싶은 유혹을 받았지만 그러나 "나가 나 자신을 이해하지 못했던 것을 분명하게 하기 위해서는 아니었습니다"[10]라고 언급했다. 사르트르는 심리분석가이자 20년 동안의 친구였던 폰탈리스에게 자신을 분석해줄 것을 요청했으며, 그가 이러한 분석을 제안했던 이유는 자기-이해를 위해서라기보다는 심리분석적인 방법의 메커니즘에 대한 호기심 때문이었다. 오랫동안의 교류를 이유로 폰탈리스가 거절했을 때 사르트르는 그 모든 아이디어를 포기해야만 했다. 근본적으로 볼 때 무의식을 뒤지는 것은 아주 흥미로운 개념적인 해석에 해당하겠지만, 그러나 사르트르에게는 그렇게 절대적으로 필요한 것은 아니었다. 『에고의 초월』에서 그는 '성찰적 의식'과 '비-성찰적 의식' 등 두 가지 유형의 의식을 구별했다. 성찰적 의식은 인식의 대상을 즉각적으로 드러낼 수 있는 이미 '알고 있는 의식'에 해당한다. 그러나 비-성찰적 의식은 성찰행위에 부여되는 것이 아니다. 이렇게 말하는 것은 그것이 무의식이라는 것을 말하는 것이 아니다. 어느 특별한 순간에 비-성찰적으로 되는 것은 그 어떤 미래의 시간에도 결코 가능한 성찰로 될 수 없다는 점을 의미한다. 그것은 심리적인 것을 억압하는 영역도 아니고 깰 수 없는 '이드-셀(id-cell)' 내에 포함되어 있는 것도 아니다. 심리분석이론에서 어떤 유사한 점이 있다면, 비-성찰적 의식은 프로이트가 '선-의식'이라고 명명했던 것, 즉 '이드'와 '에고'의 수준에 잠재되어 있는 욕망과 관심에 비교될 수 있을 것이다. 여기에서 유사한 점은 몇 가지 계기, 사건 및 시간적 요인에서 비롯되는 의식적인 인식에 대해서 선-의식이 가능할 수도 있다는 점일 것이다. 그러나 여기에서조차도 선-의식은 종종 리비도적인 충동과 대상-카텍시스[cathexe, 심리적 에너지가 어떤 대상에게 집중하는 것]—선-의식으로 되는 것의 본질을 상당히 많이 제한하는—에 관계된다. 사르트르에게 있어서 비-성찰적 의식이 비-성찰되는 까닭은 그것이 의식적인 성찰행위에서 비-독단적으로 부여되기 때문이다. 하나의 내용이나 또는 '노에마틱 의미(noematic meaning)'는 성찰행위에 있어서 부여되는 것이지만, 그러나 현재의 경험과 가능한 경험을 가능하게 하는 자기-중심적인 주관성과 자유 역시 마찬가지로 그렇게 부여될 수 있다. 가능성에 대한 이와 같은 주관성과 전망적인 자유는 비-독단적으로, 비-위치적으로 부여될 수 있지만 그러나 동시에 성찰적 의식으로도 부여될 수 있다. 미래의 성찰행위에서는 자기-이해를 가능하게 할 수도 있다는 점에서 그것을 '잠정적'이라고 부를 수도 있을 것이다. 그러나 미래의 행위에서는 그 자체만의 비-성찰적 의식을 수반할 수밖에 없다.

『존재와 무』에 있어서, 사르트르의 용어에 해당하는 '선-성찰적 코기토'는 그것이 프로이트의 '선-의식'과 대등하다는 점을 강조하기도 한다(그것은 비-성찰적 의식에 대한 그 이전의 개념을 대체하기도 한다). '선-성찰적 코기토'는 다시 한 번 비-독단적으로 된다. 그러나 그것은 또한 '규명을 위한 존재자', 즉 무엇인가에 대한 의식 역시 그 자체의 의식으로 되는 의식, "자아 그 자체에 대한 바로 그 자아의 즉각적이고 비-인식적인 관계를 형성하게 된다."(*EN*, pp.16~23; *BN*, pp.9~17) 사르트르는 이러한 '선

-성찰적 코기토'를 "'의(of)' 의식"이라고 명명했다, 예를 들면, '계산의 의식'이라고 분명하게 명명했다. 괄호로 묶인 '의(of)'는 계산된 숫자에 대한 성찰적 의식이 인식적인 삶, 즉 그 자체를 계산하는 경험으로 되는 삶 그 자체를 그와 같이 드러내지 못한다는 점을 나타낸다. 사르트르가 이와 같은 인식적인 삶을 '무(無)'라고 명명했을 때, 그는 자신의 입장을 언제나 명확하게 조명했던 것이 아니다. 근본적으로 이 용어는 필자가 첫 번째 부분에서 이미 언급했던 바와 같이 그 자체의 투명하면서도 비-구체적인 특징만을 보여줄 수 있게 되었다. 그러나 프로이트의 '선-의식'은 심리분석 연구에서 합당한 영역에 해당하는 세 개가 한 짝으로 된 '구체적 자아'를 형성하게 되었다.

사르트르가 1975년 미셸 콘태트와 가진 자신의 대담에서, 그는 자신의 '선-성찰적 코기토'가 프로이트의 무의식과는 구별된다는 근본적인 태도를 거듭해서 강조했다.

> 말해질 수 없는 사물들, 나가 나 자신에게는 말할 수 있지만, 나로 하여금 그것들을 다른 사람들에게 말하도록 허락하지 않는 사물들, 그런 사물들이 있습니다. 모든 사람들처럼 나에게도 말해지기를 거부하는 어떤 회색지대가 있는 셈이지요.
>
> —그게 '무의식'인가요?
>
> —전혀 그렇지 않습니다. 나는 나가 알고 있는 것만을 말씀드리고 있을 뿐입니다.
>
> 언제나 말해지지 않은 작은 부분이 있게 마련이며, 그것은 말해지기를 원하지 않지만 그러나 알려지기를, 나 자신에 의해서 알려지기를 원하고 있습니다. 우리들은 모든 것을 말할 수는 없지요. 그 점에 대해서는 잘 알고 있잖아요. 그러나 나중에, 나가 세상을 떠난 후에 그리고 아마도 선생께서도 세상을 떠난 후에, 사람들이 자신들에 대해서 더 많은 것을 말하게 되고 그것이 중요한 변화를 야기할 수도 있을 것이라고 나는 생각합니다. 더 나아가 이러한 변화

는 진정한 혁명에 연결된다고 나는 생각합니다. —*Entretiens*, pp.143~144.

'선-성찰적 코기토'는 우리들이 말을 할 때 말해지기를 거부하지만 그러나 그것이 나의 지식에서 불가능한 영역으로 되는 것은 아니다. 실제로 누구나 자기 자신이 알고 있는 것을 언제나 말하는 것은 아니다. 인식적으로 경험할 수 있는 것, 그것을 성찰적 의식에 의해서 또는 화술에 의해서 분명하게 끌어낼 수는 없지만 그럼에도 그것은 언제나 거기에 있게 마련이다. 또 다른 시간에 서로 다른 관례로서 '지금'은 말해질 수 없는 것이 '다음'에는 다른 사람들에게 드러내 보일 수도 있을 것이다. 그러나 '혁명'은 우리들의 현재의 상호-작용의 방법으로부터 우리 자신을 보호하기 위해서 필요한 것이다. 그리고 바로 이러한 점에서 사르트르는 프로이트의 슈퍼에고로부터 그렇게 먼 거리에 있는 것이 아니며, 『문명과 그것의 불만족』에 따르면 바로 그 '슈퍼에고'는 모든 문화적 장애물, 제약 및 죄책감의 현현을 결정하게 된다. 우리들의 현재의 상호-작용의 방법은 우리들이 우리들 자신의 마음을 말하는 것을 허락하지 않는다. 이러한 입장은 후기의 사르트르의 대표적인 입장에 해당하는 것으로, 그는 사회적 상황이 경제적 관계와 상호-개인적 관계 모두의 '결핍'에 의해서 제약받게 되는 것으로 파악하고는 했다. 1943년에 언급된 '선-성찰적 코기토'는 시간적으로 볼 때 '지금 이 순간'의 사회적 제약으로 인해서 말해지지 않은 채 남아 있는 사상으로 충만 되어 있다. 일찍이 그것은 비-성찰되었기 때문에 말해지지 않았을 수도 있지만 그러나 그럼에도 경험에 의해서 알려지게 되었고 나타나게 되었다. 따라서 사르트르는 비교-가능한 무의식의 개념을 경험적인 개인에게 알려질 수도 없고 수용될 수도 없는 것으로 인정하기를 거부했다.

그럼에도 『존재와 무』에서의 사르트르의 연구계획은 그 자신이 '실존적 심리분석'이라고 명명했던 심리분석의 형식을 포함하고 있다. 그 자체의 본질은 분명한 것이었을 뿐만 아니라 상당히 많이 논의되기도 했던 것이다.[11] 환원-불가능한 선택의 필요성—근본적 프로젝트의 형식에 있어서 자유로운 통합에 해당하는—은 '실존적 심리분석'의 연구 대상이 된다. 그 자체의 목적은 "경험적 인간의 패턴을 판독하는 데 있으며…… 그것의 '출발점'은 '경험' 그 자체에 있다. 그것을 지지하는 축은 근본적이면서도 선-존재론적인 이해, 즉 인간이 개인적인 인간에 대해서 가지고 있는 이해 그 자체에 해당한다."(*EN*, p.656; *BN*, p.726; *EN*, p.657; *BN*, p.727) "출생에서부터 치료의 순간까지 주체의 삶을 재구성"하려고 시도하는 데 있어서 실존적 심리분석가는 주체의 선-성찰적 인식의 종합성을 특징짓는 독창적인 선택을 규명하고자 한다. 보들레르, 주네 및 플로베르의 여정(旅程)을 따라 그리고 자기 자신만의 초기 경험의 여정(旅程)을 따라 사르트르는 자신만의 심리분석을 실천하게 되었다.

또 다른 유형의 심리분석에 대해서 사르트르는 특별히 양면가치적인 입장을 유지하고는 했다. 『레탕모데른』 1969년 4월호에 「심리분석적인 대화」를 수록할 것인지 수록하지 말 것인지를 놓고 사르트르와 이 잡지의 두 명의 편집진들(J.-B. 퐁탈리스와 B. 팽고)의 사이에서 비롯된 대립은 이러한 양면가치적인 입장을 잘 보여준다. 문제가 되었던 바로 그 대화는 분석가와 그의 환자의 사이에 이루어진 테이프에 녹음된 이들의 만남에 대한 기록이었다. 여기에서 중요한 점은 환자가 테이프 녹음기를 가지고 와서 자신의 분석가를 역습했다는 점이다. 분석가는 자신의 환자의 질문과 주장에 반응하는 입장에 있다. 환자는 불안해했고 자신의 불안한 상황으로부터 벗어나기 위해서 소리치고는 했다. 퐁탈리스와 팽고는 이 텍스트의 출판을 반대했다(그리고 1년 뒤에 이들은 결과적으로 이 잡지사를 사직하게 되었다). 이 텍스트는 분석가가 자신의 권위로부터 추락하여 말로 싸우게 되는 그 자신의 범하기 쉬운 오류를 보여주고 있다. 퐁탈리스가 자신의 응답, 즉 출판된 응답에서 사르트르에게 제안했던 바와 같이, 이 텍스트는 연결되기는 하지만 격리된 상황주의, 즉 『출구 없음』과 『알토나의 유폐자들』 모두의 특징이 되는 '상황주의'와 유사한 것이다. 그것은 심리분석적인 교환의 놀이를 가능하게 했으며 그것은 또 녹음된 대화를 듣게 되는 독자들을 위해서 하나의 장관을 만들어 내기도 했다.[12] 이와 똑같은 전제로 인해서 팽고는 사르트르가 환자의 테이프의 기록을 출판함으로써 "심리분석의 실천과 그것이 바탕을 두고 있는 이론 모두를 비판하려 한다고 주장했다."("Psychoanalytic Dialogue", p.221)

사르트르가 일반적으로 심리분석에 대해서 비판적이라면 또는 적어도 그가 때로는 그것을 가볍게 취급하는 경향이 있다면, 라캉에 대한 그의 관계 역시 똑같은 성질에 해당하는 것인가? 이에 대한 대답은 대등한 것이어야만 한다. 한편으로 사르트르의 입장은 구조심리학자의 입장과 유사하게 되고, 다른 한편으로 그는 완벽한 언어의 지배와 함께 이러한 이슈를 자아에 대한 설명으로 취급하게 된다. 이러한 점에서 라캉에 대한 그의 비판은 소쉬르에 대한 그 자신의 이론적인 반응에 부합된다고 볼 수 있다.

긍정적인 측면으로 볼 때 사르트르는 주체가 '탈-중심된다'는 점에서 라캉에게 동의했지만 그러나 그는 이러한 점이 어떤 문제를 야기할 수 있는지를 확신하지는 않았다. 따라서 사르트르는 자신의 글을 특집으로 취급한 『아크(*L'Arc*)』지의 1966년 기념호에서 다음과 같이 언급했다.

> 소멸, 또는 라캉이 주체의 '탈-중심'이라고 명명한 것은 역사를 불신하는 것에 관계된다. 그 어떤 실천이 더 이상 없다면, 주체도 더 이상 있을 수 없게 될 것이다. 라캉과 그에게 동조하는 심리분석자들은 무엇을 말하는 것인가? 인간은 생각하지 않는다. 인간은 생각될 뿐이다. 이와 똑같이 몇몇 언어학자들에게 있어서도 인간은 말해질 수 있을 뿐이다. 이러한 과정에서 주체는 중심적인 입장을 차지하지 못하게 된다. 주체는 다른 사람들의 사이에서 하나의 요소에 해당할 뿐이다. 주체의 본질적인 특징은 '층위', 말하자면, 그것이 가능하게 되고 그것을 형성하게 되는 바로 그 '구조'에 있다.
>
> 이러한 아이디어는 프로이트에게서 비롯된 것이며, 그는 이미 모호한 위치를

주체에게 부여한 바 있다. '이드'와 '슈퍼에고'의 사이에 갇혀 있는 심리분석자의 주체는 소련과 미국의 사이에 있는 드골과 어느 정도 유사하다고 볼 수 있다. 에고는 그 자체에 실존을 가지고 있지 않다. 그것은 일종의 건설이고 그것의 역할은 순수하게 피동적으로 남아 있게 된다. 에고는 배우가 될 수는 없지만, 그러나 조응의 지점, 세력이 혼란을 겪게 되는 바로 그 위치에 있게 된다. 분석가는 자신의 환자에게 그 자신이 스스로 행동에 몰두하게 될 것을 요구하지 않는 동시에 그 자신의 자유로운 결합에 스스로 몰두하도록 내버려 둔다.[13]

프로이트가 환자에게 부여하는 피동적인 역할은 라캉에 의해서 언어에 있어서의 지칭망(指稱網)에 대한 명확한 표현으로 재-해석되었다. 이러한 점에서 사르트르가 지적한 바와 같이 주체는 말해지는 것이고 생각되는 것이다. 라캉에 따르면, 분석가가 자신의 환자를 취급할 수 있는 유일한 방법은 자아로 하여금 스스로 말하게 하도록 하는 데 있다. 여기서 의미하는 자아에는 '이드', '에고' 및 '슈퍼에고' 모두가 포함된다. 주체는 행동하기와 자기-해석에 의해서가 아니라 자신의 무의식, 자신이 알지 못하는 지칭된 경험의 징후—무엇인가를 분명하게 규명하는—에 의해서 의미작용을 야기하게 된다.[14] '글자', 환자의 말의 진정한 의미 등은 '기표의 망'에서 주장할 수는 있지만 그러나 그 어떤 분명한 요소도 충분한 의미 그 자체에 '있는 것'은 아니다.[15] 따라서 주체의 언어는 환자의 의미를 분석가가 자기 자신만의 방법으로 해석하게 되는 바탕이 된다. 주체가 말하는 것은 그 자신만의 의미의 핵심으로 될 수 없다는 점에서 주체는 '탈-중심된다.' 의식적 에고로서의 주체는 종합적인 구조 내에서 하나의 요소에 해당할 뿐이다. 그러한 구조는 전체 내에서 어떤 특별한 그 자체만의 경험의 우선권이나 지배를 부정하게 된다. 따라서 주체가 '탈-중심'될 때, 바로 그 주체의 경험은 체계를 통해서 분산되고 그 자체의 분산된 형식에 의해 해석되어야만 한다.

'탈-중심된 자아'의 지점에서 사르트르는 상당히 많이 라캉과 일치하게 된다. 또한 이들은 모두 주체가 자기-형성의 방법을 위해서 탈-중심되고 세계에서 행동하게 되는 중요성에 대해서 서로 반대되는 입장을 취하게 된다. 사르트르는 바로 이러한 지점을 다음과 같은 방법으로 확장시켰다.

> 잘 알다시피, 문제가 되는 것은 주체가 '탈-중심'된 것인지 또는 아닌지를 결정하는 문제에 있는 것이 아니다. 어떤 의미에서 주체는 언제나 탈-중심된다. '인간'은 실존하는 것이 아니다. 마르크스는 푸코나 라캉 이전에, 훨씬 이전에 '인간'을 거부했다. 그때 그는 "나는 인간을 보는 것이 아니다. 나는 노동자들, 부르주아들, 인텔리겐치아들만을 볼 뿐이다"라고 말했다.
>
> 우리들이 일종의 '나' 또는 중심적인 범주—어느 정도는 부여되었으며 거기에서부터 성찰이 발전하게 되는—의 보충으로서 주체에 대해서 말하기를 고집한다면, 그렇다면 주체는 오래전에 죽은 것이나 다름없다. 나는 후설에 관한 나의 첫 번째 에세이에서 이러한 개념을 스스로 비판한 바 있다. 그러나 인간으로 하여금 구조 그 자체의 배후로 사라지도록 강요하는 최초의 탈-중심은 부정성을 암시하게 되고, 인간은 이러한 부정으로부터 출현하게 된다. 말하자면 주어진 상황을 보전함으로써 바로 그 상황을 지양하고자 하는 시도가 있었던 순간부터 주체 또는 주관성이 있게 되었다. 진정한 문제는 이와 같은 지양을 취급해야만 한다는 점이다. 주체나 주관성이 어떻게 그 이전의 기반을 바탕으로 하여, 즉 내면화와 재-외면화의 지속적인 과정에 의해서 형성될 수 있는지를 우리들은 결정해야만 한다. —*Sartre répond*, pp.92~93.

『에고의 초월』에서 사르트르가 후설의 선험적 원천에 적용했던 인간의 본성과 자기-지양에 대한 그 자신의 긴 비판은 이제 '인간의 죽음'과 '탈-중심된 주체'에 대한 푸코와 라캉의 주장 모두를 위한 준비 작업으로 제공될 수 있었다.[16] 우리들은 사르트르의 입장이 구조주의적인 주장에 대한 가능성, 즉 개념상의 조건에 기여했다고 말할 수 있을 정도로까지 나아갈 수도 있다. 그러나 사르트르가 단지 '탈-중심된 주체'에게만 관계되는 것만은 아니다. 그에게 있어서 자아는 비록 초점이 되는 위치를 형성하지는 못하지만, 그러나 주관성은 그 자체를 스스로 지양하는 부정성에서부터 출현하게 된다. 자기-실현은 부정될 수밖에 없고 인간의 행동을 통해서는 아무것도 만들 수 없으며 따라서 바로 그 부정에서 자기-실현 그 자체를 재-확인할 수 있게 된다. 라캉과 함께 자아는 '에고-기반'으로서 부정되지만, 그러나 환자의 언어에 대한 분석가의 해석에서 자아 그 자체를 재-확인할 수 있게 된다. 이러한 차이는 우리들이 사르트르와 소쉬르의 사이를 살펴보았던 다양성을 생각나게 하기도 한다. 사르트르는 행동과 자기-지양으로 나아가고자 하고, 구조주의자는 '지칭망'을 통해서 언어적인 표현과 의미의 분산으로 나아가고자 한다.

그가 라캉의 견해에 대한 자신의 긍정적인 관계를 언급했던 대담을 한지 3년이 지난 후에, 「사상의 여정」이라는 제목의 또 다른 대담에서 사르트르는 자신이 지향하는 것과 라캉이 지향하는 것의 사이의 근본적인 차이를 다음과 같이 분명히 했다.

> 꿈의 이해는 꿈을 '언어'로, 즉 그 자체가 꿈꾸어진 것에 해당하는 바로 그 언어로 표현할 수 있을 때 발생하게 된다. 라캉은 무의식도 언어처럼 구조화된다고 주장한다. 나는 꿈을 표현하는 언어에는 바로 그 꿈의 구조가 있다고 말하고자 한다. 달리 말하면, 대부분의 경우 무의식의 이해에서는 결코 분명한 표현을 성취할 수 없다.17)

라캉은 언어를 자신의 모델로 삼았다. 따라서 그에게 있어서 무의식도 언어처럼 구조화된다. 꿈-경험 내에서의 치환과 압축에 대한 프로이트의 개념은 환유 및 은유와 관련지어 제시된다. 반대로 사르트르는 꿈-경험을 하나의 모델로 선택했다. 꿈의 이해에는 그 자체만의 표현의 방식이 있으며, 그것의 상당히 많은 부분을 전부 언급할 수는 없지만, 그러나 꿈을 꾼 사람은 그것을 '비유적'으로 경험할 수는 있다. 이해는 발생하게 되며 그것이 반드시 그것을 알고 있는 사람에게만 부여되는 것은 아니다. 사르트르는 이러한 '생생한 경험'을 사상에서의 새로운 발전이자 『존재와 무』—그 자체의 이성주의적인 의식의 철학과 함께—로부터의 출발이라고 생각했다. '생생한 경험'은 그것이 인간적인 경험의 종합성에 부여되었을 때 이해될 수 있는 것이다. 그것이 결코 무의식 영역의 심연에 숨겨져 있지 않다 하더라도 '생생한 경험'에는 비-독단적인 것이 포함되어 있다. 생생한 경험은 "자신에 대한 일종의 이해, 즉 명명될 수 없을 뿐만 아니라 끊임없이 자신으로부터도 도망치는 바로 그 이해에 해당한다."("Itinerary", p.41) 변증법적 과정으로서 생생한 경험은 하나의 종합화로부터 또 다른 종합화까지 우리들이 어떻게 그 자체를 인식하고 지속적으로 지양할 수 있는지를 특징짓게 된다.

『집안의 천치』에서 사르트르는 플로베르가 그 자신의 세계를 어떻게 형성하는지를 연구했다. 미셸 콘태트는 사르트르가 플로베르의 자아를 라캉의 '거울단계'—이 단계에서 개인은 자신의 사회적이고 가정적인 환경과 일치하게 된다—의 아이디어와 경쟁할 수 있는 것으로 파악했다고 제안했다. 더 나아가 그는 사르트르의 묘사가 플로베르에게는 특별한 것인 반면, 라캉은 보편적인 조건을 취급했다고 제안하기도 했다. 사르트르는 이와 같은 후자의 주장을 거부했으며, 문제가 되는 입장에 대한 자신의 그 이전의 설명을 재-확인하고는 했다.

> 나는 개인의 형성을 플로베르에게만 특별한 것으로 제시한 것이 아니다. 실제로 그것은 우리들 모두에게 적용될 수 있는 것이다. 형성은 나가 '형성된 존재자'라고 명명하는 것에서 비롯된 역할, 기대된 행동에 의해서 일개인을 창조하는 데 있다. 달리 말하면, 개인의 형성과 개인화를 제시함으로써, 즉 가족구조에 의한 추상적인 조건의 구체적 측면을 향해서 이와 같이 지양함으로

써, 나가 플로베르에 대해서 언급한 것은 모든 사람들에게도 적용되어야만 하는 것이다. 분명히 비-현실적인 요소는 플로베르에게서 전체적으로 종합된다. 플로베르와 어느 누군가—그런 사람에게 있어서 상상적인 요소들은 분명하게 나타날 수 없다—의 사이의 차이는 플로베르가 종합적으로 상상적으로 되기를 원했다는 데 있다.

여러분은 나가 자아를 어떻게 고려하고 있는지를 알고 있으며, 이러한 점에 대해서 나는 변화되지 않았다. 자아는 우리들 앞에 있는 하나의 대상이다. 즉, 자아는 그것이 성찰적인 의식을 통합할 때 성찰행위에 출현할 수 있게 된다. 따라서 나가 자아라고 명명하는 축은 초월적인 자아이자 이와 유사한 대상에 해당한다. 플로베르는 자신의 자아가 상상적으로 될 수 있기를 원했다. —*Entretiens*, p.100.

플로베르는 상상적인 대상으로서의 자신을 자기 자신에게 제시했다. 이런 식으로 그는 시적 허구의 특별한 세계로 돌아설 수 있게 되었다. 플로베르에게 있어서 그 자신의 사회적이고 가족적인 관계를 경험하게 되는 그 자신만의 태도에 해당했던 것—그것은 상상적으로 생생하게 경험했던 것이다. 라캉에게 있어서 '거울단계' 아이디어는 어린이가 거울에서 자신의 이미지를 형성하거나 조정하려고 노력하는 데서 비롯되는 것이며, 그것은 '자아'와 그것의 '이미지'를 일치시킨다. 사르트르의 용어에서 우리들 모두는 우리들 자신이 거울에 형성된 것처럼 보게 되지만, 그러나 그러한 객관화를 하나의 이미지로, 더 나아가 상상적인 대상으로 특별하게 정의하는 것은 플로베르의 '선-위기 상황'에서는 특이한 것에 해당한다. 라캉과 함께 하나의 대상은 어린이로 하여금 그것을 발견하게 하고 그것을 자기 자신의 이미지와 일치시키도록 하기 위해서 '지칭망(指稱網)'으로부터 부재되어야만 한다. 반대로 사르트르와 함께 지칭하는 의식은 그 자체의 부재에서 나타나야만 하며, 투사된 자아는 '나의 의식'—이해, 생생한 경험, 종합화, 성찰적이고 선-성찰적인 의식을 통해서 언제나 드러나게 되기 때문에 발견할 수 없는—을 위해서 거기에 있어야만 한다.

사르트르가 무의식에 상당히 근접할 정도로 이동하기는 했지만, 그의 전망에서 무의식은 빠져 있다. '지칭망'의 무의식의 영역을 분명하게 하는 것은 바로 그 책임을 언어에게 부여하는 데 있다. 언어는 모든 것을 드러낼 수 있으며 숨겨진 것(구두점에 의해서 그리고 화술에서의 간격에 의해서 종종 제시되는 바와 같이)까지도 드러낼 수 있다. 사르트르에게 있어서 의식, 존재자-대자, 실천, 이해, 생생한 경험만이 자기-표현과 자기-이해를 적극적으로 야기할 수 있다. 언어는 세계를 경험하는 이와 같은 여러 가지 방법들 중의 한 가지 형식에 해당할 뿐이다. 사르트르와 함께 의미작용은 언어를 뛰어넘어 일반적으로 인간의 경험으로까지 확장될 수 있게 되었다.

2. 사르트르와 레비스트로스

사르트르가 소쉬르 및 라캉과 전개했던 논쟁이 주로 암시적인 반면, 레비스트로스와의 만남은 주로 분명한 것이다. 이러한 점은 또한 우리들로 하여금 사르트르의 후기의 쓰기에서 성행했던 마르크스주의적인 관점에 좀 더 가까워지도록 유도하는 영역에 해당하기도 한다. 『변증법적 이성비판』은 1960년 처음으로 완간되었다. 레비스트로스는 바로 1년 뒤인 1961년 자신의 『야생의 사고』에서 사르트르의 변증법에 대한 그 자신만의 비판을 하게 되었다. 이들의 두 가지 입장들의 사이의 구체적인 관계는 클라우스 하트만, 로렌스 로젠, 장 푸이용 및 리오넬 아벨의 연구를 포함하는 몇몇 연구들에서 심도 있게 취급된 바 있다.[18] 필자는 이들의 전철을 밟지는 않을 것이다. 오히려 필자는 사르트르에게 있어서 통시적 방법이 공시적 방법보다 우선한다는 점 — 레비스트로스에 의해서 반전된 관점 — 을 제시함으로써, 사르트르가 언급했던 몇 가지 특별한 논평들에 역점을 두고자 한다. 이런 식으로 사르트르가 '구조화된 질서', 즉 역사를 그 자체의 공시적 노력에 종속시키는 질서를 능가하는 경험에 비추어 인간의 역사의 이동을 어떻게 확신하게 되었는지를 분명하게 할 수 있을 것이다.

1966년 2월의 대담에서 사르트르가 인류학을 철학에 대조시켜 일반적으로 언급하기는 했지만, '통시적 / 공시적' 관계에 대한 그 자신의 분석에서 그의 가장 직접적인 설명은 같은 해에 발간된 『아크(L'Arc)』지의 대담에서 찾아볼 수 있다. 그는 다음과 같은 네 가지 관점들을 분명하게 했다. ① 구조적인 연구는 변증법적인 추구와는 다른 것이다, ② 구조의 체계는 이미 형성되어 있으며 따라서 역사는 순수하게 피동적으로 출현하게 된다, ③ 역사는 질서정연한 형식에 해당하는 것이 아니라 이성적으로 무질서한 형식에 해당하는 것이다, ④ 구조는 '실천적 타성태'이며 인간적인 실천을 통해서 지양되어야만 한다. 필자는 사르트르의 이러한 관점을 레비스트로스의 입장과 관련지어 차례로 살펴보고자 한다.

사르트르에 따르면, 사회는 근본적으로 역사적인 순간과 진화에 의해서 특징지어진다. 사회는 변화할 수밖에 없다. 사회는 또한 연속성, 그룹 및 희소성의 조건을 수립함으로써(그리고 재-수립함으로써), 개인의 삶을 변화시킨다. 역사적 사회에 있어서의 개인에 대한 합당한 연구는 변증법적이어야만 한다.

역사적 사회에 대한 구조연구에서는 그러한 연구가 실제로 처한 상황에 대한 역동적인 측면을 강화하기도 하고 무시하기도 한다. "가장 구식의 사회, 그 모습이 가장 변화하지 않는 사회 — 레비스트로스가 '차가운' 사회라고 명명한 바 있는 사회 — 라 하더라도 거기에는 역사가 있게 마련이다. 그러한 사회는 '뜨거운' 사회보다 더 오랜 성숙의 기간이 필요하다. 즉, 구조주의적인 관점에서 보면, 비-변증법적인 사회,

바로 그것의 진화를 설명하는 것은 불가능한 것일 수도 있다."(*Sartre répond*, p.90) 구조연구는 형식적인 것이다. 그것은 하나의 구조해석에서부터 다른 해석까지 변용될 수 있는 다양하지 못한 일련의 관계를 연대순과는 관계없이 연구한다. 하나의 부족사회에 있어서의 친족관계에서는 그 자체 내에 다른 부족사회에 있어서의 친족관계의 변용이 나타날 수도 있다. 이와 똑같이 어느 한 순간에 그 자체의 양면적인 관계, 즉 혈연관계에 대한 과소평가와 과대평가 및 인간의 토착적인 기원에 대한 부정과 긍정의 관계를 가지고 있는 오이디푸스 신화는 다른 순간에도 그러한 관계를 반복할 수 있다. 그러나 공시적으로 볼 때, 어느 순간도, 그것이 한 순간이든 다른 순간이든 상관없이, 다른 순간에 대해서 그 어떤 우선권을 가지고 있는 것은 아니다. 구조는 다양하지 못한 것이고 언제든 원상태로 환원될 수 있는 것이다.

그러나 '역사'—그것이 특별한 부족에게 있어서의 친족관계의 역사, 신화의 발전의 역사, 자본주의 사회에서의 경제발전의 역사, 또는 개념상의 제도에서의 지속적인 변화의 역사라 하더라도—는 다양한 것이고 원상태로 환원될 수 없는 것이다. 통시적인 접근에서는 어느 한 시기, 시대 또는 순간에서부터 다른 시기, 시대 또는 순간까지의 차이만을 드러낼 수 있을 뿐이다. 이처럼 통시적인 접근은 본질적으로 사르트르가 '변증법적 이성'이라고 명명한 것에 해당한다. 단 하나의 지칭하는 차이만이 있을 뿐이다. 역사적인 인물이나 시대를 연구할 때, 사르트르는 '전진적-역행적' 방법을 소개했으며, 그러한 방법을 그는 자신의 『방법의 탐구』에서 개관한 바 있다. 인간적인 실천을 통해서 하나의 목표로 향하는 교차-참고 및 관계의 체계를 연구함으로써, 그리고 바로 그 목표를 사회적인 분야 내에서 가능하도록 하는 원래의 조건을 재-추적함으로써, '전진적-역행적' 방법은 구조주의자의 공시적 방법처럼 그 자체를 반전시킬 수 있다. '전진적-역행적' 방법은 변증법적 이성에 근거하기 때문에, 우리들은 변증법적 이성이 가역성(可逆性)을 가능하게 한다고 말할 수도 있다. 그러나 그러한 가역성은 방법에 바탕을 두고 있는 것이지 종합화의 실제 순간에 바탕을 두고 있는 것은 아니다. 그것은 가역-불가능하고 비-방향적인 채 남아 있게 된다. 그러나 레비스트로스에게 관계되는 '가역성'은 사회구조 그 자체 내에서 잠정적으로 형성될 수 있는 것이다. 그리고 레비스트로스가 옳다면, 이와 같은 구조는 사회 그 자체에도 나타나게 된다. 따라서 그에게 있어서 가역성은 하나의 방법에 해당할 뿐만 아니라 현상 그 자체에도 해당한다. 실제로 이러한 점은 그가 왜 사르트르의 『변증법적 이성비판』을 공격했는지, 특히 자신의 『야생의 사고』의 마지막 장(章)—「역사와 변증법」이라고 제목을 붙인—에서 공격했는지에 대한 이유가 된다.[19] 레비스트로스는 '분석적 이성'과 '변증법적 이성'의 사이에서 그 어떤 차이도 찾아볼 수 없었다. 구조-인류학자가 보기에 사회적인 영역 내에 있는 요소들의 모색에는 두 가지 유형의 '이성' 모두가 포함된다. '변증법적 이성'(그것을 레비스트로스는 '통시적 이성'으로 해석했다)은 '분석적 이성'(즉, 공시적 연구)의 도움으로 충분하게 이해될 수 있는 것이다. 레비스트로스에 의하면, '변증법의 발견'은 분석적 이성으로 하여금 변증법적 이성으로 되돌아갈 것을 요구했다. 되돌아가지 않고서도 분석적 이성(공시적 연구)은 순수한 체계, 즉 자체적으로 회전하는 체계로 될 수 있지만, 그러나 "변증법적 이성은 그 자체를 설명할 수도 없고 분석적 이성을 설명할 수도 없다"(*Savage Mind*, p.25)고 레비스트로는 논박했다. 실제로 그는 구조연구는 중복적인 방법에 있어서 '전진적-역행적'이라고 주장했다. 그러한 연구는 현재의 경험의 자료를 분석하고 그 자체의 역사적인 '선행사건(先行事件)'을 파악하려고 노력할 뿐만 아니라 그것은 또한 분석적 이성을 추구하는 분야를 수립함으로써, 그리고 변증법적 이성에 의해서 이해된 바와 같이 역사의 움직임에 있어서 그 자체의 적용-가능성으로 되돌아감으로써, 첫 번째 움직임 그 자체를 반복하기도 한다.

그러나 사르트르는 그 자신만의 방법에 관계되는 이와 같이 진일보한 방법에 동의하지 않았다. 그리고 이것이 바로 "구조의 체계는 이미 형성되어 있으며 따라서 역사는 순수하게 피동적으로 출현한다"는 그의 두 번째 요점에 해당한다. 체계를 연구하는 데 있어서 연구자는 어떤 구조가 이미 거기에 있는 것이라고 전제한다. 따라서 구조주의자가 신화에 대해서 특별한 관심을 가지게 되는 까닭은 신화는 이미 분명하게 되었을 뿐만 아니라 순순한 연구대상으로 작용하기 때문이다. 연구자는 신화의 역할을 "한 사회의 생명을 위협하는 불합리하거나 불쾌한 요소들을 통합하는 것"(*Sartre répond*, p.90)으로 무시하게 된다. 구조-인류학자는 인간의 행위에 의해서 형성된 것으로서의 신화에만 오로지 관심을 갖는 것은 아니다. 그는 신화의 생산물에도 관심을 갖는다. 신화에서, 친족관계에서, 사회적 제약에 있어서 지식의 생산은 '생산된 것'에 역점을 두지만, 생산자와 그 자신의 활동은 구조연구의 합당한 영역 바깥에 놓이게 된다.

이와 똑같이 그것을 역사로까지 확장시킬 때, 역동적인 변화의 과정은 피동적으로 된다. 역사는 연구를 위해서 개방된 채로 남아 있지만, 연구자는 자신의 바로 그 눈앞에서 발생하는 지양을 관찰할 수 없다. 왜냐하면 그는 공시적 해석에만 전념하기 때문이다. "구조가 역사와 함께 그 자체의 죽음에 대한 원래의 세균을 가지고 있든 또는 외적인 어떤 사건이 역사를 말살시키든, 역사는 순수하게 피동적인 현상으로 출현하게 된다."(*Sartre répond*, p.90) 어느 경우든 역사는 그것을 만드는 사람들과는 다른 별도의 조건의 영향을 받게 된다. 이러한 점에서, 역사는 역사 그 자체에 대해서 내적 조건이나 또는 외적 조건에 단순하게 반응하지만, 그러나 역사 그 자체에 대해서 생명을 부여하는 바로 그 인간의 실천이 없이 반응하게 된다. 이러한 설명에 대한 레비스트로스의 반응은 사르트르 자신이 역사를 하나의 신화로 만들었다는 점에 있다. 사르트르가 그린 '그림'은 역사를 만드는 사람들 중의 하나에 해당하는 것이자 그러한 사람들의 삶에 그 자체를 현현시키는 역사에 해당하는 것이다.(*Savage Mind*, p.254) 그러나 이러한 점이 사실이라면, 그렇다면 레비스트로는 논쟁의 책임을 사르트르에게 되돌려준 셈이다. 역사적 행위에 대한 사르트르의 제안은 구조주의적 분석을 기다리고 있는 공시적 체계로 전환되어 버렸다. 전념은 신화로 되었다. 그러나 그렇다면 모든 철학적 입장은 객관화가 가능한 체계에 따라서 수립될 수 있는 것이다. 구조주의의 견해와 실증주의의 방향을 구별하는 것은 구조나 또는 체계가 중재기능에 해당하는 것이지 실체에 해당하는 것이 아니라는 점에 있다. 레비스트로스에게 있어서 신화는 사회적인 사실이 아니다. 그것은 구조화된 지식의 형식이다. 그렇지만 사르트르에 따르면 역사가 그러한 유형이 아닌 까닭은 역사에는 질서가 없기 때문이다.

이성적 무질서로서의 역사에 대한 견해는 필자의 세 번째 요점에 해당한다. 사르트르는 역사가 질서로 사유된 구조의 형식이라는 점을 거부했다. 따라서 역사가 공시적 연구에서 가능한 하나의 신화가 될 수 없는 까닭은 신화는 인간의 경험에 대한 질서화 된 설명에 해당하기 때문이다. 이렇게 말하는 것은 구조가 실존한다는 점을 의미하는 것도 아니고 구조의 메커니즘이 연구될 수 없는 것이라는 점을 의미하는 것도 아니다. 그것은 이미 수립된 어떤 역사적 구조가 이미 재-조직화의 과정에 있다는 점, 따라서 결코 고정된 것이 아니라는 점을 의미할 뿐이다. 따라서 사르트르는 "구조는 '실천적 타성태'의 순간에 있다"(*Sartre répond*, p.90)고 주장했으며, 바로 이러한 점이 필자의 네 번째 요점에 해당한다. 그 자체가 '존재자-즉자'와 대등하지만 그러나 사회화된 '존재자-즉자'와 유사한 '실천적 타성태'에는 인간적인 실천의 삶이 결핍되어 있다('존재자-대자'의 적극적인 자유). 그룹과 계층에서 활동하는 개인들은 역사를 창조하게 된다. 구조에는 이와 같은 적극적인 요소가 없다. 구조의 질서는 창조적인 무질서를 위해서 추상화된다.

이러한 점은 콘태트와 리발카가 출판한 1966년의 출판물에 수록된 자신의 「결정과 자유」에서 사르트르가 다음과 같이 언급한 바와 같다.

> 구조주의의 편에서 보면 역사는 체계의 내적 산물에 해당한다. 구조화된 사회가 있는 만큼 그만큼의 역사가 있다. 각각의 사회는 그 자체만의 시간성을 생산하기 마련이다. 전진은 질서의 발전에 해당한다. 이러한 역사적 다원성은 움직임으로서의 역사를 구조적 질서에 종속시키고자 한다.[20]

다시 한 번 우리들은 공시적 방법이 '측정의 기준'으로 되는 반면 역사는 '측정되는 것'이라는 점을 알 수 있다. 그러나 사르트르는 그 반대가 필요하다는 점, 통시적 방법이 참고와 회귀의 출발점이어야만 한다는 점을 확신하고는 했다. 역사는 그것을 형성하는 구조보다 더 의미있는 것이어야만 한다. 역사는 '질서의 발전'으로 환원될 수 있는 것이 아니다. 무질서가 그 자체의 방법을 특징짓는 까닭은 역사가 실천을 통해서 이루어지기 때문이다. 유일한 '실천적 타성태'는 객관적인 구조로 취급될 수 있거나 질서에 의해 사유된 구조로 취급될 수 있을 뿐이다. '실천적 타성태'로서의 구조는 인간의 실천을 통해 지양되어야만 한다. 왜냐하면 역사주의자들이 주장하는 바와 같이, 인간은 역사의 움직임에서 상실될 수 있는 것이 아니기 때문이다. 이와 반대로 인간은 "자신이 지양하고자 하는 바로 그 구조의 산물에 해당한다."(*Sartre répond*, pp.90~91) 인간은 역사에 참여하기 때문에, 그는 역사의 움직임으로부터 자신의 행동을 분리시킬 수 없게 된다. 인간이 무력한 구조를 수용하는 것은 구조를 뛰어넘으려는, 자신의 의식적인 삶에서 구조를 드러내려는, 그리고 그 자신만의 행동에 의해서 구조에 의미를 부여하려는 그 자신만의 방법으로 된다.

결론

여기에서 사르트르의 모든 활동을 구조주의적인 것으로 불합리하게 꼬리표를 붙인 그의 입장과 재-해석을 설명하는 것은 분명히 가능한 것이 아니다. 하지만 그저 몇 사람만을 거론한다면 푸코, 바르트, 알튀세, 로브-그리예 및 피아제 등에 대한 사르트르의 개념적인 관계를 꼼꼼하게 살펴보는 것은 분명히 적절한 것이다.[21] 필자는 언어적이고 심리-분석적이고 인류학적인 해석의 몇 가지 측면들만을 개관했을 뿐이다. '기표/기의(말/개념)'의 관계를 '지칭하는-의식/대상-지칭된'의 관계로 전환하는 것은 인간의 경험 내에서의 의미작용을 분명하게 할 수 있는 길을 포장하여 탄탄하게 할 수 있을 것이다. 의미작용이나 또는 의미가 모호하지만 생생한 '종합성'으로 될 수 있기 때문에, 심리-분석적인 무의식은 필요 없을 수도 있다. 사르트르의 비-성찰적 의식이나 선-성찰적 '코기토'는 성찰적 의식과 함께 인간의 생생한 경험을 형성할 수도 있을 것이다. 라캉이 제안했던 바와 같이, 이러한 경험은 언어와 지칭망(指稱網)에 의해서 구조화될 수 있는 것이 아니다. 또한 사회적인 상황 내의 실천을 통해서 그 자체의 삶을 부여받게 되는 이와 같은 경험은 신화나 또는 구조로 재-형성될 수 있는 것도 아니다. 통시적 방법은 선도적으로 성행해야만 하고 공시적 방법은 그 뒤를 따라야만 한다.

이와는 반대로 레비스트로스의 그럴듯한 주장은 자기-지양의 가능성, 즉 사르트르가 그렇게도 믿었던 바와 같이 개인적인 영역이든 콘텍스트적인 영역이든 인간의 경험에서 근본적인 가능성을 그저 부정하는 것으로 될 것이다. 구조적인 지식은 '인간의 활동'—구조주의 활동을 포함하여—에 의해 생산되는 것이다.[22]

제12장

전기적(傳記的) 상황, 인지구조 및 인간의 발달

사르트르 / 피아제

보들레르, 주네 및 플로베르에 대한 전기-중심적인 설명, 루시앙 플리에르, 앙투안 로캉탱 및 프란츠 폰 게를라흐에 대한 소설-중심적인 연구, 그리고 『말』 및 그 이후의 '대담'과 어떤 특별한 사안에 대한 '강조' 등에 대한 자서전-중심적인 성찰 등은 모두 인간의 발달을 중심으로 하는 사르트르의 발전적 묘사에 관계된다. 피아제의 발생학적 인식론이 그 자체의 이론과 방법론에 있어서 사르트르의 지속적인 자의식으로서의 아동의 개념과 상당히 다른 것이라 하더라도, 그럼에도 피아제의 인식론은 인간의 성장과 발달을 이해할 수 있는 기틀을 제공해준다. 사르트르가 '자기-초월'을 설명하는 곳에서 피아제는 '인지모델'을 설명한다. 사르트르가 근본적인 프로젝트와 관련지어 의식의 범주와 인간의 실천을 탐색하는 곳에서 피아제는 자신의 네 가지 인지단계들에 대한 구조이론을 수립하고 있다. 사르트르는 상황의 콘텍스트를 언급하지만 피아제는 환경에 대한 동화와 협상을 강조한다. 방법론적으로 볼 때 사르트르는 실존적 심리분석을 바탕으로 하는 묘사를 선택하는 한편 다른 한편으로는 전진적-역행적 접근을 선택한다. 이와는 대조적으로 피아제는 인지구조와 관련지어 특수임무의 수행을 관찰한다. 이와 같은 대립적인 분석을 통해서 살펴보는 데 있어서, 필자는 콘텍스트적인 관점과 구조적인 관점 모두를 설명하는 인간의 발달이론을 위한 바탕을 제시하고자 한다.

① 자기-초월 / 인지발달. 사르트르는 자신의 가장 초기의 저서 중의 하나에 해당하는 『에고의 초월』에서 자기-초월을 어떻게 구상할 것인지를 수립하게 되었다. 이 저서에서 사르트르는 에드문트 후설의 선험적 에고의 개념을 비판하는 데 관심을 기울였다. 사르트르는 후설이 '의도적인 것(세계 내의 대상으로 향하는)'이라고 정확하게 설명한 바 있는 바로 그 '의식'이 사실은 어떤 선험적 지식의 원천을 가지고 있기라도 한 것처럼 그 특징을 부여했지만 그러한 특징은 정확하지 못하다는 점을 지적했다. 태어날 때부터 각 개인은 직접적으로 그리고 실존적으로 세계를 경험하게 된다. 의식은 지식의 대상을 포장하여 감싸버리게 된다. 의식의 무력화 기능에 의해서만 그러한 대상은 그것을 알고 있는 사람들과는 다른 하나의 정체성을 가질 수 있게 된다. 『존재와 무』에서 사르트르가 지적했던 바와 같이, 의식이 그 자체의 대상으로 선택하게 되는 것은 그것이 무엇이든 '존재자-즉자'에 해당한다. 이러한 대상에는 장 주네의 양부모의 집에 있는 은제품그릇, 앙투안 로캉탱을 위한 마르키스 드 롤르봉의 초상화 또는 『어느 지도자의 유년기』의 마지막 부분에서 거울에 반영된 콧수염이 없는 루시앙 플리에르의 얼굴 등이 포함될 뿐만 아니라 보들레르가 자기 자신에게 하나의 반영으로 제시하고는 했던 그 자신의 자아까지도 포함된다. 어떤 대상이든 그것은 의식을 위한 '즉자'에 해당하지만 그러나 의식은 그 자체 내에 의식을 위한 하나의 '초월적 에고'를 가질 수가 없다. 의식은 전적으로 '대자'로 남아 있어야만 하는 것이지 그 자체가 아닌 그 어떤 다른 의식을 위해서 남아 있어서는 안 되는 것이다. 따라서 의식 그 자체는 결코 '즉자'로 될 수가 없다. '대자'로서의 이러한 의식

은 비-반영적인 것 또는 선(先)-반영성에 대한 그 자체의 조건을 유지하게 되지만, 의식이 그 자체만의 의도적인 행동으로 '대자'에 관여하려고 시도하지 않는 한, 그러한 조건은 그만큼 더 오랫동안 유지될 수밖에 없을 것이다. 루시앙 플리에르가 자기 자신을 소년을 상대로 하는 남색자(男色者)로 또는 장래의 공장 보스로 생각했고, 일찍이 보들레르가 자기 자신이 다른 사람이라도 되는 것처럼 자신을 나타내려고 노력했고, 일찍이 위고가 『더러운 손』에서 자기 자신을 줄리앙 소렐과 라스콜리니코프라고 명명했던 것 — 이 모든 것들에서 '반영하는 자아'는 '반영된 자아'와 일치하는 것이 아니다. 반영된 자아는 존재론적으로 '즉자'에 해당하며 그 자체가 '대자'이자 내용이 없는(초월적 에고가 없는) 바로 그 '의식' 자체의 충분한 자유에 의해서 그 특징을 부여받게 되는 것이 아니다. 개인이 자신의 '에고'라고 지명할 수 있는 에고가 무엇이든, 그것은 초월적 에고에 해당하든가 또는 다른 대상과 마찬가지로 '세계에 있는' 하나의 대상에 해당한다.

사르트르에게 있어서, 의식의 발달에는 지속적인 변화도 포함된다. 자아는 새로운 정체성을 지향하는 상응운동에 의해서 그 자체를 지속적으로 초월할 수 있게 된다. 예를 들면, 루시앙 플리에르의 경우를 고려해보자. 그를 사랑하고 그를 학교에 보내고 그가 성장해서 그의 아버지의 공장을 이어받기를 기대하는 부모의 아들로서 루시앙은 세상에 태어나게 된다. 그것은 마치 그의 세계가 그 자신을 위해서 미리 결정된 것처럼 보이기도 한다. 그러나 사르트르에 따르면 그 어떤 삶도 미리 결정되는 삶은 없다. 각각의 의식은 지속적으로 새로운 자아를 형성하기 위해서 그것이 당면하게 되는 각각의 대상을 무력하게 만들어야만 한다. 무력화는 전멸화가 아니다. 무력화에는 하나의 대상을 하나의 대상으로, 즉 하나의 '즉자'로 인정하는 것이 포함된다. 이러한 점에서 초월적 대상으로 충만 되어 있는 과거를 떠남으로써, 자아는 새로운 객관성으로 향하는 그 자체의 발달에 있어서 어떤 특별한 객관성을 초월할 수 있게 된다. 루시앙은 어린 소녀로서의(그의 어머니가 부여한), 커다란 키다리로서의(학교 화장실 벽에 쓰인 낙서가 부여한), 오이디푸스 콤플렉스를 가진 그 누구로서의(그의 친구 베를리악이 부여한), 남색자로서의(아킬레 베르제가 루시앙을 자신의 침대로 데려갔을 때에 그가 부여한), 그리고 반유태주의적인 원초적 파시스트로서의(그의 동급생들이 부여한) 자기 자신에 대한 인식을 극복해야만 한다. 사르트르적인 발달에 있어서의 이와 같이 변화무쌍한 특징들에는 자아가 초월적 에고들을 뒤에 남겨둠으로써, 새로운 정체성을 향해 자아 그 자체를 지양하려는 지속적인 과정이 포함된다.

사르트르의 이론에서 우리들은 발전을 위해 미리 수립해 놓은 그 어떤 범위에 대한 근거를 발견할 수가 없다. 하지만 사르트르가 자신의 경우를 포함하여 연구했던 실제상의 각각의 경우에서 그는 '역할놀이'의 개념을 강조하고는 했다. 루시앙 플리에르는 어린 소녀의 역할을 하고 있으며 그런 다음에는 고아의 역할을 한다. 위고는 암살범이 되는 역할을 한다. 심지어 사르트르는 자기 자신을 영화에서 영웅의 역할을 하고 있는 어린이로 묘사하기도 하며, 곧이어 다음과 같이 설명했다. "나는 나 자신을 발견하기 시작하게 되었다. 나는 거의 아무것도 아니었고, 기껏해야 내용이 없는 행동에 지나지 않았지만 그러나 그것이 필요했던 모든 것이었다. 나는 역할놀이로부터 빠져나오고 있었다. 나는 아직 일하고 있지는 않지만 그러나 나는 역할놀이를 끝내버렸다. 거짓말쟁이는 자신의 교묘한 거짓말에서 자신의 진실을 발견하게 되었다. 나는 쓰기로 태어났다. 그 이전에는 거울놀이만이 있었다."[1] 사르트르의 이론을 적용한다면, 누구나 역할놀이에서 빠져나올 수 있을 것이고 그것을 미래의 발전에서 지양하게 되는 반영의 대상으로 전환시킬 수도 있을 것이다. 그리고 각 개인은 어른이 되어 이와 같은 역할놀이로 되돌아올 수도 있겠지만(위고의 경우처럼), 그것은 아동이 자신의 정체성을 신중하게 선택하게 되는 바로 그 지점으로 이동할 수 있을 때까지 유년기의 경험에 스며들게 된다.

자신의 전기-중심적인 인물들이 역할놀이로부터 벗어나게 되는 특별한 나이에 대해서 사르트르는 상당히 모호한 태도를 취하기는 했지만, 그것은 피아제가 '에고중심주의'의 상실이라고 설명했던 것과 대략적으로 일치한다. '에고중심주의'는 아동이 자신만의 관점에 의해서 세계 내에 있는 대상을 인지하게 되는 현상을 의미한다. 따라서 아동은 자신의 여자 친구에게 책의 뒷면만을 보여줌으로써 그 책에 있는 어떤 동물의 그림을 지적하게 된다. 에고중심의 아동이 자신만의 관점에 의해서만 사물을 보는 것과 똑같이, 역할놀이를 하고 있는 아동도 자아-정체성이 자신을 위해서 그리고 다른 사람들을 위해서 마련된 일종의 역할에 해당할 뿐이라는 점을 아직은 깨닫지 못하게 된다.

피아제에게 있어서, 인지는 아동이 발달을 통해서 세계에 연결되는 보편적인 방법의 특징에 해당한다('에고중심주의'의 기간 동안 및 그 이후부터). 사르트르는 각 개인은 그가 의식적일 때마다 언제나 무엇인가를 의식하게 된다는 점을 주장하고는 했지만(반영적으로 또는 선-반영적으로), 피아제는 각 개인은 현실과 일치하는 것을 배우게 될 때, 인지의 어떤 형식을 적용하게 된다는 점을 지적했다. 따라서 피아제는 다음과 같이 언급했다.

> 아동에게 있어서 인지는 새로운 문제의 해결, 즉각적인 방법으로는 접근할 수 없는 어떤 목적에 도달하기 위한 방법들의 상호-협조에 해당한다. 반면에 생각은 내면화된 인지, 더 이상 직접적인 행위에 바탕을 두는 것이 아니라 일종의 상징주의, 즉 화술에 의한, 정신적 그림에 의한 상징적 환기에 바탕을 두는 바로 그 인지에 해당할 뿐만 아니라 '감각운동인지'가 직접적으로 파악하게 되는 것을 나타낼 수 있도록 하는 또 다른 방법에 해당한다.[2)]

생각은 좀 더 특수한 것이며 그것은 직접적인 행동에 의존하기보다는 상징주의에 의존하기 때문에, 그것은 사르트르가 '반영의식'이라고 명명한 것에 가장 합당하게 부합될 수 있다. 선-반영의식(또는 비-독단적

자의식)처럼 인지도 각 개인이 세계에 관계되는 보편적 범주에 해당한다. 사르트르에게 있어서 무엇인가에 대한 반영의식은 그것이 무엇이든 모두 동시적으로 그 자체에 대한 선-반영의식에 해당하며 피아제에게 있어서 모든 생각은 인지를 전제로 한다.

피아제에게 있어서 인지는 발생학의 개념으로 사용된다. 피아제는 아동이 발달하는 것으로 생각했다. 이러한 개념은 피아제가 계통적 유형이나 또는 집단적 유형에 반대되는 유형으로서 '유기적 유형이거나 또는 개인적 유형'이라고 명명했던 발달의 유형에 해당한다. 사르트르의 '실존하는 자아'의 개념과 대등한 '개체발생(또는 유기적-개인적 발달)'은 종족이 진화한 이후에 유형화될 수 있지만 그러나 유형화된 이후에도 그 자체의 차별적이고 종합적인 기능의 상호-의존은 유지될 수밖에 없다. 따라서 이러한 특징을 지니고 있는 '개체발생'은 '계통발생'과는 다른 것이며, '계통발생'에서는 상대적으로 분명한 환경적인 특징에 대한 차별화와 종합화를 언제나 유지하게 된다. 『생물학과 지식』에서 피아제는 이러한 두 가지 유형들의 특징을 통시적인 것으로 파악했다. 그러나 통시적 방법은 즉각적으로 공시적 방법, 즉 종합화와 차별화에서 비롯되는 특별한 구조의 형성에 관계된다.

② 근본적 프로젝트/지식의 구조. 사르트르에 의하면, 각 개인은 '원택(原擇)'[original choice, '원죄(原罪, original sin)'에 대응되도록 하기 위해서 역자(譯者)가 만들어낸 조어(造語)로 '원래의 선택' 또는 '최초의 선택'을 의미한다]으로서의 생애를 평생 동안(통시적으로) 수행해야만 하는 근본적 프로젝트를 시작할 수밖에 없다.

'전기'의 모든 주체에게서와 마찬가지로 플로베르에게 있어서도 '존재하는 것'은 세계에 통합되는 것을 의미한다. 우리들이 발견해야만 하고 플로베르 자신에게 해당하며 우리들이 전기 작가들에게 우리들 자신에게 드러내 보일 것을 요구하는 '환원-불가능한 통합'—그것은 바로 '독창적 프로젝트'의 통

합, 우리들에게 그 자체를 '비-실체적 절대'로 드러내야만 하는 '통합' 그 자체에 해당한다.[3]

전 생애는 이와 같은 프로젝트에 의해서 통합될 수 있으며, 이러한 경우에서 플로베르는 그것을 통해서 다양한 상황에 처해 있는 자기 자신을 표현하려고 노력했다. 나의 근본적 프로젝트는 "이와 같은 상황에 처해 있는 전체성으로서의 나 자신을 선택하는 것 외에는 아무것도 없다."[4] 자기-초월의 과정은 '앞으로 있을 수 있는 것'을 선호하고 '과거에 있었던 것'에 반대하여 '현재 있는 것'을 무력화시킴으로써 선택하게 되는 지속적인 조건에 해당한다. 따라서 어떤 특별한 순간에 하나의 새로운 선택이 이루어질 수는 있지만 그러나 각 개인의 선택은 모두 각 개인의 경험을 형성하는 통합에 참여하게 된다. 아담과 이브의 죄(罪)에 대해서 각 개인이 책임을 지게 되는 '원죄(原罪)'와는 다르게, '원택(原擇)'은 특별한 각 개인이 선택했던 최초의 경향 때문에 '독창적'인 것으로 될 수 있다. 이러한 선택이 '근본적'인 까닭은 그것이 유년기에 형성되기는 하지만, 그러나 언제나 새로운 선택과 관련지어 수정될 수 있기 때문이다. 나는 결코 나의 선택에 의해 구속될 수 있는 것도 아니고 나는 새로운 선택을 할 수 없게 되는 것도 아니다.

보들레르의 경우를 고려해보자. 이에 대해서 사르트르는 다음과 같이 언급했다.

보들레르는 자기 자신이 그렇게 될 수도 있는 개인의 유형을 선택했다. 이와 같이 취소-불가능한 선택에 의해서 우리들 각자는 특수한 상황에서 그가 앞으로 무엇이 될 것이며 그가 현재 무엇인지를 결정할 수 있다. 그가 버림받고 거부된 자기 자신을 발견했을 때, 보들레르는 자기-주장의 행위로서 신중하게 '고독'을 선택했으며, 따라서 그의 고독은 다른 사람들에 의해서 그에게 부여된 그 무엇으로 되어서는 안 될 것이다.

자기 자신의 개인적인 실존을 갑작스럽게 폭로함으로써, 그는 자기 자신이 '또 다른 개인'이라는 점을 '느끼게' 되었지만 그러나 동시에 그리고 굴욕과 증오와 자만심 등의 분위기에 휩싸여 그는 이러한 '타성(他性)'이 자기 자신과 일치한다고 주장했다. 이러한 순간부터 그는 자기 자신을 또 다른 개인으로 만들기 위해서, 자기 자신을 자신의 어머니, 즉 그동안 그가 자신과 일치시켜 왔지만 그를 거부했던 바로 그 어머니와는 다른 '사람'—거칠고 자유분방한 자신의 '동료'와는 다른 사람—으로 만들기 위해서, 고집스럽고 고통스러운 분노에 착수하게 되었다. 그는 자신이 유일하다고 느꼈고 또 그렇게 느끼게끔 결정되었으며 그는 이러한 유일성의 감각을 극단적인 고독한 즐거움과 공포로까지 밀고 나가게 되었다.5)

보들레르의 근본적 프로젝트는 자기 자신을 모든 사람들과는 분명히 다른 사람으로, 자기 자신만의 고독을 유일하게 살아갈 수 있는 사람으로 스스로 선택하는 데 있었다. 뒤이어 그는 자기 자신이 무엇을 하든 무엇을 쓰든 이와 같은 '원택(原擇)'을 언제나 반복하고는 했다. 이와 똑같은 점에서 루시앙 플리에르는 보스가 되기로 선택했고, 장 주네는 바로 그 절도라는 범죄가 자기 자신을 그렇게 만들었던 '도둑'이 되기로 선택했고, 젊은 사르트르는 자신의 외할아버지가 그 자신으로 하여금 그렇게 되기를 원하지 않았던 바로 그 '작가'가 되기로 선택했으며, 플로베르는 자기 자신을 방해했던 시인에 반대해서 예술가가 되기로 선택했다. 이와 같은 각각의 경우에서 전기 작가는 자기-반영의 순간을 깨닫게 된다. 이러한 순간은 각 개인이 분명하면서도 유일한 사람으로 되려고 결정하게 되는 순간에 해당한다. 자기-인식의 이러한 순간에 대한 일반화된 해석은 앙투안 로캉탱의 잘 알려진 깨달음에서 절정에 달하게 된다. 로캉탱이 자신의 잡지에서 고백했던 바와 같이, 공원에 앉아 있던 어느 날 그는 갑자기 자신만의 실존을 깨닫게 된다. 그는 공원의 벤치, 밤나무의 뿌리, 풀밭처럼 모든 본질에 있어서의 하찮은 가식(假飾)

을 보게 되었다. 이 모든 사물들의 바탕이 되는 것은 바로 그 사물들을 의식하고 있는 자기 자신만의 실존이었다. 실존은 사물들이 있는 바로 거기에 있는 것이지 그것이 어느 특별한 하나의 본질로 결정되는 것은 아니다. 로캉탱이 자기 자신만의 실존을 인식하는 것은 불안의식 그 자체에 해당한다. 사르트르는 그것을 '구토' 또는 어디에선가 '고통'이라고 설명한 바 있다. 『어느 지도자의 유년기』에서 그는 개인이 실제로 실존하는지에 대한 당혹스러운 심정은 "재채기를 하고 싶은 것과 같다"[6]고 비유하기도 했다. 인식의 순간은 이와 같이 다양한 심리적 반응—순간적 불편에서 비롯되는 반응—에 의해서 그 특징을 부여받을 수도 있을 것이다. 그러나 이러한 순간들을 유지하는 것은 쉽지 않다. 실제로 그러한 순간들을 연장하려고 원하는 사람은 아무도 없겠지만, 그러한 순간들은 '자아'와 '말'에 대한 개인의 경험을 발전시킬 수 있는 기본적인 조건을 드러내는 인식을 야기할 수 있을 것이다.

사르트르의 후기의 철학에서, 특히 『변증법적 이성비판』에서, 실천의 개념은 '존재자-대자'를 대신하게 되었다. 이러한 경우에서 각 개인의 성장은 사회적 조건으로부터 고립될 수 있는 것이 아니다. 버스에 승차하기 위해서 줄을 지어 서 있는 사람, 앞 칸에 있는 책을 훔치기 위해서 뒤 칸에 있는 책을 찾아달라고 요구하는 서점에서의 주네, 히틀러의 군대에서 명령을 수행하는 프란츠 폰 게를라흐 등, 어느 개인이 연속해서 서 있을 때조차도, 고립, 상호주의, 대량화 등은 여전히 다른 결과를 낳게 된다. '타성'의 조건은 각 개인의 관계를 다른 사람과의 관계에 스며들게 한다. 다시 말하면, 그러한 관계를 '실천적 타성태'의 전체성으로 결합시키는 집단성에도 불구하고 스며들게 한다고 볼 수 있다. 특별한 실천은 각 개인이 자신을 둘러싸고 있는 불가능한 전체성에 반응함으로써 가능하게 된다. 그러나 종합적 실천만이 각 개인으로 하여금 종합화의 과정에 있어서 다른 사람들과 함께 작용할 수 있도록 하지만, 그룹은 대체적으로 역사와의 관계에서 행동할 수 있게 된다.

피아제는 자신의 발생학적 인식론에 있어서 좀 더 광범위한 역사의 이동에는 별다른 관심을 기울이지 않았다. 하지만 지식의 발달에서는 실천의 개념 및 특수화된 상황을 취급할 수 있는 능력을 전제하며, 이러한 점에 대해서 피아제는 다음과 같이 언급했다.

> 실천이나 행동은 어떤 종류의 운동이 아니라 오히려 결과나 의도를 위해 작용하는 협력운동의 체계이다. 단 하나의 예를 든다면, 모자를 올려놓거나 벗는 행위에서 방해가 되는 팔을 대체하는 것은 실천이 아니다. 하나의 실천은 그 자체의 전체성에 있어서의 행동으로 형성되는 것이지 그러한 행동 내에서의 부분적인 이동으로 형성되는 것이 아니다. 실천은 반사적인 협력에 반대하여 습득되는 것이다. 이러한 습득은 아동의 경험에서 비롯될 수 있거나 또는 광의적으로 교육(수업, 예시 등)에서 비롯될 수 있을 뿐만 아니라 결과적으로 협력으로부터 습득된 규정이나 또는 안정을 표현하는 내적 균형의 작용으로부터도 비롯될 수 있다.[7)]

따라서 실천은 B.F. 스키너적인 행동의 모델로 설명될 수 있는 것이 아니다. 실천은 경험이나 교육으로부터 뿐만 아니라 바로 그 인지의 구조로부터도 습득되는 것이고 결과로 나타나는 것이다. 사르트르는 의식적인 행동이나 실천이 경험에서 비롯된다는 점에 분명히 동의했을 수도 있다. 교육은 사르트르가 습관적으로 추구하고자 했던 통찰의 유형에 대한 일반적 지시문으로 될 수 있는 것이다. 각 개인은 그 자신이 자신만의 실존을 인식하게 됨에 따라서 또는 자신의 사회생활의 '실천적 타성태'의 조건들을 인식하게 됨에 따라서 교육과정을 간과해 버리기도 한다. 그러나 의식의 구조는 번민과 구토로 채울 수 있거나 또는 선택적으로 정서와 상상적 삶으로 채울 수 있는 가능성의 제약을 받게 되지만, 의식(그리고 똑같이 실천) 그 자체는 특별하게 습득된 모든 내용을 비워버린 채 남아 있을 수 있게 된다. 의식은 순전히 투사적(投射的)으로 미래로 향하게 되거나—새로운 자기-정의로 향하게 되거나 또는 더 나아가 자기-초월로 향하게 되는—또는 자아가 존재해 왔던 과거로 향하게 된다(각 개인이 나쁜 신념을 가지고 있지만 않다면, 그는 그러한 과거를 수용해야만 하지만 그러나 그것이 미래의 선택을 제한할 수 있는 것은 아니다). 우리들의 선택이 희소성과 수요에 의해 제한받는다는 점에서 실천은 좀 더 복잡해질 수밖에 없다. 그러나 그러한 조건의 콘텍스트 내에서 우리들은 우리들 자신을 둘러싸고 있는 '실천적 타성태'의 전체성에 의해서 구속받을 수 있는 것이 아니다. 따라서 의식의 구조는 그 자체의 본질이자 미래를 향해 투사적으로 사유되거나 또는 과거를 향해 역사적으로 사유되는 운동—'원택(原擇)'의 반복을 수반하는—그 자체에 해당하는 '무(無)'에 의해서 바로 그 자격을 부여받게 된다.

이와는 반대로 피아제는 상당히 많은 시간을 들여 지식의 구조에 대한 연구에 전념했다. 자신의 『구조주의 개론』에서 피아제는 ① 전체성, ② 변용, ③ 자기통제 등 모든 구조의 개념에 있어서의 세 가지 특징들을 개관한 바 있다.[8] 인식론의 구조는 인간적 발달의 특별한 단계에서 공시적인 전체를 형성하게 된다. 각각의 단계에서는 균형을 이루게 되고 그러한 균형에 의해서 전체 내에서의 모든 요소들은 서로 관련되기 때문에 균형을 이루는 '과제'는 기존의 발달수준에 있는 아동에게 적합한 체계를 따라 성취될 수 있는 것이다. 어떤 특별한 순간—그러나 분명히 사르트르가 거듭해서 설명하고는 했던 갑작스러운 인식의 순간에 해당하는 것은 아닌 바로 그 순간—에 각 개인은 주어진 개념의 구도 내에서 일종의 변용을 겪기 시작하고 변용의 과제는 전체적인 새로운 구조에 따라 반복하게 된다. 변용은 특별한 구조가 그것에 뒤이어지는 발달단계에서 또 다른 구조로 전환될 수 있는 조건이 된다. 하나의 구조가 또 다른 구조로 변용되는 메커니즘은 '자기-조절(自己-調節)'이라고 명명된다. 특별한 하나의 구조는 그것에 뒤이어지는 단계에서 또 다른 구조로 변용된다. 사르트르의 개인이 그 자신의 근본적인 프로젝트로부터 반복될 수 있거나 또는 거기에서부터 비롯될 수 있는 것과 똑같이, 피아제의 개인도 구조를 가지고 있으며 그러한 구조는 그것이 전체적인 새로운 구조로 변용됨에 따라 그 자체를 조절할 수 있게 된다.

피아제는 새로운 구조가 형성되는 단계의 숫자와 일반적인 나이의 수준에 대해서 상당히 구체적으로 언급하기도 했다. 그는 네 가지 연속적인 수준과 발달단계를 다음과 같이 열거했다.

> 첫째, 대략 18개월이 되기 이전에 우리들은 하나의 단계를 가지게 되며 그것은 말하기보다 앞서는 것으로 우리들은 그것을 '감각운동인지'의 단계라고 부르게 될 것이다. 둘째, 우리들은 말하기에서 시작하여 대략적으로 일곱 살이나 여덟 살까지 지속되는 단계를 가지고 있다. 이 단계를 우리들은 '표상시기'라고 부르게 되겠지만, 그러나 그것은 '전조작인지'의 단계에 해당한다. …… 그런 다음에 대략적으로 일곱 살과 열두 살 사이에 세 번째 시기를 구별하게 되는 데, 그것을 우리들은 '구체적 조작인지'의 단계라고 부르게 될 것이다. 그리고 마지막으로 열두 살 이후에는 명제적 또는 '형식적 조작인지'의 단계가 있게 된다.[9]

특히 피아제가 자신의 각각의 이론서에서 반복하고는 하는 이상과 같은 네 가지 단계들은 그의 발생학적 인식론의 기본적인 틀을 형성하고 있다. 각각의 단계에서는 전체를 형성하거나 전체성을 형성한다. 하나의 단계에서 또 다른 단계로의 이동은 전체성이 하나의 새로운 전체로 변용됨으로써 발생하게 된다. 전체성에서의 변화는 전체성 그 자체에 내재되어 있는 요인에 의해서 발생하게 된다. 이처럼 지속적인 형성은 개체발생의 동화에 해당하며 그러한 동화에 의해서 "발생은 하나의 구조에서 비롯되어 또 다른 구조에서 절정에 달하게 된다."[10] 더 나아가 "모든 구조에는 발생이 있게 마련이다."[11] 이러한 점은 통시성이 그 자체의 이동에서 공시성에 의존하고 공시성은 그 자체 내에서 변증법적 이동의 가능성을 이끌게 된다는 점을 의미한다. 통시성 또는 발생은 그것에 반대하여 공시적 구조를 나타낼 수 있는 일반적 이동의 배경으로 될 수 있는 것이 아니다. 오히려 공시적 구조는 묵시적으로 서로 묶여져 있을 뿐이다. 발생은 구조에서부터 발산되며 구조는 발생이 시작될 수 있도록 유도하게 된다. 아동이 딸랑이를 볼 수 있고 만질 수 있는 단계에서부터 바로 그 대상을 '딸랑이'라는 명칭으로 나타낼 수 있는 단계까지 이동하는 것에는 하나의 전체성에서 다른 전체성까지, 하나의 지식의 구조에서부터 다른 지식의 구조까지 이동하게 되는 이동이 포함되는 것은 물론 첫 번째 구조 내에서 바로 그 구조의 가능성의 현존까지도 포함된다.

사르트르에게 있어서 지식은 성찰적 의식을 포함할 뿐만 아니라 의도성의 개념 — 그 자체의 '부여기능'이나 또는 '독단적 기능('무력화'의 기능이라고 명명되기도 하는)'과 함께 — 까지도 전제하는 반면, 피아제에게 있어서 지식은 변용의 체계로 전환된 현실의 동화를 포함한다. 사르트르의 용어에서 이해 또는 터득은 무엇인가에 대한 보편화된 의식에 해당한다. 피아제에게 있어서 이해는 어떤 개념적인 도식으로 전환된 현실의 변용에서 비롯된다. 도식은 무엇이든 하나의 행동에서 반복될 수 있고 보편화될 수 있는 것이다. 사르트르에게 있어서 지식은 의식과 이해의 하위범주인 반면, 피아제에게 있어서 지식은 이해를 통합할 수 있게 되며, 이 경우의 이해는 그 자체가 지식의 구조에 의존한다. 이러한 점에 관련지어 피아제는 다음과 같이 언급했다.

> 하나의 대상을 아는 것은 그것을 복사하는 것을 의미하는 것이 아니다. 그것은 대상에 작용하는 것을 의미한다. 그것은 이와 같은 대상을 계속해서 이끌 수 있거나 또는 함께 할 수 있는 변용의 형성체계를 의미한다. 현실을 아는 것은 어느 정도는 합당하게 바로 그 현실에 상응하는 변용의 체계를 형성하는 것을 의미한다. 이러한 점은 현실의 변용에 대해서도 어느 정도 동형적

(同形的)인 변용을 유지할 수 있게 된다. 현실의 변용구조—그것은 단순히 가능한 동형모델, 즉 경험으로 인해서 우리들이 선택할 수 있도록 해주는 바로 그 모델에 해당한다. 따라서 지식은 점진적으로 합당하게 되는 변용의 체계 바로 그 자체에 해당한다.[12]

지식은 현실에 대해서 어느 정도 합당한 모델을 제공하는 것을 의미한다고 피아제는 주장하는 한편 다른 한편으로 그는 또한 지식은 현실로부터 분명한 구조를 가지게 된다고 주장하기도 한다. 사르트르에게 있어서 지식의 바로 그 임무는 가장 즉각적으로 유행하는 방식으로서 현실을 경험하는 것이다. 이와 같이 현실에 대한 우리들의 지식은 무력화의 대상으로, 선택의 대상으로, 초월적인 대상으로 현실의 형식을 취하게 된다.

③ 상황/환경. 사르트르의 철학은 상황의 개념에 바탕을 두어 형성되었다. 사르트르의 기고문, 희곡 등에 대한 지속적인 수집물들은 『상황들』이라는 제목으로 여전히 출판되고 있으며, 이러한 기존의 수집물들은 이미 열권으로 출판된 바 있다. 모든 의식과 모든 지식은 하나의 상황에서 발생한다. "모든 의식은 무엇인가에 대한 의식이다"라는 현상학의 '언명(言明)'을 반복하는 것은 이러한 핵심을 더욱 분명하게 할 수 있다. 무력화하는 의식이 무엇인가를 '세계 내에 있는 것'으로 부여한다면, 의식 그 자체(그것은 '대자'이며 내용이 없다) 역시 '세계 내에 있는 것'이어야만 한다. 사르트르는 각 개인이 '세계 내에 있는' 특별한 태도를 '사실적-우연성(facticity)'이라고 묘사했다. '사실적-우연성'은 세계와 일치할 수 있는 어떤 상황에 처한 개인의 위치를 특징지을 수 있다. '몸'의 상황은 이러한 조건을 특별히 분명하게 할 수 있다. 『출구 없음』에서 사르트르는 자신의 세 명의 주인공들이 더 이상 살아 있지 않다 하더라도, 그들은 자신들이 도망칠 수 없는 폐쇄된 콘텍스트에서 자신들을 발견하게 된다는 점을 제시하려고 시도했다. '몸' 그 자체로든 아니

든 이들 모두는 하나의 '상황'에 처해 있는 셈이다. 『출구 없음』의 경우에서 이들의 몸은 특히 의미심장한 것이다. 이네스는 에스텔의 몸에 관심이 있고 에스텔은 가르생의 몸에 관심이 있으며 가르생은 자신의 몸에 관심이 있다. 이들은 모두 자체-부여된 제약을 지닌 채 지옥에 있기 때문에 그러한 상황은 특히 눈에 뜨이게 된다.

그러나 장 주네의 상황은 정확하게 그 반대에 해당한다. 그는 고아로 태어났으며 그는 결코 자신의 친부모를 알지 못했다. 사르트르가 『성 주네』에서 상세하게 설명했던 바와 같이, 주네는 일곱 살에 양부모의 집에 맡겨졌으며 그에게는 아무것도 없었다. 그의 옷, 그의 방, 그의 음식 및 심지어 그의 이름까지도 그에게는 모든 것이 주어진 것뿐이었다. 그가 무엇인가를 잡을 때마다, 식사하기 위해서(또는 팔기 위해서) 은제품 그릇 같은 것을 잡을 때마다, 그는 자신에게 속하지 않은 것을 잡게 된다. 주네는 무분별하게 자신의 상황을 의식하고는 한다. 어느 날 그는 은제품그릇이 담긴 서랍에 손을 댐으로써 붙잡히게 된다. 그의 양부모가 "도둑이야!"라고 소리쳤을 때, 그는 바로 그 '도둑'이라는 하나의 정체성을 얻을 수 있게 된다. 그가 처한 상황은 이러한 새로운 정체성이 그 자체를 그 자신에게 강제로 부여할 수 있을 정도로 충분하게 공개적으로 엮여졌으며 그것만이 유일하게 가능한 것이었다. 자신만의 범죄가 자신을 그렇게 만들었다는 점을 수용하기로 선택하는 데 있어서 주네는 계속해서 도둑으로, 동성애자로, 간단히 말해서 '부랑자'로 된다. 이런 식으로 그는 자신의 상황을 선택하고는 한다. 심지어 쓰기에서조차도 자신을 사교계 부르주아 독자들로부터 소외된 사람으로 만들기 위해서 — 사회적으로 수용-불가능한 자신의 삶을 자전적 소설을 통해 그들의 세계로 끌어들이기 위해서 — 바로 그 '쓰기'는 그들의 집에 들어갈 수 있는 하나의 방법이 된다. 그의 실제상황이 종종 감옥의 벽에 의해 제한받기는 하지만, 그는 자신의 시, 자신의 소설, 궁극적으로는 희곡을 통해서 바로 그 벽을 확장시킬 수 있게 된다.

모든 유기체처럼, 발전하는 개인은 항상 자신의 환경에 적응할 수밖에 없다는 것이 피아제의 견해이다. 적응은 '조절'과 '동화'의 형식을 취한다. 아동은 자신의 인지과정을 환경에 적응하도록 만드는 한편 다른 한편으로는 자신만의 인지과정에 알맞도록 환경의 여러 가지 양상(樣相)들을 선택하게 된다. 사르트르는 동화가 인지내용이나 적어도 인지구도를 전제로 하기 때문에 바로 그 동화를 허용하지 않았던 반면, 피아제는 이러한 두 가지 개념들, 즉 인지내용과 인지구도의 상호-의존을 강조했다. 『생물학과 지식』에서 그는 다음과 같이 언급했다.

> 우리들은 '조정'이라는 용어를 '동화도식'—그러한 도식이 첨부되어 있는 환경의 영향에 의한—과 관련하여 생산된 모든 '변형'에 적용하게 될 것이다. 그러나 조정이 없다면 그 어떤 동화도 있을 수 없게 되는 것과 똑같이(이전이든 현재든), 이와 똑같은 식으로 동화가 없다면, 그 어떤 조정도 있을 수 없게 될 것이다. 이러한 점은 그만큼 환경이 단순히 일련의 인쇄물이나 복사물을 만들도록 하지 않는다는 점을 말하는 것이지만, 그러나 그것은 또한 적극적 조정을 활성화시킨다는 점도 말하는 것이다. 이러한 점으로 인해서 우리들은 '조정'이라는 말을 언급할 때마다 '동화도식의 조정'이라는 구절을 이해할 수 있게 된다. 예를 들면, 5개월이나 6개월 된 유아에게 있어서 두 손으로 물건을 잡는 것은 '동화도식'에 해당하지만, 그러나 대상이 가까이 있느냐 멀리 있느냐에 따라 손을 뻗치거나 가깝게 가져가는 것은 '동화도식의 조정'에 해당한다.[13)]

조정과 동화는 각 개인이 그 자신의 환경에 직접적으로 관계되는 것을 나타낸다. 그러나 이와 같은 생물학적 기능, 즉 인지영역에 대한 적용-가능성을 가지고 있는 기능 그 자체는 또한 발달단계의 일부분에 해당한다는 점을 기억해야만 할 것이다.

조정과 동화의 협력은 한 짝으로 된 차별화와 종합화에 해당한다. 후자의 짝, 즉 차별화와 종합화는 다양한 발달단계를 통해서 균형의 수립에 전념하게 된다. 피아제는 세 가지 유형의 균형들을 묘사했다. ① 균형은 행동에서의 '도식의 동화'와 대상에 대한 이와 같은 '도식의 조정'의 사이에서 발생할 수 있다. ② 균형은 어떤 특별한 구조의 하위체계들 사이의 상호-작용에서 비롯된다. ③ 균형은 차별화와 종합화의 사이의 관계들이 하위체계들을 전체성 — 하위체계들을 포함하고 있는 — 에 결합시킬 때 발생한다.[14] 예를 들면, 외적 지시체로서 전봇대를 지나치는 기차와 내적 지시체로서 기차 안에서 돌아다니는 승객의 경우를 고려해보자. 외적 움직임과 내적 움직임 모두를 종합하는 것은 동화의 문제이다. 두 가지 서로 다른 유형의 움직임이 작용하게 되는 것을 수용하려면 조정이 필요하다. 외적 지시체는 하나의 하위체계를 형성하고 내적 지시체는 또 다른 하위체계를 형성한다. 두 번째 유형의 균형에서, 이러한 두 가지 하위체계는 서로 균형을 이루고 있는 것으로 간주될 수 있을 것이다. 두 가지 유형의 운동의 사이의 차별화와 그러한 유형의 운동을 단 하나의 전체성이나 또는 전체 그 자체로 합치는 종합화는 세 번째 경우의 균형의 예가 된다. 각 개인이 이와 같이 다양한 관계들을 개념화할 수 있고 그것들을 인지적으로 균형을 유지할 수 있도록 하는 바로 그 범위는 발달의 단계에 의존할 수밖에 없다. 각각의 단계에서 균형은 유지될 수 있다. 그러나 특별한 균형은 아동의 능력, 즉 환경에 있어서 일련의 관계들을 이해할 수 있는 바로 그 '능력'에 의존한다.

사르트르의 이론에서 균형은 또한 일종의 틀이며 바로 그 '틀'에 따라서 각 개인은 자기 자신의 상황을 인식하게 된다. 그러나 불균형은 뒤이어지는 인지발달 단계를 재-편성하기 위한 단순한 메커니즘이 아니다. 균형이 나타나는 한, 각 개인은 세계 내에서의 자신의 위치에 만족하게 되고 편안하게 된다. 자신의 상황을 성찰하고 자신의 실존과 대응할 때에만 그러한 균형은 깨지게 된다. 이러한 순간들은 정확하게 우리들이 세계 내에 있는 것은 과연 무엇인가를 가장 많이 의식하게 되는 바로 순간들에 해당한다. 따라서 균형의 예는 가장 위대한 깨달음과 이해를 야기할 수 있다. 『변증법적 이성비판』에서 균형은 사회적인 조건에 대한 이해에서 지속적으로 발생하게 된다. 그러나 일반적으로 이러한 균형은 수요와 희소성이라는 경제적 조건에 바탕을 두고 있다. 노동자의 수 및 노동의 양과 총생산량의 사이의 관계에서 공장 내에도 의식의 균형과 똑같은 그 무엇이 있을 수 있다. 그러나 사회 내에서는 변함없이 불균형이 발생하기 때문에 몇몇 노동자들은 자신들을 소모용이라고 여길 수도 있고(노동자들이 과잉-공급되는 경우) 또는 몇몇 소비자들도 자신들을 소모용이라고 여길 수도 있다(생산품이 품절되는 경우). 인지구조의 양상으로서, 피아제는 균형의 개념이 바람직할 뿐만 아니라 보편적이라고 파악했다. 사르트르는 그것을 자기기만의 유형이거나 또는 사회적인 수용, 즉 인간의 조건에 대한 근본적이면서도 개념적인 특징들을 고양시키기보다는 훨씬 더 기만시키는 수용이라고 생각했다.

④ 방법론의 갈등. 피아제처럼 사르트르도 주로 각 개인의 입장과 역할에 관심을 가졌으며, 『변증법적 이성비판』에서조차도 '타자성'의 조건과 그러한 조건에 반응하는 '실천'이 모두 개인의 모델의 바탕이 될 수 있다고 생각했다. 그러나 또한 사르트르의 관점이 개인의 유일성을 강조하고 있는 까닭은 어떤 특수한 근본적 프로젝트는 특수화된 상황 내에서 상세하게 설명될 수 있기 때문이다. 다른 한편으로 피아제는 인지구조의 보편성과 '간(間)-문화적' 특징에 관심을 가졌다. 사르트르에게 있어서 개인은 자기-초월의 과정에서 자신의 '원택(原擇)'을 발전시키게 된다. 모든 개인들이 주로 이와 같이 근본적인 경험을 할 수 있게 된다 하더라도, 하나의 콘텍스트에 있는 일개인으로부터 또 다른 콘텍스트에 있는 또 다른 개인에게로 전환될 수 있는 반복-가능한 구조는 있을 수 없다. 따라서 사르트르가 콘텍스트화된 '단칭 보편자'의 조건에 대한 강조와 함께 '실존적 심리분석'이자 '전진적-역행적 연구'라고 명명되는 방법들을 제공하게 되고, 피아제가 인간발단의 보편적 단계에 대한 주장과 함께 '발생학적 인식론'을 제공하게 되는 것은 그렇게 놀

라운 일이 아닐 것이다.

어디에선가 필자가 제시했던 바와 같이, 실존적 심리분석은 그것이 무의식의 개념에 의존하고 있다는 의미에서 심리분석 그 자체에 해당하는 것은 아니다.[15] 다른 한편으로 프로이트의 심리분석처럼 사르트르의 방법에서도 개인적인 경우를 취급한 다음에 '유년기의 경험'을 취급하고 있다. 이때의 '유년기의 경험'은 결과적으로 다른 사람들에게 관련될 뿐만 아니라 세계에도 관련되는 어떤 태도로 나타나게 된다. 프로이트의 모델과는 다르게 사르트르의 설명이 유아의 성적 특성에 바탕을 두고 있는 것은 아니지만, 그러나 그것은 오히려 유년기의 프로젝트의 결정에 바탕을 두고 있다. 앞에서도 언급했던 바와 같이, 이러한 예로는 보스가 되려는 루시앙 플리에르의 결심, 자기 자신을 반영하는 행위에서 자신을 유일하게 만들고자 하는 보들레르의 결단, 도둑의 역할에 대한 장 주네의 수용, 예술가가 되고자 하는 플로베르의 전념, 작가의 역할에 대한 사르트르 자신의 지향 등을 들 수 있다. 이러한 각각의 경우에서 프로젝트 그 자체는 서로 다른 것에 해당한다. 따라서 실존적 심리분석의 임무는 그러한 선택이 이루어지고 수행되는 각 개인의 전기적인 상황에 주의를 기울이는 데 있다.

전진적-역행적 접근과 관련지어 자신의 방법론에 대한 사르트르의 재-형성논리는 개인적인 발전에 대한 다음과 같은 두 가지 특징들, 즉 ① 각 개인은 선택에 근거하는 어떤 목적을 지향하게 되어 있다는 점과 ② 각 개인은 자기 자신만의 시대의 사회적이고 정치적이고 문화적이며 그 밖의 관심의 콘텍스트 내에서 실존하게 된다는 점에 의존하고 있다. 전진적-역행적 방법에서는 이와 같은 두 가지 측면 모두를 조사하고자 한다. 그것은 시대를 통해서(즉, 통시적인) 일반적 발전의 계통을 따르게 되고 '원택(原擇)'이 이루어졌던 '실천적 타성태(즉, 공시적인)'의 조건들로 되돌아가게 된다. 사르트르는 우선 전진적-역행적 방법을 『방법의 탐구』에 포함시켰으며, 그것이 『변증법적 이성비판』(그리고 프랑스어 원본은 『방법의 탐구』와 함께 출판되었다)에 대한 일종의 서론에 해당한다 하더라도, 그는 『집안의 천치』의 시작 부분에서 세 권으로 된 플로베르에 대한 자신의 이러한 연구가 『방법의 탐구』를 지속하는 것에 해당한다는 점을 상당히 독특한 방법으로 언급했다. 그가 1957년의 저서에서 강조했던 바와 같이, 이러한 방법은 역사적인 동시에 구조적인 것이다. 그것은 어느 특별한 순간의 발전과 상황의 구조 모두를 설명할 수 있다. 『집안의 천치』에서 사르트르는 플로베르를 참고하여 다음과 같은 점을 강조했다. 전기 작가의 퇴보적인 분석에서는 아동의 감성에 대한 현상학적 설명을 시작할 수 있는 지점으로까지 거슬러 올라갈 수 있는 반면, 진보적인 종합 그 자체에서는 그러한 감성의 발생을 재-추적할 수 있게 된다.[16] 사르트르는 서로 다른 구조의 조응, 즉 이러한 구조는 직접적인 구도를 유도할 수 있지만 그러나 이와 같은 구조의 특징에 대한 설명은 모두 역사적인 고려를 유도할 수 있게 되는 바로 그러한 '조응'에 호소하게 된다.

여기서 기억할 필요가 있는 피아제의 설명에서는 발생이 구조에서 비롯되는 것이지만 그러나 또한 각각의 구조에는 발생이 있을 수 있다는 점을 강조한다. 따라서 피아제에게 있어서 구조의 특징은 필연적으로 지식의 발달에 나타나게 되지만, 사르트르에게 있어서 이러한 구조의 특징은 개인의 연구에 나타나게 되는 것이지 지식의 조건 그 자체를 형성하게 되는 것은 아니다. 사르트르에게서는 진보적인 종합이 우세적이고 피아제에게서는 균형을 이루는 인지구조의 형성이 지배적이다. 이러한 점에서 피아제는 발생학적 인식론 연구의 가역적 작용과 비-가역적 작용의 사이를 구별할 수 있게 되었다. 특별한 지식의 발달은 그것이 일개인에 의해서 서서히 발달되는 바와 같이 비-가역적인 경우에 해당한다. 그 어떤 아동도 자신이 겪게 되는 연속적인 경험과는 무관한 그 이전의 인지단계로 되돌아갈 수는 없다. 이와 똑같은 점에서, 비-가역적인 역사적 운동이나 의식의 발달은 사르트르의 방법에서도 지배적이다. 그러나 피아제에게 있어서도 서로 다른 단계를 그것에 상응하는 구도와 비교하는 것이 똑같이 가능할 수도 있다. 따라서 형식적-수학적(네 번째) 단계의 행동구도는 선-작용적이고 그것은 대표적인 단계(두 번째)의 행동구도와 비교될 수 있다. 이러한 가역성에서는 구조의 개념, 즉 네 가지 단계들 모두에서 근본적이기는 하지만, 그러나 비-가역적인 인지성장의 과정에서 하나의 단계가 다른 단계로 변용되는 바로 그 '개념'을 제시할 수 있다.

사르트르의 실존적 심리분석에서, 이와 같은 비-가역성과 가장 가깝게 유사한 것은 특별한 선택—예를 들면, 지도자가 되고자 하는 루시앙 플리에르의 결심—의 반복을 특수화시키는 가능성에 해당할 것이다. 이와 같은 선택의 반복을 강조함으로써, 사르트르는 반복되는 요소의 정체성을 분명하게 할 수 있었을 것이다. 그러나 각각의 경우에서 상황과 현상은 상당히 다른 것일 수도 있다. 전진적-역행적 방법에서, 역행적 분석의 정체성은 그 이전의 콘텍스트와 뒤이어지는 콘텍스트에 비교될 수 있는 구조의 콘텍스트를 특수화하는 것에 해당한다. 하지만 다시 한 번, 콘텍스트 그 자체와 그와 같은 상황의 다양성은 이와 같이 체계적인 결합을 '실천적 타성태'로 만드는 경향이 있다. 이와는 반대로, 피아제의 구도는 개인을 가로 질어, 국가를 가로 질러, 그리고 문화를 가로 질러 반복될 수 있고 보편화될 수 있다.

⑤ 펜티멘토 : 다-콘텍스트적인 경험의 구조주의. 이처럼 혼란스런 방법에도 불구하고, 한편으로는 지속적인 발전과 유일성이 타당한 것으로 되고 다른 한편으로는 일반화와 구조의 가역성이 소중한 것으로 되는 그러한 곳—바로 거기에서 우리들은 인지구조의 조사를 가능하게 하는 '전기적 이해의 이론'을 발전시킬 수 있을 것인가? 결론적으로 필자는 다-콘텍스트적인 '경험적 구조주의'를 제안하고자 한다. 필자가 제안하는 '경험적 구조주의'에서는 개인이 발전하게 되는 어떤 하나의 '상황'을 존중할 수 있게 되는 것은 물론 다양한 상황에서 반복-가능한 지식의 구조도 존중할 수 있게 될 것이다.

릴리언 헬만은 '펜티멘토'[pentimento, '후회하다'라는 뜻을 지닌 이탈리아어 'pentirsi'에서 유래되었으며, 유화에서 화가가 덧칠하여 지운 밑그림 또는 그 이전의 그림들이 다시 노출되는 현상을 의미한다. 다시 말하면, 시간이 지남에 따라 물감의 층이 엷어지게 되면서 그 이전에 바른 물감의 희미한 흔적들이 드러나 보일 수 있다. 펜티멘토 현상은 화가가 주로 인물들이나 그들이 입고 있는 옷의 윤곽선을 약간 변경했을 때 가장 흔히 나타나게 된다. 17세기에 얇게 칠한 네덜란드의 패널화에서는 이러한 펜티멘토의 흔적들이 많이 발견된다. 예를 들면, 렘브란트가 그린 「플로라(Flora)」 — 1665년경에 제작되었으며 현재 '뉴욕 메트로폴리탄 미술관'에 소장되어 있는 그림 — 에 나타나 있는 두 겹의 모자챙 부분이 가장 잘 알려진 실례에 해당한다]라는 용어의 의미작용을 연구했으며, 그녀는 이 용어를 그림에서 차용하여 자신의 책의 제목을 삼았다. 펜티멘토는 화가가 자신이 이미 그린 그림을 후회하여 그 그림 위에 다른 그림을 그릴 때 발생하게 되는 하나의 현상이다. 시간이 지남에 따라 그 이전의 그림이 되비치기 시작하고 먼저 그린 그림과 나중에 그린 그림의 합성이 발생하게 된다.

> 캔버스에 그린 오래된 그림은 시간이 지남에 따라 때로는 투명하게 비치게 된다. 이러한 일이 발생할 때 몇 몇 그림에서는 원래의 윤곽선을 보는 것이 가능해진다. 한 그루의 나무는 여인의 드레스를 되비치고, 어린이는 한 마리 개에게 길을 내어주고, 커다란 보트는 더 이상 넓은 바다 위에 떠있는 것이 아니다. 이러한 현상을 '펜티멘토'라고 부르는 까닭은 자신이 이미 그린 그림을 '후회'하는 화가가 마음을 바꿨기 때문이다. 이러한 점은 아마도 나중에 선택한 개념으로 대체된 오래된 개념을 볼 수 있고 그런 다음 다시 또 볼 수 있는 방법이라고 말할 수도 있을 것이다.[17)]

화가가 제공하는 특별한 표상 또는 설명은 그것이 복사된 것이라 하더라도 유일하면서도 개인적인 것이다. 여기에서 필자가 제안하기를 원하는 것은 각각의 단계가 한 폭의 새로운 그림과 같다는 점이다. 그 이전의 단계나 그 이전의 균형이 경멸받고 거부된다 하더라도(사르트르는 그것을 '나쁜 신념'이라고 명명하고는 했다), 그럼에도 그것은 개인의 '성장아(成長我)'를 형성할 수 있게 된다. 하지만 각 그림의 스타일은 그 그림을 그린 화가의 특징으로 되거나 또는 좀 더 특별하게 그러한 스타일은 그 자체의 다양한 해석에서 그 자체와 일치하게 된다. 이 모두는 한 폭의 캔버스에서 가능한 것이다. 말하자면 전진적 종합이 발생하게 되는 것이다. 개인은 방향을 바꿀 수도 있고 자신이 그린 그 이전의 그림에 새로운 그림들을 덧그릴 수도 있지만, 각각의 순간에는 새로운 균형, 새로운 종합화가 발생하게 된다. 그러나 종합성으로서의 새로운 종합화에는 다른 개인들의 발전에 있어서의 종합성과 공통된 측면이 있게 마련이다. 인식의 순간과의 '비교'와 '대조', 인지기술과 수용능력 및 다른 개인들에 대한 개념상의 제한 등을 제공할 수도 있다. 이와 같이 서로 다른 순간들의 유형에서조차도 기교와 수용능력, 한계와 가능성 등은 인간의 발달상황의 목록으로 작용할 수 있다.

각각의 상황은 정체성과 차별성이 개인의 경험을 가로질러 서로 가까워질 수도 있는 조건들을 유지할 수 있다. 이러한 점에서 발전적 상황들은 그것들이 직접 참여하지 않는 '틀과 유형'에 참여하는 것처럼 상황 그 자체를 해석하기도 한다. 상황들은 하나의 구조적인 전체에서 그 다음의 전체까지 자율적으로 될 뿐만 아니라 하나의 콘텍스트에서 다른 콘텍스트까지 자체적으로 정렬된다. 하나의 삶에 대한 바로 그 분명한 설명에 의해서 대체-가능한 전체적인 경험의 다양성은 일치하게 되고 명료하게 된다. 따라서 방법론 학자는 특별한 전기의 조건, 특별한 질문에 대한 반응, 특별한 문제에 대한 해결 등의 발전을 연구할 뿐만 아니라 이와 같은 조건, 반응, 해결 등이 이미 참여하고 있는 그러한 것들(조건, 반응 및 해결 등)의 상호-전기적인 특징까지도 탐구될 수 있도록 연구해야만 한다.

똑같은 구조의 특징이 서로 다른 문화와 서로 다른 역사적 시기를 가로질러 발생할 수도 있다는 점에서, 이러한 연구는 간(間)-문화적일 수도 있다. 하지만 자아의 패러다임 또는 사회적 이상의 패러다임의 반복은 탈-콘텍스트화될 수 있는 것이 아니다. 각각의 반복은 그 자체만의 다양한 개인적인 특징과 함께 특별한 전기적 상황에 바탕을 두어야만 하는 것이고 자세하게 설명되어야만 하는 것이다. 이와 같은 특징은 특별한 삶의 발전과 경험으로 되어야만 하는 것이다. 각 개인의 삶에는 다른 사람의 전기적 특징과 공통되는 단계별 특징이 있을 수도 있다는 것은 그 자체가 개인의 경험에 대한 통합적 동화를 부정하지 않는 공통성과 일치하는 것일 뿐이다. 따라서 루시앙 플리에르의 어떤 단계는 사르트르 자신의 어떤 단계와 공통된 특징을 가질 수도 있다(긍정에 의해서가 아니라면 또는 부정에 의해서). 예를 들면, 사르트르는 아버지가 없이 성장했다. 그는 자신의 『말』에서 "나에게는 슈퍼에고가 없었다"고 강조했다. 따라서 사르트르가 자신의 주인공의 경험에서 강조하는 것은 정확하게 지속적인 '슈퍼에고'의 현존이며, 그러한 슈퍼에고는 루시앙의 생애와도 일치하게 된다. 부정에 의한 이러한 정체성은 루시앙 자신만의 발전과 사르트르 자신만의 발전 모두를 흡수하지 않는 구조적 특징을 나타낸다. 그러나 구조의 동시적인 발생은 유형적 관계를 표시하는 것을 가능하게 하기도 한다. 그러한 관계는 피아제가 인지발달의 네 가지 단계들을 제안했던 것처럼 보편적인 것은 아니지만, 그러나 사르트르의 실존적 심리분석이 전제하는 것처럼 개인적인 것도 아니다. 여기에서의 요점은 어느 개인의 생애에 대한 텍스트에는 콘텍스트도 없고 상호-텍스트도 없다는 점이다. 다-콘텍스트적인 경험의 구조주의에서는 전기, 상황, 구조의 동일성과 차별성 등 세 가지 모두의 특징들을 끌어낼 수 있을 뿐이다.

제13장

쓰기의 차이

사르트르/바르트

질문: "선생께서는 오늘의 문학에서 '작은-실천' 그 이상을 거의 파악하지 않고 있지요."
—콘태트와 리발카

답변. "그렇습니다. 그러나 어쨌거나, 더 이상의 문학은 없는 셈이지요."
—장폴 사르트르(1971)

텍스트에 대한 담론은 그 자체가 다름 아닌 텍스트, 연구, 텍스트의 활동으로 되어야만 한다. 왜냐하면 텍스트는 그 어떤 언어도 안전하게 내버려두지 않고 '바깥'으로 되고 마는 '사회적 공간'이자 심판관, 마스터, 분석가, 고백자, 해독자(解讀者)의 입장에서 '언명(言明)'의 주체로 될 수 없는 '사회적 공간'이기 때문이다. 텍스트의 이론은 다만 쓰기의 실천과 함께 동시적으로 발생할 수 있을 뿐이다.
—롤랑 바르트(1971)

문학의 의미와 실천에 대한 논쟁은 1945년 이래 특히 프랑스에서 상당히 많은 주목을 받아왔다. 장폴 사르트르와 롤랑 바르트가 이러한 논쟁에 참여했던 유일한 논쟁자들에 해당한 것만은 아니다. 그러나 이들의 형성논리에는 과다결정과 특수성이 자리 잡고 있으며, 그러한 점을 병치시켰을 때, 그것은 논쟁의 중요한 계열과 일치하게 된다.

사르트르와 바르트가 이미 사전에 대립한 것은 『문학이란 무엇인가?』(1947)와 『쓰기의 영도(零度)』(1953, 여기에 수록된 중요한 글 대부분은 1947년과 1950년 사이에 『논쟁』에 수록된 것들이다)의 사이의 차이에 자리 잡고 있다. 이러한 두 권의 저서에서 **'쓰기'**[휴 J. 실버만이 구별하여 표기고자 했던 바와 같이, 역자도 'Writing'은 **'쓰기'**로, 'writing'은 '쓰기'로 'écrire'는 '기술(記述)하다'로, 'écriture'는 '기술(記述)'로, 'Écriture'는 **'기술(記述)'**로 구별하여 표기하고자 한다]의 기능에 부여된 다양한 의미들은 '쓰는 것'은 무엇이고 '쓰기'는 무엇인가의 사이의 특수한 대립의 위치로 작용하게 된다. 이와 똑같이 10년 후에 이와 같은 두 가지 입장들의 차이는 '작품'과 '텍스트'의 사이의 대립에 자리 잡게 된다. 이와 같은 대립의 체계에서는 그러한 체계가 **'쓰기'**라는 명칭으로 다함께 수립하고 있는 이론의 실천 또는 비평의 실천을 위한 하나의 콘텍스트를 상세하게 취급하고 있다.

문학 / 쓰기

영어로 번역된 『문학이란 무엇인가?』와 『쓰기의 영도』에서, 사르트르와 바르트는 똑같은 질문, 즉 '쓰기란 무엇인가?'[1]를 묻고 있는 것처럼 보이기도 한다. 그러나 '쓰기' 그 자체에 자리 잡고 있는 차이는 이들 사이의 대립의 위치로 된다. 사르트르는 '쓰기란 무엇인가?'를 묻고 있고, 바르트는 '문학이란 무엇인가?'를 묻고 있는 셈이다. 따라서 '쓰는 것 / 쓰기'의 불일치가 가능해진다. '쓰기란 무엇인가?'라는 질문과 함께, '쓰는 것' 또는 '쓰기'는 '쓰기'라는 용어로 읽을 수도 있다. 영어에서의 '쓰기'는 프랑스어에서의 '기술(記述)하는 것'과 '기술(記述)' 모두에 해당하지만 그러나 그것이 하나를 다른 것으로 전환시킴으로써 해결될 수 있는 것은 아니다. 그렇다면 '기술(記述)하는 것'과 '기술(記述)'의 사이의 이와 같은 '경첩(hinge)', 즉 한쪽과 다른 쪽을 연결하는 기능은 무엇인가?

사르트르의 관심은 전적으로 '쓰기의 행위'에 있다. '쓰는 것(기술하는 것)'은 무엇인가? 쓰기는 그 자체의 능동적 의미에서 기술자(記述者)인 작가가 직접 참여하는 것이다. 사르트르는 산문작가와 시인 등 두 가지 유형의 작가들을 구별했으며 그는 산문작가만이 문학을 창조할 수 있는 것으로 파악했다. 시인으로서의 작가는 절대화된 말만을 생산할 수 있으며, 그러한 작가의 활동을 사르트르는 자신의 문학에 대한 관심으로부터 배제시켰다. 시인의 말은 책, 탁자, 나무처럼 초월적인 대상에 해당한다. 시인의 말은 불투명하며 거울에서처럼 시인 자신의 이미지만을 비추어 바로 그 시인에게 되돌려 줄 수 있을 뿐이다. 시인의 말은 시인이 살고자 모색하는 하나의 신화를 창조하게 되며, 이처럼 나르키소스적인 목적을 실현하는 것으로 작용하게 된다. 이와는 대조적으로 산문작가는 말을 뛰어넘어 하나의 목적으로 향하는 수단에 해당한다. 말의 투명성을 통해서 산문작가는 독자와 소통할 수 있다.

'쓰는 것(기술하는 것)'은 그것이 산문작가에 의해서 생산되었을 때 가장 합당하게 문학이라고 불리는 구술행위에 해당한다. 이러한 점은 운문을 쓰는 작자가 산문작가들의 아카데미로부터 배제된다는 것을 의미하는 것이 아니다. 산문작가들은 자신들의 생산형식에 의해서가 아니라 자신들이 참여하는 활동에 의해서 차별화될 수 있다. 사르트르는 생산된 것에 관심이 있었던 것이 아니라 오히려 그것이 생산되는 방법과 그러한 생산의 상호-주관적인 효과에 관심이 있었다.

쓰는 것은 무엇인가? 시인에게 있어서 쓰는 것은 세계와 그 안에 있는 사물들을 비-본질적인 것으로 이해하는 것이다. 시인의 말은 경험의 전경(前景)에서 본질적인 요소에 해당한다. 그러나 이런 식으로 쓰는 것은 전혀 쓰는 것이라고 할 수 없으며, 그것은 다만 시화(詩化)하는 것, 시적으로 표현하는 것에 해당할 뿐이다. 쓰는 것은 말과 작품을 생산하는 것이며, 말과 작품의 본질은 작가가 자신의 본질을 독자에게 전달할 수 있는 매개체로 작용하게 된다. 작가가 의사소통 행위에 있어서 본질적인 까닭은 작가는 작품을 생산하게 되고 그것을 통해서 독자는 그 자신만의 본질을 수용할 수 있기 때문이다. 작가와 독자 모두의 편에 관계되는 이러한 본질은 흥미로운 것이며, 그것은 분명히 시인의 말의 본질과는 다른 것이다. 작가와 독자 모두는 변증법에 대해서, 즉 의사소통이 발생하게 되고 그들의 자유가 일치하게 되는 바로 그 '변증법' 그 자체에 대해서 본질적인 입장에 있다. 역설적으로 산문작가와 산문-쓰기의 독자는 모두 본질적으로 실존하는 개인들이자 본질적으로 자유로운 존재자들에 해당한다. 작가의 자유는 작품의 비-본질적 특성을 통해서 독자에게 전달될 수 있다. 실존하는 작가는 독자의 자유에 호소하기 때문에 창조된 문학작품은 하나의 방법으로만 작용해야만 한다. 따라서 자신이 처해 있는 상황을 충분하게 알고 있는 참여 작가만이 다른 사람의 자유를 인식할 수 있고 드러낼 수 있다. 참여 작가는 "자신의 작품의 생산에 협조하도록 하기 위해서 독자의 자유에 호소한다."[2] 작가와 독자는 공통된 연구계획에 참여하게 된다. "따라서, 그가 에세이스트, 팸플릿 집필자, 풍자작가, 또는 소설가이든, 또는 그가 개인의 열정만을 말하든, 또는 그가 사회적 질서를 공격하든, 자유인들을 언급하는 자유인에 해당하는 작가는 단 하나의 주체, 즉 '자유'만을 가지고 있을 뿐이다."[3]

다시 한 번 우리들은 우리들의 질문을 다음과 같이 재-형성할 수도 있을 것이다. 쓰는 것은 무엇인가? 쓰는 것은 자유롭게 되는 것, 자유를 제시하는 것, 다른 사람들의 자유에 호소하는 것, 간단히 말해서 쓰는 것은 참여하는 것이다. 1940년대의 사르트르에게 있어서 무엇인가를 의식하게 되는 것은 자유롭게 되는 것에 해당하기 때문에 쓰는 것은 또한 자신의 세계를 의식하게 되는 것이다. 존재는 행동이고 쓴다는 것은 행동하는 것이다.

롤랑 바르트의 질문은 다르게 형성되었다. '기술(記述)'은 무엇인가? '기술(記述)'은 어떤 특별한 작가가 참여하게 되는 행위가 아니다. 또한 '기술'은 '기술하는 것'의 산물도 아니다. 사르트르의 질문은 쓰고 있는 작가에게로 향했다. 바르트의 질문은 지칭하는 과정의 현장 그 자체에 자리 잡게 되었다. 그의 관심은 지칭하는 과정의 기원이나 끝에 자리 잡게 된 것이 아니라 오히려 사회적 활동과 사회적 기능으로서의 '쓰기' 그 자체에 자리 잡게 되었다.

이와 똑같은 '기술'은 분명하게 서로 다른 역사적 콘텍스트에 배치될 수도 있을 것이다. 프랑수아 페네롱과 프로스퍼 메리메가 그들의 사이의 1세기 반의 격차에도 불구하고 똑같은 유형의 '기술'을 유지했던 반면, 메리메와 로트레아몽, 말라르메와 루이-페르디낭 셀린, 앙드레 지드와 레이몽 크노, 카미유 클로델과 카뮈는 이들 각자가 연대순으로 짝지어졌다 하더라도 서로 다른 유형의 '기술'을 유지했다는 점을 바르트는 반복해서 강조했다. 사르트르가 서로 다른 작가들의 부분에 대해서 똑같은 프로젝트를 언급할 수 있었다 하더라도, 그리고 어느 한 작가를 그가 처한 역사적 콘텍스트에 배치할 수 있었다 하더라도, 그는 17세기 작가의 쓰기가 19세기 작가의 쓰기와 똑같다는 점을 주장하고 싶지는 않았을 수도 있다. 실제로 쓰는 것은 특별한 상황 내에서 그리고 그러한 상황과 관련지어 창조하는 것이며 이와 같이 행위로서의 쓰기는 그것이 처한 바로 그 상황과 분리시켜 연구될 수 있는 것이 아니다. 그렇지 않다면, 쓰기는 시화(詩化)의 유형, 시적으로 표현하는 것의 유형에 해당하며, 이 경우에서의 쓰기는 어쨌든 시인의 거울이미지만을 반영할 수 있을 뿐이다. 그러나 산문작가에게 있어서 독자와의 소통행위는 이들이 모두 역사적으로 자리 잡고 있다는 점을 의미한다. 17세기에 쓰는 것은 17세기에 쓰는 것이지 19세기에 쓰는 것이 아니다. 어떤 특별한 상황에서 쓰는 것(기술하는 것)은 다른 상황에서 쓰는 것이 아니라는 점을 의미한다. 따라서 '기술하는 것'과 '기술'의 사이의 역설적 차이가 존재하게 된다. 역사적 콘텍스트는 쓰기(기술)를 결정하지 않지만 그러나 쓰기는 바로 그러한 콘텍스트 내에서 발생해야만 한다.

역설의 요소에 대해서 우리들은 사르트르의 '쓰는 것'의 개념에 있어서의 종적이고 경험적이며 능동적인 특징에 호소할 수 있는 한편 다른 한편으로는 롤랑 바르트의 '쓰는 것'의 형성논리에서 두드러지게 나타나는 횡적이고 제한적이고 지칭적인 기호체계에 호소할 수도 있다. 그럼에도 이 두 가지 방법은 '쓰기' 그 자체에 해당할 뿐이다. 바르트의 편에서 보면 분명하게 할 필요가 있는 것은 이러한 차이가 어디에서 발생하게 되느냐는 점이다.

'쓰기'는 문제점 많은 언어에서 비롯되었다. 자신의 좀 더 최근의 저서 『기호학의 요소』(1964)에서, 바르트는 '랑가주'[langage, 인간이 구사하는 언어 능력의 총체]로서의 언어와 '랑그'로서의 언어를 구별했다. 소쉬르에 의하면 '랑그'는 '파롤'과 양면-대립적으로 결합되어 있다. '랑그'는 '사회제도', '가치체계' 및 '집단계약'에 해당한다.[4] '랑그'의 의미로 보면, 영어, 프랑스어 및 독일어는 모두 언어에 해당한다. 그러나 극장, 의상 및 자동차도 또한 각각 '랑그'에 해당한다. '파롤'은 어떤 하나의 '랑그'가 어떤 특별한 행동에서 선택될 수 있고 분명하게 발음될 수 있고 실현될 수 있을 때 발생하게 된다. '파롤'은 하나의 '랑그'의 약호 및 기호체계와 관련지어 자신의 생각을 표현하는 '말하는 주체'에 해당한다. '파롤'은 어떤 특별한 순간이나 또는 일련의 순간에서 '랑그'가 제정하는 '규정'에 해당한다. '파롤'과 '랑그'는 변증법적으로 상호-의존적이다. 영어로 발화된 문장, 극적 제스처 및 신차(新車) 모델광고는 모두 '랑그'와 '파롤'이 상호-의존적이라는 점을 나타낸다.

둘 다 '언어'로 번역될 수 있는 '랑그'와 '랑가주'의 사이의 관계는 어떠한가? 바르트는 『기호학의 요소』에서 "'랑그'는 '파롤(화술)'을 뺀 '랑가주'이다"[5]라고 강조한 바 있다. 이러한 점은 '랑가주'가 '파롤'을 더한 '랑그'라는 점을 의미한다. 달리 말하면, '랑가주'는 약호들과 그것들의 분절성의 체계에 해당한다. 하나의 '랑가주'는 어떤 특별한 '랑그'에 있어서의 어떤 특별한 '토픽'에 대한 담론이나 취급에 해당한다. 프랑스어로 쓰인 한 편의 소설은 '랑가주', 즉 '랑그'로서의 프랑스어가 어떤 특수한 영역 내에서 작용하게 되는 제한된 담론일 수도 있다. 이와 똑같이 의상(衣裳)에서도 정장(正裝)의 '랑가주'—재킷과 바지를 조화시켜 입는 특별한 습관—가 있으며, 그것은 이상적인 타입 때문에 그렇게 입는 것이 아니라 오히려 개인의 취향 때문에 그렇게 입는 것이다.

『쓰기의 영도』에서 바르트가 플로베르의 시대에서부터 현재까지 전체로서의 **'문학'**[바르트는 'literature'가 아닌 'Literature'를 사용하고 있으며, 이를 구별하기 위해서 역자는 'Literature'를 '**문학**'이라고 강조했다]은 언어의 문제로 되었다는 점을 강조했을 때, 그는 '랑가주'에 대해서 언급하고 있는 것이지 '랑그'에 대해서 언급하고 있는 것이 아니다. 언어의 문제로서의 **문학**은 기술(記述)에 해당한다. 이러한 점은 모든 기술(記述)이 '**문학**'이라는 점을 암시하는 것이 아니다. 오히려 그 반대로 수많은 '기술'이 문학이라고 명명될 수는 없을 것이다. 그러나 기술이 '랑가주'로서의 **문학**의 문제를 제기하는 것만큼, 그만큼 더 쓰기에 대한 관심은 이미 **문학**에 대한 관심으로 될 수 있다. **문학**은 기술의 기호들을 그 자체의 의미작용으로 상세하게 설명할 수 있다. 기술이 그 자체를 정의하기 위해서 '랑가주'의 영역을 제한시키게 되는 것과 똑같이, **문학**도 그것이 기술과는 다른 그 자체만의 위상을 성취하기 위해서 지칭하는 기호의 생산에 의존하게 된다.

쓰기의 문제는 **문학**의 문제를 제기한다. 쓰기의 문제를 고려하는 것은 **문학**의 문제를 고려하는 것이다. 그러나 쓰기 그 자체는 언어(랑그)와 스타일의 사이에 자리 잡게 된다. 언어와 스타일은 연구의 대상에 해당한다. 언어는 쓰기가 창조되는 재료인 반면, 스타일은 "종적이고 고립된 생각의 영역이다."[6] 스타일은 다음과 같은 것이다.

> 이미저리, 전달, 어휘는 작가의 몸과 그의 과거에서 비롯되어 점차 그의 예술의 바로 그 반사작용으로 된다. 따라서 스타일이라는 이름으로 자족적인 언어는 작가의 개인적이면서도 비밀스런 방법론의 깊이에 그 자체만의 뿌리를 내리고 있는 것, 말과 사물이 최초로 결합하게 되고 최종적으로 작가 자신의 실존에 대한 위대한 구술논지가 부여되는 표현에 대한 부수적인 본질을 발전시키게 된다.[7]

스타일이 종적인 것이고 개인화 되는 것이고 개인적으로 쓰기에 기여하게 되는 곳에서 언어(랑그)는 횡적으로 될 수 있고 초-개인적으로 될 수 있다. 스타일은 쓰기의 한쪽에 해당하고 언어(랑그)는 다른 한쪽에 해당한다. 또는 '랑그'는 x축에 해당하고 언어는 y축에 해당한다고 말할 수도 있을 것이다(데카르트의 용어와 협조하여). 따라서 쓰기(기술)는 언어(랑그)와 스타일의 교차점에 자리 잡게 된다. 쓰기는 언어(랑가주)의 문제점에 해당하고, '랑가주'가 '랑그'와 '파롤' 모두를 포함하고 있기 때문에 스타일은 '파롤'의 한 가지 유형에 해당하는 것처럼 보일 수도 있다. 따라서 '랑그/파롤' 대립에 연결되는 것으로 '랑그/스타일' 대립을 이해할 수도 있을 것이다. 여기에서의 차이는 '랑가주'가 '랑그/파롤' 대립을 포함하게 되는 반면, '기술'은 '랑그/스타일' 대립의 사이의 교차점에서 발생하게 된다는 점이다. '기술(쓰기)'은 언어의 문제점에 해당한다. 따라서 쓰기는 '랑그/파롤' 대립의 문제에 관계된다. 그리고 쓰기의 문제는 이미 문학의 문제에 해당하기 때문에 '랑그/파롤' 대립은 또한 문학 그 자체의 문제를 야기하게 된다.

'랑그'와 '스타일'의 사이의 교차점에 위치해 있는 쓰기가 '랑그'와

'파롤'의 사이의 대립에 관계된다고 말하는 것은 무엇을 의미하는가? 그것은 x/y 축의 영도(零度)에 있는 쓰기가 한편으로는 언어와 스타일(따라서 문학적 관심)을 선언한다는 점을 의미하고 다른 한편으로는 화술에 관계되는 언어, 따라서 언어적 관심을 선언한다는 점을 의미한다. 그러므로 쓰기가 소개될 때, 소개되는 문학은 그 자체가 언어적인 틀에 바탕을 두고 있는 콘텍스트에 자리 잡게 된다. 달리 말하면, 문학은 쓰기를 바탕으로 하여 형성되고 쓰기는 언어학(특히, 기호의 학문에 해당하는 기호학)을 바탕으로 하여 형성된다고 볼 수 있다. 문학은 건물에 해당하지만 그러나 '랑그'와 '파롤', '랑그'와 '스타일'이 관심을 가지고 있을 뿐인 바로 그 영도에서만 문제가 되는 건물에 해당한다. 이러한 점이 왜 문학의 건물에 사는 것이 가능할 수 없는지에 대한 이유가 된다. 다만 문학의 건물을 생산할 수 있을 뿐이다. 문학을 이용하는 것이 가능하지 않을 수도 있는 까닭은 거기에는 사용할 것이 아무것도 없기 때문이다. 문학은 매개체로 될 수도 없다. 그것은 작가의 자유를 독자에게 전달하는 투명한 수단으로 작용할 수 없기 때문에 독자는 그 자신만의 자유를 인식할 수 있게 될 뿐이다.

쓰기는 영도에서의 생산에 해당하거나 또는 과정에 해당한다. 쓰기의 활동은 문학에 참여하게 되지만 그러나 그러한 활동이 작가나 독자에게 참여하게 되지는 않을 것이다. 기술(記述)의 다양성에서부터 새로운 문학이 도입된다는 점에서 문학은 "언어의 유토피아로 된다."[8] 그러나 이러한 점은 구조가 정적이 아니라는 점을 제안하는 것과 같은 것이며, 그것이 정말로 중요한 경우에 해당한다. 상호간의 교차점에서 x/y축과 만나는 z축은 '역사'의 길을 서사할 수 있게 된다. 쓰기는 변증법의 계열을 따라 배치되고, 그러한 계열에 의해 문학은 그 자체의 모습을 변화시킬 수 있으며, 거기에서 문학은 다-형식을 취하여 암시적으로 쓰기의 다양성에 호소하는 하나의 '모델'로 그 자체를 인식할 수 있게 된다. 그러므로 영도에서 z축을 따라 쓰기를 뒤따르게 된다면, 서로 다른 '기술(記述)'을 발견할 수도 있겠지만 그러나 때로는 그 이전의 '기술들'을 반복하고 있는 '기술', 즉 그 이전의 역사적 순간들의 '기술들'만을 반복하고 재-확인하는 '기술' 그 자체만을 발견할 수 있게 될 것이다. 페네롱과 메리메에게서, 도스토예프스키와 랠프 엘리슨에게서, 괴테와 토마스 만에게서 똑같은 '기술'을 연구하는 것도 가능할 수 있을 것이다. 이와 같은 '기술들'은 역사적 계열을 따라 두 가지 점으로 비교될 수 있으며, 그러한 비교가 변증법적 계열과는 무관하게 발생할 수 있는 까닭은 바로 그 계열이 영도에서 발생하게 되기 때문이다. 결별과 새로운 시작은 이와 같은 변증법적 계열을 따라 언제나 가능한 것이다.

쓰기의 영도는 '랑가주'로서의 **문학**이 문제가 되는 바로 그 위치에 해당한다. 문학적 '기술'은 다양한 '기술들' 중의 한 가지에 해당할 뿐이다. 여기에는 정치적 '기술', 부르주아적 '기술', 수학적 '기술' 등이 포함될 수 있다. 쓰기는 **문학**의 문제를 제기할 수 있을 뿐이지 **문학**이 그 자체의 이상적인 형태로 남아 있다 하더라도 그것이 필연적으로 **문학**을 선언하게 되는 것은 아니다. 반대로 **문학**은 쓰기에 의존한다. **문학**은 '기술'에 의존하고 있는 것이지 사르트르가 "쓰기란 무엇인가?"라고 물었을 때나 또는 "쓰는 것은 무엇인가?"라고 물었을 때, 그가 호소하고는 했던 바로 그 쓰기 그 자체에 의존하는 것은 아니다. 바르트에게 있어서 **문학**의 문제는 사르트르에게 있어서의 '쓰기'의 문제에 해당하는 것이 아니다. 바르트에게 있어서 쓰기는 '랑그', 스타일 및 역사의 축을 따라 영도에서 하나의 공간을 수립하게 된다. 사르트르에게 있어서 '쓰기'는 상호-주관적인 소통을 위한 하나의 매개체를 야기하는 창조행위에 해당한다.[9] 그러나 기호체계의 확산과 발전을 위해서 쓰기를 중립의 영역으로 고려할 수 없는 한, 바르트에게 있어서 쓰기는 하나의 매개체가 될 수 없다.

그렇다면 쓰는 것은 무엇인가? 사르트르의 편에서 보면, 그것은 쓰는 것, 창조하는 것, 의사소통하는 것, 자유롭게 되는 것 등에 관계된다. 바르트의 편에서 보면, 그것은 권위적 스타일 및 또 다른 언어—쓰기가 기호학의 '랑가주'인 것과 똑같이 문학의 '랑가주'에 해당하는—의 문제점을 선언하는 언어와 관련지어 그 자체만의 기호를 수립함으로써 언어와 화술의 언어학적 틀을 반복하는 것에 관계된다. 그러나 쓰는 것은 무엇인가? '쓰기'는 쓰기의 활동이자 문학이 그 자체의 위치를 발견하게 되는 공간 모두에 해당해야만 한다. '쓰기'는 '기술'과 '기술하는 것' 모두를 통합해야만 한다. 하지만 쓰기는 이와 같은 두 가지의 사이의 교차점이나 또는 경첩에서 작용하게 된다. 쓰기의 행위와 쓰기의 기호체계의 사이의 경첩에서 문학은 존재할 수 있다. 사르트르는 모든 휴머니티의 자유가 산문작가의 활동을 통해서 실현될 수 있는 유토피아적인 문학의 모델을 제공했다. 그러나 사르트르 자신은 몇 년이 지나서야 사실은 그것이 유토피아적인 형성논리였다는 점, 실존주의는 마르크스주의를 그 자체의 철학으로 하는 이데올로기였다는 점을 인식하게 되었다. 그러므로 우리들은 문학이 '랑가주'의 유토피아가 되어야 한다는 바르트의 주장, 즉 쓰기가 소개하는 유토피아의 문제를 무시할 수는 없을 것이다.

작품/텍스트

문학은 '랑가주'의 유토피아로 되어야 한다는 주장은 바르트의 『쓰기의 영도』의 마지막 부분에 자리 잡고 있다. 문학이 기술(記述)의 문제이고 바로 그 기술이 언어의 문제라는 점은 이미 분명해졌다. 그러나 문학이 '랑가주'의 유토피아로 될 수도 있다는 주장은 '랑가주'의 이상적인 위치가 바로 문학이라는 점을 인정하는 것이다. 이러한 점은 바르트가 다음과 같이 언급한 점과 같다. “하나의 프로젝트가 되기 위해서 문학이 그 자체의 언어(랑가주)를 만들어내는 한, 쓰기의 방법의 다양성은 하나의 새로운 문학을 가능하게 한다.”10) ‘랑가주’의 위치를 뒤바꾸는 ‘전위(轉位)’로부터 바르트는 문학의 유토피아를 암시하고 있다. 그러나 바르트가 제안하는 프로젝트의 담론은 분명히 사르트르의 담론과 유사한 것이다. 사르트르에게 있어서, ‘프로-젝트(pro-ject)’는 현재의 프로젝트를 능가하는 어떤 상황을 유도하는 것이거나 기대하는 것이다. 프로젝트는 그것이 그 자체를 능가하는 의식의 이동을 특징짓는다는 점에서 인간의 자유를 표현하는 것이다. 사르트르에게 있어서 문학은 그것이 인간의 자유를 표현하고 쓰기의 기교에 있어서 작가로 하여금 작가 자신을 뛰어넘게 해야 한다는 점에서 일종의 프로젝트에 해당한다. 문학은 작가와 독자의 부분과 관련지어 지속적으로 대화를 수립하게 된다. 인간의 프로젝트는 이러한 조건이 정적인 관계로 되지 못하도록 하는 데 있다. 그러나 바르트가 문학이 그 자체의 하나의 프로젝트로 되기 위해서 그 자체의 언어를 만들어내는 것으로 바로 그 ‘문학’을 언급했을 때, 그는 문학이 단순히 쓰기의 유형으로 될 수 없다는 점을 의미했던 것이 아니라 오히려 쓰기의 이상(理想), 즉 문학이 언어(랑가주), 스타일 및 역사 내에서 작용하지 않았다면 다르게 형성될 수도 있었던 바로 그 ‘이상’으로 되어야만 한다는 점을 의미했다. 사르트르는 우리들이 처한 상황의 위치를 인정했고 문학을 그러한 상황주의의 기능으로 고려한 반면, 바르트는 문학을 ‘랑가주’의 이상으로 파악했고 언어를 콘텍스트의 틀에 의해 제약받는 것으로 설명했다.

사르트르가 1971년 콘태트와 리발카와의 대담에서 “더 이상의 문학은 없다”11)고 선언했을 때, 그는 자신의 1947년의 입장을 거의 종합적으로 반전시켰다. 문학에 대한 사르트르의 이러한 전환은 『방법의 탐구』—사실은 『변증법적 이성비판』(1960)에 대한 ‘서문’에 해당하는—라는 제목으로 된 1957년의 에세이에서 이미 일치시킬 수 있었던 전환에 해당한다. 자신의 논지의 예로 플로베르를 인용함으로써, 사르트르는 다음과 같이 언급했다.

> 문제가 되는 것은 그 이전의 순간과 관련지어 각각의 순간을 가능하게 하는 풍부한 종합화의 이동, 최종적인 객관화에 도달하기 위해서 생생한 모호성으로부터 출발하는 충동—간단히 말해서, 플로베르가 소시민의 입장을 벗어나기 위해서 자신의 낯선 객관화를 지향하는 다양한 분야의 가능성에 착수하게 되고 불가피하면서도 불가분하게 『보바리 부인』의 작가로 그리고 그가 그렇게 되기를 거부했던 소시민으로 자신을 형성하게 되는—을 회복하는 것이다. 이러한 프로젝트에는 하나의 '의미'가 있으며, 그것은 비상(飛上)에 대한 단순한 부정이 아니다. 그것에 의해서 어느 누군가는 분명한 객관적인 종합화로서의 세계에서 자신의 생산을 지향할 수 있을 것이다.[12]

이상의 예에서 작가의 프로젝트는 작가 자신을 정의하고 낯설게 하는 객관화를 능가하는 바로 그 '프로젝트'에 해당한다. 실제로 쓰기 그 자체는 작가가 자신의 의미를 수립할 수 있는 도구에 해당할 뿐만 아니라 자신을 발견하게 되는 종합화된 '실천적 타성태'로서의 조건을 능가할 수 있는 도구에도 해당한다. 쓰기가 모든 인류의 자유에 호소할 수 없는 까닭은 작가 자신이 자유롭지 못하기 때문이다. 작가는 역사에 있어서 자신의 위치에 자리 잡고 있는 자기 자신에게 제공되는 종합을 극복하고 그것을 다시 종합하기 위해서(그 자신만의 실천을 통해서) 쓰게 되는 것이다. 사르트르가 1947년에 선언했던 실존적 문학에 대한 해석은 1957년에 이상적인 모델로 되었다. 사르트르는 수요와 희소성이라는 그 자신만의 조건에서 벗어나 작가는 참여적이기는 하지만 그러나 자유로운 저자, 즉 자신의 자유를 자신의 독자들에게 전달할 수 있는 저자의 입장을 가능하게 하려고 노력했다. 그러나 문학은 쓰기의 도구로 작용하는 대신에 이제 쓰기의 이상으로 되었다. 실존적 문학의 개념이 실천으로 실현될 수 있는 것이라면, 그렇다면 그것은 더 이상 하나의 개념으로서 필요한 것이 아닐 수도 있다. 왜냐하면 그것은 작가의 실제상의 '실천'으로 될 수 있기 때문이다. 실존적 문학의 개념은 실현되지 않았기 때문에 그것은 이데올로기의 형식으로만 남아 있게 되었다. 사르트르는 다음과 같이 언급하면서 『방법의 탐구』를 결론지었다.

> 마르크스주의의 사상이 인간의 범주(즉, 실존주의의 프로젝트)를 인류학의 '지식'의 바탕으로 간주하게 되는 날부터 실존주의는 더 이상 존재할 그 어떤 이유를 갖지 못하게 될 것이다. 철학의 종합화 순간에 의해서 흡수되고 지양되고 유지됨으로써, 실존주의는 그것이 어떤 특별한 추구로 되는 것을 멈출 수 있을 것이고 모든 추구의 바탕으로 될 수 있을 것이다.[13]

자신의 초기의 입장을 유지하면서 사르트르는 「쓰기의 제안」이라고 제목을 붙인 1959년의 한 대담에서, 대상의 묘사에 치중하는 레비스트로스와 같은 민족학자와는 대조적으로 작가는 대상의 핵심이 아닌 측면을 취급해야만 한다는 점을 강조했다.[14] 작가가 측면을 취급한다는 것은 역사적이고 정치적이고 사회적인 특별한 상황에 자신이 개입하고 있다는 사실을 인식하게 되는 것을 의미한다. 그리고 문학의 기능은 "인간에게 그 자신의 비판적 이미지를 부여하는 것이다."[15] 작가로서 참여한다는 것은 이상화된 상황을 의미하는 것이 아니라 우리 자신의 실제상의 상황의 그림을 제공하는 것을 의미한다. 사르트르가 강조했던 바와 같이, 우리들은 이미지의 한 가운데에 살고 있으며 문학은 우리들에게 우리들 자신의 비판적 이미지를 제공한다. 이와 같은 비판적 반영에 있어서 문학은 폭로할 수 있어야만 하고 제시할 수 있어야만 하고 대변할 수 있어야만 한다. 그러나 자신의 『변증법적 이성비판』에서 그렇게 했듯이, 사르트르가 우리들 자신은 순차적으로 일어나는 '연속성'의 상황과 '실천적 타성태'로서의 종합성으로서의 상황에 실존하고 있다는 점을 주장할 수밖에 없었다면, 그렇다면 문학은 이와 같은 상황들을 그려낼 수 있어야만 할 것이다. 그것이 비록 비판적으로 그려내는 것이라 하더라도. 그러한 상황들을 그려낼 수 있어야만 할 것이다. 달리 말하면, 문학은 '실천적 타성태'에 대한 반응으로서 일종의 '실천'을 제시할 수 있어야만 할 것이다. 문학이 할 수 있는 것은 작가가 할 수 있는 것과 같다. 작가는 쓴다. 쓰는 것은 "의사소통을 하기 위해서 기본적으로 필요한 최고의 형식이다."[16] 『문학이란 무엇인가?』 이후 10년 정도에서 발생했던 변용과 함께 작가가 쓸 때, 의사소통되는 것은 더 이상 자유에 해당하는 것이 아니지만 그러나 그것은 오히려 자유가 투사될 수 있는 수요와 희소성의 조건으로 될 수 있다.

사르트르가 1971년 "더 이상의 문학은 없다"고 왜 주장했는지가 아직도 여전히 명확하지 않을 수도 있다. 예를 들면, 1965년에 발표한 「지식인을 위한 변명」이라는 글에서 사르트르는 자신이 문학의 종결과 완성을 선언했던 최종적인 파국에 좀 더 가깝게 접근했다고 볼 수 있다. 그는 다음과 같이 언급했다.

> 문학작품은 모든 시대에 관련되어야만 한다. 달리 말하면, 사회세계에 있는 저자의 상황에 관련되어야만 하고, 이와 같은 간단한 개입을 바탕으로 하여 그러한 개입이 어떤 다른 사람에게도 그렇게 부여되는 것처럼, 저자 자신의 존재자에게서 문제가 되는 바로 그 존재자를 저자 자신—충만한 가능성의 의심스러운 배경에 반대하여 소외, 구체화, 갈등, 결핍, 고독 등의 형식으로 세계 속에서 자기 자신의 개입을 '살아가고 있는'—에게 '구체적으로' 부여하는 한, 전반적으로 사회 전체에 관련되어야만 한다.[17]

작품은 사회-역사적 시간의 일부분에 해당한다(퇴행적으로 결합된). 작품의 저자, 즉 작가는 세계 속에 있는 자신의 유일성과 자신의 종합화 과정의 보편성을 둘 다 상세하게 설명한다. 종합화는 작가의 유일성을 취하여 작품을 통해 그 자신의 구체적인 상황을 보편화시킬 수 있다. 작품은 작가가 창조하는 것이고, 작품은 또한 작가가 작가로서 투사시키는 종합화를 이끌어내는 바로 그 자신의 수단에 해당한다. 작품은 "우리들을 궤멸시키는 하나의 세계 내에 있는 경험을 비-지식의 평면 위에 복원하는 것이자 삶은 절대적 가치일 뿐만 아니라 모든 다른 사람들에게 언급된 자유에 호소하는 것이라는 점을 생생하게 확인하는 것이다."[18] 작가의 임무는 자유에 호소하는 것이라고 지속적으로 특징지음으로써, 사르트르는 이데올로기와 유토피아를 주장했으며 특히 혼재향적['혼재향(混在鄕, heterotopia)'의 의미에 대해서는 이 책 제19장을 참고할 것]인 모험의 조건과는 대조적으로 주장했다.

작가들이 문학작품을 쓸 때, 그들은 문학을 창조한다. 1971년까지 사르트르 자신은 문학작품을 쓰는 것을 멈추었었다. 이러한 유형에 속하는 그의 마지막 작품은 『알토나의 유폐자들』(1959)이다. 이러한 점은 적어도 1975년 그가 앞을 보지 못하게 된 것을 인정하기 전까지 그가 쓰기를 멈추었다는 것을 의미하는 것이 아니다. 『말』, 세 권으로 된 『집안의 천치』 및 몇 권의 『상황들』 등이 자료에 첨부될 수는 있지만, 이러한 것들은 정확한 의미에서 문학작품은 아니다. 사르트르가 작품은 구체적인 상황에 처해 있는 '단칭 보편자'들의 활동에서 비롯된다는 점을 주장했다 하더라도, 그가 문학의 부재에 대한 자신의 전체적인 주장의 근거를 자신이 더 이상 작품을 쓰지 않는다는 사실에 둔 것은 아닐 것이다. "문학은 끝나게 되었다"는 그 자신의 견해를 좀 더 분명하게 지적하기 위해서 플로베르에 대한 그의 연구를 논의할 수 있는가? 「사유의 여정」에서 사르트르는 플로베르가 그 자신만의 문학의 개념에 대해서 정확하게 반대되는 입장을 나타내고는 했다는 점을 강조했다.[19] 그러나 사르트르가 그 자신만의 문학관을 좀 더 많이 대표하는 작가로 스탕달이나 플로베르를 발견했든 못했든, 그것이 우리들로 하여금 "문학은 끝나게 되었다"는 그 자신의 입장에 좀 더 가까워질 수 있도록 하는 것은 아닐 것이다.

문학이 끝나게 된 까닭은 문학의 본질이 모든 인류의 자유를 야기하게 되기 때문이다. 이러한 점이 산문작가가 작품을 쓰고 창작할 때, 바로 그 작가 자신에게 부여되는 임무에 해당한다. 작가는 독자들과 의사소통해야만 하며 그들의 자유를 그려내야만 한다. 그러나 독자들이 자유롭지 못하다면, 그들의 자유를 그들에게 보여주기 위해서 작가는 어떻게 쓸 수 있는가? 작품은 만들어지는 것이다. 작품은 의사소통의 상황 속에 작전배치 되는 것이다. 우리들이 어떤 상황에 남아있게 된다 하더라도, 우리들의 상황은 정치적이거나 또는 아마도 이론적인 실천이 제공할 수 있는 종합화와 개인화에 의해서 좀 더 합당하게 설명될 수도 있을 것이다. 문학은 사르트르가 1947년에 착수했던 바로 그 임무를 더 이상 성취할 수 없게 되었고 또 그런 것처럼 보이기도 한다. 작품의 작전교범은 우리 시대의 조건을 충분하게 설명하지 못한다. 문학의 끝에서 필요한 것은 우리들이 우리들 자신을 발견하게 되는 상황과 조건을 설명할 수 있는 '추론의 공간' 그 자체이다. 문학의 끝에, 문학에 의해서 제한된 공간의 한계에 자리 잡고 있는 것 ― 그것이 바로 '텍스트'이다.

「오늘의 문학」이라는 제목으로 된 1961년의 에세이에서 롤랑 바르트는 문학이 다양한 지칭체계들 중의 하나에 해당할 뿐이라는 점을 강조했다. 음식, 의상, 그림, 영화, 패션 등은 모두 문학처럼 하나의 지칭체계에 해당한다.[20] 하나의 지칭체계로서 문학은 다른 것들과 마찬가지로 하나의 텍스트에 해당한다. 텍스트는 텍스트 그 자체를 구성할 수 있기 때문에, 그 이전의 '랑가주'의 **유토피아**는 이제 하나의 새로운 '작전지(作戰地)'로 전환된다. "**텍스트**에 대한 담론은 그 자체가 다름 아닌 텍스트, 연구, 텍스트의 활동으로 되어야만 한다. 왜냐하면 **텍스트**는 그 어떤 언어도 안전하게 그냥 내버려두지 않고 '바깥'으로 만들어 버리고 마는 '사회적 공간'에 해당하는 것이자 심판관, 마스터, 분석가, 고백자, 해독자(解讀者)의 입장에서 '언명(言明)'의 주체로 될 수도 없는 '사회적 공간'에 해당하기 때문이다. **텍스트**의 이론은 다만 쓰기의 실천과 함께 동시적으로 발생할 수 있을 뿐이다."21) 텍스트는 쓰기를 실천하는 것이다. 쓰기의 활동과 작용을 형성하는 '쓰는 것'과 '쓰기'의 사이의 대립과 함께, '문학/텍스트'의 이면(裏面)에서 우리들은 또 하나의 대립, 즉 '작품/텍스트'를 발견할 수 있다. 이러한 점은 통시-기술적(通時-記述的)인 방법으로 아래와 같이 각인될 수 있다.

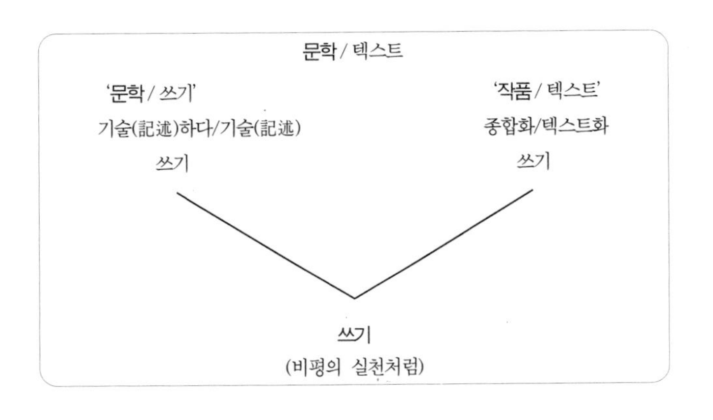

사르트르는 여전히 작가들이 있고 여전히 문학작품들이 있기는 하지만 그러나 더 이상의 문학은 없다는 입장을 선택했다. 따라서 사르트르에게 있어서 '기술(記述)하다'는 '쓰기'를 생산하는 것을 의미하고 '쓰기'를 생산하는 것은 문학작품을 창조하는 것을 의미한다. 이상적으로 볼 때, 문학작품의 기능은 소통행위를 통해서 모든 인류의 자유에 호소하는 것이다. 그러나 문학의 특징인 '기능'은 유토피아적으로 남아있게 되며, 작가의 임무는 우리들이 우리들 자신을 발견하게 되는 '실천적 타성태'로서의 상황을 형성하는 종합성을 종합화하는 것이다. 따라서 사르트르의 두 번째 형성논리에서 '쓰는 것'은 종합화하는 것이다. 작품을 창조하는 것은 종합화의 전략을 수행하는 것이다. 사르트르가 종합화와 일치되는 위치와 가장 가까운 곳에서 우리들은 종합화를 선언하는 바르트를 발견할 수 있다. **텍스트**에 대한 담론은 그 자체가 텍스트의 활동에 해당하며 따라서 텍스트화의 형식에 해당한다. 텍스트화는 텍스트를 실천하는 것이자 사르트르의 종합화에 접근하는 것이다. 달리 말하면, 종합화는 문학작품, 의상, 영화처럼 지칭하는 기호체계와 관련지어 특징지을 수 있는 경험의 과정에 해당한다. 이와 같이 지칭하는 기호체계는 텍스트화하는 텍스트의 실천에서 실현될 수 있다.

작품과 텍스트의 사이의 교차점의 위치를 파악하기 위해서 우리들은 1960년대와 1970년대의 틀을 이해할 필요가 있다. 문학작품으로서의 작품의 위치에 대한 사르트르의 노력에 대해서는 그 특징을 이미 파악한 바 있지만, 그러한 위치에 대한 바르트의 설명은 어떠한 것인가? 바르트는 1971년 『미학평론』에 수록된 「작품에서 텍스트까지」라는 제목의 에세이에서 자신의 입장을 가장 명확하게 종합할 수 있었었다.[22] 그러나 작품과 텍스트의 사이의 대립을 수립하기 위해서 그는 '작품'에 대한 자신만의 개념을 만들어낼 필요가 있었다. 이와 같은 분명한 설명이 발생할 수 있는 합당한 위치는 '새로운 비평'에 대한 레이몽 피카르의 비난에 대한 바르트의 반응에서 찾아볼 수 있다. 바르트는 『비평과 진실』(1965)의 후반부 제1부에서 불만의 합당한 출구로 '작품'과 '랑가주'의 사이의 관계를 수립해 놓았다. '랑가주'는 철학, 인문과학 및 문학을 포함하여 수많은 영역들을 취급한다. 『쓰기의 영도』에서 쓰기는 '랑가주'의 문제에 자리 잡게 되고, **문학**은 쓰기의 실현의 문제에 자리 잡게 된다. 실제로 문학비평의 문제는 또한 쓰기에 의해서 발생하게 된다. 문학비평이 제기하는 질문은 또한 '쓰기'에도 관계되고 그리고 또한 '랑가주'에도 관계된다. 그러므로 문학비평은 **문학**으로서(그리고 똑같은 영역 내에서) 대등하게 배치될 수 있다. 하지만 문학비평이 작품에 관계되는 반면, **문학**은 쓰기의 출현에 호소하게 된다. 쓰기가 작품을 제작하고 열어놓게 된다고 말할 수도 있지만, 반대로 작품은 **문학**과 문학비평 모두를 가능하게 할 수도 있다. 이러한 점은 바르트가 "하나의 작품이 '영원한' 까닭은 그것이 서로 다른 개인들에게 유일한 의미를 부여할 수 있기 때문이 아니라 모두가 똑같은 상징어(랑가주)를 말하는 유일한 개인들에게 다양한 시대를 가로 질어 서로 다른 의미를 제안할 수 있기 때문이다. 작품은 제안하고 각 개인은 처리한다"[23]고 언급한 점과 같다. 작품의 다-원자가(多-原子價)는 각 개인의 읽기에 의해서 결정될 수 있다. 각각의 읽기가 작품을 수립할 수 있는 까닭은 개인적인 독자가 특별한 상황에 자리 잡게 되기 때문이다. 따라서 작품의 모호성과 그 자체의 다-의미적(多-意味的)인 미적 특징들은 각 개인의 비평적 읽기에 의해서 환원될 수 있는 것이다. "상황은 작품을 구성하는 것이지 그것이 작품을 발견하는 것은 아니다."[24] 따라서 문학(또는 쓰기)의 학문과 문학비평의 사이의 구별이 가능해진다. 문학(쓰기)의 학문은 하나의 담론, 즉 그것의 대상이 하나의 의미나 또는 다른 의미에 있는 것이 아니라 오히려 작품의 다-의미들에 있는 '담론'에 해당하는 반면, 문학비평은 개방적으로 작품 그 자체에 대해서 특별한 의미를 부여하고자 모색하게 된다.

그러나 하나의 작품이란 무엇인가? 작품에는 다-의미들이 있다는 점을 인정함으로써, 우리들은 이제 바르트가 작품과 텍스트를 구별했던 1971년의 에세이로 되돌아갈 수 있을 것이다. 작품은 작가 또는 저자가 자신만의 독특한 특수성에 의해서 쓰는 것이다. 그것은 인간이 제작하는 것이다. 작품은 실체의 파편이자 예를 들면 도서관에서 책이 차지하고 있는 공간의 일부분에 해당한다. 셰익스피어, 괴테 및 플로베르의 작품들은 모두 서가에서 발견할 수 있으며 독자들은 그것들을 손에 넣을 수 있다. 하나의 작품은 '기의'에 가깝게 되며, 이러한 예로는 플라톤의 『심포지엄』이 '사랑에 관하여'라는 점을 들 수 있다. 왜냐하면 바로 그 '사랑'이 작품의 '기의'를 형성하고 있기 때문이다. 작품은 창조되고 생산된다. 그것은 기호로 작용한다. 단테의 『신곡』은 하나의 기호로 작용하고 바로 그 기호의 문명(기독교의 종말론의 특징을 포함하여)을 나타낸다. 작품은 친자과정에 의해서 포착되고 세계, 인종, 역사에 의해서 결정된다. 작품은 일종의 부친, 즉 그 자체의 저자가 있다. 작품은 저자의 후손이며 그것의 형제자매는 동일한 저자의 또 다른 작품에 해당한다. 저자는 특권이 있고, 부친과 같고, '절대-신학적'이다. 작품은 유기적 전체에 해당하는 것이지 파괴되거나 분리될 수 것에 해당하는 것이 아니다. 일종의 소비대상으로서 작품은 조금씩 떼어내어 각각의 조각으로 매매할 수 있는 것이 아니다.

이와는 대조적으로 텍스트는 방법론의 분야이다. 텍스트는 기호에 반응함으로써 접근할 수 있고 경험할 수 있고 이해할 수 있다. 예를 들면, '사랑'이 『심포지엄』에서 기의에 해당한다면, 그것이 하나의 텍스트에 관련될 때, 그것은 '기의'의 무한한 연장, 즉 '사랑'의 개념의 무한한 연장을 실천하게 된다. 그것의 분야는 '기의'의 분야이며 그것의 행위는 연장의 행위이다. 텍스트는 생산 활동에서만 경험될 수 있는 것이지 정적 통일체로 경험될 수 있는 것이 아니다. 실제로 하나의 텍스트는 하나의 작품 또는 심지어 여러 개의 작품들을 가로질러 횡단할 수 있다. 예를 들면, 사랑에 대한 디오티마[Diotima, 그리스의 철학자. 플라톤의 『대화편(對話篇)』과 「향연(饗宴)」에 등장하는 전설상의 인물로서, 만티네이아(아르카디아 남동부)의 무녀(巫女)이다. 작품 속에서 소크라테스는 그녀의 입을 빌려 에로스 예찬의 연애관을 주장하며 육체의 아름다움에서 영혼의 아름다움으로, 나아가 아름다움 그 자체의 관조(觀照)에까지 도달하는 것이 올바른 연애의 과정이라고 주장했다]의 설명은 하나의 텍스트에 해당하며, 그것은 카스틸리오네의 『궁정론』의 마지막 권 및 스탕달의 『연애론』과 결합될 수도 있을 것이고 아마도 심지어 이들의 저서에 반영된 사랑에 관한 담론의 일부분과 결합될 수도 있을 것이다. 이상과 같은 세 권의 텍스트들은 사랑의 텍스트의 파편을 형성한다.[25] '기의'가 무한한 연장에서 작용하는 것은 '기표'의 분야를 수립하는 것이고 이때의 기표는 '언명(言明)', '합리성' 및 '가독성(可讀性)'의 규칙을 형성한다. '기의'의 영역의 한계는 그 자체의 역설적 특징들, '억견(臆見)'[doxa, 그리스어 dóxa에서 유래된 억견은 감각이나 지각보다도 넓은 대상을 감지할 수 있지만 지식이나 사고(思考)와 비교하면 확실한 근거가 없다는 점에서 이

보다 못한 개념이다. 억견은 대체로 다음 두 가지로 분류된다. ① 감각이나 지각 또는 지식과 마찬가지로 사실과 합치되는 점에서 참이긴 하지만 논거가 결여되어 있는 점, ② 사실과 합치되지 않는 거짓이라는 점. 이와 같은 두 가지 중에서 ①은 경험에 의한 느낌이나 교훈을 맹목적으로 믿는 데서 생기는 것이며 실생활에서 가끔 소용될 때가 있다]의 한계에 뒤이어지는 특징들을 확장시킨다. 텍스트는 구조화되지만 그러나 그것은 또한 중심-이탈되는 것이고 그것에는 '폐쇄마감'이 있을 수 없다. 저자로서의 자아는 텍스트에서도 탈-중심되고 텍스트의 다원적 의미에서도 탈-중심된다. 쓰기와 읽기의 사이에 거리가 있어야만 한다는 요구는 폐지되고 저자는 텍스트로 되돌아올 수 있지만 그러나 저자로서 되돌아올 수 있는 것이 아니라 손님으로서만 되돌아올 수 있을 뿐이다. 텍스트는 분명하게 상호-텍스트적이다. 그 어떤 특별한 저자라 하더라도 다른 저자가 그런 것처럼 그 자신도 그 어떤 권위를 가지고 있지 않다. 이러한 점은 바르트가 『텍스트의 즐거움』(1973)에서 다음과 같이 언급한 점과 같다.

스탕달이 인용한(그러나 그가 쓴 것은 아닌) 하나의 텍스트를 읽으면서 나는 하나의 작은 부분에서 프루스트를 발견하게 된다. 레스카르르의 주교는 일련의 애정 어린 돈호법(나의 어린 조카딸, 나의 어린 친구, 나의 사랑스런 흑갈색 머리, 아, 달콤한 작은 양 등)에서 그의 '총대리 보좌주교'[가톨릭교회의 교구행정에서 교구장을 보필하기 위해서 교구장으로부터 임명된 사제나 보좌주교]의 조카딸을 지칭하고는 한다. 이러한 유형의 돈호법은 나에게 발벡의 그랜드호텔에 있는 두 명의 편지배달 소녀들, 즉 마리에 제네스트와 세레스테 알바레트가 서술자를 언급하는 방법(아, 작은 검은 머리 악마, 아, 간교한 작은 악마! 아, 젊다! 아, 사랑스런 피부!)을 생각나게 한다. 어디에선가 그러나 똑같은 방법으로 플로베르에게서, 나가 프루스트를 따라 읽었던 것은 노르망디의 꽃이 피는 사과나무이다. 나는 공식의 흔들림, 기원의 반전, 뒤이어지는 텍스트로부터 그 이전의 텍스트를 도출해낼 수 있는 용이성을 좋아한다. 프루스트의 작품이 적어도 나에게는 참고작품, 일반적인 관여, 전체적인 문학적 우주생성론의 '만다라'에 해당한다는 점을 나는 인식하고 있다. 서술자의 할머니를 위한 세비네 부인의 편지들, 돈키호테를 위한 기사도의 이야기들처럼, 이러한 점은 나가 어떻든 프루스트 '전문가'라는 점을 의미하는 것이 아니다. 프루스트가 나에게 온 것이지 나가 프루스트를 불러낸 것이 아니다. 권위가 아니라 단지 '순환기억'일 뿐이다. 그것이 바로 상호-텍스트가 있게 되는 것, 즉 무한한 '텍스트'의 밖에 살기의 불가능성에 해당한다. 그러한 텍스트가 프루스트이든 일간신문이든 또는 텔레비전 화면이든, 책은 의미를 창조하고 의미는 삶을 창조한다.26)

바르트가 묘사하고 있는 상호-텍스트성에서 작용하고 있는 '나'는 일종의 '종이-나', 즉 상호-텍스트적인 읽기의 네트워크의 일부분에 해당한다. 읽기-가능한 자아는 텍스트적인 텍스트성의 전략에서 작용할 수 있게 된다.

작품의 즐거움과 텍스트의 즐거움의 사이의 차이는 '문학/텍스트'의 대립에서 텍스트의 편에 있지만, 그러나 작품의 즐거움은 분명히 문학의 즐거움과 유사한 것이다. 작품의 즐거움은 소비의 즐거움이다. 나는 프루스트, 플로베르, 발자크 등 모두를 다시 쓸 수는 없지만 그러나 나는 그들을 알 수 있으며 그들을 즐길 수 있다. 텍스트의 즐거움은 텍스트 자체로 들어오게 되며 그것이 바로 텍스트의 텍스트화로부터 분리될 수 없는 '주이상스'에 해당한다. 왜냐하면 독자는 텍스트에서 자기 자신을 상실하게 되고 그 자체의 기쁨에 자기 자신을 개방시킬 수 있게 되기 때문이다. '주이상스'는 텍스트의 현장에서 발생하며, 그것은 쓰기가 영도에 자리 잡고 있는 것과 똑같이 이미 고유한 아토피성으로 된다. 텍스트에는 특별한 위치가 없지만 그러나 동시에 모든 곳에 있게 된다. 비평가의 텍스트에서의 즐거움은 텍스트에서 발생하는 일종의 '주이상스'의 가능성을 지시한다. 바르트가 스탕달을 읽게 되었을 때 묘사했던 상호-텍스트적인 '순환기억'에서 그 자신의 즐거움은 '주이상스'의 가능성만을 열어놓게 된다. 그러나 즐거움처럼, '주이상스'도 특별한 작품에 의해 제한받지 않거나 또는 그러한 작품과 일치하지 않는 하나의 경험에 해당한다. 작품의 공간은 입양의 즐거움이 있는 반면, 텍스트에서 비롯되는 작품의 '주이상스'는 아토피성이고 따라서 상호-텍스트적인 텍스트화에 해당한다.

바르트는 자신의 『S/Z』(1970)에서 두 가지 유형의 텍스트, 즉 '읽을 수 있는 텍스트'와 '쓸 수 있는 텍스트'가 있다는 점을 제시했다. '읽을 수 있는 텍스트'는 그 자체의 연속적이고 통합적인 형식에서 그것이 쓰인 그대로의 텍스트에 해당한다. '읽을 수 있는 텍스트'는 처음부터 끝까지 빠짐없이 읽히는 텍스트이다. '읽을 수 있는 텍스트'는 하나의 작품으로 취급되는 텍스트이다. 그러나 '쓸 수 있는 텍스트'는 다시-쓰기, 텍스트의 텍스트성에서 작용하는 약호의 수립 및 그러한 약호의 지배적인 요소들의 질서화에 해당한다. '쓸 수 있는 텍스트'는 하나의 작품으로 될 수 있지만—『S/Z』가 하나의 작품으로 되었듯이—그러나 하나의 텍스트로서 그것은 텍스트화의 과정과 일치하게 된다.

문학/텍스트

'텍스트화는 무엇을 성취하는가?'라고 우리들은 물을 수도 있다. 한편으로 그것은 작품의 수립을 설명할 수도 있다. 그러나 텍스트를 작품으로 종합하는 것은 하이데거에게 있어서 권위성을 비-권위성으로 추락시키는 것과 같다. 텍스트화는 작품 내에서 작용하는 것이 아니라 텍스트 내에서 작용한다. 사르트르가 제시했던 바와 같이, 작품은 의사소통과 인간의 자유에 대한 호소를 성취할 수 있다. 그러나 텍스트는 아무것도 성취하지 않는다. 텍스트는 아무런 위치도 가지고 있지 않으며 따라서 소비경제 내에 배치될 수도 없다. 텍스트는 즐거움의 위치로 될 수 있거나 또는 심지어 '주이상스'의 위치로 될 수 있지만, 그러나 그 자체의 자체-충족으로 그렇게 될 수 있는 것이지 그 자체의 로컬화로 그렇게 될 수 있는 것은 아니다. 텍스트화는 읽을 수 있거나 또는 쓸 수 있는 방법의 유행에 있어서 텍스트의 활동에 해당한다. 텍스트화는 과정에 해당하는 반면, 텍스트는 그 자체의 지칭기호 체계, 그 자체의 의미의 다의성 등을 선언한다. 바르트가 자신의 저서 『사드 / 푸리에 / 로욜라』에서 연구했던 사드, 푸리에 및 로욜라의 경우에서, 이들의 텍스트성의 사이의 결합적(통합적) 관계는 특별하게 이들 자신의 텍스트의 '말-독단적' 특징에 해당한다. 따라서 '말-논지'는 그것이 『사드 / 푸리에 / 로욜라』에서 다시 쓰인 것과 같이 이들의 텍스트화의 요소로 전환된다.[27] 따라서 텍스트화는 하나의 과정에 해당하는 반면, 상호-텍스트성은 상호-텍스트화로 전환되고 거기에서 텍스트의 '다가의미(多價意味)'의 경험은 텍스트의 '일가의미(一價意味)'에 의해서 제한받게 되는 것이 아니다. 텍스트화하는 데 있어서 텍스트의 모호성은 유지될 수 있고 약호화될 수 있다.

텍스트화는 실제로 텍스트의 실천에 해당한다. 텍스트의 활동은 지속적인 과정으로 그리고 심지어 '주이상스'의 현장으로 일치하게 된다. 사르트르에게 있어서도 종합화는 이와 똑같은 기능을 성취할 수 있게 된다. 종합화는 어떤 상황이나 어떤 작품의 종합성을 택하여 그것을 미래의 종합성의 가능성으로 열어놓게 된다. 상황이나 작품에서의 작용은 종합화의 작용에 해당한다. 상황의 경우에서 작가는 종합화를 수행할 수 있게 되고, 작품의 경우에서 실천은 독자의 실천으로 될 수 있다. 더 이상의 문학이 없는 까닭은 '실천적-타성태'의 종합성을 종합하는 사람으로서 작가의 실천이 하나의 이상(理想)을 실천할 수 없기 때문이지만 그러나 그러한 실천은 문학작품을 성취할 수는 있다.

문학작품은 텍스트에 얼마나 가까운가? 그것은 종합화가 텍스트화에 가까운 것만큼 가깝다. 한편으로 작품의 종합화는 문학의 쓰기의 반복이자 변용이다. 그러나 문학을 쓰는 것이 더 이상 가능하지 않기 때문에, 쓰인 것은 우리 시대의 소외된 낯선 조건에 대한 그림을 제공하는 하나의 작품에 해당한다. 기껏해야 작품은 종합하는 사람(작가)이 당면하게 되는 상황만을 종합화할 수 있을 뿐이다. 이상적으로 볼 때 그것은 지금의 상황을 인간적인 자유의 사회적 영역과 함께 '순응'으로 전환시킬 수 있게 될 것이다. 다른 한편으로, 텍스트의 텍스트화는 텍스트의 의미와 약호를 일치시킨다. 텍스트화는 그것이 기존의 작품으로만 제한되는 것이 아니라는 점을 분명하게 한다. 그러므로 텍스트화는 쓰기(기술)가 개방시키는 임무를 수행할 수 있다. 여기에서 쓰기는 작품의 다양성에서 발견할 수 있는 것이다. 따라서 쓰기의 약호는 특별한 작품으로만 한정되는 것이 아니다. 종합화는 개인에 의해서 또는 공통의 상황에 처해 있는 개인들로 구성된 그룹에 의해서 성취될 수 있다. 텍스트화는 단 하나의 텍스트에 의해서 또는 공통된 텍스트성을 가지고 있는 텍스트들의 그룹에 의해서 이루어질 수 있다. 하지만 이러한 두 가지 경우 모두 쓰기의 형식에 해당한다. 종합화는 잠재적인 읽기에 처해 있는 어떤 상황을 쓰는 것이다. 텍스트화는 의미의 다의성, 즉 그 자체의 의미작용이 이미 텍스트적으로 되는 '다의성'으로 쓰는 것이다.

종합화가 처해 있는 상황의 콘텍스트로부터 종합화 자체를 해방시키고 종합화를 텍스트의 다양성으로부터 끌어내는 것을 허락하도록 하자. 텍스트화를 그 자체의 텍스트적 순수성으로부터 해방시키도록 하자. 그러면 쓰기와 다시-쓰기의 종합화 행위에서 하나의 텍스트의 기호체계를 경험할 수 있는 비평적 실천의 가능성이 발생할 수 있게 될 것이다. 이와 같은 비평적 실천을 성취하기 위해서는 어떤 의미작용과 약호에 대한 해석적 경험을 분명하게 하고 그것들(의미작용과 약호)이 역사-사회적 콘텍스트 내에 자리 잡고 있는 곳이 어디인지를 지적하는 것이 필요할 것이다. 이러한 비평적 실천은 인식론의 틀 내에서 작용하지만 그러나 그것이 작품의 생산에 전념하는 것은 아니다. 오히려 그것은 텍스트 내의, 텍스트들 사이의, 그리고 텍스트들 주변의 관계를 상세하게 설명할 수 있다. 이러한 유형의 쓰기는 개인이나 그룹이 참여하게 되는 의미 있는 이론의 실천에 해당한다. 이와 같이 의미 있는 비평적이고 이론적인 실천을 성취하기 위해서는 쓰기와 읽기 모두를 작품과 텍스트의 사이의, 종합화와 텍스트화의 사이의, 문학/텍스트의 문제점과 즐거움의 사이의 '사선(斜線)'에, 선(線) 위에, 접점(接點) 내에 배치하는 것이 필요할 것이다. 선을 횡단하려는 노력은 칭찬받을 만한 것이지만 그러나 그러한 노력 역시 약호화하는 것이다. 양면작전은 쉽게 횡단할 수 있는 것이 아니다. 횡단하기는 벗어나는 것을 의미할 수도 있다. 이러한 이유로 인해서 사르트르와 바르트는, 또 다른 자아를 인정함으로써, 그러나 이와 같은 읽기에서는 '**쓰기**'의 비평적 실천으로 영도의 선 위에 서 있으면서 또 다른 자아를 최소하기 위해서, 그들 각자의 바로 그 '현장' — 그들 자신의 실천에서 그들 사이의 '선'에 가능한 한 가깝게 접근하려고 했다 하더라도 — 에 남아 있을 수 있게 되었다.

제14장

변증법 / 인식소(認識素)

사르트르 / 푸코

역사를 질문하는 것은 그 자체의 위치를 확립하는 것이다. 역사의 위치는 선택-가능한 이론의 실천이 작용하는 콘텍스트에 해당한다. 역사의 위치는 위상학적으로 이해될 수 있다. 즉, 역사의 위치는 역사를 살고 있는 사람들에 의해서 그것이 어떻게 해석되는지를 상세하게 설명할 수 있는 인식론에 의존한다.

미셸 푸코가 제공하는 이와 같은 이론의 실천을 사르트르의 실존적 마르크스주의와 병치시킴으로써, 역사의 위치는 분명하게 될 수 있다. 한편으로 푸코의 지식의 고고학에서는 지속적인 일련의 발생, 발견, 결정 및 이론으로서의 역사가 오늘날의 지식-틀, 달리 말하면 인식소(認識素)에서 벗어나 있다는 점을 제시했다. 다른 한편으로 사르트르의 변증법적 이성비판에서는 길의 끝, 즉 그 길을 따라 연속체로서의 개인들이자 종합화된 실천적-타성태인 실체로서의 개인들이 실천을 통해 자신들의 억압된 조건을 극복하는 바로 그 길의 끝에 역사의 위치를 배치하고 있다. 이러한 이동은 변증법이라고 명명된다. 이 장(章)에서 필자는 역사의 위치가 변증법과 인식소의 사이의 경계에 자리 잡고 있다는 점을 제시하고자 한다. 푸코가 1960년대와 1970년대에 불연속적이고 가역적이며 자체-통제적인 지식-틀을 설명하고자 했던 것과 같이, 사르트르는 1950년대와 1960년대에 형성된 자신의 변증법에서 역사의 성취와 충족을 제공하고자 했다. 실제로 역사는 변증법적 이성에 있어서 그 자체만의 그 어떤 위치도 가지고 있지 않지만 일단 변증법적 이성이 완성되고 나면 역사가 출현하게 된다. 그러나 그것이 새로운 확신의 경첩에, 그것을 가능하게 했던 담론이 서로 다른 담론에 의해 대체되었던 위상학적 한계결정의 가장자리에 자리 잡게 되는 바로 그 시간에만 출현할 수 있게 된다. 따라서 역사는 변증법과 인식소의 콘텍스트에, 변증법과 인식소의 사이의 접점(接點)에 자리 잡게 된다.

『변증법적 이성비판』(1959)에 대한 '서문' 형식의 에세이로 작용하는 『방법의 탐구』(1957)에서, 사르트르는 자기 자신만의 접근방법과 '마르크스주의의 방법'을 다음과 같이 구별했다.

> 마르크스주의의 방법이 전진적인 까닭은 그것이 오랜 분석을 통해서 결과적으로 마르크스 자신의 활동으로 전환되고 말았기 때문이다. 오늘날의 종합적인 진행은 위험한 것이다. 타성에 젖은 마르크스주의자들은 그러한 방법을 현실적인 것으로, 우선적인 것으로 활용하고자 한다. 그러나 이미 발생했던 것은 그것이 그랬던 것처럼 발생해야만 했다는 점을 입증하기 위해서 정치이론가들은 그러한 방법을 활용하고자 한다. 이들은 모두 이러한 방법을 순수하게 '설명하는 것'만으로는 아무것도 발견할 수 없을 것이다. 이들은 자신들이 발견해야만 하는 것을 이미 알고 있다는 사실에서 이러한 점을 입증할 수는 있을 것이다. 우리들의 방법은 자발적으로 발견하는 데 있다. 그것은 역행적인 동시에 전진적이기 때문에 우리들에게 무엇인가 새로운 것을 가르쳐줄 수 있을 것이다. 그것의 첫 번째 관심 — 그것이 마르크스주의자들에게도 그랬던 것처럼 — 은 인간을 그 자신의 합당한 틀에 배치하는 데 있다.[1)]

역행적 요소를 마르크스주의의 규범적 방법론에 첨가함으로써, 변증법적 유물론에서 제시하는 역사적 불가피성의 개념은 수정될 수 있고 재-형성될 수 있다. 문명연구에서는 이미 결정된 '목적인(目的因)'을 지향하는 사회, 문화 및 계급구도의 전진적인 발전을 더 이상 단순하게 설명할 수 없다. 이러한 설명에서 우리들이 배울 수 있는 것은 아무것도 없다. 경제적 조건들은 앞으로의 문명이 취하게 될 궁극적인 방향을 마련할 수 있다. 그러나 전진적-역행적 방법은 우리들이 발견할 수 있는 한 가지 요소를 제공한다. 우리들은 사회가 어디로 나아가는지를 고려해야만 하지만, 그러나 문제가 되는 시대의 문명을 특징짓는 일련의 교차-참고사항들을 이해하기 위해서 우리들은 또한 바로 그 시대로 되돌아가야만 할 것이다.

사르트르는 일반적으로 그의 초기의 실존주의의 잔재에 해당하는 바로 그 '개인'에게 관심을 기울였다. 예를 들면, 플로베르를 역행적으로 연구하기 위해서는 그의 초기 유년기(그의 가정에 대한 객관적 증언들과 자신의 부모, 형제, 자매 등에 대한 플로베르 자신의 주관적 진술 등), 그 당시에 제국의 통치하에 살았던 지성적인 소시민의 유형, 여전히 충분하게 발전하지 못했던 프롤레타리아트의 참상, 플로베르의 가정과 보들레르, 공쿠르 형제들 및 그 밖의 사람들의 가정과의 사이의 차이, 과학자들, 전문가들 및 지성인들의 사이의 진정한 관계 등을 고려해야만 할 것이다.[2] 이와 같은 교차-참고사항의 체계는 플로베르 자신에게서 발산되는 것으로 어떤 특수한 문명적 콘텍스트에 대한 충분한 그림을 상세하게 설명할 수 있는 특별한 조건들을 수립하게 된다. 이러한 문명적 콘텍스트는 개인으로부터 발전되어 미학적, 문학적, 가정적, 사회적, 경제적, 제도적 및 정치적 관계와 관련지어 확장될 수 있는 것이다. 우리들이 발견하게 되는 것은 플로베르의 시대를 특징짓는 충분한 상호-관계망에 해당한다. 실제로 이러한 점에서 "인간은 그 자신의 합당한 틀에 배치될 수 있다." 여기서 말하는 '인간'은 바로 플로베르 자신에게 해당하고

'틀'은 그가 살았던 시대인 19세기에 해당한다. 필자가 앞으로 제시하고자 하는 바와 같이, '틀 안에서의 인간'의 개념은 플로베르가 '19세기 이해'로 선택했던 것에 해당하며 그것은 사르트르가 '19세기의 이해'라고 명명하고자 했던 것에 반대되는 것이다.

사르트르의 방법의 역행적 측면에서는 가능성의 분야와 제도의 분야 모두를 종합할 수 있다. 하나의 분야로서 이러한 영역에서는 이해'의(of)'와 이해를 '위한(for)'을 종합하는 하나의 콘텍스트를 수립할 수 있게 된다. 사르트르는 이와 같은 종합적인 요인들을 '이해'의 요소라고 명명한 바 있다.

> 이해의 동향은 동시적으로 전진적인 것이자(객관적인 결과로 향하는) 역행적인 것이다(원래의 조건을 향하여 나는 되돌아간다). …… 따라서 이해는 나 자신의 실제생활이나 다름없다. 그것은 나의 이웃, 나 자신 및 진행과정에 있는 객관화의 종합적 통일성에 있어서의 환경을 하나로 통합하는 종합화의 동향에 해당한다.[3)]

이해의 움직임에서는 역사적 변화에 대한 전진적 불가피성을 감지할 것을 요구하기도 하지만 그것은 또한 회귀 — 전진하는 '틀'의 재-수립 — 도 감지할 것을 요구하기도 한다. 발전과 회귀는 모두 이러한 조건들을 이해하는 질문자가 부여하는 통일성에 해당한다. 사르트르가 딜타이와 하이데거로부터 습득하게 된 이와 같은 '이해'의 요소는 특히 후기의 사르트르에게서 찾아볼 수 있는 현상학적 특징을 더욱 돋보이게 한다. '이해' — Verstehen · comprehension · understanding — 는 문명의 해석을 바탕으로 하는 의도성의 형식에 해당한다. 역행적 내용은 '노에마틱 요소(noematic element)'이며, 그러한 요소는 전진적 설명에 의해 수립된 역사적 발전에서 그 자체의 시간성을 드러낼 수 있게 된다. 이러한 점을 다른 방법으로 설명하기 위해서는 후설의 후기 저서 『유럽학문의 위기와 초월적 현상학』에 반영된 바로 그 자신의 '생세계(生世界)'[Lebenswelt, 일체의 인식이 성립되는 궁극의 장(場)]의 개념을 고려해볼 수 있다. 후설이 그렇게 생각했듯이, 인가르덴과 슈츠는 여전히 선험의 축 내에서 '생세계'를 고려하고 있으며, 파시, 메를로퐁티 및 사르트르는 '생세계'를 실존주의적으로 사유하는 현상학적 마르크스주의를 제공하는 한편, 다른 한편으로는 그것을 역사에 대한 현상적 분야의 생생한 특징으로 파악한다. 이들이 파악하는 이와 같은 분야는 "그것이 이해되는 대로 산 것"이 아니라 "그것이 산대로 이해되는 것"이다(이러한 점은 후설이 해석하는 경우에 해당할 수도 있을 것이다). 푸코의 설명은 이와 같은 두 가지 견해의 교차점에 해당한다. 그러나 사르트르의 편에서 보면, 푸코가 "생생한 것의 심오성"이라고 명명한 것은 퇴행과 교차-참고사항의 과정에 의해서 드러날 수 있게 된다. 생생한 것은 전진에 의해 발전과 발생의 조건으로 될 수 있다.

각각의 역사적 순간에 있어서 각 개인은 하나의 프로젝트에 해당한다. 개인을 하나의 프로젝트로 이해함으로써, 전진적 설명까지도 역행적인 것으로 종합될 수 있다. 사르트르의 '근본적 프로젝트'의 개념—그의 『존재와 무』에 따르면, 실존적 심리분석에 의해 개인의 행동과 이력을 강조하는 데 있어서 기본적인 선택으로 밝혀지는—의 변용으로서 그의 『방법의 탐구』에서의 프로젝트는 일반화된 상황을 지양하는 데 있다. "인간은 자기 자신만의 프로젝트에 의해 자기 자신을 정의할 수 있다. 이와 같은 유물적 존재자는 자신을 위해 만들어 놓은 조건을 지속적으로 뛰어넘고자 한다. 그는 자신을 객관화시키기 위해서 자신이 처한 상황을 초월함으로써, 즉 활동에 의해, 행동에 의해, 또는 제스처에 의해 초월함으로써 그러한 상황을 드러낼 수 있고 결정할 수 있다."[4] 자기-객관화는 '실천적-타성태'에 해당하며 실천만이 그것을 극복할 수 있다. 문명적 콘텍스트에 처해 있는 개인은 그 안에 있는 자신을 객관화시키기 위해서 자신이 처해 있는 조건을 지양하고자 한다. 이러한 점은 바로 그 프로젝트가 역행적 설명에 의해 야기될 수 있는 가능성의 영역으로 종합된다는 점을 의미한다. 그러한 프로젝트가 비록 궁극적으로 역사의 결과를 지향한다 하더라도, 그것은 특별한 시대의 문명의 영역의 일부분에 해당할 뿐이다. 각 개인이 그러한 점을 인식하지 못한다 하더라도 그렇다고 볼 수 있다. 이러한 점에서 1952년 장 주네에 대한 사르트르의 연구는 과도기적인 연구에 해당한다. 사르트르는 자신의 『성 주네』에서 주네가 근본적 프로젝트—그 자신이 고아의 처지에 있다는 사실과 그가 다른 사람들에게 전적으로 의존한다는 사실에도 불구하고 작가가 되려고 노력하는—를 지니고 있는 개인이라는 점을 제시하고 있다. 그 자신의 양부모에 의해 마련된 역행적 프로젝트, 종합적인 필요조건들로 인해서 주네는 훔치게 된다. 자신의 동성애 성향과 사회에 대한 자신의 다양한 범죄행각을 자신의 소설과 희곡을 통해 부르주아 세계에 구체적으로 재-소개함으로써—그가 감옥에 있을 때조차도—그는 이와 같은 역경의 조건들을 극복해 나갈 수 있게 된다. 품위 있는 사람들을 두렵게 하는 것이 그의 기쁨이었다. 그의 객관적 조건들은 종합적인 사회적 콘텍스트의 여정(旅程)으로 전환된다.

한 시대의 '인간'은 역사 그 자체로 향하는 하나의 방향에 해당한다. 이러한 '인간'은 개성, 관심, 계급적 지위, 사회적 위치, 경제적 바탕 및 동료들의 체계를 각각 지니고 있는 일련의 개인들이다. 이와 같은 '인간'은 자신을 위해 그리고 다른 사람들을 위해 하나의 지칭-존재자가 된다. "인간이 기호들을 형성하는 까닭은 그 자신의 바로 그 현실에서 그가 지칭하고 있기 때문이다. 그리고 그가 지칭하는 까닭은 그가 부여된 모든 것들을 변증법적으로 지양하기 때문이다. 우리들이 자유라고 부르는 것은 문화적 질서를 자연적 질서로 되돌릴 수 없는 환원-불가능성에 해당한다."[5]

문화적 질서에 의해 사르트르가 의미하는 것은 각 개인이 '지칭하는' 틀—각 개인이 자신만의 프로젝트적인 의미를 상세하게 설명하는—

말하자면, 각 개인이 자신을 발견하게 되는 조건들을 인식함으로써 미래의 조건들로 향하게 되는 것을 목적으로 하는 바로 그 '틀' 자체이다.

푸코에게 있어서, 전진적-역행적 방법에서 그 자체의 이해, 투사 및 의미작용과 함께 문제가 되는 것은 그것이 고고학적으로 불합리하다는 점이다. 지식의 고고학에서는 사르트르가 "나태한 마르크스주의"라고 명명했던 것에 암시되어 있는 순수한 전진적 측면을 거부한다. 심지어 푸코는 더 나아가 불연속성의 개념은 전진적 진행을 차단시킨다고까지 파악했다. 예를 들면, 아이디어, 예술, 문화, 제도, 문명의 역사에 대한 전통적인 개념을 따르는 대신, 지식의 고고학에서는 각각의 요소가 어떻게 변화하고 발전하고 '전진하는지'를 제시함으로써, 특별한 인식론의 형성을 제한시키는 것이 무엇인지를 발견했다. 르네상스는 그 자체만의 지식형성의 조건들을 가지고 있으며, 그것은 고전주의 시대의 조건들과는 상당히 다른 것이다. 푸코가 르네상스의 인식소로 '유사성'을 발견했다면, '대표성'은 고전주의 시대의 인식소의 특징이 된다. '인식소'는 동일한 시대 내의 수많은 서로 다른 콘텍스트에서 발생하는 지식생산의 체계에 해당한다. 각각의 인식소는 고전주의 시대에 있어서 일반문법, 부(富)의 분석 및 자연의 역사와 같은 담론으로 구성된다. 각각의 담론은 일련의 '언명(言明)'이나 또는 '진술'에 의해 형성되며, 그러한 언명이나 또는 진술은 어떤 특별한 담론을 명확하게 하는 '분절성'에 대해 핵심적인 주장을 형성할 수 있다. 달리 말하면, 일반적인 학문분야에서 어떤 특별한 기호체계로 하여금 작용할 수 있도록 하는 조건들을 형성한다고 볼 수 있다. 여기에서 말하는 '학문'은 어떤 분명한 순간에 생산된 '지식' 및 상황에 따라 실천하는 개념 또는 문명에 따라 실천하는 개념의 '형성화'에 관계된다.

불연속성의 개념을 강조하는 데 있어서, 푸코는 전진적 과정 모두를 배제시켜 버렸다. 그러나 사르트르가 역행적 측면이라고 명명했던 것은 푸코의 입장에 훨씬 더 근접하는 것으로, 콘텍스트적이고 교차-부분적인 설명을 이와 같이 반복하는 것은 그것이 사르트르와 푸코의 사이의 사선(斜線)의 또 다른 측면에서 발생할 수 있다 하더라도 그렇다고 볼 수 있다. 지식의 고고학에서는 "그 자체만의 실존의 수준에서, 자체 내에서 작용하는 언명의 기능의 수준에서, 광범위한 형성의 수준에서, 그리고 그 자체가 속하게 되는 일반적인 문서기록 체계의 수준에서 이미 언급된 것만을 질문하게 된다."[6] 이와 같은 방법은 지식을 그것이 실존하는 그대로, 예를 들면 철학, 정치경제 및 생물학의 이름으로 19세기에 실존하는 그대로 상세하게 설명할 수 있다. 이와 같이 광범위한 실천은 "그 자체만의 실존의 수준에서 이미 언급된 것"에 해당한다. 그러므로 시대는 그 자체의 광범위한 실천에 따라 이해되는 것이지 플로베르와 같이 어느 일개인의 가정적이고 사회적이고 정치적이고 제도적이며 문학적인 상황을 조사함으로써 이해되는 것이 아니다. 따라서 푸코가 '실존'에 대해 언급했을 때, 그는 기호, 진술, 담론 및 감시영역의 사이의 '확실성'이나 '상관성'의 실존을 논의한 것이다. 그는 각 개인이 자기 자신을 객관화시키기 위해 일련의 결정적인 조건들을 지양함으로써 의미작용을 소개하는 바로 그러한 개인의 실존에 대해서 논의한 것이 아니다. 고고학자의 실천은 광범위한 실천에 해당한다. 사르트르에게 있어서 실천은 개인의 '실천'에 해당하며, 이때의 개인은 희소성과 수요의 정면에서 '실천적-타성태'를 극복하고자 하는 동시에 자신이 처해 있는 상황에 반응한다는 점을 변증법적으로 제시할 수 있게 된다. 따라서 사르트르에게 있어서 역행적 과정은 실존하는 각 개인의 실천으로부터 작용하게 되는 반면, 푸코에게 있어서 그러한 과정은 실존하는 하나의 담론이 다른 담론들과의 관계에서 실천적인 역할을 함으로써 바로 그 실존하는 담론 그 자체가 전체적으로 문명적인 틀을 형성하게 되는 점을 상세하게 설명한다.

이상과 같은 두 가지 방법론들의 사이의 대립은 다음과 같이 주장하는 것, 즉 푸코의 인식소의 개념은 새로운 유형의 이해 및 특히 사르트르의 변증법에 의존하지 않는 독자적인 이해를 요구하기 때문에 그에게는 전진적 분석도 없었고 역행적 분석도 없었다는 점을 주장하는 것과 같다. 푸코가 ① 인식론적 형성논리의 사이의 '차이'를 강조하고 ② 하나의 인식소에서 다른 인식소까지 재-구조화할 수 있는 조건의 변용이나 경계(境界)를 강조한 것은 그가 전진적 견해를 부정하고 있다는 점을 나타낸다. 연속성은 배제되며 그것과 함께 전진성도 배제된다. 이와 똑같이, 좀 더 미묘하기는 하지만, 역행적 입장도 배제되는 까닭은 사르트르에게 있어서 그것이 어떤 부분에서는 전진적인 것에 의존하기 때문이고 어떤 부분에서는 역행이 발산의 중심 — 전체적으로 문명적인 이해가 비롯될 수 있는 — 을 암시하기 때문이다. 중심에 자리 잡고 있는 개인이 없다면, 프로젝트, 지칭-존재자 및 이해 역시 무의미하게 될 것이다. 푸코 자신의 말에 의하면 거절은 다음과 같은 형식을 취하게 된다.

> 전통적인 의지 두 가지가 남아 있다. ① 하나는 역사적-초월적 의지로서, 그것은 모든 역사적 현현과 역사적 기원을 뛰어넘어 발견하고자 하는 시도, 최초의 바탕, 무한한 지평의 개방, 모든 사건과 관련지어 시간이 지나면 뒤돌아가고자 할 뿐만 아니라 역사를 통해 끝없는 통일성을 부단하게 풀어내는 역할을 유지하고자 한다. ② 다른 하나는 경험적이거나 심리적인 의지로서, 그것은 제창자를 찾아내고, 그가 의미하는 것을 해석하고, 그의 담론에서 지배적이면서도 침묵을 지키는 암시적인 의미를 찾아내고, 이와 같은 의미의 운명의 끈을 따라가고, 전통과 영향을 설명하고, 인간의 마음이나 감성 또는 관심에서의 자각, 착오, 인식, 위기, 변화의 순간을 확정짓고자 한다. 이제 나에게는 이와 같은 첫 번째 의지는 동의어를 반복하는 것처럼 보이고, 두 번째 의지는 배타적이고 비-본질적인 것처럼 보인다.[7]

대체적으로 말해서, 첫 번째 의지는 그것의 바탕이 역사를 통해 하나의 통일성을 유지하고 있다는 점에서 '전진적 과정'에 부응하고, 두 번째 의지는 각 개인의 감성이나 관심을 자각하는 순간에 그것의 전통과 영향에 관계된다는 점에서 '역행적 과정'에 부응한다. 당연히 우리들은 우리들의 등식에 지나치게 엄격할 수는 없지만, 그러나 이와 같은 일치는 놀라울 정도로 많은 것들을 암시한다.[8)]

푸코는 '종합적 역사'와 '일반적 역사' 등 두 가지 유형의 역사를 구별했다. 좀 더 오래된 유형에 해당하는 종합적 역사에서는 "어떤 문명의 전반적인 형식, 유물론적이든 정신적이든 한 사회의 원칙, 한 시대의 모든 현상에 공통적으로 나타나는 의미작용, 비유적으로 한 시대의 '얼굴'이라고 명명되는 것들의 결합을 설명하는 법칙을 추구한다."[9)] 『변증법적 이성비판』에서 사르트르는 자신의 종합화의 개념을 상세하게 설명했다. 어떤 상황에 참여하는 개인은 '실천'에 의해서 '실천적-타성태'인 객관성의 조건에 반응하고는 한다. 이런 식으로 연속성을 극복할 수 있고 그룹으로 통합되는 종합화의 가능성 또는 제도를 실현할 수 있다. 유일한 '담보물', 즉 개인적인 종합화의 과정에 대한 일반적인 종합화는 좀 더 큰 종합화—사르트르가 궁극적으로 역사라고 명명했던 것—속으로 모든 것들을 끌어들일 수 있다. 그러한 목적은 버크하트, 기봉 또는 토인비가 형성했던 것과 같은 유형의 역사가 아니다. 그러나 종합화의 성취에 대한 방법론적인 주장은 결과적으로 그 자체의 옹호와 소비로서 역사와 함께 한 시대의 '얼굴'로 나타나게 된다.

푸코에 따르면, 종합적인 역사(사르트르에게는 역사)는 인과율의 네트워크를 발전시키고, 역사적 지식의 영역(즉, 사회적 구조, 경제적 계층, 기술적 도구, 문화적 관심 및 정치적 실천)에 있어서의 유추관계를 탐구하고, 폭넓은 단위, 구절 또는 단계—각각 그 자체만의 결합의 원칙을 나타내는—를 상세하게 설명할 수 있다. 중심으로서의 개인에서 출발함으로써, 사르트르는 문제가 되는 개인에게 되돌아가는 그 자체의 참고사항과 일치하는 모든 지식을 결합시킬 수밖에 없었다. 이와는 대조적으로, 일반적 역사— '인식소'라고 명명되는 어떤 새로운 지식-틀의 시작 또는 노아의 방주(方舟)에 배치된 — 에서는 "연속성, 분리, 한계 수준의 차이, 변화, 연대기적 특수성, 특별한 개조형식, 가능한 관계의 유형"[10)]을 발견할 수 있게 된다. 간단히 말해서 불연속성과 단절이 성행하게 된다. 사르트르가 자신의 교차-참고사항의 체계를 규명하는 데 있어서 일련의 차이에 대해서 논의하기는 했지만, 그의 궁극적인 목적은 한 시대에 있어서의 서로 다른 특징들과 요소들을 재-통합시키는 데 있었다. 사르트르가 말하는 '발견적인 것'은 정확하게 말해서 특별한 문명의 콘텍스트 안에서의 이와 같은 연결과 상호-연관된 관계를 발견하는 것이라고 말할 수도 있다. 그러나 푸코의 일반적 역사에서는 서로 다른 '인식소' 또는 지식-틀에 대한 그 자체의 비교평가에 있어서 궁극적인 이해의 목적 및 종합화될 수 있는(역사로) 것의 재-통합을 배제시킨다.

푸코에 따르면, 경험적-초월적 이중항으로서의 인간의 모습은 18세기 말에 어디에선가 발생하게 되었다. 이제 그 자체의 마지막 국면으로서, 인간의 개념은 새로운 인식론적 형성을 선호하여 그 자체만의 소멸의 길로 들어서게 되었다. 푸코는 풍성한 비유에 의해서 "인간은 상당히 최근의 창조물이다. 지식이라는 창조주는 불과 200년 전쯤 그 자체만의 손으로 인간을 빚어냈다"[11)]고 덧붙였다. 그가 의미하는 것은 칸트의 '코페르니쿠스적 혁명'과 함께 인간이 경험적 영역과 초월적 측면의 결합으로 나타나게 되었다는 것이다. 경험주의자들은 초월적 '통각작용(統覺作用)'[후설이 생산적이면서도 구성적인 특수한 자아작용이라고 명명하는 주관의 구성작용은 대상의 의미뿐만 아니라 그것의 존재까지도 구성하는 작용을 의미한다. 따라서 선험적 주관성은 절대적 주관성으로 전환된다. 이러한 구성작용, 선험적 주관성이 절대적 주관성으로 전환되는 작용을 후설은 통각작용(또는 파악작용)이라고 명명했다. 그러나 자신의 『관념론 I』에서 그는 그것을 '노에시스(noesis)'라고 수정했다]의 통일성에 의해서 범주의 도식화를 통해 서로 하나로 결합될 수 있다. 이러한 점은 계몽주의 시대의 인간의 특징에 해당하는 것이지만 그러나 또한 좀 더 특별하게는 낭만주의 시대의 인간의 특징에도 해당하는 것이다. 내적이고 주관적이며 초월적인 경험의 영역은 외적이고 객관적이며 경험적인 기존의 영역과 결합된다. 그것이 헤겔의 의식/자의식, 마르크스의 경제적 조건/프롤레타리아의 계급의식, 또는 후설의 자연적 태도/현상학적 태도에 의해 부여된 어떤 형식을 취하든, 각각의 경우에서 경험적-초월적 이중항은 반복될 수밖에 없다. 철학적-경제적-생물학적 복합체에 대한 인류학적 담론에서 이상과 같은 **인간**의 모습은 근대시기의 특별한 인식론의 공간을 채우게 되었고 그것보다 앞서는 '대표성'의 인식소를 대체하게 되었다.

인류학주의의 인식론의 형성을 이어받게 되는 새로운 인식론의 형성을 제안하는 데 있어서, 푸코는 인문과학의 확산, 특별하게는 민족학(즉, 레비스트로스), 심리분석(즉, 라캉) 및 언어학(즉, 로만 야콥슨)의 확산을 선언했다. 그러나 이러한 인문과학이 그 자신의 경험적-초월적 이중항에 있어서의 **인간**의 개념을 재-소개하는 것은 아니다. 오히려 **인간**은 요소, 구조, 체계 및 담론의 역할로 탈-중심된다. 데리다가 상호-작용이라고 명명한 것은 어떤 최초의 구조를 탈-중심시키는 것에 해당한다.[12] '주체-대상 패러독스'—이러한 표현에 의해서 사르트르가 키에르케고르를 지칭했던[13]—는 대표성의 체계에서 부재하게 되며 이러한 점은 벨라스케즈의 그림 〈시녀들〉에서 **왕**이 부재하는 것과 똑같은 부재에 해당한다. 이와 같은 주관성이 객관성으로 분산되는 것이 아니라 구조의 다양성으로 분산되는 것은 특이하게도 오늘날의 인식소의 탈-존재론적 형식을 나타낸다.

그러나 우리들은 사르트르가 단지 시대에 뒤처진 인류학주의의 인식론적 공간에 적합하다고 말할 수 있는가? 사르트르는 분명히 휴머니즘으로서의 실존주의를 논의했다. 그는 자신의 프로젝트와 관련지어 인간을 정의하고자 했고 종합화의 역할을 이해하는 데 있어서 개성의 중요성을 주장했다. 그렇지만 우리들이 그의 초기의 텍스트, 즉 『에고의 초월』(1936)[14]로 되돌아간다면, 우리들은 초월적 에고를 위한 경우가 주체

-부재에 대한 푸코의 주장을 위한 바로 그 조건에 해당한다는 점을 발견할 수 있을 것이다. 에고의 초월은 선-반영적 의식에서 반영적 의식으로 단순하게 이동하는 것이 아니다. 그 자신의 후설에 대한 비판에서 사르트르는 반영되지 않은 선-반영적 의식을 유지하고자 한 반면, 반영된 의식은 '의식의 객관화'의 제물로 전환되고 만다. 이러한 점은 다른 한편으로 사르트르가 무의식의 개념을 유지했다는 점을 의미하는 것이 아니다. 오히려 내용이 없는 선-반영적 의식은 푸코의 인문과학의 '존재자'처럼 부재의 상태, 즉 부재의 현존을 유지하게 된다. 사르트르에게 있어서 이러한 부재의 영역은 억압되고 접근-불가능한 충동으로 채워질 수 있는 것이 아니다. 이와는 반대로 그것은 언제나 그것을 이해하고 규명하려고 노력하는 '지적 행위'에서 가능한 것이다. 내용의 부재와 그것의 접근-가능성을 강조하는 데 있어서 사르트르는 경험적-초월적 이중항으로서의 '인간의 죽음'을 선언하는 — 절대 신의 죽음을 미리 형상화하는 차라투스트라처럼 — 동시에 '인간본성'의 개념의 한계성까지도 제시했다.

그러나 사르트르는 자신이 선언하는 연구계획들을 모두 충족시킨 것이 아니다. '대자(對自)'의 무(無)를 수립하고 개인이나 그룹의 실천을 종합화하는 실천 그 자체를 수립한 것과 똑같이, 그는 희소성과 수요의 정면에서 개인과 그룹의 종합화를 구체화하는 것으로 역사의 위치를 확신하고는 했다. 그러나 이러한 점으로 인해서 사르트르는 역사 안에서 인간적인 성취를 이룩할 수 있는 바로 그 '지식-틀'의 대체로서 인문과학을 위한 그 어떤 위치도 마련할 수 없었다. 사르트르가 실제로 역사가 성행할 수 있는 인식소의 끝에 가깝게 이동할 수 있었다 하더라도, 그는 어떤 새로운 확실성 — 주체, 중심, 개인 또는 행동으로 되돌아가는 그 어떤 참고사항이 없는 지식의 생산 — 을 가능하게 하는 경계를 충분하게 반전시킬 수는 없었다. 변증법과 인식소의 사이의 경계에서 두 가지 유형의 역사가 전개될 수 있다. 사르트르는 기껏해야 역행적 분석을 통해서 한 시대를 이해할 수 있는 종합적 역사를 확신했던 반면, 푸코는 어떤 새로운 시작을 선언하는 데 있어서 서로 다른 유형의 지식-생산을 가능하게 하는 일반적 역사의 실행-가능성을 강조했다. 하지만 이와 같이 서로 다른 유형 모두를 가로질러 절단함으로써, 인식소의 보급이 전개되었다. **인식소**는 지식의 공간을 수립할 수 있지만, 그것이 그러한 공간을 생산하는 것도 아니고 그것이 그러한 공간의 산물에 해당하는 것도 아니다. **인식소**는 어떤 특별한 시간에 모든 지식들을 형성하는 것에 해당한다. 지식의 고고학의 임무는 인식소를 분명하게 하는 데 있다. 푸코는 광기, 임상의학, 감옥 및 성적 특성과 같이 어떤 제한된 영역에서 이와 같은 유형의 임무를 성취할 수 있었다. 하지만 『사물의 질서』와 『지식의 고고학』은 푸코가 다른 분야에 대한 관심과 함께 **변증법적**이었던 것—'실천적-타성태'를 넘어서는 '실천'의 성취—이 '광범위한 실천'으로, 즉 **역사**가 사라지고 고고학이 시작되는 곳에서 그 자체의 출발을 하게 되는 '광범위한 실천'으로 전환되는 것을 제시하기 위해서 어떻게 오늘날의 인문과학에 참여하게 되는지를 분명하게 보여준다.

고고학이 당면하고 있는 문제는 그것이 비롯될 수 있는 지식-틀과 관련지어 그 자체의 효과의 문제에 해당한다. 그것의 전개와 도구는 다름 아닌 오늘날의 공간에 해당하는 인식론의 공간과 함께 효과적인 것으로 된다. 그러나 고고학은 그것이 그 자체만의 지식의 조건, 그 자체만의 확실성을 제시할 수 있을 때 어떻게 작용하게 되는가? 지식의 고고학의 '고고학'은 어떤 모습으로 될 수 있는 것인가? 실제로 그것은 **변증법**의 다른 측면과 **역사** 이후에 대한 그 자체만의 광범위한 실천을 어떻게 설명할 수 있는가? 인간의 실천을 희소성과 수요를 극복하는 것으로 분리시키는 한편 다른 한편으로는 광기를 배제하고 피억압자를 억압하며 성적 실천을 부정하는 '담론' 그 자체를 연구하기 시작하는 바로 그 **역사**와 관련지어 작용함으로써, 지식의 고고학의 바로 그 '고고학'은 언제나 **변증법**과 대면해 있지 않아도 되는 것인가? 개인과 그룹의 사이의 관계에 더 이상 주의를 기울이는 것이 아니라 개인과 그룹이 무엇을 어떻게 알고 있는지를 그들 스스로 확신하는 '언어'에 주의를 기울인다면, 수용-가능한 것과 수용-불가능 것, 진실한 것과 거짓인 것은 무엇이며 따라서 이와 같은 유형의 고고학의 지식은 어떻게 그 자체를 알 수 있게 되는가? 비유적 장치는 충분할 수 있는가? 우리들 자신만의 담론에 대한 '비유'의 연구는 우리들 자신만의 지식을 **역사**와 관련지어 배치하는 데 있어서 도움을 줄 수 있는가? 필자는 필자 자신이 여기에서 실천하고자 했던 일종의 '토폴로지(topology)'—**변증법**과 **인식소**의 사이의 사선(斜線)에 **역사**의 위치를 배치하는—가 지식의 고고학이 구체화하고 있는 것들을 기획할 수 있는 방향과 가능성에 대한 해석과 이해를 제공하는 데 도움을 줄 수 있다는 점을 제안하고자 한다.

제15장

사르트르 대 구조주의

철학은 진공상태에서 발전할 수 있는 것이 아니다. 그것은 하나의 콘텍스트에서 발생될 수 있고 잉태될 수 있는 것이다. 상호-관계주의는 종종 대립에 의해 수정될 수 있다. 하지만 대립이 반드시 논쟁적인 것만은 아니다. 철학적 콘텍스트들은 철학적 텍스트들이 증식되기도 하고 때로는 사라지기도 하는 공간에 해당한다. 철학적 텍스트들의 사이의 대립적인 관계나 변증법적 관계는 정체성과 차이의 문제에서 비롯되는 것이다. 정체성에 따라서 작용하는 텍스트들은 저자-중심적으로 또는 초-저자-중심적으로 연결될 수도 있다. 차이에 따라서 작용하는 텍스트들은 저자-중심의 실천을 가로질러 절단될 수도 있다. 다시 말하면, 이러한 텍스트들은 원저자를 완벽하게 구별할 수 있거나 또는 다른 저자들의 그룹과 구별되는 어떤 저자들의 그룹을 분명하게 수립할 수도 있다. 소쉬르, 레비스트로스, 라캉, 피아제, 바르트 및 푸코와 같은 '구조주의자들'의 다양성에 대한 철학적 실천에는 어떤 유사성이 있다는 점 —심지어 정체성까지도 있다는 점— 은 이들의 사이에 차이가 있다는 점을 부정하는 것이 아니다. 소쉬르, 레비스트로스, 라캉, 피아제, 바르트 및 푸코의 텍스트적 실천과 관련하여 사르트르의 텍스트적 실천에는 어떤 차이가 있다는 것은 유사성의 위치를 부정하는 것이 아니다. 하지만 최근의 대륙사상의 철학적 콘텍스트 내에서, 사르트르와 앞에서 언급한 '구조주의자들' 각자의 사이의 대립적인 관계 또는 변증법적 관계는 차이의 특징에 의해서 두드러지게 나타날 수 있다. 차이는 또한 사르트르의 ① 초기의 연구에 해당하는 실존적 현상학과 실존적 마르크스주의 및 ② 좀 더 최근의 연구에 해당하는 플로베르의 연구에서 종합한 것의 사이에서도 발생할 수 있다. 필자는 앞으로 사르트르에 의해 활성화된 근본적 대립과 불일치를 살펴보고자 하는 한편 다른 한편으로는 다양한 '구조주의자들'도 살펴보고자 한다. 이와 같이 서로 다른 분석에서는 연구의 대상이 되는 구조주의자들 각자의 저자-중심적인 실천에 있어서의 평가를 요구하게 되는 물론 사르트르의 다양한 쓰기에서의 변용에 대한 평가도 요구하게 될 것이다.

문제가 되는 철학적 콘텍스트는 프랑스에서 현상학의 출현과 함께 1930년대 중반 그 자체를 분명하게 하기 시작했다. 후설의 현상학과 그것에 대한 하이데거의 실존주의화가 사르트르가 '의식의 이론'과 '현상학적 존재론'이라고 명명했던 것을 형성했거나 또는 메를로퐁티가 '지각의 현상학'이라고 별칭(別稱)했던 것을 형성했던 것처럼, 구조주의—구조언어학의 형식에 있어서—는 러시아 형식주의의 실천에서 그리고 로만 야콥슨과 앙드레 마르티네와 같이 다양한 언어학자들의 학문적 관심에서 일종의 '종속-텍스트'를 수립할 수 있게 되었다. 1930년대 중반부터 1950년대까지 실존적 현상학은 그 자체의 저자로서 사르트르, 메를로퐁티 및 시몬 드 보부아르와 함께 프랑스 철학의 지배적인 텍스트화로 그 자체를 수립하게 되었다. 하지만 제2차 세계대전 중에 뉴욕시에 소재한 '사회과학대학원'에서 가르치는 과정에서 그리고 로만 야콥슨과의 대화에서 파악할 수 있는 바와 같이, 클로드 레비스트로스가 보기에 구조주의의 전략은 그 자신의 활동에 대해서 그리고 특별하게는 그 자신의 1949년 저서 『친족관계의 기본구조』에 대해서 분명하게 다른 스타일을 부여했다. 따라서 레비스트로스가 프랑스로 돌아왔을 때, 그는 구조인류학의 형식으로 구조주의를 끌어들였다. 사르트르가 선봉에 섰던 실존주의의 다양성과 함께 그것이 공식적인 지위를 얻기 전까지는 여전히 몇 년이 더 걸렸지만, 그것은 분명히 1950년대에 철학적 콘텍스트의 일부분으로 되었다. 프랑스 '누보로망'—부토, 로브-그리예, 시몬 및 눈에 띄는 다른 사람들을 끌어들였던—은 그것이 몇 가지 주목을 받았다는 점에서 하나의 형식에 해당하는 것이었지만, 그러나 사르트르가 실존적 마르크스주의로 돌아왔던 1950년대 말과 1960년대 초까지 구조주의는 사르트르와 결합된 실존주의의 다양성과 관련지어 변증법적 입장을 취하게 되었다. 구조주의가 또한 라캉과 함께 심리분석의 형식에서, 피아제가 선언했던 바와 같이 발생학적 인식론의 형식에서, 바르트에 의한 문학비평의 형식에서, 그리고 푸코에게 있어서의 사상의 역사의 형식에서, 지지자들을 얻게 되었다는 점은 그것이 발전할 수 있는 힘, 즉 '성장력'의 징후에 해당한다.

구조주의의 '종속-텍스트'가 1960년대와 1970년대 초에 일종의 '반(反)-텍스트'로 실존주의를 대체했을 때, 그것은 콘텍스트적인 우월성과 대립적인 가치 모두를 성취할 수 있게 되었다. 후기구조주의, 해체주의 및 '새로운 철학'에 있어서의 좀 더 최근의 발전에도 불구하고, 대립적인 가치는 1980년대 철학의 연구계획을 명확하게 할 수 있는 상관-관계를 열어놓을 수 있게 되었다. 사르트르의 실존주의 사상과 다양한 구조주의자들의 관심을 서로 병치시키는 것은 수많은 조사연구들이 발생할 수도 있는 하나의 '차이'를 선언하는 것에 해당한다. 두 개의 독자적인 영역을 하나로 통합시켜 고려하는 것은 교차점의 위치를 수립하는 것이고 어느 쪽이든 그 자체만의 것을 선택하는 것과는 차이나는 위치성의 유형을 소개하는 것이다. 이와 같은 새로운 복합체는 병치 그 자체에서 비롯되는 것이며, 특별하게는 '사선(斜線, /)(또는 강조)'에 의해서 그 특징을 부여받게 된다. 이때의 '사선(/)'은 두 가지를 따로 따로 분리시키는 동시에 하나로 결합시키는 것이며, 그것들을 차이로 특징짓는 것이자 공통의 관심을 명확하게 함으로써 그것들을 구별하는 것이다.

'사선'의 공간에서는 적어도 여섯 가지 문제들을 지적하게 되며, 그 각각의 문제는 일반적으로 사르트르의 입장과 개별적인 구조주의 사상가의 입장의 사이의 이항관계에 부합되는 것이다. 여기서 말하는 여섯 가지 문제들은 ① 언어의 이론(사르트르/소쉬르), ② 사회조직과 신화(사르트르/레비스트로스), ③ 자아의 이론(사르트르/라캉), ④ 인간발달의 이론(사르트르/피아제), ⑤ 문학의 이론(사르트르/바르트) 및 ⑥ 역사의 이론(사르트르/푸코) 등과 같다. 이와 같이 특별한 문제들 각각을 구체적으로 충족시키는 대신에 필자는 세 가지 유형들의 상관-관계, 즉 이와 같은 이론들 중에서 몇 가지를 가로질러 절단할 뿐만 아니라 사르트르의 입장과 구조주의자의 입장의 사이에 있어서의 차이의 특징을 분명하게 할 수 있는 바로 그 '상관-관계'가 무엇인지를 살펴보고자 한다. 이러한 상관-관계의 세 가지 논지들은 ① 실존(또는 실천)/구조(또는 체계), ② 상황(또는 이해)/불연속성(또는 인식소) 및 ③ 프로젝트(또는 개인화)/변용(또는 해석) 등과 같이 특징지을 수 있을 것이다. 이러한 각각의 논지와 '사선'에 관계되는 그 자체의 형성논리는 하나의 교차점을 명확하게 할 수 있을 것이고, 그러한 교차점에서는 사르트르와 구조주의자들의 사이의 관계에 대한 연구를 가능하게 할 수 있을 것이다. '사선'의 위치에서 이와 같은 세 가지 논지들을 반복하는 것은 '관계' 그 자체의 영역을 상세하게 설명해 줄 수 있을 것이다. 사르트르와 구조주의자들에 대한 연구를 하기 위해서 이론적인 실천의 경계를 분명하게 하고 또 그것을 수립하기 위해서 필자는 각각의 논지를 차례로 자세하게 살펴보고자 한다.

각각의 경우에서 선택-가능한 읽기는 양쪽 모두로부터 제공될 수 있는 것이다. 왜냐하면 사르트르가 그 자신의 입장을 다른 방법으로 그리고 다른 시간에 재-진술했기 때문만이 아니라, 서로 다른 '구조주의자들'이 일반적인 구조주의적 입장에 대한 전념으로부터 벗어나게 되는 것을 수정하여 설명했기 때문이다. 이와 같은 조정은 변증법적 대립관계의 범위와 한계 모두를 특징지을 수 있도록 도와줄 것이다.

① 실존(또는 실천) / 구조(또는 체계). 사르트르는 실존의 숭배라고 명명될 수 있는 것과 실천의 소집의 사이에 자신의 이론적인 관심을 간결하게 분리시켜 놓았다. 첫 번째 예에서 주장하는 것은 존재론적이고, 두 번째 예에서 주장하는 것은 변증법적이다. 두 가지 모두의 경우에서 사르트르의 임무는 인간으로서의 개인들이 세계 내에서 자신들의 특별한 존재양식에 대한 자신들의 관계를 어떻게 고려할 수 있고, 그러한 콘텍스트 내에서 그렇게 되기 위해서 필요한 것이 무엇인지를 설명하는 것이었다. '인간적 실존' — 무엇이 본질적인 것인지에 관심을 기울일 때 종종 간과하고는 하는 영역 — 은 개인의 의식의 바로 그 특징을 상세하게 살펴볼 때 나타날 수 있게 된다. 인간적 실존에서는 하나의 개인이 자신의 세계에서 사물을 어떻게 의식하게 될 수 있는지를 설명한다. 인간으로 되는 본질을 하나의 본질로 결정하는 대신에 사르트르는 그것을 정확하게 본질의 부정으로, 개인의 모든 실체화에 대한 거부로, '즉자(卽自)'인 것, 객관화된 것, 정적인 것 등을 배타적으로 결정하는 것으로 이해했다. 인간적 실존은 '그 무엇' 그 자체를 하나의 사물로 확신하는 것인 동시에 자아를 그러한 사물로가 아니라 현존을 수립하는 부재로, 모든 의식행위를 수반하는 비-독단적 자의식으로 결정하는 것이다.

사르트르의 실존의 개념은 그 자체를 본질의 개념과 구별할 수 있을 때 정확하게 파악할 수 있는 것이다. 자아가 과거에 상당수의 본질을 가질 수 있었다 하더라도 자아는 어떤 특별한 본질에 해당하는 것이 아니다.

인간적 실존의 한계에는 언제나 어떤 유형의 본질이 있기 마련이다. 본질은 그 자체의 위치를 가지고 있지만 실존은 그러한 위치를 지양해왔다. 사르트르에게 있어서 구조는 본질의 유형에 해당할 수도 있다. 구조는 '즉자'의 예에 해당할 수 있지만 '존재자-대자'의 지위, 실존하는 의식의 지위를 결코 취할 수는 없다. 심지어 의식 그 자체까지도—후설의 견해와는 대조적으로—구조를 가지고 있지 않다. 의식은 사물을 지향하고 뛰어넘는 순수한 방향성에 해당하며 결코 사물 그 자체로 될 수 없다. 의식이 구조를 가지고 있지 않은 까닭은 그것이 내용도 없고 형식도 없기 때문이다. 의식은 기껏해야 무력화 행위에 해당할 뿐이다. 그러나 다양한 구조주의자들에게 있어서 구조는 사물이 아니다. 구조는 반복-가능한 틀을 형성하는 요소들의 사이의 일련의 관계이다. 구조는 사회적 사실도 아니고 마음속에 있는 것도 아니다. 구조는 마음 또는 주관성과 세계의 사이에 형성되는 관계의 특징이다. 언어의 구조는 정신적인 것도 아니고 물질적인 것도 아니다. 언어의 구조는 그것이 기호에 의해 형성되고 기호는 기표와 기의, 말 또는 청각이미지와 개념의 사이의 관계로 이루어진다는 점에서 정신적인 것과 물질적인 것의 사이에서 작용하게 된다. 기호의 복합체는 하나의 구조를 형성하고, 이때의 구조는 충분하게 물질적인 것(소리로서의 기표)으로 될 수 없거나 또는 정신적인 것(개념으로서의 기의)으로 될 수 없다. 따라서 "나는 공원으로 산책을 하러 나갔다"에서 각각의 기호는 다섯 개의 기호들이 다양하게 반복-가능한 구조를 형성하고 있다는 점에서 서로가 서로에 대해 하나의 관계를 형성하게 된다.

예를 들면, 이와 똑같은 구조는 "그는 선술집에서 엎드려 기어 나왔다"라고 읽을 수도 있다. 이와 같은 두 가지 진술을 형성하는 일련의 관계는 각각의 경우에서 똑같은 구조가 반복되고 있다는 점에서 똑같은 것이다. 이와 똑같이 오르페우스 신화의 구조는 시인-음악가를 포함하고 있으며, 그는 자신의 아내 에우리디케를 잃게 되고 그들이 하데스를 떠나기 전에 그가 뒤돌아서서 아내를 바라본다면 영원히 아내를 잃게 될 것이라는 말을 듣게 된다. 오르페우스는 뒤돌아보게 되고 자신의 아내를 영원히 잃게 되어 결과적으로 그 자신은 '마이나스들'[Mainas, 디오니

소스를 광적으로 숭배하는 여신도들]에 의해 갈기갈기 찢겨져 죽게 되고 그의 머리는 레스보스 섬의 해변으로 떠내려가게 된다. 오르페우스 신화의 각각의 단위 또는 요소는 하나의 기호를 형성하게 된다. 각각의 기호는 오르페우스 신화의 구조를 형성하는 복합체에 있어서 다른 기호에 관계된다. 신화 그 자체는 오비디우스나 버질, 프란시스 베이컨이나 장 콕토가 부여했던 해석처럼 수많은 서로 다른 해석들에서 제시하는 바와 같이 전체적 서사에 해당한다. 구조는 일련의 요소들이나 또는 기호들에 의해 형성된 통일체에 해당한다. 이와 똑같이 다시 한 번 환자가 심리분석가에게 말하게 될 때, 그는 꿈에서 일어난 사건들을 보고할 수도 있다. 라캉에게 있어서 무의식의 구조는 언어의 구조 다음에 유형화될 수 있는 것이다. 환자는 언어를 말하고 언어를 적용하게 되며, 이와 같이 기표의 망(網)은 은유적이거나(서로 다른 수많은 기의들을 하나의 기호로 압축하는) 또는 환유적인(제시되지는 않았지만 그러나 연속적인 기표들로 전환하는 기의들을 대체하는) 하나의 서사를 형성할 수 있게 된다.

이상과 같은 점은 그것이 자아와 세계의 사이에서 작용한다는 점에서, 그것이 그 자체를 개인적으로 심리적인 상태와도 구별하고 사르트르가 제안하는 구체화된 조건과도 구별한다는 점에서, 몇 가지 구조의 예에 불과할 뿐이다. 하지만 구조는 그것을 사물이나 본질로 취급한다면, '절대적 무한'으로 취급한다면, 그 자체만의 역동적이고 활력적인 특징을 상실하게 된다. 하지만 구조의 한계는 구조 그 자체를 하나의 사물이나 또는 본질로 취급할 수 있는 극한경계(極限境界)로까지 몰고 가게 된다. 이러한 '극한경계'가 사르트르와 구조주의자들의 사이에 있는 '사선'의 위치에 해당한다. 바로 이러한 경계는 끊임없이 증식될 수 있고 조사될 수 있는 구조 그 자체가 '실존-존재자'를 만나게 되는 위치에 해당하며, 이때의 '실존-존재자' 그 자체는 그것이 자-의식적으로 될 때 한계가 없는(아마도 죽음을 제외한다면) 하나의 가능한 경험의 영역을 개방시킬 수 있게 된다.

실존/구조의 변증법적 관계를 대체할 수 있는 형식에서는 실존을 위해 실천을 보충할 수 있고 구조를 위해 체계를 보충할 수 있는 가능성을 제안하기도 한다. 이와 같은 두 가지 보충 모두가 즉각적으로 효과적일 필요는 없다. 그것은 서로가 서로에 대해 독자적일 뿐이다. 이러한 점은 필자가 이미 제안했던 세 개의 이항대립들의 각각에 대해서도 똑같이 적용될 수 있는 것이다. 실존을 실천으로 보충하는 근본적인 이유는 1950년대 후반 이후 변증법적 이성의 가능성에 대한 사르트르의 관심, 즉 버스를 타려고 줄을 지어 서 있거나 또는 식료품을 사려고 슈퍼마켓을 둘러보고 있는 개인들은 모두 '연속적'이라는 그 자신의 인식에서 비롯되었다. 이러한 것들은 서로가 서로에 대해서 '실천적-타성태'로서의 관계를 가지고 있다. 그러나 개인들이 실천에 의해 그들 자신의 '실천적-타성태'로서의 조건에 반응할 때 — 그들이 그룹에 있을 때나 또는 그들 모두에게 영향을 끼치는 어떤 유형의 테러에 반응할 때처럼 — 바로 그때에 그들의 상호-관계는 변화하게 되어 있다. 이러한 교차점에서 실천은 소외와 타성(他性)에 의해 그 특징을 부여받게 되는 어떤 상황과의 관계에서 작용하게 된다.

사르트르는 레비스트로스의 구조에 대한 설명이 구조를 실천적-타성태의 영역에 배치하고 있다는 점을 주장했다. 구조는 무기력하고 역동적이 아니며 실천도 없고 따라서 구조는 언어, 신화 또는 꿈에서 창조되는 것을 취급할 수 있는 그 어떤 가능성도 가지고 있지 않다. 그러나 이러한 점은 사르트르의 견해이며 그는 구조를 자기 자신만의 체계, 즉 레비스트로스와 그 밖의 사람들이 그들만의 구조의 개념을 제공하는 바로 그 특징을 허락하지 않는 체계로 끌어들였을 뿐이다. 구조를 하나의 체계로 변용시키는 것은 구조의 증가-가능성을 나타내는 것이다. 구조들은 종종 구조들 그 자체만의 체계들을 형성하게 된다. 종종 체계들은 체계가 지배적인 조직의 원칙 — 롤랑 바르트의 패션의 체계의 경우처럼 — 으로 되는 일반적인 구조적 계산의 일부분에 해당한다. 바르트는 허리 위에 입는 것, 허리 아래에 입는 것, 발에 신는 것 등에 따라 의상의 구조를 연구했다. 어떤 특별한 날에 입게 되거나 또는 『보그』 잡지의 어떤 특별한 그림에서 파악할 수 있는 개인의 의상의 통합적인 표현은 허리 위에 입기 위해 선택-가능한 스웨터, 블라우스, 터틀넥 등의 결합-가능성과 관련지어 이해할 수 있다. 이러한 의미에서, 어느 누군가가 어떤 특별한 순간에 입게 되는 의상은 '파롤'의 유형에 해당하고 전체적인 패션의 언어는 '랑그'에 해당한다. 하이패션 드레스는 어떤 유형의 의상에 대해서 그 자체의 체계적인 결합이나 통합적인 특징을 엄격하게 제한하는 '랑가주'에 해당한다. 바르트는 의상을 하나의 사물로 취급하지는 않았다. 이와는 반대로 의상은 그것을 입는 사람의 편에서 보면 하나의 실천 그 자체에 해당한다. 구조적 계산 그 자체에 대해서 분명한 것은 그것이 의상을 입는 실천을 강조하는 것도 아니고(그리고 이러한 의미에서 사르트르는 자기 자신을 분명하게 한다) 의상을 실천적-타성태로서의 실재(實在)로 강조하는 것도 아니라는 점이다. 오히려 체계적이거나 또는 좀 더 폭넓게 기호학적인 묘사에서는 실천을 가능하게 하는 요소들이 무엇인지를 설명한다. 이러한 점은 또한 범주적이지 않을 뿐만 아니라 조정-가능한 '매개변수-장치'에 해당하기는 하지만, 그것이 칸트적인 가능성의 조건에 해당하는 것은 아니다. 기호적이거나 또는 구조적인 견해에서, '파라미터'는 실천에 의해 배치될 수 있는 것이다. 따라서 체계적인 실천은 사르트르가 강조하는 실천을 지향하게 되지만 그러나 그것과 동시적으로 발생하게 되는 것은 아니다. 체계적인 실천과 사르트르가 강조하는 실천은 '사선'에 의해 분리될 수 있다.

② 상황(또는 이해) / 불연속성(또는 인식소). 상황에 대한 사르트르의 개념은 1940년대 초반 그의 쓰기로까지 거슬러 확장된다. '상황'에 처해지는 것은 참여하는 것, 자신이 자기 자신을 발견하게 되는 콘텍스트에 전념하는 것 및 그러한 상황을 뛰어넘기 위해서 바로 그 상황을 받아들일 수 있는 것 등에 해당한다. 그러한 상황이 『출구 없음』에서 가르생,

에스텔 및 이네스의 지옥이든 또는 훔치다가 자신의 양부모에게 붙잡힌 어린 소년 장 주네이든 또는 작가가 되려는 자신의 결심을 현실화한 사르트르 자신이든 우리들은 모두 어떤 상황에 처해지게 된다. 자신의 상황을 의식하는 것은 바로 자기 자신의 실존적 조건들을 인식하는 것이다. 상황은 자신이 자기 자신을 발견하는 특별한 콘텍스트를 의미할 수도 있고 또는 일반적으로 자신의 '세계 내에 있는 존재자'를 의미할 수도 있다. 어느 경우든 자신의 실존을 충분하게 이해하는 것에는 자신이 어떤 상황에 처해 있다는 점을 이해하는 것도 포함된다. 사르트르의 극단적 상황문학(『벽』에서 사형에 처해지게 되어 있는 죄수, 『이성의 시대』에서 그녀 자신이 임신했다는 사실을 방금 알게 된 마르세유, 『더러운 손』에서 정당 지도자 에드레르을 암살해야만 한다는 지령을 받은 위고)은 우리들의 서로 다른 상황들이 우리들로 하여금 우리들 자신의 바로 그 실존을 그 자체의 다양한 범주 내에서 이해할 수 있도록 하는 범위를 제시한다.

어떤 상황을 이해하기 위해서는 바로 그 상황을 살아야만 한다. '체험한 것'에 대한 사르트르의 개념은 어떤 상황을 사는 것이 선-반영적 의식의 영역을 열어 놓게 되는 측면을 끌어낼 뿐만 아니라 실천을 통해서 그러한 영역을 에워싸게 되고 의미 있게 만드는 이해를 가능하게 하는 측면까지도 끌어내는 것에 해당한다. 이와 같은 '이해'[입장을 바꾸어 이해하는 것을 의미하는 독일어 'Verstehen'의 유형]의 개념은 사르트르의 『집안의 천치』에서 특히 분명하게 자세히 설명되어 있다. 거기에서의 '이해'는 어느 개인이 자신의 세계를 단지 스스로 해석하는 것이 아니다. 오히려 해석은 전체적인 역사적 관계에 대한 복합체의 콘텍스트, 즉 자신이 살고 있는 순간과 그러한 상황이 암시하는 전진적 방향을 특징짓는 바로 그 '콘텍스트'에 자리 잡고 있다. 따라서 플로베르를 고려하는 것은 19세기 소설의 미래와 부르주아의 운명과 그 시대의 경제-역사적 조건의 방향뿐만 아니라 플로베르가 외과의사의 아들로, 풋내기 작가로, 19세기 초의 프랑스 젊은이로 살았던 전체적 틀까지도 묘사하는 것이다. 그러한 상황을 이해하는 것은 종합적으로 이루어지는 데 있는 것이 아니라 오히려 이해 그 자체의 종합화 행위와 지칭행위를 계산하는 데 있다.

상황의 개념을 고려하든 또는 사르트르가 '전진적-역행적 방법'이라고 명명했던 것에 따라 좀 더 일반적인 역사적 조건을 종합하는 이해를 고려하든 연속성은 지배적 특징에 해당한다. 플로베르가 퐁레베크에서 심인성질환을 경험했던 경우처럼 위기가 있을 수도 있지만, 그러나 전반적으로 사르트르의 설명에서는 단절 없는 발전을 상세하게 언급하고 있다. 구조주의자들에게 있어서(미셸 푸코처럼 이러한 호칭을 거부했던 사람들까지도), 단절의 개념 — 바슐라르가 그렇게 명명했던 바와 같은 인식론적 단절의 개념 — 은 역사의 근본적인 단절과 그것에 대한 이해를 나타낸다. 상황과 이해가 단순하게 경험의 흐름이 아닌 반면, 그것들은 또한 단절, 경계 및 인식론적 틀의 재-구성에 의해 그 특징을 부여받게 되는 것도 아니다. 하지만 역사의 논지는 상황과 불연속성을 구별하는 얇은 '막(膜)' 또는 '사선(斜線)'을 형성한다. 상황은 언제나 변하게 되어 있는 반면, 인식론적 틀 — 또는 인식소(認識素) — 은 어떤 분명한 시간의 시대에 두드러지게 지배적인 것으로 되고 그런 다음 그것은 똑같은 구조와 함께 그러나 종합적으로 서로 다른 특징과 함께 뒤이어지는 틀로 대체된다. 이러한 불연속성은 그 자체의 통시적 측면보다는 좀 더 분명하게 그 자체의 공시적 측면을 명확하게 할 수 있다. 따라서 푸코는 그 자신이 일반적인 문법, 철학 및 오늘의 언어학의 사이의 관계에 관심을 갖기보다는 일반적인 문법, 부(富)의 분석 및 자연의 역사의 사이의 관계에 좀 더 많은 관심을 가지고 있었으며, 이 모든 것들은 어느 정도 역사적 계보를 가지고 있는 것으로 파악할 수 있다. 역사적 교차-부분(아이디어와 접근의 발전 대신)에 대한 그의 관심은 그 자신의 관점, 즉 분명하게 공시적인 관점을 나타낸다. 더 나아가 인식론적 틀과 인식소의 개념에서 상황적인 것과 인식론적인 것의 합류는 다음과 같은 점, 즉 이 두 가지가 '사선'에서 소쉬르의 설명과 접하게 될 때 그것은 사르트르의 견해에서 이중적인 채로 남아 있는 것과 조응하게 된다는 점을 암시한다. 심지어 사르트르가 그 자신의 좀 더 최근의 구절에서 이해를 통해 상황과 협조하고 있다 하더라도, 그것은 여전히 부수적인 이해의 제스처에 지나지 않으며, 하나의 예를 인용한다면, 푸코에게 있어서 그러한 이해는 불필요한 것에 해당한다. 푸코에게 있어서 광기의 역사와 그것의 취급, 제도적인 처벌의 역사와 인문과학의 역사 그 자체는 모두 그것이 시대의 조건을 설명하는 것만큼 개념적인 '역사들'에도 관계된다. 이와 같은 '역사들' — 그렇게 제목을 붙일 수 있다면 — 에서는 인간의 상황을 이해할 수 있고 해석할 수 있고 상호-관련되는 제도에 묵시적으로 연결될 수 있는 방법을 설명하게 된다.

심지어 인간발달의 네 가지 단계들에 대한 피아제의 견해에서도 인간발달을 인식론적으로 해석하기도 하고 단계이론에 따라 해석하기도 한다. 피아제에게 있어서 네 가지 발달단계들은 ① 감각운동 단계, ② 언어단계, ③ 구체적 조작단계 및 ④ 공식적-수학적 조작단계 등이다. 각각의 연속적 단계에서, 종합적인 재-형성이 발생하게 된다. 예를 들면, 아동이 오로지 자신만의 감각에 따라 건드리고, 돌고, 앞으로 기어가면서 방안을 돌아다니는 감각운동 단계에서부터 아동이 말할 수 있고 상징적인 표현을 적용할 수 있게 되는 언어단계까지, 아동의 경험의 전체적인 특징은 변화하게 된다. 두 번째 단계에서, 세계에 대한 아동의 완벽한 이해는 수정될 수 있고 재-창조될 수 있다. 발달과 그 자체의 단계별 여정(旅程)에 대한 자신의 관심을 제시하는 것은 물론 그 자체 역시 암시적일 수밖에 없는 지식의 틀에 대한 자신의 관심까지도 제시하기 위해서, 피아제는 자신의 연구를 '발생학적 인식론'이라고 명명했다. 연속성과 불연속성의 교차점에 하나의 경첩으로 자리 잡게 된 피아제의 입장과 사르트르의 입장(푸코의 입장과 사르트르의 입장처럼)은 인간의 발달과 인간의 역사를 즐기게 된다.

③ 프로젝트(또는 개인화) / 변용(또는 해석). 세 번째 이항대립은 사르트르

와 구조주의자들의 사이의 병치적인 관계에 대해서 또 다른 전망을 제공해준다. 이상과 같은 세 가지 대립들은 배타적으로 그리고 소모적으로 형성될 수 있는 것이 아니다. 하지만 이러한 대립은 '정반대의 관계'를 형성하기도 한다. 다시 말하면, 하나의 축에서 회전하게 되고 그렇게 함으로써 '사이'의 위치에 해당하는 동시에 이미 선언한 이론의 실천이 작용하게 되는 '사선'의 입장을 설명하는 바로 그 관계를 형성하기도 한다.

프로젝트에 대한 사르트르의 개념은 미래의 어떤 행동이나 행동의 방법을 지향하게 될 때 의식의 활동이나 활력에 해당한다. 의식은 바로 그 의식의 대상을 향하도록 되어 있다. 각 개인의 의식행위에서는 특별한 방법으로 하나의 대상을 하나의 본질로 결정짓는다. 그러나 의식은 그 자체를 그것이 결정하는 본질과 구별한다. 의식은 순수한 실존, 순수한 '대자'로 남아 있는 것이지 그 어떤 다른 것으로 남아 있는 것이 아닌 반면, 대상은 순수한 본질, 순수한 '즉자'로 된다. 의식의 무력화 행위는 그 자체의 지속적인 특징을 필요로 한다. 의식이 특별한 방법으로 그 자체를 결정하고자 시도할 때마다, 그것은 그 자체를 다른 것으로 수립하게 되고 그것은 바로 그 결정 자체를 뛰어넘어 나아가게 된다. 이와 같은 '뛰어넘어-나아가기'의 특징을 '프로젝트'라고 명명할 수도 있을 것이다. 그러나 프로젝트는 단순하게 개인적인 의식행위로만 제한되는 것이 아니라 그것은 또한 자신의 미래를 지향하는, 자신이 어떻게 살 것인지를 지향하는, 삶-프로젝트로 자신을 어떻게 위로할 것인지를 지향하는, 각 개인의 편에서 전체적인 방향을 특징지을 수도 있다. 『존재와 무』의 거의 마지막 부분에서, 사르트르는 '존재자'에 대한 개인의 '원택(原擇)'과 관련하여 근본적 프로젝트를 설명한 바 있다. 사르트르는 자신의 이러한 설명을 '실존적 심리분석'이라고 명명했다. 예를 들면, 보들레르는 존재자의 '원택'을 만들어냈으며, 사르트르의 해석에 따르면 그것에는 보들레르가 정기적으로 칼로 찔러 생기는 상처를 스스로 만들어내고는 하는 것도 포함되었다. 보들레르에게 있어서 자기 자신으로 향하는 이러한 태도는 정확하게 그로 하여금 시를 창작하도록 허락해 주는 '세계 내의 존재자'의 방법을 마련해 놓았다. 이러한 '원택'은 보들레르의 근본적 프로젝트로 되었으며 그는 다름 아닌 바로 그것에 의해 살아가려고 추구했다. 이와 똑같이 사르트르 자신도 작가가 되기로 선택했다. 사르트르의 자서전에 해당하는 『말』에서 그는 읽기로부터 쓰기에 이르는 여정(旅程)을 이야기하고 있다. 작가가 되려는 그의 선택은 그가 아버지의 부재상태(사르트르가 두 살 되었을 때 그의 아버지는 세상을 떠났으며, "나에게는 슈퍼에고가 없었다"고 그는 썼다)에서 성장한 것이 포함될 뿐만 아니라 자신의 외할아버지 샤를르 슈바이처에 대한 그의 부정적인 반응 및 바로 그 쓰기의 행위에 의해 자신을 구원하고자 하는—그가 '구원(전통적인 기독교의 의미에서)'을 무대소품을 보관하고 있는 '방'으로 격하시켰다 하더라도—그 자신의 결심도 포함된다.

1970년대 초에 발간된 플로베르에 관한 자신의 저서에서 사르트르는 프로젝트의 개념의 변형을 '개인화'라고 명명했다. 『방법의 탐구』(1957)에서 '전진적-역행적 방법'을 발전시켰을 때, 사르트르는 이미 자신의 프로젝트의 개념을 '실존적 심리분석'이라고 수정하기도 했다. 역사의 발전과 지속성의 콘텍스트에서 뿐만 아니라 그러한 것들과의 관계에서 개인의 역할에 대한 이상과 같은 강조는 '개인화'와 관련지어 『집안의 천치』에서 다시 한 번 재-언급된다. 탈-종합화하고 재-종합화하는 이동과 함께 종합화의 지속적인 과정에서는 개인을 하나의 상황, 즉 완벽한 복종의 경우도 아니고 그렇다고 해서 단순한 구성의 경우도 아닌 바로 그 '상황'에 배치하게 된다. 개인화는 개인이 자기 자신을 지속적으로 동화(同化)되도록 하고 생생한 것을 지양하도록 하는 활동에 해당한다.

이와 같은 연속성을 그 자체의 프로젝트적인 특징 및 개인화하는 특징과 함께 인식하는 것은 그러한 연속성을 실제로 체험하는 데 있어서 하나의 해석에 불과할 뿐이다. 필자가 앞에서 이미 지적했던 바와 같이, 주네의 위기, 사르트르의 위기 및 플로베르의 위기, 즉 그들이 자신들을 창조하고 그들 자신이 앞으로 그 무엇으로 되고자 하는—간단히 말해서, 어떤 상황에서 그들 자신을 선택하거나 또는 그들 자신의 '실천적-타성태'의 조건을 종합화하는—바로 그 '위기'가 있을 수 있지만, 그러나 삶 그 자체는 있는 그대로 살아가야만 하는 것이고 그것이 발전하는 대로 살아가야만 하는 것이다. 그렇지 않을 수는 절대로 없다. 성취할 수 있는 최선의 선택은 사르트르가 '단칭 보편자'—키에르케고르를 특징지으려고 제공했던 묘사—라고 명명했던 것으로 되는 것이다. '단칭 보편자'는 모든 사람들을 하나로 통합하는 보편화에 해당한다. 이와 똑같은 맥락에서, 사르트르는 『말』에서 자기 자신을 "모든 사람들로 구성된, 그들 모두만큼이나 선량하지만 그러나 그 어떤 사람보다 더 선량한 것은 아닌 전인(全人)"(p.214)으로 묘사하기도 했다. 사르트르가 스스로 읽기로부터 쓰기로 이동한 것은 그 자신의 '원택(原擇)'의 변용에 해당하는 것이 아니라 오히려 그러한 '원택'의 충족에 해당하는 것이다.

그러나 구조주의의 입장에서는 대체-가능한 설명, 해석 또는 읽기를 요구하기도 한다. 레비스트로스의 신화들에는 서로가 서로에 대한 해석의 다양성이 포함되어 있다. 그 자체의 최초의 기호에서부터 안티고네의 숙부 크레온의 칙령에 반대하는 그녀의 오빠에 대한 안티고네의 매장까지 추적할 수 있는 오이디푸스 신화는 네 가지 범주에 따라 재-기술된다(혈연관계의 과대평가, 혈연관계의 과소평가, 인간의 자생적 기원 및 인간의 비-자생적 기원).

하나의 이야기가 공시적 특징을 부여받게 되는 것은 이와 같은 범주들 각각에 있어서의 이야기의 요소들을 그것들이 신화의 흐름에서 발생하는 것으로 배치함으로써 부여받게 된다. 이와 같은 각각의 수준에서 이야기 그 자체는 서로 다른 인물들과 함께 그러나 똑같은 구조적 특징과 함께 재-언급될 수 있다. 하나의 간단한 변용—하나의 구조에서부터 다른 구조까지 이르는 데 필요한 변용—은 하나의 구조를 다른 구조로 전환시키는 것을 가능하게 한다. 세계를 통해서 서로 다른 사회의 다양성에 있어서의 친족관계를 평가하는 데 있어서 레비스트로스는 이와 똑같은 변용적인 설명을 제공할 수도 있었을 것이다. 이와 같이 똑같은 방법으로 푸코 역시 르네상스 시대의 인식소인 '유사성'은 고전주의 시대의 인식소인 '대표성'과 근대시기의 인식소인 '인간의 이론'에 의해 대체되었다는 점을 제시하기 위해서 하나의 전체적 담론과 그 자체의 인식론적 틀에 호소할 수도 있었을 것이다. 역사적 불연속성은 어느 누군가는 단절하게 되고 어느 누군가는 이어받게 되는 위치에서 발생하게 된다. 푸코에게 있어서 돈키호테는 유사성의 시대와 대표성의 시대의 사이의 '경계인(境界人)'에 해당하고, 마르키스 드 사드는 대표성의 시대와 인간의 시대의 사이에 서 있는 '경계인'에 해당한다. 그러나 변용의 개념과 그것의 종속-연구의 개념, 즉 해석의 종속-연구의 개념은 어떻게 사르트르의 프로젝트 및 개인화와 마주치게 되는가?

사르트르에게 있어서 설명은 개인적인 것이자 사적(私的)인 것이다. 구조주의자에게 있어서 그것은 개인적일 수 있거나 또는 사회적일 수 있는 일반적 인식론을 특징짓는 것이다. 여기에서 중요한 점은 프로젝트가 현재 상태의 문제점들 중에서 어느 한 가지 문제점을 미래의 조건으로 만든다는 점이다. 이러한 점은 구조주의자의 변용과 어떤 유사성을 갖게 된다. 변용은 현재의 구조가 다른 구조로 재-형성될 수 있는 장치에 해당한다. 구조주의자는 방법론의 행위를 통해서 변용을 전개하는 반면, 실존주의자는 개인적인 존재자의 선택을 충족시킴으로써 그렇게 한다. 구조주의자와 실존주의자는 존재론이나 또는 사회적인 이론의 사이의 '사선'에서, 인식론이나 또는 인문과학—언어학, 인류학 또는 지식의 고고학—의 사이의 '사선'에서 마주치게 된다. 실존주의의 설명이 심리학으로 될 때, 그것은 피아제와 라캉이 상당히 다른 방법으로 제공했던 '구조심리학'의 유형에 부합하게 된다. 인간발달에서의 단계이론 및 지칭망의 비교는 인간적인 경험에 대한 이해에 하나의 전례(典例)를 제공할 수도 있을 것이다. 피아제와 라캉이 이해할 수 없었던 것은 개인의 프로젝트이며 이러한 개인화의 요소는 확고부동하게 사르트르의 편에 있다.

이와 같은 유형의 연구는 어떤 유형의 프로젝트를 암시하는가? 필자는 그것을 '이론의 실천'이라고 명명한 바 있다. 이론의 실천에서는 이론의 접근들을 병치시킴으로써 상관성과 차이 모두를 선언할 수 있게 된다. 사르트르의 실존적 현상학(또는 마르크스주의)에서는 실존, 상황 및 프로젝트가 그 자체의 근본적 특징에 해당한다는 점을 강조한다. 구조주의자의 영역에서는 구조, 불연속성 및 변용에 의해서 특징지을 수 있는 실천을 강조한다. 이러한 두 가지 견해들의 상호-입장, 즉 그 자체가 종합적인 것도 아니고 제3의 입장도 아닌 '상호-입장'은 두 가지 견해들의 교차점에서, 차이의 위치에서 정확하게 작용하게 된다. 이와 같은 입장에서는 그것에 어떤 의미가 있도록 하기 위해서 그 자체를 취급해야만 한다. 그 자체의 실천에 있어서 병치는 서로 다른 설명들이 마주치게 되는 '사선'에 하나의 경계를 마련해야만 할 것이다. 실존주의의 입장을 일단 철저하게 설명하고 나면, 확산과 반복의 가능성은 거의 무한한 것으로 되고 만다. 실존주의의 연구는 대부분의 경우 그 경계가 없다. 이와 똑같이 과거 30년 동안 구조적인 분석은 수많은 저서, 잡지 및 기사로 나타나게 되었다. 이러한 분석들 역시 끝이 없이 나아갈 수 있다. 그러나 실존주의의 입장과 구조주의의 입장에는 한계가 있다. 이러한 한계는 '사선'의 위치에 자리 잡고 있으며, 거기에서 이러한 두 가지 입장들은 서로 만날 수 있을 것이고, 거기에서 그러한 입장들은 서로 다른 것으로 그 자체의 정체성을 분명하게 할 수 있을 것이다.

제4부
차이 · 사이(그리고 넘어서)

제16장

이성중심주의의 한계

현상학의 역사의 담론에서 이성(logos)은 다양한 콘텍스트들을 차지하고 있다. 이성의 성행에 대한 논지가 그 자체의 한계에 도달할 수 있는 위치를 제시하기 위해서는 해체주의의 전개과정을 명확하게 할 필요가 있다. 이런 식으로 이성중심주의는 그 밖의 중요한 주의들, 즉 음성중심주의, 민족중심주의, 남성중심주의, 에고중심주의 등과 관련지어 살펴볼 수 있다. 이성중심주의에 대한 연구를 하기 위해서는 한 가지 예로 하이데거의 에세이 「로고스(Logos)」에서부터 출발하게 된다. 헤라클레이토스의 설명과 하이데거의 설명을 병치시킴으로써, 우리들은 하이데거가 이성의 위치를 바꿔놓았다는 점을 분명하게 할 수도 있다. '말해진 것'에 귀를 기울이는 우리들과는 다르게, 이성은 더 이상 바로 그 '말해진 것'의 보편적인 구조에 해당하는 것이 아니다. 하이데거와 함께 필자는 우리들이 존재론적 차이에 있어서 이성을 따라 배치될 수 있다는 점을 살펴보고자 한다. 이러한 과정에서 언어로서의 이성은 집에 해당할 뿐만 아니라 존재자의 존재에도 해당한다. 이러한 점을 바탕으로 하여 이성은 언어 그 자체가 미결정적인 것의 위치를 차지하게 되거나 또는 형이상학의 담론의 가장자리에서 경첩을 차지하게 되는 한계로까지 나아가게 된다.

몇 세기마다 각각 하나의 새로운 인식소가 그 이전의 인식소를 대신할 수 있는 '인식소-공간'과 '지식-틀'을 가지고 있다고 강조하는 미셸 푸코의 담론과는 달리, 자크 데리다는 오로지 두 개의 기본적인 '시대들', 즉 형이상학의 시대와 바로 그 형이상학의 '마감'에서 발생하는 시대만을 상세하게 설명했다. 형이상학은 어떤 지점 — 데리다는 그러한 지점의 '원형'에 대한 정확한 날짜를 추정하지 않았지만 — 에서 시작하게 되었다. 데리다는 다만 형이상학이 쓰기의 외면성과 기표의 외면성에서 발전하게 되었다는 점을 강조했을 뿐이다. 이러한 외면성의 파괴로부터 내면성의 건설이 비롯될 수 있었으며, 내면성의 건설과 함께 형이상학의 바로 그 '부산물'도 나타나게 되었다고 볼 수 있다.

형이상학은 전체적으로 비유의 형식을 유지한다. 형이상학의 시대에서 쓰기는 "영원한 진리를 지칭하는 기표 그 자체를 지칭하는 기호에 해당한다."[1] 쓰기는 글자 그대로인 것(그 자체가 하나의 기호)으로 간주된다. 하나의 기호로서의 쓰기는 기표, 즉 글자에 대한 기의로 작용한다. 글자는 말을 형성하는 것에 해당한다. 정확한 의미에서 쓰기는 글자와 결합된 개념이다. 그러나 비유적으로 볼 때에 글자는 또 다른 기의에 대한 기표에도 해당한다. 이처럼 비유적인 기의는 '영원한 진리', 지칭된 '진리'이고, 그것은 이성의 이름으로 계속되며, 성서(Book of Scripture)에서 각인된다. 이와 같은 형이상학의 구도는 중세의 체계에서 가장 많이 성행하게 되었다.

중세 형이상학의 부산물에서, 기표로서의 글자의 위치에 해당하는 자연(Book of Nature)은 그것이 목소리로 말하게 되는 신성한 말(Logos, 이성)에 결합됨으로써 지칭될 수 있는 것이다. 신성한 말은 그 자체의 기호를 글자의 형식으로 남겨 놓게 된다. 쓰기는 신성한 말의 외면화에 해당한다. 이성이 말할 때, 지성은 감각적으로 된다. 초(超)-기의는 그 자체의 표식을 경험적인 기표로 남겨놓게 된다. 글자가 외면적이고 경험적으로 될 때, 그것은 자연 안에서 글자 그대로 읽게 되는 기호의 다양성으로 작용하게 된다. 글자의 기의는 기호 그 자체에 해당하며, 하나의 지칭체계로서 글자 그대로의 쓰기가 확산되게 된다. 그러나 기표-기의의 관계는 그 자체가 하나의 기호이기 때문에 그것은 또한 비유적이고 성서적인 기호를 환기함으로써 유추적으로 해석될 수 있는 것이다.

루소는 신성한 말을 자연적인 쓰기로 대체함으로써 중세의 체계를 되풀이 했다. 자연적인 쓰기는 '원형화술(原型話術)'에 의해서, 즉 '최초의 말'을 제공하는 내적인 신성한 목소리에 의해서 부여될 수 있다. 그러나 최초의 말은 그것이 "대표적인 것, 추락적인 것, 이차적인 것, 제도적인 것"으로 됨에 따라 기꺼이 보편적인 쓰기의 형식으로 전락되고 만다. 이러한 쓰기(사회적 접촉의 유형으로서)는 중세의 '글자적인 특성'을 대체하게 된다. '성서'에서 비유적인 기호였던 것은 이제 최초의 말의 명확성에 의해서 형성된 자연적인 기호로 전환되었고, '자연'에서 글자로 쓰였던 것은 이제 사회적인 상거래에 있어서 보편적인(즉, 관례적인) 쓰기로 전환되었다.

이와 똑같이, 하이데거의 사상에서도 "이성의 순간과 존재—'첫 번째 기호의미(primum signatum)', 즉 모든 언어적인 기표들에 의해서 암시된 ……'초월적' 기의—의 진리의 순간을 파괴하기보다는 회복시키고는 했다."[2] 따라서 실재(實在)들이나 존재자들은 존재의 부름에 응답하게 된다. 즉, 실재(實在)들이나 존재자들은 모두 그것들 자체가 '기호형식'에 해당할 뿐인 '최초의 기호의미'에 부응하게 된다. 이러한 것들의 존재적 특징은 언제나 존재론적 목소리에 의해 제한받게 된다. 하나의 기호로서의 현존재는 존재와 존재자들의 사이의 존재론적인 것에 그 자체의 서명(署名)을 남겨놓게 되지만, 존재자들의 사이의 존재적 구별에서는 루소의 사회적인 기호와 중세의 자연이 차지하고 있는 위치를 분명하게 할 수 있다.

데리다의 용어에서 형이상학의 역사는 일련의 파열이나 단절의 역사에 해당한다. 이러한 역사에는 신성한 말과 자연의 사이, 말하기와 쓰기의 사이 그리고 존재와 존재자들의 사이의 단절이 포함된다. 기호학에서 이항대립이라고 결정한 바 있는 이와 같은 대립은 형이상학 시대의 중심을 형성한다. 그 외에도 지성적/감성적, 정신적/육체적, 내적/외적 등과 같은 다른 짝들을 첨가할 수도 있을 것이다. 이러한 짝들은 모두 형이상학적 담론을 형성하게 되며, 그러한 짝들은 또 형이상학적 텍스트를 '해체-재-구성'하는 차이, 즉 쓰기(원형기술)의 출현과 함께 그 자체의 완성을 성취하기 시작한다.

지금까지 필자는 데리다의 담론의 '귀표(earmark)'라고 할 수 있는 '해체주의'[우리나라에 '해체주의'라고 번역되어 소개된 'deconstruction'을 이 책의 저자인 휴 J. 실버만의 견해를 따라 정리하면, 그것은 '해체재구성주의'라고 볼 수 있다. 실버만은 'deconstruction'을 'de+con+struction', 즉 '해체+구성+구조'라고 파악한 바 있다]에 호소해왔다. 해체주의는 이동에 있어서의 제한, 경계 또는 경첩에 적용되는 실천에 해당하며 바로 그 실천에 의해서 '차이'는 '원형기술'로 각인될 수 있다. 해체주의는 구조화된다. 그것은 안과 밖, 말과 개념, 일상적 쓰기와 말하기의 교차점에 그 자체가 자리 잡을 수 있도록 한다. 해체주의는 파괴, 찢어버리기, 원자단위(原子單位)로 분석하기도 아니고, 건설, 종합, 통합된 전체로 종합하는 것도 아니다. 해체주의에는 파괴와 건설 모두가 포함된다. 그것은 교차점에서 작용한다. 즉, 메를로퐁티가 부분교차로 묘사했거나 또는 보이는 것과 보이지 않는 것의 사이, 철학과 비-철학의 사이의 엮어 짜기로 묘사했던 바로 그 교차점에서 작용한다. 그것은 '존재-물음'에서 존재를 교차선으로 지우지만 바로 그 교차선을 그대로 놔두는 것에 의해 제시된 바와 같이, 하이데거에 있어서의 '안-사이'를 채우게 된다. 그 자체만의 권한으로 해체주의는 글자 그대로의 쓰기의 의미를 비유적 특징 그 자체로 결정할 수 있다. 쓰기를 글자 그대로 비유적으로 인용하는 것은 데리다의 텍스트들을 형이상학의 '끝'—니체, 하이데거 및 메를로퐁티가 시작했던 바로 그 끝—과 순수한 차연(差延)으로 남아 있는 '후기-종결(post-closure)'의 사이의 경계면에 배치하는 것에 해당한다.

형이상학의 시대의 벼랑 끝에서 해체주의는 그 자체의 위치를 차지할 수 있게 된다. 지금은 철저하게 다양화된 해체주의—데리다의 담론의 표식—는 잘 알려진 사건으로서의 명성과 불명확성 모두를 한꺼번에 성취하게 되었다. 여기에서의 임무가 어떤 유형의 담론이 그 자체의 한계에 도달하게 되는 공간을 제시하는 데 있다 하더라도, 해체주의를 그저 단순하게 작용할 수 있도록 하는 것은 현명하지 못한 것일 수도 있다. 이러한 경고는 하이데거를 형이상학적 언어의 경계에 가깝게 배치하려고 시도할 때 특히 중요하다고 볼 수 있다. 따라서 하이데거적인 담론의 해체에서는 하이데거가 형이상학의 역사를 그 자체의 최후의 순간까지 취급했을 뿐만 아니라 그렇게 함으로써 그가 자기 자신을 '그라마톨로지'[grammatology, 데리다는 자신의 *Of Grammatology*(국내에서는 '그라마톨로지'로 번역되어 출판되었다)에서 "grammatology is a science of writing"이라고 정의했으며, 이를 바탕으로 하여 역자는 'grammatology'를 경우에 따라 '그라마톨로지' 또는 '기술학(記述學)'으로 병행하여 번역하고자 한다]로 향하는 마지막 전초병들 중의 한 사람으로 생각했다는 데 대한 존경심을 숨기고는 한다. 따라서 하이데거의 담론을 해체하기 위해서는 바로 그 자체를 재-구성해야만 한다.

해체주의는 텍스트를 그 자체의 극단적 형식으로까지 몰고 가서 연구하는 것을 의미한다. 여기에서 말하는 텍스트나 또는 담론은 어떤 모델을 세울 수 있는 것도 아니고 그것을 찢어버릴 수 있는 것도 아니다. 이러한 점에 대한 이론의 건설과 반대에는 그 어떤 위치가 있는 것이 아니다. 해체주의는 논지와 반-논지의 사이에, 역사와 후기-역사의 사이에, 참과 거짓의 사이에 그 자체를 수립하게 된다.[3] 해체주의가 그 어떤 '적합한' 위치를 가지고 있는 것으로 생각해서도 안 되고 바로 그러한 이유로 인해서 그 어떤 '부적합한' 위치를 가지고 있는 것으로 생각해서도 안 된다. 따라서 해체주의가 칸트적인 특징이거나 헤겔적인 특징이라고 기대할 수도 있을 것이다. 예를 들면, 첫 번째 예에서 '비판'의 기능은 형이상학적인 문제의 가능성에 대한 조건을 수립하는 데 있다. 그러나 칸트적인 비판에서는 알려질 수 있는 것과 그것이 어떻게 알려질 수 있는지에 대한 범위를 결정할 수 있다. 그것은 비판이 그 자체만의 타당성을 주장하는 것을 피하고 지식의 합당한 조건만을 수립하는 것처럼 보일 수도 있다. 그러나 이러한 태도는 비판 그 자체까지도 어떤 작용과 경계의 배치에 의해 제한받게 된다는 점을 인식하지 못하는 것과 같다. 칸트적인 비판에서는 특히 초월적이고 경험적인 형성논리의 배경에 반대해서 창조된 인간의 행위를 고려하지 않는다. 더 나아가 그것은 그 자체의 바로 그 과정이 모든 시대의 형이상학적 사고를 위해서 하나의 바탕으로 작용하게 되었다는 점을 받아들이려고 하지도 않는다. 헤겔의 **지양**에서는 그 이전의 반대를 바탕으로 하여 형성된 보다 높은 단계의 진리를 수립하는 것을 인정한다. 따라서 헤겔의 **지양**에서는 하나의 유형의 담론과 다른 유형의 담론의 사이의 틈새로 향하지 않는다. 오히려 그것은 이러한 두 가지 유형들의 담론을 모두 지양하고자 한다. 따라서 헤겔의 연구계획은 이론적인 지식의 본보기, 즉 해체와 건설의 본보기에 해당한다.

형이상학을 수립하는 데 있어서 전문가들이라고 할 수 있는 칸트와 헤겔은 비판과 지양이 '목적인(目的因)'을 충족시킬 수 있는 도구로 제공될 수 있다는 아이디어에 대해 진정한 신빙성을 부여하기도 했다. 존재하는 것은 모두 알려질 수 있는 것이거나 또는 적어도 어떤 방법으로든 알려질 수 있는 것이다. 그러나 해체주의는 목적론을 각인할 수 있는 것도 아니고 고고학을 각인할 수 있는 것도 아니다. 그것은 다만 다음과 같은 요소들, 즉 형이상학적 특징들을 전제하고 포함하는 흔적, 보충, 담론 등의 막다른 벼랑과 함께 활동할 수(그리고 작용할 수) 있을 뿐이다. 간단히 말해서, 해체주의는 다양한 형이상학적 짜임에 있어서의 갈라짐, 경첩 및 틈새를 기대한다. 해체주의는 배치가 전복되는 바로 그 위치에 그 자체를 자리 잡게 한다.

발생을 요구하고 끝을 선언하는 형이상학적 짜임 내에서 하이데거의 사상은 작용하게 된다. 하지만 우리들이 지평에 대해서 언급할 수 있다면, 하이데거는 또 하나의 지평, 즉 그 너머에서는 형이상학이 더 이상 작용하지 않는 바로 그 지평에 접근할 수 있을 것이다. 다른 쪽에 서 있다는 것은 무엇과 같을 수 있는가? 하이데거는 그러한 가능성에 대해서 어떤 비전을 가질 수도 있지만 그럼에도 그는 다른 쪽이 아닌 바로 이 쪽에 확고부동하게 자리 잡을 수 있을 것이다. 그가 형이상학의 끝, 철학의 끝에 대해서 분명한 설명을 제공할 수 있다 하더라도, 해석 그 자체는 바로 그 형이상학의 내에서부터 제공될 수 있는 것이다. 이러한 끝은 칸트가 인간을 결코 단순하게 하나의 수단으로 취급하지 말 것을 우리들에게 강력하게 경고했을 때, 그가 제공했던 것과 똑같은 끝도 아니고, 사르트르가 우리들의 근본적인 프로젝트를 묘사했을 때, 그가 제안했던 것과 똑같은 끝도 아니다. 그러나 그것은 미셸 푸코가 인간은 하나의 끝에 있다는 점을 지적했을 때, 그가 강조했던 끝의 유형과 유사한 것이다.[4] 형이상학은 그 자체만의 완성을 성취할 수 있을 것이고, 형이상학은 충족될 수 있을 것이고, 더 이상 그 자체만의 편에 서 있지 않게 될 것이다. 그러나 형이상학자인 하이데거는 이러한 점을 형이상학적 담론 내에서 야기하고는 했다. 바로 이러한 점에서 철학의 '끝'을 선언하는 바로 그 철학이 있게 되었다.[5]

철학과 비-철학의 사이의 벼랑의 끝은 어디에 있는가?[6] 어떤 위치에서 철학이 비-철학으로 전환된다고 우리들은 말할 수 있는가? 이러한 것들의 사이의 차이를 명확하게 하는 '파라미터'는 무엇인가? 미결정적인 것이 작용하는 위치는 과연 있는 것인가? '토포스(topos)'가 하나의 '장소(locus)'이자 하나의 '토픽(topic)'에 해당하는 하나의 '토폴로지(topology)'가

도움을 주기는 하겠지만, 그러나 우리들이 지리학자와 수사학자를 채용할 수 있다는 점에서만 도움을 줄 수 있을 뿐이다. 하이데거는 지리학자도 아니고 수사학자도 아니다. 그는 물론 분명한 것을 추구했거나 또는 '숲길'을 추구했으며, 토픽의 위치를 지적했을 수도 있지만 그러나 이와 같은 활동들 중에서 그 어떤 것도 우리들로 하여금 철학과 비-철학의 사이를 구별할 수 있도록 도움을 줄 수도 없고, 우리들로 하여금 형이상학이 그 자체를 그처럼 더 이상 분명하게 할 수 없는 형이상학의 벼랑의 끝에서 기호를 해석할 수 있도록 도움을 줄 수도 없다. 그럼에도 하이데거는 차이에 대한 설명, 특히 존재론적 차이에 대한 설명을 제공했으며, 존재론적 차이는 한계—'있는 것(존재자들)'의 한계, '나타나 있는 것'의 한계, 심지어 진리의 한계(진리가 숨김으로부터 드러나게 되는 위치에서)—의 문제를 제공하고는 했다.

하이데거가 결정적으로 형이상학의 역사의 '이쪽 면'에 심취했던 반면, 그는 또한 해체주의적인 요소에 상당히 가깝게 접근하기도 했다. 그러나 조심스럽게 전진함으로써, 그는 자기 자신이 헤어나기 곤란한 바로 그 경계면에 서있지 않도록 스스로 경계하고는 했다.

데리다적인 해체주의에서는 형이상학의 시대를 특징짓는 다섯 가지 위대한 중도노선들, 즉 ① 음성중심주의, ② 민족중심주의 ③ 남성중심주의, ④ 에고중심주의, ⑤ 이성중심주의를 그 자체의 임무로 삼았다. 음성중심주의는 **신성한 목소리**에 대한 중세의 호소와 **신성한 말**을 원형화술로 대체한 루소의 보충에서 특히 두드러지게 나타난다. 레비스트로스는 데리다에 대한 질문에서 그것의 끝을 조사하기 위해서 민족중심주의를 충분하게 배치했다. 라캉과 니체의 도둑맞은 텍스트들은 남성중심주의의 해체주의가 어디에서 발생될 수 있는지를 지적했다. 필자는 다음 장에서 에고중심주의의 문제를 철저하게 살펴볼 것이기 때문에 여기에서는 이 문제를 취급하지 않고자 한다.[7] 오히려 여기에서 관심이 되는 담론은 이성중심주의 그 자체에 있다. 왜냐하면 이성중심주의는 정확하게 하이데거가 그 자신만의 언어에 대해서 하나의 형식을 부여했던 영역에 해당하기 때문이다. 그것은 또한 해체주의가 형이상학에 대해서 우세하게 작용해야만 했던 분야에도 해당한다.

이성중심주의에서는 이성을 중심적으로 취급한다. 그러나 이성중심주의가 모든 것을 허용하는 것처럼 간주될 때 그것은 어떤 유형의 중심성을 가질 수 있는가? 모든 것 또는 단 한 가지가 중심적일 수 있는가? 중심-만들기는 중심이 있는 어떤 환경, 그것을 에워싸고 있는 어떤 영역을 선언하는 것이다. 예를 들면, 자아를 탈-중심하기(초월적 에고나 또는 선험적 에고처럼)는 이와 같은 모델을 확인하는 것과 같은 것이다. 그러나 이성중심주의에서 이성의 중심성이 그 자체의 모든 침투에서 비롯되는 까닭은 바로 그 중심성이 이런 식으로 말해진 것, 표현된 것 및 의미된 것 등 모든 것의 참고점이자 회귀점으로 작용하게 되기 때문이다.

보편적 구조로서의 이성에서부터 신성한 말로서의 이성과 자연화술로서의 이성을 거쳐 언어로서의 이성까지 형이상학의 역사 내에서 이성의 개념에 있어서의 변화를 통시적으로 반복해서 설명하는 것(필자가 이미 그렇게 했던 것보다 더 많이)은 합당하지 않은 것일 수도 있다. 오히려 우리들은 이성이 가장 현저하게 문제가 되는 곳으로 되돌아가야만 하거나 또는 하이데거가 자신이 어떻게 그것을 형이상학의 역사의 벼랑 끝으로까지 몰고 가게 되었는지를 제시하려고 시도했던 곳으로 되돌아가야만 할 것이다. 이러한 점이 바로 하이데거가 그라마톨로지의 '원형기술'에서 언어의 탈-이성중심화의 시작을 가능하게 할 수 있었는지에 해당한다. 필자는 하이데거의 『강연과 논문』의 제3부, 즉 「이성」이라는 제목의 에세이에서 한 구문을 인용하고자 한다. 이러한 텍스트 그 자체는 또 다른 텍스트—헤라클레이토스의 편린 B 50—를 질문하게 되며, 여기에서 말하는 또 다른 텍스트는 "나에게 귀를 기울이지 않고 이성에 귀를 기울였을 때, 그것은 동일한 이성이 '하나는 모두이다'라고 말한다는 점에서 현명한 것이다"에 해당한다. 하이데거로부터 비롯된 구문은 다음과 같다.

> '언어는 말하는 것이다(Ó Λόγος, τὸ Λεγειν)'는 모은 것을 '놓는 것'이다. 그러나 동시에 '말하기(λέγειν)'는 그리스인들에게 있어서 보여주고, 이야기하고, 말하기 위해 미리 놓는 것을 언제나 의미한다. 따라서 그리스 명칭은 이야기하기, 말하기 및 언어가 될 것이다. 이것뿐만이 아니다. 모든 것을 '놓는 것'으로 생각되는 '언어(Ο Λόγος)'는 그리스인들이 그렇게 생각했던 바와 같이 말하기의 본질로 될 것이다. 언어는 말하기일 것이다. 언어는 현재 있는 것이 바로 그 '있다는 사실'로 인해서 그것의 앞에 놓이도록 모으는 것이다. 실제로 그리스인들은 이와 같은 본질적인 결정 속에 살고 있다. 그러나 그들은 결코 그렇게 생각하지 않았으며, 헤라클레이토스도 그렇게 생각하지 않았다.[8]

헤라클레이토스와 그 자신도 모르게 하이데거 역시 여기에 포함될 뿐만 아니라 또한 역시 위의 인용문을 번역한 데이빗 파렐 크렐도 여기에 포함된다. 텍스트는 자아와 언어, 즉 독자들, 화자들 및 작가들의 전체 그룹(일종의 공동체)의 언어 모두를 포함하는 어떤 읽기를 말하게 된다. 예를 들면, 그리고 이러한 점은 가장 분명한 흔적에 해당하는 것으로, 번역가는 '말하기'의 연관성으로서 '말하기-자체(die Sage)'를 삽입시켜 놓았다. 여기에서의 임무는 '자아-탈-중심하기'를 반복하는 것이 아니라 이성중심주의를 해체하는 것이고 따라서 '언어-화자들'—롤랑 바르트가 『사드 / 푸리에 / 로욜라』에서 "언어-설립자들"이라고 명명했던—의 공동체를 해체하는 것이다. 하이데거의 텍스트에서 언어-설립적인 것은 이성을 배치하고 재-배치하는 것에 해당한다.

이성은 헤라클레이토스가 강조하는 그 자체의 통합적인 위치를 하이데거가 강조하는 차이나기, 즉 '존재론적 차이'의 명칭을 수행하게 되는 '차이나기' 바로 그 자체의 역할로 전환시킨 것이다. 헤라클레이토스와 함께, 이성은 '있는 것' 모두에 대해서 형식과 구조를 부여하는 통합적인 이유에 해당한다. 따라서 이성은 그것이 다양성을 한 지붕 아래로 다함께 끌어들여 통합하는 종합성을 수립한다는 점에서 중심점을 유지할 수 있게 된다. 누구나 기대할 수도 있는 바와 같이, 이러한 통일성이 헤라클레이토스 자신에게 의존하지 않는 까닭은 헤라클레이토스 역시 이성으로 종합될 수 있기 때문이다. 우리들의 합리성은 좀 더 일반적인 의미의 '상식'(아리스토텔레스에게 전가될 수도 있는 주장으로, 『영혼론』의 마지막 부분에서 그는 두 가지 유형의 마음, 즉 '특별한 마음'과 '보편적 마음'을 구별했다)에 참여하게 된다. 우리들이 우리들 자신을 발견하게 되는 끊임없는 변화로 인해서 우리들은 이성을 언급하는 것, 즉 담론에 개입하는 것이 불가능하게 된다. 이성은 그 자체만의 중심으로부터 스스로 말해야만 하는 것이다.

그러나 하이데거는 정체성과 상동관계(相同關係)만이 차이의 위치에서 살 수 있는 바로 그 곳, 즉 '존재자들의 존재'에서 그 자체의 집으로부터 이동된 이성을 자신의 연구 분야로 선택하게 되었다. 우리들이 다른 사람들 중에서도 특히 폴 드 만으로부터 배워서 알게 되었듯이,[9] 이러한 이동은 이미 비유적일 수밖에 없다. 비유의 인식론에서는 하나의 위치를 다른 위치에 보충하는 것을 규정한다. 따라서 하이데거의 전략의 핵심은 그 자체가 '비유적' 언어, 즉 이성(언어)이 문제가 되는 수사적 언어에 있다. 하이데거의 이성의 전위(轉位)는 '이성-독단적', 즉 그 안에서만 다른 언어가 작용할 수 있는 담론에 해당한다. 그러나 바로 그러한 전략에 의해서 하이데거의 언어는 헤라클레이토스의 이성중심주의와 그 자체의 이성탈중심화하기의 사이에 자리 잡을 수 있게 되었다.

우리들은 아직까지 이성에 대한 하이데거의 재-형성(전위)의 특징을 충분하게 고려한 것이 아니다. 하이데거가 "언어는 말해지는 것일 수도 있다"—Ó Λόγος(언어)는 '말하는 것이다(τὸ Λεγειν, 말하기)'—라고 썼을 때 그는 그러한 점을 명확하게 파악했다고 볼 수 있다. 이성은 말하고 우리들은 그러한 이성에 귀를 기울여야만 한다. 그리스인들이 이성을 생각할 때, 그들은 말하기의 본질—'말하기-자체(die Sage)'—을 생각하게 되지만 그러나 이러한 점을 말하고 있는 것은 그리스인들이 아니라 다름 아닌 하이데거 자신일 뿐이다. 따라서 특히 하이데거가 헤라클레이토스—주의표명을 가르치지는 않았지만 그러나 유일하게 "우리들에게 생각하기를 부여해준"—를 사상가라고 명명했다는 점을 우리들이 기억할 때, 문제가 되는 것은 실제로 그리스적인 **이성**의 배치에 있는 것이 아니라 오히려 하이데거적인 바로 그 **이성**의 재-배치에 있다. 그 이후 수천 년 동안 우리들은 헤라클레이토스의 '말'을 망각해왔을 뿐만 아니라 생각조차 하지 않았다.[10] 우리들의 임무는 말하기, 즉 **이성**을 생각하는 데 있다. 우리들이 그러한 역할을 가질 수 있다는 점을 헤라클레이토스가 부정했다 하더라도 우리들은 말하기, 즉 언어를 생각할 수 있다. 하이데거는 우리들이 생각하기 시작한다는 점과 그렇게 하는 데 있어서 우리들이 언급하기, 말하기, 언어를 생각한다는 점을 분명하게 규정지었다. 자신의 텍스트들을 통해서 하이데거는 존재론적 차이를 '존재자들의 **존재**'로 생각할 필요가 있다는 점을 확신하고는 했다.[11] 그러나 차이를 언어로 생각하는 것은 어떠한가?

『존재와 시간』(1926)의 '34 부분'에서, 언어는 존재적-실존적이고 '언변(言辯)'과는 다른 것이며, 담론 또는 담론성에 관계되는 이때의 '언변(Rede)'은 현존재의 **존재**의 세 가지 등원초적(等原初的)인 특징들(현존성—마음상태—이해) 중의 하나에 해당한다. 따라서 『존재와 시간』에서 하이데거가 아직은 존재론적 차이를 언어(말하기)로 생각할 수 없었던 까닭은 '말하기'가 여전히 존재적 형식, 즉 다른 것들 중에서도 존재자 그 자체에 해당하기 때문이었을 것이다. 다른 한편으로 하이데거에게 있어서 **이성**은 '언변(言辯)'과 대등한 것이었으며 따라서 **존재**와 존재자들의 사이의 존재론적 차이와 대등하다기보다는 오히려 **존재** 그 자체와 대등한 것이었다. 그러나 『언어의 도상에서』(1959)에 수록되었고 『시, 언어, 사상』에 포함된 에세이, 즉 「언어」(1950~1951)라고 제목을 붙인 에세이를 발표했을 때 하이데거는 다음과 같이 언급했다. "중요한 것은 언어의 말하기에서 살아가는 데 있다. …… 인간은 오로지 그 자신이 언어에 반응함으로써 말하게 된다. 언어는 말한다. 우리들에게 있어서 언어의 말하기는 말해진 것을 말하는 것이다."[12] 따라서 언어는 존재론적 차이에서 말하는 것이지 더 이상 존재적 특징이나 또는 무엇보다도 존재자로 말하는 것이 아니다. 이러한 점에서 하이데거는 그 자신만의 **이성**과 언변의 동일시로부터 멀어지게 되었다. 그는 **이성**을 언어가 말하는 곳에 배치하게 되었으며 그 자체의 특권에 해당하는 존재론적 상태로부터 그것을 제거하게 되었다.

하이데거는 **이성**(언어)이 "모은 것을 놓는 것"이라고 강조했다. 이러한 점은 헤라클레이토스가 실제로 **이성**은 통일성을 부여하는 것(모으는 것)이자 바로 그 통일성 그 자체(놓는 것)에 해당한다고 주장했을 때 그가 설명했던 것과 일치한다. 하이데거 역시 "언어는 '나타나 있는 것'이 바로 그 '있다는 사실'로 인해서 그것의 앞에 놓이도록 모으는 것"이라는 점을 지적했다. 표면적으로 볼 때 이러한 점은 헤라클레이토스의 해석과 일치하는 것으로 고려될 수도 있을 것이다. 그러나 존재론적 차이를 열어놓는 데 있어서 "'있는 것'의 바로 그 있다는 사실"이 존재자들의 **존재**에 부응한다는 점을 우리들이 인식할 때, "앞에 놓이도록 모으는 것"은 똑같은 차이에 대한 또 다른 형성논리라는 점이 분명해진다. **이성**은 바로 이러한 차이에 자리 잡고 있다. 하이데거가 언급했던 바와 같이, "**이성**은 존재자들의 **존재**를 위한 명칭에 해당한다."[13] 더 나아가 "ομολογείν(담론)의 λεγειν(말하기)에서 그리고 Λόγος(언어)의 λεγειν(말하기)에서 본질적으로 발생하는 것이 무엇이든 그것에는 좀 더 최초의 기원이 있으며, 이러한 기원은 이 두 가지 사이의 단순한 중간영역에서 나타나게 된다."[14] 존재자들의 **존재**는 하이데거가 존재론적 차이라고 명명했던 바로 이와 같은 중간영역에 있게 된다.

상호간의 소유격(존재자들의 존재)은 말하기가 발생할 수 있는 '분명하게 하기(비추기)' 그 자체를 열어놓게 된다. 왜냐하면 언어를 말하는 것(이성의 말하기)은 존재론적 차이를 재차 거듭해서 강조하는 것이기 때문이다. ομολβγείν(담론)의 λεγειν(말하기)는 차이를 분명하게 하는 데 있어서 똑같은 것을 다시 말하게 된다는 점을 지적하는 것이다. 달리 말하면 각각의 모든 존재론적 차이의 말하기의 사이에는 하나의 상동관계가 있을 수 있지만 그러나 그러한 상동관계는 '인간-말하기(homo-legein)'—존재자들의 존재에서 똑같은 이성을 말하기—에 해당한다고 볼 수 있다.

우리들은 이상과 같은 유형의 언어, 그 자체만을 말할 수 있는 언어로 인해서 혼란스러워 해서는 안될 것이다. 헤라클레이토스의 형이상학과는 달리 우리들이 참고해야만 하고 우리들이 귀를 기울여야만 하고 우리들에게 의존하지 않는 우리들의 '외부' 그 자체에는 그 어떤 이성도 있을 수 없다. 하이데거와 함께 이성은 우리들 자신의 행동으로 들어오게 되고 우리들은 그것으로부터 분리될 수 없게 된다. 따라서 우리들이 존재자들의 존재 내에 자리 잡고 있는 것과 똑같이, 우리들이 그와 같은 차이의 정체성에 해당하는 것과 똑같이,15) 이성을 말하는 것(그리고 이성을 말하는 것을 생각하는 것)은 우리들이 그렇게 말하는 것과 똑같이 말해질 수밖에 없다는 점을 의미한다. 이러한 점에서 헤라클레이토스와 하이데거는 서로 다른 방향으로 나아가게 된다. 우리들이 고려하고 있는 것에 무엇을 마땅히 부여해야 하는지를 생각할 때, 그 자체를 탈-중심하고자 하는 자아는 하나의 명칭, 즉 '존재론적 차이'라는 명칭을 부여받게 된다. 그리고 이러한 명칭은 이미 말해진 것의 이성(또는 언어) 그 자체에 해당한다. 따라서 우리들은 언어(이성)의 만들기에 포함될 수 있으며, 그것은 우리들을 형성할 수도 없는 것이고 우리들로부터 분리될 수도 없는 것이다(헤라클레이토스가 제안하고는 했던 바와 같이). 우리들은 우리들이 말하고 우리들을 말하는 바로 그 '언어' 속에 살고 있을 뿐이다. 존재가 그 자체를 존재자들로부터 차이 나게 하는 것처럼(그리고 연기하는 것처럼) 언어는 존재의 집이다. 우리들이 이와 같은 집 속에 살고 있다 하더라도 우리들로서는 언어를 고려할 필요가 있으며, 언어를 고려함으로써 우리들은 바로 우리들 자신에 해당하는 똑같은 차이(서로 상응하는 위치)에서 우리들의 말하기를 끌어낼 수 있게 된다. 따라서 고려해야만 하는 것은 정말로 너무 많이 있다. '말(언어)'을 말하는 것은 말해진 것을 말하는 것이다. 그리고 말해진 것을 말하는 것은 나타나 있는 것을 나타내는 것이다. 나타나 있는 것을 나타내는 것은 존재자들의 존재에 해당한다. 그리고 우리들은 존재자들의 존재 내에 자리 잡고 있다.

「언어」에 관한 자신의 에세이에서 하이데거는 다음과 같이 강조했다. "언어를 논의하는 것, 언어를 배치하는 것은 그 자체의 위치에 언어를 끌어들이기보다는 우리들 자신을 끌어들이는 것, 즉 우리들 자신만의 전용(轉用)으로 '모으는 것'을 의미한다."[16] 말해진 것을 말하는 것은 언어를 표현하는 것이다. 언어는 그 어느 곳에서도 발생하지 않는다. 오히려 그것은 전용, 즉 태초에 있었던 '존재생기(存在生起)'[Ereignis, '존재생기'란 '일어난 일', '사건' 등의 사전적 의미인 '생기(生起, Ereignis)'와 '존재'를 합성한 용어로 '존재와 시간'이라는 근본적 물음에 답하기 위한 하이데거의 조어(造語)이다], 사건 그 자체에서 발생한다. 그러나 사건은 단순한 그 어떤 사건이 아니다. 그것은 '고유한 것', 즉 자기 자신만의 것이 발생하는 '일어나기'에 해당한다. 언어는 자기 자신만의 것이고 다른 것으로 될 수 없는 것이다. 언어는 차이에 자리 잡게 될 수 있거나 또는 배치될 수 있다. 이러한 차이는 우리들이 그 안에 모여들게 됨에 따라서 말해질 수밖에 없다. 고유한 것은 합당한 것이다. 존재생기(存在生起)는 이성으로 말해진 존재론적 차이에서 가장 합당한 것이 일어나는 것이다. 따라서 이성은 발생하게 된다. 그것은 자신만의 것이고, 그것은 합당한 것이며, 그것은 그것이 우리들을 모으는 것처럼 그 자체를 배치하게 된다.

진실인 것과 비-진실인 것 모두에 대해 공통된 것은 '고유한 것'이다. 고유한 것으로 되는 것은 진실인 것과 비-진실인 것의 사이의 '생기(生起)'로 되는 것이다. 여기에서 이처럼 상호-대응적인 것이 말할 수 있게 되는 까닭은 그것이 그 자체의 고유한 것에 해당하기 때문이다. 진실인 것과 비-진실인 것의 사이의 '차이'의 바깥, 거기에는 차이의 정체성, 즉

'고유한 것'이 자리 잡고 있다. 우리들은 우리들 자신만의 것으로 될 수 있을 뿐이지 다른 것으로 될 수 없는 것이다. 우리들에게 가장 합당한 것은 존재적인 것도 아니고 존재론적인 것도 아니며, 비-진실인 것도 아니고 진실인 것도 아니지만, 그러나 '안-사이'의 차이가 우리들에게 가장 합당한 것이다. 우리들은 우리들 자신만의 언어의 '저자'이다. 언어는 우리들 자신만의 저자로서 우리들에게 말하게 된다. 우리들의 권위는 우리들에게 가장 합당한 진실성 그 자체에 해당하며, 그것은 심지어 우리들의 자산(自産)으로까지 되기도 한다. 우리들의 자산은 말해진 것과는 별도로 서 있을 수도 없고 우리들이 말해진 것을 말하는 데 있어서 우리들 자신만의 것이라고 명명하는 관심과는 별도로 서 있을 수도 없다. 우리들의 자산은 사물의 물질성에 있는 것도 아니고 그 자체의 존재에 있는 것도 아니다, 우리들의 자산은 이성으로 발생하게 된다.

합당한 것으로서의 자산은 어디에 배치될 수 있는가? 그것은 그 어디에도 배치될 수 없으며 지속적으로 그 자체를 차이로서 연기될 수 있을 뿐이다. 따라서 언어의 권위는 초월적인 "나는 생각한다"에 있는 것도 아니고 경험적인 객관성에 있는 것도 아니다. 언어의 권위는 자기 자신만의 것의 한계로까지 나아가는 데 있다. 그것이 일단 순수한 분산, 확산, 차이로 되고 나면, 그것은 마침내 형이상학의 충족과 완성을 성취할 수 있게 된다.

완성의 순간에 언어는 더 이상 이와 같이 발현(發現)으로 되는 것도 아니고 탈현(脫現)으로 되는 것도 아니다. 오히려 그것은 발현과 탈현의 사이의 교차점에 그 자체를 배치할 수 있게 된다. '교차(交叉)'는 진짜인 것의 진실적이고 저자-중심적이고 권위적인 것의 일치와 비-진짜인 것의 비-진실적이고 독자-중심적이며 비-권위적인 것의 불일치의 사이의 '차이'가 일어나기(happening), 발생, 발현 및 존재생기(存在生起)의 자산(自産)과 분산적이고 방산적(放散的)이고 확산적이며 탈-존자생기의 공동체의 사이의 '차이'와 교차하게 되는 위치에 자리 잡고 있다. 이와 같은 교차의 사건이 바로 이성이 말하는 위치에 해당한다. 이성은 하나의 질문—존재의 질문—으로 말하게 된다. 즉. '존재문제'에서 바로 그 존재를 교차선으로 지우기, 그러나 지운 교차선을 그대로 놔두는 바로 그 '교차선'에서 말하게 된다. 그러나 '교차선으로 지우기'는 무엇을 의미하는가? 그것은 존재자들의 존재를 제거하는 것에 해당하는 것이 아니라 오히려 그것은 일치의 차이에 있어서 존재자들의 존재를 표시하는 것에 해당한다. 이성으로서의 언어는 바로 이와 같은 차이에서 말하게 된다. 이러한 점은 하이데거가 다음과 같이 언급한 점과 같다. "언어는 말한다. 언어의 말하기는 세계와 사물들이 지니고 있는 긴밀성을 간단한 '단 하나의 외겹'으로 일치시켜 그것들을 수용하는 차이가 발생도록 한다."17)

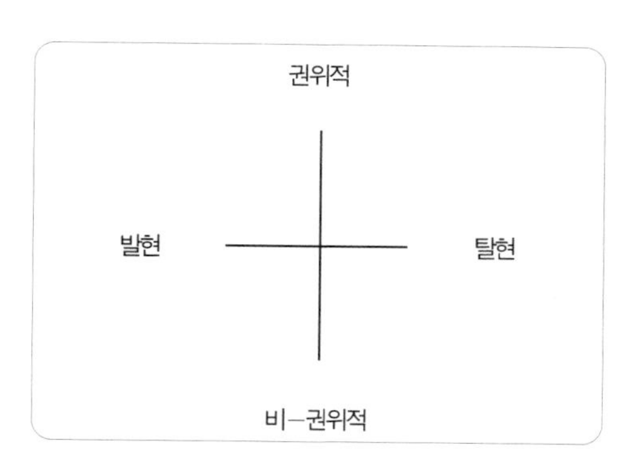

언어의 말하기—그것은 우리들이 사유-중심적으로 자리 잡게 되는 곳에 해당한다. 단 하나의 외겹은 교차선에서 반복되는 '고유한 것'의 위치에 해당한다. 교차선으로 지우기가 하나의 '차이'에 해당한다 하더라도 그리고 언어가 바로 거기에 배치될 수 있다 하더라도, 그것은 여전히 비유적인 언어, 즉 하나의 자아, 하나의 언어 또는 이성—그 자체의 집을 요구할 뿐만 아니라 그 자체의 집에 있지 않은 것 것까지도 요구하는—으로서 그 자체를 교차선으로 지우는 비유적인 언어에 해당한다. 한편으로 그것은 존재의 요구이고 다른 한편으로 그것은 형이상학의 완성에 대한 요구이다. 하나의 요구로서 언어는 '파롤'로 말하고 그 자체를 '랑그'로 쓴다. 그러나 그것은 또한 교차점에서 그 자체만의 해체를 추적할 수 있게 된다. 이와 같은 차이의 순간은 하이데거의 담론이 그 자체를 그 자체만의 한계로까지 몰고 가는 순간에 해당한다.

하이데거가 그 자신을 구출할 수도 없었고 우리들을 구출할 수도 없었던 그 자신만의 담론을 '지금 이 순간'에 말함으로써, 그것이 언어의 말하기(λόγος의 λεγειν)와 똑같은 담론(ομολβγείν)이라는 점을 수용함으로써, 헤라클레이토스로부터 하이데거에게로 바로 그 위치가 전위(轉位)―비유적이고 형이상학적인 담론에서 이들 모두를 포함하는 전위―되었다는 점을 인정함으로써, 우리들은 곤란한 대립으로 나아갈 수밖에 없게 된다. 형이상학에 있어서 그것의 마지막 옹호자인 하이데거와 함께 이성은 이제 존재론적 차이의 명칭에 해당할 수 있게 되었거나 또는 의미에 해당할 수 있게 되었다. 그러나 그것은 또한 그러한 차이가 살고 있는 집에 해당하기도 한다. 이러한 점은 이성이 존재자들의 존재의 안과 그것의 밖 모두에도 있고, 그것의 내적 구조와 그것의 외적 껍질 모두에도 있다는 점을 제안한다. 그러나 언어는 어떻게 동시적으로 안과 밖 모두가 될 수 있는가? 또는 언어(이성)는 안과 밖의 경첩에 있다는 점, 언어 그 자체는 '보관소'와 '보관된 것'의 사이의 접점에 있다는 점을 말하는 것이 더 좋지 않을 수도 있는가? 우리들이 해체주의를 수용한다면, 그것은 언어 그 자체가 미-결정적이라는 점, 즉 언어 그 자체는 '현재 나타나 있는 것'이 존재를 포함하는 경우와 바로 그 '있는 것' 그 자체만의 내적-필연성의 경우의 사이를 왕복함으로써 미-결정적이라는 점을 의미할 수도 있다.

이러한 점에서 언어는 모든 형이상학(그 자체의 역사에서)을 고려해야만 하는 하나의 지시문일 뿐만 아니라 그 자체의 정체성이자 의미이기도 하다. 언어가 형이상학의 담론을 통해서 그 자체를 전개하는 것처럼, 그것은 또한 형이상학의 언어가 제공될 때 '말해진 것'으로 작용할 수 있게 된다. 그러나 우리들이 존재론적 차이를 고려할 때 이성으로서의 언어는 '포함하는 것'과 '포함되는 것' 모두에 해당한다고 주장하는 것은 다만 또 다른 형이상학의 논지를 제안하는 것에 해당할 뿐이다. 우리들이 어떻게든 경첩 그 자체로 나아갈 수만 있다면, 거기에서 우리들은 그 자체만의 완성을 성취하게 되는 어떤 형이상학적 담론의 흔적을 발견할 수 있게 될 것이다. 이성을 해체하는 것은 그것을 탈-이성중심화하는 것이다. 따라서 이성은 다만 보충, 남겨진 것, 형이상학적 담론으로 될 수 있을 뿐이다. 언어는 그 자체를 그 자체의 한계로까지 몰고 가게 될 것이고 형이상학으로 가장한 철학은 '그라마톨로지'의 길을 걸어가게 될 것이다.

그라마톨로지에서 쓰기는 원형기술(原型記述)로서 우선권을 가지게 되며, 거기에서는 음성중심주의도 성행하지 않게 되고 이성중심주의도 성행하지 않게 된다. 원형기술은 경험의 텍스트화, 글자의 흔적, 주도적인 입장을 서로 다투는 목소리에 해당한다. 그러나 쓰인 언어도 성공할 수 없고 말해진 언어도 성공할 수 없는 까닭은 그러한 접점에 형이상학—그 자체만의 완성을 요구하는 하나의 형이상학—에 의해서 개발된 바로 그 언어 자체가 자리 잡고 있기 때문이다. 그렇다면 언어는 무엇에 속할 수 있는가? 그것은 그것이 존재의 부름을 유일하게 들을 수 없는 것과 똑같이 존재자들의 존재에도 유일하게 속할 수 없다. 언어는 그것이 그 자체를 '확산된 자아'—이성이 말해질 수 있는 곳이면 어디든 그 자체의 의미가 있는—에 통합시켰을 때 그 자체의 중심을 상실하게 되었다. 그러나 이성이 말해질 수 있는 곳에는 기껏해야 탈-이성연구로서의 언어의 흔적만이 남게 될 뿐이다. 그럼에도 우리들이 그것을 여전히 형이상학이라고 부르는 까닭은 그것이 그 자체의 끝, 그 자체의 완성, 그 자체의 충족에 아직은 상당히 가깝게 도달하지 못했기 때문일 것이다.

제17장

자아-탈-중심하기

데리다의 종합

차연(差延)은 말도 아니고 개념도 아니다.
— 자크 데리다, 「차연」

하이데거는 우리들에게 존재자의 의미는 말-존재자도 아니고 존재자의 개념도 아니라는 점을 항상 상기시켜준다.
— 자크 데리다, 『그라마톨로지』

차연은 사물도 아니고 개념도 아니며, 그것을 나타내는 쓰기는 일상적 쓰기로 판명된 것이 아니라 데리다가 '원형기술(原型記述)'이라고 명명하는 것으로 판명되었다.
— 뉴턴 가버, 「쓰기에 관한 루소에 관한 데리다」

우리들은 아마도 "글자 그대로 말도 아니고 개념도 아닌" 차연이라는 바로 그 '말' 또는 '개념'을 고려할 수도 있다.
— J.L. 우드비네, 『입장들』

말없는 '*a*'에 의해 지적되었을 때, '차연(diff*é*r*a*nce)'의 모티프는 실제로 '개념'이나 또는 '말'로 작용하지 않는다.
—자크 데리다, 『입장들』

자아-탈-중심하기는 '차연'의 작용이 지속되는 정체성을 명확하게 하려는 과정에 해당한다. 자아는 쓰기에서, 특별하게는 데리다가 '원형기술'이라고 명명했던 쓰기에서 분산되고 확산된다. 관례적으로 이러한 주장은 단칭 저자에게 관계된다. 데리다에 따르면, '자아'는 그저 그렇고 그런 것이거나 또는 '자아'에 관계되는 데리다의 핵심논지 역시 그저 그렇고 그런 것이다. 위에 인용된 경구들에는 데리다가 원관념으로서의 '주지(主旨)'이자 보조관념으로서의 '매체(媒體)'인 탈-중심하기가 반복되어 있다.

"차연은 말도 아니고 개념도 아니다"라는 각인(刻印)은 『이론종합』[1]에 수록된 프랑스어 텍스트 「차연」에 나타나 있는 것도 아니고 『철학의 여백』(1972)[2]에서 재생된 것도 아니다. 하지만 그것은 데이비드 앨리선이 영역(英譯)한 「차연」의 처음 다섯 개의 단락들 속에 나타나 있으며, 이러한 다섯 개의 단락들 중에서 그 어느 단락도 앞에서 언급한 프랑스어 텍스트들에는 나타나 있지 않다. 그렇다면 "차연은 말도 아니고 개념도 아니다"라고 주장한 저자는 누구인가? 저자로서의 자아는 번역가의 입장으로 탈-중심되었는가? 번역가에게 보낸 미-공개된 데리다의 편지, 문제가 되는 다섯 개의 단락들을 제공하는 미-공개된 바로 그 편지라도 있는 것인가? 또는 이와 같은 단락들로 시작하고 있으며 "차연은 말도 아니고 개념도 아니다"라는 진술을 포함하고 있는 이미 발간된 또 다른 텍스트라도 있는 것인가?

더 나아가 바로 그 텍스트를 따라가다 보면, 우리들은 "Je dirais donc d'abord que la différance, qui n'est ni mot ni concept, m'a paru stratégiquement le plus propre à penser, sinon à maîtriser"[3]라는 구문을 발견할 수 있다. 이 구문에 상응하는 데이비드 앨리선이 영역(英譯)한 구문은 다음과 같다. "무엇보다도 나는 '차연'을 말하고자 한다. 말도 아니고 개념도 아닌 차연은 나가 보기에 정복할 수는 없다 하더라도 전략적으로 신중하게 고려할 수는 있는 가장 합당한 주제가 되는 것 같다." 따라서 우리들은 영역의 대부분이 그것에 상응하는 프랑스어 텍스트를 참고하고 있다는 점을 재-확인할 수 있다. 그러나 처음 다섯 개의 단락들에 대해서는 어떠한가? 그것들은 데리다와 데리다의 텍스트를 알려주는 선-텍스트에 해당하는 것인가? 이러한 다섯 개의 단락들이 데리다의 텍스트에 대한 일종의 서문에 해당한다면, '차연(différance)' 또는 '*a*'가 있는 '차이(difference)' [프랑스어에서 différance를 발음할 때 그것이 difference를 발음하는 것과 똑같이 들린다는 것을 의미한다]가 두 가지 의미작용들, 즉 '차이나다(differ)'와 '연기하다(defer)'를 종합하는 것이라는 점[4]을 독자들에게 상기시켜 주는 '번역자 주석(註釋)'을 우리들이 발견하게 되는 것은 흥미롭기만 한다. 동사 '연기하다/차이나다(différer)'에 대한 데리다 자신만의 논의에 대한 번역자의 이러한 주석(註釋)에서는 실체적인 것과 분사적인 것으로서의 'differ-*a*nce'가 비-정체성과 동일성(그러나 연기된 동일성)을 모두 포함하고 있다는 점을 명료하게 구체화시키고 있다. 사르트르의 『구토』에서 '편집자 주(註)'가 로캉탱의 일기에 대한 선-텍스트에 해당하는 것과 똑같은 방식으로, 앨리선의 다섯 개의 단락들도 데리다의 에세이에 대한 선-텍스트에 해당하는 것인가? 그렇다면, 우리들은 앨리선이 데리다에 대한 선-텍스트라는 점, 즉 데리다의 자아는 탈-중심되었고 연기되었고 또 다른 위치로 특수화되었다고 결론지어야만 하는 것인가?

영역 텍스트에 대한 예비주석(豫備註釋)에서는 데리다의 에세이 「차연」이 "1968년 시유출판사에서 펴낸 데리다와 그 밖의 사람들의 에세이집 『이론종합』에 재-수록되었다"는 점과 "시유출판사의 허락을 받아 여기에 재-수록하게 되었다"는 점을 분명하게 밝혀 놓고 있다. 따라서 독자는 데리다의 이 텍스트가 처음 수록되었던 「프랑스철학회회보」 7~9월호로 돌아가야만 할 것이다. 이 회보에서 독자는 데리다가 강의한 내용에 대한 장 발의 '서론' 및 문제가 되는 바로 그 처음 다섯 개의 단락들이 없는 데리다 자신의 텍스트를 또 다시 발견할 수 있다. 그러나 더 많이 찾아본다면, 텍스트의 차연에서 자아-탈-중심하기의 과정을 그렇게도 효과적으로 제시하는 수수께끼에 대한 해답을 얻게 될 것이다. 이 회보에서는 발표와 뒤이어지는 토론의 사본을 수록하기에 앞서 발표전문에 대한 요약문을 수록하고 있다. 이러한 요약문은 앨리선의 번역에서는 완전한 텍스트의 일부분으로 수록되어 있지만 그러나 그것은 『이론종합』에서 그리고 『철학의 여백』에서 일반적으로 좀 더 쉽게 접근할 수 있는 「차연」의 다른 판본에는 수록되어 있지 않다. 앨리선의 번역과 이와 같이 일반적으로 좀 더 쉽게 접근할 수 있는 '재-인쇄물들'의 사이의 차이가 없다면, 텍스트의 차이도 없을 것이고 따라서 탈-중심된 자아의 흔적도 없을 것이다.

「차연」 에세이를 '프랑스철학회'에서 발표했던 것보다 일 년 전에 출판된 『그라마톨로지』(1967)에서, 데리다는 "하이데거는 존재자의 의미가 말-존재자도 아니고 존재자의 개념도 아니라는 점을 우리들에게 항상 상기시켜준다"라고 썼다.[5](이것은 필자의 두 번째 경구에 해당한다) 여기에서 가야트리 스피박은 선-텍스트들에 참여하지 않았다. 그녀는 좀 더 충실했지만, 그러나 누구에게? 분명히 하이데거에게 충실했던 것은 아니다(또는 적어도 하이데거의 번역자들에게 충실했던 것도 아니다). 프랑스어 텍스트는 다음과 같이 되어 있다. "Sans doute le sens de l'être n'est-il pas le mot 'être' ni le conept d'être, Heidegger le rappelle sans cesse."[6] 프랑스어 'être'는 편의상 독일어 'Sein'에 상응하고, 'étant'은 'Seiende'에 상응한다. 불행하게도 영어용법에서는 이러한 점을 깔끔하게 짚어내지 못했던 것이 사실이다. 다만 다양한 관례적인 용법들이 전개되어 왔을 뿐이다. 스피박은 '존재자/실재(實在)'의 구별을 선택했으며, 그것은 거의 가장 보편적인 것이 될 수 없다. 실제로 독자가 『존재의 문제』와 같은 이차적인 텍스트들에 의해서 데리다를 읽게 된다면, 누구나 '존재/존재자'의 구별을 손쉽게 발견할 수 있을 것이다.[7] 하이데거의 텍스트와 데리다의 텍스트를 영어로 읽는 것은 스피박의 경우에서는 'Sein'으로서의 '존재자'를 보여주게 되고 하이데거의 『존재물음으로부터』를 영역한 와일드와 클루백의 경우에서는 'Seinde'로서의 '존재자'를 보여주게 될 것이다. 실제로 스피박의 '존재자'가 와일드와 클루백이 인용한 '존재자'와 똑같다는 점을 고려한다면, 존재의 충분한 뜻은 상실될 수밖에 없을 것이다. 존재의 뜻은 존재론적 차이(스피박의 존재자와 실재의 사이, 존재와 존재자의 사이, 존재와 존재자들의 사이)에 배치되어 있다. 따라서 존재의 뜻이나 의미는 말(실재)로 될 수도 없고 개념(아이디어로서의 존재)으로 될 수도 없다. 그러나 하이데거는 이러한 점을 "우리들에게 항상 상기시켜" 주는 것이 아니라 그는 "그것을 끊임없이 생각하고는 한다!" 존재론적 차이는 '존재의 부름'의 위치에 해당한다. 필자가 어디에선가 지적했던 바와 같이(하나의 상호-텍스트),[8] 자아는 존재론적 차이에 배치되어 있다. 자아가 존재의 뜻이나 또는 의미에 있다면, 그렇다면 자아 역시 말도 아니고 개념도 아니어야만 한다. 물론 이러한 점이 그 어떤 필요성도 전혀 없이 자아가 '차연(이것 또한 말도 아니고 개념도 아니다)'이라는 점을 의미하는 것이 아닌 까닭은 그러한 점이 아리스토텔레스의 논리적인 뜻을 효과적으로 만들지 못하기 때문이다. 그럼에도, "차연은 말도 아니고 개념도 아니다"와 함께 그 자체를 하나의 선-텍스트로 수립하고 뒤이어지는 프랑스어 텍스트 「차연」에서 그러한 점을 확인하는 바로 그 '자아'가 하이데거의 존재론적 차이에서 그 자체를 반복할 수 있다는 점은 가능할 수도 있을 것이다. 이러한 점은 데리다의 자아가 앨리선의 번역으로, 데리다의 「차연」으로, 스피박이 영역한 *Of Grammatology*와 이에 상응하는 데리다 자신의 *De la Grammatologie*로 그리고 이제는 하이데거의 '존재론적 차이'로 탈-중심된다는 점을 의미한다.

데리다는 왜 우선적으로 '차연'을 말이나 또는 개념과는 다른 것으로 지체 없이 명확하게 하려고 했어야만 했는가? 차연이 구별과 연기 모두를 동시에 암시하기 때문에, 차연은 말과 개념으로부터 차이 날 뿐만 아니라(비-일치적으로) 말과 개념 이후에(또는 동시적이기는 하지만) 공간적으로도 차이나고 그리고 시간적으로도 차이난다. 첫 번째 예에서 차연은 말이나 또는 개념과 일치될 수 없다. 소쉬르는 기호를 말처럼 보편적으로 사용하는 용법에 반대하고는 했다. 그는 기호가 말(또는 청각이미지)이고 개념이라고 강조하면서 '나무'를 예로 들었다. 혼란을 방지하기 위해서 그는 말을 기표(시니피앙)라고 명명했고 개념을 기의(시니피에)라고 명명했다. 따라서 기호는 기표와 기의의 관계에 해당한다. 의미작용은 기호들의 사이의 차이들의 체계 내에서 기표를 기의에 관련짓는 행동이나 또는 과정이다. 차연은 기의도 아니고 기표도 아니다. 차연은 기호가 될 수 있는가? 결코 그렇게 될 수는 없다. 기호는 기표와 기의의 자의적인 결합에 의해서 특징짓지만, 차연은 그 어느 쪽에도 해당하지 않는다. 소쉬르에 관한 자신의 텍스트 「언어학과 그라마톨로지」에서 데리다는 다음과 같이 언급했다. "나가 직접적으로 항의해야만 하는 것은 기호의 자의성(恣意性)의 논지가 아니라 소쉬르가 그것을 불가피하게 상관적인 것으로 결합했다는 점이며, 나가 보기에 그것은 오히려 기호의 바탕을 마련하는 것, 즉 언어적 가치의 원천으로서 차이의 논지에 해당하는 것처럼 보인다."(*OG*, p.52) 언어적 가치는 의미작용과 결합된다. 이 두 가지는 모두 차이의 체계에서 비롯된다. 가치는 어떤 기호가 다른 기호보다 더 가치 있는 '기호의 경제'에 의해 결정될 수 있는 것이다. 하나의 환경(경제를 의미하는 'economy'를 분절시킨 'eco-nomy')에 대한 명칭이나 또는 관례는 다른 환경에 대한 명칭이나 또는 관례보다 더 선호될 수도 있을 것이다. 가치는 기호들의 사이의 차이들에 바탕을 두고 있다. 기표와 기의의 사이에는 비-일치성만이 있을 뿐이다. 그럼에도 가까이 있거나 또는 심지어 멀리 있는 기호는 그것이 비록 다음 순간과 또 다른 위치로 연기된다 하더라도 하나의 기호임에는 틀림없다. 차이가 순수하게 정적이라면, 그것은 그 자체의 언어적 가치를 동반함으로써 기호의 구조를 가질 수도 있다. 그러나 차연은 동적인 까닭에 — 아마도 '차이나기'가 좀 더 정확한 번역일 수도 있다 — 그것은 또한 자아를 특징짓는 지칭과정에 참여하게 된다. 따라서 차연은 지칭과정에 참여하는 자아에 해당한다.

의미작용과는 다르게 차연은 부정에 의해 활성화될 수 있으며 그것은 그 자체를 확인할 수가 없다. 기껏해야 그것은 또 다른 질료에 의해서 또는 또 다른 위치에서 그리고 또 다른 시간에 자리 잡게 됨으로써 다름 아닌 바로 그 자체와 거리를 둘 수 있을 뿐이다. 차연에는 중심도 없고 초점도 없고 요점도 없다. 아마도 이러한 차연에는 자아(데리다, 그의 번역자들, 하이데거)의 위치를 지적할 뿐만 아니라 데이비드 앨리선이 번역한 데리다의 『화술과 현상』에 서문을 썼고 데리다 자신이 참석했던 뉴욕주립대학교 스토니브루 캠퍼스에서 개최한 학회에서 「데리다에 관한 콩디야크에 관한 루소에 관한」 논문을 발표했으며, 데리다 자신이 참석하지 않았던(그를 초청하지 않았다) 1977년 '데리다의 철학'을 주제로 개최되었던 '미국철학회'의 한 분과에서 이미 『철학저널』(1977.11)에 게재했던 자신의 논문을 발표한 뉴턴 가버까지도 포함될 수 있을 것이다. 차연은 지나치게 거창할 수 있는가? "차연은 사물도 아니고 개념도 아니다"(필자의 세 번째 경구)라는 가버의 진술은 무엇을 의미하는 것인가? 뉴욕주립대학교 스토니브루 캠퍼스에서 개최되었던 '미국철학회'에서 가버는 "차연은 말도 아니고 개념도 아니다"에 대한 자신의 논지를 반복하는데 있어서 상당히 명쾌했다. 그렇다면 그는 왜 『철학저널』(1977.11)에 게재했던 자신의 논문에서 "차연은 사물도 아니고 개념도 아니다"라고 썼는가? 이러한 질문은 그것을 그의 글에 뒤이어지는 나머지 부분의 콘텍스트에 배치할 때 다시 제기된다. "차연은 사물도 아니고 개념도 아니다, 그리고 '**그것**(필자의 강조)'을 나타내는 쓰기는 보편적 쓰기로 판명 나게 되는 것이 아니라 데리다가 '원형기술'이라고 명명했던 것(*OG*, pp.60ff)으로 판명 나게 된다." 이 인용문에서 필자가 강조한 바 있는 사물이 아닌 '**그것**'은 말이 아닌 '**그것**'과 차이나는 것이다. 공식논리에 있어서의 다양성으로 인해서 말과 사물의 사이의 이러한 차이가 차연의 의미에서 하나의 역할을 할 수 있는지에 대해서 질문할 수도 있을 것이다. 어느 누군가는 가버가 자기 자신을, 예를 들면, 프레게, 후설 및 러셀 등의 '논리적 전통' — 소쉬르, 오스틴 및 데리다 등의 수사학적 전통과 엄격하게 구별했던(『화술과 현상』에 대한 그 자신의 서문에서) — 으로 전환시킨 것은 아닌지 의심할 수도 있을 것이다.9) 프레게는 의미와 참고사항을 구별했고 후설은 '노에마'[noema, 현상학에서 의식의 내면에 나타나는 객관적 대상면(對象面)을 의미한다]와 사물을 구별했던 반면, 소쉬르는 기호에 기능을 부여했고 오스틴은 보편적인 언어기능을 그 자체의 발화의 힘과 함께 강조했다. 어떤 점에서 가버가 "차연은 사물도 아니고 개념도 아니다"라고 말한 것이나 또는 "차연은 말도 아니고 개념도 아니다"라고 말한 것에는 그 어떤 차이도 있을 수 없다. 그는 또한 '차연은 책도 아니고 개념도 아니다'라고 말했을 수도 있다. 반복되는 공식논리의 유사성은 사물과 말의 사이의 '비-현존 차이'의 문제를 제기하게 된다. 필자는 나중에 후설과 관련지어 이와 같은 '비-현존 차이'에 대해서 좀 더 논의하고자 한다(차이에 대한 필자의 연기).

자아-탈-중심하기에 대한 이와 같은 제시는 계속될 수 있다. 실제로 「입장들」에 대한 데리다의 대담에서는 차연의 문제가 제기되기도 했다. 우드비네는 차연을 재-기술했으며 그것의 위상을 '원형기술'로 확장시켰다. 우드비네는 차연에 대한 글자 그대로의 정확성을 다음과 같이 인용한 바 있다. "우리들은 아마도 '글자 그대로 말도 아니고 개념도 아닌' 차연을 이러한 '말'이나 또는 '개념'이라고 고려할 수도 있을 것이다." 우드비네의 재-각인에서는 말도 아니고 개념도 아닌 말이나 또는 개념을 차연이라고 명명했다. 그는 보편적 쓰기에서 그 자체의 역할에 있어서의 차연을 인용했으며 그렇게 함으로써 원형기술에 있어서 그 자체의 글자 그대로의 특성이 또 다른 질서의 차연에 해당한다는 점을 제시했다. 이와 같은 공식논리가 대담에서 제기되었을 때 데리다는 적극적인 반응을 보였다.

> 차연(différ*a*nce)의 모티프는, 침묵하는 '*a*'에 의해 지시되었을 때, 실제로 '개념'으로 작용하는 것도 아니고 단순하게 '말'로 작용하는 것도 아닙니다. 나는

이러한 점을 제시하려고 노력했습니다. 이러한 점은 '차연'으로 하여금 개념적인 효과 및 말뿐이거나 또는 명목상의 구체화를 생산하지 못하도록 하는 것이 아닙니다. 더구나 이러한 점이 즉각적으로 명확해질 수 있는 것은 아니지만, 개념적인 효과와 구체화는 이러한 '글자'의 각도에 의해서, 그 자체의 낯선 '논리'의 부단한 작용에 의해서, 각인될 수도 있고 방해받을 수도 있습니다, 질문자가 상기하는 '말-뭉치'는 역사적이고 체계적인 교차의 지점에 해당합니다. 그것은 특별하게 이러한 네트워크를 마감하고, 그 자체의 제작을 멈추고, 새로운 표시로 될 수 없는 그것의 주변의 여백을 추적하는 구조적 불가능성에 해당합니다.[10]

차연은 보편적인 쓰기를 그 자체의 한계로까지 밀고나가게 되며 매번 그렇게 함으로써 하나의 새로운 표시나 또는 흔적은 표시하기와 흔적남기기, 제한하기와 경계 짓기, 쓰기와 그 자체의 차이나기 등의 진행 과정에서 남겨지게 된다.

데리다 연구자들—의심할 것도 없이 이들 모두는 그렇게 서로 협조하기를 원하지는 않았을 것이다—의 모든 그룹에서는 일련의 흔적, 표시, 남겨진 것, 보충, 그 자체를 구별하는 동시에 각각의 예시(사건)로 연기하는 '원형기술'의 한계 및 "차연은 말도 아니고 개념도 아니다"에 대한 변형 등으로 '자아'를 탈-중심시키고는 한다. 이 글의 첫머리에서 필자가 제시했던 다섯 개의 경구들이 대변하는 각각의 담론에는 자크 데리다의 서명(署名)이 포함되어 있다. 이처럼 분산된 서명은 데리다의 스타일을 표시하는 것이며, 그것을 필자는 여기에서 재-표시했을 뿐이다. "차연은 말도 아니고 개념도 아니다"라는 진술은 하나의 사건에 해당한다. 오스틴적인 화술행위처럼 그것은 그 자체를 수행하게 된다. 실현은 명제를 겉으로 드러내는 것이다. 차연은 그것이 만들어내는 차이에 의해서 드러나게 된다. 데리다가 자신의 에세이 「서명(署名) 사건 콘텍스트」에서 '커뮤니케이션'을 전달하는 것과 똑같이 그는 자신만의 정체성을 다양한 각인으로 재-각인하고는 한다. 「주식회사」[11]에서 밝힌 바와 같이, 프랑스어로 된 "Signature Evénment Contexte"가 좀 더 명확하게 드러낼 수는 있지만, 콘텍스트로 표기되는 'Contexte' — qu'on texte[사람이 텍스트하다]와 동일하게 발음되는 — 에 의해서 데리다는 새로운 동사 'texter(to text)'를 창안해냈다. 서명사건은 '텍스트된다'. 서명의 사건은 하나의 텍스트로 만들어진다. 차연은 말 '과 / 또는(and / or)'의 개념으로 공간화 되고 시간화 되며, 차연은 말과 개념으로부터 구별될 수 있는 것으로 나타나게 된다. 공간화하기, 시간화하기, 구별하기 등의 각각의 사건은 하나의 텍스트로 전환된 단체, 즉 '익명사회'로 통합된 데리다적인 하나의 서명에 해당한다. 이와 똑같이, 존 R. 설('한계책임에 대한 익명사회'에서처럼 데리다는 Searle을 Sarl이라고 불렀다)은 데리다의 「서명 사건 콘텍스트」— 데리다가 '무미건조한(dry)'으로 묘사했던 텍스트이며, 영어 'dry'는 프랑스어 'sec(마르거나 물기가 없는)'에 해당하는 동시에 데리다의 에세이 제목 "Signature Evénment Contexte"의 두문자(頭文字) 'SEC'에도 해당한다 — 에 대한 답변을 썼던 자아로 특징지을 수 있다. 그러나 존 R. 설은 D. 설과 H. 드레퓌스(그는 데리다를 알고 있었고 데리다와 논쟁했으며 — 이러한 점에 대해서 필자는 이의를 제기할 수도 있다 — 따라서 데리다의 서명 몇 가지를 설의 텍스트로 끌어들였다)에게 자신이 빚지고 있다는 점을 지적했기 때문에 그의 자아는 텍스트의 다양성으로 분산된다.

1

차연의 '시대'는 형이상학의 '시대'의 경계에서 발생한다. 인식소적인 공간과 지식-틀에 대한 푸코의 담론, 즉 2세기마다 매번 새로운 인식소가 그 이전의 인식소를 대신하게 된다는 담론과는 달리, 데리다는 두 가지 기본적인 '시대'—형이상학의 시대와 형이상학의 끝에서 발생하는 시대—만을 상세하게 설명하고자 했던 것 같다. 데리다가 그 자체의 '원형'의 정확한 날짜를 언급하지는 않았지만, 형이상학은 어떤 지점에서 비롯되었다. 그는 다만 형이상학이 쓰기의 외면성과 기표의 외면성에서 발전되었다는 점을 강조했다. 이와 같은 외면성의 파괴와 함께 내면성의 형성이 비롯될 수 있고, 내면성의 형성과 함께 형이상학의 부산물이 비롯될 수 있다.

형이상학은 전체적으로 하나의 비유의 형식에 관련된다. 형이상학의 시대에서 쓰기는 "영원한 가치를 지칭하는 기표 그 자체를 지칭하는 기호이다."(*OG*, p.15) 쓰기는 글자적인 것(그 자체가 하나의 기호)으로 간주된다. 하나의 기호로서 쓰기는 그 자체가 글자인 기표에 대한 기의로 작용하게 된다. 글자는 말을 형성하는 것에 해당한다. 글자적인 정확한 의미에서 쓰기는 글자와 결합된 개념이다. 그러나 형이상학적으로 글자는 또 다른 기의에 대한 기표이다. 이러한 비유적인 기의는 '외적 진리', 지칭된 '진리'에 해당하며 그것은 이성의 이름으로 나아간다. 중세의 체계에서 가장 현저하게 나타났던 이와 같은 비유적인 구도는 통시-기술적(通時-記述的)으로 다음과 같이 각인될 수 있다.

비유적 기호 (성서)	*Sd* = 영원한 진리, 신성한 말, 이성 또는 쓰기		
	Sr = 글자	*Sd* = 기호 또는 쓰기	$\frac{Sd}{Sr}$
		글자의 기호 (자연의 책)	

[중세의 구도]

형이상학의 부산물에서 기표로서의 글자의 위치에 해당하는 자연은 목소리로 말하기에 해당하는 신성한 말(이성)과 결합되어 지칭된다. 신성한 말은 글자의 형식으로 그 자체의 기호를 남겨놓게 된다. 쓰기는 신성한 말의 외면화에 해당한다. 이성이 말하게 될 때 지성적인 것은 감성적인 것으로 된다. 초(超)-기의는 그 자체의 표시를 경험적인 기표로 남겨놓게 된다.

자연적인 기호	Sd = 원형화술 또는 자연적인 쓰기	
	Sr = 최초의 말	Sd = 보편적 쓰기

사회적인 기호

[루소의 구도]

루소는 신성한 말 대신에 자연적인 쓰기를 보충함으로써 중세의 체계를 되풀이하고는 했다. 자연적인 쓰기는 원형화술(原型話術), 즉 내적인 신성한 목소리에 의해서 그 자체의 형식을 부여받게 되며, 이때의 신성한 목소리는 '최초의 말'을 제공할 수 있다. 그러나 최초의 말은 그것이 "대표적인 것, 추락적인 것, 이차적인 것, 제도적인 것"으로 됨에 따라 쉽사리 보편적인 쓰기의 형식으로 변질되고 만다. 이러한 쓰기는 중세의 '글자의 특성(문자성)'을 대체하게 된다.

이와 똑같이 하이데거적인 사상은 "이성의 예와 진리의 예를 '첫 번째 기호의미(primum signatum)', 즉 모든 언어적인 기표들에 의해 암시된 ……'초월적' 기의의 진리의 순간을 파괴하기보다는 회복시키고는 했다."(*OG*, p.20)[12] 따라서 실재들이나 또는 존재자들은 존재의 부름에 응하게 된다. 즉, 그것들은 유일한 기호형식에 해당하는 '첫 번째 기호의미'에 반응하게 된다. 이러한 실재들이나 또는 존재자들의 존재적 특징은

존재론적 차이 (기호로서의 현존재 : 의미 또는 존재의 부름)	Sd = 존재	
	Sr_1 = 존재자 또는 실체	$Sd_2 \cdots n$ = 존재자 또는 실체

존재적 구별(존재자들 사이)

[하이데거의 구도]

언제나 존재론적 목소리에 의해서 제한받게 된다. 데리다의 용어에서의

형이상학의 역사는 일련의 파열이나 또는 차단의 역사에 해당한다. 이러한 점에는 신성한 말과 자연의 사이, 말하기와 쓰기의 사이, 존재와 존재자의 사이 등의 차단도 포함된다. 기호학에서 이항대립으로 구체화된 이러한 대립은 형이상학시대의 중심을 형성하고 있다. 물론 지성적/감성적, 정신적/육체적, 내부/외부 등과 같은 짝을 포함시킬 수도 있다. 이러한 이항대립은 모두 형이상학의 담론을 형성하게 되며, 형이상학의 담론은 '쓰기(원형기술)', 즉 형이상학의 텍스트를 해체하는 차연의 출현과 함께 그 자체를 마감하기 시작한다.

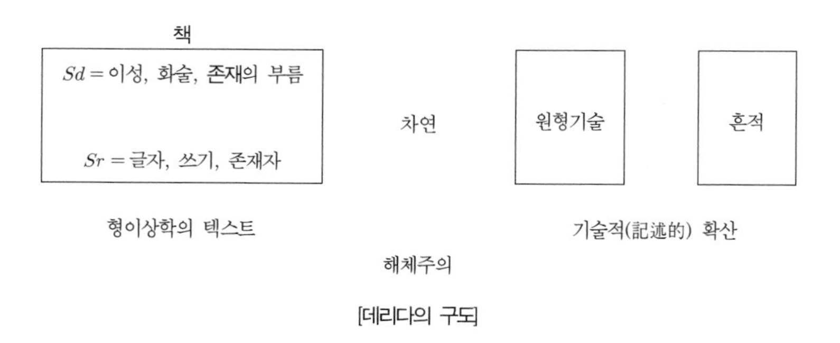

[데리다의 구도]

필자는 이제 데리다적인 담론의 귀표, 즉 '해체주의'에 호소하게 되었다. 해체주의는 한계, 경계 또는 경첩으로까지 이동하는 데 있어서 적용될 수 있는 실천에 해당하며, 그것에 의해서 차연은 원형기술로 각인되고, 해체주의는 구조화된다. 그것은 안과 밖, 말과 개념, 보편적 쓰기와 말하기의 교차점에 그 자체를 배치하게 된다. 해체주의는 파괴, 찢어버리기, 원자단위(原子單位)로 분석하기 등도 아니고, 건설, 다함께 모으기, 결합된 종합성으로 통합하기 등도 아니다. 해체주의에는 파괴와 건설 모두가 포함된다. 그것은 메를로퐁티가 보이는 것과 보이지 않는 것의 사이, 철학과 비-철학의 사이의 부분교차 또는 엮어 짜기라고 묘사했던 교차점에서 작용하게 되고,[13] 그것은 존재를 교차선으로 지우지만 지운 교차선을 그대로 놔둠으로써 지적하게 되는 하이데거의 '안-사이'

를 충분하게 충족시킬 수 있다. 그 자체만의 권한으로 해체주의는 쓰기의 글자적인 의미를 비유성 그 자체로 결정할 수 있다. 쓰기가 글자적인 비유로 인용하는 것은 데리다의 텍스트를 니체, 하이데거, 메를로퐁티 등이 착수하기 시작했던 형이상학의 '종결'과 순수한 '차연'으로 남게 되는 '후기-종결'의 사이의 교차점에 배치하는 것이다.

해체주의는 형이상학의 시대를 특징짓는 다섯 개의 위대한 중심주의들, 즉 ① 음성중심주의, ② 민족중심주의 ③ 남성중심주의, ④ 에고중심주의, ⑤ 이성중심주의 등을 되돌려 감게 된다. 루소와 중세의 체제를 참고하여 필자는 형이상학의 역사에서의 처음 두 가지의 역할들을 인용한 바 있다. 루소와 중세의 체계는 하이데거와 메를로퐁티 각자에게 전달되었지만 그러나 그러한 체계가 완벽하게 성취된 것은 아니다. 「인문과학의 담론에서의 구조, 기호 및 작용」[14]은 민족중심주의의 종결을 수립하는 데 있어서 레비스트로의 기능을 지적한 것이며, 「진리의 공급자」[15]는 남성중심주의의 종점에 있는 라캉의 입장을 연구한 것이다. 에고중심주의에 대한 형이상학의 지배를 종결짓고자 하는 소쉬르의 위치를 제시하기 위해서 필자는 그에게로 되돌아가게 될 것이다.

2

에고중심주의는 순수한 현상학의 핵심에서 작용한다. 이 용어는 특별하게 아동발달의 단계에서 아동이 다른 사람의 전망을 따라갈 수 없는 단계를 묘사하기 위해서 피아제가 사용한 것이지만, 에고중심주의는 또한 초월적으로 형성되는 자아-패러다임의 특징으로 되기도 한다.[16] 서구철학에서 초월적으로 형성되는 자아-패러다임을 지배적으로 대표하는 철학자는 물론 에드문트 후설이다. 후설에게 있어서 모든 의도적인 행위는 초월적 에고로부터 시작하게 되고 또 그것의 제약을 받게 된다. 초월적 에고는 주관성에 있어서 중심의 위치를 차지고 있다. 초월적 주관성에 의한 의식의 영역은 하나의 영역을 형성하게 되고 그러한 영역에서 세계에 있는 사물들은 현상학적 전망을 따라 재-해석된다. 따라서 그 자체만의 고유한 태도에 대한 연구를 가능하게 하는 경험적 자아는 그것이 초월적 자아로 될 때 서로 다른 기능을 취하게 된다. 경험적 자아와 경험적 대상의 사이의 최초의 대립이 있는 위치에서, 현상학적 태도는 초월적 자아와 경험적 대상을 드러낼 수 있다.[17] 미셸 푸코는 이와 같은 두 번째 대립을 '경험-초월적 이중항'이라고 명명한 바 있으며, 그러한 이중항은 아마도 18세기 말의 어느 시기에 시작되었을 것이다(칸트와 함께). 푸코의 고고학은 이러한 이중항이 또한 '인간'이라는 이름으로 진행된다는 점을 제시했다.[18] 후설을 예로 들었기 때문에, 이러한 '인간'이 중심을 가지고 있으며 바로 그 중심이 초월적 자아이거나 또는 심지어 좀 더 정확하게 초월적 에고라는 점을 지적하기 위해서는 세심한 주의를 기울여야 할 것이다. 이러한 의미에서 후설의 현상학은 공(共)-중심적이라고 볼 수 있다.

후설에 의해서 자아는 의식의 중심에 있게 될 뿐만 아니라 인간의 중심에도 있게 된다. 의도적인 건설행위는 지속적으로 되풀이될 수 있고 반복될 수 있기 때문에 그리고 각각의 행위는 하나의 중심(초월적 에고)으로 수렴될 수 있기 때문에 인간은 끝없이 행동할 수밖에 없다. 순수한 현상학자가 있는 한, 초월적 에고는 있게 마련이고 따라서 인간에게는 끝이 없게 된다. 에고중심적인 주장이 제기되는 한, 인간은 끝이 없는 것이 아니다. 데리다의 기고문 「인간의 끝」[19]에서는 바로 그 '끝'의 유형을 ① 방법에 반대되는 끝, ② 목적이나 또는 프로젝트로서의 끝, ③ 종료로서의 끝 등을 고려하고 있다.

① 칸트의 두 번째 비판서 『판단력 비판』과 거기에 수록된 제1절 「윤

리의 형이상학의 바탕」을 보면, 인간은 "하나의 방법으로" 단지 존재하는 것이 아니라 "그 자체에서의 끝"으로 묘사되고 있다. 인간의 행동 모두에서 인간은 "언제나 '동시에 끝으로' 고려되어야만 한다." 인간을 단지 하나의 방법으로 결코 취급해서는 안 된다고 칸트가 강조하는 까닭은 인간의 중심에는 인간의 자유와 결합된 본체(本體)로서의 자아가 있기 때문이다. 인간의 중심과 인간의 자유의 협상은 이제 협상된 것이나 다름없다. 이러한 의미에서 칸트는 윤리적 에고중심주의에 착수하게 되었으며 거기에서 인간은 다음과 같은 논지, 즉 인간은 언제나 중심(끝)을 가지고 있으며 이러한 중심은 이성적이고 윤리적인 모든 교차점에서 고려되어야만 한다는 '논지'에 따라 행동해야만 한다. 따라서 인간은 결코 단지 하나의 방법으로 고려되어서는 안 될 것이다.

② 목적으로서의 끝의 개념 그 자체는 다양할 수밖에 없다. 기독교적 전통을 통해서 인간의 끝은 종말론적으로 묘사되어 왔다. 누구나 구원이 이루어질 때까지는 누구나 충분하게 '자기 *자신*'[oneself를 실버만은 one*self*라고 강조했으며 그것은 하나의(one) 자아(*self*)를 의미한다]으로 될 수 없다. 육신의 삶과 지상의 욕망은 자아로 하여금 그 자체의 중심으로부터 벗어나도록 유도하기도 한다. 절대 신의 도시인 '신시(神市)'는 자아가 그 자체의 끝, 그 자체의 통일성, 그 자체의 정체성을 성취하는 곳에 해당한다. 영혼으로서의 자아는 믿음을 통해서 그리고 이성의 도움으로 '천상(天上)'에 들어가기 위해 그 자체를 준비해야만 한다. 단테의 모델에서는 진정으로 덕망 있는 자아, 즉 그것이 중심을 성취할 수 있을 때까지 '천국의 구(球)' 주변을 맴돌고 있는 '자아'를 묘사하고 있다.

자기-발전 역시 인간의 끝, 인간의 '목적인(目的因)'에 해당한다. 데리다는 헤겔의 『인류학』에 대해서 일종의 존경심을 가지고 다음과 같이 언급했다. "인류학에서 추적했던 바와 같이, 영혼의 발전은 자연적인 영혼, 감각적인 영혼, 실제적이고 효과적인 영혼 등을 차례로 경험하게 된다. 이러한 발전은 정확하게 다음과 같은 형식, 즉 바로 그 형식으로부터 『정신현상학』—'감각-확실성'에 대한 제1장에서—을 지속하는 '형식'을 수행하게 되고 완성하게 되며 의식으로 향하게 된다. 따라서 현상학의 요소에 해당하는 의식은 영혼의 진리, 즉 인류학의 대상이 된다. 의식은 인간의 진리이고 현상학은 인류학의 진리이다."(*EM*, pp.40~41) 자신을 의식으로 고양시킴에 따라서 인간은 자의식을 통해 절대적인 것에 있어서 자기 자신을 완성하는 데 좀 더 가까이 다가설 수 있게 된다. 인간의 끝은 정신에서의 절대지식을 성취하는 것이다. 헤겔적인 현상학의 중심에는 인간의 '감각-확실성'이 있다. 절대지식은 모든 것을 포함할 수 있다. 그것이 절대적이고 보편적인 자아-패러다임을 제시한다 하더라도 인간은 그 자체의 중심과 기원에 있게 된다.

칸트에게 있어서 자아는 '인간'과 일치할 수 있게 되는 반면, 헤겔에게 있어서 인간은 절대지식으로 향하는 자아의 이동 내에 있게 된다. 후설은 인간 안에 자아를 배치했으며 이러한 점에서 그는 또 다른 패러다임, 즉 데카르트의 코기토에 좀 더 가깝게 결합되는 패러다임으로 전환할 수 있었다. 하이데거는 인간과 자아를 일치시켰지만, 그럼에도 그는 칸트의 전통을 따라 인간과 자아의 차이를 주장하기도 했다. 인간과 자아는 존재와 존재자들의 사이의 차이에서, 존재론적 차이에서 현존재로 자리 잡게 된다. 칸트적인 중심은 하이데거에 의해서 자유로서의 끝으로부터 '진정성'으로서의 끝으로 재-번역되었다. 영어로 'authenticity'로 번역되는 독일어 'Eigentlichkeit'는 글자 그대로 '유일성(own-li-ness)' 또는 좀 더 간단하게 '일치(oneness)'—가장 합당하게는 '자기 자신(oneself)'—를 의미한다.[20] 그러나 'Eigentlichkeit'는 차이(존재론적 차이)에 자리 잡고 있으며 따라서 그러한 중심을 가지고 있지 않다.

헤겔적인 절대지식의 자아 내에 있는 인간의 모델, 칸트적이고 후설적인 인간 안에 있는 자아의 개념 및 하이데거적인 차이에서의 인간과 자아의 정체성에 대한 형성논리 등을 포함하는 스펙트럼과 당면했을 때, 사르트르는 의심의 여지없이 형이상학이 종결되는 곳에 "인간의 바깥에 인간의 끝"을 배치했지만, 그러나 동시에 인간이 중심을 가지고 있다는 점을 부정하기도 했다. 사르트르에게 있어서 '진정한 자아'는 내용도 없고 중심도 없는 '무(無)' 그 자체에 해당한다. 의식은 '진정한 자아'의 '무'에 해당한다. 의식은 또한 자유에 해당하지만 그러나 중심화된 칸트적인 자유에 해당하는 것은 아니다. 사르트르는 『실존주의는 휴머니즘이다』에서 나가 행동하고 바로 그 나가 모든 인류에게 책임이 있다고 말하기까지 했다. 자의식이 헤겔적인 의미에서 절대적으로 될 수 없는 까닭은 그것이 더 이상 실존하는 의식의 자아가 될 수 없는 자아, 즉 다만 초(超)-대상-비슷한 자아만을 생산할 수 있기 때문이다. 그 자체로 지향되는 모든 의식의 행동은 그 자체의 바깥에 있는 하나의 대상, 즉 '존재자-즉자(卽自)'만을 드러낼 수 있게 된다. 그럼에도 인간은 바로 그 '끝!', 끝을 가지고 있다. 인간의 끝은 그 자신의 기본적인 프로젝트이며, 그것은 그의 모든 행동의 바탕이 된다. 인간은 또한 '끝들'을 가지고 있으며, 그것들은 그가 스스로 선언하는 프로젝트들에 해당한다. 그러나 프로젝트적인 행동 그 자체는 그것이 비록 의식을 충족시키지 못한다 하더라도 의식을 특징지을 수는 있다. 사르트르는 인간에게서 그 어떤 중심도 발견하지 못했다. 이런 점에서 그의 입장은 하이데거의 입장과 똑같다고 볼 수 있다. 하이데거에게 있어서의 '차이'는 사르트르에게 있어서의 '무'에 해당한다. 이들은 모두 형이상학 시대의 벼랑 끝에 가깝게 이동할 수 있었다.

③ '끝'은 또한 종료를 의미할 수도 있다. 푸코에 따르면, 인간은 어떤 하나의 끝에 있다. "우리들의 사상의 고고학이 손쉽게 보여주는 바와 같이, 인간은 최근의 하나의 발명이다. 그리고 아마도 누구나 그 자체의 끝에 가까워질 수 있다."(*OT*, p.387) 인간의 소멸과 함께 중심의 가능성에 대한 소멸이 뒤따르게 된다. 형이상학 시대의 벼랑 끝에서 자아는 그라마톨로지적인 흔적, 남겨진 것, 보충 등으로 탈-중심되고 분산되고 확산된다.

인간이 지배적으로 되는 '인식소'는 자아의 중심화가 성숙하게 되는 시대에 해당한다. 삶, 노동 및 언어(생물학, 정치경제학 및 철학에서 명확하게 된 바와 같이) 등 여러 가지 형식들 모두는 초월적 기의, 즉 그 자체의 산물들이 다양할 수밖에 없는 생산자의 산물들이라고 볼 수 있다. 그러나 푸코는 오늘날의 인문과학, 특히 구조심리분석, 구조인류학 및 구조언어학의 기능과 함께 자아-탈-중심하기가 발생하기 시작했다는 점을 지적했다. 푸코에 따르면 하나의 새로운 포스트모던 '인식소'에 대한 이와 같은 재-소개는 니체와 말라르메에 의해 선언되었으며, 이들은 모두 새로운 '인식소'의 경계에 서 있게 된다. 그러나 데리다의 연구영역은 인간의 끝(또는 끝들)에서 전개되고 자아-탈-중심하기를 실천하는 데 있다.

3

「그램력」[Fors, 힘의 단위로서 기호는 'gf' 이다]에서 데리다는 다음과 같이 썼다(또는 그가 썼는가? — 뒤이어지는 인용은 바바라 존슨의 번역을 필자가 그대로 필사(筆寫)한 것이라는 점에 주목하기 바란다). "'나'는 다만 내적 안전을 '나 자신'의 안에, 나 자신의 '옆에(옆들에)', 나 자신의 바깥에 배치함으로써 바로 그 내적 안전을 지킬 수 있을 뿐이다."21) 이러한 필사는 필자가 시작하고자 하는 부분의 앞머리와 필자가 결론짓고자 하는 에세이에 배치될 수도 있을 것이다. 필사는 물론 인용에 해당하지만, 그러나 그것은 또한 일종의 '사이'[exergue, 특별하게는 도형의 하부와 가장자리의 사이], 자기 자신을 '크립트'[crypt, 주로 교회 마루 밑에 있는 아치형 방이나 지하실. 라틴어 crypta는 일부 또는 전체가 지하에 있는 아치형 지붕의 건물을 가리킨다. 예를 들어 하수도, 원형극장의 마구간, 농장의 지하저장실, 로마의 팔라티네 산에 있는 것과 같이 크립토포르티쿠스라고 불리는 긴 회랑 같은 것을 일컫는다. 초대 그리스도교도들이 그들의 지하묘지를 크립트라고 부른 것은 당연한 일이었다. 성인이나 순교자들의 무덤 위에 교회를 세울 때는 크립트나 또는 고해실이라고 알려진 지하 예배실을 실제의 무덤 위에 지었다. 그중 가장 유명한 것은 성베드로 대성당으로서 사도 베드로가 순교한 네로의 원형극장 위에 세워졌음]로 탈-중심시키는 데리다의 각인의 위치(동전의 앞뒤의 면처럼)에도 해당된다. 지하실의 공간은 「그램력」의 '토포스(topos)'—그램력 그 자체—에 해당하며, 바바라 존슨이 지적했던 바와 같이 주관적인 내면성('의식의 심판')이자 외면성('바깥', '배제, 제외, 면제')에 해당한다.[22] '안전(safe)'은 '지켜내는 것'을 암시하고, '면제(save)'는 '지켜내지 못하는 것'을 암시한다. 따라서 나로서 인용되고 원용(援用)된 자아가 그 자체의 내적 요새(要塞)를 유지할 수 있을 때, 그것은 그 자체를 그 자체의 바깥에 배치함으로써, 그 어떤 내적 영역으로부터 또는 안전으로부터 그 자체를 제외시킴으로써, 그렇게 할 수 있을 뿐이다. 나가 나 자신의 바로 그 '옆'에 있을 때, 나는 나 자신의 것에 해당하는 영역으로부터도 제외되고 나의 기지(機智)의 끝에 있는 영역으로부터도 배제된다. 그러나 그렇다면 나 자신의 '옆'에는 누가 있을 수 있게 되는가? 이와 같은 '크립트(숨겨진 비밀장소로 파악할 것)'의 인-크립팅(encripting, 암호화로 파악할 것)은 디크립팅(de-crypted, 암호해독으로 파악할 것)될 필요가 있으며, 디크립팅은 "크립트란 무엇인가?"라는 질문과 함께 시작된다. 이러한 경우에서 자아는 일종의 '크립트'에 해당하지만 그러나 의심의 여지없이 그 자체만의 탈-중심하기의 과정에 있는 '자아'에 해당한다.

크립트는 '미결정적인 것'의 입장을 취하게 된다. 안에 있는 것이 자아인가? 또는 밖에 있는 것이 자아인가? '차연(그 자체가 차이와는 다른)'처럼, 그리고 의사소통처럼(의사소통될 필요가 있는 것처럼), '크립트(crypt)'는 '디-인-크립팅(de-en-crypting)', 즉 암호화된 크립트의 해독을 요구한다. 그러나 그렇다면 '소유한 것(the proper)'의 '소유성(the property)'이란 무엇인가? 소유한 것은 그 자체가 미-결정적일 수밖에 없다. 그것은 ① 글자 그대로 비유적인 것에 반대되거나 또는 ② 적합한 것이거나 또는 ③ 그 자체만의 것 등에 해당한다.

①소유한 것은 형상적이지도 않고 비유적이지도 않다. 「백색신화 : 철학 텍스트에서의 비유」에서 데리다는 아리스토텔레스와 관련지어 '구별'을 다음과 같이 분명하게 설명했다. "아리스토텔레스적인 비유의 문제는 '소유적인 의미라고 명명하게 되는 것'과 '비유적인 의미라고 명명하게 되는 것'의 사이의 아주 간단하면서도 분명한(즉, 중심적인) 구별로까지 거슬러 올라가지 않는다는 점이다. 그 어떤 것도 비유적인 '용어(lexis)'로 하여금 소유하게 — 즉, 적합한, 적당한, 알맞은, 비례하는, 어울리는, 주체와 상황에 관계되는 또는 있는 그대로의 사물 그 자체에 관계되는 — 되지 못하도록 하는 것은 아무것도 없다."23) 따라서 미결정적인 '소유한'은 또 다른 미결정에 해당하는 '비유'로 나아가게 된다. 비유는 소유한 것이 비유적으로 될 수 있는 바로 그만큼만 소유한 것으로 될 수 있을 뿐이다. 비유는 "철학에 의해서 잠정적인 의미의 상실, 소유한 것에 대해 회복-불가능한 그 어떤 손상도 주지 않는 경제의 형식으로 분류되지만, 그러나 의심의 여지없이 이러한 설명은 소유적인 의미에 대한 순환적인 재-전용(再轉用)의 지평의 관점에서 그리고 지평의 내에서 이루어질 수 있는 것이다."(*WM*, p.73) 비유가 소유한 것으로 되돌아가는 한, 철학은 비유를 수용하게 될 것이라고 데리다는 강조했다. 간단하지만 수용-가능한 일종의 우회(迂廻)로서 비유는 그것이 철학적 담론에서 어떤 적절성을 가지고 있다는 점과 그것이 소유적인 의미를 재-전용하는 수단으로 작용한다는 점을 나타낸다. 어떤 철학적 담론에서는 비유적인 것을 비난하기도 한다. 이러한 담론에서는 비유적인 것을 명확성을 파괴하는 것으로, 무엇인가 전적으로 소유하지 않은 것으로 생각한다. 철학적 담론은 비유(또는 비유적인 것)를 피할 수 있는가? 철학적 담론 앞에서 비유는 항상 '장애'가 되는 것인가?

② 철학 텍스트에서 비유적인 것의 적절성을 고려하는 데 있어서, 전용으로서의 소유한 것의 문제는 이미 제기되어 왔다. 일종의 구별로서

소유한 것 또는 소유하지 않은 것은 형이상학의 시대 안에 확고부동하게 자리 잡고 있다. 사물, 말 또는 개념의 전용성을 추구하는 것은 일종의 대립, 즉 하나 또는 다른 것의 선택을 요구하는 '이항(二項)-짝'에 호소하는 것이다. 소유한 것을 수용하는 것은 소유하지 않은 것을 배제하는 것이다. 이러한 경우에서 비유적인 것과 정확한 것의 사이의 바로 그 구별의 문제가 비유의 영역 내에 있는 것과 똑같이, 특별한 콘텍스트 내에서 하나 또는 다른 것의 전용성 또는 비-전용성 역시 형이상학의 역사의 일부분에 해당한다. 이와 똑같이, '소유적으로' 형이상학적인 것과 '소유적으로' 형이상학적이지 않은 것 역시 형이상학의 문제에 해당한다. '차연'의 해체만이 형이상학적 담론의 '스킬라'[Scyllas, 큰 바위에 사는 것으로 전해지는 머리가 여섯이고 발이 열두 개인 여자 괴물]와 '카리브디스'[Charybdise, 시칠리아의 섬 앞바다의 큰 소용돌이를 의미하며 배를 삼킨다고 전해짐]를 피할 수 있을 것이다.

형이상학적 담론의 벼랑 끝 가까이에서(그러나 충분할 정도로 가깝게 접근한 것은 아닌), 하이데거는 시간의 문제를 해석했다. 데리다가 「존재(Ousia)와 그램(Grammé) : 『존재와 시간』에서의 각주에 대한 주해(註解)」에서 다시 설명했던 바와 같이,24) 하이데거는 고전적인 존재론의 '파괴'에 포함될 수 있다[데리다가 언급하는 '존재'는 헬라스어 ousia이며 기본적으로는 라틴어 substantia에 해당한다. 영어로는 substance로 옮기며, 한국어로는 '존재(Being)'로 옮긴다. ousia는 einai(영어 be에 해당)의 여성형 현재분사 ousa(being)를 명사화한 것이다]. 파괴는 아직 해체주의로 되는 것이 아니다. 그 차이는 이미 언급했던 바와 같이, 해체주의는 또 다른 시간으로 연기되는 것에 해당한다. 시간성에 대한 하이데거의 관심은 윤리적인 문제에 있는 것이 아니지만 그럼에도 데리다는 다음과 같이 묻고 있다. "왜 시간성을 진정한 것이거나 또는 소유한 것으로 특징짓고 모든 윤리적 고려를 연기한 다음에는 그것을 비-진정성이거나 소유하지 않은 것으로 특징짓는 것인가?"(*Ousia*, p.89) 소유적인 시간성은 **존재**의 의미나 또는 뜻에 적합한 시간성의 형식에 해당한다. 소유하지 않은 시간성은 존재의 의미나 또는 뜻에 적합하지 않은 것이다. 원초적인 것으로부터 전락함으로써, 진정한 시간성은 비-진정성으로, 보편적 시간의 개념, 즉 엄격하게 형이상학 내에 남아 있게 되는 '시간의 개념'으로 전락하게 된다. 진정한 시간성은 현존재에 적합한 것이다. 보편적 시간의 개념은 현존재에게는 부적합한 것이다.

③진정한 시간성의 전용은 소유한 것의 세 번째 의미를 암시한다. 소유한 것은 자기 자신만의 것이다. 이러한 점은 특히 "자기 자신만의 것, 특별한 또는 특수한"을 의미하는 라틴어 'proprious'와 결합된 가장 오래된 의미에 해당한다. 소유한 것은 자기 자신에게 속하는 것이다. 그것은 적합하고 알맞거나 또는 자기 자신을 수용할 수 있는(또는 전용할 수 있는) 것일 뿐만 아니라 소유한 것은 특별하게 '나만의 것'에 해당하기도 한다. 필자가 이미 강조했던 바와 같이 '진정한'은 또한 '유일하게'로, 즉 '소유'로서의 진성성으로 번역될 수도 있을 것이다. 따라서 진정한 시간성은 데리다에게 적합한 것일 뿐만 아니라 그것은 또한 '현존재 그 자체'에도 적합한 것이다. 달리 말하면 진정한 시간성은 '그 자체만으로서'의 자아에게 '속하는' 것이다. 따라서 비-진정한 시간성(보편적 시간의 개념)은 자아에게 특별한 것으로 될 수 없다.

비-진정한 시간성은 자아에게 '속하는 것'이 아니다. 그것은 자아의 '소유-성'에 해당하는 것이 아니다. 자아는 그것에 대해서 그 어떤 주장도 할 수 없다. 그러나 차이(구별)를 형성하는 데 있어서 자아는 이와 같이 그 자체를 탈-중심시킬 수 없다. 데리다가 『자극들 : 니체의 스타일』에서 언급했던 바와 같이, "소유-성의 문제는 존재-해석학적 질문이 그 자체의 한계를 규명하도록 하기 위해서 경제학(그 자체의 제한된 의미에서), 언어학, 수사학, 심리분석, 정치 등의 분야에서 거창하게 되었을 뿐이다."[25] 자기 자신만의 것, 자기 자신만의 소유성은 다양한 영역들에 각인될 수 있다. 자기 자신만의 것은 다양한 위치로 확산되게 된다. '자아'—그 자체에 대해서 소유한 것이자 그 자체에 속하는 것—는 이와 같이 서로 다른(차이나는) 위치에서 소유-성으로 반복될 수 있고 그렇게 함으로써 '존재-해석학적 질문(하이데거의 질문과 같은 질문)'의 한계를 제시할 수 있게 된다(그 자체를 한계로 보여준다). 자아는 정확하게(소유하게) 그리고 가장 적합하게(소유하게) 진정한(소유한) 것에 배치된다고 주장함으로써, 진정한 것과 비-진정한 것의 사이를 구별하는 것은 정확하게 존재-해석학적 질문을 하는 것에 해당한다.

"소유-성의 문제가 더 이상 존재의 문제로부터 파생된 것이 아니기 때문에, 이 문제를 직접 살펴보는 것이 가능할 수 있을 것이다. '소유-성' — 그것이 무엇인지를 이미 알고 있기라도 한 것처럼 — 은 비례, 교환, 주기, 받기, 기입, 평가 등에 관계된다. 이러한 문제로까지 확장하지 않으면서 그 자체만의 사적 영역에 안락하게 정착하고 있는 담론, 이러한 담론은 또한 결코 존재-해석학적 전제로부터 출발한 것은 아니지만 그러나 그 자체의 선-비판적 기의와의 관계에서 남아 있을 수 있게 되고, 말해진 말의 현존으로, 자연적인 언어로, 개념으로, 가시성으로 되돌아가기로 남아 있을 수 있게 되고, 말 그 자체로 되돌아가기로 남아 있을 수 있게 되고, 의식과 그 자체의 현상학적 체제로 되돌아가기로 남아 있을 수 있게 된다"(*Spurs*, p.113)고 결론짓는 것은 솔직한 결론에 해당할 수도 있다. 사적 영역으로 고정되는 것, 그것이 존재의 문제로부터 파생된 것이 아니라는 점을 수용하는 것 등은 자아를 그 자체의 현상학적 위치로부터 자유롭게 하는 것이 아니다. 다양한 영역 — 거기에 자신이 속해 있는 — 에 자리 잡고 있는 바와 같이, 소유한 것의 형성논리는 탈-중심하기의 움직임에 해당하지만, 그러나 자신이 안쪽의, '집 같은 것(heimlich)'의 안전과 안락에 있어서 바로 거기 집에 있는 한, 해체주의적 탈-중심하기는 아직 작용하지 않게 된다. 다른 한편으로 비-정상적인 것도 똑같이 대등하게 자신만의 것으로 될 수 있다. 비-정상적인 상태에서 집에 있다는 것은 자아-탈-중심하기의 움직임을 환기시키게 되며 그것은 그 자체의 위치를 수립하지 못하게 된다.

소유성은 수많은 위치들, 말하자면 자기 자신만의 각인이 반복되는 '위치들'에서 발생할 수 있다. 자아-탈-중심하기는 하나의 사건, 순수한 '차연'이다. "일단 생산, 처신, 묘책 등의 문제가 제기되자, '사건'의 문제는 존재론으로부터 송두리째 뽑혀져버렸으며, 소유-성이나 또는 소유화는 정확하게 아무것도 소유하지 않고 그 누구도 소유하지 않는 것으로 정확하게 명명되었다. 진리, 규명하기, 영감은 더 이상 존재의 진리에 대한 전용으로부터 결정되지는 않지만, 그러나 비-진리, 감추기, 은폐로서 끝없는 심연으로 추방되어버린다. 존재의 역사는 하나의 역사, 즉 불가해한 어떤 '사건'의 과정을 제외한다면, 그 어떤 존재자도 없고 아무것도 없는 그러한 역사로 된다. 심연의 소유-성은 필연적으로 소유-성의 심연, 존재 없이 부딪치는 격렬한 어떤 사건 등에 해당한다."(*Spurs*, p.119) "불가해한 어떤 '사건'의 과정"은 자아-탈-중심하기의 과정에 해당한다. 이때의 '사건'은 자기 자신만의 것으로 나타나는 것이 발생하게 되는 것에 해당한다. 자기 자신만의 것 — 그것은 진리도 아니고 비-진리도 아니지만 그러나 그것은 오히려 바로 이 두 가지들 사이의 차이, 데리다가 종종 진리의 담론이라고 인용하고는 하는 바로 그 '차이'에서 발생하게 된다. 진리의 담론이 어떻게 자기 자신만의 것으로 되는 하나의 사건이 될 수 있는가? 필자가 영어로 '사건(event)'으로 번역하고 있는 독일어 'Eregnis'는 종종 프랑스어 'avénement'으로 인용되고는 하며, 그것은 '앞으로 있게 되는 것'을 뜻하지만 그러나 그것은 영어 'appropriation'에 가장 많이 관계되는 것으로 번역되고는 한다. 따라서 필자는 독일어 'Eregnis'을 영어 'appropriation'으로 옮기기보다는 'event'로 옮기고자 한다. 'appropriation(전용)'은 무엇인가를 자기 자신만의 것으로 만드는 행위에 해당한다. 진리의 담론에 대한 데리다의 '전용(appropriation)'은 동시에 바로 그 담론의 '몰수(expropriation)'에도 해당한다. 이러한 '몰수'에 의해서 진리의 담론으로서의 '원형기술'은 분산될 수밖에 없다. 이와 같은 '몰수-전용(ex-ap-propriation)'의 불가해한 과정(그것은 해체주의에 대한 유추에 해당한다)에서 자아(자기 자신만의 것)는 '차연'

에서 탈-중심될 수 있다.

자아가 원형기술의 '차연'으로 탈-중심된다면, 그렇다면 그 자체가 분산되는 것은 무엇이며 자기 자신이 '자신만의 것'으로 소유하는 것은 무엇인가? 그것은 필자가 필자 자신만의 쓰기를 쓰는 것인가? 데리다의 텍스트들은 바로 그 '자신만'의 것인가? 그것들은 그 자신만의 소유인가? 데리다는 그가 자신의 텍스트들에 대해 주장할 수 있을 정도로 그 자신만의 '저작권'을 가질 수 있는가? "Copyright ⓒ 1977 by John R. Searle"(필자가 여기에서 데리다로부터 인용한다는 점을 밝히기 위해서 "Copyright ⓒ 1977 by John R. Searle"라고 표기했던)[26]이라고 인용부호를 사용함으로써, 데리다는 이러한 표시를 몰수하여 다른 사람들이 사용하지 못하도록 하기도 한다. 그가 이러한 표시를 전용하지 않는 까닭은 그것이 표절일 수 있기 때문이며, 그것을 그 자체의 콘텍스트로부터 끄집어냄으로써 그리고 그 주변에 인용부호를 사용함으로써 그것을 단순히 증가시키지도 않게 된다. 오히려 데리다는 그것을 그 자체로 해체하는 표시로 몰수할 수 있게 된다. 즉, 존 R. 설의 '소유'로 남아 있기는 하지만 그러나 데리다의 '소유'로도 되는 표시로, 그러나 그 자체의 실현에서가 아니라 다만 그렇게 되는 과정에 있어서의 하나의 표시로 몰수할 수 있게 된다.

소유의 문제가 발생하는 또 다른 경우는 「진리의 공급자」에서도 발생하게 되며, 거기에서 데리다는 E.A. 포의 「도둑맞은 편지」에 대한 라캉의 논의에 대해서 언급했다. D장관은 여왕이 보관하고 있는 한 통의 편지를 훔치게 된다. 이 편지의 도둑은 여왕에게 그 죄를 뒤집어씌우게 된다. 따라서 여왕은 뒤팽과 함께 그 죄를 규명하려고 노력한다. 뒤팽이 눈에 잘 띄는 장소에 구겨진 채 처박혀 있는 이 편지의 행방을 알게 되었을 때, 그는 그 편지를 그 자신만의 표시를 남겨 놓은—그렇게 함으로써 장관이 자신으로부터 진짜 편지를 누가 훔쳐갔는지를 알게 하기 위해서—똑같이 구겨진 다른 편지로 대체해 버린다. 그러나 의심할 것도 없이 장관은 얼마동안 자신이 훔쳤던 바로 그 편지가 사라졌다는 사실을 알지 못한다. 이와 같은 발견의 연기(延期)는 여왕이 진짜 편지를 다시 갖게 되는 것을 가능하게 하는 동시에 장관도 자기 자신이 바로 그 진짜 편지를 가지고 있으며 그것에 수반되는 어떤 주도권을 여왕에 대해서 가지고 있다고 생각하는 것을 가능하게 할 것이다. 따라서 데리다는 다음과 같이 언급했다. "편지는 분명히 그 어떤 소유자를 가지고 있지 않다. 그것은 어느 누구의 소유로 될 수 없다. 그것은 그 어떤 소유적인 의미도 가지고 있지 않고 그 자체만의 궤적에 대해 그 어떤 소유적인 내용도 가지고 있지 않다. 따라서 구조적으로 그것은 이동하는 상태에 있고(volante) 도둑맞은 상태에 있다(volée)."(*Purveyor*, p.42) 편지가 이동하는 상태에 있고 도둑맞은 상태에 있는 것과 똑같이, 자아도 '불가해한 과정'에 있을 뿐만 아니라 누군가에 의해서 '원형기술'을 시작하게 된다. 자신이 소유한 것의 바로 그 소유성은 자기 자신만의 것으로 되는 것이 아니다. 자기 자신만의 것은 '원형기술'의 '차연'에서 발생하게 되며 따라서 필자 자신의 안전한 보관으로 남게 되는 것도 아니고 또는 더 이상 데리다 자신의 것으로 지하실에 남게 되는 것도 아니다. 필자 자신의 안전한 보관에 있는 것이든 데리다 자신의 안전한 보관에 있는 것이든, 그것은 언제나 나머지, 보충, 초과분 — 남겨진 것, 또 다른 시간으로 연기된 것이자 또한 그 자체로부터 차이나는 것 — 을 가지고 있다.

그러나 자신의 고유한 이름은 무엇인가? 나는 나의 고유한 이름이 나 자신의 것이라고 말하지 않을 수 있는가? 다시 한 번, 자아-탈-중심하기는 작용하게 된다. 데리다는 『슬픈 열대』에서 그러한 예를 인용했고, 거기에서 레비스트로스는 남비콰라족의 상황을 설명했으며, 이들 부족들은 자신들의 '고유한 이름'을 사용하는 것을 금기(禁忌)하고 있다. 데리다는 이러한 금기가 '고유한 이름'이 원형기술에서 지워져버린 일반적 입장에서 비롯된 것이라고 생각했다. 원형기술에서는 고유한 이름과 자아를 일치시키는 것이 가능할 수가 없다. 자신의 이름을 고유하게 자기 자신만의 것이라고 쓰는 것은 자신의 이름을 자기 자신만의 것이라고 말하는 것에 대립된다. '지우기(말소, 소멸)' — 얼굴을 지우거나 또는 특징을 일치시키는 — 는 '차연'에서, 즉 '쓰인 말'과 '말해진 개념'의 사이의 바로 그 '차연'에서 이름지우기를 형성할 수 있다. '차연'에서 고유한 이름이 고유한 위치를 가지고 있지 않은 까닭은 그것이 쓰인 것과 구별될 수 있을 뿐만 아니라 또 다른 위치와 시간으로 연기될 수 있기 때문이다. 레비스트로스가 남비콰라족의 어린 소녀 하나를 놀려대어 또 다른 어린 소녀의 고유한 이름을 알려주도록 했을 때, 그는 자신이 놀려댔던 첫 번째 소녀가 말해서는 안 되는 두 번째 소녀의 이름을 말해버리는 것을 알게 되었고, 이에 대한 앙갚음으로 두 번째 소녀 역시 첫 번째 소녀의 이름을 말해버리는 것도 알게 되었다. 이러한 과정에 의해 레비스트로스는 그 마을에 사는 모든 어린이들의 이름을 알게 된다. 어린 소녀 하나가 다른 소녀의 고유한 이름을 말해버렸을 때, 사회적 금기의 위반이 발생하게 된 것이다. 그러나 실제로 남비콰라족의 고유한 이름을 드러내는 것으로 인해서, 바로 그 고유한 이름은 더 이상 고유한 이름이 되지 못한다. 따라서 어린 소녀의 고유한 이름은 바로 그것을 유지했던 바로 그 소녀의 소유로 될 수 있는 것이 아니다. 원형기술은 고유한 것을 부여하는 것, 즉 금기로 부여된 이름에 각인된 것을 부여하는 것에 해당하지만 그러나 고유하지 않은 것을 취하지 않으면서 바로 그 '고유한 것'을 부여하는 것에 해당한다. 따라서 지속되는 이름은 소유한 것으로 될 수 있는 것도 아니고 소유하지 않은 것으로 될 수 있는 것도 아니다. 하나의 고유한 이름을 말해버림으로써, 고유한 이름은 그 자체의 고유한 위상을 상실하게 된다. 자아의 이름이 '차연'의 작용에 자리 잡고 있는 까닭은 고유한 이름이 바로 그 이름을 부여받게 되는 데 있어서 그 자체를 지우기 때문이다. 이러한 점에 대해서 데리다는 다음과 같이 언급했다. "고유한 이름의 금기는 나가 원형기술이라고 명명했던 것에서, 즉, 차이의 작용 내에서 바로 그 고유한 이름의 지우기를 형성하는 것과 관련지어 필연적으로 발생하게 된다. 이러한 '금기(고유한 이름의 금기)'는 고유한 이름들이 이미 더 이상 고유한 이름들이 아니기 때문이고, 그것들을 생산하는 것이 그것들 자체를 삭제하는 것이기 때문이고, 글자의 지우기와 도입은 독창적이기 때문이며, 그것들은 고유한 각인에서 발생하지 않게 되기 때문이다. 그것은 또한 유일한 호칭이 유일한 존재자의 현존을 유지했던 것과 똑같이, 고유한 이름이 결코 삭제에 있어서의 투명한 읽기-가능성에 대한 최초의 신화에 해당한 적이 없기 때문이다. 그것은 또한 어떤 분류 내에서 그리고 따라서 차이의 체계 내에서, 차이의 흔적을 유지하는 쓰기 내에서, 고유한 이름 그 자체의 기능을 제외시킨다면 그러한 이름은 결코 가능할 수가 없기 때문이다. 금지명령은 가능할 수 있게 되었고, 작용할 수 있게 되었고, 우리들이 알게 되는 바와 같이, 시간이 되었을 때, 위반할 수 있게 되었다. 말하자면, 위반하는 것은 삭제와 '비-자아-동일성'을 복원하는 것이다."(*OG*, p.109) '비-자아-동일성'의 기원에서 분산되는 것 — 그것은 이름이 '차연'의 작용에서 삭제의 흔적을 남기게 되는 바로 그 위치에 해당한다. 「도둑맞은 편지」에서 D장관과 뒤이어지는 뒤팽이 여왕의 편지를 훔친 것과 똑같이(그러나 편지는 누구에게 소속되는가?), 이와 똑같이 『슬픈 열대』에서도 어린 소녀 하나는 다른 소녀의 고유한 이름을 훔치게 된다.

여왕의 편지의 경우에서, "누가 서명(署名)하는가?"라고 데리다는 묻고 있다. "정말로, 의심의 여지없이, 마지막 메시지의 마지막 말에 뒤팽은 서명하기를 원하고 있다. 우선은 그가 장관에게 남겨 놓게 되는 사본(寫本)에 자기 자신만의 표시 — 적어도 자기 자신의 정체를 일치시켜야만 하는 바로 그 봉인(封印) — 를 남기는 것을 억제할 수 없기 때문이다."(*Puveyor*, p.111) "D장관의 D와 뒤팽(Dupin)의 D가 똑같은 머리글자 D는 외적으로 하나의 사본에 해당하지만 그러나 '내적으로 그것은 사물 그 자체'에 해당한다."(*Puveyor*, p.112) 글자 D는 안과 밖 모두의 흔적에 해당하지만 그러나 그것은 또한 하나의 서명, 즉 우선은 장관 D의 서명에 해당하고 다음은 뒤팽의 서명에 해당한다(이 두 사람의 이름은 모두 글자 'D'로 시작한다). 또는 아마도 이 소설의 서술자의 서명이거나 또는 심지어 작가 E.A. 포의 서명일 수도 있다. 그러나 분명히 그렇지 않은 까닭은 라캉의 「도둑맞은 편지에 관한 세미나」[27]에서는 그러한 서명을 E.A. 포로부터 훔쳤기 때문이다. 그러나 데리다가 「진리의 공급자」에서 라캉으로부터 바로 그 서명을 훔쳤을 때는 무엇이 발생할 수 있는가?(프랑스어로 된 "Le Facteur de la vérite"가 좀 더 적합할 수도 있을 것이다. 왜냐하면 프랑스어에서 'facteur'는 또한 우편물이나 또는 편지들을 가져오는 사람에 해당하기 때문이다) 따라서 데리다는 진리(진리의 담론으로 파악할 것)의 편지를 가져온다. "누가 서명(署名)하는가?" 최초의 편지 발신자에 관한 여왕의 언급에 관한 D장관의 언급에 관한 뒤팽의 언급에 관한 그 자신의 서술자의 언급에 관한 E.A. 포의 언급에 관한 라캉의 언급에 관한 그 자체의 언급에 해당하는 「문학과 심리분석」에 관한 『예일프랑스학』에 수록된 그녀 자신의 에세이에서 바바라 존슨과 같은 데리다의 번역가가 또 다시 훔친 것이 아니라면, 그러한 서명은 그 자신의 이름이 글자 D로 시작하는 데리다(Derrida) 자신일 수도 있을 것이다. 그러나 누가 편지를 보냈는가? 우리들도 모르고 E.A. 포의 「도둑맞은 편지」에 관여하는 모든 사람들도 모른다. 따라서 일련의 서명만이 있을 뿐이며, 이러한 각각의 서명은 연속적으로 계속해서 뒤이어지는 서명 그 자체가 불가해한 과정을 지속할 수 있을 때까지 그 자체의 각인을 연기하게 된다.

서명이란 무엇인가? 데리다는 자신의 『자극들 : 니체의 스타일』에서 "나는 나의 우산을 잊어버렸다"는 말의 위상 때문에 이러한 문제를 제기하게 되었다. "나는 나의 우산을 잊어버렸다"는 말은 니체의 미발표 원고들의 사이에서 인용부호로 묶여져 고립된 상태로 발견되었다(*Spurs*, p.123). 잠정적으로 이 구절은 그 자신의 '자필서명(自筆署名)'으로 이루어진 니체 자신의 말에 해당한다고 볼 수 있다. 이러한 점은 그 자신에 대한 우연적인 주석(註釋)인가? 그것은 철학적 요점인가? 그것은 문장의 리듬을 위해서 쓴 것인가? 그것은 그 자신의 기억을 환기하기 위해서 쓴 것인가? 어떤 경우든 그것은 니체의 손으로 직접 쓴 것이다. 그는 그것에 서명했다. 또는 그가 서명했는가? "결국 손으로 쓴다는 것은 무엇인가? 단지 자신의 손으로 무엇인가를 썼기 때문에 그것을 확인하기 위해서 또는 그것에 서명하기 위해서 그렇게 할 수밖에 없는가? 심지어 자기 자신만의 서명까지도 확인할 수 있는가?"(*Spurs*, p.127) 특히 인용부호로 묶여졌을 때 자신의 서명은 자기 자신만의 것인가? 하나의 서명은 실제로 연기된 서명은 아닌가?

『입장들』에 관한 대담에서, 데리다는 '개념적 효과'에 대해서 언급했다. 자기 자신의 고유한 이름을, 자기 자신의 서명 및 궁극적으로 자기 자신의 자아를 대체하고 분산시키는 '차연'의 효과는 무엇인가? 라고 우리들은 질문할 수도 있다. 하나의 사건은 다른 사건에 뒤이어지고, 하나의 전용은 다른 전용을 이어받는다. 하나의 서명과 그 다음의 서명의 사이의 관계는 자의적인 것이다. 그러나 거기에는 또 다른 효과, 즉 예를 들면 '무대효과'가 있다. 데리다는 흔적들과 차연들로 하여금 지속적으로 작용하게끔 만들고 있다. 진리의 담론은 무대 위에 있는 것과 같다. 쓰기의 장면은 행위—예를 들면, 화술행위—가 발생하는 장소이다. 무대효과는 그럴듯한 효과, 즉 '진리의 유사성'을 만들어내며, 그것은 진리의 담론이 만들어낼 수 있는 최대한의 효과이다. 그러나 무엇보다도 '개인적 효과'도 있다. 차연이 하나의 텍스트에서 흔적, 표시, 나머지, 보충 등의 형식으로 각인될 때마다, 차연은 그러한 것들을 포함하는 '자아의 효과'의 일부분으로 된다. 자아의 '개인적 효과'는 자아 자신에게 속하는 그 자체의 수하물, 그 자체의 소유에 해당한다. 그러나 '소유의 효과'는 우리들이 설명했던 바와 같이 자기 자신만의 효과로 될 수 있는 것이 아니다. 소유의 효과는 주인[초대자, 초청자, 개최자 등] 또는 '자아집단'과 함께 공유해야 하고, 이들 모두는 실제로 쓰인 것도 아니고 더 이상 말해진 것도 아닌 텍스트에 서명하게 된다. 이와 같은 각각의 효과는 탈-중심된 구조를 따르는 하나의 표시에 해당한다. 자아는 그러한 구조를 따르는 각각의 지점의 발생에서 쓰이지만, 그러나 그것은 말도 아니고 개념도 아닌 '차연'으로 쓰일 수 있을 뿐이다. "존재와 존재를 넘어서, 끊임없이 차이나고 연기하는(그 자체를) 이와 같은 '차이'는 또한 흔적(그 자체)일 수도 있다. 우리들이 바로 여기 이 자리에서 기원 또는 끝에 대해서 여전히 언급할 수 있다면, 이와 같은 '차연'은 처음의 흔적일 수 있거나 또는 마지막 흔적일 수도 있다."(*Ousia*, p.93)

제18장

푸코와 고고학적 잠

19세기에 유행했던 방법이나 또는 방식으로 19세기를 생각한다는 것은 무엇을 의미하는가? 이와 같은 하이데거적인 방법으로 19세기에 대한 푸코의 문제에 대해서 질문하는 것은 서로 다른 관점에서 푸코의 문제를 이해하는 데 도움을 줄 수도 있을 것이다. 달리 말하면, 19세기의 사상가가 생각했던 것처럼 19세기를 생각할 수 있는가? 19세기에 있어서 지식의 생산에 대한 이와 같은 질문은 특별한 문학적, 사회학적 및 과학적 산물에 대한 특수한 연구를 이끌 수 있고 이끌게 되며 이끌어야만 할 것이다. 탈-중심된 공간을 통해 지식의 생산의 바로 그 확산은 19세기에 대해서 생각하는 것이다. 그러나 19세기를 생각한다는 것은 무엇인가? 분명히 우리들은 그 시대에 있어서 바로 그 순간에 그들 자신을 분명하게 했던 의미와 기호체계를 상세하게 설명할 수 있어야만 할 것이다. 그러나 화이트헤드가 '무력한 아이디어'라고 명명했던 것은 19세기 사상을 충분하게 설명할 수 있는 것이 아니다. 보들레르적인 교감, 발자크적인 재정적 불운 또는 A. 뒤마적인 역사적 재현을 단순하게 인용하는 것, 열정적 매력에 바탕을 둔 F.M. 푸리에의 유토피아적인 비전의 전제, 미국 민주주의에 대한 드 토크빌의 설명 또는 적극적 지식에 대한 A. 콩트의 신앙을 순수하게 선언하는 것, 그리고 클로드 베르나르의 실험의학, 라마르크의 상세한 '쥐' 또는 J.M. 샤르코의 히스테리에 대한 최면요법을 단도직입적으로 특징짓는 것 등은 19세기의 요소들을 언급하는 것이다. 하지만 19세기 사상 — 그것이 이와 같이 분산된 요소들을 거쳤다 하더라도 — 은 바로 그러한 요소들과 함께 하는 것이 아니다. 19세기를 생각하는 것은 이와 같은 요소들의 의미작용을 규명하는 것이다. 순수한 기호학은 그것들의 산물의 다양성을 드러낼 수도 있다. 순수한 해석학은 어떤 의미를 그것들에게 부여할 수도 있다. 고고학의 형식으로 제시된 해석학적 기호학은 그것들의 다양성을 대면하게 될 것이고 그것들의 의미를 인식론적 공간으로 생각하고자 할 것이다. 푸코에게 있어서 이와 같은 공간은 '인간'이라고 명명되는 '인식소' — 지식의 형성 — 를 선언하는 것이자 그 자체의 소멸의 경계를 수립하는 것이다.

19세기에 있어서의 지식의 생산을 이해하기 위해서 이해의 방법 그 자체가 그 자체만의 대상이라는 점을 어떻게든 제시할 수 없는 한, 바로 그 이해의 방법은 '이해된 것'과 분명하게 구별될 수 있어야만 한다. 연구조사의 대상과 주체의 차이나기-모델은 그 자체의 기원이 프란시스 베이컨의 경험론적 방법이나 또는 르네 데카르트의 절차의 차이에 있다는 점을 제시할 수 있다 하더라도, 그 반대 — 그것이 이항대립이기는 하지만 — 역시 그 자체의 기원이 경험적 감성과 선험적 환원에 대한 칸트적인 설명에 있다는 점을 제시할 수 있다. '주체-대상' 이원론의 확산은 헤겔, 마르크스 및 키에르케고르가 그것에 부여했던 형식에 의해서 19세기 속으로 그리고 19세기를 통해서 확장될 수 있었다. 헤겔에게 있어서 '절대정신'은 그 자체를 '감각적 확신'과 구별한다. 마르크스에게 있어서 프롤레타리아는 부르주아 자본주의를 극복한다. 키에르케고르에게 있어서 주관성은 객관적 경험을 가능하게 한다. 따라서 19세기는 하나의 공간—하이데거가 그렇게 명명하고는 했던 바와 같이 존재의 빛이 환하게 드러나는 '빈 터(Lichtung)', 즉 '깨끗하게 하기'—을 열어놓았으며, 그러한 공간에서 '주관적인 이해'와 '이해되는 대상'에 대해서 언급하는 것이 가능할 수 있게 되었다. 자아는 그 자체를 철저하게 다름 아닌 모든 것으로 만들게 되었다. '인간'의 덕분으로 사물들—살아 있는 사물들, 작용하는 사물들 및 말하는 사물들—은 하나의 정체성을 획득하게 되었고 자아는 이러한 사물들의 차이에 해당한다.

'인식아(認識我)'가 철저하게 다름 아닌 '인식된 것'에 해당한다면, 그렇다면 19세기의 모든 이해는 이중적일 수밖에 없다. 다른 사람들 중에서도 르네 지라르가 제시했던 바와 같이 19세기는 이중시대가 비롯되는 공간이다.[1] 도스토예프스키의 골리아드킨은 과학과 문학 모두에 있어서 이와 같은 자아반복 패러다임에 해당한다. 스탕달의 줄리앙 소렐이 이상적 자아인 반면, 마르크스 베버의 사회학적 방법에서는 이상적 유형을 선별하고는 했다. 다윈이 종(種)의 기원을 연구한 것과 똑같이 플로베르는 "보바리 부인, 그게 나다!"라고 선언했다. 이중적인 것은 19세기 지식의 생산의 형식이다. 이중적인 것은 차이, 주체와 객체, '인식아'와 '인식된 것'을 의미한다. 그러나 생산의 아이디어는 정체성의 가능성, 주관성이 적극적으로 객관성으로 되고 객관성이 주관성의 작용으로 되며 지식이 그 자체를 형성하는 조건을 상기시켜 주기도 한다. 정체성의 회상—생각하기로서의 알기에 대한 소크라테스적인 의미에서가 아니라 후설적인 현존화의 투사적 의미와 프로이트적인 상기(想起)의 의미에서—에서는 지칭하는 통일성을 얻게 되는 기본적인 지식의 가능성을 확인한다. 그러나 19세기에는 지식의 생산에 있어서 정체성의 모델을 가능하게 할 수가 없었다. 19세기에 있어서 정체성은 기껏해야 소원, 욕망, 달리 말하면, 정체성에의 의지 등에 해당할 수 있었을 뿐이다. 그러나 정체성에의 의지는 차이의 형식으로 남게 되었을 뿐만 아니라 따라서 이해되어야만 하는 것의 위상을 획득하기까지 하는 방법의 불가능성으로도 남게 되었다. 대상은 주체의 다른 쪽으로 남게 된 것이다.

타자(他者)의 명칭은 19세기를 통틀어서 '소외'의 명칭으로 되풀이 되었다. 노예는 주인의 입장에 대한 자신의 욕망에 의해 소외된다고 헤겔은 말한다. 노동자는 창조된 것을 공유할 수 없는 자신의 무능력에 의해 소외된다고 마르크스는 말한다. 개인들은 그들의 노동계급의 조건들에 의해 소외된다고 졸라, 디킨스 및 드라이저는 말한다. 라마르틴, 워즈워스 및 H.D. 소로는 그들에게서 자연을 빼앗아간 마을과 도시에 의해 소외되었다. 이와 똑같이 D. 리카도[David Ricardo(1772~1823), 영국의 경제학자로 고전학파의 창시자인 스미스 이론을 계승하여 발전시킨 고전학파의 완성자이자 노동가치설에서 출발하여 분배론에 이르는 이론을 완성했으며, 차액지대론과 임금생존비설을 제창했다], 퀴비에[George Leopold Chretien Frederic Dagobert Cuvier(1769~1832), 프랑스의 박물학자로 고생물학과 비교해부학의 선구자이다] 및 F. 보프[Franz Bopp(1791~1867), 독일의 언어학자] 등은 그들이 이해하고자 했던 각각의 영역, 즉 노동, 생명 및 언어라는 바로 그 영역에 의해 소외되었다. 주체와 대상의 사이의 이러한 불연속성은 19세기 지식의 모델에서 기본적인 것에 해당한다. 이러한 것들을 하나로 통합하려고 노력할 수도 있지만 배가되는 저항의 효과(즉, '앎에의 의지')는 너무 강할 뿐이다. 연구방법은 그 자체가 그 자체만의 대상으로 되는 것을 보여줄 수 없게 된다. 왜냐하면 이러한 방법은 그것이 대상을 해석하고자 하는 그 자체의 노력에 있어서 바로 그 해석자와 결합되기 때문이다.

푸코가 제안했던 바와 같이 20세기 지식의 고고학의 임무에는 주체와 대상의 사이의 정체성의 조건을 규명하는 것이 포함된다. 지식의 형성, 인식론적 공간 및 여러 가지 '불명확한' 표층에 대한 연구는 19세기 사상의 적극적이고 생산적이며 최근에 생겨난 '명확한' 측면들에 대해서 직접적으로 주의를 기울일 수 있게 될 것이다. 이러한 경우에서 연구방법은 그 자체만의 대상을 모색하게 된다. 지식의 생산에 대한 규명은 19세기에 생산된 지식 그 자체로 되고자 한다. 루이 알튀세가 제안하고는 했던 바와 같이, 이론적 실천은 정말로 가능할 수 있게 된 것이다. 이러한 점은 아마도 19세기에 대한 푸코의 논의가 왜 일반적으로 제공되는 역사적 설명과는 좀처럼 같지 않은지에 대한 한 가지 이유가 될 수 있을 것이다. 20세기 학문으로서의 지식의 고고학은 "그 자체의 실존의 수준에서, 그 자체 내에서 작용하는 언명기능(言明機能)의 수준에서, 여러 가지 불명확한 형성의 수준에서, 그것이 속하게 되는 일반적인 기록체계의 수준에서, '이미-말해진 것'을 질문하는 것"[2]과 "기존의 외면성의 형식에서 다시-쓰기[또는 재-기술하기], 이미 쓰인 것에 대한 통제된 변용"(*AK*, p.140) 등 모두를 포함한다. '이미-말해진-것'을 질문하는 것은 '이미-말해진-것'에 참여해야만 하는 것이다. 19세기를 생각하는 것이 19세기에 대해서 생각하는 것을 중재할 수 없는 것과 똑같이, 지식의 형성을 질문하는 것도 똑같이 중재될 수 있는 것이 아니다. 19세기의 여러 가지 실천들은 이미 문제가 되었다. 이와 같은 실천에 대한 묘사는 종합적 역사에 해당하기보다는 일반적 역사에 해당해야만 한다. 왜냐하면 문제가 되는 것만이 규명될 필요가 있기 때문이다. 일반적 요소들, 기호체계들 및 언명(言明)의 출현들이 관심의 영역에 해당한다. 지식의 생산은 결코 완벽한 것이라고 주장할 수 없다.

'이미-말해진-것'을 질문하는 것에는 또한 '다시-쓰기'도 포함된다. 이러한 점에서 반복은 또한 생산에 해당하며 심지어 창조에 해당하기도 한다. 문제가 되는 지식의 형성은 바로 그 문제에 있어서 생산적인 것이고 창조적인 것이다. 19세기를 다시 쓰는 것에는 19세기에 대한 또 다른 해석을 제공하는 것도 포함된다. '있었던 것'은 일반적인 언명체계로 제시됨으로써 '있는 것'으로 변용될 수 있다. 따라서 지식은 언명의 체계이자 그러한 체계의 해석에 해당한다. 19세기에서 푸코는 특별한 언명체계가 철학, 생물학, 경제학 등에 의해서 서사되는 것을 발견하고는 했다.[3] 비록 "다른 담론들의 사이에 배치되어 있기"는 하지만, 각각의 언명체계는 "특수한 영역"을 형성하고 있다(*AK*, p.207). 그 어떤 통일된 체계도 그러한 것들이 작용하는 것으로 보일 수 있는 초월적인 지향을 부여하지는 못한다. 이와 같은 초월적인 지향은 정확하게 19세기 사고의 방법으로 되돌아가는 것일 수도 있으며, 질문과 다시-쓰기는 바로 그 19세기 사고의 실천을 통해서 이러한 사고의 방법을 극복할 수 있게 된다.

그 어떤 '초월적 통각(統覺)'[transzendentale Apperzeption, 라이프니츠가 『단자론』에서 최초로 사용한 개념으로, 물질적 상태에 있는 단자(monad)의 어둡고 무의식적인 표상 작용에 대하여, 인간의 이성에 대응하는 정신적 상태에 해당하는 단자의 밝은 의식적 표상 작용을 통각이라고 명명했다]의 통일성도, 그 어떤 종합적인 기능도 지식의 고고학에 적용될 수 없다면, 그렇다면 어떻게 이와 같이 특수한 영역들은 서로 관련될 수 있는 것인가? 푸코는 표층들의 사이의 관계를 제안했으며, 그러한 표층들은 탈-참조화된 담론을 창조할 수 있다. 불연속성은 19세기와 같은 특별한 인식론적 공간 내에서 지식의 생산에 대한 영역들의 사이에서 형성될 수 있는 것이다. 각각의 기호들의 세트, 각각의 확산체계는 또 다른 기호들의 세트, 또 다른 확산체계와 구별된다. 그 어떤 사물들의 지점, 근본, 바탕도 없이 각각의 지식의 형성은 그 자체만의 장치로 남겨지게 된다. 하지만 "그것을 하나의 담론의 대상으로 형성하고 따라서 그것의 역사적 출현의 조건을 형성하는 것을 가능하게 하는 규칙의 몸이 있을 수 있다."(*AK*, p.48) 각각의 규칙의 몸은 어떤 특수한 영역에 대해 적합한 것이다. 그러나 동시에 발생하는 하나의 체계로서 관계의 규칙 역시 작용하게 된다. 이와 같은 규칙과 그것의 상호-관계를 측정기준이나 또는 초월적 원칙에 의해 이해하고자 하는 어떤 주체가 있다면, 그러한 주체는 잘못 안내받을 수 있게 될 것이다. 푸코에게 있어서 지식의 고고학에 대한 모든 시도는 탈-중심된 주체를 암시한다. 라캉은 그것을 심리분석에서 '말하고 있는 환자'의 지칭망(指稱網) 내에 있어서의 '선(先)-중심적인 것'이라고 명명한 바 있다.[4] 데리다는 레비스트로스에 의해 제안되었던 구조에 대한 탈-중심하기에 호소하기도 했다.[5] 19세기에도 그랬던 것과 똑같이, 오늘날의 인문과학의 전망으로 보면, 그 어떤 궁극적인 참고의 지점도 최종적으로 항소하지 못하도록 한다. 이러한 차이의 정체성이 바로 그 '고고학', 즉 그 자체를 19세기로도 확산시키고 그 밖의 지식의 형성의 시대로도 확산시키는 고고학에 해당한다.

지식의 고고학은 확산적인 실천에 해당한다. 그것은 그 자체를 불연속적인 영역의 다양성으로 확산시킬 수 있다. 역사적이고 연속적이고 통시적인 설명, 예를 들면, "위대한 존재자의 망",[6] "인간의 목소리",[7] 또는 "인간의 완전가능성"[8]을 따르는 대신에, 고고학자는 분열되고, 불연속적이고, 공시적인 사상체계의 이해를 질문해야만 하고 생각해야만 하며 주의를 기울여야만 한다. 역사를 통해서 단 하나의 아이디어를 추적하는 대신, 지식의 고고학자는 불연속적인 형성을 추구한다. 각각의 형성은 일련의 규칙의 세트를 갖게 될 것이고 각각의 세트를 하나의 체계로 그룹 짓는 것은 푸코가 기회 있을 때마다 '인식소'라고 명명하는 의미작용을 수립할 수 있게 될 것이다.

인식소의 특징은 세 가지 그룹들의 기준, 즉 형성의 기준, 상호-관계의 기준, 변용이나 또는 경계의 기준 등에 의해 특징지을 수 있다. 1968년 『에스피리』에 게재한 자신의 기고문에서 푸코는 다음과 같이 언급했다. "이와 같은 기준은 우리들로 하여금 일반적 역사(그러한 역사가 '이성의 과정'에 관계되든 또는 '한 세기의 정신'에 관계되든)의 광범위한 주제들을 차별적인 분석으로 보충하는 것을 가능하게 한다. 이러한 분석은 우리들로 하여금 한 시대의 인식적인 것을 그 자체의 지식의 종합도 아니고 그 자체의 연구의 일반적 스타일도 아니라 그 자체의 다양한 과학적 담론의 편차, 거리, 대립, 차이, 관계로 묘사하는 것을 가능하게 한다. 인식적인 것은 겉으로 드러나지 않는 근본적인 거창한 일종의 이론이 아니다. 그것은 확산의 공간이다. 그것은 '관계'의 열린 분야이며 의심의 여지없이 무기한으로 묘사될 수 있는 것이다."[9] '인식소(認識素)'는 '초-

기의(超-記義)'도 아니고 필자가 지적했던 바와 같이 '초-기표(超記表)'도 아니다. 그것은 그 자체의 분열을 통해서만 그 자체의 통일성을 성취할 수 있게 된다. '인식소'는 어떤 특별한 순간에 그리고 그러한 순간의 해석에서 생산적인 지식의 탈-중심하기에 해당한다. 관계들의 한 분야로서 '인식소'는 특수한 영역의 다양성에 있어서의 지식의 확산에 해당한다.

각각의 인식소적인 분산에는 지식의 형성이 포함되어 있다. 형성은 '형성하기'와 '형성되기' 모두에 해당한다. 이와 같은 각각의 형성 내에서 우리들은 상호-관계를 그것을 형성하고 있는 각 요소의 다양성의 사이에서 파악할 수 있다. 더 나아가 변용의 조건, 그러한 변용이 서로 다른 형태상의 구조로 재-형성될 수 있는 가능성은 상호-관계적인 각각의 형성 내에서 나타나게 된다. 레비스트로스가 어떤 특별한 신화에 대한 각각의 해석을 위해서 기본적인 구조는 그것과 함께 하나의 해석에서 다른 해석으로 이동할 필요가 있다는 점을 제시했던 것과 똑같이, 피아제가 아동의 지각은 어떤 임무를 성취할 수 있는 아동 자신의 능력을 자율적으로 재조직함으로써 '감각운동기 단계'에서 '전조작기 단계'로 변화하게 된다는 점을 제시했던 것과 똑같이, 그리고 토머스 쿤이 규범적인 과학의 어떤 특별한 순간에 과학 활동을 위한 패러다임은 그 자체 내에 하나의 새로운 패러다임, 즉 그가 '혁명적' 과학 활동이라고 명명했던 것의 작용에서 비롯되는 바로 그 '패러다임'을 갖게 된다는 점을 제안했던 것과 똑같이, 이와 똑같이 푸코에게 있어서도 '변용'은 돌연변이, 개선을 위한 수정 및 재-형성에 해당한다. 경계의 개념은 '인식소'가 그 자체의 한계로까지 밀어붙이게 되는 인식론적 공간 내에서의 순간과 어떤 새로운 균형이 뒤따르게 되는 순간을 묘사한다.

르네상스의 '인식소'는 '유사성'에 의해서 그 특징을 부여받게 된다. 로미오와 줄리엣은 셰익스피어에 의해서 '불행한 연인들'로 묘사된다. 소우주는 대우주의 별과 행성의 궤도를 닮는다. 고전주의 시대에 있어서 '표상

(表象)은 ① 말을 표상하는 일반문법이나 또는 말하기, ② 존재자들을 표상하는 자연의 역사나 또는 분류, ③ 수요를 표상하는 부(富)의 분석과 17세기와 18세기의 지식 형성 등을 서사한다. 푸코는 고전주의 시대의 새로운 확신의 경계에서 『돈키호테』를 묘사하고 있다. 돈키호테는 기사(騎士)를 닮은 풍차, 병사들로 이루어진 군대를 닮은 양떼, 그리고 성(城)을 닮은 여관을 발견하게 된다. 그러나 제2권에서 돈키호테의 모험은 바로 그 자신이 모든 지역을 통해 표상되고 알려지는 '기사도서(騎士道書)'로 명문화된다.

이와 똑같이, 표상의 한계에서 우리들은 사드의 『줄리에트』(1798)를 발견하게 된다. 거기에서 '인간의 욕망'은 표상되지만 그러나 이러한 욕망은 또한 주체와 대상, 주인과 노예, 선험적인 것과 경험적인 것, 정욕과 욕망된 몸의 사이의 관계로 작용한다. 푸코에게 있어서 사드는 19세기의 인식론적 경계에 있다. 사드는 인식론적 단절의 맨 앞에 앉아 있는 셈이다. 다른 사람들의 욕망의 조건은 표상들의 사이의 가능한 종합을 위한 바탕으로 작용하는 칸트적인 선험적 주체에 해당한다. 선험철학의 수립은 언어, 노동, 삶 등의 새로운 확신에 상응되며, 거기에서 철학, 생물학, 정치-경제학 등의 학문이 각각 발전하게 된다. 철학(F. 보프, J. 그림 및 W. 그림과 함께)은 언어, 급진적인 것의 개념 및 내적 다양성을 연구하기 시작한다. 생물학(G.L. 퀴비에와 함께)은 비교해부와 해부-관절이단술(關節離斷術)을 연구하기 시작한다. 경제학(D. 리카도와 마르크스와 함께)은 삶과 죽음의 문제로 기근(饑饉)의 문제를 연구하기 시작하고 있으며, 그것은 또한 보상-메커니즘으로 또는 증가일로에 있는 수요, 요구 및 인간적인 욕망의 다른 형식으로 역사 그 자체를 연구하고자 한다.

이와 같은 19세기 '인식소'는 인류학적 형성이라고 명명될 수도 있을 것이다. 경험적-선험적 이중항으로서의 '인간'은 모든 19세 사상에 스며들어 있다. 고전주의 시대부터 19세기까지, 푸코는 다음과 같은 사중적(四重的)인 대체를 제공했다. ① 고전주의 시대에서 진리는 존재자로 되었다, ② 자연은 인간으로 되었다, ③ 이해의 가능성은 오해의 가능성으로 되었다, ④과학에 반대되는 철학이론은 철학적 경험의 인식, 즉 설명될 수도 없고 인간이 그 자신을 인식할 수도 없는 '인식 그 자체'로 되었다. 마지막 경우에서 인간은 '존재'하지만 그러나 그는 그 어떤 방법으로든 표상될 수가 없다. 인간은 자신이 논지화되었다는 사실을 알지 못한 채 '존재'할 수 있을 뿐이다. 인간중심주의의 탄생은 표상중심주의의 죽음에 해당한다.

『사물의 질서』가 말과 사물의 관계를 취급하고 있기 때문에 우리들은 르네상스 시대에 있어서 사물들은 사물들을 닮았다는 점을 파악할 수 있다. 고전주의 시대에 있어서 말은 사물과 아이디어 모두를 나타낸다. 19세기에 있어서 주체는 사물에 대해서 바로 그 '말'을 말하게 된다. 인류학의 시대는 초월적 자아와 그것이 적용하는 '담론'—세계가 실제로 존재하는 방법 또는 그것이 반드시 그래야만 하는 방법을 묘사하기 위해—을 구별한다.

사무엘 베케트가 '이름을 붙일 수 없는'이라고 제안하고는 했던 바와 같이, 지금까지 명명되지 않은 채 남아 있는 또는 남아 있을 수도 있는 오늘날의 인식론적 공간에서 말은 그 자체를 말하게 된다. 거기에는 아이디어에 대한 의지 또는 사물에 대한 의지가 더 이상 없다. 20세기에 있어서 이와 같은 고고학적 사건의 도래는 **담론**의 소멸과 언어의 회귀를 야기하게 되었다. 고전주의 시대에 있어서 언어—'포트-로열 논리학자들(Port Royal logicians)'이 제안했던 바와 같이 일반문법의 주체 문제—는 19세기에 있어서 **담론**으로 전환되었다. 왜 그랬을까? 선험적 주체일 수 있는 것은 그것이 무엇이든 세계에 대한 담론일 수 있고, 사물이 존재하는 방법에 대한 지식을 수립할 수 있고, 그것이 스스로 세워놓았던 진보적인 과학적 임무를 충족시킬 수 있다. '언어로서의' 언어는 20세기에 있어서 언어학자 니체와 말라르메—"깨지기 쉬운 말의 운명 속에 있는 모든 담론"(*OT*, p.305)을 포함시켰던—의 도전에서 되돌아오게 되었다. 초월적 에고는 20세기에서 더 이상 말하지 않게 되었다. 초월적 영역은 말 그 자체로 되었다. 근본적인 관계는 말에 대한 주체의 관계에 해당하는 것이 아니라 말에 대한 말의 관계에 해당하는 것이다. 하이데거의 '존재생기(存在生起)'를 상기하면서 데리다가 현대성과의 결별이라고 명명했던 바로 그 '사건'에서는 인문과학의 수립을 선언할 수 있게 되었다. 사르트르가 제시했던 바와 같이, 주체는 그 자체의 초월에서 고려될 수 있는 것이다. 초-자아는 말하는 주체로 되었다. 말하는 주체는 구체화된 의도성이자 일련의 해체된 텍스트, 즉 흔적의 형식으로 그 자체의 가시성을 남기게 되는 텍스트 모두에 해당하는 것이다. 푸코의 편에서 보면 오늘날(포스트모던)의 '인식소'에서, 레비스트로스적인 민속학, 라캉적인 심리분석, 야콥슨적인 언어학 등은 모두 인간의 죽음을 선언하는 인문과학에 해당한다. 오늘날의 '인식소'에서 19세기 '인간'은 바로 그 '주체-부재'로 되었다.

이와 같이 당혹스러운 주장을 이해하기 위해서, 우리들은 벨라스케스의 그림 〈시녀들〉에 대한 푸코의 기호학에서 하나의 단서를 찾아야만 할 것이다. 〈시녀들〉이 고전주의 시대의 작품이기 때문에 거기에는 분명히 표상의 체계가 포함되어 있다. 그림 속에서의 화가는 벨라스케스를 표상하고, 거울 속의 이미지는 왕과 왕비를 표상하고, 표상된 화가의 그림은 왕과 왕비를 표상하고, 벨라스케스의 그림은 필립 4세의 궁정을 표상한다. 데리다의 '말', 바로 그 '말들(words)'에 있어서 고전적 확실성은 중심에 집중된 구조로 제시되어 있으며(Derrida, p.278) 전체적인 구조는 왕과 왕비를 중심으로 집중되어 있다.

경험적-선험적 이중항으로서 그 자체의 주체의 이론과 그 자체의 인간의 개념과 함께 19세기의 인식론에 의해 재-해석됨으로써, 벨라스케스의 그림은 17세기에 있어서 스페인 궁정의 '인간'에 대한 담론에 해당한다. 벨라스케스는 필립 4세의 궁정의 개념, 즉 그 자체의 사회적이고 경제적이고 예술적이며 그 밖의 수많은 다른 형식들에 있어서의 바로 그 '궁정의 개념'을 하나로 통합시켜 놓았다. 실제로 '인간'은 이 그림에서 텅 빈 공간을 채우고 있다. 푸코는 다음과 같이 언급했다. "이와 같이 고고학적 변화의 심각한 격변(激變)에서 인간은 지식의 대상으로서 그리고 그러한 대상을 알고 있는 주체로서 그 자신의 모호한 입장에서 출현하게 되었다. 구속된 주권자, 관찰된 관찰자인 '인간'은 왕에게 속하는 장소에서 출현하게 되었다. 이러한 점은 〈시녀들〉에 의해서 미리 인간에게 부여되었지만 그러나 바로 거기에서부터 인간의 실제 현존은 오랫동안 배제되어 왔다."(*OT*, p.312)

오늘날의 사상에서 기의와 기표의 현존과 부재에 대한 그 자체의 상호-작용과 함께 인식아(認識我)와 인식된 의미작용은 실천될 수 있게 되었다. 벨라스케스의 그림 〈시녀들〉에서 왕은 주체이자 대상으로서, 부재된 주체의 현존으로서, 아주 모호한 위치를 차지하고 있다. 왕은 그림 속에 있지 않다. 왕의 위치는 탈-중심되었거나 또는 데리다적인 언어로 보면 오늘날의 '인식소'의 중심에서 해체되었다. 그림의 요소들을 서사하는 기호체계는 19세기의 선험적 기의와 경험적 기표를 지워버리게 된다. 왕은 어느 곳에나 있고 아무 곳에도 없다.

니체의 광인(狂人)의 절대 신처럼, 19세기에 있어서 인간의 위치는 유한한 존재자이자 실존하는 존재자이기 때문에 인간은 죽게 되어 있다. 인간의 유한성은 당신과 나가 죽게 될 것이라는 점을 의미할 뿐만 아니라 인간의 개념도 죽게 될 것이라는 점을 의미한다. 유한성의 분석은 '인류학적인 잠'—D. 흄이 칸트를 깨웠던 독단주의만큼이나 깊은 잠—에 대한 조건을 수립해 놓았다. 19세기의 '인간에게 관계되는 것'은 인문과학의 활동으로 변용되었다. 탈-중심된, 확산된, 분산된 지식은 기호의 체계, 인식론적 공간, 즉 인문과학을 충족시키게 되었다. 푸코는 다음과 같이 강조했다. "인간이 어디에 있는지가 문제가 되는 것이 아니라 무의식에 적합한 영역 내에서, 무의식에 대해서, 그 자체의 형식과 내용의 조건을 규명하는 규정, 법칙 및 지칭하는 종합성에 대한 분석이 어디에 있는지가 문제가 되기 때문에 인문과학은 실존한다. 그 밖의 다른 경우에 있어서 '인간의 과학'을 언급하는 것은 단지 언어의 남용에 불과할 뿐이다."(*OT*, pp.364~365)

지식의 고고학자의 방법은 탈-중심하기에 충실하게 되는 데 있다. 고고학자의 자아는 어떤 관점 — 초월적이든 또는 그 밖의 것이든 — 을 해결할 수 있게 되는 것이 아니라 오히려 자신의 지식을 르네상스 시대로, 고전주의 시대로, 그리고 현재 문제가 되고 있는 19세기로 확산시킬 수 있게 된다. 19세기 지식의 생산은 19세기에 대한 이해이다. 한 시대의 기호들이 상호-관련되는 기호학은 그 자체의 의미작용에서 의미를 발견하게 되는 해석학을 요구한다. 이와 같은 해석학에서는 기호가 해석되는 그대로 바로 그 기호를 생산해야만 한다. 이런 식으로 19세기는 19세기에 의해 고려될 수 있는 것이다.

제19장

이상향(理想鄕)/암흑향(暗黑鄕)에서 혼재향(混在鄕)까지

해석적 토폴로지

관례적으로 이상향적인 담론은 그 자체가 암흑향적인 담론에 반대하여 수립되었다. 가장 좋은 장소—또한 어느 곳도 아닌 장소—는 조화롭고 위안이 되고 행복한 장소이다. 그것의 위치는 특정지역에 있다. 이상향(理想鄕, utopia)을 성취하기 위해서는 인간 자신의 편에서 몇 가지 비전의 형식, 여행의 형식 또는 희망의 형식이 요구된다. 이러한 점에 부응하여 나쁜 장소는 제약적이고 절망적이며 불행한 장소이다. 그것의 위치 역시 특정지역에 있다. 인간 자신은 악몽, 추방 또는 공포의 방법에 의해 암흑향(暗黑鄕, dystopia)에 도달한다.

이상향-위, 암흑향-아래 그리고 영도(零度)에 '여기와 지금'을 수직의 축에 표시할 수 있는 이와 같은 이항대립을 전제로 하여 수평의 축은 혼재향(混在鄕, heterotopia)으로 묘사될 수 있다. 혼재향은 서로 다른 장소의 다양성이며 그것의 대부분은 '여기와 지금'에 있어서의 '모든 곳'에 있다. 혼재향은 또한 하사시향(下斜視鄕, hypotopia)이거나 또는 상사시향(上斜視鄕, hypertopia)일 수도 있다. 퇴보적 이상향은 상사시향적(上斜視鄕的)인 반면, 퇴보적 암흑향은 하사시향적(下斜視鄕的)이다. 상사시향적인 장소는 바람직한 상황에 있다. 하사시향적인 장소는 바람직하지 않은 상황에 있다. 상사시향(上斜視鄕)이 수평축-위의 이상향을 지향하는 것과 똑같이 하사시향(下斜視鄕)도 수평축-아래의 암흑향을 지향한다.

해석적 토폴로지는 상사시향/하사시향 내에서 이상향/암흑향 축과 관련지어 하나의 읽기 모델의 방법을 제공한다. 우리들이 살고 있는 혼재향(混在鄕)은 해석학적 기호학의 이름으로 진행되는 철학적 사회학에 의해 이해될 수 있다. 이러한 접근에는 어떤 특별한 혼재향적인 위치가 상사시향적이거나 하사시향적이거나 또는 토폴로지적으로 중립적 조건을 수립하게 되는 '장소와 해석'에 대한 묘사가 포함된다. 이러한 유형의 해석에서는 다음과 같은 의미의 '해체주의', 즉 이상향/암흑향, 상사시향/하사시향, 비유/환유, 장소/토픽 등 몇 가지 예에 불과할 뿐인 대립적인 틀 내에서 작용하는 이와 같은 장소의 교차점을 이해하고 조사하는 습관화된 모델을 규명하는 해체주의를 요구한다.

해석적 토폴로지

① 이상향(理想鄕, utopia)/암흑향(暗黑鄕, dystopia). 토머스 모어가 자신의 허구적인 『이상향(*Utopia*)』을 쓴 이래, 그것은 '이상향'의 어의학(語義學)이 '어디도 아닌 곳(ou topos)'이자 '좋은 곳(eu topos)'이라는 이중적인 의미를 지시하는 것으로 더 잘 알려지게 되었다. '좋은 곳'을 '여기와 지금'에서 발견할 수도 있지만, 바로 그 '좋은 곳'은 또한 노력할만한 가치가 있는 '이상적인 장소', 즉 '이상향'이라는 전제가 있어왔다. 또한 좋은 곳에 해당하는 하나의 이상적인 장소로서 이상향을 성취하고자 하는

관심은 플라톤의 『공화국』을 다양하게 읽음으로써 합리화되어 왔다. '행복 또는 좋은 악마(eu daimonia)'로 '좋은 곳'을 반복하는 것은 소크라테스가 제안하는 공화국의 이상성을 재-확인하는 것이다. 소크라테스적 해석에서 이상향은 '어느 곳'에 해당하지만 그러나 바로 그 '어느 곳'은 육화된 의식, 즉 구체화된 인간이 살 수 있는 곳에 해당하기보다는 필연적으로 모든 곳에 해당한다. 플라톤이 자신의 '이상론'에서 강조하는 이상적인 좋은 곳이 하나의 아이디어(eidos) — 합당한 변증법을 실천함으로써 우리들이 알 수 있는 보편적인 사회적 진리이자 그것에 의해 '우리들의 영혼(our souls)', 즉 '우리들 자신(ourselves)'이 행복으로 통합될 수 있는 바로 그 진리 — 에 해당한다는 점에서 그의 '이상론(ideal-ology)'은 일종의 이데올로기(ideology)에 해당한다고 볼 수 있다. 플라톤의 타세계성(otherworldliness)의 구조는 아우구스티누스와 단테에 의해서, 예를 들면, '신시(神市, City of God)와 '최고천(最高天, Empyrean) 그 자체로 변용되었다. '어느 곳'인가에서 성취할 수는 있지만, 그러나 분명히 '여기와 지금'에서 성취할 수 있는 것은 아닌 낙원은 구원을 향한 영혼의 여행을 충족시키게 된다. '사랑(베아트리체)'은 종종 '이성(버질)'의 도움을 받아 구원을 향한 영혼의 여행을 할 수 있는 방법을 알게 된다.

현대적 해석에서 목적론은 서로 다른 형태를 취하고 있다. 좋은 곳은 베이컨의 '뉴아틀란티스 섬'[New Atlantis, 지브롤터해협 서쪽에 있었으나 신의 벌(罰)을 받아 침몰했다고 전해되는 낙원의 땅]에서 적극적 과학-공동체로, 푸리에에 의하면 열정적 매력에 바탕을 둔 사회로, 엥겔스에게는 순수 공산주의로, 그리고 카프카의 설명에 의하면 하나의 성(城)으로 나타나게 되었다. 최근의 미국 텔레비전 시리즈 「로건의 탈출(*Rogun's Run*)」 — 윌리엄 F. 놀런과 조지 클레이튼 존슨의 SF소설에 바탕을 둔 — 에서는 '좋은 곳'을 '신성소(神聖所)'라고 명명했다. 이상향은 위안, 행복 및 조화, 즉 여행, 비전 및 희망의 '목적인(目的因)'을 제공하게 된다. 그러나 그러한 '목적인'을 성취하기 위해서 인간 자신은 그 자신이 스스로를 발견할 수 있는 날마다의 현존의 밖으로, 그것을 뛰어넘어 그리고 그것 자체도 없이 나아가야만 한다. 이곳으로서의 '여기'와 그곳으로서의 '거기'의 차이는 굉장한 거리에 해당한다. 그러나 이상향은 그러한 차이가 서사되는 곳에서 시작한다. 단테에게 있어서 이상향의 '원형(原型)'은 꿈이고, 플라톤에게 있어서 그것은 직관이고, 베이컨과 푸리에와 엥겔스에게 있어서 그것은 '과학'이고, H.D. 소로와 로건과 『파렌하이트 451』의 레이 브래드베리에게 있어서 그것은 '책-사람'이고, B.F. 스키너에게 있어서 그것은 하나의 계획이며, 루소에게 있어서 그것은 자연의 상태로 돌아가기에 해당한다. 이상향적인 프로젝트의 기원을 모색하는 고고학은 그러한 프로젝트가 그 자체를 실현할 수 있기를 기대하는 '목적인'과 손잡고 나아가게 되어 있다.

그러나 이상향적인 프로젝트는 빗나갈 수도 있다. '암흑향'—또한 그 어디에도 없는(그렇게 되기를 우리들이 희망하는)—에서 이상적인 좋은 곳에 대한 부정이 출현하게 된다. 암흑향은 마니교(摩尼教)에서의 전제, 즉 사탄은 절대 신과 전쟁 중에 있다는 점, 악은 선에 반대할 수 있다는 점, 우리들의 비전과 여행과 희망은 악몽과 추방과 공포로 전환될 수 있다는 점에 대한 바로 그 '전제'를 바탕으로 한다. 암흑향의 기원은 이상향의 기원만큼이나 다양하다. 단테에게 있어서 그것은 죄악이고, 플라톤에게 있어서 그것은 무지이고, 루소에게 있어서 그것은 사회이고, 조지 오웰에게 있어서 그것은 맏형의 권위주의이고, E.I. 자미아친에게 있어서 그것은 메커니즘적인 전체주의이고, 헉슬리에게 있어서 그것은 테크놀로지이고, 로건에게 있어서 그것은 홀로코스트이다. 암흑향은 보통 강압된 일치와 동의를 통해서 질서를 성취하게 된다. 단순한 수용 그 자체를 뛰어넘어 수용할 수 있는 유일한 '의지', 즉 힘든 상황에서 도움을 얻으려는 바로 그 '의지'는 망명, 혁명 또는 파괴에 처하게 될 뿐이다. 암흑향의 유형은 '연옥'에서부터 '용감한 신세계'까지 다양하다. 로건의 '돔의 도시'와 브래드베리의 책을 불태우는 소방관의 세계에서는 자미아친의 미국과 도스토예프스키의 수정긍정을 반복하고 있다. 우리들의 상향비전이 이상향을 현실화하려고 기대하는 것과 똑같이 우리들의 하향비전도 우리들로 하여금 반-이상향이 발생할 수도 있는 사상에 매달리도록 한다. 한쪽은 긍정적 요소에 해당하고 다른 한쪽은 부정적 요소에 해당하는 이와 같은 이항대립은 인간 자신이 '여기와 지금(hic et nunc)' — 헉슬리의 『아일랜드』(1962)에서 바로 그 '팔라니스 새(Palanese bird)'에 의해 종종 반복되고는 하는 구절 — 이 자리에서 있는 바로 그 지점으로부터 수직선을 형성하게 된다. 이상향/암흑향은 우리들의 삶이 그렇게 될 수도 있는 그림, 즉 선/악, 행복/불행, 꿈/악몽과 같은 바로 그 '그림'을 제공하는 데 있어서 우리들을 우리들 자신의 밖으로 이끌게 된다. 이상향과 암흑향은 허구이지만 그러나 이러한 허구는 우리들이 일상생활에 의해서, 일상생활을 투사하면서, 그리고 일상생활의 밖에서 살아가게 되는 바로 그 '허구' 자체이다.

② 혼재향(混在鄕, heterotopia). 또 다른 축에 해당하는 지평에 의해 이상향/암흑향의 허구는 인식론적이고 추론적인 현실로 되기도 한다. 루이스 마린이 디즈니랜드를 참고하여 제시했던 바와 같이 우리들은 변질된 이상향을 관통하여 걸을 수도 있으며, 우리들은 또한 나치독일과 미국적인 '빈민가'처럼 변질된 암흑향과 마주칠 수도 있다. "변질된 이상향은 신화나 또는 집단-판타지의 형식으로 실현되는 이데올로기적 담론의 편린에 해당한다"[1]고 루이스 마린은 강조했다. 수많은 신화와 집단-판타지와는 달리, 변질된 이상향은 훌륭하게 정의되고 훌륭하게 만들어진 어떤 '장소'에서 우리들이 살 수 있고 경험할 수 있는 기호체계이다. 이와 같은 기호체계의 특징은 그것이 하나의 이상향의 모델로부터 비롯되었고 야기되었다는 데 있다. 디즈니랜드에서 우리들은 그것이 이상향과 암흑향을 관련지어 일종의 중립성을 야기했다는 점을 인용할 수도 있다. 어드벤처랜드, 프런티어랜드, 판타지랜드, 투모로랜드 및 메인스트리트 등으로 구성된 디즈니랜드의 구조에서는 롤랑 바르트가 '제한-텍스트'('제한된-텍스트'에 반대되는)라고 명명했던 것을 서사한다. '제

한-텍스트'는 우리들이 미리 결정-가능한 시간의 양에 따라 그것을 통해 걸을 수 있는 것과 유사한 것을 도식화하는 '토포스'에 해당한다. 그러나 디즈니랜드처럼 '제한-텍스트'를 통해 걷는 것은 동시적으로 공간 그 자체를 쓰거나 또는 창조하는 것이다. 월든 호수 가까이에 있는 H.D. 소로의 집은 그가 재-발견한 자연의 콘텍스트에서 자신의 장소를 수립했다는 점에서 전형적인 경우에 해당한다. 콩코드의 숲이나 또는 디즈니랜드를 통해 여행함으로써, 우리들이 창조하는 공간은 변질된 이상향에 대한 우리들 자신의 읽기이거나 또는 해석이다. 『침묵하는 행성으로부터』에서 C.S. 루이스의 특정지역의 지도나 또는 『아일랜드』에서 헉슬리의 낙원지도를 우리들이 읽을 수 있다 하더라도, 우리들은 우리들이 디즈니랜드(캘리포니아), 스터브리지 빌리지[Sturbridge Village, 뉴잉글랜드 민속촌](매사추세츠), 올드 베스페이지[Old Bethpage, 뉴욕의 롱아일랜드에 있는 유서 깊은 마을](뉴욕) 또는 심지어 번화가 뮌헨 및 파리의 카페 보부르[Café Beaubourg, 퐁피두 센터 바로 옆에 있는 까페](퐁피두센터)를 창조할 수 있는 것처럼 루이스의 특정지역 지도나 또는 헉슬리의 낙원지도를 창조할 수는 없다.

변질된 이상향과 변질된 암흑향은 혼재향적이며 그것들은 모두 '여기와 지금'에 참여하게 된다. 변질된 이상향 역시 일종의 하사시향(下斜視鄕)의 특별한 유형에 해당한다. 따라서 수평축을 따라 우리들은 상사시향적이거나 하사시향적이거나 또는 토폴로지적으로 중립적인 혼재향을 발견할 수도 있다. 혼재향은 우리들이 우리들의 날마다의 생활을 통해서 활동하게 되는 다양한 장소이다. 그것은 특별하게 한정된 공간의 제약을 받지 않는다. 상식적인 의미로 형성되었지만 그러나 여러 가지로 다양화되어 명확하게 됨으로써, 혼재향은 우리들이 알고 있으며 경험하고 있는 사회생활의 한 가지 유형에 해당한다. '토포스'가 하나의 장소이자 하나의 토픽에 해당하기 때문에, 혼재향은 또한 우리들이 우리들 자신의 삶의 공간을 설명하기 위해서 적용하는 담론에도 해당한다. 이러한 담론은 다음과 같은 사람들, 즉 미셸 푸코, J.L. 보르헤스 및 버크민스터 풀러—미국의 건축가인 그는 우리 자신의 시대에 있어서 이상향적이고 혼재향적인 담론을 형성해 놓았다—등에 의해 명확하게 되었다. 우리들은 또한 우리들 자신의 시대보다 앞선 시대인 20세기 초에 다양한 공간을 형성했던 앙리 베르그송, 제임스 조이스 및 베르너 하이젠베르크에게 의존할 수도 있다. 우리 시대의 혼재향은 똑같은 대상, 즉 우리 시대의 관례적인 지식, 환경에 대한 관심, 인플레이션의 감소, 감옥체계의 개선, 남자와 여자의 사이의 관계변화, 자기중심의 탈-중심하기를 말하는 데 있어서 수많은 서로 다른 장소이자 서로 다른 방법이다. 이러한 점이 오늘날의 지식 생산에 있어서 형성되고 재-형성되는 '토포스'이다. 관례적 견해에 반대하는 것은 단지 새로운 '토포스'를 형성하는 것일 뿐이다. 혼재향은 어느 곳에서나 다양한 형식으로 증식될 수 있다. 들뢰즈의 비유를 따른다면, '근경(根莖)'처럼 혼재향은 선(線)의 특성, 계급의 조직 또는 발생의 기원도 없이 어느 곳에나 퍼져 있다. 혼재향은 커뮤니케이션의 짜임과 네트워크를 형성한다. 그러나 짜임과 네트워크에 의해서 우리들은 우리들 자신의 영토를 수립할 수 있게 되고 새로운 영토로 이동할 수 있게 된다. 이러한 점에 대해서 푸코는 다음과 같이 언급했다.

> 아마도 혼재향은 비밀리에 언어를 약화시키기 때문에, 바로 그 언어가 이것과 저것을 명명하는 것을 불가능하게 만들기 때문에, 공통된 명칭을 파괴하거나 또는 뒤엉키게 하기 때문에, '구문'을 미리 파괴하기 때문에, 말하자면 우리들이 문장을 형성하게 되는 구문뿐만 아니라 말과 사물을 가능하게 하는 그렇게 명확하지 못한 구문까지도 파괴하기 때문에, 혼재향 그 자체는 '이 모든 것들의 종합'을 방해하는 것 같다.[2)]

혼재향은 '언어-화자'의 공동체의 물리학, 생물학, 심리학, 예술 및 철학에 해당한다. 우리들의 콘텍스트의 '담론'이자 우리들의 생생한 공간의 의미를 형성하고 있는 '관계'로서 혼재향은 재-형성의 가능성을 지속적으로 열어놓고 있다. 혼재향이 방해적인 까닭은 이와 같은 담론 모두에 대해서 어떤 통일성이나 일관성이 없기 때문이다. 우리들이 우리들 자신의 혼재향으로부터 벗어나고자 아무리 노력한다 하더라도 우리들은 그것을 반복할 수밖에 없는 운명에 처해 있다. 우리들은 우리들의 '토포스'를 형성하게 되고 또 그것에 의해 형성된다. 우리들 자신의 혼재향을 피하려고 노력하는 대신에, 하나의 대안으로서의 길, 즉 불연속적 역사의 편린들에서 바로 그 자체의 다양한 원천들과 기원들을 묘사할 수 있는 길이 혼재향의 고고학을 수행하게 되었다.

혼재향은 우리들이 차지하고 있는 공간, 우리들의 지식의 건축 및 우리들의 상호-작용의 틀에 대한 장소이자 담론이다. '상사시향'은 우리들의 도시와 시골의 장소들에 대한 텍스트를 풍부하게 하는 혼재향의 한 가지 유형이다. 혼재향이 최고의 장소에 해당하는 반면 몇몇 장소들만은 상사시향적이다. 상사시향은 우리들의 콘텍스트의 비유이다. 훌륭하게 설계된 건물, 멋지게 계획된 정원—신중하게 집필된 소설, 철저하게 계획된 도시—이러한 것들은 모두 우리들이 읽어야 하고 해석해야 하고 알아야 하고 재-창조할 필요가 있는 상사시향이다. 상사시향은 살아야 할 하나의 장소이다. 상사시향은 이상향/혼재향의 해체이다. 상사시향에서 이상향의 허구적인 것, 신화적인 것 및 몽상적인 것의 특징들은 해체되고 만다. 다시 말하면, 이 세 가지 특징들은 혼재향적인 '여기와 지금'에서 이미 해석되었고 이미 경험된 하나의 텍스트로 부여된 구조로 된다. 그것은 선택적 콘텍스트에서 성취될 수 있는 것을 제외한다면, 반드시 그렇게 되어야만 하는 것이 무엇인지를 설명할 수 없다. 상사시향의 영역은 얼마든지 발전될 수 있으며 그것의 특징은 인간생활의 생생한 허구를 풍부하게 하는 데 있다.

상사시향은 의미의 여분이 모든 곳에서도 반복될 수 있고 아무 곳에서도 반복될 수 없는 혼재향적인 장소에 대한 서사이다. 그것의 토폴로지는 그 자체의 비유적 특징을 어떤 분명한 장소에서 보여줄 수도 있지만 그러나 전체적으로 의미의 과다결정은 경험적이고 탈-중심적이고 사회적이다. 각인된 지식 생산의 흔적은 인간의 상호-작용이 어떤 특별한 저자의 표시를 필연적으로 나타내지 않으면서도 정교하고 예술적인 창조성을 분명하게 하는 바로 그 '영역'을 형성한다. 다양하게 증식된 기호체계—건축적이고 경제적이고 문화적이며 기술적인—는 기원이나 또는 목적, 원형(原型)이나 또는 목적인(目的因)이 없는 공간 그러나 자기-이해와 자기-표현에 의한 하나의 생생한 공간을 형성한다(그리고 수행한다). 상사시향에 대한 인문과학의 임무는, 모든 사회가 비유적이라도 되는 것처럼, 바로 그 상사시향의 다양한 방향과 문화적 풍요로움을 상세하게 설명하고 해석하는 데 있다.

상사시향이 발생하지 않았던 장소에서, 그럼에도 인간적 이동의 영역을 형성하는 장소에서, 우리들은 '하사시향'을 발견할 수도 있다. 하사시향은 상사시향의 반대에 해당한다. 상사시향이 미학적 의미의 초과, 보충 및 과다결정을 지시하는 것과 똑같이 하시사향은 과소결정 된다. 하사시향은 의미의 부족, 토폴로지적으로 충분하게 된 것의 부재를 나타낸다. 하사시향은 바로 그 자체의 본성에 의해서 복구, 회복, 개선 등을 요구한다. 하사시향적인 상황을 개선하기 위해서는 계획, 상상 및 주의가 필요하다. 하사시향은 인간의 주거에 대한 환유적인 조건이다. 그것은 모든 것을 일렬로, 종종 단조로운 '획일성'으로 세우게 된다. 예를 들면, '베이쇼 프리웨이(Bayshore Freeway)'에서 도심으로 향해 운전할 때 마주치게 되는 남(南)-샌프란시스코의 가옥의 윤곽, 또는 뉴욕에 있는 스태튼 아일랜드(Staten Island)를 향해 운전할 때 마주치게 되는 벨트 파크웨이(Belt Parkway)를 따라 줄지어 겹겹이 늘어선 높고 넓은 아파트단지 또는 프랑스에 있는 '빈민촌'를 인용할 수도 있다. 이러한 하시시향들의 특징은 근접성과 과소결정에 있다. 모든 하시시향들 중에서, 우리들은 우리들 자신의 상사시향이 인간성에 기여하는 것과 똑같이 어떤 하시시향들은 인간성에 대한 가장 커다란 모욕에 해당한다고 묘사할 수도 있다.

대부분의 혼재향은 전혀 단순하게 파악될 수 있는 것이 아니다. 그것은 하사시향과 상사시향의 사이에 자리 잡고 있다. 그럼에도 그것은 우리들의 일생생활의 담론으로 남아 있게 된다. 혼재향은 우리들이 우리들 자신을 발견할 수 있는 하나의 틀을 형성한다. 혼재향은 그 자체를 특별하게 상사시향적인 것이거나 또는 하시시향적인 것으로 거의 구별하지 않지만, 그럼에도 그 자체가 정의될 때 그것은 전형적으로 한 쪽의 관심이나 또는 다른 한 쪽의 관심으로 결정되고는 한다. 해석-가능한 토폴로지의 임무는 사회적 형성이 상사시향적인 특징이나 또는 하사시향적인 특징을 취하게 되는 바로 그 관심을 이해하는 데 있다. 혼재향의 해체에서는 반대 그 자체가 인위적일 뿐이라는 점, 즉 상사시향은 그 자체의 의미와 대화를 위해 하사시향을 요구한다는 점을 제시하게 된다. 따라서 혼재향의 해체는 분산된 혼재향의 다양성, 즉 해체작용이 발생해야만 하는 바로 그 다양성에 있다. 사회적 형성, 의미 및 구조의 '위치'는 바람직한 위치와 바람직하지 않은 위치의 사이의 교차점에 자리 잡고 있다.

모든 혼재향이 이와 같이 해석된다는 점을 기대하는 것은 적합하지 않을 수도 있다. 다른 한편으로 상사시향(하사시향처럼)은 그 자체의 배치—지리적 배치와 논쟁적 배치 모두—에 따라 그 자체의 결정을 요구하기도 한다. 담론을 변화시키는 것은 어떤 특별한 혼재향적인 상황을 이해하게 되는 바로 그 관계를 변경하는 것이다. 하나의 콘텍스트를 하사시향적으로 해석하는 것은 또 다른 시간이나 또 다른 틀에서 상사시향적으로 재-형성하는 것이다. 이러한 점은 어떤 특별한 장소가 서로 다른 전망의 다양성에 대해서 단순하게 개방되는 것을 의미하는 것이 아니다. 오히려 그것은 어떤 장소의 특징을 분명하게 하는 태도, 말하자면 ‘토포스’ 그 자체는 기꺼이 전환될 수 있다는 점을 의미하는 것이다. ‘토포스’의 해석을 변화시키면 ‘토포스’ 그 자체도 변화하게 된다. 해석은 해체적 순간에 상사시향적인 담론과 하사시향적인 담론의 사이에 자리 잡게 된다.

토포이(장소 / 토픽)

해석은 상사시향적인 콘텍스트와 하사시향적인 콘텍스트의 사이를 통과하게 된다. 그것은 어떤 특별한 전통의 텍스트를 형성하는 이상향적이고 암흑향적인 패러다임을 참고점으로 취하게 된다. 토폴로지적인 해석의 역할을 강화하기 위해서 다음과 같은 ‘토포이’를 고려해보고자 한다.

① 파리라틴구역. 파리의 라틴구역이 상사시향적인 까닭은 그것이 ‘일드라시테’[Ile de la Cité, 오스만(Haussmann)에 의해 행정과 종교의 중심지로 탈바꿈한 세느 강의 섬에 위치한 파리에서 가장 유서 깊은 지역]로 알려진 도심의 바로 외곽에 자리 잡고 있고 있어서 도시에 통합된 대학생활의 이상에 부응하기 때문이다. 그것은 서점, 문화생활(오데옹, 코미디프랑세즈 등을 포함하여) 및 대형도서관(소르본도서관, 성녀 쥬느비에브 도서관, 세느강 바로 건너편의 테아트르 프랑세즈, 프랑스국립도서관)에 즉시 접근할 수 있는 용이성을 제공한다. 소르본도서관은 지리적 참고점으로 작용하지만 그러나 예를 들면 다만 에콜 드 메데신, 에콜 드 보자르, 에콜 드 오테 에튀드 및 고등사범학교 등이 멀리 있지 않기 때문에 그러한 지점으로 작용될 수 있을 뿐이다. 1968년 5월까지, 해석적으로 볼 때 상사시향적인 라틴구역은 접근, 재-통합 및 계층화된 지성의 근엄성을 모두 성취할 수 있는 배움

의 중심으로 이상적인 아카데미 센터의 모델로 자리 잡고 있었다고 말할 수 있다. 1968년의 바로 그 순간에 라틴구역은 아카데미의 '장소'로 자리 잡고 있었다. 한편으로 해석에서는 이처럼 신중하게 경계를 지은 영역이 제공하는 통일성, 조직 및 학문적 성취와 같은 의미를 그 자체의 이상으로 취하게 된다. 다른 한편으로 대학-콘텍스트에서는 학생들의 잠재적 다양성을 포함시키기도 한다. 특징을 부여받을 수도 있고 장점을 가질 수도 있는 모든 사람들에게 공간은 언제나 충분하게 넓은 것이 아니다. 집중화는 언제나 숨이 막히는 것이다. 그것은 대중문화를 허락하지도 않고 개인의 유연성과 자유를 허락하지도 않는다. 간단히 말해서 프랑스 아카데미 센터는 혼재향적인 특징을 취하고 있다. 따라서 그것의 참고점은 더 이상 이상적인 모델이 아니라 오히려 그 반대, 즉 억제, 배제 및 억압적인 권위의 체계에 해당한다.

이상향적인 모델과 암흑향적인 모델의 사이에서 발생하는 해석으로부터 1968년은 하나의 개혁을 요구하게 되었다. 그 결과는 라틴구역에 있는 '대학-경험'의 장소가 분산되게 되었다는 점을 의미한다. 파리의 대학교는 파리와 그 외곽을 통해 12개의 대학교로 분리되었다. 바람직한 모델은 개방, 반-계층화 및 다양화의 모델로 되었다. 이러한 점에서 해석은 상사시향적인 모델을 취하고 있는, 아마도 변질된 이상향으로까지 생각되는 미국식 제도를 반복하는 시도로 되었다. 이러한 특징에는 본질적으로 동일한 분야를 가르칠 수 있지만 그러나 그 자체만의 자체-결정된 방법에 있어서 그리고 규제된 학위제도(BA, MA, PhD)에 따라 가르치는 교수진을 포함하여 대학 자체의 다양성이 포함되었다. 따라서 '학사학위'는 첫 번째 서클로, '석사학위'는 두 번째 서클로, 그리고 '박사학위'는 세 번째 서클로 간주되었다. 동시에 신-상사시향에서는 구-모델의 수많은 특징들을 신-체제로 통합시킴으로써 그러한 특징들을 유지할 수 있게 되었다. '최고교사자격증(agrégation)'과 '국가박사학위(doctora d'état)'가 유지되었고 구-제도에서처럼 신-제도에서도 가르치고자 하는 사람들에게 경쟁적인 국가시험이 부여되었다. 따라서 신-상사시향에서는 그 이전의 특징들을 포함하게 되었다. 이상향적인 모델은 상사시향적인 콘텍스트와 결합되었다. 그것의 해석적인 다른 한 쪽은 암흑향적인 모델—분산된 억압, 자질에 대한 통제의 장소, 그 이전에 존경받던 고전교육의 소멸에 관계되지만 그러나 또한 건전한 사고(思考)로 알려진 장소에 대한 방향성의 부재에도 관계되는—에 해당한다. 장소의 다양성을 통해서 이루어지는 그 자체의 분산에 있어서 염려되는 계획은 비-실용적인 바로 그 '실용성'의 발전에서 구현되는 것 같다.

따라서 해석은 상사시향적인 공간과 하사시향적인 모델을 통해서 이상향적인 모델과 암흑향적인 모델 모두를 재-통합하게 된다. 해석적 토폴로지의 임무는 이와 같은 공간에 대한 이해를 개방시키는 데 있지만, 그러나 그것이 또한 상사시향적인 것/하사시향적인 것의 해체에 개입하게 되는 까닭은 인간의 공간적인 경험 그 자체가 혼재향적인 형성을 명확하게 하는 데 있어서 이와 같은 두 가지의 사이의 교차점에 배치되기 때문이다. 이러한 경우에는 파리의 라틴구역의 텍스트—파리 시의 '외곽순환도시고속도로(Boulevard Périphérique)'를 뛰어넘어서까지 그 영향을 끼치는—를 그것이 확장된 파리의 대학교 콘텍스트의 텍스트와 병치된 것으로 읽는 것일 수도 있다.

② 사르트르의 『출구 없음』. 토폴로지적인 해석은 그 자체를 어떤 장소의 텍스트성의 순간, 즉 어떤 특별한 장소를 하나의 텍스트로 읽을 수 있는 바로 그 '순간'에 배치된다. 예를 들면, 우리들이 방금 고려했던 파리의 대학교는 어떤 장소에 대한 하나의 '장소'이자 하나의 '담론' 모두에 해당하다고 볼 수 있다. 더 나아가 장소에 대한 '담론'과 바로 그 '장소' 자체는 모두 해석적으로 읽어낼 수 있는 또 다른 텍스트들(따라서 '콘-텍스트')에 따라 하나의 텍스트로 작용하게 된다. 그러나 하나의 토포스는 문학적인 장소의 텍스트성을 통해서 형성될 수도 있고 이와 똑같이 대등하게 해석될 수도 있다. 사르트르의 희곡 『출구 없음』에서 텍스

트는 하나의 '장소'를 열어놓고 있다. 이 희곡의 제목까지도 그 자체의 공간적인 특징을 강조하고 있다. 『출구 없음』[국내에 번역되어 있는 이 희곡의 원래 프랑스어 제목은 『출구 없는 방(*Huis Clos*)』이다]은 그것으로부터 또는 그것을 통해서 어느 누구도 떠날 수 없는 하나의 장소에 해당하지만, 그러나 그것은 또한 그 안에 있는 사람들이 갇혀 있는 상태로 남아 있는 제한된 구역에도 해당한다. 『출구 없음』은 다음과 같은 장소, 즉 세 명의 주인공들이 어디론가 떠날 수 없는 자신들을 발견하는 곳, 그들이 자신들이 죽은 이후에 자신들에 대해서 사람들이 무엇이라고 말할 수 있는지를 관찰할 수 있는 곳, 그들이 확신에 의해 또는 부정에 의해 서로가 서로를 직접적으로 연결되어야만 하는 곳, 그리고 그들의 개인적인 차이가 어떤 특별한 상황의 통일성을 야기하게 되는 곳에 해당한다.

레즈비언인 이네스, 외향적 인물로 이성애적인 에스테르 및 선천적으로 내향적인 가르생은 모두 불편한 서클, 즉 이들 세 사람이 자신들을 발견하게 되는 '방'의 텍스트성을 특징짓는 하나의 서클을 창조한다. 이들 각자는 자신들이 갇혀 있는 바로 그 '장소'로부터 빠져 나가고자 하는 욕망을 가지고 있지만, 마침내 그 방의 문이 열렸을 때 이들은 자신들이 어디로도 갈 수 없다는 사실을 깨닫게 된다. 이 희곡의 거의 마지막 부분에서 가르생은 삶과 그 이후에서 체험할 수 있는 모든 경험에 비추어 볼 때 그것은 무대장치도 아니고 지리적 한계도 아니며, 신의 형벌도 아니고 보상도 아니지만, 그러나 오히려 우리들의 '지옥'을 형성하고 있는 다른 사람들이라고 결론짓게 된다.

『출구 없음』은 또한 단테의 『신곡』에 병치될 수도 있는 하나의 텍스트에 해당한다. 우리들은 단테의 설명에서 이상향으로서의 '천국', 암흑향으로서의 '지옥' 및 '변화향(變化鄕, dysutopia)'으로서의 '연옥'을 발견할 수도 있다. 연옥에는 천국의 특징인 용서의 가능성, 이동성 및 구원이 있고 지옥의 특징인 형벌, 고통 및 신성으로부터의 거리가 모두 있다. 그러나 그것은 이상향적인 낙원과 암흑향적인 지옥처럼 일종의 구도에 불과할 뿐이기 때문에 그것은 가장 분명하게 '변화향적'이다. 이와 같은 각각의 장소는 실제로 단테가 자신만의 세계(죄인, 후회하는 사람 및 축복받은 사람)를 설명하는 것이기 때문에 『신곡』은 변질된 암흑향, 변질된 변화향 및 변질된 이상향이며 따라서 그 자체의 하사시향적이고 상사시향적인 특징들과 함께 13세기의 혼재향을 설명하고 있다. 단테의 혼재향과 사르트르의 시대의 혼재향의 사이의 시간적인 결렬은 각양각색으로 나타나 있다. 그럼에도 『출구 없음』과 『신곡』의 병치는 이상적인 구도와 거기에서 비롯되는 혼재향적인 설명의 사이에서 단테가 형성해놓은 이원성이 사르트르적인 해석에는 더 이상 존재하지 않는다는 점을 분명하게 한다. 『출구 없음』은 분명히 일종의 변질된 '변화향'에 해당한다. 그러나 그것이 어떤 이상적인 모델(또는 그 반대의 모델)로부터 비롯된 것이 아니기 때문에, 『출구 없음』은 좀 더 합당하게 상사시향적이고 하사시향적인 특징들과 함께 혼재향적인 특징들을 나타낸다. 실제로 『출구 없음』은 해체된 혼재향이며 그 안에서는 특히 상사시향/하사시향의 이원성이 그 자체의 변질된 형식에서 더 이상 작용하지 않게 된다. 따라서 『출구 없음』은 정확하게 다음과 같은 교차점, 즉 ① 사람들이 서로 이해하고 함께 일하고자 하는 개인들의 사이의 건설적인 관계를 설명하는 '상사시향'과 ② 마조히즘, 사디즘 및 무관심의 형식을 취함으로써 사람들을 적대적인 관계에 사로잡혀 있는 것으로 파악하는 '하사시향'의 사이의 바로 그 '교차점'에 배치되어 있다. 상사시향과 하사시향의 사이의 교차점에서, 해석적 토폴로지의 해체적 기계장치는 우리들이 서로 각자 어떻게 관계되는지에 대해서 합당한 담론을 제공할 수 있다. 희곡 『출구 없음』은 이미 이와 같은 유형의 담론을 변형시킨 것이라고 볼 수 있다.

③ 핀투리키오의 스폴레토(Spoleto). 이탈리아의 도시 스폴레토의 대성당에서 우리들은 제단 뒤편의 후진(後陣)[apse, 성당의 동쪽 끝에 내민 반원형 부분으로 성가대의 뒤쪽]에 배치되어 있으며 필리포 리피(Fillippo Lippi)가 제

작한 대형 프레스코, 즉 죽어가는 성모의 프레스코를 발견할 수 있다. 그러나 왼쪽으로 조금 떨어져 대성당의 뒤편 가까이에는 보통 굳게 잠겨 있는 작은 성당이 있으며, 거기에서는 아기 예수를 안고 있는 성모와 두 명의 성인들을 그린 핀투리키오의 프레스코를 발견할 수 있다. 이 프레스코는 그 구성에 있어서 오히려 더 단순하다. 성모와 아기 예수는 르네상스 초기(quattrocento)의 이탈리아적인 표현기법에 의해서 중심에 배치되어 있다. 두 명의 성인들은 각각 양쪽에 자리 잡고 있으며, 한 명은 성직자의 복장(오른쪽)을 하고 있고 다른 한 명은 목자(牧者)의 복장을 하고 있다(왼쪽). 이 그림에서 주목할 점은 전면에 있는 인물들에게 있는 것이 아니라 오히려 뒤편의 풍경에 있다. 여기에서 우리들은 스폴레토 그 자체에서 실제로 바라본 것과 유사한 산과 네 명의 중심인물들 배후에 계곡을 따라 펼쳐져 있는 도시가 흥미롭게 혼합되어 있는 것을 발견할 수 있다. 거기에는 또한 성모를 향해 행진하고 있으며 성모 자신과 성직자의 복장을 하고 있는 성인의 사이에서 오른쪽으로 향하고 있는 행렬도 있다. 이 그림에서의 도시는 스폴레토 그 자체이거나 또는 그 밖의 움브리아[Umbria, 고대 이탈리아 중북부의 지방]의 수많은 마을들 중의 하나일 수도 있다. 도시의 배후에 있는 것은 호수나 또는 바다, 지중해이거나 또는 아마도 실제로 페루기아 가까이에 있는 스폴레토의 북쪽에 있는 트라시메노 호수일 수도 있다. 성모와 아기 예수의 양편에는 두 그루 나무들이 서 있으며, 하나는 스폴레토의 근처에서 발견할 수 있는 나무이고 다른 하나는 종려나무이다. 그러나 사실대로 말한다면, 이탈리아의 이 지역에는 그 어떤 종류의 종려나무가 있는 것이 아니다. 따라서 일단 종려나무를 발견하려면 프랑스에 가까운 서부해안을 따라 이탈리아의 리비에라까지 여행해야만 한다.

따라서 이러한 프레스코는 이상적인 '장소', 즉 찬양과 찬미를 드리기 위해서 뒤따르면서 행진하고 있는 사람들과 함께 신성한 분들(성모, 아기 예수 그리고 성인들)의 공동체를 그린 것이다. 이 그림이 이상향적이기는 하지만 그러나 그것의 묘사는 변질되어 있다. 한편으로는 이 그림이 그저 그림일 뿐이라는 점에서 그것은 변질된 이상향의 담론에 해당한다. 그것은 성가족의 '토포스'에 해당하지만, 그러나 혼재향 그 자체에 해당하는 것은 아니다. 다른 한편으로는 이 그림은 그 자체의 상사시향적인 특징에 있어서 혼재향을 설명하고 있다. 그림 속의 사람들은 '친퀘첸토'[cinquecento, 16세기의 이탈리아 예술에 대한 통칭] 초기의 이탈리아인들이며, 마을도 이탈리아식이고 시골도 이탈리아식이며 심지어 핵심 인물들까지도 '이탈리아식 / 이탈리아인들'이다. 하지만 특히 종려나무는 또 다른 세계의 요구, 즉 그림으로 그려진 것을 수반하지만 그러나 또 다른 세계로부터 비롯되는 하나의 콘텍스트의 요구에 해당한다. 아마도 핵심 인물들의 머리 주변을 둘러싸고 있는 황금빛 후광보다도 훨씬 더 강조되고 있는 종려나무는 혼재향적인 측면에서 형성된 이상향적인 담론의 비유에 해당할 것이다. 이러한 점에서 우리들은 15세기에서 16세기에 이르는 프레스코가 이상향적인 '모델'과 상사시향적인 공간에 대한 '담론'의 사이에 배치되어 있는 것으로 읽어낼 수 있다. 이와 같은 해석적 토폴로지는 우리들로 하여금 프레스코 그 자체뿐만 아니라 이탈리아 르네상스의 지역성과 공동체까지도 읽어내는 것을 가능하게 한다.

필자가 지금까지 살펴본 세 가지 토폴로지 모델들 각각은 서로 다른 유형의 공간, 즉 실제상의 공간, 공간적으로 지향된 희곡, 그림으로 그려진 위치 등을 형성하고 있다. 그럼에도 각각의 '토포스'는 혼재향적인 담론들이 시간적이고 공간적인 하나의 특별한 위치에서 어떻게 상세하게 서사되고 또한 그러한 담론들이 이상향적인 투사나 또는 암흑향적인 낙담과 관련지어 어떻게 해체적으로 배치되었는지에 대한 하나의 예시에 해당한다. 해체적 순간은 혼재향의 해석이 공간적인 틀의 이해를 위한 콘텍스트와 새로운—아마도 상사시향적인—장소의 설계를 위한 콘텍스트로 어떻게 기여하게 되는지를 제시할 수 있다.

제20장

자아의 해석학적 기호학을 위하여

> "기호의 세계를 이해하는 것은 자기 자신을 이해하는 방법이다."
>
> —폴 리쾨르1)

근대적인 기호학자에게는 해석학의 철학적 전망이 인문과학의 운명에서 낯선 것처럼 보일 수도 있다. 이와 똑같이 해석학도 기호학에 대한 학습이 없어도 텍스트를 이해하기 위해서 그 자체를 지속할 수 있다. 그러나 자아의 해석학적 기호학의 임무는 해석자로서의 자아와 해석에서 생산된 기호체계의 사이의 직접적인 상관관계를 형성할 수 있다. 해석학적 프로젝트가 해석을 통해서 의미를 형성하는 데 있다면, 그러한 프로젝트는 자아가 읽어낼 수 있는 기호학적인 그 '무엇(대상으로서의 정체성을 확인할 수 있는 몸과 언어)'과는 대조적으로 '어떻게(방법으로서의 개인적인 지식과 철학적인 스타일)'의 위상을 탐구하는 데 있다.

자아에 대한 해석을 하기 위해서는 그러한 해석을 가능하게 하는 해석자에게로 돌아가야만 한다. 델포이(Delphi)의 여사제가 명령하는 것을 충족시키고자 했던 소크라테스, 이상적인 기사도의 모험으로서 상상적인 것을 질문하는 돈키호테, 개인적인 정체성의 딜레마를 모색하는 D. 흄, 그리고 성취할 수는 없지만 그러나 자기-충족적인 성(城)을 찾아나서는 카프카의 토지측량기사—이들 각자는 모두들 자기 자신만의 자아이미지의 해석자에 해당한다. 나르키소스적인 프로젝트는 처음부터 비롯된 것이라고 볼 수 있다. 해석의 '원형'은 해석자 자신이며 그 자신의 목표는 자기-이해에 있다. 추정할 수 있는 원천, 즉 해석의 기원은 코기토(데카르트), 선험적 통각(統覺)의 통일성(칸트), 순수에고(제임스) 및 선험적 에고(후설) 등의 명칭을 갖게 된다. 이러한 해석자는 모든 이해-행위의 조건에 해당할 뿐만 아니라 그와 같은 모든 행위의 관점에도 해당한다. 그와 같은 해석자가 없다면, 자기-이해는 가능한 것이 아니다.

우리들은 무슨 강요에 의해서 시작하게 되는가? 연속적인 역사에 대한 아우구스티누스의 개념은 자체-발생의 필요성을 가능하게 한다. 우리들은 우리들 자신이 '앎의 원천'을 파악할 수 있을 때까지 해석된 대상 그 자체를 피하게 되며, 이와 똑같이 자연-과학자는 자신의 가까이에 있는 객관적 타당성에 대한 추구를 시작하고 완성할 때까지 해석하고 있는 자아의 가치판단을 거부하게 된다. 해석자의 의식은 핵심에, 중심에 있게 된다. 그리고 분명히 우리들은 우선적으로 사물의 핵심으로 향해야만 한다. 그러나 사르트르가 우리들에게 언급했던 바와 같이, 의식은 객관적 사물성의 영역에 해당하는 것이 아니다. 만일 그렇다면, 어디에서 중심을 발견해야 하는지에 대해서는 의심의 여지가 없다. '마음-두뇌'의 정체성의 문제는 중심의 문제를 해결하는 것에 의존한다. 한편으로는 두뇌가 중심이라고 말하기도 한다. 다른 한편으로는 의식적인 삶의 가장 심오한 영역은 중심성의 조건을 만족시킨다고 말하기도 했던 어떤 프로이트주의자는 유아의 성적 관심의 진정한 기원을 거슬러 추구하기 위해서 원천에 대한 연구를 심지어 무의식에서까지 찾을 수도 있다. 해석자의 프로젝트의 의도적인 출발점을 규명하기 위해서 우리들은 에드워드 사이드가 자신의 최근의 연구에서 개관했던 바와 같은[2] 바로 그 맨 처음의 시작으로 향할 수도 있다.

하나의 추구는 왜 선택적으로 '중간'으로 향하지 않는가? 고전주의 비극의 중간은 대단원이 발생하게 되는 곳이다. 중간은 해명의 초점에 해당한다. 중간은 원천(해석자)도 아니고 대상-축(해석되게 되는 것)도 아니다. 중간은 해석된 기호의 체계에 해당한다. 현상학적으로 말해서, 이러한 기호체계는 의도성과 구성의 수준에서 발생하게 된다. 해석행위에 사로잡힌 해석자는 그 자신을 드러내지 않을 수 없다. 그는 자기-성찰에 의해서 어떤 자아를 규명하는 것이 아니다. 사르트르가 성찰된 자아를 의식의 천국으로부터 배제시킨 것[3]과 메를로퐁티가 질문의 임무를 수행할 수 없는 것으로 성찰을 비판한 것[4] 등은 모두 자아의 실현이 끝에 있는 것도 아니고 시작에 있는 것도 아니라는 점을 지적한 것이다. 자아는 모든 자기-이해를 종합하는 '종착점'이 될 수 없다. 자아의 '위치'는 '원형(原型)'에 있는 것도 아니고 '목적인(目的因)'에 있는 것도 아니지만 그러나 오히려 이 두 가지의 연결에 있다.

중간의 연결은 기호학적으로 기호의 체계로 언급될 수도 있다. 기호는 기표와 기의의 사이의 관계에 해당한다. 기의가 시작이라면, 그렇다면 기표는 끝이고, 기호는 자아가 그 자체의 정체성의 일부분을 발견하게 되는 위치가 된다. 소쉬르에게 있어서, 기표(시니피앙)는 말이고 기의(시니피에)는 개념이다.[5] 기호는 자의적인 관계이다. 소쉬르는 언어학이 기호학이라고 주장했기 때문에 그는 자신의 추구를 이와 같은 용어로 제한시킬 수 있었다. 그러나 기호학이 언어학의 일부분이라고 주장하는 바르트의 견해를 따른다면,[6] 그렇다면 자아의 본성을 분명하게 하기 위해서 기표-기의의 관계를 인간적인 경험의 영역으로 전환시키는 것이 가능할 수도 있을 것이다. 이와 같은 바르트적인 모델에서 읽을 수 있는 기호는 언어의 수준으로만 한정되는 것이 아니다. 오히려 언어(랑그)

는 패션, 메뉴, 의상에서도 나타나게 되고 여기에서는 또한 '자기-중심'의 콘텍스트에서도 나타나게 된다. 이와 같은 마지막 용어에 해당하는 '자기-중심'은 아마도 모든 기호학 체계에서 가장 근본적인 체계에 해당할 것이다. '랑그'의 의미에 있어서 하나의 언어는 담론의 양식(랑가주)과 특별한 분절성, 수행성, 화술행위(즉, 파롤)를 포함하기 때문에, '자아'—형성되고 형성하는—의 개념은 기호학적인 분석에서 그렇게 낯선 것에 해당하는 것이 아니다. 따라서 그 자체의 위치를 중간에 형성하는 데 있어서 자아는 현실화와 담론(랑가주)에 대한 그 자체만의 수준, 즉 형성된 수준을 명확하게 할 수도 있고 활성화(파롤)할 수도 있다. 이와 같이 '형성하는 자아'와 '형성된 자아'는 모두 라캉[7]과 베케트[8]와 관련지어 '자아의 언어'—여기에서는 '랑그'의 의미에서의 언어—라고 명명되었던 것을 형성하게 된다.

자아는 그 자체만의 해석된 기호의 해석자로 되어야만 한다. 기호는 하나의 체계로 통합된다. 체계는 기호의 긴밀성이 이루어지는 언어(랑그)에 의존하게 된다. 이와 같은 긴밀성이 없다면, 어느 '자아'가 문제가 되는지는 불분명하게 될 수밖에 없다. 누구나 자아의 언어를 말할 수는 있지만, 그러나 어떤 특별한 분석을 수행하게 될 때 어떤 특별한 자아는 해석되어야만 하는 것이다. 자아의 언어는 하나의 틀, 즉 질문이 발생할 수 있는 바로 그 '틀'을 수립하게 된다. 따라서 자아의 언어는 패션의 언어 및 허구세계의 언어와 구별된다. 그러나 이와 같은 자아가 그러한 언어와 구별될 수 있는 특별한 태도는 해석적 체계에 의존하게 된다. 기호의 체계는 해석적 경험—해석자에게 바탕을 두고 있는 것도 아니고 해석된 것에 바탕을 두고 있는 것도 아닌—의 지속적인 행위에 의존한다.

하나의 언어(랑그)로 해석하는 것은 하나의 해석을 생산하는 것, 즉 기호의 체계로서의 자아를 생산하는 것이다. 생산은 의미작용을 통해서 발생한다. 기호학에서 의미작용은 담론의 유형(랑가주)에 대한 특별한 예시(파롤)의 특별한 긴밀성을 설명하는 것이다. 기호는 그것이 다만 의미작용을 형성하기 때문에 서로 관계된다. 의미작용은 또한 가치에도 결합될 수 있기 때문에 하나의 체계 내에서 어떤 기호의 특별한 중요성은 특별한 기호와 그것의 의미작용에 대한 비교가치를 통해서 이루진다. 하나의 기호는 그 자체만의 의미작용을 유지하지 못하게 된다. 1페니[penny, 1센트짜리 미국의 화폐단위]가 또 다른 페니, 니켈[nickel, 5센트짜리 미국의 화폐단위], 다임[dime, 10센트짜리], 쿼터[quater, 25센트짜리] 및 달러[dollar, 100센트짜리] 등이 없다면 그 어떤 의미나 의미작용도 없는 것과 똑같이, 하나의 기호는 그것이 의미를 갖으려면 또 다른 기호의 콘텍스트에 배치되어야만 한다. 특별한 자아의 특징은 전체적으로 관련될 때에만 의미작용이나 또는 의미를 가질 수 있게 된다. 이러한 점은 현상학적 용어로 재-진술될 수도 있다. 왜냐하면, 리쾨르가 주장했던 바와 같이, 의미는 "가장 포괄적인 현상학의 범주에 해당하기"[9] 때문이다. 후설에게 있어서 자아에 대한 '노에마(noema)'의 특징이 '지적 행위(noetic act)'에 부여된 바와 같이 전체적으로 어떤 독단적인 구성요소가 없다면, 바로 그 '특징'에는 그 어떤 의미도 있을 수 없게 된다. 노에마적인 영역(그 자체의 수평축과 함께)과 기호체계의 사이에 하나의 유추를 제안할 수도 있을 것이다. 이 두 가지의 차이는 후설에게 있어서 노에마적인 영역은 선험적인 반면, 기호학적인 견해는 기호의 특별한 위상을 허락하지 않는다는 점에 있다. 이러한 점은 기호가 초월적이라고 말하는 것이 아니다. 왜냐하면 이러한 점은 기호를 기표의 수준으로 환원시킬 수도 있기 때문이다. 심지어 라캉이 자아는 기표의 망에서 작용하는 것에 해당한다고 언급했을 때조차도,[10] 그가 기의와 그 결과에 해당하는 기호를 폐지하는 것을 의미했던 것은 아니다. 오히려 그는 작용하고 있는 자아의 정체성을 명확하게 하는 방향을 위한 일종의 '케른'[cairn, 돌무더기로 된 기념비나 석층으로 된 이정표]을 수립하고자 했을 뿐이다. 라캉에게 있어서 누구나 자아의 의미작용을 발견하기 위해서는 하나의 '지칭망'으로서 기표의 망을 모색해야만 할 것이다. 이러한 점은 사르트르의 다음과 같은 주장, 즉 자아가 독단적으로 취급되었을 때 그러한 자아는 방금 전까지 있었거나 또는 미래로 투사된 초월적 자아로 된다는 주장과는 상당히 다른 것이다. 사르트르의 『존재와 무』[11]에서 의미는 의식의 콘텍스트, 즉 비-현실성의 자유로운 영역에서 발생하게 되지만, 그러나 그 자체의 순수한 상태에 있어서 그와 같이 알려질 수 있는 가능성을 거의 찾아볼 수 없는 콘텍스트에서 발생하게 된다. 이와 같은 초기의 사르트르에게 있어서 자아를 명명하는 것은 적용-불가능한 정체성을 배치하는 것과 같은 것이다. 그러한 정체성은 전적으로 부정될 수 있는 것도 아니고 자아에 대한 충분한 묘사로 수용될 수 있는 것도 아니다. 라캉의 기표의 망과 함께 의미작용은 그러한 망으로부터 전제된 것인 반면, 사르트르에게 있어서 의미작용은 무엇인가에 대한 우리들 자신의 무의식으로부터 제안된 것이다.

자아의 해석학적 기호학에서 의미는 한편으로 순수한 의식으로 격하되는 것도 아니고 다른 한편으로 단순한 기표의 망으로 격하되는 것도 아니다. 순수한 의식은 하나의 시작에 대한 또 다른 보충에 해당하며 하나의 순수한 기표의 망은 목적과 같은 대상성을 대체하는 것에 해당한다. 기호의 체계는 자아의 해석적 행위에서 비롯되어야만 하는 것이다. 그것은 의식의 포착을 통해서 실현되어야만 하는 것이지[12] 의식 그 자체를 통해서 — 기호체계의 의미를 통해서 — 실현되는 것도 아니고 그러한 체계의 외적 표명을 통해서 실현되는 것도 아니다. 해석적 경험은 의미를 창조하게 되고 기호를 남겨놓게 되고 새로운 기호의 생산으로 향하게 되는 지속적인 활동에 해당한다. 나가 나 자신의 기호의 체계라면 해석적 '모드(mode)'는 대상화된 동일시가 연속되는 것으로 판명될 수 있을 것이다. 이와 같은 정체성의 비-대상적인 특징을 지나치게 강조할 필요는 없을 것이다. 자아의 기호는 해석을 통해서 생산될 수 있고 해석적 경험의 지속적인 활동을 통해서 유지될 수 있다. 따라서 자기-이해는 서로 연결되는 기호에 대한 조심스러운 이해에 의존할 수 밖에 없다. 그러나 이러한 기호는 그것을 규명하는 이해로부터 분리될 수 있는 것이 아니다. 이러한 모호성이 바로 서구철학의 혼란 그 자체에 해당하며 그것은 또한 주체/대상의 이원론뿐만 아니라 몸으로부터 영혼과 마음을 분리하는 것, '존재자-즉자'로부터 '존재자-대자'를 분리하는 것 및 알려진 것으로부터 지식을 분리하는 것 등을 가능하게 한다. 자아의 해석학적 기호학은 이러한 분리가 인위적이라는 점을 제시할 수도 있을 것이다.

자아는 그 자체의 기호 때문에 부재할 수도 있고 그 자체의 기호의 해석을 통해서 현존할 수도 있다. 기호는 "여기에 나 자신의 표시가 있다"고 말할 수 있는 하나의 '위치'를 형성하지만, 그러나 자신의 자아가 이와 같은 기호에 현존한다는 점을 전제하는 것은 그러한 기호를 이해하는 해석의 충만한 의미를 무시하는 것이나 다름없다. 아리스토텔레스가 몸은 잠재성이고 영혼은 그러한 몸의 구현이라고 강조했던 것과 똑같은 방법으로, 이해는 그 자체의 기호에 있어서 자아의 충만한 현존에 해당한다. 자아의 기호들의 잠재성은 그 자체를 이해로 실현하는 데 있다. 실제로 해석이 없다면 기호는 아무런 의미도 가질 수 없을 것이다. 이러한 점을 하이데거적인 용어로 전환시킨다면, 생각하는 데 있어서 가장 중요한 것은 '현재 있는 것'의 존재 그 자체에 해당한다. '존재론적인 것'과 '존재적인 것'을 차이 나게 하는 것은 다음과 같은 공간, 즉 그것 역시 이해, 해석 및 '생각하기'로 채워질 수 있는 '기호학적 공간' 그 자체이다. 기호는 실존적 수준에서 형성되는 것도 아니고 실존성의 영역에서 형성되는 것도 아니다. 기호는 '현존재' 그 자체에서만 실현될 수 있을 뿐이다. 왜냐하면 이러한 점이 바로 인간의 '자아-발견'에 대한 하이데거적인 의미에 해당하기 때문이다. '현존재'는 그 자체만의 의미로 그 자체를 해석학 그 자체로 형성하게 된다. 하이데거의 형성논리에서는 이해가 어떻게 그 자체의 구현에 있어서 자아를 야기할 수 있게 되는지를 묘사하는 것을 가능하게 한다.

「하이데거와 주체」에 관한 자신의 에세이에서, 폴 리쾨르는 '나' 또는 '에고'로서의 '주체'와 '기층(基層)' 또는 '근본'으로서의 '주체'가 모두 똑같은 특징을 가지고 있는 것으로 제시했다.[13] 첫 번째의 경우를 우리들은 그동안 기원, 원천 및 시작의 예로 받아들이기를 거부해 왔다. 두 번째의 경우, 즉 '기층'은 자아의 특징을 구현할 수 있는 방향으로 이동하게 된다. 달리 말하면, '기층'이나 또는 '근본'의 개념은 '자아는 무엇인가'에 대한 바탕으로 될 수 있다. 기호의 체계는 '나는 무엇인가'에 대한 근본으로 될 수 있다. '자아는 무엇인가'에 대한 문제는 해석을 통해서 '현재 있는 것'의 바로 그 존재가 있다는 하나의 기호로 그 자체를 수립할 수 있게 된다. 자아가 부재하는 것은 그것을 완성하기 위해서 이러한 이유를 요구하게 되기 때문이다.

해석(어떻게)과 기호체계(무엇)의 대등한 관계에서 자아는 형성될 수 있다. 사유와 이해를 생산하는 자아의 기호는 부재를 표시하는 것에 해당하며, 이러한 부재는 푸코가 벨라스케스의 그림 〈시녀들〉에서 제시했던 부재, 즉 '왕의 부재'에 관계된다.[14] 이 그림에서 모든 것들이 하나의 부재에 대한 현존, 즉 왕과 왕비의 위치의 부재에 대한 현존을 지시하게 되는 바로 그 참고대상의 체계 내에서 이 그림의 자아의 기호들은 작용하게 된다. 주체의 부재에서 이러한 기호들 모두는 일종의 정체성을 피할 수 없게 된다. 그러한 기호들은 해석학적 프로젝트의 의미생산 행위에 있어서 단지 그 자체의 정체성의 충족을 결핍하고 있을 뿐이다. 데리다가 강조했던 바와 같이,[15] 그것은 '흔적', 자기-이해에 대한 자아의 추구를 통해서 야기될 수 있는 완벽한 현존의 기술적-색인(記述的-索引)에 해당한다. 데리다에게 있어서, 누구든지 쓰기를 찾게 된다면 그는 해체되고 탈-중심된 자기-본위, 즉 충분한 현존은 흔적에서 부재된 것으로 이미 명확하게 되었기 때문에 바로 그 충분한 현존을 결핍하고 있는 자기-본위의 흔적만을 발견할 수 있을 뿐이다.[16] 자아의 탈-중심된 특징은 자아의 기호체계의 바탕으로 되는 바로 그 구조에 대한 그 자체의 경멸과 일치할 수 있게 된다. 그러한 체계 내의 구조의 작용에서 자아는 그 자체의 정체성을 모색하게 된다.

자아의 정체성은 그 자체의 차이를 통해서 창조될 수 있는 것이다. 우리들의 기본구조는 똑같기 때문에 나는 다른 사람과 차이날 수밖에 없다. 똑같은 구조의 반복이 똑같은 주제에 대한 변화를 지시할 수 있을 때 바로 그 차이를 확인할 수 있다. 레비스트로의 '야생의 사고'[17]는 그것이 유일한 의미작용으로 문명화되는 것을 허락하지 않기 때문에 야만적일 수밖에 없다. 자아는 특별한 사회에서, 그 자체만의 환경에서 하나의 기호체계를 형성하게 된다. 이곳에서의 똑같은 구조는 그것이 또 다른 장소에서, '그리고/또는' 또 다른 시간에서 나타나는 것과 똑같이 나타나게 된다. 요구되는 것은 자기-실현의 거부도 아니고 푸코가 언급했던 인간의 개념으로서의 죽음에 대한 경멸[18]도 아니라 그러나 오히려 자아의 구조에 있어서의 이와 같은 기호의 결합을 다른 결합과 차이 나는 것으로 확인하는 변용을 통해서 이루어지는 재-활성화 바로 그 자체이다.

하나의 기본적인 기층(基層), 즉 우리들이 '자아'라고 명명하는 하나의 구조는 기호학적 형성논리에도 스며들어 있다. 그 자체만의 행위를 통해 그 자체에 의해서 해석되는 자아는 노암 촘스키가 참고했을 수도 있는 '심층구조'에 해당한다.[19] 이러한 심층구조는 각각의 이해행위가 구조 그 자체를 부정할 수 없다는 점—차이 나는 인간적인 콘텍스트에 있어서 그 자체의 변화에도 불구하고—을 발견하게 되는 바로 그 구조에 해당한다. 자아의 심층구조는 그것이 알려지지 않는 한, 미완성인 채로 남아있게 된다. 그것을 알게 됨으로써, 나는 '나-자신'을 정의할 수 있게 된다. 나는 최종적인 개인화의 성취를 제공할 수 있다. 즉, 그러한 개인화를 다른 모든 사람들의 개인화와 차이 나게 하는 바로 그 성취를 제공할 수 있다. 의미작용과 그것의 자체-배치에서 비롯되는 의미는 유일한 것이다.

배치되는 것은 중심으로 된(중심이 같은) 개인성에 해당하는 것이 아니다. 라캉은 자아를 '편(偏)-중심적'이라고 언급했다.[20] 원심력(구심력에 반대되는)은 여기에서 전형적인 것에 해당한다. 기호의 체계는 하나의 특별한 기호의 중심성을 요구하지 않는다. 실제로 그것은 그와 같은 지향을 거부하기도 한다. 이러한 체계는 철저하게 대등한 분배 — 이에 상응하는 메를로퐁티의 용어는 '균형'에 해당한다 — 를 전제로 한다. 균형을 이루는 조직체는 의식에 의해 살고 있는 몸 그 자체의 형식이다. 기호체계에 있어서 '편(偏)-중심성'은 균형과 조화의 구현에 해당할 뿐만 아니라 개인성의 균형에도 해당한다. 자아는 그것이 다른 것들 — 비-정상적인 것들 — 과 같지 않다는 점에서 편-중심적일 수밖에 없다. 그 자체의 구조만이 자기-실현의 기준을 제공할 수도 있을 것이다.

그 자체의 분산된 정체성에 있어서 자아는 의미로 충만 되어 있으며 그러한 의미는 바로 그 의미의 색인과 대등한 것이다. 하나의 아이디어, 하나의 제스처, 하나의 이동, 하나의 표현, 하나의 행위 — 그 각각은 또한 의미의 색인으로 작용하는 하나의 기호에 해당한다. 기호는 전체적인 체계의 콘텍스트에서 그 자체의 색인에 의존하게 된다. 의미는 해석적 행위를 통해서 순수하게 발생할 수 있는 것이 아니다. 거기에는 또한 기호의 발생에 대한 '동기인(動機因)'이 있어야만 하며 동기는 기호학적 틀을 통해서 확산될 수 있다. 공통점이 없는 그 자체의 이종(異種)에 있어서 '동기인'은 어떤 특별한 자기-해석에 대해 서로 일치하는 정체성을 야기하기 위해서 서로 결합될 수 있다. 의미의 최초의 생산자 — 기원이 아니라 그러나 오히려 의도적인 알기의 구조 — 는 구조화된 자아가 알려지게 되는 충분한 체계를 분산시킨 채 그대로 놔두는 것만큼 모든 것을 하나로 종합하게 된다.

자기-구현의 이와 같은 행위에 있어서, 자기-본위는 기호 그 자체로 남겨지게 되는 것처럼 보이기도 한다. 기호는 해석의 활력을 흡수하는 것처럼 보이기도 한다. 기호는 자아의 정체성의 소유권을 주장하기도 한다. 기호는 "나는 그러한 자아의 이러한 표현이다", "나는 그것의 아이디어이다", "나는 그것의 제스처이다"라고 외치는 것처럼 보이기도 한다. 나는 이와 같은 수많은 기호들로 될 수도 있다. 수많은 명칭은 '나가 누구인지'를 주장할 수도 있다. 그리고 나는 이와 같은 명칭으로 분산된다. 따라서 분산, 무질서, 혼란은 자아를 특징짓는 것처럼 보이기도 한다. 자아는 속수무책인 채로 남게 된다. 그것은 하나의 현현, 하나의 기호를 제공할 수 있다. 그러나 기호는 전체를 위해서 환유적으로 선택되는 것이며 자아는 다양성으로 구체화되고 분산되고 상실될 수밖에 없다. 이러한 점은 사무엘 베케트의 말론(Malone)이 죽어가는 사람의 이야기에서 주인공들의 형식을 택하는 것과 같다.[21] 다양성으로 분산된 자아는 그 자체의 구체화에 의해서만 존재할 수 있을 뿐이다. 자아의 활력이 소멸될 수밖에 없는 까닭은 그것에 대한 해석학이 그 자체의 기호를 선호함으로써 망각되어 버리기 때문이다. 이러한 교훈은 후설에게 있어서 의식이 무엇인가에 대한 의식이었던 것과 똑같이 기호가 해석행위의 기호에 해당한다는 점을 강조하게 된다. 해석행위는 자아의 기호체계의 현존이자 실현에 해당하며 그것은 또한 해석 그 자체를 통해서 규명될 수 있기를 기대하게 된다.

주석

서론

1) 예외적으로 영국의 대륙철학—여전히 그 자체를 우선적으로 '현상학적'이라고 명명하는—은 몇몇 미국적인 변종에서 성행하고 있는 것에 좀 더 가까운 것이다. 이러한 점에 대해서는 특히 『영국현상학회저널(*The Journal of the British Society of Phenomenology*)』에 수록된 기고문을 참고할 것. 그러나 또한 『진보철학(*Radical Philosophy*)』과 『*I & C*』도 참고할 것.

2) 유럽과 미국에서의 현상학에 대한 설명에 대해서는, 지금은 고전적인 요약에 해당하는 허버트 스피겔버그(Hebert Spiegelberg)의 『현상학적 운동 : 역사적 개론(*A Phenomenological Movement : A Historical Introduction*)』, 2vols(The Hague : Nijhoft, 1981)과 『사회연구(*Social Research*)』, vol.47, no.4(Winter, 1980), pp.704~720에 수록된 휴 J. 실버만(Hugh J. Silverman)의 「현상학(Phenomenology)」을 참고할 것.

3) 해석학의 역사에 대해서는 리처드 E. 팔머(Richard E. Palmer)의 『해석학 : 슐라이어마허, 딜타이, 하이데거 및 가다머에게 있어서의 해석이론(*Hermeneutics : Interpretation Theory in Schleiermacher, Dilthey, Heidegger, and Gadamer*)』(Evanston : Northwestern University Press, 1969)을 참고하고 그 자체의 좀 더 최근의 발전에 대해서는 조셉 블라이처(Josef Bleicher)의 『오늘의 해석학 : 방법, 철학 및 비판으로서의 해석학(*Contemporary Hermeneutics : Hermeneutics as Method, Philosophy and Critique*)』(London and Boston : Routledge & Kegan Paul, 1980)을 참고할 것. 돈 아이드(Don Ihde)는 『해석학적 현상학(*Hermeneutic Phenomenology*)』(Evanston : Northwestern University Press, 1971)에서 폴 리쾨르(Paul Ricoeur)의 사상을 살펴보았고, 데이비드 쿠젠스 호이(David Couzens Hoy)는 『비평서클 : 현대해석학의 문학과 역사(*Critical Circle : Literature and History in Contemporary Hermeneutics*)』(Berkeley and Los Angels : University of California Press, 1978)에서 한스-게오르규 가다머(Hans-Georg Gadamer)의 활동과 그의 콘텍스트에 역점을 두었으며, 데이비드 쿠젠스 호이는 『사회연구』, vol.47, no.4(Winter 1980), pp.649~671에 수록된 자신의 논문 「해석학(Hermeneutics)」에서 해석학에 관한 오늘날의 논의를 설명했다.

4) 구조주의의 발전에 있어서 메를로퐁티(Merleau-Ponty)의 역할에 대해서는 제임스 M. 에디(James M. Edie)의 『말하기와 의미 : 언어의 현상학(*Speaking and Meaning : Hermeneutics of Language*)』(Bloomington : Indiana University Press, 1976), 특히 제3장 「메를로퐁티의 구조주의(Merleau-Ponty's Structuralism)」와 존 샐리스(Johns Sallis)가 편저한 『메를로퐁티 : 지각, 구조, 언어(*Merleau-Ponty : Perception, Structure, Language*)』(Atlantic Highlands, New Jersey : Humanities Press, 1981), pp.39~57에 수록된 제임스 M. 에디의 「구조에 대한 메를로퐁티의 개념의 의미와 발전(The meaning and development of Merleau-Ponty's concept of structure)」을 참고할 것.

5) 미국에서의 이와 같은 철학자들 중에서 구조주의를 활용한 경우의 예로는, 피터 카우스(Peter Caws)의 『지성적인 것의 예술(*The Art of the Intelligible*)』(Humanities Press, 새로운 시리즈 '철학과 인문과학에 있어서의 오늘의 연구'로 출판예정), 캘빈 O. 슈락

(Calvin O. Schrag)의 『진보적 성찰과 인문과학의 기원(*Radical Reflection and the Origin of the Human Sciences*)』(West Lafayette : Purdue University Press, 1980), 휴 J. 실버만이 편저한 『피아제, 철학과 인문과학(*Piaget, Philosophy and the Human Sciences*)』(Atlantic Highlands, New Jersey : Humanities Press, 1980), 및 T.K. 승(T.K. Seung)의 『구조주의와 해석학(*Structuralism and Hermeneutics*)』(New York : Columbia University Press, 1982)을 참고할 것.

6) 이러한 점에 대해서는 마르틴 제이(Martin Jay)의 『변증법적 상상력 : 프랑크푸르트학파와 사회연구소의 역사, 1923～1950(*The Dialectical Imagination : A History of the Frankfurt School and the Institute of Social Research, 1923～1950*)』(배경에 대해서)과 데이비드 헬드(David Held)의 『비평이론의 입문 : 호르크하이머에서 하버마스까지(*Introduction to Critical Theory : Horkheimer to Habermas*)』(Berkeley and Los Angels : University of California Press, 1980)를 참고할 것(뒤이어지는 비평에 대해서). 딕 하워드(Dick Howard)의 『마르크스적인 유산(*The Marxian Legacy*)』(New York : Seabury, 1977), 존 오닐(John O'Neil)이 편저한 『비평이론에 대하여(*On Critical Theory*)』(New York : Seabury, 1976) 및 프레드 댈메이어(Fred Dallmayr)의 『도그마와 절망을 넘어서(*Beyond Dogma and Despair*)』(Notre Dame : University of Notre Dame Press, 1981) 등은 오늘날의 비평의 이론에 대한 평가를 제공해준다.

7) 이러한 점에 대한 예로는, 토마스 매카시(Thomas McCarthy)의 『위르겐 하버마스의 비평이론(*The Critical Theory of Jörgen Habermas*)』(Cambridge, Mass. : MIT Press, 1978)과 레이몬드 게스(Raymond Geuss)의 『비평이론의 아이디어 : 하버마스와 프랑크푸르트학파(*The Idea of Critical Theory : Habermas and the Frankfurt School*)』(Cambridge : Cambridge University Press, 1981)를 참고할 것.

8) 프랑스의 후기구조주의자들의 활동에 의존하는 철학연구에는 『현상학에서의 연구(*Research in Phenomenology*)』의 특집호 vol.8(1978)에 수록된 「자크 데리다의 읽기/들(Reading/s of Jacques Derrida)」, 데이비드 B. 앨리선(David B. Allison)이 편저한 『새로운 니체 : 오늘의 해석의 스타일(*The New Nietzsche : Contemporary Style of Interpretation*)』(New York : Columbia University Press, 1982) 및 앨런 셰리든(Allan Sheridan)의 『미셸 푸코 : 진리에의 의지(*Michel Foucault : The Will to Truth*)』(New York : Tavistock, 1980) 등이 포함된다.

제1장

1) '노에마타(noemata)'의 용어에서 대상에 관계되는 특별한 태도에 대해서는 『철학저널(*Journal of Philosophy*)』, vol.66, no.20(16 October 1969), pp.680～187에 수록된 다그핀 펠레스달(Dagifin Føllesdal)의 「후설의 노에마의 개념(Husserl's notion of noema)」과 『철학저널』, vol.68, no.18(18 September 1971), pp.541～561에 수록된 데이비드 우드러프 스미스(David Woodruff Smith)와 로널드 매킨티르(Ronald McIntyre)의 「의도에 의한 의도성(Intentionality via intentions)」을 참고할 것. 또한 스미스와 매킨티르의 최근의 저서 『후설과 의도성(*Husserl and Intentionality*)』(Odrdrecht : Reidel, 1982)도 참고할 것.

2) 특히 휴 J. 실버만이 번역한 모리스 메를로퐁티의 『의식과 언어의 습득(*Consciousness and the Acquisition of Language*)』(Evanston : Northwestern University, 1973), pp.36, 40～45를 참고할 것.

3) 후설의 '선험적 에고'에 대한 사르트르의 현상학적 비판은 포레스트 윌리엄스(Forrest

Williams)와 로버트 커크패트릭(Robert Kirkpatrick)이 공역한 『에고의 초월(*The Transcendence of the Ego*)』(New York : Noonday, 1957)과 나다니엘 로렌스(Nathaniel Lawrence)와 다니엘 오코너(Daniel O'Connor)가 편저한 『실존주의적 현상학에 있어서의 읽기(*Readings in Existential Phenomenology*)』(Englewood Cliffs, New Jersey : Prentice-Hall, 1967), pp.113~142에 수록되었고 매리 엘렌(Mary Ellen)과 N. 로렌스가 공역한 「자아의 의식과 자아의 지식(Consciousness of self and knowledge of self)」에 상세하게 논의되어 있다. 필자는 이러한 주제를 이 책의 제10장에서 더 많이 발전시킬 것이다.

4) 미셸 푸코(Michel Foucault)의 『사물의 질서(*The Order of Things*)』(New York : Vintage, 1970)를 참고할 것. 특히 제9장을 참고할 것.

5) 일시적이고 시간적인 경험의 현상학적 특징은 『인문과학(*Humanitas*)』, vol.14, no.2(May 1978), pp.197~207에 수록된 필자의 「상상하기, 지각하기, 기억하기(Imagining, perceiving, remembering)」에서 더 많이 논의되었다. 필자의 논의는 특별하게도 에드워드 S. 케이시(Edward S. Casey)의 『상상하기 : 현상학연구(*Imaging : A Phenomenological Study*)』(Bloomington : Indiana University Press, 1976)와 뒤이어지는 기고문들, 특히 『형이상학평론(*Review of Metaphysics*)』, vol.31, no.2(September 1977)과 vol.32, no.3(March 1979)에서도 언급되었다.

6) 데이비드 마이클 레빈(David Michael Levin)의 『후설의 현상학에 있어서의 이성과 증거(*Reason and Evidence in Husserl's Phenomenology*)』(Evanston : Northwestern University Press, 1970)와 『철학저널』, vol.52, no.12(21 June 1973), pp.356~363에 수록된 데이비드 우드러프 스미스(David Woodruf)의 서평을 참고할 것.

7) 메를로퐁티가 '경험한 몸(le corps vécu)'이라고 명명했던 것은 이와 같은 '몸(Leib)'의 개념에 상응한다. 그러나 'le corps vécu'의 관례적인 영역(英譯)은 '생생한 몸'이다. 자아가 몸을 통해서 사는 것으로 고려하는 것은 후설의 '몸(Leib)'의 이해에 대해 가치 있는 범주를 부여하는 것이다.

제2장

1) 마르틴 하이데거(Martin Heidegger)의 『존재와 시간(*Sein und Zeit*)』(Tubingen : Niemeyer, 1926), p.173을 참고할 것. 필자는 1967년에 출판된 제11판을 활용했다. 필자의 텍스트에서 인용된 번역본은 존 매쿠아리에(John Macquarrie)와 에드워드 로빈슨(Edward Robinson)이 공역한 『존재와 시간(*Being and Time*)』(New York : Harper & Row, 1962), viz.65에 근거한다. 이후로는 이 두 가지 텍스트를 종합하여 표기하되, 예를 들면, '*SZ*, p.173; *BT*, p.65'와 같이 약칭함.

2) 이러한 점에 대해서 발터 비멜(Walter Biemel)은 다음과 같이 언급했다. "후설은 하이데거를 상당히 높게 생각했으며 그에게서 자신의 가장 중요한 학생, 즉 자신의 연구를 지속할 수 있는 바로 그 학생을 보게 되었다. …… 하이데거는 후설에게서 20세기 철학의 개혁자를 보았으며 반복, 반복해서 후설의 『논리 연구(*Logical Investigations*), 특히 「연구 VI(Investigation VI)」에 관한 세미나를 개최했다. 그러나 하이데거는 후설의 제자가 아니었다. J.L. 메타(J.L. Mehta)가 번역한 『마르틴 하이데거 : 예시 연구(*Martin Heidegger : An Illustrated Study*)』(New York : Harcourt Brace Jovanovich, 1976), p.27을 참고할 것. 여기에서의 핵심은 후설적인 연구계획과 관련지어 하이데거를 고려하는 것은 전혀 자의적인 것이 아니라는 점을 지적하는 데 있다.

3) 필자는 '의미부여(noetic)' 행위에서 '노에마틱 의미(noematic Sinn)'를 부여하는 바와 같이, 그러한 의미(Sinn)는 핵심적으로 의미 그 자체를 지니고 있는 '노에마타(noemata)'의 특징에 해당한다는 점을 전제하고자 한다.

4) 후설은 '층위'를 『관념론 I』 sec.27에서 "어렴풋이 이해된 깊이나 또는 미확정적인 현실의 장식"으로 묘사했고 『데카르트적인 명상(Cartesian Mediations)』, sec.19에서는 "선-서사된 가능성"으로 묘사했다.

5) 'Sein'과 'seiende'의 번역은 다양하다. 'Sein'은 보통 '존재(Being)'나 또는 '존재자(being)'로 번역되며, 필자는 전자를 선호하게 될 것이다. 그러나 'seiende'는 좀 더 많은 명칭들을 갖게 된다. 랄프 만하임(Ralph Manheim)은 자신의 『형이상학입문(*Einführung in die Metaphysik*)』의 번역에서 자신은 "본질이 종합(sum)의 현재분사라는 전제를 바탕으로 하여" 바로 그 '본질' — 'essens', 'essentis', 'essents' — 이라는 말을 신조어로 조합했다는 점을 언급했다. 만하임이 번역한 『형이상학입문(*An Introduction to Metaphysics*)』(New York : Anchor, 1959), p.xi를 참고할 것. 와일드(Wilde)와 크루바흐(Klubach)는 자신들이 『존재의 문제(*The Question of Being*)』(New Haven : College and University Press, 1958)를 공역했을 때, '존재자(being)'를 적용했다. 이러한 '존재자(being)'는 이 두 사람들이 'Sein'을 번역하기 위해서 유지하고 있던 '존재(Being)'에 반대된다. 이러한 용법은 J.M. 에디(J.M. Edie), G.M. 파커(G.M. Parker)와 C.O. 슈락(C.O. Schrag)이 공편한 『생세계(生世界)의 패턴(*Patterns of Life-World*)』(Evanston : Northwestern University Press, 1970), pp.346~387에 수록된 「실존적 객관성의 비판(The existential critique of objectivity)」에서 드레퍼스(Dreyfus)와 토드스(Todes)에 의해서도 제안되었다. 이들은 'Seiende'를 단수형으로는 '존재자(being)'로, 복수형으로는 '존재자들(beings)'로 표기했다. 다음 장(章)의 본문에서 논의하고자 하는 바와 같이, 'Seiende'의 객관적인 특징을 강조하기 위해서 필자는 '존재자(being)', '본질(eccent)' 및 '있는 것(that which is)'을 병행하여 사용하고자 한다. 그러나 이 장(章)에서 필자는 매쿠아리에와 로빈슨이 선호하는 '실재(entity)'를 따르고자 한다.

6) 후설을 따라, 현상학적 환원 이후에 고려될 수 있는 '의미들'을 지시하기 위해서 본문에서의 '주체'와 '대상'에 대해서는 인용부호를 사용했다.

7) 예술작품에서, 미적 대상의 다의적이고 비유적인 특징은 그것이 다양하게 나타날 수 있는 방법에 의해서 '노에마틱 의미(noematic Sinn)'를 확장시키게 된다. 그러한 특징의 다양성은 일종의 과다-결정된 통일성이며, 이러한 통일성은 '지각적 모호성'이라고 명명될 수도 있지만, 그러나 그것이 '노에마틱 의미' — 우리들이 인간적 모호성이나 또는 실존적 모호성에서 발견하게 되는 — 에 대해서 똑같은 유형의 공동부여를 나타내는 것은 아니다. 예술작품이 다름 아닌 자기-해석과 자기-표출에 참여하는 것이라는 점을 전제한다면, 그러한 예술작품에서는 생생한 다양성이 종합성 — 고정되었거나 또는 확정적이지만 — 으로부터 발생하게 된다. 이러한 논지에 대한 암시를 필자는 『모자이크 : 문학과 아이디어의 비교연구를 위한 저널(*Mosaic : A Journal for the Comparative Study of Literature and Ideas*)』(Winnipeg : University of Manitoba Press), vol.8, no.1 (Fall 1974), pp.157~164에 수록된 「예술창조와 인간적 행위(Artistic creation and human action)」에서 살펴본 바 있다.

8) 이와 같은 '부분/전체'의 관계에 대한 인식은 '인식의 영역'에 있어서의 쾰러(Köhler), 카프카 및 메를로퐁티에 의해서 제시되었던 인식과 비교할 수 있다.

9) 메를로퐁티는 콜린 스미스(Colin Smith)가 번역한 『지각의 현상학(*Phenomenology of Perception*)』(London : Routledge & Kegan Paul, 1962)의 '서문'에서 이러한 방법론적 특징을 분명하게 했으며, 거기에서 그는 현상학이 "설명하기나 또는 분석하기의 문제가 아니라 묘사하기의 문제"(p.viii)라고 언급했다.

10) 여기에서 제안하고 있는 해석학의 개념은 주체와 대상의 사이를 오가는 메신저(헤르메스)의 개념에 해당한다. 그러나 발신자와 수신자는 하나이자 동일하기 때문에, 하나의 관계에서 비롯되는 메시지(해석)는 다의적(多義的)이고 다(多)-콘텍스트적인 이해의 유형에 해당한다. 이해된 것은 해석자, 해석된 것 및 의미 있는 해석 그 자체이다. 해석학의 인식론에 대해서는 리처드 팔머의 『해석학』(1969)을 참고할 것.

제3장

1) 여기에서의 '인간'은 지금은 구태의연해진 기원적인 의미, 남자와 여자 모두를 포함하는 것으로 이해될 수 있다. 이러한 논의는 '인간'에 대한 이와 같은 전통적인 용법에 호소하고 있다.

2) 마르틴 하이데거의 『형이상학입문』(1959)의 p.xi에 수록된 랠프 만하임의 「역자 서문(Translator's Introduction)」을 참고할 것. 또한 '존재(Sein)'와 '존재자(Seidnde)'의 번역에서의 이와 같은 문제에 대한 더 많은 상세한 노력에 대해서는 제2장의 주2를 참고할 것.

3) 앙리 코르벵(Henri Corbin)과 R. 무니에(R. Munier)가 공역하여 『질문들 I(*Questions I*)』(Paris : Gallimard, 1968)에 수록한 「형이상학이란 무엇인가?(Qu'est-ce que la metaphysique?)」를 참고할 것.

4) 하이데거의 『이정표(*Wegmarken*)』(Frankfurt : Klostermann, 1967)에 수록된 그 자신의 「근거의 본질에 관하여(Vom Wesen des Grundes)」, pp.30~31을 참고할 것.

5) 콜린 스미스가 번역한 메를로퐁티의 『지각의 현상학』(1962)을 참고할 것.

6) 「마르틴 하이데거 교수의 주관으로 개최된 헤겔의 차이저술에 관한 세미나(Seminaire tenu par la Professeur Martin Heidegger sur la Differenzschrift de Hegel)」, p.25를 참고할 것.

7) Ibid.를 참고할 것.

8) M. 하이데거의 『니체 II(*Nietzsche II*)』(Pfullingen : Nleske, 1961), p.209를 참고할 것. 하이데거의 텍스트에 대한 뒤이어지는 참고문헌은 이 장(章)의 본문에 포함되어 있으며 번역은 필자의 것임.

제4장

1) 「치매(癡呆, Moria)」에서 하이데거는 파르메니데스(Parmenides)의 단장(斷章) "τό γάρ αντό νοειν εστί τε καί είναι"을 "Denn Dasselbe ist Denken und Sein"이라고 번역했다. 『강연과 논문(*Vortrage und Aufsatze*)』, Teil III(Pfullingen : Nesk, 1954), p.27을 참고할 것. 이후로는 이 책의 본문에서 *VA, III*로 약칭하되, 이 전집의 유형에 따라 그것을 로마자로 표기함. 『정체성과 차이(*Identität und differenz*)』(Pfullingen : Nesk, 1957), p.14를 보면, 이 구절은 "Das Selbe ist Vernehmen (Denken) sowohl als auch Sein"과 같이 되어 있다. 이후로는 이 책의 본문에서 *ID*로 약칭함. 영어 번역을 인용한 경우를 제외하고는, 본문에서의 번역은 필자 자신의 것임.

2) "Hier wird Verschiedenes Denken und Sein, als das selbe gedacht." *ID*, p.14를 참고할 것.
3) "Denken und Sein gehoren in das Selbe und aus diesem Selben zusammen." *ID*, p.14를 참고할 것.
4) "Inswischen haben wir aber die Selbigkeit von Deken und Sein schon als die Zusammen-gwhörigkeit beider festgelegt." *ID*, p.15를 참고할 것.
5) 이 책의 제2장 주5와 제3장 주2를 참고할 것.
6) 존재론적 차이(die ontologische Differenz)는 '있는 것(Seiende)'의 존재(Sein)를 특징짓는 것이다. 이러한 점이 '경험한/생생한'의 차이이며, 그것은 분석적인 목적을 위해서 만들어진 것, 예를 들면, "der Unterschied von Sein und Seiendem"에 반대된다. 'Differenz'와 'Unterschied'의 사이의 구별은 이 책의 제3장에서 상당히 길게 논의되었음.
7) "das Vorliegenlassen," *VA*, *III*, "Moria," p.41을 참고할 것.
8) 하이데거의 『사유란 무엇인가?(*Was Heisst Denken?*)』(Tubingen : Niemeyer, 1954), p.147을 참고할 것. 이후로는 *WHD*로 약칭함. F. 비이크(F. Wieck)와 J. 글렌 그레이(J. Glenn Gray)가 공역한 『사유란 무엇인가?(*What is Called Thinking?*)』(New York : Harper & Row, 1968), p.241을 참고할 것.
9) *VA*, *II*,."사유란 무엇인가?" p.13을 참고할 것.
10) 클로드 르포르(Claude Lefort)가 『보이는 것과 보이지 않는 것(Le Visible et l'invisible)』(Paris : Gallimard, 1964)으로 정리했으며, 알폰소 링기스(Alphonso Lingis)가 『보이는 것과 보이지 않는 것(*The Visible and the Invisible*)』(Evanston : Northwestern University Press, 1968)이라고 번역한, 모리스 메를로퐁티의 사후(死後)에 출판된 그의 저서를 참고할 것.
11) R. 무니에(R. Munier)가 독일어와 대조하여 프랑스어로 번역한 독일어-프랑스어 이중언어 대조판, 하이데거의 『휴머니즘에 관하여(*Uber den Humanismus*)』(Paris : Aubier, 1964), p.62를 참고할 것. 이 책의 내용은 원래 1946년에 장 보프레(Jean Beaufret)에게 보낸 편지이다. 이후로는 *UH*로 약칭함.
12) 하이데거의 『사유의 인내(*L'Endurance de la pensée*)』(Paris : Plon, 1968)에 수록된 『시간과 존재(*Zeit und Sein*)』, p.14를 참고할 것. 그 내용은 1962년 프라이베르크대학교에서 강연한 것으로, 처음에서는 장 보프레를 위한 『기념논문집(*Festschrift*)』으로 출판되었으며, 『사유의 사태(*Zur Sache des Denkens*)』(Tübingen : Niemeyer, 1969)로 재-출판되었음. 이후로는 *Zeit und Sein*은 *ZS*로, *Zur Sache des Denkens*는 *ZSD*로 약칭함. 조언 스탬보(Joan Stambaugh)가 번역하여 『시간과 존재(*Time and Being*)』(Harper & Row)로 출판되었음.
13) 하이데거의 『형이상학입문(*Einführung in die Metaphysik*)』(Tübingen : Niemeyer, 1953), p.148을 참고할 것. 랠프 만하임의 번역은 『형이상학입문(*Introduction to Metaphysics*)』(Anchor Doubleday)으로 출판되었으며, 예일대학교 출판부에서 1959년 재-출판했음.
14) 윌리엄 J. 리처드슨(William J. Richardson)의 『현상학에서 사유까지의 하이데거(*Heidegger through Phenomenology to Thought*)』(The Hague : Nijhoff, 1963)에 수록된 하이데거의 '리처드슨에게 보내는 편지(Letter to Richardson)'를 참고할 것.
15) 하이데거의 『칸트와 형이상학의 문제(*Kant und das Problem der Metaphysik*)』(Frankfurt : Klostermann, 1929), p.20을 참고할 것. 제임스 S. 처칠(James S. Churchil)이 번역한 『칸트와 형이상학의 문제(*Kant and the Problem of Metaphysics*)』(Bloomington : Indiana University Press, 1962), pp.234~235을 참고할 것. 이후로는 *KPM*으로 약칭함.
16) 하이데거의 『사유의 경험으로부터(*Aus der Erfahrung des Denkens*)』(Pfullingen : Neske,

1947), p.9를 참고할 것.

17) *VA*, *II*, 「사유란 무엇인가?」, p.10을 참고할 것.

18) 하이데거의 『근거율(*Satz vom Grund*)』(Pfullingen : Neske, 1957), pp.210~211을 참고할 것.

19) *VA*, *III*, 「로고스(Logos)」, p.24를 참고할 것.

20) 하이데거의 『형이상학이란 무엇인가?(*Was ist Metaphysick?*)』(Frankfurt : Klostermann, 1969), p.18을 참고할 것. 초판은 1929년에 출판되었으며, 「후기」는 1943년에, 「서문」은 1949년에 첨부되었음.

제5장

1) 『퐁텐(*Fontaine*)』, vol.11, no.59(April 1947), pp.17~50에 수록된 페르디낭 알키에(Ferdinand Alquié)의 「모호성의 철학(Une Philosophie de l'ambiguité)」을 참고할 것. 이 논문에 뒤이어지는 참고사항은 이 장(章)의 본문에 종합되어 있다. 이 논문과 뒤이어지는 논평 중에서 프랑스어로 된 텍스트를 참고한 경우의 번역은 필자 자신의 것임.

2) 모리스 메를로퐁티의 『행동의 구조(*La Structure du comportement*)』(1942), 2nd(Paris : Presses Universitaires de France)에 수록된 알퐁스 데 발렌(Alphonse de Waelhens)의 「모호성의 철학」, pp.v, xv를 참고할 것. 이후로는 *SC*로 약칭함.

3) 앨든 D. 피셔(Alden D. Fisher)가 번역한 『행동의 구조(*The Structure of Behavior*)』(Boston : Beacon Press, 1963)에 수록된 존 와일드(John Wilde)의 「서문」, p.xv를 참고할 것. 이후로는 *SB*로 약칭함.

4) 『아크(*L'Arc*)』(메를로퐁티 특집), no.46(1971)에 수록된 마크 리시르(Marc Richir)의 「추락(Défenestration)」, pp.31~42를 참고할 것.

5) 『팡세(*La Pensée*)』, no.73(May~June 1957)에 수록된 앙리 르페브르(Henri Lefebvre)의 「메를로퐁티와 모호성의 철학(M. Merleau-Ponty et la philosophie de l'ambiguité)」, p.37을 참고할 것. 이후로는 이 장(章)의 본문에서 인용했음.

6) 메를로퐁티의 『지각의 현상학(*Phénoménologie de la perception*)』(Paris : Gallimar, 1945), p.383을 참고할 것. 이후로는 *PdP*로 약칭함, 콜린 스미스가 번역한 『지각의 현상학』(1962), p.332를 참고할 것. 이후로는 *PoP*로 약칭함.

7) 자비에 티이에트(Xavier Tilliette)의 『메를로퐁티 또는 인간의 척도(*Merleau-Ponty ou la mesure de l'homme*)』(Paris : Seghers, 1970), pp.41~42를 참고할 것.

8) 철학의 논지가 경험으로 되는 것은 또한 메를로퐁티의 「헤겔 이후의 철학과 비-철학(Philosophy and non-philosophy since Hegel)」(1961)을 가능하게 했다. 이러한 논지는 이 책의 제7장과 제8장에서 상세하게 논의되었음.

9) 또한 '존재자-즉자'와 '존재자-대자'의 사이에 대한 사르트르적인 관계에서 그 어떤 축도 없는 까닭은 사르트르의 견해에서 '대자'는 언제나 부정하는 행위이지 실재가 아니기 때문이다. 그럼에도 사르트르는 하이데거가 존재와 '있는 것(존재자)'을 구별한 것과 똑같이 이 두 가지 유형, 즉 '즉자'와 '대자'를 구별했다. 사르트르의 이러한 입장에 대해서는 이 책의 제10장을 참고할 것.

10) 『형이상학과 윤리 평론(*Revue de Metaphysique et le morale*)』, 67th, no.4(October~December 1962)에 수록된 모리스 메를로퐁티의 「모리스 메를로퐁티의 미-출판 텍스트(Un inédit de Maurice Merleau-Ponty)」, p.409를 참고할 것. 아울러 제임스 M. 에디(James M.

Edie)가 편한 『지각의 우선권과 그 밖의 에세이(The Primacy of Perception and other essays)』(Evanston : Northwestern University Press, 1964)에 수록되었고 알린 B. 댈러리(Arleen B. Dallery)가 번역한 「미-출판 텍스트(An unpublished text)」, p.11도 참고할 것.

11) 메를로퐁티가 소쉬르의 언어학에 특별하게 신세진 것은 실버만이 번역한 『의식과 언어의 습득』(1973)과 존 오닐(John O'Neill)이 번역한 『세계의 산문(*The Prose of the World*)』(Evanston : Northwestern University Press, 1973)에서 상당히 길게 제시되어 있음.

12) 메를로퐁티의 『보이는 것과 보이지 않는 것(*Le Visible et l'invisible*)』(Paris : Gallimard, 1964), p.181을 참고할 것. 알폰소 링기스(Alphonso Lingis)가 번역한 『보이는 것과 보이지 않는 것』(1968), pp.137~138도 참고할 것.

제6장

1) 필자가 번역한 『의식과 언어의 습득』에서 필자 자신이 이미 지적했던 바와 같이, 본문에서의 주석(註釋)은 메를로퐁티가 1945년부터 1948년까지 가르쳤던 리옹대학교에서 그가 개설했던 강좌에 근거하며, 주석(註釋)의 내용은 그 당시에 메를로퐁티의 학생이었던 F. 자케(F. Jacquet)가 필자에게 활용하도록 허락해 준 것이라는 점을 밝혀둔다.

2) H. 앨더(H. Alder)이 번역한 G.T. 페히너(G.T. Fechner)의 『정신물리학(*Psychophysics*, 1860)』(New York : Holt, Rinehart & Winston, 1966)을 참고할 것. 이러한 연구 활동은 『시간과 자유의지 : 의식의 즉각적 자료에 관한 에세이(*Time and Free Will : An Essay on the Immediate Data of Consciousness*)』(1889)에서 앙리 베르그송(Henri Bergson)에 의해 철학적으로 연구하게 되는 계기가 되었으며, F.L. 포구선(F.L. Pogson)은 베르그송의 『시간과 자유의지』(New York : Harper Torchbooks, 1960)를 번역했다. 베르그송은 감각들의 사이의 최소한의 차이들에 대한 페히너의 개념과 그것을 점진적인 단계별 변화에 관련지은 J. 델뵈프(J. Delboeuf)의 재-해석이 모두 중요한 긴밀성의 역할을 간과했다는 점을 제시했다. 베르그송은 다음과 같이 언급했다. "긴밀성은 두 가지 흐름들의 사이의 교차점에 배치되어 있다. 하나는 우리들에게 밖으로부터 아무것도 없는 상태에서 확장적인 '매그니튜드'[magnitude, 지진의 규모를 나타나는 척도로 진원(震源)에서 100km 지점에 설치한 특정의 지진계로 관측한 지진의 최대 진폭수치를 상용대수로 표시하며, 기호는 M]의 아이디어를 부여하는 반면, 다른 하나는 우리들에게 안으로부터, 즉 실제로는 의식의 가장 깊은 심연으로부터 내적 다양성의 이미지를 부여한다."(p.72) 베르그송은 의식의 내적 상태의 구체적 다양성들이 순수한 지속에 있어서 그것들 자체를 스스로 드러내게 된다는 점과 그것들이 본질적으로 양적인 계산과는 다르다는 점을 계속해서 연구했다. 말브랑쉬(Malbranche)와 맨 드 비랑(Maine de Biran)과 함께 베르그송이 메를로퐁티가 파리고등사범학교에서 가르쳤던 강좌, 현재는 리옹대학교의 '언어와 의사소통'에 해당하는 강좌의 주제에 해당했다는 점은 강조할만한 가치가 있다. 1947년과 1948년에 가르쳤던 이러한 다른 강좌는 장 뒤프렌(Jean Deprun)에 의해서 『말브랑쉬, 비랑 및 베르그송의 정신과 몸의 결합(*L'Union de l'âme et du corps chez Malbranche, Biran et Bergson*)』(Paris : Vrin, 1968)으로 출판되었다. 흥미롭게도 메를로퐁티는 프랑스어로 된 『시간과 자유의지 : 의식의 즉각적 자료에 관한 에세이』(1889)를 참고하지 않았다. 그 대신에 그는 1896년에 출판된 베르그송의 『물질과 기억(*Matière et Mémoire*)』을 참고했다.

그런 다음에 그는 1903년 『형이상학입문(*Introduction to Metaphysics*)』, 1907년 『창조적 진화(*Creative Evolution*)』, 1911년 『철학적 직관(*L'Intuition philosophique*)』 및 1934년 『사유와 운동(*La Pensée et le Mouvant*)』을 언급했을 뿐이다.

3) 엘라 윈터(Ella Winter)가 번역한 볼프강 쾰러(Wolfgang Koehler)의 『유인원(類人猿)의 심성(*The Mentality of Apes*)』(New York : Carcourt, Brace & World, 1925)을 참고할 것.

4) 메를로퐁티의 『의식과 언어의 습득』, p.9를 참고할 것. 이후로는 *CAL*로 약칭함.

5) W. 폰 바르트브버그(W. von Wartburg)의 『언어학의 문제와 방법(*Problèmes et méthodes de la linguistique*)』(Paris : Presses Universitaires de France, 1949)을 참고할 것.

6) 특히 바르트버그의 『프랑스어의 진화와 구조(*Evolution et structure de la langue française*)』(Bern : A. Franche Verlag, 1946)를 참고할 것.

7) 샤를 바이(Charles Bally)와 알베르 세슈에(Albert Sechehaye)가 알베르 리드링거(Albert Riedlinger)와 함께 공편했고 웨이드 배스킨(Wade Baskin)이 번역한 페르디낭 드 소쉬르(Ferdinand de Saussure)의 『일반언어학 강의(*Course in General Linguistics*)』(New York : McGraw-Hill, 1959)를 참고할 것.

8) 특히 앙드레 마이에(André Meillet)의 『역사언어학과 일반언어학(*Linguistique historique et liguistique générale*)』, 2vols(Paris : repr.1948~1952)를 참고할 것.

9) 예를 들면, 노암 촘스키(Noam Chomsky)의 『언어와 정신(*Language and Mind*)』(New York : Harcourt, Brace & World, 1968), p.25ff를 참고할 것.

10) 조셉 워드 스웨인(Joseph Ward Swain)이 번역한 에밀 뒤르켐(Emile Durkheim)의 『종교생활의 기본형식(*The Elementary Forms of Religious Life*)』(Glencoe, Ill. : Free Press, 1947)과 사라 A. 솔로보이(Sara A. Solovoy)와 존 H. 뮐러(John H. Mueller)가 번역하고 조지 E.G. 캐트린(George E.G. Catlin)이 편한 『사회학방법의 법칙(*The Rules of Sociological Method*)』(New York : Free Press, 1938)을 참고할 것.

11) 마르셀 모스(Marcel Mauss)의 『사회학과 인류학(*Sociologie et anthropologie*)』(Paris : Presses Universitaires de France, 1950)에 수록되어 있는 에세이를 참고할 것.

12) 자크-베냉 부세(Jacques-Bénigne Boussuet)의 『세계사 서설(*Discours sur l'histoire universelle*)』(Paris : Garnier Frères, 1873)을 참고할 것.

13) 특히 메를로퐁티의 『지각의 현상학』의 제4장의 서문, 「현상적 분야(The phenomenal field)」를 참고할 것.

14) 여기에서 제기된 여러 가지 문제점은 『형이상학과 윤리 평론』(July~October 1947)에 처음 게재되었던 「인간에게 있어서의 형이상학적인 것(The Metaphysical in man)」에서 이미 논의되었던 것이다. 이러한 점으로 인해서 *CAL*에 대한 필자의 「역자 서문」의 주15를 수정할 수 있게 되었다. 이러한 점은 또한 X. 티이에트의 『메를로퐁티 또는 인간의 척도』에 대한 알렉산드르 메트로(Alexandre Métraux)의 참고문헌(주10)에서도 발생한다. 『의미와 무의미(*Sense and Non-Sense*)』에 재-수록되었던 「인간에게 있어서의 형이상학적인 것」은 아마도 1947년에서 1948년까지의 강좌 이전에 쓰였고 출판된 것 같다. 메를로퐁티는 이 논문에서 제공했던 좀 더 요약적인 형성논리를 분명하게 발전시켰고 풍부하게 했다. 이러한 점은 「인간에게 있어서의 형이상학적인 것」과 *CAL*의 사이에 의미 있는 차이들을 설명한다. 실제로, 우리들은 이와 같은 두 가지의 사이의 '단절-고리'로 '언어와 의사소통'을 고려할 수도 있다.

15) 이반 페트로비치(Ivan Petrovich)의 『조건반사 강의(*Lectures on Conditioned Reflexes*)』(New

York : International Publishers, 1925)를 참고할 것.

16) 『심리학 연구(*Psychologische Forschung*)』(1925)에 수록된 아데마르 겔브(Adhemar Gelb)와 쿠르트 골드슈타인(Kurt Goldstein)의 「색채심리론(Uber Farbennamenamnesie)」을 참고할 것.

17) *CAL*, pp.63~77에 수록된 「언어의 병리(病理)(The pathology of language)」를 참고하고 특히 pp.70~75의 '골드슈타인의 언어분석(Goldstein's analysis of language)'의 부분을 참고할 것.

18) 예를 들면, 도윈 카트라이트(Dorwin Cartwright)가 편한 쿠르트 레빈(Kurt Lewin)의 『사회과학에서의 장이론(場理論)(*Field Theory in Social Science*)』(New York : Harper & Row, 1951)을 참고할 것.

19) 예를 들면, 알랭(Alain)의 『철학의 요소(*Eléments de philosophie*)』(Paris : Gallimard, 1941)를 참고할 것.

20) 베르나르드 프레치트만(Bernard Frechtman)이 번역한 사르트르의 『상상력의 심리학(*The Psychology of Imagination*)』(New York : Washington Square Press, 1948)을 참고할 것.

21) '의미작용(언어적)'과 '의미(경험적)'의 사이의 구별에 대한 좀 더 많은 분류에 대해서는 이 책의 제5장을 참고할 것.

22) 휴 J. 실버만이 번역하여 『텔로스(*Telos*)』, no.29(Fall 1976), pp.43~105에 수록한 메를로퐁티의 「헤겔 이후의 철학과 비-철학(Philosophy and non-philosophy)」을 참고하고, 이 책의 제7장과 제8장도 참고할 것.

23) M. 카울리(M. Cowley)와 J.R. 롤러(J.R. Lawler)가 번역한 폴 발레리(Paul Valéry)의 『폴 발레리 전집(*The Collective Work of Paul Valéry*)』(Princeton New Jersey : Princeton University Press, 1971), vol.III를 참고할 것.

24) 리옹대학교 강좌의 나머지 부분에서 메를로퐁티는 알베르 E. 미쇼트(Albert E. Michotte)의 『우연성의 개념(*La Perception de la causalité*)』을 설명하는 데 집중했다.

25) 존 오닐(John O'Neill)이 번역한 『세계의 산문(*The Prose of the World*)』(Evanston : Northwestern University Press, 1973), p.7을 참고할 것.

26) 메를로퐁티가 1년 뒤인 1948년에서 1949년까지 파리고등사범학교에서 강의했던 또 다른 강좌의 주제는 소쉬르의 기호학을 좀 더 고려한 것이었다.

27) 바르트의 초기 기호학에 대해서는 안네트 레이버스(Annette Lavers)와 콜린 스미스(Colin Smith)가 공역한 『쓰기의 영도(*Writing Degree Zero*)』(New York : Hill & Wang, 1967)와 이들이 공역하여 같은 출판사에서 펴낸 『기호학의 요소(*Elements of Semiology*)』(1964)를 참고할 것. 좀 더 최근의 경향에 대한 예로는 리처드 밀러(Richard Miller)가 번역한 『S/Z』(New York : Hill & Wang, 1974)와 그가 번역하여 같은 출판사에서 1975년에 출판한 『텍스트의 즐거움(*The Pleasure of the Text*)』을 참고할 것.

28) 메를로퐁티의 현상학과 구조주의의 사이의 관계에 대한 논의에 대해서는 미셸 르페브르(Michel Lefeuvre)의 『현상학에서의 메를로퐁티(*Merleau-Ponty au delà de la phénoménologie*)』(Paris : Klincksieck, 1976), 제임스 M. 에디의 『말하기와 의미 : 언어의 현상학(*Speaking and Meaning : The Phenomenology of Language*)』(Bloomington : Indiana University Press, 1976), 루스 퐁테느 드 비셔(Luce Fontaine de Visscher)의 『현상 또는 구조? : 메를로퐁티의 랑가주에 대한 연구(*Essai sur le langage chez Merleau-Ponty*)』(Bruxelles : Facultés Universitaires Saint-Luis, 1974) 및 리처드 L. 래니건(Richard L. Lanigan)의 『말하기와 기호학 : 메를로퐁티의 실존적

의사소통의 현상학 이론(*Speaking and Semiology : Maurice Merleau-Ponty's Phenomenological Theory of Existential Communication*)』(The Hague : Mouton, 1972)을 참고할 것. 이상과 같은 인용서에서 제임스 M. 에디 혼자만 리옹대학교에 있었던 메를로퐁티의 1947년에서 1948년까지의 강좌의 중요성을 강조했지만, 그러나 그는 그 내용에 대해서는 상세하게 언급하지 않았다. 에디의 저서에서 「메를로퐁티의 구조주의(Merleau-Ponty's structuralism)」라고 제목을 붙인 장(章)을 참고할 것. 필자의 이 책 제8장에서 필자는 메를로퐁티가 계속해서 오늘날의 구조주의와 후기구조주의에서 말없는 현존으로 제공하고 있는 몇 가지 특징들을 지적하게 될 것이다.

제7장

1) 휴 J. 실버만이 번역한 메를로퐁티의 「헤겔 이후의 철학과 비-철학」(1976)을 참고할 것. 클로드 르포르(Claude Lefort)가 편한 프랑스어 원본은 『*Textures*』, no.8~9(1974)와 10~11(1975)에 수록되었음.
2) 『숲길(*Holzwege*)』(Frankfurt : Klostermann, 1950), pp.105~192에 수록된 하이데거의 「헤겔의 경험의 개념(Hegels Begriff der Erfahrung)」을 참고할 것. 프랑수아 페디에(François Fédier)가 편한 『그 어디로도 갈 수 없는 길(*Chemins qui ne mènent nulle part*)』(Paris : Gallimard, 1962), pp.101~172에 수록된 볼프강 크로스테만(Wolfgang Klostermann)의 프랑스어 번역도 참고할 것. 페디에가 편한 이 책은 메를로퐁티가 세상을 떠난 후 바로 뒤에 출간되었으며, 메를로퐁티와 아주 가까웠던 가이마르(Gallimard)는 그의 저서 대부분을 출판했다. 영어 번역으로는 『헤겔의 경험의 개념(*Hegel's Concept of Experience*)』(New York : Harper & Row, 1970)을 참고할 것. 하이데거에 대한 부분의 번역자가 익명으로 되어 있지만, 헤겔에 관계되는 부분은 켄리 로이스 도브(Kenly royce Dove)가 번역했다. 이후로 이 텍스트는 *HCG*로 약칭함.
3) 독일어 원본 『헤겔의 경험의 개념』에는 헤겔의 '서론' 전문이 수록되어 있으며, 그의 이 '서론'은 하이데거가 그것을 16개의 단락으로 나누어 매 단락마다 차례로 논의한 것보다 앞에 수록되어 있다. 영어로 번역된 헤겔의 이 책의 시작부분에도 그의 '서론' 전문이 수록되어 있을 뿐만 아니라 하이데거처럼 16개의 단락으로 나누지 않고 그것을 통합하여 수록했으며, 뒤이어 하이데거가 16개의 단락으로 나누어 논의한 것을 수록했다. 따라서 독일어 원본에서는 헤겔의 텍스트를 전체적으로 연구할 수는 있지만, 각 구문을 살펴보기 위해서는 시작부분으로 되돌아가야만 할 것이다. 영어 번역본에서는 헤겔의 주장과 하이데거의 논의를 손쉽게 비교할 수 있다.
4) 존 오닐(John O'Neill)이 번역한 메를로퐁티의 『강의 요지(*Themes from the Lectures*)』(Evanston : Northwestern University Press, 1970), p.11을 참고할 것. 이후로는 *TL*로 약칭함.
5) 이러한 점에 대해서는 제8장에서 더 많이 논의하고자 함.
6) 헤겔에게 있어서, 철학의 끝에 대한 주장은 철학이 과학으로 되어야만 한다는 주장에 해당한다. 『정신현상학』의 '서론'에서 그는 이러한 점을 다음과 같이 언급했다. "철학을 하나의 과학으로 고양시킬 때가 되었다는 점을 제시하는 것 ― 그것은 이러한 목적에 대한 시도를 진정으로 정당화하는 것일 뿐이다. 왜냐하면 이러한 주장은 그것을 성취하는 동안에도 그러한 목적의 필요성을 보여줄 수 있기 때문이다." 이 구문의 번역에 대해서는 W. 카우프만(W. Kaufmann)의 『헤겔 : 텍스트와 논의(*Hegel :*

Texts and Commentary)』(New York : Anchor, 1965), p.12를 참고할 것. 헤겔은 '서문'의 마지막 부분에서 이러한 점을 재-언급했다. "과학적 지식은…… 우리들이 대상의 삶에 복종하든가 또는—그리고 이러한 점은 똑같은 것이다—그러한 대상의 내적 필요성에 대응하고 그것을 표현할 것을 정확하게 요구한다."(p.82) 이러한 주장을 평가하는 데 있어서, 하이데거는 헤겔의 철학의 결과가 19세기에 있어서 지배적인 입장으로 되었다는 점을 지적했다. "형이상학의 완성은 의지의 정신으로서의 절대지식에 대한 헤겔의 형이상학과 함께 시작된다. …… 헤겔적인 철학의 파탄에 대한 피상적인 논의에도 불구하고, 다음과 같은 유일한 한 가지는 진실로 남아 있다. 뒤이어지는 어떤 주장의 외적 형식에서가 아니라 오히려 형이상학으로서, 확실성의 의미로서의 '존재 자체'의 지배로서 결정하기는 했지만, 이러한 철학만이 유일하게 19세기의 현실을 결정했다. 이러한 형이상학에 대응되는 운동은 바로 그 자체에 속하게 된다." 이러한 점에 대해서는 조언 스탬보(Joan Stambaugh)가 번역한 『철학의 끝(*The End of Philosophy*)』(New York : Harper & Row, 1973), p.89를 참고할 것. 니체도 이러한 철학의 완성을 반복했다. "니체의 형이상학과 함께 철학은 완성되었다. 이러한 점은 다음과 같은 점을 의미한다. 즉, 철학은 앞서 결정된 어떤 가능성의 축을 통해 사라져 버렸다. …… 그러나 철학의 끝과 함께 사유는 바로 그 철학의 끝에 있을 뿐만 아니라 또 다른 사유의 전환점에 있다."(Ibid., p.96)

7) 필자는 이러한 차이, 특별하게는 '존재론적 차이'의 개념을 이전의 장(章)에서 논의했음.
8) 앨든 J. 피셔(Alden, J. Fisher)가 번역한 메를로퐁티의 『행동의 구조(*The Structure of Behavior*)』(Boston : Beacon Press, 1963), pp.162~184를 참고할 것.
9) 이와 같은 두 가지 태도들의 논의에 대해서는 이 책의 제1장을 참고할 것.
10) 장 T. 와일드(Jean T. Wilde)와 윌리엄 크뤼백(William Kluback)이 공역한 『존재의 문제(*The Questions of Being*)』(New Haven : College and University Publishers, 1958)를 참고할 것. 특히 존재를 ~~존재~~로 표기한 것을 참고할 것.

제8장

1) 이 책의 제7장의 주1과 제7장의 본문에서의 일반적인 논의를 참고할 것.
2) 언어의 역할에 대해서는 다음 장, 즉 제8장에서 집중적으로 논의되었음.
3) 메를로퐁티는 1960년에서 1961년까지 두 강좌를 맡았지만, 1957년과 1959년에서는 자신의 두 강좌를 하나로 통합해서 강의했다. 따라서 1960년에서 1961년까지의 강좌에는 『데카르트적 존재론과 현대적 존재론(*Cartesian Ontology and Modern Ontology*)』으로 불릴 수 있는 또 다른 일련의 질문이 있지만 『헤겔 이후의 철학과 비-철학』은 포함되지 않는다. 이와 같은 또 다른 강좌에서 메를로퐁티는 세잔에게서의 보이는 것, 레오나르도의 전망적 투사에 의한 사물들에서의 보이지 않는 것, 가시적인 지각과 역동적인 통각(統覺)의 부분교차에서 양쪽을 오가는 중심을 연구했다. 레스터 E. 엠브리(Lester E. Embree)는 자신이 편한 『삶-세계와 의식(*Life-World and Consciousness*)』(Evanston : Northwestern University Press, 1972), pp.332~336에 수록된 자신의 「모리스 메를로퐁티의 마지막 강좌에서의 비전과 존재(Vision and Being in the last lectures of Maurice Merleau-Ponty)」에서 알렉산드르 메트로(Alexandre Métraux)에서 이상과 같은 자료들을 요약했다. 이러한 강좌는 제임스 M. 에디가 편하고 칼레톤 댈러리(Carleton

Dallery)가 번역한 『지각의 우선과 그 밖의 에세이(*The Primacy of Perception and other Essays*)』(Evanston : Northwestern University Press, 1964)에서의 특수한 요소들과 대등한 것이다. 허버트 L. 드라이퍼스(Hubert L. Dreyfus)와 패트리시아 A. 드라이퍼스(Patricia A. Dreyfus)가 공역한 『의미와 비-의미』(1948)(Evanston : Northwestern University Press, 1964) 이후에 이러한 점은 원래의 상태로 남아 있던 어떤 미학이론을 발전시켰다. 여기에는 특별하게 세잔의 '형태주의(Gestaltism)'를 가시성으로의 공간에 있어서 화가의 사유로 변용시킨 점이 포함된다.

4) 존 와일드와 제임스 M. 에디가 공역한 메를로퐁티의 『철학의 찬양(*In Praise of Philosophy*)』(Evanston : Northwestern University Press, 1963)을 참고할 것. 이후로는 Praise로 약칭함.

5) 제임스 M. 에디가 편한 『지각의 현상학』(1964)에 수록되어 있는 앨린 B. 댈러리(Arleen B. Dallery)가 번역한 메를로퐁티의 「미-출판 텍스트(An unpublished text)」, p.9를 참고할 것.

6) 콜린 스미스가 번역한 메를로퐁티의 『지각의 현상학』(1962), p.xix를 참고할 것. 이후로는 *PoP*로 약칭함.

7) 휴 J. 실버만의 번역한 메를로퐁티의 「헤겔 이후의 철학과 비-철학」(1976), p.81과 역자 주 no.81을 참고 것.

8) 존 오닐이 번역한 메를로퐁티의 『세계의 산문』(1973), p.84를 참고할 것. 이후로는 본문에서 *PW*로 약칭함.

9) 생생한 현재와 관련지어 이상세계(미래세계)에 대한 이해가능성을 제시하는 유토피아적 사유에 대한 대체가능한 설명으로는 필자의 이 책 제18장을 참고할 것. 거기에는 이러한 설명이 메를로퐁티가 제안하는 조건, 즉 그 어떤 유토피아적 모델도 '지금'의 투사로서 출현하게 된다는 점에서 그러한 조건을 충족시킬 수도 있는 하나의 의미가 있다.

10) 작품은 충분히 폐기되었다는 점과 『보이는 것과 보이지 않는 것(*The Visible and the Invisible*)』(PW, p.xx)의 문제에서부터 작품은 소생되었을 수도 있다는 점에 대한 르포르(Lefort)의 의심을 살펴볼 것.

11) 알폰소 링기스가 번역한 메를로퐁티의 『보이는 것과 보이지 않는 것』(1960), pp.165~275를 참고할 것. 이후로는 *VI*로 약칭함.

12) 조언 스탬보가 번역한 하이데거의 『철학의 끝』(1973)을 참고할 것. 하이데거의 이 책의 내용은 『니체(*Nietzsche*)』(Pfullingen : Neske, 1961)의 vol.II에서 선별한 것이다.

13) 하이데거의 『숲길(*Zwischen*)』의 개념에 대한 본질적 비판은 이 장(章)의 후분부에서 논하게 될 것이다.

14) 앨든 L. 피셔가 번역한 메를로퐁티의 『행동의 구조』(1963), p.162를 참고할 것.

15) 존 오닐이 번역한 메를로퐁티의 『휴머니즘과 테러(*Humanism and Terror*)』(Evanston : Northwestern University Press, 1969), p.96을 참고할 것. 이후로는 *HT*로 약칭함.

16) 조셉 비엔(Joseph Bien)이 번역한 메를로퐁티의 『변증법의 모험(*The Adventures of the Dialectic*)』(Evanston : Northwestern University Press, 1973)을 참고할 것.

17) 존 오닐이 번역한 메를로퐁티의 『강의 요지(*Themes from the Lectures*)』(Evanston : Northwestern University Press, 1970), pp.51~61을 참고할 것. 이후로는 *TL*로 약칭함.

18) 『미학과 예술비평 저널(*Journal of Aesthetics and Art Criticism*)』, vol.40, no.4(Summer, 1982), pp.369~379에 수록된 필자의 「세잔의 거울단계(Cezanne's mirror stage)」를 참고할 것.

19) 『지각의 우선』에 수록되었으며, 칼레톤 댈러리가 번역한 메를로퐁티의 『눈과 마음

(*Eye and Mind*)』, p.178을 참고할 것. 이후로는 *EM*으로 약칭함.

20) 이와 같은 주석들은 메를로퐁티의 사후(死後)에 『명상(*Meditations*)』, no.4(1961∼1962), pp.5∼9에 수록되었다. 그것들은 마르셀 세기에(Marcel Seguier)가 편한 『대화 : 클로드 시몽(*Entretiens : Calude Simon*)』(1972), pp.41∼46에 재-수록되었다. 따라서 이러한 주석들은 1960년 10월과 1961년 3월의 사이에 걸쳐 있다. 따라서 그것들은 「헤겔 이후의 철학과 비-철학」과 같은 시기에 해당한다. 이후로 이 텍스트는 *Entretiens*이라고 약칭하며, 본문에서의 번역은 필자의 것임.

21) 메를로퐁티의 정치이론에 있어서 이와 같은 사건들과 그것에 관련되는 문제들의 의미에 대한 논의로는 G. 길런(G. Gillan)의 『살의 층위(*Horizons of the Flesh*)』(Carbondale : Southern Illinois Univiersity Press, 1973), pp.143∼159에 수록된 딕 하워드(Dick Howard)의 「모호한 급진주의 : 정치사상에 대한 메를로퐁티의 질문(Ambiguous radicalism : Merleau-Ponty's interrogation of political thought)」을 참고할 것. 아울러 하워드의 『마르크스주의 유산(*The Marxian Legacy*)』(London : Macmillan, 1977)도 참고할 것.

22) 벤 브루스터(Ben Brewster)가 번역한 『마르크스를 위하여(*For Marx*)』(New York : Vintage, 1969)에 대한 자신의 '서문'에서 루이 알튀세는 이와 같은 결별을 '인식론적 단절(coupure épistémologique)'이라고 별칭(別稱)했다. 그의 이러한 별칭은 가스통 바슐라르(Gaston Bachelard)가 과학의 철학을 통해 이해한 바와 같이 지식에서의 변화를 묘사한 것과 같은 것이다. 마르크스에게 있어서의 이와 같은 인식론적 단절은 그가 자신의 초기의 입장으로부터의 전환을 선언하고 있다는 점에서, 그것이 제시하는 전환은 과학과 '과학적 사회주의'로 이동하는 것이다.

23) 후설의 입장과 관련지어 제5장에서 논의했던 바와 같이 메를로퐁티에 의해 제창된 반대 입장에 대해서는 제1장에서 충분하게 논의했음.

24) 존 매슈스(Johns Mathews)의 번역으로 『실존주의와 마르크스주의의 사이(*Between Existentialism and Marxism*)』(New York : Pantheon, 1974)에 수록된 사르트르의 「단칭 보편자(The singular universal)」를 참고할 것.

25) 후설의 입장에 대한 더 많은 상세한 설명에 대해서는 제1장을 참고할 것.

26) 주관성과 객관성의 사이로서의(차이의 수립) 자기실현과 이 두 가지의 포함으로서의 (정체성의 수립) 자기실현에 대해서는 제3장을 참고할 것.

27) 포레스트 윌리엄스(Forrest Williams)와 로버트 커크패트릭(Robert Kirkpatrick)이 공역한 사르트르의 『에고의 초월(*Transcendence of the Ego*)』(New York : Noonday, 1957)을 참고할 것.

28) 이러한 관점에 대한 더 많은 상세한 논의에 대해서는 제10장을 참고할 것.

29) 이러한 견해에 대해는 제5장에서 상당히 길게 발전시켰음.

30) 웨이드 배스킨(Wade Baskin)이 번역한 페르디낭 드 소쉬르(Ferdinand de Saussure)의 『일반 언어학 강의(*Course in General Linguistics*)』(New York : McGraw-Hill, 1959)를 참고할 것.

31) 제임스 할 벨(James Harle Bell), 존 리처드 본 스투머(John Richard von Sturmer) 및 로드니 니덤(Rodney Needham)이 공역한 클로드 레비스트로스(Claude Lévi-Strauss)의 『친족의 기본구조(*Elementary Structure of Kinship*)』(Boston : Beacon Press, 1969)를 참고할 것. 1949년 초판 되었지만, 1967년 프랑스에서 개정판이 출판되었다. 이와 같은 두 명의 사상가들, 즉 소쉬르와 레비스트로스에 대한 좀 더 상세한 설명에 대해서는 제11장을 참고할 것.

32) 베니터 아이스터(Benita Eister)가 번역하여 『상황들(*Situations*)』(Greenwich, Conn., : Fawcett,

1965)에 수록된 사르트르의 「메를로퐁티」, p.211을 참고할 것. 이후로는 S:M-P로 약칭함.

33) 리처드 하워드(Richard Howard)가 번역한 알랭 로브그리예(Alain Robbe-Grillet)의 『견자(見者, *The Voyeur*)』(New York : Grove, 1958)를 참고할 것.

34) 안네트 레이버스(Annette Lavers)와 콜린 스미스가 공역한 바르트의 『쓰기의 영도(零度)(*Writing Degree Zero*)』(New York : Hill & Wang, 1967)를 참고할 것.

35) 예를 들면, 리처드 밀러가 번역한 바르트의 『S/Z』(New York : Hill & Wang, 1974), 리처드 하워드가 번역한 『라신에 대하여(*On Racine*)』(New York : Hill & Wang, 1964), 매슈 워드(Matthew Ward)와 R. 하워드가 공역한 『패션 체계(*The Fashion System*)』(New York : Hill & Wang, 1983), R. 하워드가 번역한 『롤랑 바르트(*Roland Barthes*)』(New York : Hill & Wang, 1981)를 참고할 것.

36) 리처드와 페르낭 드 조지(Fernande De George)가 편한 『구조주의자들(*The Structuralists*)』(New York : Anchor, 1972), pp.287~323에 수록된 자크 라캉(Jacques Lacan)의 「무의식에 있어서의 글자의 고집(The insistence of the letter in the unconscious)」을 참고할 것.

37) 알튀세, 『마르크스를 위하여』, p.167을 참고할 것.

38) 번역자 미상(未詳)의 미셸 푸코(Michel Foucault)의 『사물의 질서(*The Order of Things*)』(New York : Vintage, 1970)와 A.M. 셰리던 스미스(A.M. Sheridan Smith)가 번역한 『지식의 고고학(*The Archeology of Knowledge*)』(New York : Pantheon, 1972)을 참고할 것.

39) 자크 데리다(Jacques Derrida)는 1967년 다음과 같은 세 권의 저서를 동시에 출판했다. 데이비드 B. 앨리선(David B. Allison)이 번역한 『화술과 현상(*Speech and Phenomena*)』(Evanston : Northwestern University Press, 1973), 『쓰기와 차이(*L'Ecriture et la différence*)』(Paris : Seuil, 1967), 그리고 『그라마톨로지(*De la Grammatologie*)』(Paris : Minuit, 1967).

40) 특히 『화술과 현상』, pp.129~160에 수록된 「차연(差延, *Différance*)을 참고할 것. 이 에세이는 '프랑스철학회(La Société Française de Philosophie)'에서 발표된 후에 「프랑스철학회 회보(Bulletin de la Société Française de Philosophie)」, vol.62(1968)에 처음 수록되었다. 구두설명(口頭說明)에서의 중요성은 '차연(差延, *différance*)'과 '차이(差異, *différence*)'의 사이를 구별하여 이해하는 데 있어서 본질적인 것이다.

41) 앨런 배스(Alan Bass)가 번역한 『쓰기와 차이(*Writing and Difference*)』(Chicago : University of Chicago Press, 1978)에 수록된 데리다의 「인문과학의 담론에서의 구조, 기호 및 작용(Structure, sign and play in the discourse of the human sciences)」을 참고할 것.

42) 바바라 존슨(Barbara Johnson)이 번역한 데리다의 『산종(散種, *Dissemination*)』(Chicago : University of Chicago Press, 1981)을 참고할 것.

43) 장-프랑수아 리오타르의 『현상학(*La Phénomenologie*)』(Paris : Presses Universitaires de France, 1954)을 참고할 것.

44) 리오타르의 『담론, 형상(*Discours, figure*)』(Paris : Klincksieck, 1971)을 참고할 것.

45) 리오타르의 『마르크스와 프로이트로부터의 표류(*Derive a partir de Marx et Freud*)』(Paris : 10~18, 1973)와 『리비도 경제학(*Economie libidinale*)』(Paris : Minuit, 1974)을 참고할 것.

46) 여기에서는 '정신분열증-문화(Schizo-Culture)' 기호-텍스트(Semio-text(e))를 주제로 콜롬비아대학교에서 개최되었던 학회(Fall 1975)에서 발표한 리오타르의 핵심적인 중요한 강의를 참고했다. 리오타르가 강의과정에서 활용한 번역방법의 실험에서는 '욕망'의 확산뿐만 아니라 다른 사람의 담론의 반복까지도 예시했다.

47) 질레 들뢰즈(Gilles Deleuze)의 『경험론과 주관성(*Empirisme et subjectivité*)』(Paris : Presses

Universitaires de France, 1953), 『스피노자와 표현의 문제(*Spinoza et le problème de l'expresssion*)』(Paris : Minuit, 1969), 휴 톰린슨(Hugh Tomlinson)과 바바라 하버잼(Barbara Habberjam)이 공역한 『칸트의 비판철학(*Kant's Critical Philosophy*)』(Minneapolis : University of Minnesota Press, 1984)을 참고할 것.

48) 들뢰즈의 『사디즘-마조히즘의 제시(*Présentation de Sacher-Masoch*)』(Paris : Presses Universitaires de France, 1967)와 『의미의 논리(*Logique du sens*)』(Paris : Minuit, 1969)를 참고할 것.

제9장

1) 제임스 E. 에디는 휴 J. 실버만이 번역한 『의식과 언어의 습득』(1973), pp.xi~xxxii에 수록된 자신의 '서문'에서 언어에 대한 메를로퐁티의 쓰기를 목록으로 작성했다. 에디의 이러한 목록은 그 이후의 출판사정으로 인해 미완성인 채로 남아있기 때문에, 필자는 이 장에서 네 가지 형성논리의 틀에 따라 충분한 설명을 제시하고자 했다.
   ① 몸의 언어
   콜린 스미스 역, 「화술과 표현으로서의 몸(The body as speech and expression)」(1945), 『지각의 현상학』(1962), pp.174~199.
   ② 철학과 의사소통의 심리학
   후버트 L. 드라이퍼스 · 패트리시어 A. 드라이퍼스 역, 「인간에 있어서 형이상학적인 것(The metaphysical in man)」(1947), 『의미와 비-의미』(1964), pp.83~98; 「언어의 의사소통(Language and Communication)」(1947~1948), 리옹대학교에서의 강좌코스(제6장에서 요약했고 논의했음); 『의식과 언어의 습득』(1949~1950, 위에 인용되었음); 존 와일드 역, 「현상학과 인간의 과학(Phenomenology and the sciences of man)」(1950~1951), 『지각의 우선과 다른 에세이들』, pp.43~95; 리처드 C. 매클리어리 역, 「언어의 현상학론(On the phenomenology of language)」(1951), 『기호들(*Signs*)』(Evanston : Northwestern University Press, 1964), pp.84~97; 프레드 에반스(Fred Evans) · 휴 J. 실버만 역, 「다른 사람들의 경험(The experience of others)」(1951~1952), 『실존주의 심리학과 정신과학 평론(*Review of Existential Psychology and Psychiatry*)』(1985), pp.43~60.
   ③ 간접적 언어
   「간접적 언어와 침묵의 목소리(Indirect language and the voices of silence)」(1952), 『기호들』, pp.39~83; 클로드 르포르 편, 존 오닐 역(1950~1952), 『세계의 산문』(1973); 존 오닐 역, 「감각적인 세계와 표현의 세계(The sensible world and the world of expression)」(1953), 『강의 요지』(1970), pp.3~31; 「언어의 문학적 활용에 대한 연구(Studies in the literary use of language)」(1953), 『강의 요지』, pp.12~18; 「화술의 문제(The Problem of speech)」(1954), 『강의 요지』, pp.19~26.
   ④ 가시성의 언어
   알폰소 링기스 역(1959~1961), 『보이는 것과 보이지 않는 것』(1968); (1960) 캘레톤 댈러리 역, 「눈과 마음(Eye and mind)」, 『지각의 우선』, pp.159~190; 휴 J. 실버만 역(1961), 「헤겔 이후의 철학과 비-철학」(1976), pp.43~105.

2) 제5장을 참고할 것.

3) 제6장을 참고할 것.

4) 『지각의 우선』, p.197. 1964년 파리에서 출판된 원래의 가이마르 판(Gallimard edition),

p.229를 참고할 것.
5) Ibid., p.193(Fr., p.226)을 참고할 것.
6) Ibid., p.184(Fr., p.214)를 참고할 것.
7) Ibid., p.185. 번역이 변경되었음(Fr., p.215).
8) 『의식과 지식의 습득』(1973)에 대한 필자의 「서문」, p.xxxvii을 참고할 것.
9) 제6장을 참고할 것.
10) Ibid., p.174를 참고할 것.
11) 「인간에게 있어서 형이상학적인 것」, 『의미와 비-의미』, p.86을 참고할 것.
12) Ibid., p.88(강조는 필자의 것임)을 참고할 것.
13) 『의식과 언어의 습득』, p.58. 이후로는 *CAL*로 약칭함.
14) *CAL*, p.98을 참고할 것.
15) *CAL*, p.99를 참고할 것.
16) 「현상학과 인간의 과학」, 『지각의 우선』, p.8을 참고할 것.
17) Ibid., p.83을 참고할 것.
18) 「다른 사람들의 경험」(1950~1951, 위에 인용되었음)
19) 「간접언어와 침묵의 목소리」, 『기호들』, p.41을 참고할 것.
20) Ibid., p.64를 참고할 것.
21) Ibid., p.67을 참고할 것.
22) Ibid., p.79를 참고할 것.
23) Ibid., p.81을 참고할 것.
24) 『세계의 산문』, p.48을 참고할 것.
25) Ibid., p.50을 참고할 것.
26) Ibid., p.5를 참고할 것.
27) 「언어의 문학적 활용에 대한 연구」, 『강의 요지』, p.18을 참고할 것.
28) 『보이는 것과 보이지 않는 것』, p.270(Fr., p.324)을 참고할 것.
29) Ibid., p.154(Fr., p.202)를 참고할 것.
30) 「눈과 마음」, 『지각의 우선』, p.162를 참고할 것.
31) Ibid., p.169를 참고할 것.
32) Ibid., p.189를 참고할 것.
33) 「헤겔 이후의 철학과 비-철학」을 참고할 것.
34) 제8장을 참고할 것.
35) 『지각의 현상학』, p.179(Fr., p.209)를 참고할 것.
36) *CAL*, p.31을 참고할 것.
37) *CAL*, pp.42~43을 참고할 것.
38) 「간접언어와 침묵의 목소리」, 『기호들』, p.53을 참고할 것.
39) 『보이는 것과 보이지 않는 것』, p.155(Fr., p.203)를 참고할 것.

제10장

1) 원래는 『말과 사물(*Les Mots et les choses*)』(Paris : Gallimard, 1966)로 출판되었고 영어로는 『사물의 질서(*The Order of Things*)』(New York : Vintage, 1970)로 출판된 자신의 책에서

푸코는 '인식소'를 서구사상에 있어서 서로 다른 시대를 특징짓는 지식의 개념적인 구도나 또는 패턴이라고 언급했다. 토마스 S. 쿤(Thomas S. Kuhn)이 『과학혁명의 구조(*The Structure of Scientific Revolution*)』(Chicago : University of Chicago Press, 1962)에서 강조했던 바와 같이, 때로는 '패러다임'이라는 용어가 바로 그 '인식소'를 대체하기도 한다. C. 매슐러(C. Maschler)가 번역한 『구조주의(*Structuralism*)』(New York : Harper & Row, 1970)에 관한 특집으로 간행된 자신의 『나는 무엇을 아는가?(*Que Sais-je?*)』, p.132에서 장 피아제(Jean Piaget)는 이와 같은 상관성을 제안하기도 했다. 쿤은 하나의 패러다임을 과학사상의 모델로 언급했을 뿐만 아니라 일반적인 과학자들은 그러한 패러다임 하에서 활동하지만 그러나 예외적인 과학자들은 그러한 패러다임을 벗어나기 위해서 바로 그 자체를 타파해야만 한다는 점도 언급했다. 푸코와 쿤이 모두 역사 내에서의 인식론적인 '시간-단면(time slice)'에 대해서 언급하고 있지만, 피아제 자신은 자신의 발생학적 인식론을 아동발달에 있어서의 단계들로 유도한다. 피아제의 활동이 개인적인 것을 취급하고 사적인 사유의 수준을 취급하는 점은 필자가 사르트르의 발전과 관련지어 제안하고 있는 이와 같이 특별한 점에 좀 더 가까운 것처럼 보이기도 한다. 아마도 키에르케고르의 '인생의 여정에 있어서의 단계(stage in life's way)'라는 개념 또한 언급할만한 가치가 있을 것이다. '인식소'와 '패러다임'이라는 용어사용에 의해서 필자가 제안하는 것은 사르트르의 활동에 있어서 서로 다른 사유의 단계, 즉 언어와 자아의 사이의 관계는 서로 다른(그러나 비교-가능한) 구조들을 형성하고 있는 바로 그 단계가 있다는 점이다.

2) F. 윌리엄스와 R. 커크패트릭이 공역한 사르트르의 『에고의 초월(*The Transcendence of the Ego*)』(New York : Noonday, 1957)을 참고할 것.

3) 자아에 대한 후설의 개념에 대한 좀 더 충분하게 발전된 논의에 대해서는 이 책의 제1장을 참고할 것.

4) 현상학적 영역은 사르트르의 '초월적 영역'에 관계되며 C. 스미스가 번역한 『지각의 현상학』(1962)에서 메를로퐁티가 명명한 '현상적 영역'과 구별된다. 메를로퐁티의 개념에는 또한 후설적이고 사르트르적인 비-구체화된 의식 외에도 몸의 경험이 포함된다.

5) 뉴욕주립대학교 스토니브룩 캠퍼스에서 1975년 4월 4일부터 5일까지 '후설서클' 회합이 있었을 때, 앨기스 미쿠나스(Algis Mickunas) 교수는 자신의 논문 「후설에게 있어서의 투명성의 개념(The concept of transparency in Husserl)」에서 '현행범 에고를 체포하는 것'이라는 표현을 제안했다.

6) 모든 독단적 행위들은 '노에틱(noetic)'하다. 그러나 사르트르가 제시하는 바와 같이 모든 '노에틱 행위(noetic action)'가 독단적인 것은 아니다.

7) 이러한 점에 대해서 메를로퐁티는 다음과 같이 언급했다. "예를 들면, 스탕달의 『파르마의 승원』에서 백작이 젊은 연인들의 감정을 확인하게 되지만 그러나 아직은 말로 표현되지 않은 '사랑'이라는 첫 번째 말을 두려워할 때를 고려해보자." 휴 J. 실버만이 번역한 메를로퐁티의 『의식과 언어의 습득』(1973), pp.4~5를 참고할 것.

8) 해젤 E. 반스(Hazel E Barns)가 번역한 사르트르의 『존재와 무(*Being and Nothingness*)』(New York : Philosophy Library, 1956), p.103을 참고할 것. 이후로는 본문에서 *BN*으로 통합하여 약칭함. 원래의 프랑스어 판에 대해서는 『존재와 무(*L'Etre et le néant*)』(Paris : Gallimard, 1943), p.148을 참고할 것. 이후로 프랑스어 판의 경우에는 "*Fr.*,"로 약칭함.

9) B. 프레치트만(B. Frechtman)이 번역한 사르트르의 『문학이란 무엇인가?(*What is Literature?*)』(New York : Harper & row, Colophon Edition, 1965), p.45를 참고할 것. 이후로는 *WL*로 통합하여 약칭함. 원래의 프랑스어 원본은 『상황들, II(*Situations, II*)』(Paris : Gallimard, 1948)에 수록된 『문학이란 무엇인가?(*Qu'est-cet que la littérature?*)』, p.101을 참고할 것.

10) 『출구 없음과 그 밖의 세 편의 희곡(*No Exit and Three Other Plays*)』(New York : Knopf, Vintage Books, 1949)에 수록된 리오넬 아벨(Lionel Abel)이 번역한 사르트르의 『더러운 손(*Dirty Hands*)』, p.142를 참고할 것. 원래의 프랑스어 판은 『더러운 손(*Les Mains sales*)』(Paris : Gallimrd, 1948), p.33을 참고할 것.

11) 존 오닐이 번역한 메를로퐁티의 『휴머니즘과 테러(*Humanism and Terror*)』(Boston : Beacon Press, 1969)를 참고할 것.

12) B. 프레치트만이 번역한 장 주네(Jean Genet)의 『도둑잡지(*The Thief's Journal*)』(New York : Grove Press, 1964)에 대한 사르트르의 '서문(Forward)', p.7을 참고할 것. 이때의 'forward'는 '다른 말들(other words)'에 대한 '하나의 말(a word)'이라는 점에 주의할 것. 즉, 이 경우에 있어서 '다른 말들'은 장 주네의 자서전에 해당한다는 점도 주의할 것.

13) B. 프레치트만이 번역한 사르트르의 『성 주네(*Saint Genet*)』(New York : Braziller, 1963), p.85를 참고할 것. 이후로는 *SG*로 통합하여 약칭함. 원래의 프랑스어 판은 『성 주네 : 코미디언과 순교자(*Saint Genet : Comédien et Martyr*)』(Paris : Gallimard, 1952, p.86을 참고할 것.

14) 해젤 E. 반스가 번역한 사르트르의 『방법의 탐구(*Search for a Method*)』(New York : Knopf, Vintage Books, 1963), p.9를 참고할 것. 이후로는 *SM*으로 약칭함. 프랑스어 원본은 『변증법적 이성비판(*Critique de la raison dialectique*)』(Paris : Gallimard, 1960)에 수록된 『방법의 탐구(*Questions de la méthode*)』(New York : Knopf, Vintage Books, 1963), p.9를 참고할 것.

15) A. 레이버스와 C. 스미스가 번역한 바르트의 『기호의 요소(*Elements of Semiology*)』(Boston : Beacon Press, 1967), pp.9~11을 참고할 것.

16) 존 매슈스가 번역한 『실존주의와 마르크스주의의 사이(*Between Existentialism and Marxism*)』(New York : Pantheon, 1974)에 수록된 사르트르의 「키에르케고르 : 단칭 보편자(Kierkegaard : the singular universal)」, pp.141~169를 참고할 것. 프랑스어 원본은 『상황들, II(*Situations, II*)』(Paris : Gallimard, 1972)에 수록된 『단칭 보편자(*L'Universel singulier*)』, pp.152~190을 참고할 것.

17) 자아와 인간의 사이의 구별에 대해서는 이 책의 제3장을 참고할 것. 또한 소쉬르의 기의/기표 관계에 대한 사르트르의 형성논리의 연구에 대해서는 이 책의 제11장을 참고할 것.

18) 실비아 리슨(Sylvia Leeson)과 조지 리슨(George Leeson)이 공역한 사르트르의 『알토나의 저주(*The Condemned of Altona*)』(New York : Knopf, Vintage Books, 1961), p.60을 참고할 것. 이후로는 CA로 통합하여 약칭함. 프랑스어 원본은 『알토나의 저주(*Les Séquestres d'Altonar*)』(Paris : Gallimard, 1960), p.128을 참고할 것.

19) B. 프레치트만이 번역한 사르트르의 『말(*The Words*)』(Greenwich, Conn., : Fawcett Premier, 1964), p.160을 참고할 것. 이후로는 W로 통합하여 약칭함. 원래의 프랑스어 원본은 『말(*Les Mots*)』(Paris : Gallimard, 1964), p.213을 참고할 것.

20) 폴 오스터(Paul Auster)와 리디아 데이비스(Lydia Davis)가 공역한 사르트르의 『삶/상황들 : 쓰이고 말해진 에세이(*Life/Situations : Essays Written and Spoken*)』(New York : Pantheon, 1977)를 참고할 것. 특히 「70대의 자화상(Self-portrait at seventy)」, pp.4~92를 참고할 것. 원래

의 프랑스어 원본은 『상황들, X(*Situations, X*)』(Paris : Gallimard, 1975)을 참고할 것. 또한 『반항에는 이유가 있다(*On a raison de se revolter*)』, 필립 가비(Phillipe Gavi)와 피에르 빅토르(Pierre Victor)와의 논쟁, 리처드 시버(Richard Seaver)가 번역한 『혼자서(*By Himself*)』, 알렉산드로 아스트뤽(Alexandre Astruc)과 미셸 콘태트(Michel Contat)가 제작한 영화(New York : Urizen Books, 1978)를 참고할 것. 원래의 프랑스어 원본은 『사르트르(*Sartre*)』(Paris : Gallimard, 1977)를 참고할 것.

《 제11장 》

1) P. 베르스트레텐(P. Verstraeten)과의 대담은 『미학평론(*Review d'Esthétique*)』(1965)에 처음 수록되었다. 그것은 사르트르의 『상황들, IX(*Situations IX*)』(Paris : Gallimard, 1972), pp.47~48에 재수록되었다. 이것을 비롯하여 영어 참고문헌이 없는 그 밖의 주석에서의 영어번역은 필자 자신의 것임.
2) 의미작용/의미의 구별에 대한 이와 같은 소쉬르적인 견해가 메를로퐁티가 제안했던 것과 어떻게 차이 나는지에 주목할 것. 이러한 점에 대해서는 특히 이 책의 제5장을 참고할 것. 사르트르에게 있어서 의미작용과 의미는 실제로 동의어에 해당한다. 몸과 따라서 의미(sens)에 대한 사르트르의 최소한의 강조는 의미작용에 대해 좀 더 지배적인(인식론적인) 형성논리를 부여한다. 특히 그것을 소쉬르적인 개념의 반전으로 이해할 때는 더욱 그렇다고 볼 수 있음.
3) 포레스트 윌리엄스와 로버트 커크패트릭이 공역한 사르트르의 『에고의 초월(*The Transcendence of the Ego*)』(New York : Noonday, 1957)을 참고할 것. 이 텍스트의 프랑스어 원본의 제목은 『에고의 초월 : 현상학적 묘사의 초안(*La Transcendence de l'ego: esquisse dune déscription phénoménologique*)』(Paris : Vrin, 1966)으로 되어 있음.
4) 해젤 반스가 번역한 사르트르의 『존재와 무(*Being and Nothingness*)』(New York : Washington Square, 1966)를 참고할 것. 이 텍스트의 프랑스어 원본의 제목은 『존재와 무(*L'Etre et le néant*)』(Paris : Gallimard, 1943)로 되어 있다. 이후로는 원본은 *EN*으로, 번역본은 *BN*으로 약칭함.
5) 사르트르의 텍스트에서 '무(néant)'는 똑같은 어원적 암시로서 '없는(nothing)', 즉 부정된 사물, 비-실재 등의 의미를 지니고 있음.
6) 사르트르의 『구토(*La Nausée*)』(Paris : Gallimard, 1938), pp.185~186을 참고할 것.
7) 『살아 있는 키에르케고르(*Kierkegaard vivant*)』(Paris : Gallimard, 1966), pp.20~63에 수록된 사르트르의 「단칭 보편자(L'Universal singulier)」를 참고할 것. 두 가지 번역본이 출간되었으며 이를 차례로 정리하면 다음과 같다. ① 조시어 톰프슨(Josiah Tompson)이 편한 『키에르케고로 : 비평전집(*Kierkegaard : A Collection of Critical Essays*)』(New York : Doubleday Anchor, 1972), pp.230~265에 수록된 「보편적 단자(The Singular Universal)」, ② J. 매슈스(J. Mathews)가 번역한 『실존주의와 마르크스주의의 사이(*Between Existentialism and Marxism*)』(New York : Pantheon, 1974), pp.141~169에 수록된 「키에르케고르 : 보편적 단자(Kierkegaard : the singular universal)」. 이후로 원래의 프랑스어 원본에서 인용한 경우는 US로 약칭함. 이 에세이는 메를로퐁티가 세상을 떠난 후 3년 뒤인 1964년 '유네스코'에서 주최한 학회에서 발표되었다는 점에 주목할 것. 하이데거는 참석하지는 않았지만, 그 역시 이 학회에 자신의 에세이를 보낸바 있음.

8) 사르트르의 「보편적 단자」, p.50을 참고할 것. 본문에서 인용한 구문은 『실존주의와 마르크스주의의 사이』, p.160에서 번역된 것을 수정한 것이다. 사르트르는 '의미작용(signification)' 대신에 '의미(sens)'를 사용했으며, 이 두 용어는 모두 '의미(meaning)'로 번역되었다. '의미(sens)'는 '언어적 의미(linguistic meangin)'에 반대되는 '인간적 의미(human meaning)'로 명명되는 것에 더 가깝다고 볼 수 있음.

9) 이와 같은 선-조건은 존재자에 대한 사르트르의 초기 설명에서 분명하게 나타나 있지 않다. 이러한 점은 사르트르가 제안하는 '존재자-즉자'가 그 자체를 알기 위해 '존재자-대자' 없이 실존하는 것으로 생각될 수도 있다. 의미작용과 의미는 그 자체의 바로 그 가능성을 위해 기의와 지칭과정의 동시-부여를 요구하게 된다.

10) 『상황들, X(*Situations X*)』(Paris : Gallimard, 1976)에 수록된 사르트르의 「나-자신에 대한 대화(Entretiens sur moi-même)」, p.1476을 참고할 것. 이후로는 본문에서 'Entretiens'이라고 인용함.

11) 예를 들면, A. 스턴(A. Stern)의 『사르트르 : 그의 철학과 실존적 심리분석(*Sartre : His Philosophy and Existential Psychology*)』(New York : Delta, 1967)을 참고할 것.

12) 『레탕모데른(*Les Temps Moderns*)』(April 1969)에 처음 발표된 이 에세이는 『실존주의와 마르크스주의의 사이』, pp.199~223에 「심리-분석적 대화(Psychoanalytic Dialogue)」라는 제목으로 수록되었다. 이후로는 본문에서 'Psychoanalytic Dialogue'라고 인용함.

13) 『아크(*L'Arc*)』, no.30(1966), pp.91~92에 수록된 사르트르의 「장폴 사르트르 반응(J.-P. Sartre répond)」, pp.91~92를 참고할 것. 『아크』 30호는 사르트르의 활동에 관한 에세이로만 편집되었다. 이후로는 본문에서 'Sartre répond'로 약칭함.

14) 예를 들면, 『오르니카?(*Ornicar?*)』(1976)에 수록된 자크 라캉(Jacques Lacan)의 「징환(Le Sinthome)」을 참고할 것. 이것은 1975년 11월 18일과 19일에 있었던 라캉의 강좌를 종합한 것이다. 우리들은 또한 심리-분석적 상황에서 기표와 기의의 사이의 '횡선(bar)'이 어떻게 직접적 의미관계를 방해하는지에 주목해야만 한다. 따라서 지칭망(指稱網)은 기껏해야 어떤 지칭행위의 징환으로 나타날 수 있을 뿐이다[라캉은 징후와 환상을 동시에 지칭하기 위해서 이 둘을 결합하여 '징환'이라는 신조어를 창안했으며, 그의 이 신조어는 쾌락으로 충만한 기표를 지칭한다. 어떤 환자가 자신의 징후를 말로 설명할 때, 바로 그 환자의 징후는 사라진다는 것이 일반적인 견해이다. 그러나 그러한 환자의 징후에 대한 해석을 했는데도 지속되는 징후가 있는 까닭은 바로 그 징후가 코드화된 메시지에 해당할 뿐만 아니라 환상을 통해 주체가 자신의 쾌락을 조직하는 방식에 해당하기 때문이다. 말하자면, 주체는 쾌락을 통해 어떤 의미가 작용할 수 있는 상징체계를 결속시킴으로써 광기를 피하게 된다. 쾌락을 추구하는 환상이 어떤 징후로서의 역할을 보이는 것, 그것이 징환에 해당함].

15) 리처드(Richard)와 페랜드 드 조지(Ferande de George)가 공역한 『마르크스에서 레비스트로스까지의 구조주의자들(*The Structuralists from Marx to Lévi-Strauss*)』(New York : Anchor, 1972), pp.287~323에 수록된 라캉의 「무의식적인 것에 있어서의 글자의 고집(The insistence of the letter in the unconscious)」을 참고할 것.

16) 리처드 맥시(Richard Macksey)와 에우제니오 도네이토(Eugenio Donato)가 공편한 『구조주의 논쟁(*The Structuralist Controversy*)』(Baltimore : Johns Hopkins University Press, 1972), pp.247~272에 수록된 자신의 「구조, 기호 및 작용(Structure, sign, and play)」에서 탈-중심된 자아의 개념을 규명한 사람은 실제로 데리다 자신이다. 데리다의 이 에세이는 사르트르

의 대담이 있었던 1966년과 똑같은 해에 존스홉킨스대학교에서 개최되었던 학회에서 발표된 것이다. 좀 더 구체적인 사항에 대해서는 이 책의 제16장을 참고할 것.

17) 『실존주의와 마르크스주의의 사이』에 수록된 사르트르의 「사유의 여정(The itinerary of a thought)」, p.41을 참고할 것. 이러한 사르트르의 대담은 『신좌파평론(*New Left Review*)』, no.58(1969)에 처음 수록되었다. 이후로는 본문에서 'Itinerary'로 약칭함.

18) 『영국현상학회저널(*Journal of the British Society for Phenomenology*)』, vol.2, no.3(1971), pp.37~45에 수록된 클라우스 하트만(Klaus Hartmann)의 「레비스트로스와 사르트르(*Lévi-Strauss and Sartre*)」, 이노 로시(Ino Rossi)가 편한 『문화에 있어서의 무의식적인 것(*The Unconscious in Culture*)』(New York : Dutton, 1974), pp.389~423에 수록된 로렌스 로슨(Lawrence Rosen)의 「레비스트로와 사르트르의 활동에 있어서의 언어, 역사 및 탐구의 논리(Language, history, and the logic of inquiry in the works of Lévi-Strauss and Sartre)」, 『아크(*L'Arc*)』, no.26(1965), pp.55~60에 수록된 장 푸이용(Jean Pouillon)의 「사르트르와 레비스트로스(*Sartre and Lévi-Strauss*)」 및 E.N.과 J. 헤이즈(J. Hayes)가 공편한 『영웅으로서의 인류학자(*The Anthropologist as Hero*)』(Cambridge, Mass., : MIT Press, 1970), pp.235~264를 참고할 것.

19) 클로드 레비스트로스의 『야생의 사고(*The Savage Mind*)』(Chicago : University of Chicago Press, 1966), pp.245~269를 참고할 것. 이후로는 본문에서 'Savage Mind'로 약칭함.

20) 미셸 콘태트(Michel Contat)와 미셸 리발카(Michel Rybalka)가 공편한 『사르트르의 쓰기(*Les Ecrits de Sartre*)』(Paris : Gallimard, 1970)에 수록된 사르트르의 「결정과 자유(Determination et liberté)」, p.743을 참고할 것.

21) 이 책의 제14장을 참고할 것.

22) '구조주의 활동'은 롤랑 바르트가 『당평론(*Partisan Review*)』, no.34(Winter 1967), pp.80~88에서 구조주의가 사실은 '실천(praxis)'의 형식이라는 점을 지적하기 위해 사용한 용어이다. 이 장(章)의 결론부분에서 '실천'이라는 용어를 사르트르적인 변증법적 이성의 '실천'과 관련지을 수 있었음.

제12장

1) 버나드 프레치트만이 번역한 사르트르의 『말』(1964), p.95를 참고할 것.

2) 아놀드 로신(Arnold Rosin)이 번역한 『아동과 현실 : 발생심리학의 문제점(*The Child and Reality : Problems of Genetic Psychology*)』(New York : Viking, 1973)에 수록된 장 피아제(Jean Piaget)의 「시간과 인지발달(Time and intellectual development)」, p.11을 참고할 것.

3) 해젤 반스가 번역한 사르트르의 『존재와 무』(1966), p.717을 참고할 것.

4) 사르트르의 『존재와 무』(1966), p.721을 참고할 것.

5) 마르틴 터닐(Martin Turnell)이 번역한 사르트르의 『보들레르(*Baudelaire*)』(New York : New Direction, 1950), p.18을 참고할 것.

6) 로이드 알렉산더(Lloyd Alexander)가 번역한 『벽(壁)』(New York : New Direction, 1948)에 수록된 사르트르의 「어느 지도자의 유년기(Childhood of a leader)」, p.100을 참고할 것.

7) 『아동과 현실』에 수록된 피아제의 「아동 실천(Child praxis)」, p.63을 참고할 것.

8) 섀니너 매쉴러(Chaninah Maschler)가 번역한 피아제의 『구조주의(*Structuralism*)』(New York : Harper & Row, 1970), pp.3~16을 참고할 것.

9) 『아동과 현실』(1973)에 수록된 피아제의 「시간과 인지발달(두 번째)」, p.11을 참고할 것.
10) 데이비드 엘킨드(David Elkind)가 편하고 애니터 텐저(Anita Tenzer)가 번역한 『심리학적 연구 여섯 가지(*Six Psychological Studies*)』(New York : Vinatage, 1968)에 수록된 피아제의 「인지심리학에 있어서의 발생과 구조(Genesis and structure in the psychology of intelligence)」, p.147을 참고할 것.
11) 『심리학적 연구 여섯 가지』(1968)에 수록된 피아제의 「발생과 구조」, p.147을 참고할 것.
12) 엘리너 뒤크워스(Eleanor Duckworth)가 번역한 피아제의 『발생학적 인식론(*Genetic Epistemology*)』(New York : Norton, 1970), p.15을 참고할 것.
13) 비트릭스 월시(Beatrix Walsh)가 번역한 피아제의 『생물학과 지식 : 유기적 제약과 인지과정의 사이(*Biology and Knowledge : between Organic Regulations and Cognitive Precess*)』(Chicago : University of Chicago Press, 1971), pp.8~9를 참고할 것.
14) A. 로신이 번역한 『사유의 발달 : 인지구조의 균형(*The Development of Theought : Equilibration of Cognitive Structure*)』(New York : Viking, 1977), pp.9~10을 참고할 것.
15) 이 책의 제11장을 참고할 것.
16) 사르트르의 『집안의 천치 : 구스타프 플로베르-1821년부터 1957년까지(*L'Idiot de la famille : Gustave Flaubert de 1821 á 1857*)』(Paris : Gallimard, 1971), p.51을 참고할 것.
17) 릴리언 헬만(Lillian Hellman)의 『펜티멘토 : 초상화론(*Pentimento : A Book of Portraits*)』(New York : Signet, 1973), p.1을 참고할 것.

제13장

1) 버나드 프레치트만이 번역한 사르트르의 『문학이란 무엇인가?』(1965), pp.1~31과 안네트 레이버스(Annette Lavers)와 콜린 스미스(Colin Smith)가 공역한 롤랑 바르트의 『쓰기의 영도』(1967), pp.9~18을 참고할 것. 번역에서 이 두 가지 장(章)의 제목은 '쓰기란 무엇인가?(What is Writing)'로 되어 있다. 수잔 손탁(Susan Sontag)은 바르트의 책에 대한 그녀의 「서문」, p.xv에서 다음과 같이 강조하기까지 했다. "사르트르의 첫 번째 장(章)과 『쓰기의 영도』의 첫 번째 부분은 똑같은 제목, '쓰기란 무엇인가?'로 되어 있다." 그러나 손탁 자신은 그 차이를 수립하지도 않았고 해석하지도 않았다.
2) 사르트르의 『문학이란 무엇인가?』(1965), p.40을 참고할 것.
3) 사르트르의 『문학이란 무엇인가?』(1965), p.58을 참고할 것.
4) 안네트 레이버스와 콜린 스미스가 공역한 바르트의 『기호학의 요소』(1967), p.14를 참고할 것.
5) 바르트의 『기호학의 요소』(1964), p.14를 참고할 것.
6) 바르트의 『쓰기의 영도』(1967), p.11을 참고할 것. 프랑스어 원본(Paris : Editions du Seuil, 1953), p.12를 참고할 것.
7) 바르트의 『쓰기의 영도』(1967), p.10을 참고할 것.
8) 바르트의 『쓰기의 영도』(1967), p.88을 참고할 것.
9) 사르트르의 『방법의 탐구』(1963)를 참고할 것.
10) 바르트의 『쓰기의 영도』(1967), p.88을 참고할 것.
11) 폴 오스터(Paul Auster)와 리디아 데이비스(Lydia Davis)가 번역한 『삶/상황들(*Life/Situations*)』(New York : Pantheon, 1977)에 수록된 사르트르의 「'집안의 천치'론(*On the Idiot of the*

Family)」, p.131을 참고할 것.
12) 사르트르의 『방법의 탐구』(1963), p.147을 참고할 것.
13) 사르트르의 『방법의 탐구』(1963), p.181을 참고할 것.
14) 존 매슈스가 번역한 『실존주의와 마르크스주의의 사이』(1974)에 수록된 사르트르의 「쓰기의 목적(The purpose of writing)」, p.26을 참고할 것.
15) 사르트르의 「쓰기의 목적」(1974), p.25를 참고할 것.
16) 사르트르의 「쓰기의 목적」(1974), p.31을 참고할 것.
17) 『실존주의와 마르크스주의의 사이』(1974)에 수록된 사르트르의 「지성인을 위한 변명(A plea for intellectuals)」, p.283을 참고할 것.
18) 사르트르의 「지성인을 위한 변명」(1974), p.285를 참고할 것.
19) 『실존주의와 마르크스주의의 사이』(1974)에 수록된 사르트르의 「사유의 여정(The itinerary of a thought)」, p.285를 참고할 것.
20) 바르트의 『비평론(*Essais critiques*)』(Paris : Editions du Seuil, 1964)에 수록된 「오늘의 문학(Littérature, Aujourd'hui)」, p.155를 참고할 것.
21) 스테판 히스(Stephen Heath)가 번역한 『이미지/음악/텍스트(*Image/Music/Text*)』(New York : Hill & Wang, 1977)에 수록된 바르트의 「작품에서 텍스트까지(From work to text)」, p.164를 참고할 것.
22) 바르트의 「작품에서 텍스트까지」, p.164를 참고할 것.
23) 바르트의 『비평과 진실(*Critique et vérite*)』(Paris : Editions du Seuil, 1966), p.53을 참고할 것.
24) 바르트의 『비평과 진실』, p.55를 참고할 것.
25) 이러한 점은 리처드 하워드(Richard Howard)가 번역한 바르트의 『연인의 담론(*The Lover's Discourse*)』(New York : Hill & Wang, 1978)에서 바르트 자신이 지적한 방향에 해당한다.
26) 리처드 밀러(Richard Miller)가 번역한 바르트의 『텍스트의 즐거움(*The Pleasure of the Text*)』(New York : Hill & Wang, 1978), pp.35~36을 참고할 것.
27) 리처드 밀러(Richard Miller)가 번역한 바르트의 『사드/푸리에/로욜라(*Sade/Fourier/Loyola*)』(New York : Hill & Wang, 1976)를 참고할 것.

제14장

1) 해젤 반스가 번역한 사르트르의 『방법의 탐구』(1963), pp.133~134를 참고할 것.
2) 플로베르의 예는 『방법의 탐구』(1963), pp.140~150에서 처음으로 발전되었으며, 세 권으로 된 사르트르의 『집안의 천치(*L'Idiot de la famille*)』(Paris : Galliomard, 1971~1972)에서는 훨씬 더 많은 양의 논의가 이루어졌음.
3) Ibid., pp.154~155를 참고할 것.
4) Ibid., pp.150을 참고할 것.
5) Ibid., pp.152를 참고할 것.
6) A.M. 셰리든 스미스(A.M. Sheridan Smith)가 번역한 미셸 푸코의 『지식의 고고학(*The Archaeology of Knowledge*)』(New York : Pantheon, 1972), p.131을 참고할 것.
7) 『잡집(雜集, *Salmagundi*)』, no.20(Summer~Fall 1972)에 수록된 푸코의 「역사, 담론 및 불연속(History, discourse, and discontinuity)」, p.227을 참고할 것.

8) 푸코의 에세이는 『사물의 질서』(1966)에 있어서 자기 자신만의 접근을 정당화하기 위해서 1968년 집필된 것이다. 반면에 사르트르의 입장은 1957년 수립되었으며 그러한 입장을 『변증법적 이성비판』(1960)에서 상세하게 논의했음.
9) 푸코의 『지식의 고고학』(1972), p.9를 참고할 것.
10) Ibid., p.10을 참고할 것.
11) 역자 미상(未詳)으로 되어 있는 푸코의 『사물의 질서(*Order of Things*)』(New York : Vintage, 1970), p.308을 참고할 것.
12) 리처드 맥시(Richard Macksey)와 에우제니오 도네이토(Eugenio Donato)가 공편한 『구조주의 논쟁(*The Structuralist Controversy*)』(Baltimore : Johns Hopkins University Press, 1972), pp.247~272에 수록된 데리다의 「구조, 기호 및 작용(Structure, sign, and play)」을 참고할 것.
13) J. 매슈스(J. Mathews)가 번역한 『실존주의와 마르크스주의의 사이』(1974), pp.141~169에 수록된 사르트르의 「단칭 보편자(The singular universal)」를 참고할 것.
14) 포레스트 윌리엄스와 로버트 커크패트릭이 공역한 사르트르의 『에고의 초월』(1957)을 참고할 것.

제16장

1) G. 스피박(G. Spivak)이 번역한 데리다의 『그라마톨리지(*Of Grammatilogy*)』(Johns Hopkins University Press, 1976), p.15를 참고할 것.
2) Ibid., p.20을 참고할 것. 혼란을 피하기 위해서 필자는 스피박이 번역한 '존재자(being)'를 '존재(Being)'로 바꾸었으며, 이러한 점은 하이데거의 '존재(Sein)'가 이에 대응되는 프랑스어 '존재(être)'로 번역된 것과 같다.
3) 휴 J. 실버만이 번역하여 『현상학연구(*Research in Phenomenology*)』, vol.14(1985), pp.43~60에 수록한 「우화(문학과 철학, The fable(literature and philosophy)」에서 필립 라쿠-라바르트(Philippe Lacoue-Labarthe)는 진실과 거짓의 특별한 관계를 발전시켰다.
4) 이와 같은 세 가지 유형들의 '끝'에 대한 데리다의 논의에 대해서는 앨런 배스(Allen Bass)가 번역한 『철학의 여백(*Margins of Philosophy*)』(Chicago : University of Chicago Press, 1982), pp.111~136에 수록된 「인간의 끝(The ends of man)」을 참고할 것.
5) 예를 들면, 조언 스탬보(Joan Stambaugh)가 번역한 『시간과 존재론(*On Time and Being*)』(New York : Harper & Row, 1972)에 수록된 하이데거의 「철학의 끝과 사유의 임무(The end of philosophy and the task of thinking)」, p.56에 수록된 다음과 같은 구절을 참고할 것. "철학의 끝에 대한 논의에 의해 의미하는 것은 무엇인가? 우리들은 무엇인가의 끝 전부를 단순한 멈추기로, 지속의 결여로, 아마도 심지어 쇠퇴와 무기력으로까지 부정적 뜻으로 너무나 손쉽게 이해한다. 이와는 대조적으로 우리들이 철학의 끝에 대해 언급하는 것은 형이상학의 완성을 의미한다." 또한 J. 스탬보가 번역한 『철학의 끝』(1973)도 참고할 것.
6) 하이데거만이 철학과 비-철학의 사이의 관계에 대한 서사에 유일하게 참여한 것은 아니다. 이러한 예로는 휴 J. 실버만이 번역한 메를로퐁티의 「헤겔 이후의 철학과 비-철학」(1976)을 참고할 것. 또한 이 책의 제7장과 제8장도 참고할 것.
7) 이 책의 제17장을 참고할 것.
8) 데이비드 패럴 크렐(David Farell Krell)과 프랭크 A. 캐푸치(Frank A. Capuzzi)가 공역한

『초기 그리스 사상(*Early Greek Thinking*)』(New York : Harper & Row, 1975)에 수록된 하이데거의 「이성(Logos)」, p.77을 참고할 것. 독일어 원본은 『강연과 논문(*Vorträge und Aufsätze*)』, Teil III(Pfullingen : Neske, 1954), p.24를 참고할 것.

9) 『비평탐구(*Critical Inquiry*)』, vol.5, no.1(Autumn 1978), pp.13~30에 수록된 폴 드 만(Paul de Man)의 「비유의 인식론(The epistemology of metaphor)」을 참고할 것.

10) 하이데거의 「이성」(1975), p.72를 참고할 것.

11) 이 책의 제4장을 참고할 것.

12) 앨버트 호프스태터(Albert Hofstadter)가 번역한 『시, 언어, 사유(*Poetry, Language, Thought*)』(New York : Harper & Row, 1971)에 수록된 하이데거의 「언어(Language)」, p.210을 참고할 것.

13) 하이데거의 「이성」(1975), p.77을 참고할 것.

14) Ibid., p.75를 참고할 것.

15) 이와 같은 측면에 대한 더 많은 상세한 설명에 대해서는 이 책의 제3장을 참고할 것.

16) 하이데거의 「이성」(1975), p.190을 참고할 것.

17) Ibid., p.210을 참고할 것.

◀ 제17장 ▶

1) 『텔켈 : 이론종합(*Tel Quel : Theorie déensembel*)』(Paris : Editions du Seuil, 1968), pp.41~66에 수록된 데리다의 「차연(差延, La Différance)」을 참고할 것.

2) 데리다의 『철학의 여백(*TMarges dl la philosophiee*)』(Paris : Munuit, 1972), pp.1~29에 수록된 「차연(差延, La Différance)」을 참고할 것. 데이비드 B. 앨리선이 번역한 『화술과 현상』(1973), pp.129~160에 수록된 데리다의 「차연(差延, La Différance)」도 참고할 것.

3) 데리다의 『철학의 여백』(1972), p.7을 참고할 것.

4) 앨리선의 『화술과 현상』(1973), p.129n을 참고할 것.

5) 가야트리 C. 스피박이 번역한 데리다의 『그라마톨로지』(1976), p.21을 참고할 것.

6) 데리다의 『그라마톨로지(*De la Grammatologie*)』(Paris : Munuit, 1967), p.34를 참고할 것. 이후로는 *DG*로 약칭함.

7) 'Sein(존재)'와 'Seineder(존재자)'의 사이의 차이에 대한 현존하는 번역의 범위는 'Being/being', 'being/essent', 'being/entity' 등이 포함된다. 더 많은 구체적 사항에 대해서는 이 책의 제2장 주5를 참고할 것.

8) 이 책의 제3장에서 필자는 하이데거에게 있어서의 자아는 존재론적 차이에 있어서 현존재(Dasein)의 위치를 차지하고 있다는 점을 제시한 바 있다. 이 책의 제2장에서 '현존재'를 실존적 모호성이라고 특징지었기 때문에, 실존적이거나 또는 인간적 모호성(존재론적 차이의)은 하이데거적인 자아가 발생하는 위치에 해당한다고 전제할 수 있음.

9) 『화술과 현상』(1973), pp.ix-xxix에 수록된 뉴턴 가버(New Garver)의 「서문」을 참고할 것.

10) J.L. 우드비네(J.L. Houdebine)와 기 스카르페타(Guy Scarpetta)가 진행한 데리다와의 대담, 「입장들(Positions)」 및 앨런 배스(Allen Bass)가 번역한 동명(同名)의 작은 책자 『입장들(*Positions*)』(Chicago : University of Chicago Press, 1981), pp.39~40을 참고할 것. 여기에서는 A. 배스가 그 이전에 번역하여 수록한 『변증법(*Dialectics*)』, vol.1, no.4(Winter 1972), p.35를 참고했다. 데리다의 대담은 원래 『전망(*Promesse*)』, nos.30~31(Fall~Winter

1971), pp.7~63에 수록되었으며, 그 뒤에 『입장들』(Paris : Munuit, 1972)이라는 제목의 단행본으로 출판되었음.

11) 사무엘 웨버(Samuel Weber)와 헨리 서스먼(Henry Sussman)이 공편한 『글리프스 II(*Glyps II*)』(Baltimore : Johns Hopkins University Press, 1977), pp.162~254에 수록된 데리다의 「주식회사 a b c … (Limited Inc., a b c …)」를 참고할 것. 이 에세이는 데리다의 「서명 사건 콘텍스트(Signature event context)」에 대한 존 설(John Searle)의 답변에 대한 데리다의 반응으로 구성되어 있으며, 존 설의 답변과 그것에 대한 데리다의 반응 모두 『글리프스 I(*Glyps I*)』에 수록되었음.

12) 혼란을 피하기 위해 필자는 스피박의 'being'을 'Being'으로 변경했음.

13) 구조주의와 후기구조주의의 변두리로 밀려난 메를로퐁티의 입장에 대한 설명으로는 제8장을 참고할 것.

14) 리처드 맥시와 에우제니오 도네이토가 공편한 『구조주의 논쟁』(1972), pp.247~272에 수록된 데리다의 「구조, 기호 및 작용」을 참고할 것. 또한 앨런 배스(Allen Bass)가 번역한 『쓰기와 차이(*Writing and Difference*)』(Chicago : University of Chicago Press, 1978), pp.278~293에 수록된 것도 참고할 것.

15) 마리에-로즈 로건(Marie-Rose Logan)이 편했으며 특집호의 제목이 '그라프시스 : 문학과 철학에서의 전망(Graphesis : Perspective in literature and philosophy)'으로 되어 있는 『예일프랑스학(*Yale French Studies*)』, no.52(1975), pp.31~113에 수록된 데리다의 「진리의 공급자(The purveyor of truth)」를 참고할 것. 이후로는 'Purveyor'로 약칭함.

16) 탈-존재론적(de-ontological) 유형에 반대하여 원-존재론적(pro-ontological) 유형으로서의 자아 개념, 즉 초월적으로 형성되는 자아 개념에 대한 개관에 대해서는 『일원론(一元論, *Monist*)』, vol.61, no.1(January 1978), pp.82~95에 수록된 필자의 「탈-존재론적 자아 패러다임에 대한 상호-문화적 접근(A cross-cultural approach to the de-ontological self paradigm)」을 참고할 것.

17) 후설적인 자아의 입장을 좀 더 충분하고 상세하게 설명한 서사에 대해서는 이 책의 제1장을 참고할 것.

18) 푸코의 『사물의 질서 : 인문과학의 고고학』(1973)을 참고할 것. 이후로는 *OT*로 약칭함

19) E. 모로-서(E. Morot-Sir), W.C. 피어솔(W.C. Piersol), H.L. 드라이퍼스(H.L. Dreyfus) 및 D. 라이드(D. Reid)가 공역하여 『철학과 현상학 연구(*Philosophy and Phenomenological Research*)』, vol.30, no.1(September 1969)에 수록된 자크 데리다의 「인간의 끝(The Ends of Man)」을 참고할 것. 이후로는 *EM*으로 약칭함.

20) 예를 들면, 『경계 2(*Boundary 2*)』, vol.4(Winter 1976), pp.357~377에 수록된 앨버트 호프스태트(Albert Hofstadter)의 「자신만의-것으로-된-것(Enownment)」과 하이데거의 『시, 언어, 사상』(1971)에 대한 그의 「역자 서문」, 특히 pp.xvii~xxii를 참고할 것. 이와 같은 두 가지 경우에서 호프스태트는 '존재생기(存在生起, Ereignis)'가 '자신만의 것(own)'이거나 또는 '자신만의-것이-된-것(en-own-ment)'을 야기하는 것이라고 강조한다. 이러한 의미에서, '원래의 모습(eigentlich)'은 유일한 것이 되거나 또는 자신만의 것(own-ly)이 된다. 필자는 이 장(章)의 후반부에서 '유일성(Eigentlichkeit)'과 '존재생기(Ereignis)'의 사이의 관계를 발전시켰음.

21) 바바라 존슨(Barbara Johns)의 번역으로 『조지아 평론(*The Georgia Review*)』, vol.11, no.1(Spring 1977)에 수록된 자크 데리다의 「그램력(Fors)」, p.68을 참고할 것.

22) 바바라 존슨이 번역한 데리다의 「그램력」(1977)에 대한 그녀 자신의 주석, p.64n을 참고할 것.
23) F.C.T. 무어(F.C.T. Moore)의 번역으로 『신문학사(*New Literary History*)』, vol.6, no.1(Autumn 1974)에 수록된 데리다의 「백색신화 : 철학 테스트에 있어서의 비유(White mythology : metaphor in the text of philosophy)」, 47을 참고할 것. 이후로는 *WH*로 약칭함.
24) F. 조셉 스미스(F. Joseph Smith)가 편하고 에드워드 S. 캐시(Edward S. Casey)가 번역한 『현상학에 있어서의 전망(*Phenomenology in Perspective*)』(The Hague : Nijhof, 1970)에 수록된 자크 데리다의 「우시아와 그램(Ousia and grammé)」, p.54를 참고할 것. 이후로는 Ousia로 약칭함.
25) 프랑스어 원본 『자극 : 니체의 스타일(*Éperons : Les Styles de Nietzsche*)』을 참고하여 바바라 할로(Barbara Harlow)가 번역한 자크 데리다의 『자극 : 니체의 스타일(*Spurs : Nietzsche's Styles*)』, p.88을 참고할 것. 데리다의 프랑스어 원본은 독일어와 이탈리아어로 번역되었으며, 스테파노 아고느티(Stefano Agosti)는 이탈리아어 번역본(Venice : Corbo e Fiori, 1976)에 대한 서문을 썼다. 이중 언어 판본(University Chicago Press, 1978), p.43도 참고할 것. 이후로 본문에서는 시카고대학교 출판사의 판본을 인용하였으며, Spurs로 약칭함.
26) 데리다의 「주식회사 a b c …」(1977), pp.164~164를 참고할 것. 데리다는 실제로 이와 같은 방식을 몇 번 반복했으며, 각각의 경우마다 인용부호를 사용하고는 했음.
27) 제프리 멜먼(Jeffrey Mehlman)의 번역으로 『예일프랑스학(*Yale French Studies*)』, no.48(1973), pp.38~72에 수록된 데리다의 「'도둑맞은 편지'에 관한 세미나(Seminar on the 'Purloined Ltter')」를 참고할 것. 멜먼이 편집한 『예일프랑스학』, no.48의 제목은 '프랑스적 프로이트 : 심리분석에서의 구조연구(French Freud : Structuralist Studies in Psychoanalysis)'로 되어 있음.

제18장

1) 이본 프리체로(Yvonne Freccero)가 번역한 르네 지라르(René Girard)의 『기만, 욕망 및 소설(*Deceit, Desire, and the Novel*)』(Baltimore : Johns Hopkins University Press, 1965)을 참고할 것.
2) A.M. 셰리든 스미스(Sheridan Smith)가 번역한 푸고의 『지식의 고고학(*Archeology of Knowledge*)』(New York : Pantheon, 1972), p.131을 참고할 것. 이후로는 AK로 약칭함.
3) 번역자 미상(未詳)으로 되어 있는 푸코의 『사물의 질서 : 인문과학의 고고학』(1970), pp.250~302를 참고할 것. 이후로는 OT로 약칭함.
4) 리처드와 페랜드 드 조지가 공역한 『마르크스에서 레비스트로스까지의 구조주의자들』(1972)에 수록된 라캉의 「무의식적인 것에 있어서의 글자의 고집」, pp.310~311을 참고할 것.
5) 리처드 맥시와 에우제니오 도네이토가 공편한 『구조주의 논쟁』(1972), pp.242~272에 수록된 데리다의 「구조, 기호 및 작용」을 참고할 것. 이후로는 *Derrida*로 약칭함. 이 책의 제16장도 참고할 것.
6) 아서 O. 러브조이(Arthur O. Lovejoy)의 『존재의 위대한 체인(*The Great Chain of Being*)』(New York : Harper & Row, 1936)을 참고할 것.
7) 조지 보어스(George Boas)의 『익숙한 음성 : 아이디어의 역사론(*Vox Populi : Essays in the History of an Idea*)』(Baltimore : Johns Hopkins University Press, 1969)을 참고할 것.

8) 존 패스모어(John Passmore)의 『인간의 완벽-가능성(*The Perfectibility of Man*)』(New York : Scribner's, 1969)을 참고할 것.
9) 『잡집(雜集, *Salmagundi*)』, no.20(Summer-Fall 1972)에 수록된 푸코의 「역사, 담론 및 불연속(History, discourse, and discontinuity)」, p.228을 참고할 것.

제19장

1) 『글리프스 I(*Glyps I*)』(Baltimore : Johns Hopkins University Press, 1977)에 수록된 루이 마랭(Louis Marin)의 「디즈니랜드 : 변질된 유토피아(Disneyland : a degenerate utopia)」, p.65를 참고할 것. 또한 로버트 볼래스(Robert Vollrath)가 번역한 마랭의 『유토피아적인 것 : 공간적 작용(*Utopics : Spatial Play*)』(Atlantic Highlands, New Jersey : Humanities Press, 1984)도 참고할 것. 마랭의 이 책은 '인문과학-맥밀런(Humanities-Macmillan)'에 포함되어 있는 '오늘의 철학과 인문과학 연구(Contemporary Studies in Philosophy and the Human Sciences)' 시리즈 중에서 제1권에 해당함.
2) 푸코의 『사물의 질서』(1970), p.xviii을 참고할 것.

제20장

1) 돈 아이드(Don Ihde)가 편한 『해석의 대립(*The Conflict of Interpretations*)』(Evanston : Northwestern University Press, 1974)에 수록된 캐스린 맥로린(Kathleen McLaughlin)이 번역한 폴 리쾨르(Paur Ricoeur)의 「주체의 문제(The question of the subject)」, p.264를 참고할 것.
2) 에드워드 W. 사이드(Edward W. Said)의 『시작(*The Beginnings*)』(New York : Basic Boods, 1975)을 참고할 것.
3) 포레스트 윌리엄스와 로버트 커크패트릭이 공역한 사르트르의 『에고의 초월』(1957)을 참고할 것.
4) 알폰스 링기스가 번역한 메를로퐁티의 『보이는 것과 보이지 않는 것』(1968)을 참고할 것.
5) 웨이드 배스킨(Wade Baskin)이 번역한 소쉬르의 『일반 언어학 강의(*Course in General Linguistics*)』(New York : McGraw Hill, 1959)를 참고할 것.
6) 안네트 레이버스와 콜린 스미스가 공역한 바르트의 『기호학의 요소』(1967), p.11을 참고할 것.
7) 안소니 윌든(Anthony Wilden)의 『자아의 언어(*The Language of the Self*)』(Baltimore : Johns Hopkins University Press, 1968)를 참고할 것.
8) 프레데릭 J. 호프만(Frederick J. Hoffman)의 『사무엘 베케트 : 자아의 언어(*Samuel Beckett : The Language of the Self*)』(New York : Dutton, 1964)를 참고할 것.
9) 리쾨르의 「주체의 문제」(1974), p.264를 참고할 것.
10) 리처드와 페르난드 드 조지가 공편한 『마르크스에서 레비스트로스까지』(1972)에 수록된 자크 라캉의 「무의식에 있어서의 글자의 고집」(1972), p.297을 참고할 것.
11) 해즐 반스가 번역한 사르트르의 『존재와 무』(1953)를 참고할 것.
12) 휴 J. 실버만이 번역한 『의식과 언어의 습득』(1973), pp.16~18, 47~48, 50에서 메를로

퐁티는 아동의 언어습득과 관련지어 이러한 표현을 사용하고 있다. 필자는 'prise de conscience'를 선택적으로 '갑작스런 의식(sudden consciousness)'과 '의식하게 되는 것(coming to consciousness)'으로 번역했음. 피아제의 『의식의 포착 : 어린 아동에 있어서의 행동과 개념(*The Grasp of Consciousness : Action and Concept in the Young Child*)』(Cambridge, Mass., : Harvard University Press, 1976)도 참고할 것.

13) 『해석의 대립』(1974)에 수록된 리쾨르의 「하이데거와 주체(Heidegger and the subject)」, p.228을 참고할 것.

14) 푸코의 『사물의 질서』(1970), 제1장과 제9장을 참고할 것.

15) 데이비드 B. 앨리선이 번역한 데리다의 『화술과 현상』(1967)을 참고할 것.

16) 리처드 맥시와 에우제니오 도네이토가 공편한 『구조주의 논쟁』(1972), pp.242~272에 수록된 데리다의 「구조, 기호 및 작용」을 참고할 것.

17) 레비스트로스의 『야생의 사고(*The Savage Mind*)』(Chicago : University of Chicago Press, 1966)를 참고할 것.

18) 『사물의 질서』(1970)의 「서문」, p.xxiii에서 푸코는 다음과 같이 언급했다. "인간은 최근의 발명, 200년도 채 되지 않은 인물, 우리들의 지식에 있어서 하나의 새로운 묘안(wrinkle)이다. 그리고 그러한 지식이 하나의 새로운 형식을 발견하자마자 바로 그 인간은 사라지게 될 것이다."

19) 노암 촘스키의 『언어와 정신(*Language and Mind*)』(New York : Harcourt, Brace, Jovanovich, 1972), '증보판'을 참고할 것.

20) 라캉의 「무의식에 있어서의 글자의 고집」(1972), p.311을 참고할 것.

21) 사무엘 베케트(Samuel Beckett)가 번역한 『세 편의 소설(*Three Novels*)』(New York : Grove, 1956)에 수록된 사무엘 베케트의 「말론 죽다(Malone dies)」를 참고할 것. 또한 『문학, 후설적인 어록(語錄)에 대한 철학적 성찰(*The Philosophical Reflection of Man in Literature, Analecta Husserliana*)』(Dordrecht : Reidel, 1982), pp.153~160에 수록된 필자의 「베케트, 철학 및 자아(Beckett, philosophy, and the self)」도 참고할 것.

참고문헌

ABEL, Lionel, "Sartre vs. Lévi-Strauss," in *The Anthropologist as Hero*, ed. E. N. and J. Hayes (Cambridge, Mass.: MIT Press, 1970).
ALAIN, *Eléments de philosophie* (Paris: Gallimard, 1941).
ALQUIE, Ferdinand, "*Une Philosophie de l'ambiguïté*," in *Fontaine*, vol. 11, no. 59 (April 1947).
BARTHES, Roland, *Essais critiques* (Paris: Editions du Seuil, 1964).
BARTHES, Roland, *On Racine*, trans. Richard Howard (New York: Hill & Wang, 1964).
BARTHES, Roland, *Critique et verité* (Paris: Editions du Seuil, 1966).
BARTHES, Roland, *Elements of Semiology*, trans. Annette Lavers and Colin Smith (Boston: Beacon Press, 1967).
BARTHES, Roland, *Writing Degree Zero*, trans. Annette Lavers and Colin Smith (New York: Hill & Wang, 1967).
BARTHES, Roland, *S/Z*, trans. Richard Miller (New York: Hill & Wang, 1974).
BARTHES, Roland, *The Pleasure of the Text*, trans. Richard Miller (New York: Hill & Wang, 1975).
BARTHES, Roland, *Sade/Fourier/Loyola*, trans. Richard Miller (New York: Hill & Wang, 1976).
BARTHES, Roland, *Image/Music/Text*, trans. Stephen Heath (New York: Hill & Wang, 1977).
BARTHES, Roland, *The Lover's Discourse*, trans. Richard Howard (New York: Hill & Wang, 1978).
BARTHES, Roland, *Roland Barthes*, trans. Richard Howard (New York: Hill & Wang, 1981).
BARTHES, Roland, *The Fashion System*, trans. Matthew Ward and Richard Howard (New York: Hill & Wang, 1983).
BECKETT, Samuel, *Three Novels*, trans. Samuel Beckett (New York: Grove, 1956).
BERGSON, Henri, *Time and Free Will: An Essay on the Immediate Data*

of Consciousness (1889), trans. F. L. Pogson (New York: Harper Torchbooks, 1960).
BIEMEL, Walter, *Martin Heidegger: An Illustrated Study*, trans. J. L. Mehta (New York: Harcourt Brace Jovanovich, 1976, p. 27).
BLEICHER, Josef, *Contemporary Hermeneutics: Hermeneutics as Method, Philosophy, and Critique* (London and Boston: Routledge & Kegan Paul, 1980).
BOAS, George, *Vox Populi: Essays in the History of an Idea* (Baltimore: Johns Hopkins University Press, 1969).
CASEY, Edward S., *Imagining: A Phenomenological Study* (Bloomington: Indiana University Press, 1976).
CHOMSKY, Noam, *Language and Mind*, enlarged edition (New York: Harcourt Brace Jovanovich, 1972).
DE GEORGE, Richard and Fernande (eds), *The Structuralists* (New York: Anchor, 1972).
DELEUZE, Gilles, *Empirisme et subjectivité* (Paris: Presses Universitaires de France, 1953).
DELEUZE, Gilles, *Présentation de Sacher-Masoch* (Paris: Presses Universitaires de France, 1967).
DELEUZE, Gilles, *Logique du sens* (Paris: Minuit, 1969).
DELEUZE, Gilles, *Spinoza et le problème de l'expression* (Paris: Minuit, 1969).
DELEUZE, Gilles, *Kant's Critical Philosophy*, trans. Hugh Tomlinson and Barbara Habberjam (Minneapolis: University of Minnesota Press, 1984).
DERRIDA, Jacques, *Speech and Phenomena*, trans. David B. Allison (Evanston: Northwestern University Press, 1973).
DERRIDA, Jacques, "The purveyor of truth," in *Yale French Studies*, no, 52 (1975).
DERRIDA, Jacques, *Of Grammatology*, trans, G. Spivak (Baltimore: Johns Hopkins University Press, 1976).
DERRIDA, Jacques, *Spurs: Nietzsche's Styles*, trans. Barbara Harlow, along with the original French *Eperons: Les Styles de Nietzsche* and translations into German and Italian (Venice: Corbo e Fiori, 1976).
DERRIDA, Jacques, "Fors," trans. Barbara Johnson, in *The Georgia Review*, vol. 11, no. 1 (Spring 1977).
DERRIDA, Jacques, *Writing and Difference*, trans. Alan Bass (Chicago: University of Chicago Press, 1978).
DERRIDA, Jacques, *Dissemination*, trans. Barbara Johnson (Chicago: University of Chicago Press, 1981).
DERRIDA, Jacques, *Positions*, trans. Alan Bass (Chicago: University of Chicago Press, 1981).
DERRIDA, Jacques, *Margins of Philosophy*, trans. Alan Bass (Chicago: University of Chicago Press, 1982).
DE SAUSSURE, Ferdinand, *Course in General Linguistics*, trans. Wade Baskin (New York: McGraw-Hill, 1959).
DE WAELHENS, Alphonse, "Une Philosophie de l'ambiquïté," in

Maurice Merleau-Ponty, *La Structure du comportement* (1942), 2nd edn (Paris: Presses Universitaires de France, 1949).
DILWORTH, David and Silverman, Hugh J., "A cross-cultural approach to the de-ontological self paradigm," in *The Monist*, vol. 61, no. 1 (January 1978), pp. 82–95.
DREYFUS, H. and Todes, P. "The existential critique of objectivity," in *Patterns of the Life-World*, ed. J. M. Edie, G. M. Parker, and C. O. Schrag (Evanston: Northwestern University Press, 1970).
EDIE, James M., *Speaking and Meaning: The Phenomenology of Language* (Bloomington: Indiana University Press, 1976).
FØLLESDAL, Dagfin, "Husserl's notion of noema," *Journal of Philosophy*, vol. 66, no. 20 (16 October 1979).
FOUCAULT, Michel, *The Order of Things* (New York: Vintage, 1970).
FOUCAULT, Michel, "History, discourse, and discontinuity," *Salmgundi*, no. 20 (Summer-Fall 1972).
FOUCAULT, Michel, *The Archeology of Knowledge*, trans. A. M. Sheridan Smith (New York: Pantheon, 1972).
FOUCAULT, Michel, *The Birth of the Clinic*, trans. A. M. Sheridan Smith (New York: Vintage, 1975).
FOUCAULT, Michel, *Discipline and Punish*, trans. Alan Sheridan (New York: Random House, 1977).
FOUCAULT, Michel, *History of Sexuality*, vol. 1, trans. Robert Hurley (New York: Vintage, 1980).
FOUCAULT, Michel, *Power/Knowledge*, trans. Colin Gordon, Leo Marshall, John Mepham and Kate Soper (New York: Pantheon, 1981).
GENET, Jean, *The Thief's Journal*, trans. B. Frechtman (New York: Grove Press, 1964).
GILLAN, G. (ed.), *Horizons of the Flesh* (Carbondale:Southern Illinois University Press, 1973).
GIRARD, René, *Deceit, Desire, and the Novel*, trans. Yvonne Freccero (Baltimore: Johns Hopkins University Press, 1965).
HARTMANN, Klaus, "Lévi-Strauss and Sartre," *Journal of the British Society for Phenomenology*, vol. 2, no. 3 (1971).
HEIDEGGER, Martin, *Aus der Erfahrung des Denkens* (Pfullingen: Neske, 1947).
HEIDEGGER, Martin, *Vorträge und Aufsatze*, 3 vols (Pfullingen: Neske, 1954).
HEIDEGGER, Martin, *Der Satz vom Grund* (Pfullingen: Neske, 1957).
HEIDEGGER, Martin, *The Question of Being*, trans. Jean T. Wilde and William Kluback (New Haven: College and University Publishers, 1958).
HEIDEGGER, Martin, *An Introduction to Metaphysics*, trans. Ralph Manheim (New York: Anchor, 1959).
HEIDEGGER, Martin, *Being and Time*, trans. John Macquarrie and Edward Robinson (New York: Harper & Row, 1962).
HEIDEGGER, Martin, *Kant and the Problem of Metaphysics*, trans. James S. Churchill (Bloomington: Indiana University Press, 1962).
HEIDEGGER, Martin, "Letter to Richardson," in William J. Rich-

ardson, *Heidegger: Through Phenomenology to Thought* (The Hague: Nijhoff, 1963).
HEIDEGGER, Martin, *Über den Humanismus*, bilingual edition with a translation into French by R. Munier (Paris: Aubier, 1964).
HEIDEGGER, Martin, *Vom Wesen des Grundes*, in *Wegmarken* (Frankfurt: Klostermann, 1967).
HEIDEGGER, Martin, *Qu'est-ce que la métaphysique?*, trans. Henri Corbin and R. Munier, in *Questions I* (Paris: Gallimard, 1968).
HEIDEGGER, Martin, *What is called Thinking?*, trans. F. Wieck and J. Glenn Gray (New York: Harper & Row, 1968).
HEIDEGGER, Martin, *Zeit und Sein*, in *L'Endurance de la pensée* (Paris: Plon, 1968).
HEIDEGGER, Martin, *Identity and Difference*, trans. Joan Stambaugh (New York: Harper & Row, 1969).
HEIDEGGER, Martin, transcript of *Séminaire tenu par le Professeur Martin Heidegger sur la Differenzschrift de Hegel* (Villeneuve-St. Georges: SPIT, 1969).
HEIDEGGER, Martin, *Hegel's Concept of Experience*, trans. anonymous (New York: Harper & Row, 1970).
HEIDEGGER, Martin, *Poetry, Language, Thought*, trans. Albert Hofstadter (New York: Harper & Row, 1971).
HEIDEGGER, Martin, *On Time and Being*, trans. Joan Stambaugh (New York: Harper & Row, 1972).
HEIDEGGER, Martin, *The End of Philosophy*, trans. Joan Stambaugh (New York: Harper & Row, 1973).
HEIDEGGER, Martin, *Early Greek Thinking*, trans. David Farrell Krell and Frank A. Capuzzi (New York: Harper & Row, 1975).
HEIDEGGER, Martin, *Nietzsche*, 4 vols, trans. David Farrell Krell (New York: Harper & Row, 1981–7).
HELLMAN, Lillian, *Pentimento: A Book of Portraits* (New York: Signet, 1973).
HOFFMAN, Frederick J., *Samuel Beckett: The Language of Self* (New York: Dutton, 1964).
HOFSTADTER, Albert, "Enownment," in *Boundary 2*, vol. 4 (Winter 1976).
HOWARD, Dick, *The Manyian Legacy* (New York: Unizon, 1977).
HOY, David Couzens, *The Critical Circle: Literature and History in Contemporary Hermeneutics* (Berkeley and Los Angeles: University of California Press, 1978).
HUSSERL, Edmund, *The Crisis of European Sciences* (1954), trans. David Carr (Evanston: Northwestern University Press, 1970).
HUSSERL, Edmund, *Cartesian Meditations*, trans. Dorian Cairns (The Hague: Nijhoff, 1960).
HUSSERL, Edmund, *Ideas Pertaining to a Pure Phenomenology and to a Phenomenological Philosophy*, trans. F. Kersten (The Hague: Nijhoff, 1983).
IHDE, Don, *Hermeneutic Phenomenology* (Evanston: Northwestern University Press, 1971).

KAUFMANN, Walter, *Hegel: Texts and Commentary*, with translations by Kaufmann (New York: Anchor, 1965).
KUHN, Thomas S., *The Structure of Scientific Revolutions* (Chicago: University of Chicago Press, 1962).
LACAN, Jacques, "Seminar on The Purloined Letter," trans. Jeffrey Mehlman, *Yale French Studies*, no. 48 (1972).
LACAN, Jacques, "*Le Sinthome*," in *Ornican?* (1976).
LACOUE-LABARTHE, Philippe, "The Fable (Literature and Philosophy)," trans. Hugh J. Silverman, *Research in Phenomenology*, vol. 15 (1985), pp. 43–60.
LEFEBVRE, Henri, "*M. Merleau-Ponty et la philosophie de l'ambiguïté*," in *La Pensée*, no. 73 (May-June 1957).
LEVIN, David Michael, *Reason and Evidence in Husserl's Phenomenology* (Evanston: Northwestern University Press, 1970).
LÉVI-STRAUSS, Claude, *The Savage Mind* (Chicago: University of Chicago Press, 1966).
LÉVI-STRAUSS, Claude, *Elementary Structures of Kinship*, trans. James Haile Bell, John Richard von Sturman and Rodney Needham (Boston: Beacon Press, 1969).
LOVEJOY, Arthur O., *The Great Chain of Being* (New York: Harper & Row, 1936).
LYOTARD, Jean-François, *La Phénoménologie* (Paris: Presses Universitaires de France, 1954).
LYOTARD, Jean-François, *Discours, figure* (Paris: Klinchsieck, 1971).
LYOTARD, Jean-François, *Dérive à parter de Marx et Freud* (Paris: 10–18, 1973).
LYOTARD, Jean-François, *Economie libidinale* (Paris: Minuit, 1974).
MACKSEY, Richard and Donato, Eugenio (eds), *The Structuralist Controversy* (Baltimore: Johns Hopkins University Press, 1972).
MARIN, Louis, *Utopics: Spatial Play*, trans. Robert Vollrath (Atlantic Highlands, New Jersey: Humanities Press, 1984).
MERLEAU-PONTY, Maurice, *Phenomenology of Perception*, trans. Colin Smith (London: Routledge & Kegan Paul, 1962).
MERLEAU-PONTY, Maurice, *The Structure of Behavior*, trans. Alden D. Fisher (Boston: Beacon Press, 1963).
MERLEAU-PONTY, Maurice, "An unpublished text," trans. Arleen B. Dallery, in *The Primacy of Perception and Other Essays*, ed. James M. Edie (Evanston: Northwestern University Press, 1964).
MERLEAU-PONTY, Maurice, *Sense and Non-sense* (1948), trans. Hubert L. Dreyfus and Patricia A. Dreyfus (Evanston: Northwestern University Press, 1964).
MERLEAU-PONTY, Maurice, *Signs*, trans. Richard C. McCleary (Evanston: Northwestern University Press, 1964).
MERLEAU-PONTY, Maurice, *L'Union de l'âme et du corps chez Malbranche, Brian et Bergson* (Paris, Vrin, 1968).
MERLEAU-PONTY, Maurice, *The Visible and the Invisible*, trans. Alphonso Lingus (Evanston: Northwestern University Press, 1968).

MERLEAU-PONTY, Maurice, *Humanism and Terror*, trans. John O'Neill (Evanston: Northwestern University Press, 1969).
MERLEAU-PONTY, Maurice, *Themes from The Lectures*, trans. John O'Neill (Evanston: Northwestern University Press, 1970).
MERLEAU-PONTY, Maurice, *Consciousness and the Acquisition of Language*, trans. Hugh J. Silverman (Evanston: Northwestern University Press, 1973).
MERLEAU-PONTY, Maurice, *The Adventures of the Dialectic*, trans. Joseph Bien (Evanston: Northwestern University Press, 1973).
MERLEAU-PONTY, Maurice, *The Prose of the World*, trans. John O'Neill (Evanston: Northwestern University Press, 1973).
MERLEAU-PONTY, Maurice. "Philosophy and non-philosophy since Hegel," trans. Hugh J. Silverman, *Telos*, no. 29 (Fall 1976).
MERLEAU-PONTY, Maurice, "The experience of others," trans. Fred Evans and Hugh J. Silverman, in *Review of Existential Psychology and Psychiatry* (1985).
METRAUX, Alexandre, "Vision and Being in the last lectures of Merleau-Ponty," in *Life-World and Consciousness*, ed. Lester E. Embree (Evanston: Northwestern University Press, 1972).
PALMER, Richard E., *Hermeneutics: Interpretation Theory in Schleiermacher, Dilthey, Heidegger, and Gadamer* (Evanston: Northwestern University Press, 1969).
PASSMORE, John, *The Perfectibility of Man* (New York: Scribner's 1969).
PIAGET, Jean, *Six Psychological Studies*, trans. Anita Tenzer, ed. David Elkind (New York: Vintage, 1968).
PIAGET, Jean, *Genetic Epistemology*, trans. Eleanor Duckworth (New York: Norton, 1970).
PIAGET, Jean, *Structuralism*, trans. Chaninah Maschler (New York: Harper & Row, 1971).
PIAGET, Jean, *Biology and Knowledge: An Essay on the Relations between Organic Regulations and Cognitive Processes*, trans. Beatrix Walsh (Chicago: University of Chicago Press, 1971).
PIAGET, Jean, *The Child and Reality: Problems of Genetic Psychology*, trans. Arnold Rosin (New York: Viking, 1973).
PIAGET, Jean, *The Grasp of Consciousness: Action and Concept in the Young Child* (Cambridge, Mass.: Harvard University Press, 1976).
PIAGET, Jean, *The Development of Thought: Equilibration of Cognitive Structures*, trans. Arnold Rosin (New York: Viking, 1977).
RICHIR, Marc, "La Défenestration" in *L'Arc*, no. 46 (1971).
RICOEUR, Paul, "The question of the subject," trans. Kathleen McLaughlin, in *The Conflict of Interpretations*, ed. Don Ihde (Evanston: Northwestern University Press, 1974).
ROBBE-GRILLET, Alain, *The Voyeur*, trans. Richard Howard (New York: Grove, 1958).
ROSEN, Lawrence, "Language, history, and the logic of inquiry in the works of Lévi-Strauss and Sartre," in *The Unconscious in Culture*, ed. Ino Rossi (New York: Dutton, 1974).

SAID, Edward W., *Beginnings* (New York: Basic Books, 1975).
SALLIS, John, *Merleau-Ponty: Perception, Structure, Language* (Atlantic Highlands, N.J.: Humanities Press, 1981).
SARTRE, Jean-Paul, *La Nausée* (Paris: Gallimard, 1938).
SARTRE, Jean-Paul, *The Psychology of Imagination* (1940), trans. B. Frechtman (New York: Washington Square Press, 1948).
SARTRE, Jean-Paul, *The Wall*, trans. Lloyd Alexander (New York: New Directions, 1948).
SARTRE, Jean-Paul, *No Exit and Three Other Plays* (New York: Knopf, Vintage Books, 1949).
SARTRE, Jean-Paul, *Baudelaire*, trans. Martin Turnell (New York: New Directions, 1950).
SARTRE, Jean-Paul, *Transcendence of the Ego*, trans. Forrest Williams and Robert Kirkpatrick (New York: Noonday, 1957).
SARTRE, Jean-Paul, *The Condemned of Altona*, trans. Sylvia Leeson and George Leeson (New York: Knopf, Vintage Books, 1961).
SARTRE, Jean-Paul, *Saint Genet*, trans. B. Frechtman (New York: New American Library).
SARTRE, Jean-Paul, *Search for a Method*, trans. Hazel Barnes (New York: Knopf, Vintage Books, 1963).
SARTRE, Jean-Paul, *The Words*, trans. Bernard Frechtman (Greenwich, Conn.: Fawcett, 1964).
SARTRE, Jean-Paul, *Situations*, trans. Benita Eister (Greenwich, Conn.: Fawcett, 1965).
SARTRE, Jean-Paul, *What is Literature?*, trans. Bernard Frechtman (New York: Harper & Row, 1965).
SARTRE, Jean-Paul, *Being and Nothingness*, trans. Hazel Barnes (New York: Washington Square Press, 1966).
SARTRE, Jean-Paul, "J.-P. Sartre répond," in *L'Arc*, no. 30 (1966).
SARTRE, Jean-Paul, "*Détermination et liberté*," in *Les Ecrits de Sartre*, ed. Michel Contat and Michel Rybalka (Paris: Gallimard, 1970).
SARTRE, Jean-Paul, *L'Idiot de la famille: Gustave Flaubert de 1821 à 1857*, vol. I (Paris: Gallimard, 1971).
SARTRE, Jean-Paul, "Replies to structuralism: an interview with J.-P. Sartre," trans. Robert D'Amico, *Telos*, no. 9 (Fall 1971).
SARTRE, Jean-Paul, *Situations IX* (Paris: Gallimard, 1972).
SARTRE, Jean-Paul, *Between Existentialism and Marxism*, trans. John Mathews (New York: Pantheon, 1974).
SARTRE, Jean-Paul, *Situations X* (Paris: Gallimard, 1976).
SARTRE, Jean-Paul, *Life/Situations*, trans. Paul Auster and Lydia Davis (New York: Pantheon, 1977).
SARTRE, Jean-Paul, *Sartre by Himself*, trans. Richard Seaver (New York: Urizen Books, 1978).
SCHRAG, Calum O., *Radical Reflection and the Onigm of the Human Sciences* (W. Lafayotte: Purdue University Press, 1980).
SILVERMAN, Hugh J., "Artistic creation and human action," in *Mosaic: A Journal for the Comparative Study of Literature and Ideas*

(Winnipeg: University of Manitoba Press, 1974), vol. 8, no. 1, pp. 157–64.
SILVERMAN, Hugh J., "Imagining, Perceiving, Remembering," *Humanitas*, vol. 14, no. 2 (May 1978), pp. 197–207.
SILVERMAN, Hugh J. and Elliston, Frederick A. (eds), *Jean-Paul Sartre: Contemporary Approaches to his Philosophy* (Pittsburgh: Duquesne University Press, 1980).
SILVERMAN, Hugh J. (ed.), *Piaget, Philosophy and the Human Sciences* (Atlantic Highlands, New Jersey: Humanities Press, 1980).
SILVERMAN, Hugh J., "Phenomenology," *Social Research*, vol. 47, no. 4 (Winter 1980), pp. 704–20.
SILVERMAN, Hugh J., "Beckett, Philosophy and the Self," in *The Philosophical Reflection of Man in Literature*, ed. A.-T. Tymieniecka (Dordrecht: Reidel, 1982), pp. 153–60.
SILVERMAN, Hugh J., "Cézanne's mirror stage," *Journal of Aesthetics and Art Criticism* (Summer 1982).
SMITH, David Woodruff and McIntyre, Ronald, "Intentionality via Intentions," *Journal of Philosophy*, vol. 68, no. 18 (18 September 1971).
SMITH, David Woodruff and McIntyre, Ronald, *Husserl and Intentionality* (Dordrecht: Reidel, 1982).
SPIEGELBERG, Herbert, *The Phenomenological Movement: A Historical Introduction*, 2 vols (The Hague: Nijhoff, 1981).
STERN, A., *Sartre: His Philosophy and Existential Psychoanalysis* (New York: Delta, 1967).
TILLIETTE, Xavier, *Merleau-Ponty ou la mesure de l'homme* (Paris: Seghers, 1970).
WEBER, Samuel and Sussman, Henry (eds), *Glyph I* and *II* (Baltimore: Johns Hopkins University Press, 1977).
WILDEN, Anthony, *The Language of the Self* (Baltimore: Johns Hopkins University Press, 1968).

찾아보기